GUIDE PRATIQUE

DU

COMPOSITEUR

D'IMPRIMERIE.

GUIDE PRATIQUE

DU

COMPOSITEUR

D'IMPRIMERIE;

PAR THÉOTISTE LEFEVRE.

> C'est aux personnes qui étudient pour apprendre, plutôt qu'à celles qui savent, que tout travail didactique est particulièrement adressé.

PREMIÈRE PARTIE

PARIS,

LIBRAIRIE DE FIRMIN-DIDOT ET CIE,

IMPRIMEURS DE L'INSTITUT DE FRANCE

RUE JACOB, 56.

—

M DCCC LXXX.

ISBN 0 576 72415 7

Republished in 1972 by Gregg International Publishers Limited
Westmead, Farnborough, Hants., England

Printed in offset by Anton Hain KG, Meisenheim/Glan
Western Germany

HOMMAGE

A

MM. FIRMIN DIDOT

(PAUL ET ALFRED),

A LEUR ENTRÉE DANS LA CARRIÈRE TYPOGRAPHIQUE
SI DIGNEMENT PARCOURUE PAR LEUR FAMILLE.

AVANT-PROPOS.

Ce livre, exclusivement pratique, n'était point destiné à être publié : les notes en avaient été réunies, successivement, dans le simple but de former l'instruction typographique d'une personne qui nous est liée de près; mais le bon résultat que nous avons été assez heureux d'obtenir sous ce rapport, ainsi que l'opinion bienveillante de quelques personnes compétentes, nous ayant fait naître l'idée que notre travail pourrait, par sa nature, recevoir une plus large part d'utilité, nous nous sommes décidé à le livrer à l'impression (1).

L'ordre des matières que contient ce volume est, quant aux divisions principales, exactement le même que celui dans lequel nous en avons fait l'application : les divers ouvrages qui traitent du même sujet, quel que soit leur mérite d'ailleurs, ne nous ont rien offert de préférable à cet égard.

Le premier chapitre donne à l'élève, après la connaissance de la casse, la démonstration de ce qui concerne la

(1) Un sentiment de reconnaissance nous fait ici un devoir de dire que si nous avons pu exécuter ce travail, c'est à MM. Ambroise et Hyacinthe Firmin Didot que nous en sommes redevable.

composition, la distribution, la correction, la mise en pages et l'imposition, dans leur plus grande simplicité. Les difficultés plus ou moins nombreuses qui peuvent se rencontrer dans l'exécution de ces travaux sont le sujet du chapitre II (1).

Le chapitre III est consacré à l'étude des signes d'algèbre, de géométrie, de botanique, etc.; des chiffres romains, et des abréviations les plus usitées.

Le chapitre IV a pour objet la composition des frontispices ou grands titres, des couvertures, des caractères d'écriture, des tableaux, de l'algèbre, de l'interlinéaire, et du plain-chant.

Le chapitre V contient des instructions détaillées sur la composition du latin, de l'italien, de l'anglais, du grec, du grec d'inscription, du copte, de l'allemand, du russe, de l'arabe, et de l'hébreu (2).

Le chapitre VI traite des fonctions relatives de l'apprenti, du paquetier, du metteur en pages, et de l'homme de conscience (3).

---

(1) Les diverses observations qui forment ce chapitre contenant un grand nombre d'articles auxquels nous ne pouvions mettre de titres, nous avons marqué le début de chacun d'eux par des chiffres gras et par une ligne de blanc.

(2) Aucune des langues qui font le sujet de ces instructions n'est connue de nous; mais une longue pratique et une observation soutenue, en nous mettant à même de remarquer la nature des fautes qui se répétaient souvent, nous ont fourni les moyens que nous proposons pour les éviter. Nous avons, du reste, comme on le verra en son lieu, soumis notre travail à des personnes dont la connaissance spéciale de ces divers idiomes doit être une garantie contre toute erreur sous le rapport grammatical.

(3) Nous ne disons rien, quant à présent, de ce qui regarde le prote :

Le chapitre VII renferme des observations pour la lecture des épreuves.

Dans le chapitre VIII, nous traitons de la casse française et du vice de sa classification actuelle.

Le chapitre IX offre le plan de toutes les impositions connues.

Enfin, un vocabulaire typographique forme le chapitre X.

Nous avons négligé de donner, ainsi que le font la plupart de nos Manuels, la description des divers objets qui servent à la composition, parce que, selon nous, une semblable description, s'il fallait la faire complète, absorberait une place trop considérable, et serait bien plus propre à renseigner les personnes étrangères à l'imprimerie qu'à instruire l'élève, qui, naturellement appelé à voir, toucher, définir, par l'usage successif, tous ces objets, n'a plus besoin que d'apprendre à en faire l'emploi convenable. Mais, d'un autre côté, convaincu par notre propre expérience de la nécessité de parler aux yeux en même temps qu'à l'intelligence de l'élève, nous n'avons jamais craint de multiplier les exemples, toutes les fois que nous avons jugé qu'ils étaient nécessaires à la clarté des préceptes; et c'est cette pensée qui nous a engagé aussi à

---

ses attributions, en dehors des connaissances pratiques qu'elles lui supposent, étant essentiellement administratives, nous remettons à en parler dans la seconde partie que nous projetons, et dans laquelle nous traiterons de la direction d'une imprimerie, ainsi que des presses à bras, des presses mécaniques, de la clicherie, etc.

introduire quelques vignettes dans la partie démonstrative (1).

Quant à ce qui regarde la partie historique, nous avons cru devoir nous renfermer dans le silence le plus complet à son égard : qu'aurions-nous pu produire, en effet, qui fût digne d'intérêt, après ce qui en a été dit jusqu'à ce jour, et surtout après l'ouvrage aussi savant que consciencieux de M. Ambroise Firmin Didot sur cette matière (2)?

Nous nous sommes donc rigoureusement borné, ainsi que l'indique notre titre, à ce qui concerne le compositeur; et notre but sera complétement atteint, si nous pouvons contribuer en quelque chose à former de bons ouvriers.

---

(1) Elles sont dues à deux artistes distingués de *l'Illustration*, MM. Marc et Lavieille, que nous nous plaisons à remercier ici des soins particuliers qu'ils ont bien voulu donner à cette exécution.

(2) *Essai sur la Typographie* (extrait de l'*Encyclopédie moderne*); Paris, Firmin Didot frères, 1851.

GUIDE PRATIQUE

DU

COMPOSITEUR.

CHAPITRE PREMIER.

ÉTUDE DE LA CASSE. — COMPOSITION. — DISTRIBUTION — CORRECTION. — MISE EN PAGES. — IMPOSITION.

§ Ier.

ÉTUDE DE LA CASSE.

La première chose à faire, à l'égard de la personne qui se livre à l'étude de la composition, est de lui apprendre la classification de la casse; on y procède de la manière suivante :

On met à la disposition de l'élève un modèle de casse imprimé semblable à celui ci-contre, et, autant que possible, une casse contenant de gros caractères. On lui recommande de ne s'attacher d'abord qu'à retenir la place des lettres minuscules, puis on le fait passer successivement aux doubles lettres, aux accents, aux ponctuations, aux grandes et aux petites majuscules, aux chiffres, et enfin aux divers autres signes que contient la casse.

Cela su, il convient de mettre dans un composteur les lettres *b, d, p, q, n, u,* minuscules (on peut y joindre aussi les chiffres 6 et 9), les seules qui présentent de l'ambiguïté sur le plomb; et on lui explique bien que, placées le cran en dessous, ces lettres représentent à l'œil : le *b*, un *p;* le *d*, un *q;* le *p*, un *b;* le *q*, un *d;* le *n*, un *u;* le *u*, un *n* (le 6, un 9; le 9, un 6).

Lorsque l'élève connaît parfaitement ces diverses lettres, ce dont on s'assure en les lui faisant dénommer, d'abord dans l'ordre ci-dessus, puis séparément, on peut passer à la composition de lignes d'un texte courant et interligné.

MODÈLE DE CASSE (1).

HAUT DE CASSE.

A	B	C	D	E	F	G	A	B	C	D	E	F	G
H	I	K	L	M	N	O	H	I	K	L	M	N	O
P	Q	R	S	T	V	X	P	Q	R	S	T	V	X
â	ê	î	ô	û	Y	Z	I	J	W	Ÿ	R	Y	Z
o	e	r	i	m	;	W	É	È	Ê	Æ	OE	Ç	!
à	è	ì	ò	ù	)	§	É	È	Ê	Æ	OE	Ç	?
»	«	U	J	j	]	—	fl	ä	ë	ï	ö	ü	

BAS DE CASSE.

*	ç	é	-	'		1	2	3	4	5	6	7	8
. . .	b	c	d		e	s		Espaces 2 p.	f	g	h	9	0
												æ	œ
z	l	m	n		i	o		p	q	Espaces 1 p. 1/2	w	k	Demi-cadratins.
y										Espaces 1 p.	fi	:	Cadratins.
x	v	u	t		Espaces.	a		r		.	,	Cadrats.	

(1) La classification de ce modèle, la même, quant au fond, que celle donnée par Fertel en 1723, et encore en usage dans la totalité des imprimeries de Paris, est devenue essentiellement vicieuse depuis les réformes successives introduites dans les fontes. On peut voir, à la fin du volume, un article détaillé, extrait du *Recueil complet d'Impositions* que nous avons publié en 1834 et en 1848 (librairie de Firmin Didot), où nous motivons, par le juste emploi des lettres, les modifications radicales que nous proposons.

§ II.

COMPOSITION.

La composition, proprement dite, est l'assemblage des lettres, pour en former des mots, des lignes, des pages, de quelque nature qu'ils soient.

La personne qui compose se tient ordinairement debout, de-

vant le cassetin aux espaces, le composteur dans la main gauche, où il est placé de la manière suivante : les quatre doigts, pliés et

rapprochés les uns des autres, le supportent avec la face interne des phalanges, sur lesquelles il glisse lentement d'avant en arrière, à chaque lettre qu'il reçoit, par le mouvement que lui impriment les doigts simultanément avec le pouce. Ce dernier est placé, presque allongé, d'abord au-dessus de la clavette et la débordant un peu; puis, successivement, au-dessus des lettres reçues, qu'il sert à maintenir.

On jette d'abord un coup d'œil sur la copie (1), pour en retenir, sans confusion, le plus de mots possible, puis sur la première lettre à prendre. On saisit celle-ci par la tête et, autant que l'on peut, le cran en dessous; ou bien on la retourne dans ce sens,

(1) La copie, préalablement fixée au visorium à l'aide des mordants, qui en laissent les premières lignes à découvert entre eux, est placée sur la traverse du milieu du bas de casse, ou mieux (comme on le voit à la figure de la page précédente) sur celle de droite, qui reçoit directement le jour de gauche. — Malgré l'entraînement vicieux qui tend à faire disparaître le visorium, nous en recommandons vivement l'usage, persuadé que nous sommes de sa supériorité sur les autres moyens mis en pratique pour le remplacer.

afin de la poser de la manière convenable dans le composteur, c'est-à-dire le cran en dessous et la tête en l'air. (On agit ensuite de même pour toutes les lettres que contient la ligne.) Pendant le trajet que parcourt la main droite pour apporter la lettre dans le composteur, la main gauche s'approche au-devant d'elle, et incline légèrement le composteur en avant pour recevoir la lettre;

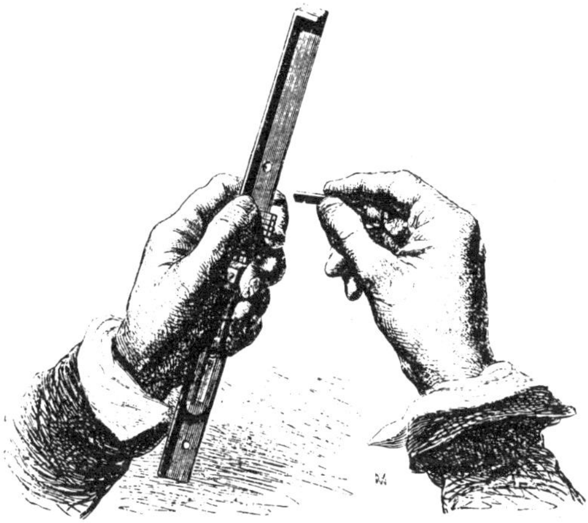

puis, lorsque celle-ci y est placée, elle la fait glisser par un mouvement contraire qui lui fait atteindre le fond du composteur.

Avant que l'élève termine sa première ligne, on s'attachera à lui faire sentir, d'une manière toute particulière, l'importance : 1° de la confronter attentivement avec la copie, et de la dégager de toute faute (1) avant d'en changer, s'il est nécessaire, les es-

---

(1) Pour lire la ligne, on rentre un peu le poignet gauche en dedans, de manière à ce qu'elle soit presque en face de soi; si elle contient des coquilles (lettres employées pour d'autres), on prend la lettre de remplacement entre le pouce droit et l'index, et avec le pied de cette lettre on soulève par-dessous la lettre qui doit être remplacée, de façon que le pouce gauche puisse la soutenir en appuyant légèrement sur son plat, jusqu'à ce que la lettre de remplacement ayant été suffi-

paces pour la justifier; 2° d'en espacer également tous les mots; 3° d'en bien redresser toutes les lettres, et de la justifier d'une manière convenable, c'est-à-dire qu'elle ne soit ni trop lâche ni trop serrée dans le composteur : choses que l'on doit rigoureusement mettre en pratique à chaque ligne, si l'on veut faire de bonne composition.

Lorsque le composteur est rempli, on en extrait les lignes, et on les transporte dans la galée, laquelle se place ordinairement sur la partie inférieure du côté droit du haut de casse (1), et dans une position inclinée. Cette opération s'exécute ainsi :

Si le composteur ne contient qu'une ou deux lignes, et que la justification ne soit pas trop large, il reste constamment dans la main gauche. Le pouce et l'index droits sont placés, par leur face

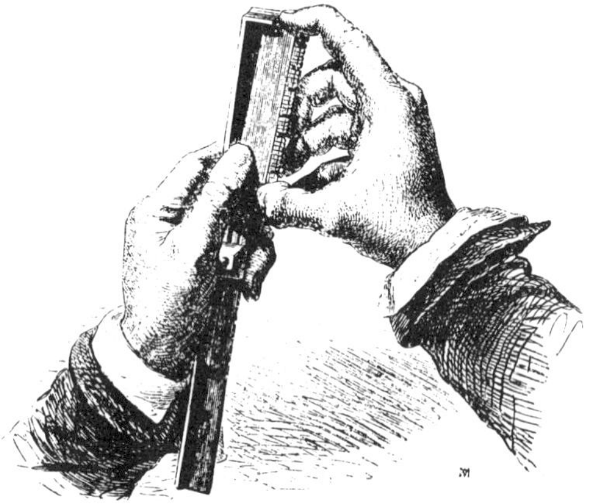

interne, sur les extrémités des lignes, et saisissent celles-ci en s'avançant tant soit peu sur l'interligne (ou le filet, si la matière n'est pas interlignée) qui les recouvre pour la maintenir, tandis

---

samment engagée, elle est saisie par la main droite pour être remise en place. — Il en est de même pour les espaces à changer.

(1) Comme on le voit à la figure de la page 3.

que le médius, recourbé, les soutient par-dessous; puis, par un léger mouvement de droite à gauche et de gauche à droite, on les sort sans secousse du composteur et on les place sur la galée, de manière qu'elles y soient parfaitement d'aplomb.

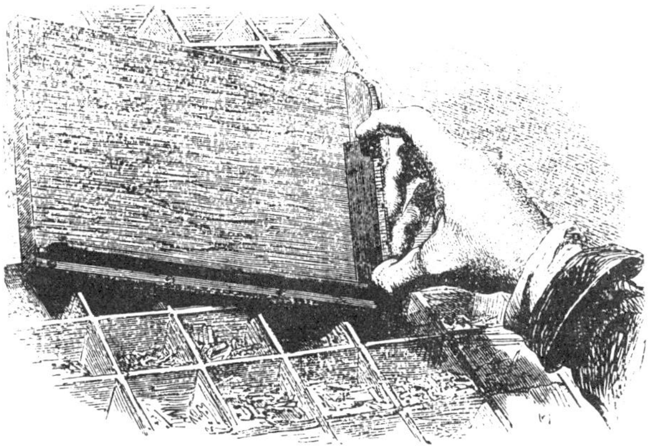

Si le composteur contient plus de deux lignes, on le place devant soi, son plat appuyé contre le rebord de la casse; on met les index sur les extrémités de l'interligne ou du réglet qui recouvre la dernière ligne, les pouces sous les extrémités de la première ligne; puis, opérant sur le fer un léger mouvement de

pression, on renverse tant soit peu les poignets sur la dernière ligne, pour dégager le tout du composteur, tandis que les médius, pliés et placés le long des deux extrémités des lignes, les soutiennent, et en facilitent en même temps l'extraction. Cela fait, on maintient les lignes dans cette position, c'est-à-dire le pied de la lettre devant soi, et on les transporte dans la galée. Lorsque les mains sont arrivées au-dessus de la galée, on ramène les poignets à leur position primitive, de manière que les lignes se trouvent l'œil en l'air; on appuie le commencement des lignes sur la tringle longitudinale, puis on retire les pouces, et l'on approche carrément les lignes contre la tringle transversale. Il faut avoir soin

de ne pas trop descendre le médius gauche sur le côté des lignes en les retirant du composteur, afin que ce doigt n'en gêne pas le placement contre la tringle longitudinale de la galée.

Lorsque le nombre de lignes convenu est placé dans la galée, on lie le paquet (1) de la manière suivante : Après avoir appuyé solidement la galée contre le rebord du bas de casse, on prend entre le pouce et l'index de la main gauche un ou deux centimètres d'une des extrémités de la ficelle (2), qu'on applique, en la relevant en équerre, sur l'interligne qui couvre la dernière ligne,

(1) Il est vicieux de remplir plusieurs galées et de diviser ensuite la composition, parce que, par là, on perd du temps, tout en s'exposant inutilement à mettre en pâte.

(2) La longueur et la grosseur de la ficelle doivent être en rapport avec la grandeur de la page, et selon qu'elle est pleine ou interlignée.

à l'angle de droite, et à peu près au milieu de la hauteur des cadrats. Avec le pouce et l'index de la main droite on fait suivre la ficelle, bien tendue, vers la tête de la page, en continuant de la tourner (aussi près que possible des tringles de la galée) jusqu'à l'angle où l'on a appliqué et retenu le premier bout; le pouce gauche abandonne le bout de ficelle, lequel se trouve alors libre par le haut; on fait passer la ficelle par-dessus ce bout, qui est repris immédiatement par le pouce gauche et tendu légèrement, et l'on commence le second tour en prolongeant la ficelle sur le bord libre de la page, au-dessus du premier tour, jusqu'à l'angle droit de la tête de la page. La main gauche quitte alors entièrement le bout engagé de la ficelle, et vient se placer sur le haut de la page, les quatre doigts sur le côté libre de l'extrémité des lignes, et maintenant la ficelle, le pouce étendu sur la tringle verticale. Après ce mouvement, on fait couler la ficelle entre le pouce et l'index droits de la longueur de dix à douze centimètres au delà de la galée, on lui fait faire un tour sur la main droite, et on serre, en appuyant fortement la face du pouce contre le rebord

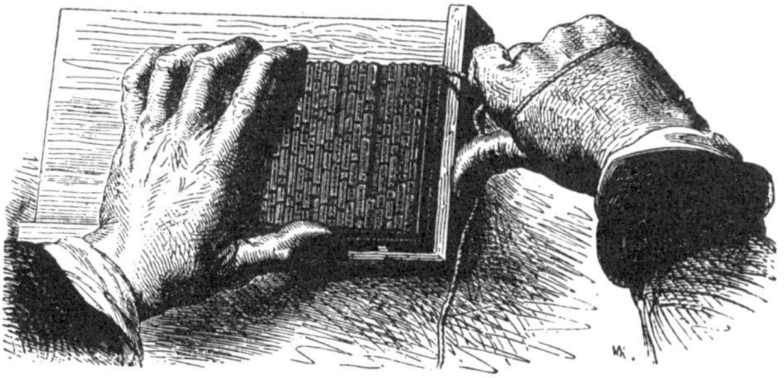

extérieur de la tête de la galée. Pendant cet effort, la page est solidement maintenue par la main gauche, toujours étendue sur elle, mais redescendue au bas. Cela opéré, on porte l'index gauche sur la ficelle, à l'extrémité libre de la première ligne de tête, et on l'y maintient jusqu'à ce que la main droite, après s'être débarrassée de la ficelle, l'ait ressaisie entre le pouce et l'index, et prolongée jusqu'au retour de l'angle gauche du bas. On termine, sans s'arrêter, le second tour au-dessus du premier (1), et l'on place l'index gauche sur la ficelle, à l'extrémité droite de la ligne de pied; puis, lorsque la main droite a prolongé une troisième fois la ficelle jusqu'à l'angle droit de tête et serré comme au second tour, on porte le médius gauche sur ce même angle, et l'index un peu en retour. La main droite abandonne de nouveau la ficelle, pour repousser un peu la page vers le bas de la galée, et, à l'aide d'une pointe (2), elle enfonce entre les tours de ficelle et la première ligne la partie de ficelle non arrêtée qui est près de l'angle, de manière à former une boucle au-dessous des deux tours de ficelle; on passe le bout de la pointe ou le doigt dans cette boucle lâche, et on la serre en poussant vers l'angle d'arrêt, tout en maintenant solidement la fin des lignes avec les doigts gauches étendus, le commencement avec la paume de la main, et le plat de la ligne de tête avec le pouce. On retire un peu le bout libre de la ficelle, pour diminuer la longueur de la boucle, de manière qu'elle ne puisse passer sous le pied de la lettre lorsqu'on met la page sur le marbre; et après l'avoir rapproché de l'angle, on le coupe, en lui laissant excéder l'œil de la lettre de trois centimètres environ. On dégage ensuite la page du côté de la tringle verticale, et, à l'aide des pouces, on abaisse un peu la ficelle aux deux angles de tête et à l'angle gauche de pied, afin qu'elle se trouve à peu près au milieu de la tige (3).

On enlève alors la page de dessus la galée, en plaçant la face latérale des médius, pliés, sur le plat des lignes de tête et de pied, la face intérieure des index sur l'extrémité droite des lignes,

---

(1) Lorsque la hauteur du rebord de la galée s'oppose à ce que l'on puisse placer le second tour de ficelle au-dessus du premier, il faut, après le premier tour, repousser tant soit peu la page pour baisser la ficelle (que la main droite n'abandonne pas) aux quatre angles, et agir de même pour le troisième tour.

(2) On doit éviter de se servir d'interlignes pour faire la boucle de la ficelle, car on courrait risque de les casser et de se blesser la main.

(3) Il est important que la ficelle ne soit pas trop reportée vers le haut ou vers le bas de la tige, car la page perdrait de sa solidité et pourrait très-facilement se mettre en pâte.

et la face interne des pouces sur l'extrémité gauche. Par un mouvement de renversement sur les pouces, l'œil de la lettre est ramené en avant, et la page entièrement dégagée de la galée; puis, par un nouveau mouvement de renversement sur la main droite, la page se trouve le bas en l'air, l'œil de la lettre sur le côté; la main gauche l'abandonne, et la main droite la tient en équilibre dans cette position. La main gauche prend alors le porte-page, le présente devant la page du côté du pied de la lettre, s'étend bien

pour la recevoir, et se renverse en dehors pour la remettre sur son pied lorsqu'elle est quittée par la main droite : cette dernière reprend immédiatement la page par les extrémités des lignes, en

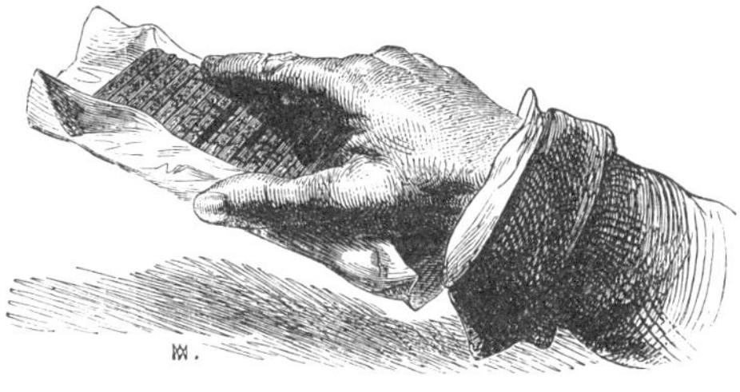

relevant et collant sur elle les bords du porte-page, pour la déposer sous le rang.

Lorsque l'élève aura suffisamment composé pour bien connaître sa casse et lire avec facilité sur le plomb, on le formera à la distribution.

§ III.

DISTRIBUTION.

La distribution, ou décomposition des formes après le tirage, est l'action de replacer dans leurs cassetins respectifs les lettres qui en ont été extraites par la composition. On procède à ce travail comme il suit.

La page à distribuer, mouillée convenablement par le lavage ou avec une éponge, est mise sur une galée, dans l'ordre de la composition, c'est-à-dire le cran du côté de la tringle de tête. On place alors les médius, pliés, le long de l'extrémité des dix ou douze dernières lignes (en les supposant de onze points, et plus si le caractère est inférieur à ce corps), les index sur les bouts de l'interligne qui doit recouvrir la dernière ligne, tandis que les

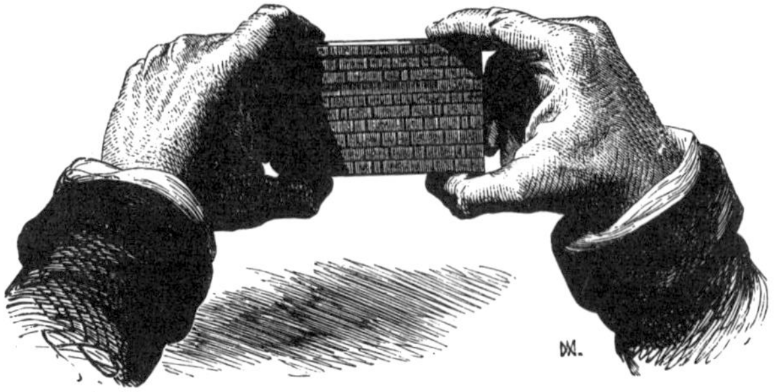

pouces, placés à chaque extrémité de l'interligne qui sépare la douzième ligne de la treizième, après avoir dégagé cette partie de page ou poignée en la poussant vers le bas de la galée, s'avancent en retour sous les deux bouts de l'interligne. La poignée, ainsi entourée par les doigts, est enlevée de dessus la galée, et, par un mouvement des poignets en dedans, l'œil de la lettre est ramené devant soi. On incline alors la main droite en dehors, et la main gauche abandonne la poignée, qui se trouve instantanément supportée par la main droite seule. Cela fait, on abaisse un peu la partie libre de la poignée, c'est-à-dire le commen-

cement des lignes, et on la reporte sur le médius de la main gauche, qui est plié ainsi que les deux derniers doigts, et elle s'y trouve supportée par dessous et dans sa largeur; tandis que l'index, allongé horizontalement, la maintient par derrière, et

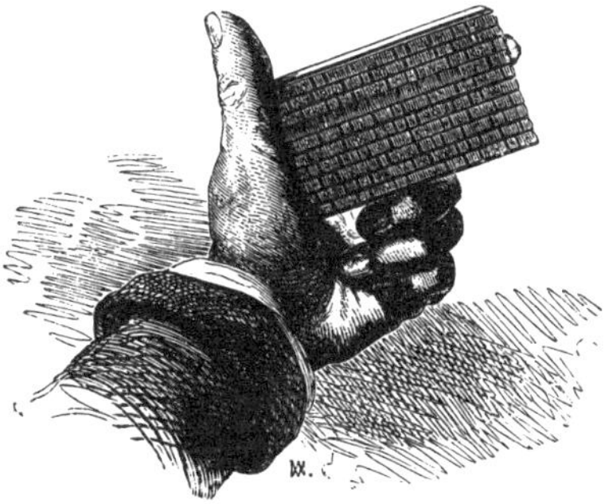

qu'une partie de la paume de la main et le pouce allongé verticalement lui offrent un point d'appui dans sa hauteur.

La poignée étant ainsi placée, l'index et le médius droits, appuyés sur les deux ou trois derniers mots (dix ou douze lettres environ) de la première ligne, les dégagent par un mouvement de glissage en avant sur le pouce, qui, appliqué au-dessous de

ces mots par sa face interne, aide à les saisir, en leur imprimant en se relevant, conjointement avec le médius, un mouvement de bascule de haut en bas, et glisse ensuite jusqu'à la moitié inférieure de la tige. Cette fraction de ligne, lue rapidement, étant ainsi maintenue par le bas entre le pouce et le médius, l'index, qui en recouvre la partie supérieure, se recule derrière la première lettre de gauche, et, par un léger mouvement de pression rétrograde en dedans sur les autres lettres, dégage, en la faisant sortir en dehors, la partie supérieure de cette première lettre; le médius se lève alors tant soit peu, et la lettre, n'étant plus soutenue, tombe dans le cassetin qui lui est propre. Le médius reprend immédiatement sa première position, et lorsque la main est successivement placée au-dessus des cassetins convenables, l'index agit de nouveau comme précédemment pour chacune des lettres suivantes. On procède de même pour le reste de la poignée, et ainsi de suite.

Ce ne devra être qu'au bout de quelque temps de pratique à la composition et à la distribution, qu'on fera passer l'élève à la correction sur le plomb.

§ IV.

CORRECTION.

La correction sur le plomb a pour objet la rectification des erreurs que le compositeur a pu commettre, ou la modification de mots ou de phrases par l'auteur. Elle s'exécute de deux manières : en galée et sur le marbre. Il est convenable de former d'abord l'élève à corriger en galée, parce que ce mode lui rend plus facile la vérification de la justification des lignes.

CORRECTION EN GALÉE.

On place le paquet à corriger dans une galée dont la tringle verticale porte sur le rebord de la casse, du cassetin aux *espaces* au cassetin aux *u*. Lorsque la page est déliée, on met un lingot

ou une réglette sur l'extrémité libre des lignes, et on redresse la composition en la battant légèrement sur l'œil du bout des doigts de la main droite et poussant dans un sens, tandis que, de la main gauche, on pousse dans un sens contraire, soit le bas de la page, soit l'extrémité des lignes du côté et à l'aide du lingot. On jette l'œil sur l'épreuve, placée au-dessus de la galée, afin d'y voir la première correction à exécuter; puis, avec la pointe (1), tenue par le pouce, l'index et le médius de la main droite (à peu près à la manière d'une plume), et placée sur le côté droit du mot à corriger, on enlève la partie de la ligne où se trouve ce mot à l'aide de l'index de la main gauche, placé soit sur le commencement de la ligne, si le mot s'en trouve près, soit dans le blanc de séparation de deux mots, s'il en est éloigné; on place le fer de la pointe devant la lettre à enlever, et on la soutient en la poussant légèrement vers le bas de la page. L'index gauche abandonne alors l'extrémité de la ligne pour en abaisser ce qui est bon, et prendre, à l'aide du pouce, la lettre ou le mot à changer. On renverse ensuite la pointe de manière que le manche se trouve dans la main, et maintenue par les derniers doigts seulement, le fer en l'air; on prend la lettre de remplacement sans quitter la pointe, on la place, puis on l'abaisse avec le plat du manche de la pointe, à laquelle on fait alors reprendre sa première position par un nouveau mouvement de bascule. Si la lettre de remplacement est plus forte que celle qui est remplacée, on diminue, pour la différence, une ou plusieurs espaces (2) qu'on extrait et qu'on remplace de la même manière; si, au contraire,

---

(1) Depuis quelques années surtout, bon nombre de compositeurs se servent de pinces pour corriger; mais, malgré l'avantage que celles-ci, maniées avec intelligence, devraient offrir sur la pointe, notamment dans la correction des tableaux, nous n'osons en prescrire l'usage, tant nous avons vu et voyons encore de filets et de lettres endommagés par le brusque rapprochement de leurs deux branches mal assurées. — (Voir, chapitre VII, les signes de correction.)

(2) Lorsque la diminution à opérer ne nécessite pas de retoucher à l'espacement total de la ligne, soit pour retirer un point ou un demi-point entre chaque mot, on l'effectue de préférence entre les mots qui finissent et commencent par une lettre de forme ronde. Le contraire a lieu s'il s'agit d'augmenter l'espacement, c'est-à-dire que l'on jette de préférence aux mots où il se rencontre des lettres de forme longue.

elle est plus faible, on augmente avec discernement une ou plusieurs espaces de la ligne. Lorsqu'on a une ou plusieurs lettres à ajouter ou à supprimer dans une ligne, on agit de même; en admettant, toutefois, que l'addition ou la suppression ne soit pas de nature à rendre la ligne trop serrée ou trop large, cas où il faudrait remanier, comme il va être dit tout à l'heure.

La correction exécutée, on s'assure de la justification en appuyant simultanément le bout de l'index droit sur l'extrémité de trois ou quatre lignes, au milieu desquelles se trouve celle qui a subi la correction; moyen comparatif qui fait facilement apercevoir si la ligne est ou trop forte ou trop faible. On abaisse ensuite les espaces avec le fer de la pointe, afin qu'elles ne marquent pas à l'épreuve suivante.

Si l'addition ou la suppression d'un ou de plusieurs mots met dans la nécessité de sortir de ligne, il faut remanier. Dans ce cas,

on mouille légèrement les lignes que l'on suppose devoir être retouchées, et on les dégage, si elles se trouvent à la tête ou au milieu de la page, en repoussant l'excédant vers le bas de la galée, puis on les enlève et on les met à la fin de la page, le cran en dessus. Le bout de l'index droit est placé sur le côté de la première lettre de la première ligne, et le pouce, par sa face interne, sur le devant de la ligne, au point que l'on veut enlever; puis, par un mouvement simultané de pression de l'index et du pouce, on fait monter cette partie de ligne sur le médius à demi plié, placé derrière elle, au-dessus de la ligne suivante, et destiné à lui prêter son appui. Lorsqu'elle est dégagée, on renverse le poignet en dedans, afin que le cran des lettres se trouve en dessous, et

on la met dans le composteur. L'endroit à modifier étant atteint, on exécute la correction, et l'on reprend successivement et de la même manière le reste des lignes à remanier, lesquelles sont ainsi soumises de nouveau à un espacement et à une justification convenables. On les remet ensuite à leur place au fur et à mesure qu'on les retire du composteur.

CORRECTION SUR LE MARBRE.

La première opération à faire, pour exécuter la correction sur le marbre, c'est de desserrer les formes à corriger; on y procède de la manière suivante : On prend la forme dite *côté de première*, et on la tient l'œil en dehors, et boutée sur l'angle de la page 8, on passe la main droite sous l'angle de la page 5, et la main gau-

che saisit le châssis entre les pages 1 et 8; on élève la forme jusqu'à la hauteur du marbre, sur lequel on pose le coin de la page 8,

et on la fait avancer jusqu'à l'angle tenu par la main droite, laquelle l'abandonne alors en glissant pour venir se placer entre les pages 4 et 5. La main gauche ramène la forme en avant, tandis que, par un mouvement simultané, la droite la pousse en sens contraire, de manière à ce qu'elle se présente carrément devant soi; puis les deux mains glissent ensemble jusqu'à l'ouverture des coins de pied et abattent vivement la forme, mais sans secousse et sans l'abandonner (1). — La deuxième forme est ensuite traitée de la même manière, et placée à droite de la première; puis, avec un maillet et un décognoir on desserre les coins dans l'ordre suivant : celui qui est au bas de la page 16 et celui de la page 1, celui qui est le long de la page 8, celui qui fait face à la têtière, et celui de la page 1. On en fait autant pour l'autre partie du châssis et pour la seconde forme, et l'on donne aux pages le jeu né-

cessaire en retirant les coins les plus larges du côté et du bas, que l'on place le long de la barre horizontale du haut du châssis.

Lorsque les formes sont dans cet état, on lève attentivement les

(1) On doit s'arranger de manière à engager suffisamment la forme sur le marbre, pour que toutes les pages y portent entièrement lorsqu'elle est abattue; sans quoi on s'exposerait, en la poussant après coup, à briser les lettres qui, pour une cause quelconque, seraient à moitié échappées des lignes; le châssis et une partie des coins doivent seuls déborder, afin de permettre aux mains d'abandonner librement la forme.

lettres marquées en marge de l'épreuve, et on les met, selon leur ordre, dans un composteur de bois que l'on place devant soi, sur la forme; on y place aussi, à sa droite et le plus près possible de soi, sur un papier fort, ou mieux dans une petite boîte à compartiments, des espaces assorties et quelques cadrats, cadratins et demi-cadratins. Cela fait, on donne un peu de jeu à la page à corriger, en en poussant légèrement les lignes vers les coins du bas avec le bout des doigts de la main droite, et l'on agit, pour l'exécution des corrections simples, c'est-à-dire n'entraînant pas remaniement, à très-peu de chose près de la même manière que pour la correction en galée. — Les lettres de remplacement sont successivement prises au commencement du composteur de bois; les lettres remplacées sont mises à la suite de la bonne correction, mais le cran en dessus.

Si l'on est obligé de remanier plus de deux ou trois lignes, il faut mouiller la partie à retoucher, la placer sur une galée dans le sens inverse de la composition, et la repasser au composteur; moyen plus expéditif et plus sûr que de remanier sur le marbre. Pour faciliter l'extraction des lignes à remanier, il est bon, surtout si le caractère est fin et non interligné, de dégager la page où elles se trouvent, en retirant une têtière de la garniture.

§ V.

MISE EN PAGES.

Cette opération a pour but de réunir les diverses compositions des paquetiers, pour en former des pages de longueur uniforme, revêtues de leurs folios, avec ou sans titres courants, et de leurs signatures et lignes de pied, tout en y intercalant préalablement, et suivant leur place respective, les titres, sommaires, vers, notes, blancs, etc., qui peuvent s'y rencontrer. On y procède comme il suit :

Les copies faites sont prises aux compositeurs et classées selon leur ordre numérique; puis, si on ne l'a pas fait d'avance, on les parcourt, pour composer, en commençant par le dernier feuillet, toutes les lignes d'un caractère différent de celui du corps de l'ouvrage, laissées intentionnellement de côté par le paquetier. On compose ensuite les folios, avec ou sans titres courants, pour une feuille au moins, si les titres courants ne changent pas trop fréquemment, en commençant par le dernier de la feuille, afin que, placés sur la galée, le premier à prendre (et successivement tous les autres) se trouve à découvert, et par conséquent plus facile à enlever. Les lignes de pied et les signatures sont composées aussi, et intercalées méthodiquement entre chaque folio. — La galée contenant les titres, notes, etc., et celle des folios, sont placées, l'une au-dessus de l'autre, sur la partie gauche du bas de casse où l'on met en pages.

On enlève alors, en suivant les noms, les compositions des paquetiers, on les inscrit au fur et à mesure (1), et on les réunit sous le rang (ou près de soi, sur un marbre), en ayant soin de mettre le premier paquet de chaque composition en dessus, et le dernier en dessous. Cela fait, on prend une galée longue que l'on place sur la partie droite du bas de casse, et sur laquelle on délie le premier paquet de texte; on met en tête de ce paquet, contenant le nombre de lignes convenu, un folio avec les interlignes nécessaires, puis une ligne de pied, qui doit, par elle-même ou à l'aide d'interlignes, former la force de corps du texte. On présente ensuite une réglette bien dressée par les bouts sur l'extrémité libre des lignes; puis, après avoir redressé et mis d'aplomb la composition, on la presse fortement avec la main gauche en poussant les dernières lignes sur les premières, et on la maintient dans cette position, tout en fixant la réglette au moyen de l'index allongé. On fait alors, sur la longueur de la réglette, juste au niveau de la ligne de pied, une entaille qui détermine la longueur totale des pages. On retire ensuite le folio, pour mettre à sa place les lignes du titre qui précède le texte de la première page, et on les blanchit de manière qu'elles forment un nombre juste de

(1) Il est nécessaire, pour ne pas embarrasser l'élève, de le faire débuter par un ouvrage sans difficultés, c'est-à-dire ne contenant uniquement que du texte.

lignes de texte; on jette un coup d'œil sur la copie, placée au-dessus de la galée de mise en pages, pour faire les intercalations s'il y a lieu, et en même temps pour s'assurer de la concordance des alinéa de la page; l'on repousse vers le bas de la galée le texte qui excède le cran de la réglette, plus une ligne pour la ligne de pied ou la signature à placer, puis la page est liée et mise sous le rang. Le folio de la seconde page est alors mis dans la galée, et on en rapproche le reste du texte du paquet précédent; on prend le second paquet, qu'on ajoute à ce reste, on justifie la page, et l'on agit de la même manière pour le reste de la feuille. — Les pages sont successivement et dans l'ordre convenable placées sous le rang, jusqu'à complément de la feuille; après quoi on passe à l'imposition.

§ VI.

IMPOSITION.

L'imposition est l'action de poser sur le marbre une ou plusieurs pages; de leur donner, quand elles doivent être mises en retiration, une position relative qui les fasse tomber l'une sur l'autre dans l'ordre successif; de les garnir de leurs bois ou lingots de plomb ou de fer, et de leurs biseaux, après les avoir préalablement encadrées avec un châssis, et enfin de les serrer à l'aide de coins, pour les enlever comme d'une seule pièce. Voici de quelle manière s'exécute ce travail : nous prendrons pour exemple le format in-8°, et nous supposerons qu'une feuille tirée doit fournir la garniture de la feuille à imposer.

Le marbre étant dégagé de toute espèce d'ordure, on y place les pages du *côté de deux* dans l'ordre voulu (1), et de l'une des deux manières suivantes : ou avec le porte-page, qu'on retire ensuite de la main gauche, pendant que la droite favorise son échappement en soulevant un peu la page et l'inclinant de dedans en dehors; ou bien, si les pages sont de petite dimension, on les

(1) Voir le plan des impositions, à la fin du volume.

place successivement dans la main gauche avec le porte-page, d'où, ressaisies par la main droite, dont l'index s'étend sur le revers de la ligne de pied, les trois doigts sur l'extrémité droite des lignes, et le pouce sur l'extrémité gauche, elles sont vivement et d'aplomb posées sur le marbre.

On s'assure alors que les pages sont convenablement placées, et l'on ramène le bout d'arrêt de chaque ficelle sur la tête des pages, afin qu'ils ne se trouvent point pris sous les garnitures, ce qui nécessiterait de retirer ces dernières lorsqu'il s'agirait de délier; puis on mouille légèrement le bord des pages, si elles sont de petit caractère ou non interlignées. On place ensuite la forme tirée sur le marbre, à gauche des pages à imposer, et on la desserre. La forme étant desserrée, on la mouille, puis on en retire les coins, que l'on place dans leur ordre sur les pages de distribution; on donne un peu de jeu au châssis en le poussant alternativement de droite à gauche, et on l'enlève carrément pour en

encadrer les nouvelles pages. Cela fait, on commence à garnir en mettant le blanc de barre et le fond au côté droit; on en approche les pages 10 et 15, entre lesquelles on met une têtière; les deux blancs de marge viennent ensuite, et l'on en approche les pages 7 et 2; on place la têtière de ces deux pages, puis les biseaux de côté et de pied. On délie alors la page 10 et la page 15, en tirant le bout saillant de la ficelle avec la main droite, tandis que la gauche étendue couvre les bords de la page qu'on délie, afin que rien ne s'en échappe; puis on pousse vers ces pages le biseau de côté, pour en rapprocher les garnitures de marge, et on délie la 7 et la 2; on pousse simultanément le grand et le petit biseau, le premier vers la barre, le second vers le fond, et l'on bat légèrement les pages avec le bout des doigts pour les bien redresser et abaisser les espaces; après quoi on place les coins de côté et ceux de pied, qu'on se contente de dresser et de serrer fortement avec le pouce sans les abattre. On passe au côté gauche, pour lequel on agit de même. On examine ensuite soigneusement si les pages ne sont pas de guingois, si les diverses parties de la garniture sont placées d'une manière convenable, et si les lettres des bords de page ne chevauchent pas; puis on pose le taquoir, par son côté tendre, sur la page 2, et, tandis que la main gauche l'y maintient appliqué et d'aplomb, on frappe dessus deux ou trois légers coups avec le manche du maillet; on passe ainsi sur toute la forme, en remontant sur la page 7, et de là sur la 10, la 15, la 14, la 11, la 6 et la 3, ayant toujours le soin de poser le taquoir avant de frapper. Cette opération terminée, on serre définitivement les coins et on les abat, en commençant par celui qui est en pied de la page 15; puis celui qui est en haut du biseau de côté, vers le tiers inférieur de la page 7; celui qui est entre les pages 7 et 2; celui en pied de la page 2; et, en dernier lieu, le troisième du grand biseau, à côté de la page 2, vers le bas. Le même ordre est observé en serrant le côté gauche.

Avant d'enlever les formes de dessus le marbre, on les tire un peu à soi, de façon que la barre horizontale du châssis déborde seule; puis, plaçant les deux mains fermées sous le milieu de la barre et la recouvrant des pouces, on sonde la forme en la soulevant de deux centimètres environ à deux ou trois reprises successives, et s'assurant pendant cela si aucune lettre ou partie de garniture ne bouge. Cette dernière opération faite, on prend les deux angles du châssis de manière à soutenir la forme par-dessous avec la paume de la main placée en retour, et par-dessus avec les trois derniers doigts placés sur les barres verticales; puis on la dresse sur la face externe du haut du châssis, en rentrant entièrement la paume des mains sous la barre horizontale. Lorsque la forme est ainsi dressée, la main gauche glisse le long du châssis et vient se placer entre les pages 3 et 6, et la main droite entre les pages 2 et 7 : cette dernière attire à elle la forme jusqu'à ce qu'elle ait suffisamment dépassé le marbre pour pouvoir, en glissant, la prendre par l'angle de la page 7. La main gauche facilite le mouvement de bascule qui tend à dégager la forme, en la faisant couler sur le revers du haut du châssis. La forme est

alors posée à terre sur l'angle de la page 6, et, dans cette position, la main droite la saisit entre les coins du bas des pages 2 et 15 (1), pour la porter à la presse aux épreuves.

(1) Cette manière de porter la forme est la plus usitée, mais elle a le grave inconvénient d'exposer l'œil de la lettre, qui se trouve en dehors, à être endommagé par le plus léger obstacle; ce qui n'a pas lieu en la portant comme l'indique la figure ci-dessus, c'est-à-dire l'œil en dedans, et la main entre les pages 3 et 14.

CHAPITRE II.

OBSERVATIONS RELATIVES A LA COMPOSITION, — A LA DISTRIBUTION, — A LA CORRECTION, — A LA MISE EN PAGES, — A L'IMPOSITION.

§ Ier.

OBSERVATIONS SUR LA COMPOSITION.

Il ne suffit pas, pour que la composition soit parfaite, que l'espacement des mots et la justification des lignes soient exacts; elle est encore assujettie à une foule d'autres modifications dont nous allons nous occuper ici. Nous reviendrons également sur les diverses opérations qui complètent le chapitre précédent, lesquelles, de même que la composition, ont dû être présentées d'abord dans leur plus grande simplicité.

1. Pour composer avec facilité, il faut que la casse soit à une hauteur convenable, c'est-à-dire ni trop ni trop peu élevée. Pour cela, le rebord du bas de casse doit se trouver de niveau avec les coudes, les bras étant pliés dans l'attitude de la composition.

2. L'expérience a démontré que la composition s'exécute avec plus de célérité dans une casse de moyenne dimension, dont les caractères sont réguliers en quantité, et qui est tenue en bon ordre, que dans une casse trop grande, bardaude et malpropre.

3. Le compositeur qui désire devenir habile doit, dès le début, s'attacher à saisir convenablement la lettre et à l'apporter posément dans le composteur, c'est-à-dire sans aucun des mouvements inutiles de bras, et souvent de corps, que font, à la prise de chaque lettre, un assez grand nombre d'ouvriers.

4. On ne doit jamais justifier le composteur avec une seule interligne, dans la crainte qu'elle ne soit pas d'exacte longueur; on en prend environ une douzaine, et l'on place un morceau de papier de moyenne épaisseur à leur extrémité, afin de leur laisser le jeu convenable pour entrer librement dans le composteur et en sortir de même.

5. Si la composition est pleine et d'une largeur qui ne comporte pas d'interligne, le composteur se justifie avec une ligne de cadrats de la justesse de laquelle on s'est préalablement assuré, et qui doit être conservée pour servir au besoin.

6. Pour parvenir à bien justifier ses lignes, il est indispensable de redresser toutes les lettres, et de faire en sorte que leur pied touche carrément le fond du composteur.

7. Avant de justifier la ligne, on en enlève la dernière lettre, afin de corriger les fautes qui pourraient s'y trouver; après quoi on modifie l'espacement s'il en est besoin, et l'on remet en place la lettre justifiante.

8. On ne doit jamais, pour justifier définitivement une ligne, chercher à y introduire une espace d'un point sans en avoir préalablement retiré la dernière lettre; sans quoi l'on est exposé à briser cette espace et à se blesser le pouce.

9. Lorsque le caractère est neuf ou petit, la ligne présente souvent dans son ensemble une élasticité susceptible de la faire briser en la justifiant; il est nécessaire, dans ce cas, de placer en dessus une interligne ou un filet, avant d'y introduire la lettre justifiante.

10. La ligne qui contient des cadrats, offrant moins d'élasticité que les autres, demande à être justifiée un peu moins ferme. — Les espaces justifiantes qui entrent dans ces lignes doivent être placées près de la dernière lettre, et jamais entre les cadrats.

11. Les interlignes nécessaires à la composition se placent ordinairement dans le cassetin aux *tirets* ou dans celui aux *fl*.

12. Si la largeur de la justification nécessite l'emploi de deux interlignes mises bout à bout, et que celles-ci ne soient pas de même longueur, ce qui est préférable, il convient de les croiser à chaque ligne.

13. Si la composition est interlignée double et que les deux interlignes soient d'inégale épaisseur, la plus mince doit se placer immédiatement sur la ligne.

14. Lorsque l'on compose sans interlignes, on se sert d'un filet légèrement créné des deux bouts, que l'on place successivement sur chaque ligne, pour en composer une autre par-dessus, et qui a pour but de faciliter le glissement de la lettre dans le composteur. Il est nécessaire, dans ce cas, de placer une interligne en tête et en pied de chaque paquet; ce qui permet de les lier plus solidement, et en rend le maniement plus facile.

15. Lorsque des interlignes neuves ont une certaine courbure provenant de l'apprêt défectueux de la fonderie, il est indispensable de les opposer l'une à l'autre en composant, afin d'en opérer le redressement au serrage. Il doit en être de même pour les interlignes dont le mauvais serrage d'une forme a faussé la rectitude.

16. Si, par le fait d'un choc quelconque, l'épaisseur d'une interligne est augmentée à l'un de ses angles, il faut avoir le soin de la passer légèrement sur la lime avant de l'employer.

17. L'espacement des mots doit être, autant que possible, du tiers du cadratin; mais cette indication se modifie selon que la nécessité de faire entrer ou de rejeter une partie de mot dans une ligne se fait sentir, et selon que le caractère est ou compacte ou poétique : le premier supporte volontiers un espacement plus fort que le dernier.

18. On met une espace d'un point avant la *virgule*, le *point-virgule*, le *point d'exclamation* et le *point d'interrogation*, si la ligne où ils se trouvent est espacée ordinairement; mais si elle est plus serrée, on se dispense d'en mettre avant la virgule, surtout lorsqu'elle est précédée d'une lettre de forme ronde. Le contraire a lieu, c'est-à-dire que l'on peut augmenter l'espace d'un demi-point avant ces diverses ponctuations, et surtout avant les points d'exclamation et d'interrogation, si la ligne est espacée plus largement. On ne met pas d'espace avant le *point* qui termine une

phrase, ni avant le *point abréviatif,* ni avant les *points suspensifs*. Quant au *deux-points,* il prend, avant et après, la même espace que les mots de la ligne où il se trouve.

19. Dans l'espacement ordinaire, on ne sépare pas la virgule de l'*r,* du *v,* ni de l'*y,* parce que ces trois lettres portent un blanc suffisamment fort par en bas.

20. On ne met d'espace ni avant ni après l'*apostrophe* placée par élision dans le langage ordinaire. Il en est de même quand, pour reproduire l'articulation vicieuse des gens de la campagne, on élide une syllabe dans l'intérieur d'un mot :

C'te ville... — Mam'zelle... — M'ner la brouette...

ou qu'on lie un ou plusieurs monosyllabes avec la première syllabe du mot suivant, pour prononcer le tout d'une seule émission de voix :

J'sommes... — N'jasez pas... — J'v'l'promets...

Mais si l'apostrophe se trouve à la fin d'un mot de plusieurs syllabes, on sépare ce mot du suivant par une espace :

Not' femme... — Com' ça... — A vot' aise...

21. Lorsque le *f* minuscule (romain ou italique) est créné en tête, et qu'il est suivi d'un *i* circonflexe, on jette une espace d'un point entre ces deux lettres.

22. La *parenthèse* et le *crochet* prennent, extérieurement, la même espace que les mots; mais, intérieurement, ils prennent une espace de moindre force, parce qu'ils jouent en sens inverse le rôle de la virgule. — La parenthèse du renvoi de note ne reçoit aucune espace intérieurement.

23. Le *tiret* prend la même espace que les mots, mais on peut, au besoin, la diminuer sensiblement.

24. Les *paragraphe, verset, répons, croix, pied-de-mouche,* prennent l'espacement des mots.

25. L'*astérisque* et les *chiffres supérieurs* figurant comme renvois de notes sans parenthèses, prennent moitié moins d'espace avant qu'après.

26. On ne met pas d'espace entre les doubles lettres abréviatives majuscules :

LL. MM. II... — LL. AA. SS...

27. On doit éviter avec soin, en composant, de faire ce qu'on appelle des *lézardes*, raies blanches sinueuses, occasionnées par les espaces de mots qui, dans plusieurs lignes successives, se terminent presque les uns sur les autres :

d'autres changements qui ont et auront lieu en Allemagne,
produira un résultat entièrement différent de celui que l'on
pourrait imaginer. Je ne nie pas, cependant, qu'il ne faille
s'attendre à une grande secousse; et en réfléchissant, par
exemple, à ce que j'ai entendu dire à Florence, au cardinal
Maury, qui joue, dès à présent, un rôle dans cette nouvelle
Église, je pense qu'il sera question du mariage des prêtres.

ou bien des *rues*, raies blanches presque droites, dues à la rencontre de plusieurs mots de même largeur les uns au-dessus des autres :

..... s'empêcher d'admirer l'art infini avec lequel ils ont su
donner à ce brigandage le ton de la nécessité et de la di-
gnité. A cette exclamation du grand homme : « Dieu sait ce
qu'il en a coûté à mon cœur! » je ne saurais exprimer ce
que le mien a ressenti. Je n'avais jamais rien lu d'égal. La
précaution de faire parler son beau-fils dans le sens du di-
vorce, et de lui faire prêter, le même jour, le serment de
sénateur...

Il est souvent très-facile de remédier à ce défaut en remaniant quelques lignes. Si, par exemple, dans le dernier cas ci-dessus, on remanie les cinq avant-dernières lignes en faisant sauter *ce* de la troisième ligne, le défaut signalé disparaîtra :

..... s'empêcher d'admirer l'art infini avec lequel ils ont su
donner à ce brigandage le ton de la nécessité et de la di-
gnité. A cette exclamation du grand homme : « Dieu sait
ce qu'il en a coûté à mon cœur! » je ne saurais exprimer
ce que le mien a ressenti. Je n'avais jamais rien lu d'égal.
La précaution de faire parler son beau-fils dans le sens du
divorce, et de lui faire prêter, le même jour, le serment de
sénateur...

On obtiendrait souvent le même résultat pour le premier cas, en modifiant seulement, comme ici, l'ensemble de l'espacement :

> d'autres changements qui ont et auront lieu en Allemagne, produira un résultat entièrement différent de celui que l'on pourrait imaginer. Je ne nie pas, cependant, qu'il ne faille s'attendre à une grande secousse; et en réfléchissant, par exemple, à ce que j'ai entendu dire à Florence, au cardinal Maury, qui joue, dès à présent, un rôle dans cette nouvelle Église, je pense qu'il sera question du mariage des prêtres.

28. La division des mots à la fin des lignes se fait entre chaque syllabe de notre épellation (1) :

Ab-sti-nence... — Con-science... — Con-ven-tion-nel... — Dé-sap-prou-ver... — Dé-sho-no-rer... — Ob-sta-cle... — Su-blin-gual... — Su-bor-ner... — Sub-sti-tu-tion... — Tran-sal-pin... — Té-les-cope...

29. On ne sépare deux voyelles que dans les mots composés :

Extra-ordinaire... — Anté-occupation... — Octa-étéride...

on ne divisera donc pas ainsi :

Lou-ablement... — Lou-ange... — Monsi-eur... — Ponctu-ation...

30. On ne peut pas non plus séparer les mots après un *x* ou un *y*, lorsque ces lettres sont suivies d'une voyelle : on ne divisera donc pas :

Ex-actement... — Ex-emple... — Moy-ennant *ou* mo-yennant...

mais lorsque, après ces lettres, il se trouve une consonne, on peut reporter à l'autre ligne la syllabe qui les suit :

Ex-pédition... — Ex-trémité... — Hy-pocrite... — Sy-node...

---

(1) Nous disons *de notre épellation*, parce que, après avoir mûrement pesé les raisons que donne en sa faveur le Manuel de M. Frey, nous pensons avec lui qu'elle doit avoir la préférence sur la division exclusivement étymologique, qu'on ne peut suivre, dans un très-grand nombre de cas, sans nuire d'une manière sensible à cette épellation.

En conséquence du principe ci-dessus, on ne peut diviser les mots suivants :

Sixième... — Soixante... — Croyance... — Frayeur... — Joyau... etc.

31. La division des mots ayant souvent pour but de faciliter la régularité de l'espacement, elle doit, dans le plus grand nombre de cas, être subordonnée à ce principe : il faudra donc, si l'on tient à faire une bonne composition, et à suivre en cela l'exemple donné par le célèbre Pierre Didot, s'écarter de la règle peu fondée qui exclut les divisions d'une syllabe de deux lettres à la fin des lignes, et celles des syllabes muettes de trois et même de quatre lettres reportées au commencement de la ligne, toutes les fois que l'espacement aurait à en souffrir (1). Mais il n'en est pas ainsi des divisions d'une seule lettre laissée à la fin d'une ligne, ni de celles de deux lettres, muettes ou non, reportées au commencement; elles peuvent, le plus souvent, être évitées sans inconvénient, puisque, dans le premier cas, il suffit de jeter des espaces pour la valeur d'une lettre et de la division, et, dans le second, d'en retrancher pour la valeur d'une seule lettre, la division tenant à peu près la place de la seconde. Ces divisions ne peuvent être tolérées que dans des justifications où il n'entre que très-peu de mots, comme, par exemple, dans les petits formats à deux colonnes, les additions marginales, les têtes de colonnes dans les tableaux, etc.

32. On ne peut diviser après l'*apostrophe,* même dans les mots composés, quand la lettre élidée de ces derniers est suivie d'une voyelle :

Qu' | elles... — Qu' | environ... — S'entr' | aider... — S'entr' | aimer...

---

(1) Nous ajouterons même, malgré ce que nous avons dit précédemment en faveur de la division selon l'épellation, qu'on ne doit pas s'y astreindre trop rigoureusement lorsqu'il s'agit de certains mots, comme *abstention, conscience, déshonneur, institution,* etc.; c'est-à-dire que, le lecteur ne s'arrêtant jamais à ces sortes de coupures, nous donnons le conseil, pour le cas dont il s'agit, de diviser tantôt avant et tantôt après l'*s,* selon que la régularité de l'espacement l'exigera.

Mais on peut le faire, si l'apostrophe du mot composé est suivie d'une consonne :

Grand' | mère... — Grand' | messe... — Grand' | rue... — Grand' | tante...

33. Les verbes conjugués interrogativement doivent se diviser avant le *t* euphonique :

Aime- | t-il?... — Ira- | t-elle?... — Viendra- | t-on?...

On doit avoir soin, lorsque ces mots ne sont pas divisés d'une ligne à l'autre, d'employer des traits d'union de même force des deux côtés de la lettre euphonique.

34. On doit éviter de diviser le dernier mot d'un alinéa lorsque ce mot est court, et surtout avant une syllabe muette.

35. Le mot qui, bien qu'en abrégé, conserve encore plusieurs syllabes, ne peut se diviser que dans de très-petites justifications.

36. Le nombre des divisions successives doit être limité autant que possible, surtout lorsque la justification est large et le caractère de moyenne force : l'espacement de quelques lignes légèrement modifié en plus ou en moins, permet souvent, dans ce cas, d'en faire disparaître une bonne partie.

37. On doit se dispenser d'employer des divisions très-fortes à la fin des lignes, afin de ne pas trop diminuer leur quadrature.

38. On ne peut couper d'une ligne à l'autre les abréviations de cette nature :

S. | M. (Sa Majesté)... — V. | A. | I. (Votre Altesse Impériale)... — N. | O. (nord-ouest)... — S. | S. | E. (sud-sud-est)...

39. Le mot *monsieur* exprimé en abrégé, ainsi que les initiales des prénoms, ne se sépare pas du nom propre :

M^r | A. | Vannucci... — B. | Pascal... — J.- | B. | Bossuet...

Il en est de même des noms propres qui sont suivis d'adjectifs numéraux :

Henri | IV... — Louis | XIV... | Napoléon | Ier...

40. Les mots *primo*, *article*, *numéro*, *paragraphe*, etc., en abrégé, ne peuvent rester isolés à la fin de la ligne ; on ne coupera donc pas ainsi :

... 1° | un magnifique camellia... — L'art. | 7... — Le n° | 25... — Le § | 55 traite...

41. Les expressions *fr.* (francs), *c.* (centimes), *m.* (mètres), et autres analogues, précédées d'un nombre, ne peuvent, non plus que les fractions, être séparées de ce nombre :

7,055 | fr. 25 | c.... — 1,025 | m.... — 128 | ½ kilomètres....

42. Autant que possible, on ne coupera pas entre le quantième et le mois, ni entre celui-ci et le millésime :

Le 17 | septembre 1798... — Le 20 octobre | 1802...

non plus qu'entre deux monosyllabes réunis par élision :

C'est que j' | ne badine pas... — J'entends qu' | ça commence...

43. L'abréviation *etc.*, de même que le renvoi de note (lorsque celui-ci dépend du mot qui le précède), ne peut jamais figurer au commencement d'une ligne.

44. Lorsqu'un nombre exprimé en chiffres est trop long pour entrer en entier dans une ligne, et qu'il ne peut être reporté à la ligne suivante sans nuire sensiblement à l'espacement, on peut mettre une partie de ce nombre en toutes lettres, et la faire passer à l'autre ligne :

125 | millions... — 755 | mille fr.... — 5 millions | 117 mille fr....

45. Le mot *monsieur* ne doit jamais s'abréger lorsqu'il est mis en apostrophe :

Je vous dis, Monsieur, qu'il en est ainsi... — Vous ferez cela, Monsieur...

s'il est immédiatement suivi d'un qualificatif sans énonciation du nom propre :

On attend monsieur le ministre de l'intérieur... — J'ai entendu monsieur le président... — Je viens de parler à monsieur votre père...

ou s'il est accompagné du mot *madame,* qui s'exprime ordinairement en toutes lettres :

Monsieur et madame Lambert sont arrivés du Havre:..

46. Les mots *tome, livre, chapitre, paragraphe, numéro, page, figure,* dans le courant d'un texte, ne doivent s'abréger que dans le cas où ils sont placés entre parenthèses, sous forme de renvoi; autrement ils se mettent au long :

On voit, d'après la description que nous en avons donnée (liv. II, chap. 12, fig. 8), que cette machine... — La figure que l'on a vue au livre précédent...

47. Les mots *saint, sainte,* placés devant un nom propre, qui se mettent ordinairement au long et sans majuscule, s'abrégent cependant quelquefois dans certains ouvrages de religion où ils sont fréquemment répétés, ainsi que dans les almanachs; dans ce cas ils prennent une majuscule, et doivent être uniformes dans tout le cours de l'ouvrage :

S. Pierre est le chef des apôtres... — Ste Élisabeth de Hongrie a poussé très-loin l'abnégation d'elle-même...

Mais ils ne peuvent s'abréger lorsqu'ils sont partie constitutive d'un nom propre ou de lieu; ils se lient alors au mot suivant par le trait d'union, et ont toujours la majuscule :

M. de Saint-Aubin... — L'église Sainte-Geneviève, à Paris... — La chapelle de Saint-Cloud... — Saint-Germain des Prés... — La sœur Sainte-Rosalie... — Le frère Saint-Pierre...

48. Lorsqu'un nom propre est exprimé par une seule initiale et des astérisques ou des points, ceux-ci doivent toucher immédiatement l'initiale :

Le général M*** — M. V*** — Le duc de N....... — M. R......

mais si l'initiale n'est pas exprimée, ils doivent être isolés du mot précédent par une espace :

M. *** est allé à Honfleur... — M. ...... est maintenant à Pomponne...

49. Le même mot ne doit pas s'abréger de diverses manières dans un ouvrage, comme par exemple :

t., tom. (tome)... — l., liv. (livre)... — c., ch., chap. (chapitre)... — p., pag. (page)... — l. c., loc. cit. (loco citato)... — Hist. ec., ecc., eccl., ecclés., ecclésiast. (Histoire ecclésiastique)...

On peut cependant, à la rigueur, faire exception à cette règle, c'est-à-dire mettre accidentellement une plus grande ou une plus petite partie du mot abrégé, s'il s'agit d'éviter une ligne trop serrée ou trop large, ou de faire une ligne de plus ou de moins à la mise en pages.

50. Lorsque, dans une *source*, le nom de l'auteur et le titre de son ouvrage sont exprimés en latin, les diverses indications abrégées qui s'y rattachent doivent être uniformes, et non tantôt en latin, tantôt en français, comme on le voit quelquefois dans la même page :

(1) S. LIGUORI, *de Synodo*, lib. VII, cap. 30. — (2) S. THOMAS, *de Libero arbitrio*, liv. III, chap. 19.

51. Lorsque, dans certains ouvrages à citations nombreuses formant notes, les noms des auteurs sont souvent répétés, on peut, s'il est besoin de les mettre en abrégé et qu'ils commencent par la même syllabe, ajouter, après l'initiale, la première lettre de chacune des syllabes suivantes; de cette manière :

Mtq. (Montesquieu)... — Mtg. (Montaigne)... — Mtlb. (Montalembert)...

52. Le point d'interrogation se met avant les points suspensifs quand la phrase à laquelle il se rapporte est complète :

Sa voix, ses yeux, son front, dévoilent sa fureur;
Qui va-t-il immoler?... Jour de crime et d'horreur!

Il se met après lorsque la phrase interrogative est suspendue dans son énonciation :

Est-il vrai que d'un fils l'audace criminelle
Arme contre son père une troupe rebelle?
Que vous-même d'un traître...?

Il en est de même du point d'exclamation :

> Oui, mes vœux désormais sont conformes aux tiens;
> Viens, Inès!... De ses jours je réponds sur les miens.
>
> ... S'il était vrai que Blanche en sa fureur
> Osât...!

53. La ponctuation se place après la parenthèse toutes les fois que la phrase intercalée modifie celle qui la précède, lors même que cette intercalation est terminée par un point d'interrogation ou d'exclamation :

> Je porte l'as de trèfle (admire mon malheur!),
> L'as, le roi, le valet, le huit et dix de cœur.

mais elle se place avant la première parenthèse lorsque l'intercalation suit une phrase entièrement terminée, et ne figure là que comme indication de source, jeu de scène, etc. :

... C'était une conséquence du principe que le vaincu dans le duel était réputé le coupable. (*Mœurs des Français.*)

... Nous fîmes comme nos pères, nous embrassâmes la liberté. (Vif mouvement d'approbation.)

54. Les signes §, ℣, ℟, se mettent toujours sans point. Il en est de même des lettres majuscules entre parenthèses, qui figurent comme renvois de notes ou de pièces justificatives, ou qui sont placées en lignes perdues dans les dictionnaires, catalogues, tables alphabétiques, etc.

55. On ne doit pas employer indistinctement la virgule ou le trait d'union entre les chiffres de renvoi à certaines pages d'un ouvrage ou entre les millésimes : la virgule,

Voyez pages 25, 55... — Années 1798, 1828..

exprime que c'est *à* la page 25 et *à* la page 55, *à* l'année 1798 et *à* l'année 1828 qu'il faut recourir; tandis que le trait d'union,

Voyez pages 152-175... — Années 1825-1837...

signifie que c'est *depuis* la page 152 *jusqu'à* la page 175, *depuis* l'année 1825 *jusqu'à* l'année 1837 qu'il faut recourir.

Mais le trait d'union, dans ce cas, ne s'emploie que lorsqu'il y a un intervalle quelconque entre les deux nombres exprimés; autrement on fait usage de la virgule ou de la conjonction :

Voyez pages 1, 2... — Années 1827 et 1828...

56. Dans les passages guillemetés au long, on doit mettre la même espace (de deux à quatre points, selon le caractère et le format) à chaque guillemet du commencement des lignes, que celles-ci soient larges ou serrées. Ceux qui sont dans l'intérieur prennent l'espacement de la ligne où ils se trouvent.

57. Il est d'usage, malgré les raisons plausibles données par M. Frey (page 40 de son Manuel), de tourner à droite les pointes des guillemets ouverts et continus; ainsi, dans les passages guillemetés au long, chaque ligne prend le guillemet ouvert («), et celui qui termine le passage guillemeté a seul les pointes tournées à gauche (»).

58. Bien qu'une citation ne soit pas guillemetée au long, il faut, lorsqu'elle comporte plusieurs alinéa, répéter le guillemet ouvert à chacun d'eux; mais on ne le ferme qu'à la fin du dernier.

59. Lorsque, dans des passages guillemetés, il y a des alinéa en tête desquels se trouvent des interlocuteurs ou des tirets les représentant, des points suspensifs ou des numéros d'articles, le guillemet se place toujours le premier :

« Le Président. L'accusé Raoulx... « — J'aime la liberté qui ne porte...
« ... L'amour de la justice... « Art. 1er. Les hommes sont égaux devant...

60. Le guillemet fermé se met après la ponctuation, mais il doit précéder la source :

« Si je le sais, que les dieux me fassent périr plus cruellement que je ne me
« sens périr tous les jours! » (Tacite, *Annales*, liv. vi, n° 6.)

61. Lorsque la nature de l'ouvrage comporte des citations et des citations de citations, on met le guillemet seulement au début et à la fin des citations simples, et l'on guillemette au long les citations de citations :

« ... Ce mouvement de Laromiguière, d'autant plus remarquable dans ses écrits que la clarté qui les distingue est ordinairement exempte de chaleur, lui vient à l'occasion de Descartes : « Qu'on me permette, dit-il, une réflexion que « je n'applique pas à Descartes. Oublions un instant ce grand homme, dont on « ne saurait parler avec trop de vénération. » C'est à ses prétendus imitateurs qu'il s'adresse; et on ne saurait en effet s'élever assez... »

62. Lorsque, dans le corps de passages guillemetés au long, il se trouve quelque membre de phrase explicative ou des tirets indiquant simplement le changement d'interlocuteur, il ne faut mettre le guillemet ni avant ni après :

« — Comment, *demanda l'honnête Massarero*, vous êtes donc bien sûr « que le Damné est au nombre des morts? — Où voulez-vous qu'il soit, capi- « taine? *repartit Iago;* ce n'est pas... »

mais si le tiret indique la séparation de plusieurs passages cités, le guillemet se ferme et se rouvre avant et après chaque tiret :

« ... On peut bien en juger par les traits de bon sens qu'on lançait contre les sophistes leurs prédécesseurs : « Il est aisé de comprendre qu'elle n'est point « la sagesse, disait Hortensius en parlant de cette philosophie... » — « Il n'y a « pas mille ans que l'on connaît les éléments de la sagesse, disait pareillement « Sénèque; le genre humain a donc été... » — « Depuis, dit encore Perse... »

63. Si le passage cité commence par une voyelle et est amené par un mot dont la dernière lettre s'élide, il conviendrait, malgré l'usage reçu, de placer le guillemet entre ces deux mots et sans espace :

Fénelon a dit, dans une de ses belles pages, qu'«il vaut mieux... — La cour a décrété qu'«attendu l'urgence...

64. Les guillemets employés pour simuler le signe *nullité* (〃), dans les opérations à chiffres, doivent avoir les pointes tournées à gauche (»).

65. Les renvois de notes les plus usités sont les suivants :

(1) ¹ (*) *

Le premier de ces signes, c'est-à-dire le chiffre ordinaire entre parenthèses, est le plus convenable dans la prose, parce que son apparence permet au lecteur de retrouver facilement l'endroit du texte qu'il a momentanément quitté pour lire la note, et qu'il offre sur l'astérisque l'avantage de la clarté, par la nécessité où l'on se trouve de doubler, tripler, etc., celui-ci lorsque les notes sont nombreuses. Mais, dans les vers, le chiffre supérieur nu peut souvent être employé avec avantage, pour ne pas sortir de justification. Dans tous les cas, on ne doit pas, comme nous en avons vu le triste exemple, mettre le renvoi du texte par le chiffre supérieur nu, c'est-à-dire de la manière la moins visible, et celui de la note, sur lequel l'œil peut bien moins aisément s'égarer que sur celui du texte, avec le chiffre ordinaire entre parenthèses, c'est-à-dire de la façon la plus apparente.

66. Le renvoi des notes de notes, qui doit, naturellement, être moins fort que celui des notes, s'indique, pour l'ordinaire, par un astérisque.

67. Lorsque les notes sont reportées à la fin d'un livre, d'un chapitre, ou d'un volume, le renvoi s'indique par une lettre majuscule romaine entre parenthèses (A); mais si les notes sont maintenues au bas des pages, ce signe de renvoi reste affecté aux pièces justificatives.

68. Si le renvoi de note exprimé avec parenthèses appartient au dernier mot d'une phrase également entre parenthèses, on le met après celle-ci :

... (et notamment dans Sénèque) (1).

69. Lorsqu'un vers commence ou forme une note, et qu'il ne remplit pas entièrement la justification, le renvoi se met immédiatement après le cadratin, puis le blanc qui complète le renfoncement du vers :

(1) C'était un de ces jours que jamais on n'oublie,
Jour de bonheur suprême, hélas! sans lendemain...

70. Dans quelques cas très-rares, le renvoi de note se place au début d'un alinéa; c'est lorsque l'explication donnée par la note doit préalablement être connue du lecteur.

71. Le sommaire qui ne fait qu'une partie de ligne se met au milieu de la justification :

De la vanité en général.

S'il fait une ligne entièrement pleine, il convient, s'il est possible, d'en diminuer les espaces, afin de le rentrer un peu de chaque côté; ou, si l'espacement s'y oppose, on en détache un ou deux mots, selon le sens, pour en faire une seconde ligne :

De la dissolution générale des gens du monde, à dater de la cour de François Ier.

De la dissolution générale des gens du monde, à dater de la cour
de François Ier.

On agit de même pour éviter de laisser un article ou une conjonction à la fin de la première ligne.

Lorsqu'il fait deux lignes, la première doit être pleine et la seconde au milieu :

Caractères de ce qu'on pourrait appeler les mœurs politiques avant la révolution,
ou plus proprement les mœurs de la vie publique.

Cependant, si l'on était obligé de diviser un mot pour que la première ligne fût pleine, il vaudrait mieux la rentrer de un ou de deux cadratins de chaque côté, et reporter le mot à la seconde ligne, pourvu toutefois que celle-ci reste inférieure à la première en étendue :

Complément de l'organisation de la cour par les usages et les mœurs qui s'y éta-
blissent.

Complément de l'organisation de la cour par les usages et les mœurs
qui s'y établissent.

Si le sommaire est de plus de deux lignes, la deuxième et les suivantes se renfoncent d'un cadratin; et, dans ce cas, l'usage admet la division, l'article ou la conjonction à la fin des lignes :

Extensions du système de cour de François Ier opérées sous ses successeurs, sa-
voir : multiplicité des titres; priviléges d'occuper les hautes magistratures et
les grades attribués à la noblesse.

72. Lorsqu'un sommaire est divisé en plusieurs parties formant elles-mêmes autant de sommaires, les premières lignes de chacune de ces parties ne se renfoncent pas :

Routes pour se rendre à la Havane, dans la saison des vents : Première route, en venant du N. prendre le canal de Mona.
Deuxième route, en traversant le grand banc de Bahama.
Troisième route, en venant passer au nord de Porto-Rico, de Saint-Domingue, et dans le vieux canal de Bahama.

73. S'il se rencontre un alinéa dans un sommaire, la première ligne de cet alinéa se renfonce de deux cadratins, et les suivantes d'un seul :

Routes des petits navires en traversant le grand banc de Bahama : Première route, en traversant ce banc du N. E. au S. E. :
1° Sortie du banc au S. des Riding-Rocks;
2° Au S. des cayes d'Orange, en prenant le passage de Crooked ou tout autre passage des débouquements.
Deuxième route, en venant de l'E. et passant au N. des îles Vierges.

74. Les tables, catalogues, dictionnaires, etc., se composent ordinairement en sommaires ; mais, dans ce cas, lorsqu'un article ne fait que deux lignes, la seconde, bien que courte, ne se renfonce que d'un cadratin :

Croix, s. f., instrument de supplice des anciens; religion chrétienne; affliction; figure de la croix de Jésus.

75. On met une majuscule au début de chaque alinéa; après le point; après le deux-points qui précède une citation; aux noms propres d'hommes, de lieux ou de nations; et au commencement de chaque vers.

La majuscule se met aussi, dans certaines citations, après une simple virgule tenant lieu du deux-points :

Le peuple criait de toutes parts, les uns, *Vive le roi !* les autres (et c'était le plus grand nombre), *Vive la nation !...*

et quelquefois même en l'absence de toute ponctuation :

Ce n'est pas en criant *Paix !* qu'on l'obtient...

76. Lorsque, dans un catalogue, une table par ordre alphabétique, etc., le ou les premiers mots qui forment l'énonciation sont reportés, entre parenthèses, après le substantif par lequel on fait commencer la ligne, on met une majuscule au premier mot transposé, si ce mot est lui-même un substantif :

IVRESSE (Excès d')... — ORGUEIL (Danger de s'abandonner à l')...

et une minuscule si c'est un article :

ABEILLE du Parnasse (l')... — HOMME aux quarante écus (l')...

Si le second mot entre parenthèses est un qualificatif du mot ressortant, il prend la majuscule :

HÉLOÏSE (la Nouvelle)... — JARDINIER (le Bon)...

77. Lorsqu'un titre d'ouvrage cité commence par un adjectif, cet adjectif prend la majuscule :

la Divine Comédie... — la Jeune Femme colère...

mais quand l'adjectif est après le substantif, il ne la prend plus :

le Malade imaginaire... — les Femmes savantes...

78. Lorsque, dans une ligne de titre en petites majuscules, on met une majuscule aux mots *livre, chapitre, titre*, etc., on doit en mettre une aussi aux adjectifs numéraux qui les suivent s'ils sont exprimés en toutes lettres, et les mettre en majuscules s'ils sont en chiffres romains :

CHAPITRE PREMIER... — ARTICLE PREMIER...
CHAPITRE III... — ARTICLE III...

Il en est de même d'un passage de l'intérieur du texte que l'on rend en petites majuscules; si l'on débute par une majuscule, il en faut une aussi à tous les noms propres ou de lieux qui peuvent s'y rencontrer :

En ce même temps, Jésus vint à passer; et Jean le désignant dit au peuple : « VOICI L'AGNEAU DE DIEU, L'EMMANUEL, CELUI QUI ÔTE LES PÉCHÉS DU MONDE. »

79. Quand un substantif commun se met en italique dans le courant d'un texte, il ne prend pas de majuscule :

Le sommet de l'ellipse le plus voisin du soleil s'appelle le *périhélie;* l'autre sommet prend le nom d'*aphélie*...

mais s'il reste en romain, il prend la majuscule.

La majuscule se met encore à une foule de mots dont il serait trop long de donner ici la nomenclature, mais que l'usage ne peut manquer d'apprendre (1).

80. Les titres d'ouvrages cités dans le texte se mettent en italique. Ceux qui se trouvent dans les notes, ou à la suite d'une citation, et qui figurent comme indication de sources, se mettent également en italique, avec le nom de l'auteur en petites majuscules, et les autres mots indicatifs en romain :

A qui sert son pays tout devient légitime.
F. DIDOT, *Annibal,* act. IV, sc. IX.

81. Lorsqu'une citation successive a la même source que celle qui la précède, les mots *idem, ibid.,* qui tiennent lieu du nom de l'auteur et du titre de l'ouvrage, se mettent, le premier en petites majuscules, et le second en italique :

Le brave, d'un œil ferme, envisage son sort.
IDEM, *ibid.*, act. IV, sc. VII.

82. On met en italique les articles *le, la, les,* qui précèdent le titre d'une pièce de théâtre, d'un journal, le nom d'un vaisseau, dans les cas analogues aux suivants :

La pièce intitulée *les Deux Gendres* est de M. Étienne... — Le journal que l'on appelle *la Gazette de France*... — Le vaisseau *le Vengeur* était chargé... — La corvette *l'Élisabeth* est partie du Havre...

---

(1) On peut, à ce sujet, consulter la troisième édition d'une petite brochure publiée par M. Tassis, correcteur, ayant pour titre : *Guide du correcteur et du compositeur, etc.;* librairie de Firmin Didot frères.

mais ils se mettent en romain lorsque les mots *pièce*, *journal*, *vaisseau*, etc., ne sont pas exprimés :

J'ai vu jouer les *Deux Gendres*... — J'ai lu dans le *Constitutionnel*... — L'*Alcide* est entré dans le port... — La *Recherche* a fait le tour de la terre...

ou bien encore lorsqu'ils sont contractés en *du*, *des* :

On dit du bien des *Deux Gendres*... — La politique du *Constitutionnel*... — J'ai entendu raconter la fin héroïque du *Vengeur*...

83. La conjonction *ou*, qui fait partie d'un titre d'ouvrage cité, doit toujours être mise en italique :

Jules, ou le Toit paternel... — Monsieur de la Cautelle, ou l'Homme à précautions...

mais lorsqu'elle marque l'alternative, elle se met en romain :

Vous lirez *Jocelyn* ou *Raphaël*, de Lamartine...

84. On met ordinairement en italique les locutions latines ou italiennes qui se rencontrent dans un texte français, comme, par exemple :

Ad honores... — Ex abrupto... — Ad libitum... — In partibus... — Ad patres... — Statu quo... — Ab irato... — Mezzo termine... — Far niente...

85. Les mots *passim*, *vice versa*, se mettent aussi en italique; mais le mot *et* qui les accompagne se met en romain :

Voyez pages 24, 25, et *passim*... — Il y a des personnes dont la figure attire et le caractère repousse, et *vice versa*...

86. Si, dans un passage italique, il se trouve une ponctuation après un chiffre, une parenthèse ou un crochet, elle doit être en romain.

87. Les lettres supérieures qui suivent une lettre italique doivent être également en italique :

On lit dans l'*Histoire de François Ier*...

88. Quand on divise un mot italique et que la syllabe reportée à la ligne suivante commence par un *v*, on doit employer le *ν* médial lorsque le caractère en comporte : *sou-νent*, *trou-νer*; à moins que la partie reportée n'appartienne à un mot composé,

comme *porte-voix, vis-à-vis, savoir-vivre,* etc.; mots qui doivent toujours, divisés ou non, conserver le *v* initial.

89. Dans les textes ordinaires, on met en chiffres arabes les dates et les millésimes; les autres nombres se mettent en toutes lettres :

Le duc de Beauvilliers était séparé de Fénelon depuis dix-sept ans, lorsqu'il succomba, le 31 août 1714, à l'âge de soixante-six ans. Fénelon ne survécut que quatre mois à son dernier ami. On a de lui cinquante-cinq ouvrages...

90. Dans les modèles d'actes judiciaires ou de procès-verbaux, les dates, les millésimes, les sommes, etc., s'expriment en toutes lettres :

Le huitième du mois de juillet mil huit cent vingt-huit, est comparu... pour déposer entre nos mains la somme de six cent trois francs dix centimes...

91. Il est préférable de mettre au long l'adjectif numéral qui précède quelquefois le mot *siècle,* plutôt que de l'exprimer en chiffres romains de grandes ou de petites majuscules; parce que, l'usage se refusant à ce que l'on mette l'abréviation au bout de la ligne et le substantif à la ligne suivante,

Au commencement du XVe | siècle... — Vers la fin du XVIIIe | siècle...

on peut, dans ce cas, se trouver embarrassé pour l'espacement : ce qui n'a pas lieu dans la manière proposée, l'adjectif pouvant se diviser au besoin :

Au quin | zième siècle... — Au milieu du dix- | hui | tième siècle...

92. Quand un nombre en chiffres commence un alinéa ou une phrase, dans les ouvrages à texte courant, il convient de l'exprimer en lettres, même s'il se trouve suivi de très-près d'un autre nombre qui, d'après la marche adoptée, doit être exprimé avec des chiffres.

93. Les adjectifs numéraux qui suivent les noms propres de souverains, se mettent en chiffres romains dans la prose, et jamais en chiffres arabes ni en toutes lettres :

François Ier... — Louis XIV... — Pie IX.. — Napoléon III...

Il en est de même pour les années de la république :

L'an III de la république... — Le 20 fructidor an X...

94. Le mot *premier,* désignant le quantième du mois, se met en abrégé et avec un chiffre :

Le 1er juillet 1828... — Le 1er septembre 1798...

95. Dans les nombres cardinaux exprimés en chiffres romains, soit dans le texte, soit dans les titres courants (lorsqu'on y fait usage des lettres minuscules), l'unité finale doit se figurer par un *j* et non par un *i* :

ij... — iij... — vj... — vij... — viij... — xj... — xij...

Il n'en est plus de même si l'on emploie les majuscules :

II... — III... — VI... — VII... — VIII... — XI... — XII...

96. Les fractions à barre horizontale ($\frac{1}{4}$... $\frac{3}{20}$... $\frac{4}{100}$), formées de chiffres qui se parangonnent sur le corps du texte employé, s'appliquent de préférence aux ouvrages d'arithmétique ; celles à barre diagonale figurent mieux dans les prix courants, et, quand elles sont en petit nombre, dans les textes ordinaires. Ces dernières se composent de chiffres du corps (1/2... 2/30), ou de chiffres supérieurs et inférieurs ($^{2}/_{8}$... $^{1}/_{100}$), soit du corps, soit parangonnés, et d'une barre fondue à cet effet.

97. Dans les dates doubles concordant avec deux systèmes de calendrier, comme le grégorien et le russe, on ne peut employer que la barre diagonale :

2/14 avril... — 20/31 mai... — 7/19 décembre...

98. Lorsqu'un nombre exprimé en chiffres est suivi d'une fraction, celle-ci doit être plus près du nombre qui la précède que du mot qui la suit ; mais lorsque la fraction n'est le complément d'aucun nombre, elle prend l'espace des autres mots :

Cette passe est large seulement de $1\frac{1}{2}$ à $2\frac{1}{4}$ encablures...
La coupure du canal n'a que $\frac{1}{10}$ de mille de largeur au S. $\frac{1}{4}$ S. E...

99. L'alinéa se marque, dans la prose, pour tous les formats, par le cadratin du corps que l'on compose.

Dans les vers de même mesure, il se forme par le cadratin ou par une ligne de blanc, et quelquefois aussi par les deux réunis.

100. On se trouve parfois obligé d'augmenter ou de diminuer légèrement le cadratin, pour cause d'espacement ou de division; mais il est nécessaire alors, si l'ouvrage est soigné, de faire subir une semblable modification à tous les alinéa de la même page.

101. Lorsque le texte d'un alinéa est coupé par une citation quelconque hors ligne, on reprend le texte sans rentrée, avec ou sans majuscule, selon le cas :

« Nos poëtes se sont permis quelquefois d'employer le comparatif pour le su-
« perlatif relatif; on doit leur savoir gré de cette hardiesse, qui donne plus de
« concision, plus de nerf à l'expression. C'est ainsi que Corneille a dit :

Que le parti plus faible obéisse au plus fort;

« et Racine :

Déjà, sur un vaisseau, dans le port préparé,
Chargeant de mon débris les reliques plus chères,
Je méditais ma fuite aux rives étrangères.

« Mais si cette licence n'ajoute rien à la beauté de l'expression... »

102. Les mots *Monsieur, Madame*, etc., placés en tête d'une lettre ou d'un discours, se renfoncent de deux ou trois cadratins, selon la largeur de la justification. — Il en est de même de la date, lorsqu'elle est placée à la fin de la lettre; mais si elle l'est au commencement, elle se reporte presque à l'extrémité droite.

103. Les lettres de deux points, au début d'un livre, de chapitre, etc., ne se renfoncent pas.

104. Lorsque le *tiret* remplace un interlocuteur dans le corps d'un alinéa, on doit éviter qu'il ne tombe à la fin d'une ligne. Il ne doit pas non plus, dans ce cas, rester à la fin d'un vers; il se reporte au commencement du vers suivant.

105. Toutes les fois que, dans un discours dialogué, les expressions *dit-il, lui dit-elle, répondit-il*, etc., figurent pour marquer le changement d'interlocuteur, on ne met pas de tiret.

106. On le met quelquefois, à l'imitation des Anglais, après la

virgule, le point-virgule, et le point, dans le but de marquer une espèce de transition. Lorsqu'il en est ainsi, on ne met de majuscule qu'au mot qui vient après le point.

107. On met un tiret entre le chiffre qui suit le paragraphe et l'énoncé du titre, lorsque ce titre est en ligne perdue :

§ 2. — *De la Taille des arbres à fruit.*

Si, au contraire, ce titre est placé au commencement de l'alinéa, on met le tiret après l'énoncé du titre :

§ 4. *Du Divorce.* — Cette grave et importante question...

108. L'espacement des vers pouvant plus facilement se régulariser que celui de la prose, il est indispensable d'employer constamment la même espace. A cet effet, on peut diviser le cassetin aux espaces en deux parties inégales, dont la plus grande sera destinée à l'espace de choix, et l'autre à celle de justification.

109. Les vers se renfoncent en raison du nombre de syllabes qu'ils contiennent; le renfoncement ordinaire est d'un demi-cadratin par syllabe de moins. Ainsi, en supposant que les vers de douze syllabes remplissent la justification par la gauche, le vers de dix syllabes (1) sera rentré d'un cadratin; celui de huit, de deux cadratins; celui de sept, de deux et demi; celui de six, de trois, et ainsi de suite :

12 « O mort, viens terminer ma misère cruelle! »
10 S'écriait Charle, accablé par le sort.
8 La Mort accourt du sombre bord :
7 « C'est bien ici qu'on m'appelle?
6 « Or, çà, de par Pluton,
5 « Que demande-t-on?
4 « — Je veux... » dit Charle.
3 « — Tu veux... parle...
2 « Eh bien!
1 « — Rien. »

---

(1) Les vers de onze syllabes ne se rencontrent que dans quelques opéras, où ils sont appropriés à la musique. — Les vers de neuf syllabes, quoique plus fréquemment employés, ne sont guère d'usage non plus dans la poésie régulière.

110. En scandant un vers pour en opérer la rentrée, on doit faire attention que la syllabe muette et au singulier qui se trouve devant un mot commençant par une voyelle ou une *h* muette, ne se compte pas :

> Mon cœur me l'avait dit : tou*te* â*me* est sœur d'u*ne* âme.
>
> Car cet*te* horrible vi*e* est un enfer sans toi.

Il en est de même de celle qui, soit au singulier, soit au pluriel termine un vers :

> Que nous n'étions pas deux, que mon âme et la tien*ne*
> N'ont rien qui ne se mêle et qui ne s'appartien*ne*.
>
> Quand celui qui voulut tout souffrir pour ses frè*res*
> Dans sa coupe sanglante eut vidé nos misè*res*.

111. Le mot *encore* s'écrit sans *e* à la fin, selon le besoin de la rime :

> Bâtir et renverser, et rebâtir *encor*
> Mille ombres de bonheur avec ses songes d'or.

Dans l'intérieur du vers, il ne le prend pas non plus lorsqu'il termine un hémistiche suivi d'une consonne :

> Où l'accent altéré de ma voix trop émue
> A son oreille *encor* la laissait inconnue.

Devant une voyelle ou une *h* muette il le prend toujours, mais il ne compte que pour deux syllabes :

> Cœur mort, il faut *encore* éteindre ton flambeau.
>
> La mort? Oui, si j'étais *encore* homme peut-être?

112. Les mots *monsieur, madame, mademoiselle,* etc., faisant partie d'un vers, se mettent toujours au long, ainsi que les adjectifs numéraux qui accompagnent certains noms propres, tels que *Henri quatre, Louis quatorze,* etc.

113. Les nombres de toute espèce se mettent aussi en lettres :

> En l'an seize cent vingt, j'épousai dans Bayonne
> Charlotte-Marguerite-Honorine Delorme.
> L'an mil six cent vingt-six, je la mis au couvent,
> Pour de certains péchés répétés trop souvent...

114. Les diverses parties d'un vers coupé par des interlocuteurs, doivent être disposées de manière à ce que chacune d'elles tombe immédiatement à la suite de l'autre. Pour cela, après avoir composé la première partie du vers, on renfonce la seconde de sa valeur exacte, plus une espace; la troisième de la valeur de la seconde et du blanc représentatif de la première, plus une espace; et ainsi de suite pour la quatrième, s'il y a lieu :

Votre reine est Inès.
                    Est-il vrai?
                              Fils ingrat!...

Lorsque l'étendue de ces diverses parties est assez considérable pour excéder la largeur de la justification, on peut les rentrer également l'une sous l'autre, si, dans la même page, il n'y a pas d'autres longs vers à faire entrer dans la garniture :

Seigneur...
          Ah! c'en est trop.
                    Quoi! vous voulez...?
                              Je veux...

115. Lorsque, dans un ouvrage soigné, un vers ne peut entrer dans la justification; on en place l'excédant dans le blanc de la marge; mais lorsqu'il s'agit d'une édition économique, on met cet excédant, que l'on a rendu le moins considérable possible en diminuant l'espacement et que l'on fait précéder d'un crochet, à la fin de la ligne de dessus, ou, lorsque celle-ci n'offre pas suffisamment de blanc, à la fin de la ligne de dessous :

Les fatiguer de moi, ni me fatiguer d'eux. [êtes,
Faux honneurs! vains travaux! vrais enfants que vous
Que de vide, ô mortels, dans tout ce que vous faites!

Qu'aux malheurs les plus grands ils doivent tous s'at-
O menace, mon Dieu, qui ne peut m'alarmer! [tendre.

Si l'ouvrage est à deux colonnes, et que le vers long se trouve entre deux lignes pleines, on est obligé alors, malgré l'usage, de doubler ce vers, ou de le mettre d'un caractère inférieur.

116. Les *aparté* et *jeux de scène,* dans les pièces de théâtre

en vers, se mettent en caractère romain inférieur à celui du corps de l'ouvrage; et lorsqu'ils se trouvent à côté de l'interlocuteur, ils en sont séparés par une virgule et ne prennent pas de parenthèses :

INÈS, à part.
Quels biens il sacrifie en me restant fidèle!
CASTRO, montrant le lieu où Inès a été tuée.
. . . Ici votre main l'immola.

Dans les autres cas, ils prennent les parenthèses, et se placent au-dessus de l'endroit du vers auquel ils appartiennent :

DON PÈDRE, à Blanche.
(Avec colère.) (D'un ton plus modéré.)
C'est trop... Blanche, Alvarès, votre roi, votre reine,
Vont ici vous juger.

117. Si l'étendue des deux jeux de scène appartenant à un vers ne permet pas de les placer convenablement dans la même ligne, on coupe le vers à l'endroit auquel se rapporte le second jeu de scène, et l'on place celui-ci au-dessus de la partie enlevée du vers dont on a fait une nouvelle ligne :

Marchons. Ce seul penser rend la force à mon âme.
(Constance veut suivre don Pèdre.)
Vous, Constance, restez.
(Avant de monter la dernière marche du trône.)
Dieu du ciel, soutiens-moi!

118. Les jeux de scène qui ne se rapportent pas directement à une partie d'un vers, se mettent presque à l'extrémité droite de la ligne :

Songez qu'elle était reine, et qu'elle est mon épouse!
(Alphonse sort.)

et s'ils sont d'une certaine étendue, on en fait deux lignes, dont la première est rentrée de quelques cadratins, et la seconde au milieu de celle-ci :

Allez, entraînez-la... Vous hésitez!... Mon bras...
(Alvarès poursuit Inès, et ne tire son poignard
qu'au moment où elle quitte la scène.)

119. Les jeux de scène explicatifs qui se trouvent immédiatement sous les mots *acte* ou *scène*, se composent aussi en caractère romain plus petit, en alinéa sans parenthèses.

120. Dans la prose, les jeux de scène se mettent quelquefois en italique du corps, afin d'éviter les parangonnages :

PIERROT, *haut.*

Heu! (*Don Juan lui donne un soufflet.*) Tétigué! ne me frappez pas... (*Autre soufflet.*) Oh! jarniguié! (*Autre soufflet.*) Ventregué!...

121. Lorsque, dans les vers cités, celui qui précède le nom de l'auteur remplit la totalité de la ligne, on rentre ce dernier d'un ou deux cadratins à droite; dans le cas contraire, le nom de l'auteur doit dépasser le vers d'autant :

Chaque homme a ses malheurs : vous avez pu l'apprendre...
F. DIDOT, *Annibal*, act. IV, sc. VIII.

Entre un sceptre et l'honneur je ne balance pas.
F. DIDOT, *Annibal*, act. II, sc. VII.

122. Dans les *acrostiches*, la lettre initiale de chaque vers, successivement justifiée sur sa force de corps, au moyen d'espaces mises avant et après, est renversée dans le composteur sur son côté de frotterie, et placée de manière que sa tête soit du côté de frotterie de la deuxième lettre du vers, dont elle doit être séparée par une espace d'un ou deux points :

R ose est aimable et belle, à tous elle sait plaire;
O n sent, près d'elle assis, battre plus fort son cœur;
S a bonté fait rêver des anges sur la terre,
E t son tendre regard transporte de bonheur.

123. Quand l'acrostiche n'est formé que d'un mot, toutes les lettres initiales se mettent en grandes majuscules, comme dans l'exemple ci-dessus; mais s'il en forme plusieurs, il convient de mettre la première lettre de chaque mot en grandes majuscules et le reste en petites, afin d'éviter la confusion.

124. Les derniers mots des vers des *bouts-rimés* doivent s'aligner verticalement entre eux sur la gauche, et être en italique :

Je rencontrai, dimanche, un mort dans son *cercueil,*
Voyageant tristement sur le chemin *d'Arcueil;*
Au fond d'un corbillard, comme en un bon *fauteuil,*
Deux prêtres se carraient, et le couvaient de *l'œil.*
Tout à coup l'essieu rompt; la bière fut *l'écueil*
Qui joignit les vilains à feu monsieur *d'Auteuil;*
C'était le nom du mort : il fallut dans un *fiacre*
Emballer le défunt, les prêtres et le *diacre.*
Du sort qui nous attend voilà le *simulacre,*
Me dis-je; le Mogol, sur son trône de *nacre,*
Le vaincu massacré, le vainqueur qui *massacre,*
Tôt ou tard de Caron remplissent la *polacre.*

125. On ne met pas en majuscules les initiales des vers des *chronogrammes* ni celles des noms propres qui peuvent s'y trouver exprimés, à moins que ces initiales ne soient elles-mêmes des lettres numérales :

franCorVM tVrbIs sICVLVs fert fVnera Vesper.
(MCCLVVVVVVII — 1282; date des Vêpres siciliennes.)

126. Les abréviations 1°, 2°, 3°...10°, etc., qui se trouvent à découvert et l'une au-dessus de l'autre dans la même page, ne doivent pas s'aligner verticalement par la droite, comme dans les cas où il y aurait un total à obtenir :

On traitera particulièrement dans ce mémoire :
1° De l'ensilage;
2° De l'engrais fait avec de mauvaises herbes;
3° De l'emploi de la marne en litière;...
10° Des diverses formes de silos.

127. Les adjectifs numéraux exprimés en chiffres romains et répétés consécutivement à plusieurs lignes, dans les tables des matières ou autres, qu'ils soient ou non précédés des mots *livre, chapitre,* ne doivent pas non plus s'aligner par la droite, de cette manière :

CHAPITRE Ier. — De la solidarité entre les hommes 1
CHAPITRE II. — De l'égalité relative des hommes en société. 20
CHAPITRE XXXIX. — De la juste étendue de la liberté.......... 108

ils doivent tous ou commencer immédiatement les lignes,

ou suivre, en s'alignant à gauche, le substantif qui les précède :

128. Les lignes de table ou d'opération quelconque à points de conduite doivent se justifier entre le dernier mot et le premier gros point, soit avec une espace fine, soit avec un point ordinaire selon le cas, mais jamais dans l'intérieur de gros points, afin que ceux-ci conservent leur alignement vertical. (Voyez, pour cette observation et pour la suivante, les quatre exemples du numéro qui précède.)

Il est nécessaire aussi que chaque ligne de gros points soit terminée par un point ordinaire, pour que leur alignement vertical avec la fin des lignes pleines qui pourraient se rencontrer dans la même page ou opération soit conservé.

129. Lorsqu'on se sert de points ordinaires pour points de conduite, on doit les séparer avec des demi-cadratins et non avec des espaces.

130. Dans les tables à points de conduite, on met un cadratin entre le dernier point et les chiffres de pagination devant les centaines, un cadratin et demi devant les dizaines, et deux cadratins devant les unités. On peut diminuer d'un demi-cadratin dans les formats inférieurs à l'in-octavo.

131. Lorsque, dans une opération quelconque, plusieurs parties de lignes tombent successivement les unes sur les autres et forment comme autant de colonnes, elles doivent s'aligner exactement entre elles dans le sens vertical :

Allier..........	12 mars.	Société d'agriculture du département.
Bas-Rhin........	14 avril.	Comice de Saverne.
Charente-Inférieure.	29 janvier.	Société d'agriculture de Rochefort.
Gard...........	12 juillet.	Au département.

Pour obtenir toute la rectitude désirable dans ces sortes d'alignements, il est indispensable de composer séparément chacune de ces parties sur la justification qui lui est propre, et de les réunir ensuite pour en former la justification totale.

En agissant autrement, c'est-à-dire en se bornant à composer les lignes les unes sur les autres dans une seule justification, on passe beaucoup plus de temps; et à moins d'une attention soutenue, l'alignement se perd peu à peu, au point que si l'opération a quelque étendue en hauteur, la dernière ligne, présentée sur la première, offre souvent, sous ce rapport, une différence de plusieurs points, ainsi qu'on le voit dans l'exemple suivant :

1804. Paris..........	Napoléon Ier..	Français..	Pie VII.
545. Constantinople.	Justin Ier.....	Grec.....	Jean Ier.
816. Reims........	Louis le Pieux.	Français..	Étienne IV.
1014. Rome........	Henri le Saint..	Allemand.	Benoît VIII.
1155. Rome........	Frédéric Ier...	Allemand.	Adrien IV.
1355. Rome.........	Charles IV....	Allemand.	Innocent VI.
1530. Bologne.......	Charles V.....	Allemand.	Clément VIII.
1804. Paris..........	Napoléon Ier..	Français..	Pie VII.

132. Les lettres ou les mots de caractères différents, parangonnés entre eux, doivent s'aligner exactement par le pied :

Amitié vive, sincère, constante et pure.

133. L'ombre des caractères dits *ombrés*, ainsi que les traits inférieurs de la gothique ornée, doivent dépasser de toute leur épaisseur la base des autres types :

MADAME MADAME MADAME

134. Pour aligner d'une manière convenable, on met préalablement dans le composteur le mot ou la lettre qui est la plus

forte du corps, puis on place à sa droite plusieurs *m* minuscules du caractère qui doit s'aligner avec elle et on les élève successivement, avec des interlignes ou des cadrats, jusqu'à leur parfait alignement, dont on s'assure en présentant une interligne par un de ses côtés à la base de ces lettres. On remplace ensuite les *m* par les lettres convenables, puis on complète le parangonnage en ajoutant, s'il est nécessaire, le blanc par-dessus l'un ou l'autre, des caractères parangonnés.

135. Dans les parangonnages pour lesquels on est obligé de faire usage de plusieurs pièces soit en dessus, soit en dessous du corps parangonné, on doit mettre la plus forte par-dessus, afin qu'elle soit moins susceptible de s'échapper de sa place. Soit, par exemple, un mot de neuf points à parangonner sur une lettre de dix-huit, et en supposant que l'alignement horizontal exige autant de blanc dessus que dessous le mot de neuf : on mettra d'abord une interligne d'un point et demi dessus et une dessous le mot de neuf, puis, par dessus l'une et l'autre une interligne de trois points :

3 points
1 point et demi
Marie
1 point et demi
3 points

136. Dans la position horizontale, l'accolade a presque toujours son centre saillant tourné par en haut, excepté lorsqu'elle est placée comme simple ornement sous une addition marginale, ou qu'elle sert à réunir plusieurs colonnes d'une opération ou d'un tableau qui n'ont pour elles toutes qu'un total unique. (Voir l'exemple de la page 139).

137. Le centre saillant de l'accolade placée verticalement doit toujours être tourné du côté qui tient le moins d'étendue en hauteur (*a* ci-contre). Si l'étendue verticale des deux parties est la même, il se tourne du côté qui contient non le moins de lignes, mais le moins d'articles (*b*).

Lorsqu'il n'y a qu'une ligne du côté du centre saillant, celui-ici doit se trouver au milieu de la ligne (*c*); s'il y a deux lignes, il doit se trouver entre elles (*d*); s'il y en a trois, il s'aligne sur le milieu de la deuxième (*e*); et ainsi de suite :

(*e*)	(*d*)	(*c*)		(*a*) / (*b*)	
Fleurs hermaphrodites avec étamines	séparées du pistil	libres	égales	(*a*) nombre . .	11. Monandrie.
					12. Diandrie.
					13. Dodécandrie.
				(*b*) nombre et insertion	14. Icosandrie.
					15. Polyandrie.
			inégales.		16. Tétradynamie.
		réunies	par les filets . . .		17. Monadelphie.
			par les anthères .		18. Syngénésie.
	unies au pistil				19. Gynandrie.

Cette opération qui pourra servir d'exemple pour celles qui lui sont analogues, s'exécute de la manière suivante :

On compose d'abord les plus longs mots de chaque accolade, c'est-à-dire,

hermaphrodites séparées libres égales et insertion 16. Tétradynamie.

en plaçant six points entre chacun d'eux pour la valeur représentative de l'accolade, afin de s'assurer qu'ils peuvent entrer dans la justification (1); puis on les place, en ordre inverse, dans un composteur de bois ou sur une galée. On compose ensuite sur une même justification les neuf mots 11 à 19, qui doivent s'aligner verticalement entre eux. Cela fait, on pose les mots 11, 12 et 13 sur la galée de composition, la fin des lignes butant contre la tringle en tête (2); puis on met l'accolade qui est en avant,

(1) Les mots ***Fleurs hermaphrodites avec étamines***, ainsi que ***séparées du pistil***, et ***nombre et insertion***, ne devraient, rigoureusement, former qu'une seule ligne; mais on a la latitude, dans les tableaux synoptiques de ce genre, de doubler, tripler, etc., les parties semblables à celles-ci, toutes les fois que la justification totale l'exige.

(2) Nous aurions désiré, pour plus de clarté, placer les diverses parties de cette opération dans le sens que nous indiquons, c'est-à-dire de cette manière :

11. Monandrie.
12. Diandrie.
13. Dodécandrie.

mais cela nous eût demandé beaucoup plus de place, et, d'un autre côté, nous pensons que l'intelligence du compositeur ne restera pas en défaut à ce sujet.

11. Monandrie.
12. Diandrie.
13. Dodécandrie.

l'on parangonne le mot *nombre* (qui est, comme tout le reste, sur corps sept interligné à deux points) sur l'épaisseur des trois lignes embrassées par l'accolade (25 points, dont 9 dessus et 9 dessous),

nombre... { 11. Monandrie.
12. Diandrie.
13. Dodécandrie.

on recouvre ces deux parties d'une interligne, et l'on place au-dessus les mots 14 et 15 avec l'accolade qui les précède,

nombre... { 11. Monandrie.
12. Diandrie.
13. Dodécandrie.
{ 14. Icosandrie.
15. Polyandrie.

nombre et insertion et l'accolade en avant,

{ nombre... { 11. Monandrie.
12. Diandrie.
13. Dodécandrie.
nombre et insertion { 14. Icosandrie.
15. Polyandrie.

le mot *égales*, parangonné sur l'épaisseur des cinq lignes, 11 à 15 (43 points : 22 et demi en dessus et 13 et demi en dessous), puis une interligne recouvrant le tout,

égales { nombre... { 11. Monandrie.
12. Diandrie.
13. Dodécandrie.
nombre et insertion { 14. Icosandrie.
15. Polyandrie.

le mot 16 et *inégales*, avec l'accolade en avant,

{ égales { nombre... { 11. Monandrie.
12. Diandrie.
13. Dodécandrie.
nombre et insertion { 14. Icosandrie.
15. Polyandrie.
inégales........ 16. Tétradynamie.

libres, parangonné sur les six lignes 11 à 16 (52 points : 33 et demi en dessus et 11 et demi en dessous), puis une interligne par-dessus le tout,

libres	égales	nombre. . .	11.	Monandrie.
			12.	Diandrie.
			13.	Dodécandrie.
		nombre et insertion	14.	Icosandrie.
			15.	Polyandrie,
	inégales.		16.	Tétradynamie.

les mots 17 et 18, *par les filets* et *par les anthères*, avec l'accolade en avant,

libres	égales	nombre. . .	11.	Monandrie.
			12	Diandrie
			13.	Dodécandrie.
		nombre et insertion	14.	Icosandrie.
			15.	Polyandrie.
	inégales.		16.	Tétradynamie.
	par les filets. . . .		17.	Monadelphie.
	par les anthères. .		18.	Syngénésie.

réunies parangonné sur ces deux lignes (16 points : 4 et demi en dessus et autant dessous), puis l'accolade en avant,

libres	égales	nombre.	11.	Monandrie.
			12.	Diandrie.
			13.	Dodécandrie
		nombre et insertion	14.	Icosandrie.
			15.	Polyandrie.
	inégales.		16.	Tétradynamie.
réunies	par les filets. . . .		17.	Monadelphie.
	par les anthères. .		18.	Syngénésie.

les deux lignes *séparées du pistil*, parangonnées sur les huit lignes 11 à 18 (70 points : 41 et demi en dessus et 12 et demi en dessous), et une interligne par-dessus la totalité,

séparées du pistil	libres	égales	nombre. . .	11.	Monandrie.
				12.	Diandrie.
				13.	Dodécandrie.
			nombre et insertion	14.	Icosandrie.
				15.	Polyandrie.
		inégales.		16.	Tétradynamie.
	réunies	par les filets. . . .		17.	Monadelphie.
		par les anthères. .		18.	Syngénésie.

le mot 19 et *unies au pistil*, avec l'accolade en avant,

nombre. . . 11. Monandrie.
12. Diandrie.
13. Dodécandrie.
égales, nombre et insertion 14. Icosandrie.
15. Polyandrie.
séparées du pistil, libres, inégales. . . . . 16. Tétradynamie.
réunies, par les filets. . . . 17. Monadelphie.
par les anthères. . 18. Syngénésie.
unies au pistil. . . . . 19. Gynandrie.

et enfin les trois dernières lignes, *Fleurs hermaphrodites avec étamines*, parangonnées sur l'épaisseur totale des lignes 11 à 19 (79 points : 48 en dessus et 6 en dessous), de manière que le centre saillant de l'accolade se trouve vis-à-vis le milieu de la seconde ligne, conformément à ce qui a été dit ci-dessus.

Fleurs hermaphrodites avec étamines
séparées du pistil
libres
égales
nombre. . . 11. Monandrie.
12. Diandrie.
13. Dodécandrie.
nombre et insertion 14. Icosandrie.
15. Polyandrie.
inégales. . . . . 16. Tétradynamie.
réunies, par les filets. . . . 17. Monadelphie.
par les anthères. . 18. Syngénésie.
unies au pistil . . . . 19. Gynandrie.

138. Lorsqu'on place des accolades verticales dans une composition non interlignée, il faut avoir soin de les parangonner exactement sur le nombre de lignes qu'elles doivent embrasser, sans quoi la composition irait de guingois, et serait susceptible de tomber en levant les formes. Supposons, par exemple, que la partie embrassée ait 32 points d'épaisseur : comme l'accolade qui se rapproche le plus de ce nombre n'a que 30 points (1), on place une espace de 1 point sous chacune de ses deux branches; l'espace sera de 2 points si la partie embrassée en a 34.

139. Lorsque l'on bloque une lettre en composant, il est d'u-

(1) Les accolades sont généralement fondues de six en six points, depuis 12 points jusqu'à 250; au-dessus de ce nombre, elles sont de deux pièces.

sage de la mettre le cran en dessus, en lui conservant l'œil en l'air, afin que son contact avec le marbre ne l'endommage pas. La lettre de remplacement doit être parfaitement identique en force avec la lettre bloquée, et l'on doit éviter de se servir jamais de lettres crénées.

140. Lorsqu'on réimprime un ouvrage qui, par le fait de changements quelconques, ne va plus page pour page, il convient de bloquer les chiffres qui renvoient à quelque endroit du volume, afin d'appeler sur eux l'attention de l'auteur et du correcteur.

§ II.

OBSERVATIONS SUR LA DISTRIBUTION.

1. Avant de distribuer pour la première fois dans une casse, le compositeur doit la débarrasser de tout ce qu'elle peut contenir d'étranger au caractère, et jeter un coup d'œil sur certaines sortes peu courantes du haut de casse, qui, malheureusement, ont souvent une classification différente dans chaque imprimerie.

2. On mouille habituellement la distribution, afin de la rendre plus coulante et plus facile à manier (1); lorsque, malgré cela, elle ne se détache pas facilement, on la frappe très-légèrement par le pied sur la galée ou sur un ais (2) : mais si elle tenait par trop, il vaudrait mieux la plonger pendant quelques minutes dans de l'eau bouillante.

---

(1) L'expérience nous a pleinement convaincu que la distribution faite à sec, préconisée par quelques compositeurs, était loin de présenter des avantages qui répondissent en rien aux inconvénients de son exécution, surtout pour les caractères de moyenne grosseur. — Ce que nous disons ici de la distribution s'applique en général à l'imposition, à la désimposition, aux remaniements, aux reports de pages ou de lignes, etc.; opérations qui se font toutes avec bien plus de sécurité, et partant avec plus de célérité, si tout le texte pour la distribution, et le bord des lignes dans les autres cas, sont légèrement mouillés.

(2) La plupart des compositeurs ont la funeste habitude de battre leur distribution sur le marbre; on ne saurait trop blâmer ce moyen, qui a le grave inconvénient d'élargir le pied de la lettre, laquelle perd ainsi sa hauteur, sa ligne et son approche.

3. Lorsque la distribution est convenablement lavée et rincée, elle coule mieux et sèche plus vite.

4. Il est inutile de surcharger la main par une trop forte poignée; plus, au contraire, on pourra prendre de mots entre les doigts, sans toutefois en gêner les mouvements, plus on distribuera avec célérité.

5. Il faut se garder de jeter la lettre avec force dans les cassetins, en distribuant, car cela nuit sensiblement au caractère. La lettre ne doit recevoir d'autre impulsion que celle résultant de sa chute dans le cassetin qui lui est propre, lorsqu'elle s'échappe d'entre le pouce et l'index.

6. La distribution faite avec soin contribuant puissamment à produire une composition correcte, on doit éviter le plus possible de faire des coquilles.

7. Les espaces d'un point doivent être soigneusement mises à part en distribuant.

8. Les interlignes provenant de la distribution se placent avec ordre dans le cassetin des *tirets* ou dans celui des *fi*. Quand on emploie des interlignes de diverses longueurs ou épaisseurs, on doit les mettre séparément en distribuant.

9. Il est plus avantageux de survider quelques cassetins que de les emplir outre mesure; car l'attention, souvent inutile, que l'on apporte pour éviter les coquilles, soit en continuant de distribuer, soit en composant, nuit nécessairement à la célérité de l'une ou l'autre de ces deux opérations.

10. Si la distribution est d'une très-petite justification, comme les additions marginales, les colonnes de texte de certaines opérations, tableaux, etc., on en réunit plusieurs, afin de donner à la poignée une largeur convenable.

11. Lorsqu'on a un certain nombre de colonnes de chiffres à distribuer il est bon d'en réunir plusieurs, si elles sont peu larges (après les avoir dégagés de leurs têtes et filets), et de placer la poignée sur le plat de la lettre, le haut de l'œil à droite; on distribue ensuite toute la première couche, c'est-à-dire les derniers chiffres, puis la seconde couche, et successivement jusqu'à

la dernière. La pratique a fait reconnaître un avantage marqué en faveur de cette manière.

12. Lorsque, dans une distribution quelconque, il se trouve un certain nombre de mots spéciaux susceptibles de se répéter souvent dans la composition, on place ces mots, selon leur retour successif, sur une galée disposée à cet effet en plusieurs compartiments, pour les y reprendre au besoin.

13. Quand la distribution offre des sortes étrangères à la casse, et que ces sortes doivent encore servir, on recouvre d'un papier fort (1) les cassetins des lettres les moins usuelles, et on les y place provisoirement.

14. Lorsqu'on n'a pas la casse italique à côté de soi, ou si elle sert à plusieurs, il est convenable, pour ne pas se gêner mutuellement, de mettre provisoirement l'italique qu'on rencontre, soit dans un composteur de bois, soit dans une galée s'il est considérable, afin de choisir le moment opportun pour le distribuer.

15. Lorsque la distribution n'est pas de même nature que la composition, c'est-à-dire si elle surabonde d'italique, petites majuscules, etc., il convient d'extraire ces diverses parties au fur et à mesure de leur rencontre, et de les placer sur une galée où l'on a préalablement mis une interligne de la justification dont on se propose de former le paquet; puis, lorsque cette interligne est recouverte, on en place une seconde, que l'on recouvre à son tour, et ainsi de suite jusqu'à la fin de la distribution. — Ces caractères sont immédiatement remis à l'homme de conscience, ainsi que les interlignes, les filets, le grec ou les signes quelconques dont on sait ne pas avoir besoin.

16. Il faut éviter de soulever les lettres dans leurs cassetins avec la pointe ou même avec les doigts, on a plus tôt fait de relever un peu la casse, et, en agissant ainsi, le caractère est garanti de tout contact ou frottement nuisible.

17. Le moment le plus convenable pour faire la distribution est

(1) La présence du papier a pour but de prévenir toute erreur en distribuant, et de rendre l'extraction de ces sortes plus facile lorsqu'elles deviennent inutiles.

la fin de la journée. De cette manière la tête se repose un peu de l'attention soutenue qu'exige la composition, et la lettre a le temps de sécher pendant la nuit.

18. Lorsque, dans l'hiver surtout, on est obligé de composer immédiatement après avoir distribué, il y a avantage à étendre les principales sortes sur des porte-page pendant quelques minutes, afin de les faire sécher plus promptement.

§ III.

OBSERVATIONS SUR LA CORRECTION.

1. Lorsqu'on desserre les formes pour corriger, on commence à chasser les coins de pied avant ceux de côté, pour éviter l'écartement horizontal des lettres du bord des pages qui aurait lieu en agissant autrement, surtout si le caractère est petit et non interligné. On doit aussi passer du coin le plus faible au plus fort, et, s'il y a deux coins réunis, placer le décognoir sur celui qui est près du châssis.

2. Quand un coin se trouve engagé de manière à empêcher de se servir du décognoir, on avance la forme en dehors du marbre, jusqu'au biseau; puis on le frappe légèrement, soit en dessus, soit en dessous, avec la pointe du maillet, tout en maintenant le biseau près des pages avec la main gauche.

3. La lampe ou le chandelier ne doit pas être mis en contact immédiat avec le caractère : il faut avoir le soin de le placer sur un porte-page.

4. On ne doit pas éparpiller sur le marbre ou sur le châssis, et encore moins sur les pages, les lettres extraites de la correction; il faut les placer immédiatement dans le composteur de bois.

5. Il faut avoir le plus grand soin de ne pas coucher le fer de la pointe ou sa virole sur l'œil des lettres voisines du mot que l'on enlève afin de ne pas l'endommager.

6. Lorsqu'il arrive qu'une espace se brise en corrigeant, on en

enlève avec soin les fragments et on la remplace; sans quoi les lettres voisines perdent leur appui, et sont alors susceptibles de se rapprocher.

7. Pour s'assurer de la régularité de la justification après la correction d'une ligne, il faut opérer le mouvement de pression vers le blanc de fond et non vers le biseau qui, par le relâchement des coins, n'offre pas le point d'appui convenable.

8. On doit s'attacher, en levant la correction, à ne prendre que les lettres indispensables, quand il s'agit d'un mot à substituer à un autre; par exemple, pour remplacer le mot *renverser* par le mot *énumérer,* on n'aura à lever que les lettres *é, u, m, é,* les autres se trouvant dans le mot changé.

9. Lorsque la lettre à changer se trouve près d'un *f* ou d'un *j* italique, il est nécessaire d'enlever ces lettres en même temps, afin de ne pas casser les extrémités.

10. Si la dernière ligne d'un alinéa a été serrée à la composition, et qu'une lettre ou un mot soit supprimé dans cette ligne, il faut l'espacer de nouveau entièrement, pour la mettre en harmonie avec les précédentes, et non se contenter de jeter tout le blanc à la fin de la ligne. Si, au contraire, il s'agit de former un alinéa dans une ligne trop largement espacée relativement à celles qui la précèdent, il faut en diminuer convenablement les espaces, et mettre le blanc à la fin de la ligne.

11. Quand une épreuve est surchargée de corrections, d'ajoutés ou de suppressions qui occasionnent des remaniements, et, par suite, la remise en pages, il est nécessaire de mouiller et de dégarnir les formes, afin d'exécuter les corrections à sa casse, et non sur le marbre.

12. Avant de faire la correction d'un ou plusieurs mots ajoutés ou supprimés, on s'assure préalablement si l'on doit remanier en remontant ou en descendant, ou quelquefois faire l'un et l'autre, pour simplifier le travail tout en l'exécutant d'une manière plus convenable.

13. On doit éviter, en remaniant, de laisser dans le corps des lignes les divisions qui, précédemment, se trouvaient au bout,

ou de réunir sans espaces le dernier mot d'une ligne avec le premier de la ligne suivante.

14. Si une suppression quelconque dans l'intérieur d'une page nécessite le report de lignes, on opère de la manière suivante : Supposons une suppression de deux lignes dans la page 1 : on prend deux lignes en tête de la page 2, et on les met au bas de la 1, qu'on a préalablement disposée à les recevoir; on repousse la matière de la 2 vers son folio, et l'on apporte au bas les deux premières lignes de la page 3; et ainsi de suite, jusqu'à la rencontre, soit d'un ajouté équivalent, soit d'un blanc de titre ou de queue de chapitre à augmenter, soit de lignes de plus à faire à de certains alinéa finissant en lignes pleines; ce qui a dû être calculé avant de commencer le report.

Lorsque le report a lieu pour des lignes en plus, on agit d'une manière inverse. Soit, par exemple, un ajouté de trois lignes à intercaler à la page 2, qui nécessite de reporter jusqu'à la page 9, où il se trouve une queue : on commence par retrancher de cette queue l'équivalent exact des trois lignes, et l'on repousse la matière vers la ligne de pied, de manière à laisser le vide sous le folio; on enlève alors les trois dernières lignes de la page 8, et on les met en tête de la 9, puis les trois dernières de la 7 en tête de la 8, et ainsi de suite, jusqu'aux trois dernières lignes de la page 2, qui, enlevées et mises en tête de la 3, donnent la place nécessaire pour les trois lignes ajoutées.

15. Lorsque, par le fait d'une correction, la dernière ligne d'un alinéa précédant un titre, de courte qu'elle était se trouve allongée de manière à modifier l'aspect d'un blanc vertical qu'elle offrait primitivement, il faut régulariser de nouveau le blanc de ce titre.

16. (Si, pour éviter un remaniement dans une feuille dont il y a déjà un côté de tiré, on n'a d'autre ressource que de passer légèrement quelques lettres d'une ligne sur la lime, on fera subir de préférence cette diminution d'épaisseur aux lettres rondes, que l'on frottera également sur les deux côtés.)

17. Toutes les corrections un peu importantes, comme rema-

niements, reports, transpositions, etc., doivent être vérifiées après leur exécution, surtout quand il s'agit d'un bon à tirer ou d'une tierce.

18. Toutes les fois que la nature des corrections en deuxième, troisième, etc., ne s'y oppose pas, c'est-à-dire lorsqu'il ne s'y trouve ni remaniements ni reports de lignes du recto sur le verso, on doit corriger par forme; ce qui est plus bref, puisque l'on n'a pas, toutes les deux pages, à passer alternativement d'une forme à l'autre, et que cela gêne moins pour les marbres, dont souvent on peut avoir besoin.

§ IV.

OBSERVATIONS SUR LA MISE EN PAGES.

La mise en pages est une opération complexe qui offre souvent des difficultés dont nous n'avons pas dû nous occuper précédemment (afin, comme nous l'avons dit, de ne pas embarrasser les commençants), mais que les préceptes qui suivent serviront à trancher dans le plus grand nombre de cas.

1. La coche faite à la réglette de longueur pour déterminer l'étendue verticale de la page doit être répétée sur ses quatre côtés afin d'éviter de la retourner à plusieurs fois en la présentant sur la page.

2. Pour les ouvrages à deux colonnes, la réglette de longueur doit porter deux crans : l'un comprenant la totalité de la page, l'autre en dehors du folio et de la ligne de pied, pour le cas où il se trouve des titres ou des queues n'occupant que la première colonne.

3. Les sommaires, notes, etc., doivent être composés à l'avance, et placés près de la galée de mise en pages. Si ces diverses parties sont en petit caractère et non interlignées, on en rend le maniement plus facile en en mouillant légèrement les bords.

4. Lorsque les notes sont multipliées et de peu d'étendue, il arrive assez fréquemment, dans les ouvrages de science, qu'on les fait suivre sur chaque page : dans ce cas, le metteur en pages les compose au fur à mesure, si la marche peu rapide de l'ouvrage le lui permet; mais s'il en est autrement, il est obligé de les faire composer à l'avance, en réunissant dans un seul alinéa toutes celles qui se trouvent sur un ou plusieurs feuillets, suivant qu'il le juge convenable pour abréger le travail; il les divise ensuite selon qu'il est nécessaire, mais sans en opérer le remaniement, qu'il est prudent de retarder au moins jusqu'à ce que la lecture typographique ait donné la certitude qu'il n'y a pas de correction de nature à changer leur classement.

5. Lorsque l'ouvrage est sans titres courants, le folio se place au milieu de la ligne, ou seul ou entre deux parenthèses, deux tirets, ou de deux vignettes légères.

6. Lorsque les parties éventuelles d'un ouvrage (préfaces, introduction, avis, etc.) se composent après le texte, elles prennent une pagination particulière en chiffres romains, lesquels, dans le cas ci-dessus, doivent avoir le même accompagnement que les chiffres arabes des folios du texte, et être en minuscule, du caractère de ces derniers.

7. Lorsque, dans un ouvrage à titres courants, quelque partie paginée, n'en porte pas, le chiffre romain se met à l'extrémité de la ligne, et non au milieu.

8. La première page de la dédicace, du texte, et des grandes divisions de l'ouvrage, ne prennent ni folio ni titre courant.

9. Quand on élargit accidentellement une page pour une opération ou un tableau, le folio doit être rentré, soit à droite, soit à gauche de manière à conserver exactement la place qu'il occupe dans la justification ordinaire. (Voir page 131.)

10. Dans les ouvrages à deux colonnes qui portent deux folios. le folio impair se met à la première colonne et le folio pair à la seconde de chaque page.

11. Il peut arriver que, pour la justification d'un folio nu au

milieu de la ligne, on soit obligé de jeter une espace d'un point de plus d'un côté que de l'autre : il faut, dans ce cas, avoir le soin d'alterner cette espace en la mettant à droite des folios pairs et à gauche des impairs, sans quoi les folios ne tomberaient pas exactement l'un sur l'autre.

12. Le titre courant se met au milieu de la ligne, le folio étant compris dans le blanc du côté où il est placé.

13. La force d'œil du caractère des titres courants doit être combinée avec celle des titres ou sous-titres de l'ouvrage, de manière que leur rencontre accidentelle n'offre pas, sous ce rapport, une identité choquante.

14. Lorsqu'un titre courant énonce seulement le titre général de l'ouvrage, et sa division par livres, chapitres, etc., le titre de cet ouvrage se met au verso, et les mots livre, chapitre, etc., au recto (1) :

254 TÉLÉMAQUE.

LIVRE XVIII. 255

Mais si, dans un ouvrage divisé comme il vient d'être dit, le sommaire du livre ou du chapitre est énoncé, ces derniers se mettent au verso, et le sommaire au recto.

60 LIVRE II, CHAPITRE V.

DU BONHEUR DES ÉLUS. 61

15. Lorsque l'étendue d'un titre courant (relativement au format) ne permet pas de le mettre dans une seule ligne, sa coupure doit, autant que possible, se faire de manière que les deux parties soient à peu près de même largeur, mais il faut, avant tout, préférer la coupure que certaine division du sens indique. Ainsi,

(1) Lorsque, contrairement à l'usage, on conserve le titre courant aux livres ou aux chapitres, on transpose accidentellement ces deux lignes, afin d'éviter la répétition des mots *livre, chapitre* en tête de la même page.

le titre courant *de l'inégalité des conditions sociales* sera coupé de la manière suivante :

24 DE L'INÉGALITÉ
DES CONDITIONS SOCIALES 25

et non :

24 DE L'INÉGALITÉ DES
CONDITIONS SOCIALES. 25

coupure qui, pourtant, égaliserait davantage la largeur des deux lignes.

Partant de ce principe, le titre courant qui suit, de même que ceux analogues, sera coupé ainsi :

54 ÉTUDES
SUR L'INTELLIGENCE HUMAINE. 55

sans avoir égard à la plus ou moins grande inégalité des lignes.

16. Le titre courant changeant doit indiquer le changement du titre exprimé dans le texte, à la page même où ce changement a lieu, et non à la page suivante, afin de guider plus sûrement le lecteur dans ses recherches.

— Malgré de nombreux exemples contraires, il est préférable que les mots qui forment le titre courant des dictionnaires, tables, etc., à plusieurs colonnes, expriment le premier mot de la première colonne et le dernier mot de la dernière colonne.

17. Lorsqu'on compose les titres courants non changeants d'un labeur, il est bon de conserver deux demi-cadratins à côté des chiffres 1 à 9, et un demi-cadratin de 10 à 99, pour faciliter le changement de tous les chiffres intermédiaires dans les feuilles subséquentes.

18. Il est nécessaire de mettre une interligne avant la ligne de folio et une après la ligne de pied, pour soutenir ces lignes en cas de garnitures courtes, et en même temps pour faciliter le registre aux imprimeurs. Si, pour une raison quelconque, on ne met pas ces interlignes, il faut tourner les cadrats des coins des lignes de

tête et de pied de manière que leur crénure se trouve en dedans, de peur que la ficelle ne s'y arrête et ne les fasse sauter, en déliant les pages lors de l'imposition.

19. Il faut toujours que la ligne du folio soit séparée du texte par un blanc double de celui des lignes du texte, c'est-à-dire par quatre ou six points, selon que le texte est interligné de deux ou de trois points.

20. La force de corps des lignes de pied doit répondre à celle des lignes de texte, soit par elles-mêmes si elles sont formées de cadrats ou de lingots du même corps, soit par l'adjonction d'interlignes si les cadrats employés sont plus faibles, afin de ne rien changer à la garniture dans le cas de pages longues.

21. Les lignes de pied ou de blanc se forment, autant que possibles, de lingots taillés sur la justification; mais si, à leur défaut, on emploie des cadrats, il faut avoir le soin de mettre les plus larges aux deux extrémités.

22. Lorsque les lignes de pied d'un ouvrage à plusieurs colonnes sont faites avec des cadrats, et qu'une interligne ne les sépare pas du texte, on doit s'arranger de manière que chaque jonction des colonnes soit recouverte par un large cadrat, afin de leur offrir un soutien convenable.

23. Les signatures se font d'un caractère inférieur de deux ou trois points à celui du texte, excepté quand celui-ci est lui-même de petite force, cas dans lequel on peut les mettre de caractère semblable.

24. Dans les parties éventuelles composées après coup, le numéro d'ordre des feuilles se marque par les lettres italiques *a*, *b*, *c*, *d*, etc.

25. Toutes les signatures d'un ouvrage doivent être renfoncées également, tant sur la gauche pour la tomaison, que sur la droite pour le numéro d'ordre de la feuille. Le renfoncement doit être de trois ou quatre cadratins du corps de la signature dans un in-octavo ordinaire; mais on peut l'augmenter accidentellement, si

sa rencontre verticale avec une opération en chiffres pouvait entraîner confusion.

26. Les signatures se séparent du texte par le blanc des autres lignes, augmenté de celui de sa différence de corps.

27. Dans les collections d'œuvres du même auteur, la signature doit relater le sujet de chaque ouvrage, suivi du numéro de la tomaison particulière, s'il fait plusieurs volumes, et non celui de la collection :

LA NOUVELLE HÉLOÏSE. — II. 25

28. Chaque fraction de feuille qui précède le texte ou qui le termine doit porter un numéro, soit répété, soit successif. Par exemple, si douze pages in-octavo (fin de texte), en sus de la feuille 28, doivent ne former qu'un cahier, la première page portera la signature 29, et la cinquième (première de l'encart) 29 et un point; mais si ces douze pages doivent faire deux cahiers, la première prendra le numéro 29, et la neuvième le numéro 30.

29. On ne met de signature ni au faux-titre ni au frontispice; mais les faux-titres qui se trouvent dans le corps de l'ouvrage les prennent comme les pages dont ils tiennent la place.

30. Toute partie réimprimée d'un volume, onglet, carton ou autre, qu'elle commence une feuille ou non, doit porter la signature de la feuille dont elle fait partie, avec une marque distinctive quelconque placée immédiatement en avant, comme un astérisque ou deux ou trois points :

IV. *7

Lorsque la première page de la partie réimprimée portait primitivement la signature du côté de 2 (1), on y ajoute seulement le signe distinctif, mais sans énoncer la tomaison :

...12.

---

(1) Il est d'usage presque général, dans l'in-octavo, de répéter la signature à la troisième page de la feuille, en y ajoutant un point. Nous avouerons que nous ne nous sommes jamais bien rendu raison de l'utilité de cette seconde signature; nous pouvons, au contraire, signaler un accident assez grave qu'elle peut occasionner : s'il arrive, par exemple, que le point distinctif du côté de 2 se brise,

31. On ne peut mettre en tête d'une page une ligne à moitié pleine qui termine un alinéa. Il en est autrement si cette ligne courte forme un alinéa complet ; ou bien encore si, dans une table à deux colonnes, une fin d'alinéa se trouve prolongée de points de conduite et terminée par des chiffres.

32. Dans la mise en pages d'ouvrages à nombreux alinéa, il est bon de mettre au moins deux pages en pages avant de lier, pour s'assurer qu'il ne se rencontrera pas de fin d'alinéa en tête.

33. Quand un titre de chapitre ou autre, séparé du texte qui le précède par un filet plein, se trouve au bas d'une page, il est nécessaire qu'il soit recouvert de deux lignes de texte au moins ; s'il n'en peut être ainsi, on reporte le titre à la page suivante.

34. Lorsque, dans un ouvrage où les chapitres se suivent, un sommaire est trop long pour pouvoir entrer en entier et être recouvert d'une ou deux lignes de texte, on peut en reporter une partie sur la page suivante, si ce sommaire est d'un caractère romain inférieur au texte ; mais s'il est en italique et peu étendu, il faut le faire sauter en entier avec son titre.

35. L'épigraphe qui se trouve dans le même cas ne se coupe jamais, à cause de la rentrée de ses lignes.

36. La longueur des pages des ouvrages en vers (excepté les pièces de théâtre) doit être fixée à un nombre pair de lignes, afin que les rimes ne soient pas coupées au bas des pages, si ce n'est dans les pièces à rimes croisées.

37. Lorsque les strophes d'une pièce de vers sont séparées par une ligne de blanc, et que l'on tombe mal au bas d'une page, il faut augmenter ou diminuer ce blanc, selon qu'il est convenable de chasser ou de regagner.

38. Il peut arriver, dans une pièce de théâtre en prose, qu'une

---

l'assembleur peut alors, très-facilement, prendre ce côté pour le côté de 1, et placer la feuille d'une manière fautive sur sa table ; dans ce cas, tous les volumes courront risque, ainsi que nous l'avons vu quelquefois, d'être brochés ou même reliés avec une feuille mal retournée. — Nous conseillons donc la suppression de cette seconde signature, son absence indiquant suffisamment, et d'une manière plus simple, le côté de 2.

page s'offre courte de deux lignes; dans le cas, par exemple, où, deux lignes étant nécessaires pour compléter la page, un interlocuteur précède un alinéa de deux lignes dont la dernière est courte, et ne peut, par conséquent, se reporter en tête de la page suivante. Il faut alors, et s'il n'y a pas lieu de faire deux pages courtes, jeter un peu de blanc aux interlocuteurs.

39. On doit, autant que possible, éviter les divisions muettes au bas des pages, surtout si elles se trouvent au recto.

40. Lorsqu'une note ne peut entrer sur une même page, il est mieux, dans les ouvrages soignés, de la couper en deux parties égales, pour le foulage quand les deux pages tombent l'une sur l'autre, et pour l'œil lorsqu'elles sont en regard.

41. Si une note court sur plusieurs pages, elle doit être précédée de deux lignes de texte au moins. Il arrive cependant quelquefois que l'étendue de la note et le rapprochement d'un autre renvoi ne permettent pas de mettre une seule ligne; dans ce cas, si les notes sont séparées du texte par un filet, on maintient celui-ci entre la note et le folio avec un blanc convenable.

42. Dans les ouvrages à deux colonnes, la numération des renvois de notes recommence à chaque colonne.

43. Lorsqu'un chapitre tombe dans l'intérieur d'une page, les notes qui le précèdent se mettent au bas de cette page, avec une seule numération.

44. Si les notes sont reportées à la fin d'un chapitre ou d'un livre, et que les renvois soient exprimés en chiffres, la numération se suit pour tout le livre ou le chapitre.

45. Lorsqu'une note ne peut entrer entièrement dans la page de son renvoi, et que la partie excédante commence par un alinéa, par des vers, ou par un passage cité précédé d'un deux-points, il convient, autant qu'il est possible, de couvrir le renvoi par une ou plusieurs lignes de texte, selon le cas, pour reporter quelques lignes de plus de la note sur la page suivante, ou bien encore de faire deux pages courtes. Cela est indispensable, surtout si les deux pages sur lesquelles court la note ne sont pas en

regard l'une de l'autre. — On agit de même quand le renvoi précède immédiatement une ligne non pleine. (Voir, page **74**, un cas analogue.

46. Si plusieurs renvois de notes tombent dans la même ligne, et que la première note soit assez longue pour ne pas permettre de placer dans la même page la première ligne de la deuxième note (et à plus forte raison de la troisième, s'il y en a une), on s'assure s'il y a moyen de déplacer les renvois; et si cela ne peut avoir lieu, on conserve aux notes ressortantes leur numéro d'ordre, en y ajoutant les mots *de la page précédente* :

(2 *de la page précéd.*)... — (3 *de la page précéd.*)...

et ainsi de suite, jusqu'à ce qu'on ait pu reprendre la marche ordinaire.

47. Lorsque les notes sont sur deux colonnes, et qu'une page ne comporte qu'une seule note formant deux petites lignes, on met la note en une seule longue ligne. Il en sera de même si la note ne fait que trois petites lignes : on la réduira en deux longues lignes.

48. Il est nécessaire de mettre un filet de séparation aux notes des ouvrages dont le texte est mélangé de citations en caractère inférieur et comportant des blancs, afin d'éviter qu'elles ne soient confondues avec ces citations; mais on s'en dispense généralement quand tout le texte est de même nature.

49. Quoique les notes portent des filets, on n'en met point aux notes de notes. — On n'en met pas non plus lorsque la note est immédiatement précédée d'un tableau encadré. (Voir page 2.)

50. Lorsqu'une note contient, comme source, l'indication de deux ouvrages différents et du même auteur, et que la note suivante n'a rapport qu'à l'un ou à l'autre de ces ouvrages, on ne peut le remplacer par le mot *ibid.* ou *ibidem;* il faut absolument exprimer de nouveau soit le premier, soit le second titre :

(1) ROUSSEAU, *Émile*, tom. I, pag. 7; *le Contrat social*, tom. II, pag. 80.

(2) IDEM, *le Contrat social*, tom. II, pag. 55.

(3) IDEM, *Émile*, tom. II, pag. 25.

Il en est de même lorsque le nom de l'auteur ne figure que dans la première note.

(1) *Horace*, act. II, sc. V; *Cinna*, act. IV, sc. I.
(2) *Horace*, act. IV, sc. III.
(3) *Cinna*, act. III, sc. II.

Mais si la source de deux notes successives a trait à un même ouvrage, quoiqu'à des passages différents, on met le mot *ibid.* pour remplacer le titre de l'ouvrage, et l'on exprime les autres indications à la suite :

(1) *Le Bachelier de Salamanque*, tom. II, pag. 55.
(2) *Ibid.*, tom. Ier, pag. 26.

Quand la source indiquée est absolument la même dans deux ou plusieurs notes successives, et que le nom de l'auteur est exprimé dans la première, on met seulement *idem, ibid.*, à celles qui suivent :

(1) ROLLIN, *Histoire ancienne*, tom. III, pag. 525.
(2) IDEM, *ibid.*

51. Les mots *idem*, *ibid.*, *d°*, etc., ainsi que les signes —, », tenant lieu d'un mot, d'une phrase ou d'une pagination, qui ont été exprimés dans une ligne précédente, doivent être remplacés par leurs équivalents toutes les fois qu'ils s'en trouvent isolés, soit qu'ils se rencontrent en tête d'une page ou d'une colonne, soit que, dans des notes, ils soient reportés à la page suivante. — Toutefois, il convient de n'opérer ce changement qu'après la lecture de la première épreuve, et même, lorsque l'ouvrage est sujet à des corrections considérables, sur le bon à tirer ; sinon on court risque de recommencer plusieurs fois le travail, par suite de bourdons ou doublons de la part du compositeur, et d'ajoutés ou de suppressions de celle de l'auteur.

52. Toute note qui a rapport à un tableau dont la justification a été accidentellement élargie, doit être de la même largeur que ce tableau, si elle se trouve immédiatement au-dessous, et au bas de la page.

53. On doit, en mettant en pages, tenir compte du blanc que peut offrir une fin d'alinéa qui se rencontre avec une ligne de titre courte ou avec un filet de séparation.

54. Lorsqu'un sommaire en majuscules est séparé du texte par une ligne de blanc en dessus et en dessous, on doit diminuer la valeur de celle de dessous et augmenter celle de dessus, afin de compenser la différence que présente par en bas le talus des majuscules; et si les blancs ne peuvent être parfaitement réguliers, l'avantage sera pour celui qui précède le titre, ce dernier ayant un rapport plus direct avec le texte dont il est le début.

— Le contraire a lieu s'il s'agit de vers rapportés ou de toute autre citation détachée par des blancs; c'est-à-dire que le blanc de dessus sera tenu un peu moins fort que celui de dessous.

— Si la citation, vers ou prose, a successivement sa traduction, le blanc qui sépare celle-ci de ce qui la précède doit être moins fort que le plus petit des deux autres blancs.

55. Le blanc qui sépare le titre courant du filet d'un chapitre doit être le même que celui qui le sépare du texte.

56. Le filet des queues doit avoir un tiers de blanc en moins avant qu'après. Il en est de même pour le mot *fin* ou tout autre terminant une partie.

57. Les blancs des titres des principales divisions peuvent varier de la valeur d'une ligne à une ligne et demie du caractère du corps de l'ouvrage, et les interlignes en plus s'il est interligné. — Ceux des simples sous-titres ou sommaires doivent être moindres, c'est-à-dire d'une demi-ligne à une ligne.

58. Le blanc des filets de notes ne doit être, autant que possible, que d'une demi-ligne. Si les deux blancs ne peuvent être égaux, celui qui précède le filet sera tenu plus fort.

— Le blanc des notes sans filet doit être d'une ligne, toutes les fois que la combinaison des deux caractères le permet.

59. Lorsqu'il se rencontre dans une page plusieurs titres de même valeur, leurs blancs doivent être parfaitement semblables.

— Il en est de même à l'égard des petits filets de coupure et des simples blancs.

60. Tout titre tombant en tête ou dans l'intérieur d'une page où se trouvent des notes doit, toutes les fois que cela se peut, être calculé de manière à former, avec les blancs qu'il comporte, un nombre exact de lignes de texte, afin que celles-ci tombent bien les unes sur les autres lors de l'impression.

61. Il est préférable de faire les pages courtes ou longues *en regard l'une de l'autre*, malgré l'usage presque général qui les admet *l'une sur l'autre*; car la différence de longueur de deux pages en regard, résultant de cette dernière manière, est beaucoup plus sensible à l'œil quand on ouvre un volume, que le foulage de la ligne en plus qui résulte d'une page longue sur une page courte, surtout si le papier doit être satiné.

62. Les pages accidentellement longues, c'est-à-dire qui doivent être rectifiées à la correction, se marquent à la mise en pages par une interligne de plus entre la dernière et l'avant-dernière ligne. Cette indication suffit au correcteur, qui doit aviser, s'il n'y a ni bourdon ni doublon en avant, à regagner une ligne ou à en faire une de plus dans un des alinéa qui précèdent.

63. Si les mots énoncés dans la signature de la première page de la feuille sont de nature à remplir une bonne partie de la ligne, on peut, selon le besoin, faire cette page courte d'une ligne et maintenir de longueur la suivante, ou bien allonger celle-ci d'une ligne et maintenir la première de longueur.

64. Lorsqu'une page à signature est courte par le fait d'un titre quelconque qui ne peut entrer, le blanc se met avant la signature; mais si la page est courte pour éviter une fin d'alinéa en tête de la page suivante, la ligne de blanc se met après la signature.

65. Les pages d'un caractère inférieur ou supérieur à celui du corps de l'ouvrage, comme notes, tables, préfaces, etc., dont le nombre total de points ne donne pas la même étendue verticale que celle de pages de texte, se font ou un peu plus longues ou un peu plus courtes, selon que la différence en plus ou en moins l'exige; c'est-à-dire que, s'il y a plus d'une demi-ligne en moins, on mettra une ligne de plus, en complétant la différence aux dé-

pens de la ligne de pied, s'il y a moins de la demi-ligne, on mettra le blanc de différence en pied; si la différence est exactement d'une demi-ligne, on pourra, suivant le besoin de regagner ou de chasser, mettre une ligne de plus, ou augmenter le blanc de la ligne de pied.

66. Dans les ouvrages soignés, on doit corriger la différence du blanc que comporte le talus d'une ligne de texte d'avec celui d'une ligne de caractère inférieur, comme note, vers, etc., qui peut se trouver au bas d'une page, en augmentant le blanc de la ligne de pied.

67. Une fin de livre, chapitre, etc., ne peut former une page s'il ne s'y trouve au moins trois lignes pour les petits formats, et quatre ou cinq à partir de l'in-octavo.

68. Lorsqu'un livre, chapitre, ou toute autre division d'un ouvrage, doit tomber en belle page (recto), mais sans page blanche en avant, et que l'on n'a que quelques lignes pour former la page impaire, sans aucun moyen de les regagner, soit dans les blancs, soit à l'aide de pages longues, il convient de faire épreuve séparément de ces lignes et de les joindre à l'épreuve, afin que l'auteur en supprime l'équivalent dans le cours de la feuille. — Dans le cas, au contraire, où la page recto précédant le chapitre serait plus d'à moitié, il faut faire le verso blanc, en avertissant l'auteur d'ajouter de manière à pouvoir reporter quelques lignes sur le verso. On peut encore, quand la page recto est pleine, forcer un peu les blancs de titres ou de notes, s'il y en a, ou faire des pages courtes en avant, et obtenir par ce moyen les lignes nécessaires pour le verso.

69. Les divisions et subdivisions d'un ouvrage doivent autant que possible, surtout lorsqu'elles sont nombreuses, être arrêtées d'avance avec l'auteur, afin de pouvoir les graduer en force et les rendre uniformes entre elles.

Les divisions les plus ordinaires sont, *partie*, *livre*, *chapitre*, *section*, *paragraphe*, que l'on peut disposer ainsi qu'on le voit à la page suivante, en supposant un in-octavo en onze.

18 PREMIÈRE PARTIE.

14 LIVRE PREMIER.

11 CHAPITRE PREMIER.

9 SECTION PREMIÈRE.

7 PARAGRAPHE VIII.

Il arrive souvent aussi que ces titres sont accompagnés de sommaires pour lesquels on emploie, soit des grandes ou des petites majuscules inférieures en force d'œil, soit des minuscules de romain, d'italique ou de caractère gras. — Ces sommaires doivent également être de force d'œil relative entre eux.

70. Les titres courants des pièces de théâtre doivent être en grandes ou petites majuscules plus fortes d'œil que celles des interlocuteurs, afin que leur rencontre accidentelle en tête d'une page ne fasse pas confusion :

78 ANNIBAL.

ANNIBAL.

Sa main les forme au joug en défendant leurs droits.

71. Dans ces mêmes pièces, les noms des personnages qui se trouvent immédiatement sous le mot *scène*, et qui en forment le sommaire, se mettent en grandes majuscules du corps de l'ouvrage, lorsqu'il y en a plusieurs :

SCÈNE VI.

ANNIBAL, FLAMINIUS, PRUSIAS, ARBATE.

PRUSIAS.

Est-ce à leur voix qu'un fils ose outrager son père?

mais s'il n'y en a qu'un seul, il rentre dans la catégorie des personnages du courant des scènes, et doit, comme eux, se mettre en petites majuscules, malgré l'habitude vicieuse du contraire :

SCÈNE IV.

ANNIBAL.

Je sers, je venge un roi; ce n'est qu'un roi parjure!

72. Les personnages qui, dans les sommaires des scènes, ne sont pas énoncés nominativement, comme *un domestique, soldats, peuple*, etc., se mettent entièrement en petites majuscules :

SCÈNE VII.

ANNIBAL, FLAMINIUS, ARBATE, GARDES.

SCÈNE IX.

DON PÈDRE, CONSTANCE, BLANCHE, ALVARÈS, CASTRO, GRANDS, MAGISTRATS.

73. Lorsqu'un vers excède la justification et qu'on le prolonge dans le blanc de la marge, on agit de la manière suivante : Après avoir composé la ligne et lui avoir donné un nombre déterminé de points en sus de la justification, on la place entre deux interlignes de toute sa longueur, puis l'on couche le long de la page, en dessus et en dessous de l'excédant, des cadrats d'une force égale, dont la valeur a préalablement été diminuée sur la garniture, ou ajoutée aux autres pages si la page modifiée en justification se trouve près du biseau. Il est indispensable que les interlignes et les garnitures de tête et de pied soient de la largeur totale, afin de maintenir exactement à leur place les cadrats ajoutés. — Si plusieurs lignes sortantes se trouvent dans la même page, elles doivent être toutes justifiées sur la plus large.

74. Lorsque, pour un tableau ou une opération quelconque, on est obligé d'excéder la largeur ou la longueur de la page, on doit s'arranger de manière que l'excédant représente un nombre exact de points, afin de pouvoir les retirer sans tâtonnement de la garniture en imposant.

— Si l'opération ressortante n'occupe verticalement qu'une partie de la page, on ajoute, aux deux extrémités des lignes de texte, le nombre de points convenable pour former l'excédant de largeur.

75. Quand une opération ou un tableau offre une trop grande largeur relativement aux marges, on le place verticalement. Dans ce cas, le commencement des lignes doit se trouver au bas de la page. (Voir page 131.)

76. Lorsque plusieurs parties éventuelles (préface, introduction, avis, etc.) se trouvent réunies en tête de l'ouvrage, on les subordonne l'une à l'autre pour la force de caractère, et toujours en les différenciant du texte.

77. Les parties qui sont de l'éditeur marchent avant celles de l'auteur. Elles doivent, autant que possible, commencer des pages impaires; et pour cela on a la faculté, selon la nature de l'ouvrage, de diminuer ou d'augmenter l'interligne, d'allonger ou de raccourcir les pages d'une ligne, ou de jeter une ligne de blanc entre les alinéa.

78. La dédicace se place immédiatement après les quatre pages du frontispice.

79. Il y a des introductions qui, par leur contexture littéraire, sont tellement liées au texte, qu'elles en forment pour ainsi dire le premier chapitre. Dans ce cas, elles se composent en caractère semblable, et se place immédiatement après le sous-titre de début.

80. Quand un ouvrage est manuscrit, les pièces éventuelles ne se composent ordinairement qu'en dernier lieu, et prennent une pagination particulière en chiffres romains; mais lorsqu'il s'agit d'une réimpression, on commence habituellement par ces mêmes pièces, et l'on comprend dans l'ordre général des folios et des signatures du texte.

81. L'*errata* se compose ordinairement en petit caractère et à quatre colonnes : les deux premières comprennent les pages et les lignes, la troisième les locutions fautives, et la quatrième les locutions corrigées. Ces deux dernières se tiennent le plus large possible afin d'éviter de doubler les lignes.

Pag.	lig.	Au lieu de :	Lisez.
4	7	il fut fidèle à sa parole	il resta fidèle au serment
55	25	l'apprendre	me l'apprendre
80	15	le savait épuisés	les avait épuisés
125	12	l'amitié sinècre	l'amitié sincère

Les trois premières colonnes peuvent se composer en une seule fois dans le même composteur, en ayant soin de garder l'alignement vertical des chiffres et des mots au moyen de cadrats de proportion; mais la quatrième colonne exige une justification à part. (Voir, au sujet de l'alignement vertical, ce que nous avons dit page 57, n° 131.)

Si l'on se trouve dans la nécessité de doubler une ligne dans la troisième ou quatrième colonne, on renfonce la seconde ligne d'un cadratin, comme on le voit dans l'exemple ci-dessous.

On donne encore à l'errata la disposition suivante, en répétant à chaque faute le mot *lisez :*

Page 1, ligne 12 : royale *lisez* loyale
— 150, — 6 : une douce affection succéda *lisez* une amitié
constante et bien vive encore succéda
— 164, — 22 : à la porte Saint-Martin *lisez* à la porte Saint-
Denis

ou bien celle-ci, préférable peut-être, en ce qu'elle ne comporte aucun alignement :

Page 7, ligne 25 : ils prièrent à Saint-Sulpice *lisez* ils prièrent ensemble à Saint-Sulpice
Page 125, ligne 12 : le banc sur lequel il aimait à se reposer *lisez* le banc sur lequel il se reposait avec bonheur

82. La ponctuation ne doit figurer à la fin de la locution fautive ou corrigée d'un errata que lorsqu'elle est elle-même le sujet d'une modification.

83. L'errata se met ordinairement à la fin du volume, après la table; mais nous pensons que, dans l'intérêt du lecteur, il serait

bien plus convenablement placé au début du livre, c'est-à-dire immédiatement après le frontispice.

84. Les filets que l'on emploie pour les diverses coupures d'un ouvrage doivent être uniformes, et gradués dans leur valeur relative. Si l'ouvrage est divisé en parties, livres et chapitres (soit qu'ils tombent en page ou non), le chapitre prendra le filet simple, le livre le filet double-maigre, et la partie un filet tremblé. Si l'ouvrage a des notes séparées par le filet maigre, le chapitre prend le double-maigre, le livre le tremblé, et la partie une vignette légère, mais supérieure d'œil au tremblé (1).

85. Le titre général de la première page ne débute par aucun filet, mais il est séparé de la partie, du livre ou du chapitre par le filet adopté pour ces divisions. Si, comme cela arrive quelquefois, le second titre suit immédiatement le premier, il reçoit également le filet qui lui est propre, mais réduit alors à une petite dimension.

86. Le sommaire d'une partie, d'un livre, etc., ne doit être séparé de ces mots par aucun filet; c'est entre le sommaire et le texte qu'il convient souvent d'en mettre un petit, maigre ou anglais, très-léger.

87. Lorsqu'un titre quelconque est séparé du texte par un petit filet maigre ou anglais, et que ce titre ne peut entrer à la fin d'une page, le filet, s'il n'est supprimé par défaut de place, doit figurer au bas de la page. Mais on n'en met pas à la dernière page du texte lorsque le mot *fin* ou tout autre s'y trouve exprimé.

88. Le filet que l'on met à la fin d'un livre ou d'un chapitre doit être un peu supérieur en force d'œil à celui du sommaire de ce même livre ou chapitre.

89. Les parties éventuelles d'un livre doivent, autant que pos-

(1) Les filets en tête des divisions tombant en page (et notamment les tremblés et les vignettes) tendent de jour en jour à disparaître entièrement. L'usage anglais a prévalu à cet égard : on les remplace généralement par un blanc de quelques lignes, mis en avant du titre.

sible, porter en tête des filets distincts de ceux des divisions du corps de l'ouvrage.

90. Le filet anglais ombré ou orné, employé isolément, doit avoir l'ombre ou le gras en dessous; mais lorsqu'il y en a deux renfermant une ou plusieurs lignes de titre, le premier a le gras ou l'ombre en dessus.

91. Lorsque les divisions principales d'un ouvrage ne portent pas de filet en tête, on les baisse toutes régulièrement de la valeur exacte d'un nombre de lignes de texte, afin de ne pas nuire à la rencontre des lignes l'une sur l'autre lors de l'impression. Dans ce cas, les parties éventuelles n'en prennent pas non plus.

92. L'épigraphe se compose en petit caractère. — Son renfoncement ordinaire, à gauche, est des deux cinquièmes environ de la justification; mais ce renfoncement peut varier selon l'étendue de l'épigraphe et la disposition générale du frontispice.

93. Son extrémité droite se renfonce légèrement de manière que la plus large ligne du frontispice la dépasse de quelque peu.

94. L'épigraphe qui se place soit aux livres, soit aux chapitres, se renfonce aussi à droite, d'un cadratin sur le texte.

95. L'épigraphe en prose se met en alinéa :

> L'homme qui a été assez favorisé du Ciel pour acquérir des connaissances dans un art quelconque, doit s'efforcer de les transmettre aux autres d'une manière convenable.

96. Si elle est en vers, ceux-ci prennent, en dehors du renfoncement général, le renfoncement relatif qui leur est propre :

> Elle était de ce monde, où les plus belles choses
> Ont le pire destin;
> Et, rose, elle a vécu ce que vivent les roses,
> L'espace d'un matin.
> (MALHERBE.)

97. Lorsque l'épigraphe est formée d'une citation en français, elle prend des guillemets :

> « Le plus grand service que j'aie rendu à la France, c'est
> « d'y avoir rétabli la religion catholique. Sans la religion,
> « où en seraient les hommes? Ils s'égorgeraient pour la
> « plus belle femme et la plus grosse poire. »
> (NAPOLÉON.)

98. Si elle est formée d'une citation en langue étrangère, avec sa traduction au-dessous, la première se met en italique, et la seconde prend des guillemets :

Confitebor tibi in gentibus... et nomini tuo cantabo.

« Je confesserai votre nom dans les nations,
« et je chanterai sa gloire. » *Ps.* XVII, 50.

99. Si elle est formée de prose et de vers qui en dépendent ces derniers se mettent d'un caractère inférieur.

100. Autant que l'étendue verticale du texte le permet, il convient d'interligner l'épigraphe, et cela d'une manière analogue au caractère dont elle est formée, c'est-à-dire finement (1).

101. Les additions doivent être d'un caractère inférieur à celui des notes, si l'ouvrage en comporte.

102. Leur largeur doit être du cinquième ou du sixième environ de la justification du texte, mais toujours sur des cadrats ou des bois de proportion, pour en faciliter le placement.

103. Les additions se composent ordinairement sous forme d'alinéa, quand elles forment une phrase suivie :

Rupture des
relations entre
la Russie et
l'Angleterre.

Mais lorsque la justification est par trop étroite, on leur donne avec avantage la forme de titre (c'est-à-dire que les lignes sont de largeur variée); de cette manière on évite facilement l'espacement vicieux de certaines lignes de la nature de celles de l'exemple ci-dessus :

Rupture
des relations
entre
la Russie et
l'Angleterre.

Dans ce cas, l'excédant d'un mot trop long doit former un ligne à lui seul :

---

(1) Il n'est plus d'usage de placer l'épigraphe entre deux filets.

Talleyrand
chargé
de suppléer
les fonctions
de
l'archichance-
lier
Cambacérès.

104. Lorsque, dans la forme alinéa, l'espacement est accidentellement trop vicieux, on peut diminuer l'addition d'un demi-cadratin, et même d'un cadratin, que l'on place au commencement de chaque ligne dans les pages paires, et à la fin dans les pages impaires; mais il faut, dans ce cas, agir de même pour toutes les additions qui pourraient se trouver sur la même page, à moins que celle qui aura subi cette modification ne se trouve complétement isolée des autres.

— Si encore, sous la forme alinéa, l'étendue d'un mot ou partie de mot ne suffit pas pour former une ligne complète, et ne permet cependant pas de rien prendre au mot précédent ou suivant, il vaut mieux, si le moyen ci-dessus ne peut s'appliquer, rentrer la ligne des deux côtés, que de jeter des espaces entre les lettres :

Le roi et la
reine d'Espagne
prodiguent des
témoignages
scandaleux de
faveur au prince
de la Paix.

105. Les additions se placent dans la marge de droite pour les pages impaires, et dans celle de gauche pour les pages paires. — Dans les ouvrages à deux colonnes, elles se placent sur les deux marges (1).

106. Elles se séparent ordinairement du texte par un blanc de

(1) Le placement des additions aux pages impaires s'effectuant sur l'extrémité libre des lignes, n'offre aucun embarras; celui des pages paires s'opère de la manière suivante, que l'expérience nous a démontré être préférable à toute autre : On commence par placer dans la galée quelques larges cadrats du corps des additions, qu'on a soin de distancer entre eux de façon à simuler à peu près la longueur de la page, et on les recouvre de l'interligne ou de la réglette de séparation. Cela fait, on met le texte par-dessus, et l'on justifie la page; puis on intercale les additions entre les cadrats, en modifiant l'étendue verticale de ceux-ci selon qu'il est nécessaire pour le parfait alignement des lignes entre elles.

trois à six points, selon le format. — Il faut, autant qu'il est possible, que ce blanc soit d'une seule pièce.

107. La première ligne de l'addition doit être alignée par sa base avec celle de la ligne de texte à laquelle elle se rapporte :

Entrée des Français dans la Péninsule. Le 17 octobre, l'armée entra en Espagne sur plusieurs colonnes, afin de subsister plus aisément. Elle se dirigea sur Valladolid, par Tolosa, Vittoria et Burgos. Malgré les promesses du prince Godoy,

108. Si, cependant, une addition de plusieurs lignes a rapport à un alinéa dont une ou deux lignes seulement entrent au bas de la page et que l'épaisseur totale de cette addition excède d'assez peu celle de la ou des lignes de texte pour ne pouvoir être reportée en tête de la page suivante, on la remonte un peu sur l'alinéa précédent (si la fin d'une autre addition ne s'y oppose pas), et l'on fait alors aligner la base de sa dernière ligne avec celle de la dernière ligne du texte :

tout ce qu'il voyait un mystère qui le remplissait d'inquiétude.
Aussi le prince de la Paix et la reine étaient-ils singulièrement agités. La reine, souvent indisposée, cachant son trouble sous un calme Agitation du prince de la Paix et de la reine.

109. L'addition peut, au besoin, se prolonger un peu sur une note; mais, dans aucun cas, elle ne doit excéder la longueur de la page, c'est-à-dire anticiper sur la ligne de pied.

110. Lorsqu'on met un millésime en tête de chaque page, il est d'usage de le surmonter d'un filet, pour les distinguer des autres additions et le rendre plus saillant. Ce filet doit s'aligner avec la partie supérieure du titre courant, afin de laisser place à l'addition continuée ou à celle qui pourrait se rencontrer vis-à-vis de la première ligne de texte :

Nov. 1807. 552 ARANJUEZ.

Accueil fait à nos soldats. La population les accueillait avec la curiosité naturelle à un peuple vif, amoureux de spectacles, et à qui son inerte gouvernement n'en

111. Lorsque l'étendue de l'addition excède celle d'un alinéa qui se trouve en tête ou au milieu d'une page, et qu'une nouvelle

addition correspond au commencement de l'alinéa suivant, l'excédant se met à longues lignes entre les deux alinéa. — On agit de même si l'alinéa se trouve au bas de la page ; et si la partie de l'addition mise à longues lignes excède la longueur de la page, on rapporte le surplus en tête de la page suivante (1).

112. Dans les ouvrages à deux colonnes, le sommaire doit se mettre à longues lignes s'il suit immédiatement un titre régnant sur les deux colonnes; mais il rentre dans la justification de la colonne lorsqu'il est après un titre de cette justification.

113. Lorsque, dans un ouvrage à plusieurs colonnes, la première colonne commence par une lettre de deux-points, sans être précédée d'un titre qui lui soit particulier, les colonnes suivantes portent en tête le blanc du parangonnage; mais si, au-dessus de la ligne parangonnée, il y a un titre ou seulement une lettre alphabétique, un chiffre d'ordre, les colonnes suivantes ne prennent aucun blanc en tête.

114. Si un titre sur la justification partielle ne peut entrer au bas d'une colonne, cette colonne seule restera courte de la valeur de l'extraction du titre.

115. Il n'en sera pas de même si le titre à reporter à la page suivante règne sur la justification générale : le blanc de la queue sera réparti sur toutes les colonnes, s'il y a lieu. Supposons, par exemple, un ouvrage à trois colonnes et six lignes à répartir : les trois colonnes seront courtes chacune de deux lignes.

Si la queue est de cinq lignes, les deux premières colonnes seront courtes d'une ligne, et la troisième de trois.

Si la queue est de quatre lignes, les deux premières colonnes seront courtes d'une ligne, et la troisième de deux.

Si la queue est de trois lignes, chacune des trois colonnes sera courte d'une ligne.

---

(1) Cette forme de coupure, dite *en hache*, fort usitée autrefois, n'est plus en usage maintenant que dans quelques ouvrages à deux colonnes, dont l'une est la traduction de l'autre. Nous en donnons plus loin un exemple.

Enfin, si la queue n'est que de deux lignes, la troisième colonne seule sera courte de ces deux lignes.

116. Lorsque les colonnes ne sont pas séparées par un filet, le blanc de séparation doit être au moins d'un cadratin du corps dans les caractères au-dessus du onze; mais il sera plus fort dans les caractères inférieurs, ou si la colonne est elle-même divisée en deux parties par un blanc régulier, comme il arrive dans les tables où la pagination est séparée par un cadratin.

117. Il faut, autant que possible, que le blanc ou le filet de séparation soit d'une seule pièce; ce qui donne plus de solidité à la page et facilite les fonctions.

118. Lorsque, dans un ouvrage en deux langues, le texte et la traduction sont en même caractère, la colonne de la traduction, qui est ordinairement la moins concise, se tient plus large que celle du texte. Dans ce cas, la colonne du texte se place à gauche des pages impaires et à droite des pages paires, afin que tombant l'une sur l'autre, le registre n'ait point à en souffrir.

119. Si le caractère du texte est plus fort ou plus interligné que celui de la traduction, les deux colonnes peuvent être conservées de la même largeur.

120. Les alinéa de la traduction doivent correspondre exactement avec ceux du texte.

121. Si un alinéa de la traduction (1) excède de deux lignes pleines ou davantage celui du texte, il convient, pour éviter un trop grand blanc, de mettre les lignes excédantes sur la justification totale :

hostium frangatur impietas. Per D. N. J. C. Amen.	Grand Dieu, c'est par lui que nous vous supplions de briser et d'anéantir l'im-

piété de tous nos ennemis : faites que votre peuple, libre de toute crainte apprenne à ne craindre que vous seul. Par N. S. J. C. Amen.

Deus, inenarrabilis auctor mundi,	O Dieu, qui êtes l'auteur ineffable du

(1) Nous disons la *traduction*, parce que c'est ordinairement elle qui excède; mais il est entendu que l'on agirait de même pour le texte s'il se trouvait dans un cas semblable.

122. Si l'alinéa se trouve au bas de la page, et que tout l'excédant de la traduction mis à longues lignes ne puisse pas y entrer, on le reporte en tête de la page suivante :

vatore, sine fine regnare merearis, qui	tiriez vengeance du crime, et affermis-
cum Deo, etc. Amen.	siez ce qui est dans l'ordre; et qu'ainsi

couvert de gloire, par la pratique de toutes les vertus, et faisant asseoir la jus-

PRIÈRES DIVERSES. 25

tice à côté de vous sur le trône, vous méritiez un jour de régner dans le ciel avec le Sauveur du monde, qui vit et règne éternellement avec Dieu le Père. Amen.

Induat vos Dominus fortitudine sua,	Que le Seigneur vous enveloppe de sa
ut dum vestimenti hujus splendore ful-	force, afin que, pendant que vous bril-

123. Si un alinéa du texte termine juste une page, et que celui de la traduction soit plus long, les lignes excédantes seront mises sur la justification totale en tête de la page suivante, de la même manière que dans le cas ci-dessus.

124. S'il ressort de la page une seule ligne (pleine) du texte, et deux de la traduction (dont une non pleine), on conserve ces dernières sur la petite justification, et l'on met un blanc équivalent à la colonne du texte :

tholicæ fidei perseverabiliter connecti.	mainteniez vos sujets dans l'union, et
	demeuriez avec persévérance attachés à
	la foi catholique.
Accipe gladium de altari sumptum,	Recevez cette épée prise sur l'autel du

— On agit de la même manière lorsque l'alinéa excédant de deux lignes est dans l'intérieur de la page; mais s'il se trouve au bas de la page, et le termine on met les deux lignes excédantes, pleines ou non, sur la justification totale :

sime, et attende quod sancti non in gla-	fort, serrez votre épée sur votre cuisse,
dio, sed per fidem, vicerunt regna.	et souvenez-vous que les saints ont con-

quis le royaume du ciel non par le glaive, mais par la foi.

125. Lorsque l'excédant de la page n'offre pour l'une des co-

lonnes, et même pour les deux, que des bouts de lignes, il faut ou les regagner d'une manière quelconque, ou faire les pages précédentes courtes ou longues selon le cas.

126. Les figures intercalées dans le texte, et qui, bien que moins larges, occupent la totalité de la justification, doivent être placées exactement au milieu du texte, c'est-à-dire que l'on doit tenir compte des défectuosités de blanc que le bois peut offrir des deux côtés de la gravure. Il en est de même pour les blancs à jeter au-dessus et au-dessous du bois.

127. Lorsqu'une figure est totalement entourée de texte, on doit avoir soin que les blancs qui l'en séparent soient, en hauteur aussi bien qu'en largeur, de la plus rigoureuse exactitude afin qu'aucun vide ne favorise le déplacement vicieux ou la disparition de quelque lettre ou espace.

128. Les figures qui n'occupent qu'une partie de la justification se placent au commencement des lignes des pages paires, et à la fin des lignes des pages impaires; à moins que, dans les pages paires, elles ne se rencontrent accidentellement avec une lettre de deux-points ornée, comme il est d'usage d'en mettre dans les ouvrages à vignette, car, dans ce cas, on place la figure à la fin des lignes.

129. Si plusieurs figures se trouvent presque immédiatement au-dessous l'une de l'autre, dans la même page (recto ou verso), on les alterne du commencement à la fin, ou de la fin au commencement des lignes, pour que la page semble moins échancrée. Il n'en est plus de même si les vignettes sont isolées entre elles par un certain nombre de lignes.

130. Lorsque, dans un ouvrage à deux, trois ou quatre colonnes, une figure occupe la justification générale, le texte interrompu à la première colonne par la rencontre de cette figure, se continue immédiatement sur la deuxième, la troisième et la quatrième colonne, puis revient à la première, au-dessous de la figure; mais si la figure prend du texte sur ses deux côtés, le texte (remanié selon la largeur du bois) se continue sans inter-

ruption jusqu'au bas de la première colonne, et reprend ensuite en tête de la seconde :

machine de Whitehead en la simplifiant, mais en la faisant moins soignée. Une seule personne fait aisément mouvoir la machine de MM. Borie, destinée aussi à

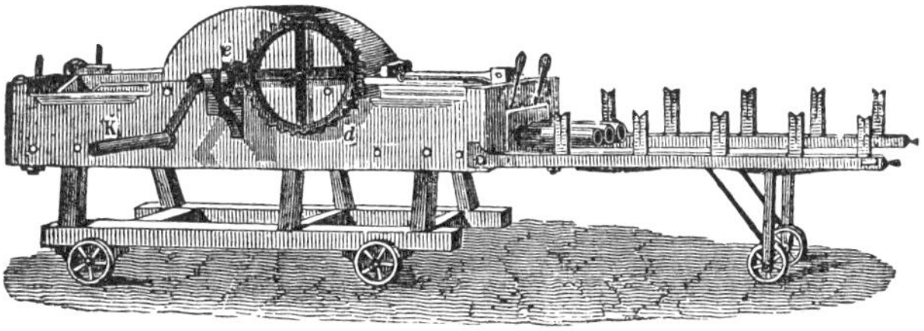

Machine de Scragg.

faire des briques creuses. La course du piston n'ayant que $0^m.30$ d'amplitude, les temps d'arrêt sont nombreux, ce qui nuit à la rapidité du travail. La figure

Les grilles *g*, au nombre de six, sont placées, trois de chaque côté d'un massif M. Elles sont supportées par des arceaux *v v*, qui s'appuient en outre sur de petits *m* montants, jusqu'à la hauteur des grilles, et séparent celles-ci. Les cendres du combustible, qui peut être ici de la houille, tombent dans les cendriers S.

On place les tuyaux verticalement sur des voûtes faites en briques, qui forment berceau

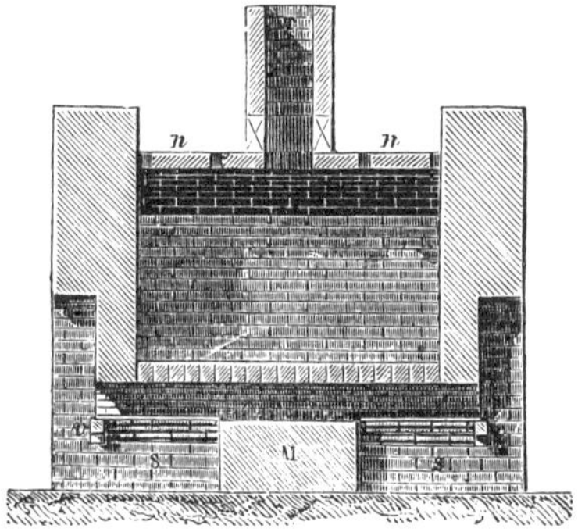

Plan du four de Saint-Meuge.

au-dessus des foyers, et qui laissent des interstices pour la circulation de la flamme. Le four est recouvert d'une voûte *n n*, en berceau, supportant au milieu la cheminée T. Le laboratoire d'un pareil four a pour dimensions $2^m.30$ en hauteur, $3^m.8$ en largeur et 4 mètres en profondeur, et sa capacité est de 34.96 mètres cubes; il peut, en conséquence, contenir, à 750 par mètre cube, 20,000 à 25,000 petits

131. Les figures doivent être parangonnées sur un nombre de lignes exact, afin que le texte ne subisse aucune altération dans

son interlignage : pour cela, on les détache plus ou moins du texte par en haut et par en bas, en ayant soin, toutefois, autant que le permet la contexture du bois, de faire aligner le pied de la vignette avec la dernière ligne qui lui correspond.

132. Les figures placées sur le côté doivent, extérieurement s'aligner avec le texte : si donc elles portent du blanc de ce côté on doit l'enlever, afin que la page conserve sa quadrature.

134. Il est indispensable, pour conserver au texte la rectitude convenable, que le bois des figures soit parfaitement d'équerre sur toutes ses faces (1); on ne doit donc en employer aucun sans s'être assuré de cette condition.

134. Lorsqu'un ouvrage est préalablement mis en placards, on doit, autant que possible, faire en sorte que chaque placard contienne un nombre régulier de pages, afin d'en rendre l'évaluation plus facile.

135. Chaque placard doit porter un numéro d'ordre en tête de la première colonne, ainsi que le titre abrégé de l'ouvrage.

136. On doit éviter de commencer un placard par un bout de ligne (fin d'alinéa), parce qu'il peut arriver que le placard précédent tombe juste en feuille, et soit tiré avant la rentrée de celui qui commencerait ainsi; ce qui ne laisserait d'autre ressource que la réunion du bout de ligne à l'alinéa suivant, chose qui, souvent, pourrait offrir des difficultés.

137. Il est superflu, dans la mise en placards, de changer les renvois de notes lorsqu'ils sont nombreux, puisqu'il faudrait les changer de nouveau à la mise en pages; il suffit seulement que les notes s'accordent bien avec le texte au bas de chaque colonne.

138. Les pages d'une feuille in-octavo se placent ordinairement sous le rang de la manière suivante.

	3	5	7	9	11	13	15	
1	2	4	6	8	10	12	14	16

(1) Il faut aussi, pour cela, éviter avec soin de mouiller les vignettes avant le tirage.

et les 1re, 3e, 5e, 7e, et 9e rangées forment le côté de 1. Mais lorsque la place est circonscrite, on peut les placer ainsi :

16	15	14	13
9	10	11	12
8	7	6	5
1	2	3	4

et la 1re et la 4e rangée forment le côté de 1 ; ou encore :

16	15
13	14
12	11
9	10
8	7
5	6
4	3
1	2

et alors chaque rangée forme un côté complet.

139. Deux feuilles in-octavo ne formant qu'un seul cahier se placent en huit rangées qui se suivent, en allant d'abord de gauche à droite, de la 1 à la 8 ; de droite à gauche, de la 9 à la 16 ; de gauche à droite, de la 17 à la 24 ; et enfin de droite à gauche, de la 25 à la 32 :

32	31	30	29	28	27	26	25
17	18	19	20	21	22	23	24
16	15	14	13	12	11	10	9
1	2	3	4	5	6	7	8

où les rangées 1 et 8 forment le côté de 1 de la feuille 1 ; les rangées 2 et 7, le côté de 2 de cette feuille ; les rangées 3 et 6, le côté de 1 de la feuille 2 ; et les rangées 4 et 5, le côté de 2 de cette feuille.

On peut encore gagner du terrain en ne plaçant les pages que sur quatre rangs, et toujours en commençant de gauche à droite, de la 1 à la 4 ; de droite à gauche, de la 5 à la 8 ; et ainsi de suite jusqu'à la 32 :

32	31	30	29
25	26	27	28
24	23	22	21
17	18	19	20
16	15	14	13
9	10	11	12
8	7	6	5
1	2	3	4

La 1re rangée fournit le côté de 1 de la feuille 1; la 2e, le côté de 2; la 3e rangée forme le côté de 1 de la feuille 2; et la 4e, le côté de 2. — Il faut avoir le soin d'imposer successivement les deux côtés de la même feuille, et de les placer ensemble à la presse aux épreuves, sans quoi on serait exposé à retourner le côté d'une feuille sur l'autre.

140. L'in-douze en un ou deux cahiers se dispose ainsi :

	3	5	7	9	11	13	15	17	19	21	23	
1	2	4	6	8	10	12	14	16	18	20	22	24

et les 1re, 3e, 5e, 7e, 9e, 11e et 13e rangées forment le côté de 1; ou bien sur quatre rangs seulement, en allant de gauche à droite et de droite à gauche, alternativement :

24	23	22	21
17	18	19	20
16	15	14	13
9	10	11	12
8	7	6	5
1	2	3	4

et les rangées 1 et 4 forment le côté de 1.

141. L'in-dix-huit en trois cahiers se place de cette manière :

	3	5	7	9	11			15	17	19	21	23			27	29	31	33	35	
1	2	4	6	8	10	12	13	14	16	18	20	22	24	25	26	28	30	32	34	36

et les rangées 1, 3, 5 et 7 de chaque cahier forment le côté de 1. — Le seul changement à faire, pour l'in-dix-huit en deux cahiers, consiste à mettre la 13e page sur la 12e.

Cette manière de placer les pages exigeant beaucoup de place, il est préférable de faire usage de celle qui suit :

12	11	24	23	36	35
9	10	21	22	33	34
8	7	20	19	32	31
5	6	17	18	29	30
4	3	16	15	28	27
1	2	13	14	25	26

où les rangées 1, 3 et 5 forment le côté de 1.

§ V.

OBSERVATIONS SUR L'IMPOSITION.

1. Lorsque la feuille de distribution qui a servi pour imposer est dégarnie, on en enlève les lignes de pied, puis les lignes de tête, que l'on met en ordre dans une galée si elles doivent servir une autre fois en totalité, ou dont on fait le tri s'il n'y en a qu'une partie à conserver. On dégage ensuite les notes, titres, blancs, etc., qui peuvent se trouver dans les pages, et l'on partage la lettre entre les paquetiers.

2. Si les garnitures ne sont pas remplies immédiatement, on les place avec ordre sur un carton ou sur un ais, et l'on écrit le titre de l'ouvrage ou le nom de l'auteur sur le bord du châssis avec de la craie.

3. La signature de la feuille imposée ou le numéro d'ordre du placard doit être marqué d'une manière apparente au revers de la forme avec de la craie. Cette précaution épargne souvent bien du temps.

4. On doit, autant que possible, se servir du côté de 2 de la feuille tirée pour imposer le même côté de la nouvelle feuille; et semblablement pour le côté de 1.

5. La crénure de la barre du châssis qui est le plus près du bord extérieur doit être à l'opposé des petits biseaux, parce que

c'est de ce côté que les imprimeurs avancent le moins la pointure dans la forme.

6. Lorsqu'on impose une fraction de feuille dans un seul côté du châssis, ce doit être dans la partie gauche, et l'on doit avoir le soin d'arc-bouter l'autre partie au moyen d'un bois, afin de ne pas fausser la barre en serrant.

7. Il est nécessaire, pour le même motif que ci-dessus, de dresser et de pousser légèrement les coins des deux côtés du châssis, avant de les serrer définitivement sur un des côtés.

8. On ne doit, dans aucun cas, compléter la force des coins avec des interlignes, car, non-seulement ces interlignes sont par là mises hors d'usage, mais elles ne procurent jamais qu'un très-mauvais serrage.

9. Lorsque le châssis est trop grand relativement à la matière qu'il contient, il est préférable de placer un bois d'une force convenable contre le châssis, plutôt que de faire usage de deux biseaux du même côté, parce que leur biais, en exposant les pages à lever, nuit à la solidité de la forme.

10. Quand on garnit une forme de ses biseaux, il faut prendre garde que l'un ne déborde sur l'autre; car alors on risquerait de les briser en desserrant le coin qui se trouverait en prison de ce côté.

11. Les coins ne doivent jamais buter contre le châssis, afin qu'on ait la possibilité de les desserrer avec le décognoir (1).

12. Lorsqu'on serre une forme où deux coins réunis font l'office d'un seul, on doit avoir soin d'en placer un contre le biseau et dans un sens pareil, puis de présenter le second en sens inverse. C'est sur ce dernier, qui reste dressé, que doit agir le maillet (2), comme étant le plus éloigné du caractère.

---

(1) On doit avoir le soin, en serrant ou en desserrant, de placer le décognoir de biais en tête du coin à chasser, c'est-à-dire de deux tiers sur son plat, et non sur son épaisseur, parce que, de cette manière, on donne plus de force à son action, et qu'on est beaucoup moins exposé à le faire éclater et à briser les coins.

(2) Le maillet de buis ou de tout autre bois dur est de beaucoup préférable au

13. Si l'on impose une forme dans laquelle il se trouve des pages qui, par leurs blancs plus courts, n'offrent point une quadrature parfaite, et que les garnitures qui les longent soient de plusieurs pièces inégales en longueur, il faut placer ces garnitures de façon que leur point de réunion ne porte pas dans le vide des pages blanches.

14. Si, dans une garniture, il se trouve des lingots de tête ou de pied plus courts que la justification, on doit avoir soin de les placer exactement au milieu, pour ne pas fausser la rectitude des lignes en serrant. Si la différence de longueur est petite, on reporte de préférence le lingot du côté du folio, et on laisse le vide à l'autre extrémité de la ligne. Lorsque la têtière plus courte est de deux pièces, on pousse chacune des deux parties vers les extrémités des lignes; le vide qui reste au milieu est alors sans nul inconvénient.

15. Quand on impose avec des lingots creux sur leur plat, il faut avoir soin de les tourner de manière qu'ils ne s'enchevêtrent point l'un dans l'autre, ce qui, dans ce cas, diminuerait la valeur des blancs.

16. Lorsqu'il se trouve dans une forme des pages qui excèdent la largeur ordinaire, on retire également sur les blancs des deux marges la valeur de l'excédant, à moins cependant que l'étroitesse de la marge intérieure ne s'y oppose; car, dans ce cas, on prend davantage sur la marge extérieure. — On agit de même pour les marges de tête et de pied, lorsque les pages excèdent en longueur.

17. Si la page élargie ou allongée se trouve près des biseaux, on ne peut retirer du blanc de la garniture que d'un côté; on jette alors le nombre de points nécessaire le long ou au bas des autres pages qui se trouvent également près des biseaux.

---

marteau de fer : avec le premier, les marbres des presses et ceux des compositeurs, les châssis, les biseaux et les coins, sont entièrement à l'abri du dommage que leur causent inévitablement les ouvriers assez peu soigneux pour ne se pas servir du décognoir. — Nous ne saurions donc trop en recommander l'usage.

18. L'imposition des placards doit, malgré l'usage contraire, se faire de manière à faciliter à la fois la correction et le serrage. La première colonne sera donc placée à gauche et la dernière à droite, comme d'habitude, mais le cran devant soi. Les coins seront placés en tête des colonnes, et chassant de la première sur la dernière; et le long de la première colonne, chassant de bas en haut.

19. La garniture des affiches, tableaux, couvertures, etc., se calcule de manière que la page se trouve au milieu de la ramette. Cette disposition est surtout nécessaire lorsque la dimension de la forme est de nature à couvrir la totalité du marbre de la presse, puisque, dans ce cas, il n'y a pas moyen de la faire avancer ni d'un côté ni de l'autre pour que le texte soit également recouvert en tout sens par la platine. — Il en est de même de toute garniture : le blanc de fond doit, toutes les fois que le châssis ne s'y oppose pas, être l'équivalent de celui que comportent le biseau et les coins du bas de la forme.

CHAPITRE III.

SIGNES EMPLOYÉS DANS LA COMPOSITION. — ABRÉVIATIONS. — CHIFFRES ROMAINS.

Indépendamment des lettres de l'alphabet et de la ponctuation, il existe encore des signes relatifs à certains arts et à certaines sciences, qu'il est indispensable qu'un compositeur connaisse : nous allons donner la description des principaux, ainsi que la nomenclature des abréviations en usage, et la valeur des chiffres romains dans la numération.

§ Ier.

SIGNES EMPLOYÉS DANS LA COMPOSITION.

SIGNES ALGÉBRIQUES.

$+$	Plus.	$::$	Comme.
$-$	Moins.	$\div$	Progression.
$=$	Égal.	∺	Proposition.
$\pm$	Plus ou moins.	$\equiv$	Équivalence.
$\times$	Multiplié par.	$\surd$	Radical.
$>$	Plus grand que.	∞	Infini.
$<$	Plus petit que.	Ɛ	Extraction du résidu.
$:$	Est à.	$\int$	Somme.

FIGURES GÉOMÉTRIQUES.

$\parallel$	Parallèle.	⊽	Angle des courbes.
$\underline{\perp}$	Égalité.	□	Carré.
$\perp$	Perpendiculaire.	○	Cercle.
$<$	Angle.	◇	Losange.
△	Triangle.	$^{\circ}$	Degré.
▭	Rectangle.	$'$	Minute.
∟	Angle droit.	$''$	Seconde.
≚	Angles égaux.	$'''$	Tierce.

SIGNES DU ZODIAQUE.

♈	Le Bélier.	♎	La Balance.
♉	Le Taureau.	♏	Le Scorpion.
♊	Les Gémeaux.	♐	Le Sagittaire.
♋	L'Écrevisse.	♑	Le Capricorne.
♌	Le Lion.	♒	Le Verseau.
♍	La Vierge.	♓	Les Poissons.

PLANÈTES.

☉	Le Soleil.	⚳	Cérès.
☿	Mercure.	⚴	Pallas.
♀	Vénus.	♃	Jupiter.
♁	La Terre.	♄	Saturne.
♂	Mars.	♅	Uranus.
⚶	Vesta.	♅	Herschell.
⚵	Junon.	☾	La Lune.

PHASES DE LA LUNE.

●	Nouvelle Lune.	○	Pleine Lune.
☽	Premier Quartier.	☾	Dernier Quartier.

ASPECTS.

☌	Conjonction.	☍	Opposition.
✡	Sextile.	☄	Comète.
□	Quadrature.	☋	Nœud ascendant.
△	Trine.	☊	Nœud descendant.

SIGNES ET ABRÉVIATIONS DES TERMES DE BOTANIQUE.

⊙ désigne les plantes qui ne peuvent porter du fruit qu'une seule fois, et meurent après.

① Plante monocarpienne annuelle. Sa durée est d'un an au plus.

② Plante monocarpienne bisannuelle. Elle ne fleurit que la seconde année, et meurt après.

⑧ Plante monocarpienne vivace. Elle ne fleurit qu'au bout d'un certain nombre d'années, et meurt après.

♃ Plante rhizocarpienne, c'est-à-dire celle dont les racines sont vivaces, et produisent des tiges florifères chaque année.

♄ Plante caulocarpienne en général, ou dont la tige persiste et porte fruit plusieurs fois.

♄ Sous-arbrisseau.

♄ Arbrisseau.

♄ Arbuste ou petit arbre.

♄ Arbre de plus de vingt-cinq pieds.

◡ Plante grimpante.

(Plante grimpante à droite.

) Plante grimpante à gauche.

△ Plante toujours verte.

♂ Plante ou fleur mâle.

♀ Plante ou fleur femelle.

☿ Plante ou fleur hermaphrodite.

I, II, III, IV, etc., servent à désigner le mois de la floraison des plantes. Ainsi, IV-VI signifie qui fleurit depuis le mois d'avril jusqu'au mois de juin.

Les mots composés du nom d'un organe et d'un nombre absolu s'écrivent souvent avec le chiffre de ce nombre : ainsi 10-*fidus*, 10-*petalus*, pour *decemfidus*, *decapetalus*.

∞ Désigne un nombre indéfini. *Petala* ∞, *stamina* ∞, pour *petala plurima*, *stamina plurima;* et ∞-*fidus*, ∞-*phyllus*, pour *multifidus*, *polyphyllus*.

? Exprime que l'on n'est pas sûr de la vérité du mot ou de la phrase précédente.

! Indique la certitude.

† Après un nom, signifie que l'objet n'est pas bien connu.

★ Après un synonyme, indique qu'on trouve dans l'auteur cité une description faite d'après nature.

SIGNES DE MÉDECINE.

℞ Prenez.

℔ Livre.

℥ Once.

ʒ Dragme ou gros.

℈ Scrupule.

ß Demie.

g̃ Grain.

āā De chaque.

ORDRES FRANÇAIS.

✠ Saint-Esprit.

✠ Saint-Michel.

✠ Saint-Louis.

✠ Mérite militaire.

✠ Malte.

✠ Saint-Lazare et Mont-Carmel.

✵ Légion d'honneur (Chevalier).

— O. (Officier).

— C. (Commandeur).

— G. O. (Grand Officier).

— G. C. (Grand-Croix).

✪ Décoration de Juillet.

LETTRES ET SIGNES DIVERS.

«	Guillemet.
(	Parenthèse.
[	Crochet.
§	Paragraphe.
*	Astérisque.
℣	Verset.
℟	Répons.
†	Croix.
¶	Pied-de-mouche.
1, 2 3 4 5 6 7 8 9 0	Chiffres supérieurs.
e l m o r s t	Lettres supérieures.
ā ē ī ō ū	Lettres longues.
ă ĕ ĭ ŏ ŭ	Lettres brèves.
ǎ ě ǐ ǒ ǔ	Lettres douteuses.
á í ó ú ì ò	Lettres latines, italiennes, espagnoles et portugaises.
Ñ ñ	Tilde, lettre espagnole.
ã õ	Lettres portugaises.
ö ä	Lettres allemandes.
ŵ ŷ	Lettres welches.
℔ ℔	Livres poids.
£ ₶	Livres tournois.
ſ	Sou.
₰	Denier.
£	Livre sterling.
$	1,000 reis portugais.
%	Pour cent.
〃	Nullité.
$\frac{1}{2}$ $\frac{3}{4}$ $\frac{5}{6}$ $\frac{7}{8}$ $\frac{9}{10}$ $\frac{8}{200}$	Fractions horizontales.
½ ¾ ⅚ 9/10	Fractions diagonales.
1 2 3 4 5 6 7 8 9 0 (barrés)	Chiffres barrés, employés en arithmétique.
A B C H I M N O P R S T U W (barrées); Ȧ Ä Ä̈ C̈ C̈ C̈ Ḧ Ẅ, etc. etc.	Lettres barrées et ponctuées employées en chimie, en minéralogie et en géologie.
☞	Index.
{	Accolade.
Ⓞ	Médaille d'or.
Ⓐ	Médaille d'argent.
Ⓑ	Médaille de bronze.
Ⓟ	Médaille de platine.
[CM]	Grande médaille de l'exposition de Londres.
[PM]	Médaille de deuxième classe, *id.*
[MH]	Mention honorable, *id.*
[NC]	Notable commerçant.
✉	Poste aux lettres.
(cheval)	Poste aux chevaux.
(cor)	Relais de poste.
(locomotive)	Chemin de fer.

§ II.

ABRÉVIATIONS.

ABRÉVIATIONS EMPLOYÉES EN CHIMIE MINÉRALE (CORPS SIMPLES).

Ag.	Argent.	B.	Brome.	Ca.	Calcium.
Al.	Aluminium.	Ba.	Barium.	Cd.	Cadmium.
Ar.	Arsenic.	Bi.	Bismuth.	Ce.	Cérium.
Au.	Or.	Bo.	Bore.	Cl.	Chlore.
Az.	Azote.	C.	Carbone.	Co.	Cobalt.

Cr. Chrome.
Cu. Cuivre.
Di. Didyme.
Er. Erbium.
Fe. Fer.
Fl. Fluor.
Gl. Glucinium.
H. Hydrogène.
Hg. Mercure.
I. Iode.
Ir. Iridium.
K. Potassium.
La. Lanthane.
Li. Lithium.
Mg. Magnésium.
Mn. Manganèse.
Mo. Molybdène.
Na. Sodium.
Ni. Nickel.
Os. Osmium.
Pd. Palladium.
Ph. Phosphore.
Pb. Plomb.
Pt. Platine.
Rh. Rhodium.
Ru. Ruthénium.
S. Soufre.
Sb. Antimoine.
Sé. Sélénium.
Si. Silicium.
Sn. Étain.
St. Strontium.
Ta. Colombium, tantale.
Te. Tellure.
Th. Thorium.
Ti. Titane.
U. Uranium.
Va. Vanadium.
W. Tungstène.
Y. Yttrium.
Zn. Zinc.
Zr. Zirconium.

ABRÉVIATIONS EMPLOYÉES EN CHIMIE MINÉRALE (CORPS COMPOSÉS).

AgO Protoxyde d'argent.
AgO^2 Bioxyde d'argent.
Ag^2O^5 Sous-oxyde d'argent.
Al^2O^3 Alumine.
ArO^3 Acide arsénieux.
ArO^5 Acide arsénique.
Au^2O Protoxyde d'or.
Au^2O^3 Peroxyde d'or.
AzO Protoxyde d'azote.
AzO^2 Bioxyde d'azote.
AzO^3 Acide azoteux.
AzO^4 Acide hypoazotique.
AzO^5 Acide azotique.
BaO Barite.
BaO^2 Bioxyde de barium.
Bi^2O^3 Oxyde de bismuth.
Bi^2O^5 Acide bismuthique.
BO^6 Acide borique.
BrO^5 Acide bromique.
CaO Chaux.
CaO^2 Bioxyde de calcium.
CdO Oxyde de cadmium.
CeO Protoxyde de cérium.
Ce^2O^3 Sesquioxyde de cérium.
ClO Acide hypochloreux.
ClO^3 Acide chloreux.
ClO^4 Acide hypochlorique.
ClO^5 Acide chlorique.
ClO^7 Acide perchlorique.
CO Oxyde de carbone.
CO^2 Acide carbonique.
CoO Protoxyde de cobalt.
Co^2O^3 Sesquioxyde de cobalt.
CrO Protoxyde de chrome.
CrO^3 Acide chromique.
Cr^2O^3 Sesquioxyde de chrome.
Cr^2O^7 Acide perchromique.
CuO Bioxyde de cuivre.
CuO^2 Peroxyde de cuivre.
Cu^2O Protoxyde de cuivre.
FeO Protoxyde de fer.
FeO^3 Acide ferrique.
Fe^2O^3 Peroxyde de fer.
Gl^2O^3 Glucine.
HgO Deutoxyde de mercure.
Hg^2O Protoxyde de mercure.
HO Eau.
HO^2 Bioxyde d'hydrogène.
IO^3 Acide iodeux.
IO^4 Acide hypoiodique.
IO^5 Acide iodique.
IO^7 Acide hepta-iodique.
IrO Protoxyde d'iridium.
IrO^2 Bioxyde d'iridium.

KO	Potasse.
KO^3	Peroxyde de potassium.
K^2O	Sous-oxyde de potassium.
LaO	Protoxyde de lanthane.
LiO	Lithine.
MgO	Magnésie.
MnO	Protoxyde de manganèse.
MnO^2	Bioxyde de manganèse.
MnO^3	Acide manganique.
Mn^2O^3	Sesquioxyde de manganèse.
Mn^3O^4	Oxyde rouge de manganèse.
Mn^2O^7	Acide permanganique.
MoO	Protoxyde de molybdène.
MoO^2	Bioxyde de molybdène.
MoO^3	Acide molybdique.
NaO	Soude.
Na^2O	Sous-oxyde de sodium.
Na^2O^3	Sesquioxyde de sodium.
NiO	Protoxyde de nickel.
Ni^2O^3	Sesquioxyde de nickel.
OsO	Protoxyde d'osmium.
OsO^2	Bioxyde d'osmium.
OsO^3	Acide osmieux.
OsO^4	Acide osmique.
Os^2O^3	Sesquioxyde d'osmium.
PbO	Protoxyde de plomb.
PbO^2	Acide plombique (oxyde puce de plomb).
Pb^2O	Sous-oxyde de plomb.
PdO	Protoxyde de palladium.
PdO^2	Bioxyde de palladium.
Ph^2O	Oxyde rouge de phosphore.
PhO	Acide hypophosphoreux.
PhO^3	Acide phosphoreux.
PhO^5	Acide phosphorique.
PtO	Protoxyde de platine.
PtO^2	Bioxyde de platine.
RhO	Protoxyde de rhodium.
Rh^2O^3	Sesquioxyde de rhodium.
RuO	Protoxyde de ruthénium.
RuO^2	Bioxyde de ruthénium.
Ru^2O^3	Sesquioxyde de ruthénium.
Sb^2O^3	Oxyde d'antimoine.
Sb^2O^5	Acide antimonique.
SeO^2	Acide sélénieux.
SeO^3	Acide sélénique.
SiO^3	Silice.
SnO	Protoxyde d'étain.
SnO^2	Acide stannique.
SO^2	Acide sulfureux.
SO^3	Acide sulfurique.
S^2O^2	Acide hyposulfureux.
S^2O^5	Acide hyposulfurique.
S^3O^5	Acide sulfhyposulfurique.
S^4O^5	Acide hyposulfurique bisulfuré.
StO	Strontiane.
StO^2	Bioxyde de strontiane.
TaO	Oxyde de tantale.
Ta^2O^3	Acide tantalique.
TeO^2	Acide tellureux.
TeO^3	Acide tellurique.
ThO	Thorine.
TiO	Protoxyde de titane.
TiO^2	Acide titanique.
Ti^2O^3	Sesquioxyde de titane.
UO	Protoxyde d'uranium.
U^2O^3	Peroxyde d'uranium.
VaO^2	Oxyde de vanadium.
VaO^3	Acide vanadique.
WO^2	Oxyde de tungstène.
WO^3	Acide tungstique.
YO	Yttria.
ZnO	Oxyde de zinc.
ZnO^2	Bioxyde de zinc.
Zr^2O^3	Zircone.

ABRÉVIATIONS DIVERSES.

ch.	chant.
chap.	chapitre.
d°	dito.
c.	centime.
cent.	centimètre.
&, &c., et,	et cætera.

ff.	Digeste.
f^{o}	folio.
fr.	franc.
gram.	gramme.
gr.	gros.
hect.	hectare.
hectol.	hectolitre.
kil.	kilogramme.
lig.	ligne.
Ms., Mss.	Manuscrit, Manuscrits.
m.	mètre.
mill.	millimètre.
N. B.	Nota bene.
n^{o}	numéro.
pag.	page.
p.	pied.
P. S.	Post scriptum.
pc.	pouce.
1er, 2^{e}	premier, deuxième.
1°, 2°, etc.	primo, secundo, etc.
qq.	quelques.
r^{o}	recto.
sect.	section.
v.	vers.
vers.	verset.
v^{o}	verso.
vg.	village.
vl.	ville.
voy.	voyez.
Mme	Madame.
Mlle	Mademoiselle.
M., M^{r}	Monsieur.
M^{e}	Maître.
M^{d}	Marchand.
Nég^{t}	Négociant.
Comp^{ie}, Cie	Compagnie.
CP.	Constantinople.
D^{r}	Docteur.
D. M.	Docteur-Médecin.
D. M. P.	Docteur-Médecin-Praticien.
Mgr, Mgr	Monseigneur.
Ch^{er}	Chevalier.
Cte	Comte.
B^{on}	Baron.
Mis	Marquis.
S. A.	Son Altesse.
S. A. É.	Son Altesse Électorale.
S. A. Ém.	Son Altesse Éminentissime.
S. A. I.	Son Altesse Impériale.
S. A. R.	Son Altesse Royale.
S. A. S.	Son Altesse Sérénissime.
S. E.	Son Excellence.
S. Ém.	Son Éminence.
S. G.	Sa Grâce.
S. H.	Sa Hautesse (l'empereur de Turquie).
S. S.	Sa Sainteté (le pape).
S. M.	Sa Majesté.
S. M. B.	Sa Majesté Britannique.
S. M. C.	Sa Majesté Catholique.
S. M. P.	Sa Majesté Prussienne.
S. M. T. C.	Sa Majesté Très-Chrétienne.
S. M. T. F.	Sa Majesté Très-Fidèle.
V. E.	Votre Excellence.
LL. AA.	Leurs Altesses.
LL. AA. II.	Leurs Altesses Impériales.
LL. AA. RR.	Leurs Altesses Royales.
LL. AA. SS.	Leurs Altesses Sérénissimes.
LL. EE.	Leurs Excellences.
LL. ÉÉm.	Leurs Éminences.
LL. HH. PP.	Leurs Hautes Puissances.
LL. MM.	Leurs Majestés.
LL. MM. II.	Leurs Majestés Impériales.
Le R. P.	Le Révérend Père.
Le S. P.	Le Saint Père (le Pape).
Les SS. PP.	Les Saints Pères (de l'Église).
N. S. J. C.	Notre-Seigneur Jésus-Christ.
N. D.	Notre-Dame.

§ III.

CHIFFRES ROMAINS.

Chiffres romains.	Valeur.	Chiffres romains.	Valeur.	Chiffres romains.	Valeur.
I	1	LV	55	DCCCC	900
II	2	LX	60	M	
III	3	LXV	65	CIↃ	1,000
IV	4	LXX	70	∞	
V	5	LXXV	75	ↀ	
VI	6	LXXX	80	MM	
VII	7	LXXXV	85	IICIↃ	2,000
VIII	8	XC	90	CIↃCIↃ	
IX	9	XCV	95	∞ ∞	
X	10	C	100	MMM	
XI	11	CL	150	CIↃCIↃCIↃ	3,000
XII	12	CC	200	IIICIↃ	
XIII	13	CCL	250	IↃↃ	5,000
XIV	14	CCC	300	V ∞	
XV	15	CCCL	350	CCIↃↃ	
XVI	16	CCCC	400	ↃMC	
XVII	17	CD		IMI	10,000
XVIII	18	IↃ	500	X ∞	
XIX	19	D		XM	
XX	20	IↃC	600	XX ∞	20,000
XXV	25	DC		CM	
XXX	30	IↃCC	700	C ∞	100,000
XXXV	35	DCC		CCCIↃↃↃ	
XL	40	IↃCCC	800	CCM	200,000
XLV	45	DCCC		CC ∞	
L	50	IↃCCCC	900	CCIↃↃCCIↃↃ	1,000,000

CHAPITRE IV.

DES FRONTISPICES ET DES FAUX-TITRES. — DES COUVERTURES. — DES CARACTÈRES D'ÉCRITURE. — DES TABLEAUX. — DE L'ALGÈBRE. — DE L'INTERLINÉAIRE. — DU PLAIN-CHANT.

§ Ier.

DES FRONTISPICES ET DES FAUX-TITRES.

La rédaction littéraire des frontispices (1), l'étendue numérique de leurs lignes, la dimension des formats, varient tellement, qu'il est impossible d'astreindre à des règles fixes leur exécution typographique : nous nous bornerons donc à exposer ici les principes généraux consacrés par le goût et l'usage ; principes que le tact du compositeur ou du correcteur modifiera, du reste, selon les circonstances.

1. La ligne qui exprime le sujet principal de l'ouvrage doit être la plus forte d'œil, la plus large, et, autant que possible, se trouver la troisième :

THÉATRE

DE

BEAUMARCHAIS,

(1) La première des conditions pour qu'un frontispice ait de la grâce, c'est qu'il ne soit pas trop chargé, c'est-à-dire, ne contienne pas un trop grand nombre de lignes ; on ne saurait donc assez engager messieurs les auteurs à n'y exprimer que ce qui est rigoureusement nécessaire pour faire connaître le but de l'ouvrage d'une manière claire et précise.— On peut voir plus loin, page 117, et notamment page 119, des exemples de titres qui pèchent essentiellement contre ce principe.

2. Lorsque cette ligne est au début du titre, et qu'elle contient un des mots *le, la, les, de,* etc., on peut détacher celui-ci et en faire une ligne isolée, afin qu'elle devienne la seconde :

LA

PHILOSOPHIE

3. Mais lorsqu'elle n'est précédée d'aucun de ces mots, il vaut mieux la diminuer un peu de force, si besoin est, pour qu'elle ne soit pas entièrement pleine, et s'arranger de manière qu'une des autres lignes principales la domine en largeur, dût cette dernière excéder un peu la justification :

THÉOLOGIE

MORALE

DES CURÉS ET DES CONFESSEURS.

4. Lorsque le sujet principal est énoncé en tête par un substantif suivi d'un modicatif, et que ce dernier contient plus ou autant de lettres, on sacrifie le substantif en faisant, contrairement à l'exemple précédent, dominer l'adjectif en grosseur et en largeur :

THÉOLOGIE

SÉRAPHIQUE.

5. Si la ligne, sujet principal, est de nature, par son étendue, à ne pouvoir être mise en caractère dominant, et que la ligne de début soit un mot court, comme *traité*, *précis*, *histoire*, etc., on peut, contrairement au principe émis au nº 1, faire dominer cette dernière en grosseur, et la ligne principale en largeur :

TRAITÉ

DU

DROIT ECCLÉSIASTIQUE.

6. Il faut éviter que plusieurs lignes consécutives, surtout si elles sont principales en grosseur, n'affectent entre elles la forme d'un cône droit :

LEÇONS

SYNCHRONIQUES

D'HISTOIRE GÉNÉRALE.

ou celle d'un cône renversé :

DROIT ECCLÉSIASTIQUE

DANS SES PRINCIPES GÉNÉRAUX;

PAR GEORGES PHILLIPS,

PROFESSEUR A LA FACULTÉ D'INSPRUCK.

à moins que, dans ce dernier cas, ces lignes ne terminent le titre, comme on le voit aux pages 115, 117 et 121; car alors cette forme contribue souvent à donner à l'ensemble la grâce voulue.

7. Le ou les mots d'une ligne doivent être, relativement à l'œil, exactement au milieu du blanc restant, c'est-à-dire en tenant compte du blanc que portent certaines lettres par rapport à leur forme et à leur place. Si, par exemple, la ligne commence et finit par une lettre droite de la nature de l'M ou de l'E,

MÉMOIRE

ou de celle du V et du T,

VINCENT

la ligne prendra le même blanc au commencement et à la fin; mais si elle commence par une lettre droite et finit par une lettre portant du blanc à sa base ou par une ponctuation, le blanc devra être tenu un peu plus fort en avant, de manière à compenser la différence :

BABEUF

Le contraire aura lieu, si une lettre ronde commence une ligne terminée par une lettre droite, non suivie d'une ponctuation :

OCÉANIE

8. Toutes les lignes d'un titre doivent être inégales en grosseur et en largeur (1), à moins que, pour le premier cas, il ne s'agisse d'un sommaire à lignes coupées ou pleines; car alors il est admis d'employer consécutivement deux ou plusieurs lignes de même caractère. (Voir ci-contre et les pages 117 et 119.)

---

(1) On peut souvent éviter la rencontre de deux lignes de même largeur, consécutives ou non, en espaçant l'une d'elles. Dans ce cas, et si l'ensemble du titre ne s'y oppose pas, on espacera la ligne de caractère fort ou gras de préférence à celle du caractère petit ou maigre.

LEÇONS

DE

CHIMIE ÉLÉMENTAIRE

APPLIQUÉES

AUX ARTS INDUSTRIELS,

ET FAITES LE DIMANCHE A L'ÉCOLE MUNICIPALE DE ROUEN,

PAR M. J. GIRARDIN,

Professeur de chimie à l'École municipale et à l'École d'agriculture de Rouen, Membre correspondant de l'Institut royal de France, de la Société royale et centrale d'agriculture, de la Société d'encouragement, des Académies de Florence, Turin, Moscou, Bruxelles, Anvers, Liége, Kaiserslautern, Rouen, Bordeaux, Marseille, Nancy.

TROISIÈME ÉDITION,

REVUE, CORRIGÉE ET AUGMENTÉE,

avec 200 figures et échantillons d'indienne intercalés dans le texte.

PREMIÈRE PARTIE.

CHIMIE INORGANIQUE.

A ROUEN,

CHEZ I.-S. LEFEVRE, IMPRIMEUR,

RUE DES CARMES, 20.

1846.

9. Lorsque le titre est chargé, il faut, autant que cela se peut, réduire en sommaires coupés (1), bas de casse ou majuscules, les parties secondaires, c'est-à-dire celles qui sont ordinairement précédées d'un des mots *accompagné, précédé, contenant*, etc. (Voir l'exemple de la page suivante.)

10. La transition des caractères entre eux, bien que prononcée en raison de l'importance du contenu des lignes, ne doit cependant pas être exagérée.

11. Les diverses parties dont se compose le titre, comme la dénomination de l'ouvrage, le nom de l'auteur, l'épigraphe, la tomaison, etc., doivent avoir entre elles un blanc régulier un peu plus fort que celui des lignes relatives de ces diverses parties. (Voir l'exemple de la page suivante.)

12. Le nom de l'auteur doit se faire en un caractère qui, sans être trop petit, ne domine cependant aucune des lignes principales.

13. Les qualités de l'auteur se mettent en petits caractères, bas de casse ou petites majuscules, et, lorsqu'elles ont quelque étendue, on les dispose en sommaire coupé, comme on l'a vu dans l'exemple de la page qui précède. Ces lignes se distancent moins du nom de l'auteur que les autres lignes, et prennent encore moins de blanc entre elles.

14. L'indication de l'adresse du libraire, de l'auteur, de l'imprimeur, etc., exprimée sur le frontispice, doit être isolée le plus possible de la dernière ligne du titre. On les sépare ordinairement l'une de l'autre par le chiffre du libraire ou de l'auteur, par un fleuron léger et approprié au sujet, ou même par un simple filet anglais orné.

15. Les lignes, dans leur rapport respectif, doivent être plus ou moins distancées, selon que le frontispice en contient un plus ou moins grand nombre, et aussi selon leur grosseur.

---

(1) Les sommaires à lignes pleines, d'une certaine étendue, ne se supportent guère dans les frontispices, parce que leur uniformité contribue trop souvent à en exclure l'élégance.

DICTIONNAIRE
DE LA
LANGUE FRANÇAISE,
GLOSSAIRE RAISONNÉ
DE
LA LANGUE ÉCRITE ET PARLÉE,

PRÉSENTANT

L'EXPLICATION DES ÉTYMOLOGIES, DE L'ORTHOGRAPHE ET DE LA PRONONCIATION,
LES ACCEPTIONS PROPRES, FIGURÉES OU FAMILIÈRES,
LA CONJUGAISON DE TOUS LES VERBES IRRÉGULIERS OU DÉFECTUEUX,
LES PRINCIPALES SYNONYMIES,
LES GALLICISMES, LES LOCUTIONS POPULAIRES ET PROVERBIALES,
ET ENFIN LA SOLUTION DE TOUTES LES DIFFICULTÉS GRAMMATICALES.

APPUYÉ

DE REMARQUES, DE JUGEMENTS LITTÉRAIRES,

et d'exemples empruntés aux écrivains les plus illustres des deux derniers siècles
et aux littérateurs contemporains les plus célèbres;

ET PRÉCÉDÉ

**d'un Tableau synoptique de l'Académie française
depuis l'époque de sa création.**

PAR M. P. POITEVIN,

AUTEUR DU COURS THÉORIQUE ET PRATIQUE DE LANGUE FRANÇAISE

« Plus une langue se répand, plus elle a besoin
« de dépôts et d'archives. » (RIVAROL.)

PARIS,

TYPOGRAPHIE DE FIRMIN DIDOT FRÈRES,

IMPRIMEURS DE L'INSTITUT,

RUE JACOB, 56.

M DCCC LIII.

16. On doit, autant qu'il est possible, ne faire figurer dans les frontispices que des caractères de même famille, surtout lorsqu'il s'agit d'ouvrages sérieux. Nous disons autant que possible, car il arrive très-souvent que la rédaction d'un frontispice est telle que les lettres de fantaisie (1), étroites, grasses, ou autres, sont d'une grande ressource, autant pour éviter la monotonie d'un nombre considérable de majuscules ou de minuscules de même forme, que pour donner à certaines lignes, contenant trop ou trop peu de lettres, une étendue relative convenable, ainsi qu'on le voit à la page qui précède et à la page qui suit.

17. La ponctuation qui se trouve au bout des lignes ne doit pas être supprimée dans une partie du frontispice et conservée dans d'autres; et, lorsqu'elle est exprimée, il est bon de la diminuer de force dans les lignes principales, c'est-à-dire, de la mettre de 16 points dans le 18, de 18 points dans le 20, et ainsi de suite, afin de corriger l'exagération du plus grand nombre des fontes sous ce rapport.

18. Lorsque, dans l'adresse, on supprime la préposition *à* devant le nom de la ville, on doit aussi supprimer le mot *chez* qui précède celui de l'éditeur ou du libraire, ou le *de* qui précède celui de l'imprimerie; mais lorsque l'ensemble du frontispice ne s'y oppose pas, il est plus logique de conserver l'un et l'autre.

19. Lorsque l'adresse contient deux ou trois noms, on peut les placer avec avantage sur deux colonnes, disposées comme dans l'exemple ci-contre.

20. La longueur totale du frontispice, qui comprend ordinairement la ligne de tête, peut, au besoin, être diminuée de cette ligne, ou être augmentée de la valeur de la ligne de pied. (Voir les pages précédente et suivante.) Quelquefois aussi, l'étendue de la ligne principale oblige à donner plus de largeur à tout le titre.

---

(1) Lorsqu'on sait faire une juste application de ces caractères, ils figurent avec un avantage marqué dans les *ouvrages de ville*, travaux dont la multiplicité et la variété nous dispensent de rien dire, si ce n'est qu'ils exigent un goût particulier, et que les principes relatifs aux frontispices et aux tableaux leur sont applicables dans une foule de cas.

NOUVEAU MANUEL

DES

ÉCOLES PRIMAIRES,

OU

EXERCICES NOMBREUX

POUR DEVOIRS JOURNALIERS ET COMPOSITIONS DES SAMEDIS :

1° En Instruction religieuse et en Histoire sainte ;
2° en Arithmétique ; — 3° en Grammaire française ;
4° en Histoire de France ; — 5° en Géographie ;
6° en Géométrie et Dessin linéaire.

Compositions dont les places doivent être inscrites sur le registre des Instituteurs et des Institutrices, conformément à l'article 25 du Règlement général ;

(MATIÈRE ET CORRIGÉ.)

PRÉCÉDÉ D'UN

PETIT TRAITÉ D'ARITHMÉTIQUE

ET DE NOTIONS SUR LA GÉOMÉTRIE ET LE DESSIN LINÉAIRE,

POUR RÉPONDRE A MM. LES INSPECTEURS ET DÉLÉGUÉS.

PAR J.-N. TOUSSAINT,

Bachelier ès lettres, Maître de pension secondaire et Instituteur public, en exercice depuis dix-huit ans sans interruption.

PARTIE DU MAITRE.

Ouvrage destiné à abréger et à faciliter la tâche déjà si difficile du maître.

A L'USAGE

DES INSTITUTEURS ET DES INSTITUTRICES, DES INSPECTEURS, DES DÉLÉGUÉS CANTONAUX, DES CURÉS, DES MAIRES.

Dix Gravures.

A. M. D. G.

PARIS,

FIRMIN DIDOT FRÈRES, RUE JACOB, 56.

JULES DERUELLE, rue de la Fidélité, 13. | HACHETTE ET CIE, rue Pierre-Sarrasin, 14.

ET LES PRINCIPAUX LIBRAIRES DE LA CAPITALE ET DE LA PROVINCE.

1852.

21. Dans les ouvrages d'*œuvres*, de *collections*, etc., le frontispice porte ordinairement en tête, et dominant tout le reste, le titre général, puis, séparée par un filet, l'énonciation du sujet du volume, avec la tomaison partielle. (Voir l'exemple de la page qui suit.)

Dans ce cas la tomaison générale se place au faux titre :

ŒUVRES COMPLÈTES

DE

J.-J. ROUSSEAU.

TOME VIII.

Mais d'autres fois, et nous approuvons beaucoup cette disposition, le frontispice n'énonce que le titre principal de l'œuvre, avec la tomaison générale, ce qui le rend moins lourd; et le titre particulier, qui peut alors prendre tout le développement nécessaire, est reporté, avec la tomaison partielle, sur un second faux titre qui précède immédiatement le texte :

JULIE

OU

LA NOUVELLE HÉLOÏSE;

LETTRES DE DEUX AMANTS,

HABITANTS D'UNE PETITE VILLE AU PIED DES ALPES,

RECUEILLIES ET PUBLIÉES

PAR J.-J. ROUSSEAU.

TOME PREMIER.

OEUVRES COMPLÈTES

DE

J.-J. ROUSSEAU,

AVEC

DES ÉCLAIRCISSEMENTS ET DES NOTES HISTORIQUES.

LA NOUVELLE HÉLOÏSE.

TOME PREMIER.

PARIS,

P. POURRAT FRÈRES, ÉDITEURS,

RUE DES PETITS-AUGUSTINS, N° 5.

M DCCC XXXI.

22. Le faux titre, comme on l'a vu dans le premier exemple de la page 120, ne doit contenir que la partie principale du frontispice, laquelle doit être exprimée en caractère un peu inférieur à celui de ce dernier.

23. On le place au tiers environ du blanc resté disponible.

24. Le faux titre se supprime dans les ouvrages peu considérables, toutes les fois que sa présence nuit à la combinaison du nombre exact des pages nécessaires pour former une ou plusieurs feuilles.

25. On place derrière le faux titre le nom de l'imprimeur, soit à la partie correspondante au milieu des lignes dont il est formé, soit au bas de la page, sur le côté droit, ou dans toute la largeur de la justification, si elle est étroite. — On y place aussi quelquefois l'adresse des divers libraires chargés de la vente de l'ouvrage, les avis, publications, etc.

26. Les grandes divisions de certains ouvrages prennent aussi des faux titres; mais dans ce cas, les caractères doivent en être inférieurs à ceux du faux titre principal (voir le deuxième exemple de la page 120) et ils prennent, s'il y a lieu, la signature de la page de texte qu'ils représentent.

27. Le sous-titre qui se place en tête du texte de la première page affecte ordinairement la même énonciation et les mêmes caractères que ceux du faux titre. — Il convient qu'au début d'ouvrages en vers courts, ce sous-titre ne remplisse pas la totalité de la justification.

§ II.

DES COUVERTURES.

L'encadrement des couvertures tend de jour en jour à disparaître; il affecte du reste des formes si variées, depuis le simple filet jusqu'aux combinaisons de vignettes les plus compliquées, que, en dehors du goût qui doit concourir à leur exécution, on ne saurait rien dire à ce sujet qui pût être érigé en principe.

Les observations qui suivent pourront être d'une utile application dans la disposition générale à donner aux couvertures.

1. L'intérieur de la couverture, de même que celui de tout objet encadré, doit être extrêmement juste; faute de quoi les filets le mieux ajustés, les vignettes le mieux parangonnées, perdraient leur jonction et leur rectitude, et produiraient, ainsi qu'on le voit trop souvent; l'effet le plus disgracieux à l'œil.

2. La couverture doit excéder la largeur et la hauteur des pages du texte, de toute l'épaisseur de l'encadrement et du blanc intérieur de séparation.

3. Lorsque l'étendue d'une ligne principale exprimée sur le frontispice excède la justification de l'ouvrage, on est assez souvent obligé, pour que cette ligne soit suffisamment distante de l'encadrement, sans cependant faire outre-passer à ce dernier la dimension que nous venons de dire, de la diminuer de grosseur, et quelquefois même toutes celles qui en dépendent.

4. Le blanc intérieur de tête doit être maintenu un peu plus fort que celui de pied.

5. Les marges de la couverture doivent aussi être ménagées plus grandes sur les bords que vers le dos, et en pied qu'en tête.

6. La largeur du dos de la couverture doit être calculée sur l'épaisseur du volume, mais plutôt un peu au-dessous qu'au-dessus; et si la principale des lignes qu'il porte n'y peut entrer horizontalement, on la place verticalement, ainsi que celles qui en dépendent (le sens courant de bas en haut). Dans ce cas, néanmoins, toutes les autres lignes, comme le nom de l'auteur, la tomaison, le prix, etc., gardent leur position horizontale.

7. Le dos doit être exactement de la même hauteur que les plats; c'est-à-dire que leurs vignettes ou filets réciproques doivent s'aligner entre eux en tête et en pied.

8. Les couvertures ne font ordinairement que deux pages, qui se tirent en blanc; mais lorsque, pour une raison quelconque, on en fait quatre pages, on doit, autant que possible, donner aux deux nouvelles pages la longueur et la largeur des deux premières, afin que, à la retiration, elles tombent exactement dans l'intérieur des cadres de celles-ci.

§ III.

DES CARACTÈRES D'ÉCRITURE.

DE L'ANGLAISE.

Le caractère dit *anglaise* (1) est formé de lettres et de portion de lettres qui sont combinées de manière à faire disparaître totalement la marque de jonction des lettres entre elles; c'est-à-dire qu'elles effectuent la liaison complète des lettres terminées par un délié avec celles qui commencent également par un délié, comme

a n (*an*), *a v* (*av*), *e r* (*er*), *e z* (*ez*), *i m* (*im*), *m m* (*mm*), *u n* (*un*),

et que, pour les autres cas, le délié initial ou final se réunit convenablement au plein précédent ou suivant, soit par la forme de la lettre elle-même,

r a t i o n (*ration*), *v r a i* (*vrai*), *d o s* (*dos*), *r i v i è r e* (*rivière*),

soit à l'aide de liaisons détachées,

s u b l i m e (*sublime*).

On voit, d'après cela, qu'on doit avoir pour but, en composant ce caractère, d'éviter la rencontre de deux déliés, comme dans les mots

a ni mé, é vé ne me nt,

(1) Le nom de Firmin Didot, auquel se rattachent exclusivement la conception et l'exécution de l'anglaise, nous dispense de rien dire de cet admirable caractère, si ce n'est toutefois que, sous le rapport de l'art, rien, jusqu'à présent, n'a pu l'égaler.

que l'on formera ainsi :

aviné, événement;

aussi bien que la rencontre de deux pleins, surtout dans les caractères au-dessus de seize,

blanc, histoire, satin, volubilité,

lesquels devront être séparés comme il suit :

blanc, histoire, satin, volubilité.

Mais comme la même lettre doit se former de combinaisons différentes, selon qu'elle est initiale, médiale ou finale, ou selon qu'elle est précédée de telle ou telle autre lettre, il est de toute nécessité de connaître la figure et l'emploi de ces diverses combinaisons. (Voir les pages 128-130.) — Nous ne dirons rien des lettres complètes, simples ou doubles, sinon que celles de ces lettres qui sont à délié final court,

a, c, d, e, i, k, l, m, n, t, u, x, z,

doivent se placer devant les lettres de forme ronde,

a, c, d, e, g, o, q,

et celles à délié final long,

a, c, d, i, l, m, n, t, u,

devant les lettres à forme droite,

b, f, h, i, j, k, l, p, t, u.

Les caractères des corps au-dessus du seize ont les liaisons détachées suivantes :

pour réunir le *b* et le *v* aux lettres *a, c, e, i, o, u;*
pour réunir l'*s* aux mêmes lettres que les précédentes;
pour réunir le *b* à l'*l*.

Mais dans l'anglaise de douze et de seize, ces liaisons manquent, et, les lettres suivantes

ba, bc, be, bi, bj, bl, bo, bu, sc, se, sq, st, su, vi,

restent isolés l'une de l'autre comme on le voit ici.
Les combinaisons suivantes

cr, li, er, rr, r, tr, ir, r,

employées pour former l'*y*, ne sont pas épaulées en dessous, afin que la queue de cette lettre ne se casse pas. — Il en est de même du *c* qui sert à la formation du *g*.

Les doubles lettres complètes ont pour but, conformément au principe émis précédemment, d'éviter la rencontre de deux déliés; ces lettres sont :

cs; es, ev, ex, ex, ez; és, év; ès, èv; êv; ff, fk;

is, iv, ix, iz; ps; fs; ts.

Lorsque l'*l* est suivi de l'*m*, de l'*s*, du *v*, ou de l'*y*, on se sert de la barre du *d;* ce qui, vicieusement, prive l'*l* de sa boucle, ainsi qu'on le voit dans les mots suivants :

almanach, lesquels, malvacée, lyre.

Il y a deux sortes de *j :* le plus épais se met au commencement des mots et le plus mince au milieu.

Il y a aussi, dans les caractères supérieurs au seize, deux sortes de barres pour la combinaison de l'*h* et du *p* avec l'*n*, l'*r*, l'*s* et l'*y;* la forte se met au commencement des mots, et l'autre au milieu.

Dans l'anglaise de douze et de seize, ces barres sont remplacées par trois combinaisons

hr, pr, ps.

Il y a encore deux sortes d'*o*, de *q*, d'*s*, de *t*, et trois sortes de *v*, qu'on emploie de la manière suivante :

o se met avant les lettres *b*, *f*, *h*, *i*, *j*, *k*, *l*, *p*, *t*, *u* :

objet, ouverture;

o avant *m*, *n*, *r*, *s*, *v*, *y* :

omnibus, ornement.

q se met au commencement et au milieu des mots :

quatrième, quelqu'un;

q à la fin des mots :

cinq, coq.

s se met au commencement des mots :

souffrance, sympathie;

s après le *b* et l'*o* :

obstination, rose.

t se met à la fin de tous les mots :

sept, sentiment.

v se met au commencement des mots, devant une lettre ronde :

voiture, volupté;

v au commencement des mots, devant une lettre droite :

vigilance, vulgaire;

v après le *b* et l'*o* :

obvier, ovale.

oe il n'y en a point d'une seule pièce; il se fait avec l'*o* et l'*e* :

oeil, oeuvre.

ü il se forme avec l'*ï* et le dernier jambage de l'*u*.

On place au commencement de chaque ligne un demi-cadratin triangulaire, sur lequel vient s'appuyer la première lettre; et, à la fin des lignes, un autre demi-cadratin fondu en sens inverse du précédent, et destiné à former la quadrature de la ligne.

Il est nécessaire d'interligner ce caractère pour qu'il ne soit pas exposé à chevaucher.

MODÈLE DE COMPOSITION D'ANGLAISE.

Figures	employées dans	que l'on forme comme ci-dessous:
c	*a, ar, as, av,* *ax, ay, az*	*c r, c r, c s, c v,* *c x, c y, c z*
ar	*amitié* *anathème* *arbitre*	*ar nitié* *ar nathème* *ar bitre*
cr	*ancre*	*an cr e*
cr	*cygne*	*cr ygne*
c	*dm, dr, ds,* *dv, dy*	*c lm, c lr, c ls,* *c lv, c ly*
er	*em, en, er*	*er n, er n, er r*
er	*Sidney*	*Sidn er y*
ffr	*souffrance*	*sou ffr ance*
c	*gm, gn, gr, gs*	*c jm, c jn, c jr, c js*
gr	*grandeur* *montagne*	*gr andeur* *monta gr ne*
hr	*christianisme*	*c hr istianisme*

Figures	employées dans	que l'on forme comme ci-dessous :
ıı	im, in, ir	ı n, ı ı, ı r
h	lyre	ly re
ı	monde	mo n de
ı	homme	ho m me
n	mille	n ille
v	dont	do n t
ıı	femme, année	fe m me, an n ée
ıs	dans	da ns
w	environ	e n v iron
u	amygdales synonyme	am ygdales syno n yme
nz	onze	o nz e
p	pneumonie impression	p neumonie im p ression
ıı	roi, vrille	r oi, v r ille
ʳ	brave, brelan	b r ave, b r elan.
ʳ	tourbillon crime	tour billon c r ime
r	venir	veni r
	tendre	tend re
rr	barre	ba rr e
s	versatile	ver s atile

Figures	employées dans	que l'on forme comme ci-dessous :
r	*serviteur*	*ser v iteur*
r	*jury*	*ju r y*
z	*quatorze*	*quator z e*
tr	*etréen, trente*	*e tr éen, tr ente*
ty	*typographie*	*ty pographie*
u	*un*	*u n*
ul	*seul*	*se u l*
a	*amie, art*	*a mie, a rt*
a	*rhum, hure*	*rhu m, hu re*
us	*basin, illustre*	*ba s in, illu s tre*
uv	*suave, cuve*	*su a ve, cu v e*
ux	*axonge, luxe*	*a x onge, lu x e*
a	*abbaye*	*abba ye*
uz	*azuré*	*a z uré*
y	*système*	*s y stème*
yn	*sympathie*	*s y mpathie*
yn	*syndic, syringa*	*s y ndic, s y ringa*
ys	*analyse, harengs*	*analy s e, haren gs*

Le modèle de casse que nous donnons ici, a été combiné de manière à en rendre l'étude le plus facile possible ; c'est-à-dire que nous avons groupé méthodiquement les diverses combinaisons de chacune des lettres de l'alphabet.

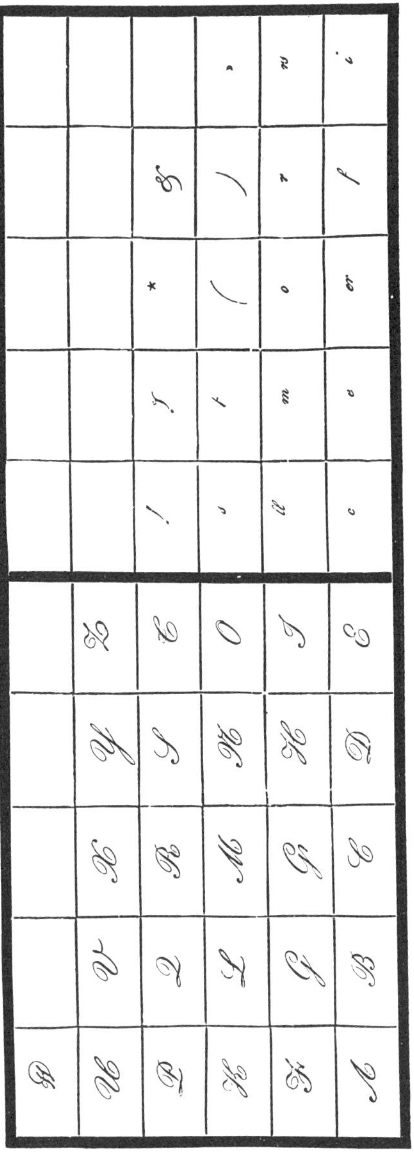

HAUT DE CASSE.

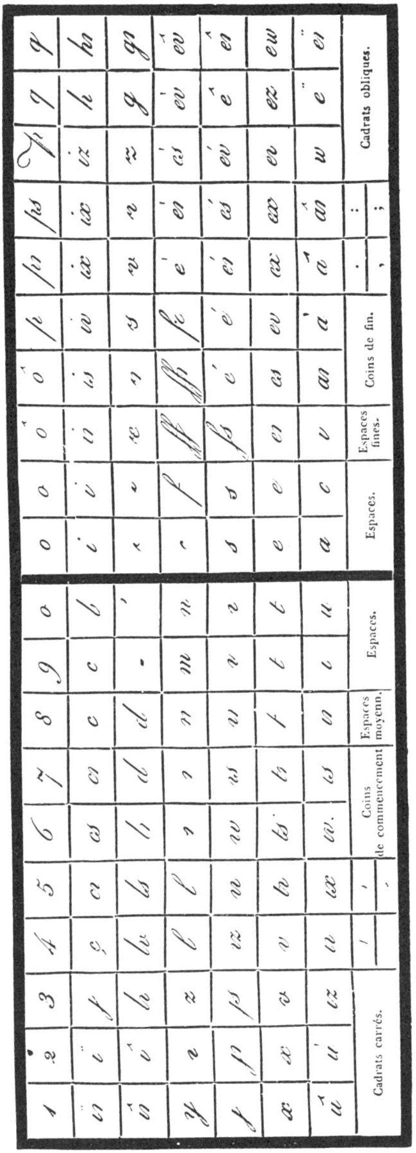

BAS DE CASSE.

DE LA RONDE.

La composition de la *ronde* est beaucoup plus simple que celle de l'*anglaise;* ce caractère est fondu sur corps droit comme les autres caractères romains, et il n'a, en dehors des lettres doubles ci-dessous, que les combinaisons suivantes :

ı, ı, ır, ıs, ıx, ıy, ız

Ces combinaisons sont destinées à la formation des lettres

uy; ur, us, uy; ur, ur, us, ux uy, uz.

Les lettres doubles sont :

ar, ar, as, ax, ay, az;

cr, cr, cs, cy;

er, er, ér, ér, èr, es, és, ès, ex, ey, ez;

ir, is, ix, iz;

ls, ly;

rs, ry, rz;

tr, ts, ty.

Elles ont pour but, ainsi que les diverses combinaisons de l'*u*, d'éviter la rencontre du délié final des premières de ces lettres avec le délié initial des autres.

Dans les mots terminés par *a*, *e*, *n*, *r*, *s*, *t*, on doit employer les finales

a, e, n, r, s, s, t.

On emploie le premier ou le second *s* final selon que l'espacement l'exige, mais il faut qu'ils soient uniformes dans la même ligne.

Il y a deux sortes de *j* (l'un épais et l'autre mince), et deux sortes de *g* (g, g) et de *p* (p, p) : les premiers se mettent au commencement des mots, et les seconds au milieu.

L'usage des lettres à délié court ou long est le même que dans l'anglaise, c'est-à-dire que les premières se mettent devant les lettres de forme ronde,

a, c, d, e, g, o, q, s ;

et les secondes, devant les lettres à jambage droit :

b, f, h, i, j, k, l, m, n, p, t, u.

MODÈLE DE CASSE DE RONDE.

HAUT DE CASSE.

							e	l	m	o	r	s	t
X	Y	Z	W	(	«	*	ff	h	œ	æ			
P	Q	R	S	T	U	V	ë	ï	ü				
H	I	K	L	M	N	O	8	9	0	;	:	!	?
A	B	C	D	E	F	G	1	2	3	4	5	6	7

BAS DE CASSE.

x	y | z	ç	cy	cs	cr	cr	o	c	à	â	è	èr	ès	ê	ì	ò	û
v	ly	ls	b	iz	ix	is	é	é	é	ér	ér	és	g	g	b	ù	j
z	l	l	m	m	ir	ir	' | -	d	s	a	a	f	o	p	p	q	j
ny	ix	is	ir	ir	i	i	er	er	es	ex	ex	cy	ez	rs	ry	rz	Demi-cadr.
v	i	w	u	w	n	y	e	e	e	as	ax	ay	az	r	r	o	Cadratins.
ty	ts	tr	tr	n	t	t	Espaces.		a	a	a	ar	ar	,	.	Cadrats.	

§ IV.

DES TABLEAUX.

La nature des tableaux varie tellement, que l'on ne peut, non plus que pour les frontispices, établir des règles fixes pour tous les cas; et nous devons nous borner à donner ici les préceptes qui suivent, avec les diverses observations qui s'y rattachent.

Avant de commencer un tableau dont la largeur totale est déterminée par la copie, on doit prendre avec exactitude la justification partielle de toutes ses parties. Pour cela, on présente sur les colonnes du modèle un nombre de cadratins (de dix points) qui se rapproche le plus possible de leur largeur, et l'on place ces cadratins dans un composteur, en mettant entre chaque justification le blanc représentatif du filet vertical. Mais comme il est très-rare de tomber ainsi parfaitement d'accord avec le modèle, on augmente la largeur des colonnes les plus chargées (soit dans les têtes, soit dans le texte), au détriment de celles qui le sont moins (1), en ayant soin toutefois que la dimension des unes et des autres se trouve toujours en rapport exact avec des cadrats, lingots ou bois d'un nombre de points déterminé, afin de faciliter le travail tout en l'abrégeant.

Cette opération faite, on s'assure avec le plus grand soin que rien n'a été oublié, et l'on arrête la justification totale en plaçant au commencement et à la fin du composteur un bout du filet de cadre, ou un blanc de sa valeur.

On détermine ensuite la hauteur des têtes, en composant, en caractères voulus, celle qui contient le plus de lignes, et en y ajoutant les blancs nécessaires, ainsi que le filet horizontal qui la sépare du texte. — On agit de même à l'égard du texte, puis on

---

(1) Lorsqu'il s'agit d'un tableau à colonnes blanches, comme un registre, par exemple, il faut avoir le soin de donner à chacune des colonnes la largeur relative à l'étendue de la matière qu'elle peut être appelée à contenir. (Voir page 140.)

le réunit à la tête, pour fixer la longueur extérieure du tableau.

Lorsque la largeur et la hauteur sont arrêtées d'une manière certaine, on compose, en commençant par la dernière, toutes les têtes du tableau, auxquelles on donne la hauteur verticale convenable; puis on les place dans une galée à part, avec leurs filets horizontaux.

La tête de la première colonne est alors reprise et placée dans la galée de mise en pages, où on la fait suivre de son texte. Lorsque ce dernier est bien redressé et mis d'aplomb, on recouvre la colonne d'un filet vertical dressé à la lime (1) par celui de ses bouts qui portent sur la tringle horizontale de la galée; puis on presse fortement la matière en la poussant de bas en haut; afin de diminuer le plus possible son élasticité, et l'on fait une marque au côté gauche du filet avec une pointe effilée pour déterminer sa longueur; on le coupe, et on le dresse à la lime jusqu'à ce qu'il soit de la dimension convenable, ce dont on s'assure en plaçant un filet de cadre en tête et en pied de la colonne, et en pressant de nouveau cette dernière. Tant que, durant la pression, le filet ne peut sortir librement, c'est qu'il est encore trop long.

Lorsque le filet est réduit à la longueur désirable, on compose et l'on place successivement de la même manière toutes les autres colonnes.

L'intérieur du tableau étant entièrement composé, on effectue son encadrement de la manière suivante : On coupe le premier filet vertical de cadre un peu plus long que la page à encadrer, l'épaisseur des deux filets horizontaux comprise; puis, après l'avoir dressé d'un bout (celui du haut de la page), on présente de ce côté et sur le maigre un cadratin du corps du filet pour déterminer l'ouverture de l'anglet; on trace un trait avec la pointe

(1) Le filet à limer se met à plat sur le rebord vertical droit du bas de casse, en se prolongeant, selon sa longueur, sur les cassetins aux cadrats, de la virgule, du point, etc.; et il est appuyé par son pied sur l'intérieur du rebord horizontal. Pendant l'effort de la lime, il est solidement maintenu dans cette position par l'index gauche étendu sur son plat, par les trois autres doigts placés du côté de l'œil, et par le pouce, qui appuie en sens contraire sur l'extérieur du rebord horizontal.

derrière le cadratin, et on lime en biseau jusqu'au trait (1); on place ensuite ce filet au début des lignes, en repoussant un peu la composition. Cela fait, on coupe un filet horizontal sur la largeur de la page, les deux filets verticaux compris, avec un excédant de quelques points; on le dresse carrément par le bout qui correspond à celui du filet vertical déjà placé, et on en fait l'anglet de la même manière que précédemment; puis on le met en tête de la page. On présente alors, au pied de la page, le second filet horizontal, avec lequel on presse fortement la composition, et l'on fait, par-dessus ce filet, un trait à la pointe sur l'excédant du filet vertical, pour indiquer la longueur définitive de ce dernier. On enlève ensuite le filet vertical, on le dresse en limant jusqu'au trait, et l'on fait le second anglet; on coupe le deuxième filet vertical, en le tenant toujours un peu plus long; on le dresse d'un bout, on en fait l'anglet, puis on fixe sa longueur exacte avec le premier à l'aide d'un trait de pointe, et l'on fait le second anglet. On replace ensuite un de ces deux filets sur le côté gauche de la composition, et l'on met l'autre sur le côté droit, en dedans du filet horizontal de tête. Après avoir fortement appuyé sur la page, en la redressant dans le sens de sa largeur, on tire un trait de pointe sur l'excédant du filet horizontal pour fixer sa longueur, et l'on enlève ce dernier pour en faire le second anglet; puis on prépare le second filet horizontal comme il a été dit pour le second vertical. — Les quatre filets ainsi achevés, on les ajuste soigneusement à leur place avant de lier la page, pour éviter qu'ils ne viennent à grimper l'un sur l'autre, ce qui briserait la partie aiguë de leurs anglets (2).

---

(1) Quelques fondeurs de Paris, et entre autres M. Derriey, artiste fort habile, ont imaginé des coupoirs à l'aide desquels on obtient des anglets qui ont la perfection désirable; mais comme un très-grand nombre d'imprimeries ne possèdent pas ces outils, qui, du reste, laissent encore à désirer sous plus d'un rapport, nous n'avons pas cru devoir nous dispenser de donner cet enseignement.

(2) Il ne suffit pas, pour qu'un cadre joigne d'une manière convenable, que les filets soient réguliers dans leur longueur et dans leur ouverture d'angle; il faut encore que la matière intérieure soit très-bien justifiée, et que le serrage de la forme soit fait avec le soin convenable pour ne point fausser ni déplacer les filets.

OBSERVATIONS.

1. Les têtes des tableaux doivent, autant que possible, être disposées en titre, le mot principal ressortant sur les autres; mais comme l'étroitesse des colonnes peut s'y opposer, il y a souvent nécessité de les mettre en simples sommaires de petites majuscules ou même de bas de casse. On doit, dans ce cas, conserver saillant le mot principal, et l'isoler des autres lignes par un léger blanc :

DATES et HEURES DES OBSERVATIONS.	Nos des séries.	NOMBRE d'oscillations infiniment petites en 10m de T. M.	Température.	Corrigé.	NOMBRE d'oscillations infiniment petites en 10m de T. M. à 12°.5.
29 juill., de 7h 34m à 8h 36m matin.	1	165°226	19°0	+10°75	166°251
	2	165 292	19 4	+1 088	166 380
	3	175 154	19 6	+1 020	166 274
30 juillet, de 7h 53m à 9h matin...	4	165 185	19 5	+1 104	166 289
	5	165 114	20 0	+1 183	166 297
7 août, de 9h 25m à 9h 39m.......	1	165 119	74 5	+1 910	167 029
Idem, de 0h 28m à 1h 46m........	2	"	"	"	"
	3	164 893	26 1	+2 157	167 050
	4	184 815	26 6	+2 236	167 051
	5	164 842	26 5	+2 220	167 062

2. Les blancs des têtes doivent être égaux à toutes les colonnes, lorsque les têtes contiennent le même nombre de lignes :

AMPLITUDE de L'OSCILLATION.	DURÉE de L'OSCILLATION.	AMPLITUDE de L'OSCILLATION.	DURÉE de L'OSCILLATION.	AMPLITUDE de L'OSCILLATION.	DURÉE de L'OSCILLATION.
1°	1,0000	6°	1,0007	11°	1,0023
2°	1,0001	7°	1,0009	12°	1,0027
3°	1,0002	8°	1,0011	13°	1,0032
4°	1,0003	9°	1,0015	14°	1,0036
5°	1,0005	10°	1,0019	15°	1,0043

3. Les blancs doivent être tenus un peu plus forts après le filet horizontal du cadre et avant celui qui sépare la tête du texte,

lorsque, comme dans l'exemple qui précède, les lignes qui forment la tête ne sont coupées par aucune accolade qui les isole entre elles; cas où, comme ci-dessous, il est mieux de mettre autant de blanc sous l'accolade qu'avant le filet.

4. Les accolades horizontales qui se trouvent dans les têtes doivent s'aligner entre elles, lorsque les lignes qui les précèdent et les suivent sont du même nombre relatif :

DATES. — Janvier.	POSITIONS GÉOGRAPHIQUES.		TEMPÉRATURE DE L'AIR.			TEMPÉRATURE DE LA MER.		
	Latitude.	Longitude.	Maxima.	Minima.	Moy.	Maxima.	Minima.	Moy.
18	10° 13′ N.	25° 53′ O.	24,02	22,00	23,13	25,05	24,00	24,86
19	7 24 N.	26 49 O.	27,00	22,05	24,97	26,02	25,05	25,83
20	5 13 N.	27 43 O.	28,05	24,00	26,04	26,05	26,00	26,23
21	3 37 N.	28 29 O.	28,02	25,00	26,14	27,00	26,00	26,60

Dans le cas contraire, elles ne sont, pas plus que les lignes qui les accompagnent, astreintes à aucun alignement :

ÉPOQUE des OBSERVATIONS.	NOMBRE D'OSCILLATIONS INFINIMENT PETITES EN 10′ DE T. M.			INCLINAISONS.	TEMPÉRATURE MOYENNE		INTENSITÉS.	
	Face au Nord.	Face au Sud.	MOYENNES.		Extérieure.	Intérieure.	Celle de Paris étant I,0000	Celle de Paris étant I,3482
22 janvier 1836.	158,478	159,714	159,096	+62° 52,2	10°,04	10°,08	0,9309	I,2551
14 octobre......	129 857	130 368	130 112	+42 6 8	28 03	〃	0 8263	I 1140
31 janvier......	90 063	90 048	70 056	+19 1 3	21 02	24 01	0 8144	I 0980
13 avril........	104 910	106 700	105 805	+23 36 9	32 05	33 09	0 8175	I 1021

5. Lorsque la largeur des colonnes ne permet pas de mettre les lignes dans leur position ordinaire, on les place verticalement; et, bien que cela paraisse peu rationnel, ces lignes doivent aller de bas en haut (comme ci-dessus), ce sens offrant plus de facilité pour la lecture.

6. Si les lignes placées verticalement sont uniques dans plusieurs colonnes consécutives, ainsi qu'on le voit pages 137 et 140, on doit pour le même motif que nous venons de dire, les aligner

par le bas; mais lorsque ces lignes se trouvent isolées entre les têtes dont les lignes sont horizontales, comme dans l'exemple qui précède, il est mieux de les placer au milieu du blanc. — On les met également au milieu lorsqu'elles doublent ou triplent. (Voir l'exemple page 141.)

7. Lorsque toutes les colonnes d'un tableau ont la même valeur, on les sépare entre elles par un filet maigre, comme dans le premier exemple de la page 137.

8. S'il se trouve une accolade dans les têtes, on sépare les colonnes qu'elle embrasse par un filet maigre, et les autres par un filet demi-gras. (Voir les deux exemples de la page précédente.)

9. Lorsqu'une accolade en commande d'autres, les colonnes comprises par la dernière accolade prennent le filet maigre, celles de la deuxième accolade prennent le demi-gras, et celles de la première sont séparées par le double-maigre :

OBSERVATION DE L'INCLINAISON PAR LA MÉTHODE INDIRECTE.							
AVANT LE RENVERSEMENT DES PÔLES.				APRÈS LE RENVERSEMENT DES PÔLES.			
Face à l'Est, 10° 20′		Face à l'Ouest, 190°22′		Face à l'Est, 19° 22′		Face à l'Ouest, 190°22′	
Pointe haute.	Pointe basse.	Pointe haute.	Pointe basse.	Pointe haute.	Pointe basse.	Pointe haute.	Pointe basse.
18° 23′	18° 22′	18° 55′	18° 55′	19° 47′	19° 48′	19° 7′	19° 6′
18 28	18 28	18 56	18 54	18 54	19 43	19 13	19 12
18 36	18 35	18 32	18 36	19 40	19 38	19 15	19 14
18 32	18 30	18 42	18 40	19 30	19 30	18 54	18 53
18 28	18 27	18 55	18 52	19 11	19 11	19 0	19 0
18 48	18 45	18 50	18 50	19 8	19 8	19 16	19 14
″ ″	″ ″	″ ″	″ ″	19 36	19 34	19 19	19 17
″ ″	″ ″	″ ″	″ ″	19 38	19 38	19 24	19 03
18° 32′	18° 31′	18° 48′	18° 46′	19° 31′	19° 31′	19° 11′	18° 32′
19° 21′,0				18° 39′,7			

10. Lorsque le peu d'étendue horizontale des colonnes permet de les répéter deux et même trois fois dans la largeur totale du

tableau, on sépare chacune des parties répétées par un filet double-maigre. (Voir l'exemple des pages 137 et 141.)

11. Lorsque deux colonnes surmontées d'une accolade sont de même largeur, le filet qui les sépare doit, comme à la page précédente, tomber exactement au centre de l'accolade; s'il en est différemment, il se place, comme ci-dessous, n'importe sur quelle partie de l'accolade :

NOMBRE DE JOURNÉES									
DE SOLDE ENTIÈRE.				DE PARTIE DE SOLDE.					
				HÔPITAUX.		RENTRÉS			
De présence.	Dans les hôpitaux.	Détachés.	Total.	Fiévreux.	Blessés.	De semestre.	D'hôpitaux.	De détachement.	Total.

Il n'est plus d'usage, dans ce cas, d'employer des accolades à branches inégales, dites *accolades brisées :*

12. Lorsqu'un filet d'entre-colonnes est coupé par plusieurs accolades successives, il faut, si cela est possible, laisser un petit blanc entre chacune, afin de bien indiquer leur point de séparation, et non les réunir par un petit bout de filet; à moins que les accolades n'aient entre elles une ligne isolée. (Voir le premier exemple de la page 137.)

13. Les accolades verticales doivent avoir leurs pointes tournées tantôt à droite, tantôt à gauche, c'est-à-dire du côté où la matière qui correspond à chacune d'elles a le plus d'étendue.

14. Si le nombre de lignes contenues par une accolade ne peut

entrer dans la même colonne ou la même page, l'excédant en est reporté à la colonne ou à la page suivante, avec une nouvelle accolade, à l'angle médial de laquelle on répète le terme exprimé à la première accolade, en y ajoutant le mot *suite*, afin d'éviter toute méprise.

15. Les filets horizontaux des têtes doivent être coupés pour chaque colonne, comme on le voit dans les exemples précédents. De cette manière, la différence que pourrait offrir la largeur totale des têtes sur le remplissage des colonnes, soit par une justification fautive, soit par un serrage irrégulier, devient insensible par la division des filets verticaux d'une seule pièce entre chaque colonne; ce qui ne peut avoir lieu facilement lorsque, comme ici, un seul filet horizontal sépare toutes les têtes :

NOMBRE D'OSCILLATIONS.	1/2 AMPLITUDES OBSERVÉES.	1/2 AMPLITUDES CALCULÉES.	NOMBRE D'OSCILLATIONS.	1/2 AMPLITUDES OBSERVÉES.	1/2 AMPLITUDES CALCULÉES.	NOMBRE D'OSCILLATIONS.	1/2 AMPLITUDES OBSERVÉES.	1/2 AMPLITUDES CALCULÉES.
0	34°0	34°0	450	10°0	10°0	900	3° 0	2° 9
50	30 0	29 7	500	9 5	8 7	950	2 9	2 6
100	26 5	25 9	550	8 0	7 6	1000	2 6	2 2
150	23 5	22 6	600	7 5	6 6	1050	2 3	2 0
200	20 0	19 7	650	6 0	5 8	1100	2 0	1 7
250	18 0	17 2	700	5 2	5 1	1150	1 8	1 5
300	15 5	15 0	750	4 7	4 4	1200	1 3	1 3
350	14 0	13 1	800	4 0	3 9	″	″	″
400	12 5	11 4	850	3 5	3 4	″	″	″

16. Les filets horizontaux doivent, comme dans les exemples qui précèdent, venir buter régulièrement, sans forcer, sur le plat des filets verticaux, et ceux-ci sur les filets de cadre; mais il ne doivent être crénés ni les uns ni les autres, afin que leur talus offre à l'œil un blanc convenable de séparation.

17. Dans le cas où il est nécessaire que les filets joignent exactement entre eux, il faut que la saillie du filet créné coïncide en étendue avec le talus du filet auquel elle vient se joindre. (Voir le second exemple de la page 137.) — Il en est de même pour la jonction d'un filet avec le centre d'une accolade.

18. On doit, autant que possible, employer des filets de six points pour séparer les colonnes, parce qu'ils supportent mieux le tirage que ceux de trois points quand les colonnes sont blanches, et que leur blanc distance convenablement le texte quand les colonnes sont pleines. — Cette force de corps est surtout indispensable lorsque les filets sont coupés par des accolades.

19. Les filets horizontaux des têtes doivent être maigres dans les formats inférieurs à l'in-quarto; on emploie le demi-gras dans l'in-quarto, l'in-folio et l'in-plano.

20. Lorsqu'un même tableau se continue sur plusieurs pages, le cadre ne doit être clos qu'à la dernière page.

21. Lorsqu'on fait usage de bois pour remplir des colonnes blanches, il faut avoir soin de mettre un lingot ou une ligne de cadrats entre le bois et le filet horizontal des têtes, et de terminer les colonnes de la même manière.

22. Les filets de cadre doivent, comme nous l'avons dit précédemment, être taillés l'un sur l'autre : avant de les mettre en place, on s'assure de leur parfaite régularité en les présentant dos à dos

et de cette manière :

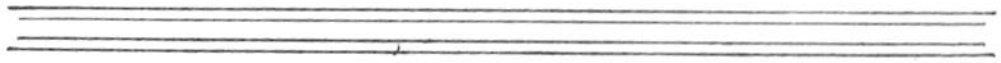

23. Les anglets des filets de cadre, pour joindre d'une manière convenable, doivent avoir exactement la même ouverture :

24. Il faut avoir soin, lorsqu'on lime un filet gras-maigre ou double-maigre pour cadre, de ne point donner trop d'ouverture à l'anglet, ni d'arrondir sa pointe : dans le premier cas, la partie

intérieure du filet, et dans l'autre, la partie extérieure, ne joindraient pas :

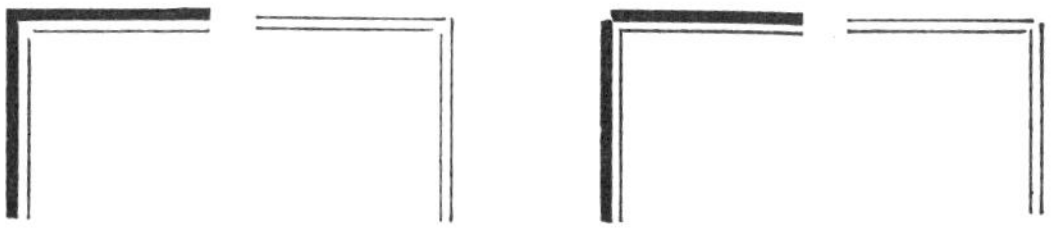

25. Il arrive assez souvent que la lime ne détruisant pas complètement le maigre du filet de cadre, couche cette partie sur le gras, et empêche la jonction parfaite des deux anglets :

On remédie à cet inconvénient en passant légèrement une pointe effilée entre les deux lignes du filet, pour en détacher la partie maigre excédante, et en ravivant ensuite l'anglet avec la lime.

26. Les filets de cadre ou autres doivent être coupés carrément sur le plat, c'est-à-dire de même largeur en pied qu'en tête :

Il est vicieux de les tenir, d'une manière sensible, plus larges en tête qu'en pied,

parce que, coupés ainsi, ils ne peuvent offrir, vers leur partie inférieure, tout le point d'appui nécessaire aux lettres, espaces ou cadrats en contact immédiat avec eux. — Si, au contraire, les filets étaient tenus plus longs en pied qu'en tête, la jonction désirable ne pourrait avoir lieu.

27. Lorsqu'on se sert de bouts de filets, soit gras-maigres, soit doubles-maigres, il faut, avant d'en faire les anglets, s'assurer qu'ils sont bien de même œil et de même écartement, sans quoi l'on s'exposerait à faire un travail inutile :

Il en est de même quand on forme un filet de deux pièces :

28. Lorsqu'on a plusieurs filets à couper de la même dimension, et qu'on n'a pas de coupoir, on agit ainsi qu'il suit : Après avoir taillé un filet de trois ou quatre points plus long que la longueur voulue, on le présente successivement sur la lame à diviser autant de fois qu'elle peut le contenir, en faisant un trait avec la pointe à chaque fois; on divise ensuite la lame avec un couteau, et on dresse tous les filets à la lime, d'abord d'un seul bout; puis on en réduit un à la grandeur exacte, et on le présente de nouveau sur les autres, pour y indiquer, à l'aide d'un second trait de pointe leur longueur définitive. Après cela, on lime jusqu'au trait, et l'on passe au composteur pour bien s'assurer de la parfaite régularité.

29. Si les filets sont taillés au coupoir, on doit également les tenir un peu plus longs afin de pouvoir les finir à la lime parce que, presque toujours, l'œil s'en trouve égréné aux extrémités,

|——|

quand il n'est pas faussé comme on le voit ici :

30. Comme il peut arriver que l'œil du filet maigre ou double-

maigre ne soit pas fileté exactement au milieu, il est convenable, avant de diviser une lame, de faire un trait à la pointe sur toute la longueur d'un de ses plats, afin de placer toujours du même sens les morceaux qui doivent s'aligner entre eux, soit verticalement, soit horizontalement.

§ V.

DE L'ALGÈBRE.

La composition de l'algèbre est une des plus difficiles à exécuter. Elle consiste particulièrement en parangonnages qui exigent une grande attention, surtout dans les imprimeries qui, ne faisant qu'accidentellement ce genre de travail, ne sont pas convenablement fournies des sortes nécessaires. L'algèbre contient en outre un certain nombre de signes (voir page 103) qu'il est préalablement nécessaire de connaître, ainsi que les observations qui suivent.

1. Les lettres minuscules (*a*, *b*, *c*, *x*, *y*, *z*, etc.), employées dans les formules, se mettent en italique dans le romain, et en romain dans l'italique. La ponctuation qui suit ces lettres est à l'inverse d'elles. Les lettres majuscules se mettent toujours en romain.

2. Les signes —, +, =, ×, : , :: , etc., doivent être séparés comme les mots de la ligne où ils se trouvent. Cependant, si l'on était gêné, on diminuerait de préférence les espaces de ces signes. — Toutefois, lorsqu'ils sont avec des *supérieures* (exposants) ou des *inférieures* (arrangements), on le met le plus ordinairement sans espace, afin de leur donner le moins d'étendue possible.

$$x^m + ax^{m-1} + bx^{m-2}, \qquad \mathrm{S}_{m-1} \quad \mathrm{S}_{n-1l}$$

3. Les fractions faisant partie d'un nombre doivent en être un peu plus rapprochées que des nombres ou des mots suivants :

$$150\tfrac{1}{2} \text{ et } 260\tfrac{1}{4} = 410\tfrac{3}{4}.$$

4. Le plus petit terme d'une fraction se met exactement au milieu du plus large :

$$\frac{2}{15} \quad \frac{7}{100} \quad \frac{8}{1000}$$

5. Toutes les lettres ou chiffres avec parenthèses ou crochets d'une formule se groupent sans espaces :

$$28a^6b^5cd^3x^3 \quad 6ab(a+b) \quad [(6a^2bc^3x^5)^3 = 216a^6b^3c^9x^{15}].$$

6. Lorsque l'auteur désire que la présence des termes exprimés dans le texte soit rendue d'une manière saillante, on les sépare de ce dernier, soit par un cadratin, soit au moins par une espace double de celle des autres mots :

Le quotient de $18a^4bx^2$ par $6a^2bx$ est $3a^2x$, et s'écrit avec le signe $+$ à la suite du premier terme du quotient total; et comme ils ont le facteur commun m , il faut...

Dans ce cas, la ponctuation qui modifie l'ensemble de la phrase se met après le cadratin ou l'espace double, ainsi que le point final :

Ainsi le quotient de $15a^2b^3x$ par $3a^2b$ s'écrit $5ab^0$: or, nous avons vu que le quotient doit être $5bx$; le facteur a^0 représente donc un facteur qui n'altère pas le produit, ou que a^0 est égal à 1 .

Il en est encore de même pour toute opération isolée :

$$54a^2b^3(a^2-2ab+b^2) \quad , \qquad 36a^3b^2(a+b) \quad ; \qquad \frac{4a^2-2ab}{6ab-3a^2} \quad .$$

7. Les opérations détachées se mettent au milieu de la ligne :

$$ax^2 - bx = cx - d.$$

8. Les mots *ou*, *ou bien*, *ou encore*, etc., précédant une opération en ligne perdue, se mettent au commencement de la ligne, sans renfoncement, et l'opération au milieu :

ou encore

$$y - x = 4.$$

9. Les chiffres entre parenthèses ou crochets, qui renvoient à

d'autres formules, se mettent au bout de la ligne, renfoncés d'un ou deux cadratins s'il y a lieu, et la ponctuation après :

d'où $$ax + by + cz = d \qquad [1];$$

10. Les nombres entiers se mettent toujours sans virgule :

$$\begin{array}{r} 29845760 \\ 143952864 \end{array}$$

mais les nombres fractionnaires sont séparés par une virgule, et les chiffres de la fraction s'alignent sur la droite de la virgule :

$$\begin{array}{r@{,}l} 927 & 67892254 \\ 3643851 & 5468 \\ 22982 & 657462 \end{array}$$

Dans ce cas, pour mettre l'ensemble de l'opération exactement au milieu, on place le plus grand nombre entier à côté du plus grand nombre fractionnaire, et l'on partage également l'excédant du blanc restant. On reporte ensuite chaque ligne plus ou moins sur la droite ou sur la gauche, selon la quantité de chiffres du nombre entier ou de la fraction.

11. Dans les opérations qui ont du rapport entre elles, et qui se trouvent l'une sous l'autre, les chiffres s'alignent par la droite (excepté les nombres fractionnaires), et les lettres par la gauche :

$$\begin{array}{rrrr} 8x + & 9y + & 8z = & 2700 \\ 12x + & 12y + & 10z = & 3600 \\ ax & + by & + cz & = d \\ a'x & + b'y & + c'z & = d' \\ a''x & + b''y & + c''z & = d''. \end{array}$$

12. Les différents signes qui entrent dans les opérations analogues à la multiplication ou à la division, doivent s'aligner exactement dans le sens vertical :

Multiplicande	$5ax^3$	$-\ 3a^2x^2$	$-\ 4a^3x$	$+\ a^4$		
Multiplicateur	$6ax^2$	$-\ 2a^2x$	$+\ 3a^3$			
1er produit partiel	$30a^2x^5$	$-\ 18a^3x^4$	$-\ 24a^4x^3$	$+\ 6a^5x^2$		
2e »		$-\ 10a^3x^4$	$+\ 6a^4x^3$	$+\ 8a^5x^2$	$-\ 2a^6x$	
3e »			$+\ 15a^4x^3$	$-\ 9a^5x^2$	$-\ 12a^6x$	$+\ 3a^7$
Produit total réduit	$30a^2x^5$	$-\ 28a^3x^4$	$-\ 3a^4x^3$	$+\ 5a^5x^2$	$-\ 14a^6x$	$+\ 3a^7$

13. Les opérations qui ne peuvent pas entrer dans la même ligne se coupent avant un des signes $\times$, $=$, etc.; et l'excédant se met au milieu :

$$\begin{gathered}(am + a'n - a'')x + (bm + b'n - b''')y + (cm + c'n - c'')z \\ = dm + d'n = d''\end{gathered}$$

Mais, autant que possible, la coupure ne doit pas avoir lieu dans l'intérieur de parenthèses ou de crochets; il vaut mieux, dans ce cas, si cela est nécessaire, faire la première ligne plus courte que la deuxième :

$$\begin{gathered}0 = -2(p''p'\mathrm{N}'') \\ -\frac{1}{\Delta'}\left[n'^2(1 - \nu'') + \mathrm{N}'' + n'(n'n'' - \mathrm{N}'')\frac{\pi''}{p''}\right]\end{gathered}$$

Si l'opération coupée a des diviseurs on fait suivre le premier terme diviseur d'une accolade dans laquelle se renferment les lignes doublantes, et dont le centre saillant doit se trouver vis-à-vis du filet diviseur qui le précède :

$$0 = q'^2 - \frac{q'}{(n' - 1)p'p''}\left\{\begin{array}{l} + 2n'(p'' + p'\mathrm{N}'') \\ + \dfrac{n'}{\Delta'}\left[n^2(1 - \nu'') + \mathrm{N}'' + n'(n'n'' - \mathrm{N}'')\dfrac{\pi''}{p''}\right] \\ - p'[n'^2(1 - \nu'') - n' - 1)\mathrm{N}''] - (2n' - 1)p'' \\ + \dfrac{(n' - 1)}{p'p''}\mathrm{N}'' \end{array}\right.$$

14. Le plus petit terme, soit dividende, soit diviseur, se met au milieu du plus grand, et le filet doit être coupé juste sur ce dernier :

$$\frac{c - by}{a} \qquad \frac{\mathrm{B}}{0{,}00001}$$

15. Les mots ou signes qui précèdent ou suivent une opération, ainsi que la ponctuation qui vient immédiatement après (1), doivent s'aligner par leur milieu avec le filet diviseur :

$$x = \frac{17 + 7}{2} = 12, \qquad x = \sqrt{\frac{-b + \sqrt{b^2 - 4ac}}{2a}};$$

---

(1) Il y a des . , ; fondus au milieu de la tige, de manière qu'ils se trouvent vis-à-vis du filet diviseur.

Si l'un des termes de l'opération est simple et l'autre double, les signes et la ponctuation se placent vis-à-vis le filet diviseur principal :

$$\mathrm{R} > \frac{e}{1 - \sqrt[3]{\dfrac{d-1}{d-\delta}}}. \qquad \frac{\sin^2 \frac{1}{2}\mathrm{C}}{\mathrm{R}^2} = \frac{\sin\left(\dfrac{c+b-a}{2}\right)\sin\left(\dfrac{c+a-b}{2}\right)}{\sin a \sin b},$$

16. Le filet des racines doit être de la largeur exacte des lettres ou nombres qu'elles recouvrent :

$$\sqrt{a} \qquad \sqrt{162a^7bx^4}$$

17. Les parenthèses les crochets et les intégrales qui renferment une formule doivent être de même grandeur que le dividende et le diviseur réunis :

$$x = p\left[\left(\frac{1-\cos c}{\sin c}\right) - q^2\left(\frac{1+\cos c}{\sin c}\right)\right] = p^2$$

Il en est de même s'il n'y a qu'une des parenthèses ou un des crochets qui se trouve immédiatement avant ou après une opération double :

$$\left(\frac{p^2}{4} - q\right) \qquad \int\left[\left(\alpha + \frac{1}{n}\right)\left(\beta + \frac{1}{n}\right)\right]. \qquad \left(p'p'' - (n'-1)\frac{p''}{\Delta'}\right)q$$

Mais si les crochets de commencement et de fin ne renferment que des termes simples, ils restent du même corps que ceux-ci :

$$n'[(n'n'' - \mathrm{N}'')p'p'']$$

ou bien encore si, quoique renfermant une opération double, les termes du commencement et de la fin sont simples :

$$(p'p'' - n'\frac{p^2}{\Delta'} + p'^2\mathrm{N}'')\Delta'$$

à moins cependant que, dans ce dernier cas, les termes divisés ne soient eux-mêmes entre parenthèses :

$$\left[n'n'' - \mathrm{N}''\left(\frac{\pi''}{p''}\right) - p'^2\mathrm{N}''\right]$$

18. Les parenthèses qui renferment une opération où il y a une racine se mettent de la même grandeur que celle-ci :

$$\frac{a(p-\sqrt{q})}{p^2-q} \qquad \frac{(\sqrt{a})^2}{(\sqrt{b})^2}=\frac{a}{b} \qquad x=\left(\sqrt{\frac{a^2}{2g}}+at-\sqrt{\frac{a^2}{2g}}\right)^2$$

19. Lorsque plusieurs parenthèses se rencontrent immédiatement à côté l'une de l'autre, il convient qu'elles soient de grandeur croissante :

$$f(\mathrm{A})=\mathcal{L}\frac{\left(\left((f(z))\right)\right)}{\mathrm{A}-z}.$$

Il n'en est plus de même lorsque, dans un cas analogue, les deux premières parenthèses se trouvent remplacées par un crochet et une accolade, l'un et l'autre restent de même grandeur, relativement à ce qu'ils renferment :

$$[\{r''-1+r''(n''-1\}\mathrm{N}'-\{n''(r''-1)+n''-1\}(n'+p'h)]$$

20. Lorsque, dans une équation, il y a deux racines dont l'une recouvre l'autre, et qu'on n'en a pas de force différente (comme on peut le voir dans le dernier exemple du numéro qui suit), on met une espace de l'épaisseur du filet sous la première :

$$+\sqrt{-\frac{p}{2}-\sqrt{\frac{p^2}{4}+q}}$$

21. L'indice doit se trouver entre les deux branches de la racine (1) :

$$\sqrt[n]{a^m} \qquad \sqrt[nq]{a^{mq}} \qquad q=\sqrt[m+1]{\frac{l}{a}} \qquad \sqrt[p]{\sqrt[n]{a=b}}$$

22. Les exposants, soit simples, soit fractionnaires, doivent se trouver à la tête de la lettre à laquelle ils appartiennent, et être en italique :

$$a^{mq} \qquad a^{\frac{2}{3}} \qquad a^{\frac{mp}{nq}} \qquad a^{\frac{m}{n}-\frac{p}{q}} \qquad \left(e^{(a-x)\frac{2}{3}}-1\right)$$

(1) Il y a pour cet usage des racines dites *creuses*, fondues exprès ; lorsqu'on en manque, on en forme avec des racines pleines, qu'on lime en tête jusqu'au vif de la branche de gauche.

23. Les arrangements doivent se trouver au pied de la lettre à laquelle ils appartiennent, et être également en italique :

$$\mathrm{S}_{m-1}l \qquad \mathrm{C}_{m,n} \times \mathrm{P}_n = \mathrm{A}_{m,n}$$

24. Il se trouve des formules où la même lettre prend à la fois les exposants et les arrangements :

$$\mathrm{X}_1^{(n-1)} = 0$$

et d'autres fois deux arrangements; l'un avant, et l'autre après :

$$\mathrm{tang}\ {}_0\mathrm{X}_m = \mathrm{P}z_1$$

25. Lorsqu'une lettre est accompagnée d'une minute ou d'une seconde et d'un arrangement, ce dernier se met immédiatement après la lettre :

$$\mathrm{P}r_1' = \mathrm{P}r_0' \qquad \mathrm{P}r_1'' = \mathrm{P}r_0''$$

26. Les intégrales ou sommes prennent très-souvent une lettre en tête et en pied, et quelquefois ces lettres sont elles-mêmes accompagnées d'arrangements que l'on dispose ainsi :

$$\int_0^l (\mathrm{T} - \mathrm{R}) \qquad \int_0^{2\pi}\int_0^{\varepsilon} \sin\theta d\theta d\varphi = \Omega \qquad \int_{x_0}^{x} \mathrm{V}dx$$

27. Les abréviations *log*, *sin*, *cos*, *tang* (pour *logarithme*, *sinus*, *cosinus*, *tangente*), se mettent en romain dans les formules, et ne prennent pas de point :

$$\log b^p = p \cdot \log b$$

28. Le trait qui surmonte les chiffres logarithmiques ne doit pas dépasser le chiffre :

$$\bar{2}3010300$$
$$\bar{5}1345769$$

Il en est de même du filet que l'on met au-dessus de l'*l* majuscule pour exprimer le mot *logarithme :*

$$\bar{\mathrm{L}}02 = 0{,}6989700$$

29. Le chiffre supérieur qui est après les abréviations *sin*, *cos*, appartient à ces mots, et ne doit pas être séparé :

$$\lambda = e \cos^2 \theta \qquad \lambda = e \sin^2$$

30. Dans les fractions continues, le chiffre diviseur doit tomber exactement sous le chiffre dividende, et le filet embrasser exactement ces deux chiffres :

$$\frac{1103}{887} = 1 + \cfrac{1}{4 + \cfrac{1}{9 + \cfrac{1}{2 + \cfrac{1}{1 + \cfrac{1}{1 + \frac{1}{4}}}}}}.$$

31. La composition des opérations algébriques les plus ordinaires s'exécute de la manière ci-dessous. Soit, par exemple,

$$\text{Sin A} = \frac{a\theta}{a+b}\left(1 + \frac{ab - a^2 - b^2}{(a+b)^2} \cdot \frac{\theta^2}{6}\right)$$

opération que nous supposons devoir être faite sur corps neuf, avec des filets diviseurs de deux points.

On en compose d'abord les diverses parties les plus larges, soit dividendes, soit diviseurs, avec tous les termes (les espaces comprises), afin d'obtenir la largeur totale :

$$\text{Sin A} = a + b \left(1 + ab - a^2 - b^2 \cdot \theta^2 \right)$$

Si la ligne n'est pas pleine, comme dans cet exemple, on partage l'excédant du blanc au commencement et à la fin, en employant s'il est possible, des cadrats de la force totale de l'opération. On retire ensuite du composteur ces diverses parties, à l'exception du premier terme et du blanc qui le précède, et on les place sur une galée ou dans un composteur de bois, dans l'ordre suivant :

$$\Big) \quad \theta^2 \quad \cdot \quad ab - a^2 - b^2 \quad 1 + \quad \Big(\quad a + b$$

On parangonne ensuite le terme Sin $a =$ et l'espace qui vient après (1) sur l'épaisseur totale (20 points), en mettant moitié du blanc de différence dessus et moitié dessous (5 points et demi) :

$$\text{Sin A} =$$

(1) Lorsqu'on a des espaces sur l'épaisseur totale, on en met avec avantage avant et après chaque corps double, pour soutenir l'opération.

On prend dans la galée le premier diviseur $a + b$, sur la largeur et au milieu duquel on justifie exactement le dividende $a\theta$ (qui est plus étroit), pour le mettre à côté du premier terme :

$$\text{Sin A} = \quad a\theta$$

On coupe le filet diviseur de la largeur précise du dividende, et l'on place le filet diviseur par-dessus :

$$\text{Sin A} = \frac{a\theta}{a+b}$$

On place la parenthèse et son blanc :

$$\text{Sin A} = \frac{a\theta}{a+b}\Big($$

le second terme $1 +$ parangonné comme le premier :

$$\text{Sin A} = \frac{a\theta}{a+b}\Big(1 +$$

le second dividende $ab - a^2 - b^2$:

$$\text{Sin A} = \frac{a\theta}{a+b}\Big(1 + ^{ab - a^2 - b^2}$$

le filet et le diviseur $(a + b)^2$ par-dessus :

$$\text{Sin A} = \frac{a\theta}{a+b}\Big(1 + \frac{ab - a^2 - b^2}{(a+b)^2}$$

le point et son blanc :

$$\text{Sin A} = \frac{a\theta}{a+b}\Big(1 + \frac{ab - a^2 - b^2}{(a+b)^2}\cdot$$

le troisième dividende θ^2 :

$$\text{Sin A} = \frac{a\theta}{a+b}\Big(1 + \frac{ab - a^2 - b^2}{(a+b)^2}\cdot ^{\theta^2}$$

le filet et le diviseur 6 par-dessus :

$$\text{Sin A} = \frac{a\theta}{a+b}\Big(1 + \frac{ab - a^2 - b^2}{(a+b)^2}\cdot\frac{\theta^2}{6}$$

la parenthèse et son blanc :

$$\text{Sin A} = \frac{a\theta}{a+b}\Big(1 + \frac{ab - a^2 - b^2}{(a+b)^2}\cdot\frac{\theta^2}{6}\Big)$$

et enfin, le blanc qui doit compléter la ligne.

Lorsque l'opération est double comme celle-ci ·

$$y = \frac{\frac{m}{n} \times ap - \frac{dt}{3} - \frac{2bdq}{3c} - \frac{ddq}{2c} = 3840}{2b + \frac{2bd}{c} + d + \frac{dd}{c} = 8\tfrac{1}{2}}$$

on prend la justification et l'on compose la première ligne, qui est la plus longue, de la même manière qu'il a été dit ci-dessus, en laissant provisoirement de côté le premier terme $y =$ et le blanc qui le précède, ainsi que celui qui termine l'opération. On met le filet diviseur général par-dessus cette ligne, on compose la seconde ligne, et on la place exactement au milieu de la première. On parangonne ensuite le terme $y =$ et le blanc qui le précède sur l'épaisseur totale de l'opération (34 points) en mettant 12 points et demi dessus et dessous, et on les place en avant de cette dernière. — On agit de même pour le blanc de fin, et toujours en employant le moins de pièces possible, ce qui abrége le travail et le rend plus solide.

§ VI.

DE L'INTERLINÉAIRE.

Il est important, dans la composition des traductions interlinéaires, que les mots les plus courts, soit du texte, soit de la traduction, se trouvent exactement au milieu des mots les plus longs : de là, presque toujours, la nécessité de composer simultanément les deux lignes, avant de les justifier. Supposons, par exemple, la ligne ci-dessous à composer :

Ὦ παῖ Κλεινίου, οἶμαί σε θαυμάζειν ὅτι γενόμενος πρῶτος
O fils de Clinias, je pense toi être surpris de ce que ayant été le premier

On commence par former une ligne, en prenant, dans leur ordre successif, les mots les plus longs de chacune de ces deux lignes, que l'on espace, autant que possible, un peu plus largement que les textes ordinaires :

Ὦ παῖ de Clinias, je pense σε être surpris de ce que γενόμενος le premier

On justifie cette ligne en l'espaçant convenablement, puis on en retire les mots (pour les placer momentanément sur une galée ou dans un composteur de bois) empruntés à la traduction, en les remplaçant, au fur à mesure, par leurs correspondants du texte, que l'on a soin de justifier à chaque fois au milieu du blanc résultant de l'extraction du mot de la traduction. On obtient alors la ligne espacée comme elle l'est ici :

Ὦ παῖ Κλεινίου, οἶμαί σε θαυμάζειν ὅτι γενόμενος πρῶτος

Cette première ligne achevée, on forme la ligne de la traduction par-dessus en replaçant les mots longs qui ont été extraits, et en composant les mots courts au milieu des mots longs du texte; ce qui donne pour résultat définitif la double ligne de la page précédente.

Lorsqu'il se trouve dans la traduction quelque mot explicatif qui n'est pas exprimé dans le texte, ce mot se met en italique ou entre parenthèses ou à découvert, ainsi qu'on le voit dans le modèle de composition que nous donnons ici :

Ω παῖ Κλεινίου, οἶμαί σε θαυμάζειν ὅτι γενόμενος πρῶτος
O fils de Clinias, je pense toi être surpris de ce que ayant été le premier

ἐραστής σου, τῶν ἄλλων πεπαυμένων, μόνος οὐκ ἀπαλλάττομαι· καὶ
ami de toi, les autres ayant cessé, seul non je m'éloigne; et

ὅτι οἱ ἄλλοι μὲν διαλεγόμενοι ἐγένοντο διὰ ὄχλου σοι, ἐγὼ
de ce que les autres à la vérité conversant ont été à charge à toi, moi

δὲ τοσούτων ἐτῶν οὐδὲ προσεῖπον.
cependant *pendant* tant d'années pas même à *toi* j'ai adressé la parole.

Τὸ αἴτιον τούτου γέγονεν οὐκ ἀνθρώπειον, ἀλλά τι ἐναντίωμα
La cause de ceci a été non humaine, mais un certain empêchement

δαιμόνιον οὗ σὺ πεύσει τὴν δύναμιν καὶ ὕστερον· νῦν
divin dont toi tu apprendras la puissance et *cela* plus tard; maintenant

ἐπειδὴ οὐκέτι ἐναντιοῦται, οὕτω προσελήλυθα.
puisque *cela* ne plus fait obstacle, ainsi je suis venu vers *toi*.

On doit autant que possible, éviter de diviser les mots à la fin des lignes; pour cela, on a la latitude d'espacer fortement, ou, si l'on est obligé de serrer, de rapprocher, lorsqu'il y a lieu, un mot large, texte ou traduction, à l'alignement d'un mot court, et gagner par là tout l'espace de séparation. Ainsi, dans un cas analogue au suivant,

ἀνθρώπειον, πεύσει δαιμόνιον
humaine, tu apprendras divin

ou à celui-ci,

προσεῖπον τοσούτων ἐτῶν
adressé la parole tant d'années

on peut rapprocher les mots de cette manière :

ἀνθρώπειον, πεύσει δαιμόνιον
humaine, tu apprendras divin

et

προσεῖπον τοσούτων ἐτῶν
adressé la parole tant d'années

mais, toutefois sans faire mordre ces mots l'un sur l'autre.

Lorsque le texte est latin, italien, espagnol, anglais, etc., la traduction doit être d'un caractère inférieur, afin que la distinction en soit facile.

Si, comme il arrive quelquefois, le mot à mot est recouvert d'une troisième ligne exprimant la phrase rectifiée, cette dernière se met en italique :

Tu, Tityre, lentus in umbra,
Toi, Tityre, sans souci à l'ombre,

Formosam resonare doces Amaryllida sylvas.
La belle répéter tu instruis (à) Amaryllis les forêts.
Tu fais redire aux forêts le nom de la belle Amaryllis.

Le blanc qui sépare la ligne de texte de sa traduction, doit être moins fort que celui qui sépare celle-ci de la ligne de texte suivante.

Il convient, pour gagner du temps, lorsqu'on distribue de ces sortes d'ouvrages, d'en séparer préalablement les divers caractères.

§ VII.

DU PLAIN-CHANT.

La composition du plain-chant dont les notes sont fondues avec la portée, est loin d'offrir les mêmes difficultés que lorsque les notes et les filets de la portée étaient fondus séparément : ce dernier système, en effet, nécessitait un calcul d'enclavement qui n'existe plus aujourd'hui, et qui rendait beaucoup plus longue la justification des lignes ainsi que leur correction (1). Mais en dehors de cela, et après la connaissance préalable des signes qui constituent le plain-chant, cette composition exige encore, pour être exécutée d'une manière convenable, l'application de diverses règles qui feront le sujet de ce paragraphe.

SIGNES EMPLOYÉS DANS LE PLAIN-CHANT.

☰ Portée. (Les lignes s'en comptent ordinairement de bas en haut, comme dans la musique; mais, pour simplifier, nous les compterons ici de haut en bas.)

■ Note carrée simple.

♦ Note losange. (Elle vaut la moitié de la note carrée.)

⬩ Petite losange.

▬ Note carrée double. (Elle vaut le double de la note carrée simple.)

---

(1) Nous aurions désiré parler ici de la musique; mais comme la plus satisfaisante jusqu'à ce jour, celle de M. Duverger, exige le concours de la clicherie pour la confection de ses portées, nous attendrons que M. Derriey, dont nous avons déjà parlé au sujet d'un coupoir pour les filets, ait achevé celle qu'il est en train de graver, et à laquelle, d'après le spécimen que nous en avons vu (spécimen honoré d'une médaille à l'exposition de Londres), nous osons prédire un succès justement mérité.

 Note à queue. (Elle a la moitié plus de valeur que la note carrée.)

 Clef d'*ut*.

 Clef de *fa*.

♯ Dièse. (Il élève d'un demi-ton la note devant laquelle il est placé.)

♭ Bémol. (Il abaisse d'un demi-ton la note devant laquelle il est placé.)

♮ Bécarre. (Il rétablit dans son ton naturel la note diésée ou bémolisée.)

< *Rinforzando* (en renforçant).

> *Perdendosi* (en se perdant).

 Guidon. (Il se place à la fin de chaque portée, pour indiquer la première note de la portée suivante.)

 Dominante.

 Petite barre. (Elle indique un repos de courte durée.)

 Grande barre. (Elle marque un repos plus prononcé.)

 Double barre. (Elle indique un repos beaucoup plus fort que les deux précédentes.)

OBSERVATIONS.

1. Chacune des notes, double-carrée, carrée simple, losange, et à queue, est susceptible d'être placée, soit au-dessus de la première ligne; soit sur la première, la deuxième, la troisième et la quatrième ligne; soit entre deux quelconques de ces lignes; soit au-dessous de la quatrième :

et quelquefois aussi sur une ligne supplémentaire qui s'ajoute, soit au-dessus de la portée,

soit au-dessous,

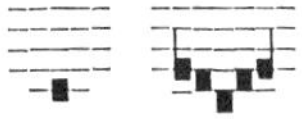

Dans ce cas, on place, comme on le voit ici, un petit filet de chaque côté de la note, et l'on justifie l'un et l'autre avec des cadrats du corps de la note.

2. Les notes à queue (la double-carrée et les losanges n'en ont point) se placent généralement la queue en bas :

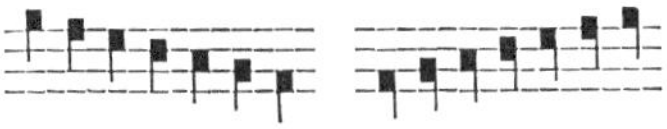

elles ne figurent la queue en haut que lorsqu'elles se trouvent sur la quatrième ligne ou au-dessous, parce que, dans ce cas, la queue ferait une trop forte saillie par en bas :

ou bien encore lorsque par sa position, la queue pourrait sembler appartenir à la note suivante :

Corrigé.

3. La queue se place à gauche lorsqu'elle est au commencement d'un groupe de notes ou *neume*, et à droite lorsqu'elle est à la fin :

à moins cependant que, soit au commencement, soit à la fin, sa position relative ne semble l'isoler de la note qui la suit ou la précède dans le même groupe :

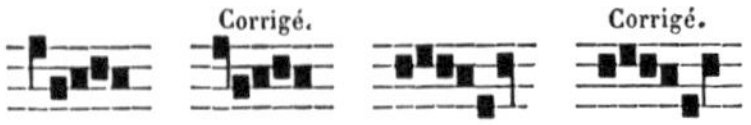

et encore (ceci est applicable à toutes les notes à queue) lorsque sa queue pourrait sembler appartenir soit à la note suivante, soit à la précédente, comme on l'a vu ci-dessus pour la queue descendante.

4. Dans le milieu d'un groupe, elle se met à droite :

mais on la met à gauche lorsqu'elle est dans le même cas que ci-dessus :

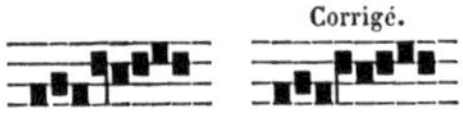

5. Lorsque la note à queue précède une ou plusieurs notes, elle se met à gauche :

avec l'exception ci-dessus pour les cas analogues :

Après une ou plusieurs notes, elle se met à droite :

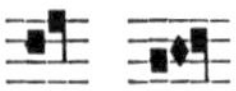

avec la même exception que pour les cas précédents, lorsque sa position l'exige :

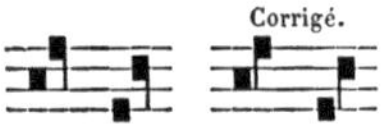

6. Lorsque la note à queue est isolée, elle se met à droite :

mais s'il s'en rencontre deux à côté l'une de l'autre, on les met dos à dos, c'est-à-dire la seconde à gauche :

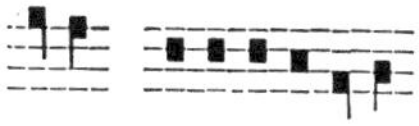

Il résulte de ce que nous venons de dire sur les notes à queue, que l'on doit changer la position de haut ou de bas, de droite ou de gauche, qui leur est ordinairement assignée, toutes les fois que, relativement à la note qui les précède ou les suit, elles seraient trop éloignées de cette note, ou que leur queue pourrait se confondre d'une manière douteuse avec elle.

7. La clef d'*ut* peut être placée sur les trois premières lignes :

8. La clef de *fa* se compose de la clef d'*ut*, qu'on fait précéder de ce signe (dont il y a deux sortes); elle se place sur la seconde et la troisième ligne :

9. Le dièse, le bémol et le bécarre suivent la position des notes qu'ils modifient, c'est-à-dire qu'ils peuvent, comme ces notes, se placer sur et entre toutes les lignes, aussi bien qu'au-dessus de la première et au-dessous de la dernière :

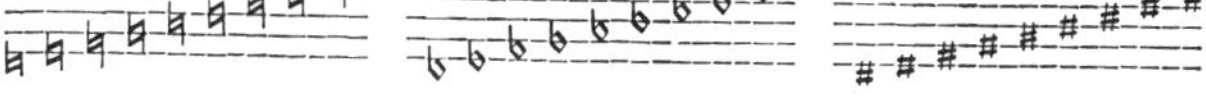

Lorsqu'un de ces trois signes modifie une note de l'intérieur d'un groupe, il se reporte au commencement, comme on le voit dans l'exemple suivant, où il modifie la quatrième note :

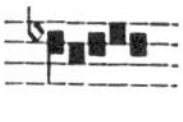

10. Le *rinforzando* et le *perdendosi* (fort peu usités) se placent au-dessus des notes qu'ils modifient, et se justifient avec les cadrats de leur force de corps.

11. Le guidon termine la portée, et prend la même position que la note qu'il rappelle : il y en a pour cela sur et entre toutes les lignes. Sa queue est par en haut lorsqu'il se trouve au-dessous de la quatrième ligne, sur cette ligne, entre la quatrième et la troisième ligne, sur cette troisième ligne, entre la troisième et la deuxième ligne, et sur cette dernière :

Lorsqu'il se trouve au-dessus de la première ligne et sur cette ligne, ou entre la première et la deuxième ligne, la queue se met par en bas :

12. La dominante se place sur et entre toutes les lignes, au-dessus de la première et au-dessous de la quatrième :

Elle se met immédiatement après la clef, et est toujours suivie d'une grande barre :

13. La petite barre se place de la première à la troisième ligne, quand les notes qui l'accompagnent occupent plus particulièrement les deux premières lignes :

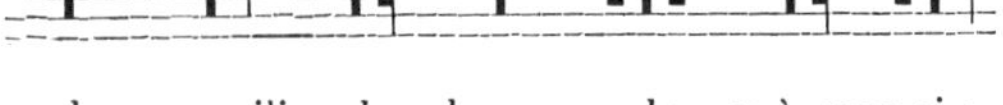

Elle se place au milieu dans les cas analogues à ceux-ci :

Elle occupe les trois dernières lignes quand les notes se trouvent particulièrement vers le bas :

14. La grande barre se place toujours après la dominante, comme on l'a vu ci-dessus; elle sert encore, indépendamment de son emploi comme repos, à indiquer la fin des vers dans les hymnes. (Voir, plus loin, le *Pange, lingua.*)

15. La double barre se met à la fin de chaque morceau, et souvent, au commencement, après le premier ou le second mot indiquant l'intonation. Dans les hymnes, elle sert à séparer les strophes. (Voir les exemples qui suivent.)

16. Les notes doivent être séparées entre elles de manière que la voyelle de chaque syllabe qui s'y rapporte se trouve exactement au-dessous; mais le blanc le moins fort de séparation doit, dans ce cas, être de l'épaisseur d'une note; si, avec ce blanc, la syllabe correspondante est trop étroite, on la sépare de la suivante avec un trait d'union : de là souvent, dans le même mot, des syllabes avec et sans trait d'union :

Ant.
3 *M.*

17. Lorsque plusieurs notes ne répondent qu'à une seule syllabe et qu'elles excèdent la largeur de celle-ci, elles se groupent sans aucune séparation; dans ce cas, la première note du groupe doit tomber sur la voyelle de la syllabe, et l'on rejoint cette dernière à la suivante, à l'aide d'un trait d'union plus ou moins espacé :

℟. VIII.
7 *M.*

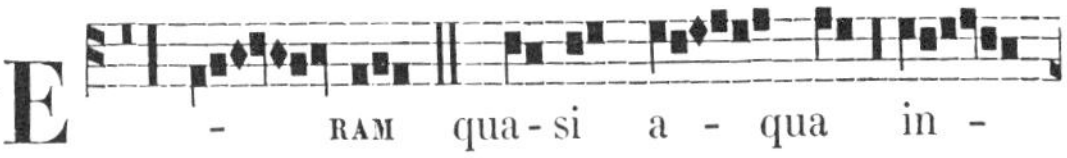

18. Lorsqu'une note répond à deux voyelles réunies ne for-

mant qu'un seul son, cette note doit tomber sur la deuxième voyelle :

Il en est de même, lorsque, dans ce cas, il y a plusieurs notes :

Mais lorsque les deux voyelles réunies se prononcent séparément la note doit tomber sur la voyelle qui lui correspond :

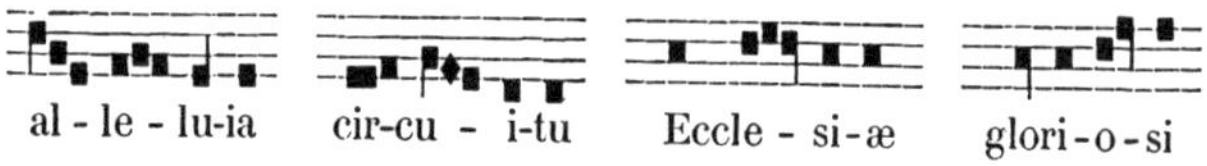

D'après cela, on voit que l'espacement des notes isolées est, généralement, subordonné à la largeur des syllabes, et que celui de ces dernières l'est à son tour à la largeur des groupes : de là une irrégularité alternative inévitable, mais que l'on doit éviter d'augmenter en dispensant les séparations avec discernement.

19. La petite, la grande et la double barre, prennent autant de blanc avant qu'après :

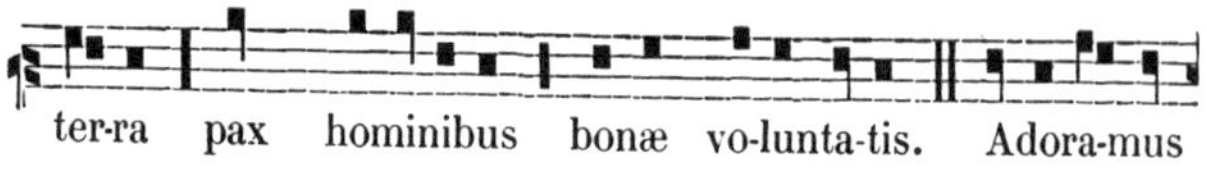

mais si cette disposition, relativement à l'espacement de la ligne, s'oppose à ce qu'elles tombent au milieu du blanc de séparation des mots, on les reporte plus sur la droite lorsque la largeur de la syllabe finale du mot l'exige :

ou dans les cas semblables au suivant :

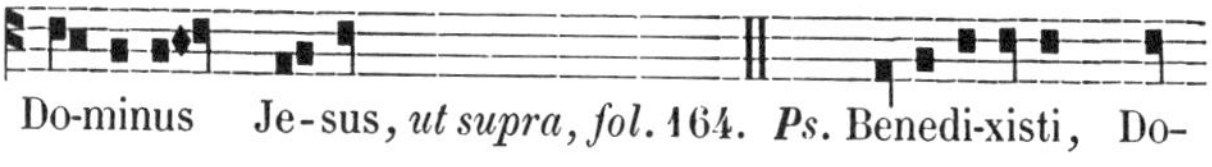

et plus sur la gauche, si la syllabe initiale est plus large que la finale du mot qui la précède, comme aux mots *magnum, quasi, quia, quem*, des exemples des n°s 16, 17, 20 et 28; ou si, avant cette syllabe, il se trouve une indication telle que *Ps.*, ℣ etc. :

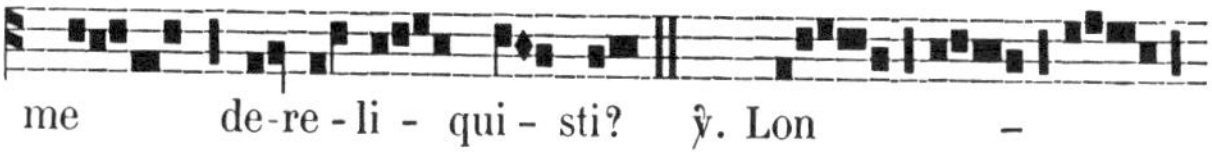

Toutefois, leur blanc doit être calculé de manière à conserver le plus régulier possible celui des mots; c'est-à-dire qu'on peut l'augmenter ou le diminuer, et même n'en pas mettre du tout, en raison de l'exigence de ces derniers ce qui a lieu particulièrement pour la petite barre, lorsqu'elle sépare plusieurs groupes de notes répondant à une seule syllabe :

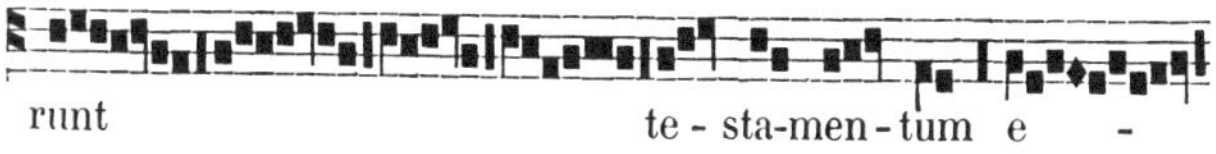

20. Lorsqu'on met une lettre de deux points au commencement d'un morceau, on la place avant la clef.

Si cette lettre est une voyelle qui forme à elle seule une syllabe, comme dans les deux derniers exemples de la page 163, la ou les notes qui lui correspondent ne sont point recouvertes, et la syllabe suivante prend sa place sous la ou les notes avec lesquelles elle est en rapport.

Si la lettre de deux points est une consonne, les lettres qui forment une syllabe avec cette consonne se mettent sous la ou les premières notes, que l'on distance suffisamment de la grande barre pour que la première note du groupe, s'il y en a un tombe sur la voyelle :

Ant.
8 *M.*

21. La dénomination musicale des notes variant selon la clef, on peut, pour la composition, leur donner les noms suivants :

Première, deuxième, troisième (carrée, double carrée, ou losange) sur ligne :

Première, deuxième, troisième entre les lignes :

au-dessus de la ligne :

au-dessous de la ligne :

22. Les espaces ou fragments de portée, servent à faciliter la justification des lignes. Il y en a sept sortes :

Celle de huit points (1) sert à séparer les notes entre chaque syllabe, celle de seize points à séparer les mots entre eux ; mais ces deux blancs peuvent au besoin être augmentés. Les autres espaces sont employées pour justifier les lignes.

23. La justification de la ligne doit, autant que possible, être prise sur un nombre donné de notes.

24. Les lignes peuvent se couper entre les syllabes, mais on

(1) Cette espace répond à l'épaisseur de la note du caractère employé ici ; mais on sent que sa force représentative varie en raison de celle du caractère.

ne divise jamais un groupe de notes répondant à une seule syllabe. — Il n'en est pas de même lorsqu'il y a plusieurs groupes de notes pour une seule syllabe :

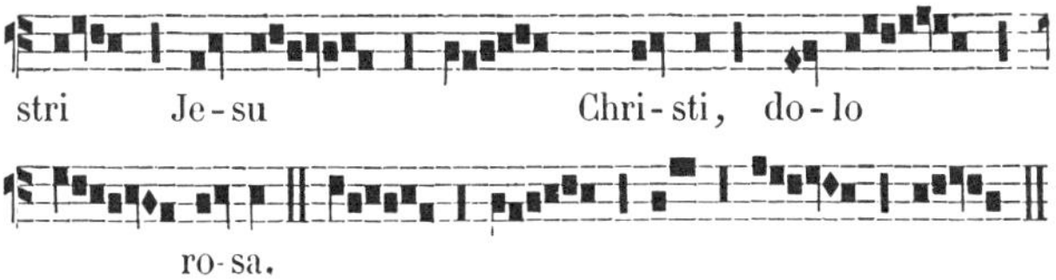

25. La division qui sert à séparer un mot d'une ligne à l'autre se place au milieu de l'espace occupé par les notes libres, comme ci-dessus, et non à l'extrémité de la ligne.

26. Quand un morceau finit à moitié ligne, on remplit la ligne avec des portées blanches, comme on le voit ci-dessous.

27. Le blanc qui sépare le texte des notes doit être calculé de manière à ne pas faire confusion avec les notes dont les queues excèdent la quatrième ligne; mais il doit être un peu moins fort que celui qui sépare le texte de la portée suivante.

28. Dans le plain-chant, on fait suivre les vers, mais on leur conserve la majuscule au commencement. — On fait également suivre les strophes, en mettant le premier mot en petites majuscules :

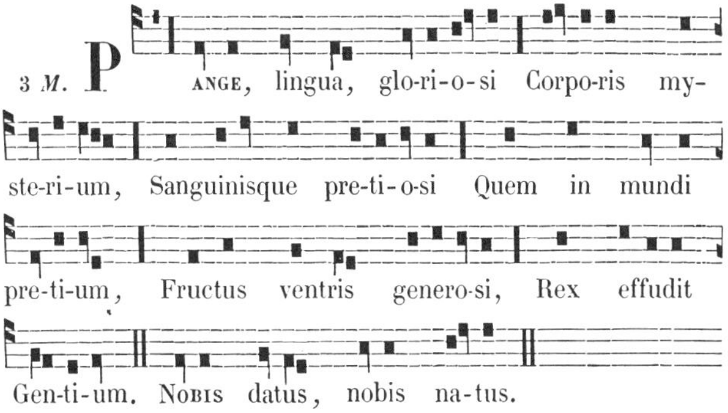

MODÈLE DE CASSE DE PLAIN-CHANT.

HAUT DE CASSE.

BAS DE CASSE.

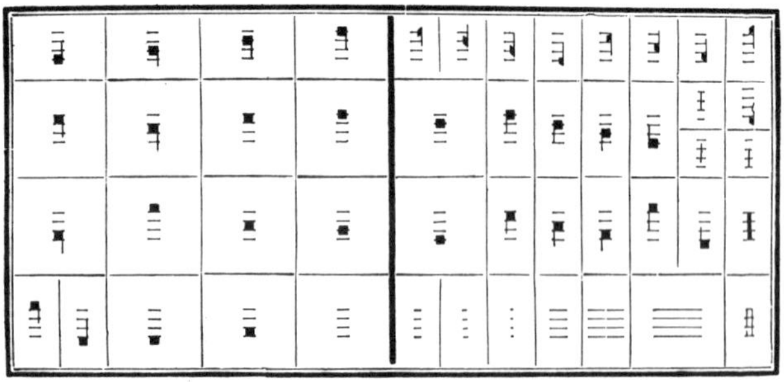

CHAPITRE V[1].

INSTRUCTIONS POUR LA COMPOSITION DU LATIN, — DE L'ITALIEN, — DE L'ANGLAIS, — DU GREC, — DU GREC D'INSCRIPTION, — DU COPTE, — DE L'ALLEMAND, — DU RUSSE, — DE L'ARABE, — DE L'HÉBREU.

---

§ Ier.

COMPOSITION DU LATIN.

La composition du latin embarrasse très-souvent les personnes qui ne connaissent pas cette langue, lorsque le manuscrit n'est pas écrit clairement. Les *e* pour les *c*, l'*u* pour l'*n*, l'*æ* pour l'*œ*, la séparation ou la jonction de certaines syllabes formant quelquefois des mots complets, la coupure des mots, etc., sont des occasions fréquentes de fautes dont la correction est toujours dispendieuse. Les observations qui suivent pourront servir à aplanir plusieurs difficultés (2).

1. L'*æ* se trouve au commencement, au milieu ou à la fin des mots :

Ædes... — Ægilops... — Inæqualis... — Inæstuo... — Romæ... — Familiæ...

2. Tous les mots qui commencent par la syllabe *præ* prennent l'*æ* et non l'*œ*.

3. Lorsque l'*a* et l'*e* commencent un mot, ils sont toujours réunis, excepté dans les mots :

Aedon... — Aello... — Aer... — Aeroides... — Aerius...

et quelques autres assez rares.

---

(1) Le peu d'étendue de nos connaissances rend, nous ne l'ignorons pas, ce chapitre incomplet sous plus d'un rapport; aussi ne donnons nous les diverses instructions qui le composent que comme les jalons d'une route que de plus capables que nous se feront sans doute un devoir d'élargir quelque jour.

(2) Ces observations ont été revues avec un soin tout particulier par M. Tassis, correcteur chez MM. Didot.

4. L'*æ* ne se trouve que dans la première ou la deuxième syllabe des mots :

OEconomus... — OEdema... — OEnon... — Cœpit... — Cœlo... — Pœna... — Comœdos... — Tragœdia, etc.

Il ne se met jamais à la fin des mots, c'est toujours l'*æ*.

5. L'*o* et l'*e* qui se trouvent à côté l'un de l'autre ne doivent pas toujours se réunir; il y a beaucoup de mots où ces deux lettres sont séparées :

Coegit...— Coemo...— Coercitio... — Coepulo... — Proeminet... — Poeta, etc.

6. Les textes latins imprimés en Allemagne portent bien souvent l'*æ* et l'*œ* en deux lettres séparées (*ae, oe*), mais il faut les réunir toutes les fois qu'elles ne font pas partie d'un des mots des exceptions ci-dessus.

7. La syllabe *que* ne forme jamais un mot isolé; elle est toujours jointe à celui qui la précède :

Atque... — Fortunisque... — Itaque... — Neque... — Quoque... — Vitamque, etc.

Il n'en est pas de même de *quæ*, qui forme un mot complet, à moins qu'il ne commence un des mots suivants :

Quærens... — Quæstio... — Quæstor... — Quæsumus, etc.

ou lorsqu'il se trouve à la fin de quelques mots rares, comme

Antiquæ... — Equæ... — Planiloquæ... — Reliquæ...

8. Il y a plusieurs mots qui, bien que complets par eux-mêmes lorsqu'ils se trouvent isolément, se réunissent en un seul quand ils se rencontrent les uns à côté des autres, comme, par exemple :

At qui... — De inde... — Ejus modi... — Enim vero... — Et enim... — Etiam si... — Ex tunc... — In ibi... — In super... — Inter ea... — Patres familias... — Per difficile... — Per multa... — Post eaque... — Post modum... — Post quam... — Præ est... — Præter ea... — Prope modum... — Propter ea... — Quem ad modum... — Quid quam... — Quo ad... — Quando quidem... —

Re ipsa... — Se ipsos... — Tamet si... — Tantum modo .. — Unius cujusque... — Ut pote... — Verum tamen...

qui s'écrivent :

Atqui... — Deinde... — Ejusmodi... — Enimvero... — Etenim... — Etiamsi... — Extunc... — Inibi... — Insuper, etc.

9. Il en est de même de la conjonction *ne*, qui se réunit presque toujours au mot qui la précède :

Deorumne... — Estne... — Etiamne... — Liberosne... — Satisne... — Tantane, etc.

10. Deux *i* seuls ou avec l'*s*, un *i* même isolé, forment un mot complet :

i, amice... — ii quidem... — iis autem...

11. La terminaison *on* est assez rare, mais çelle en *ou* ne se rencontre jamais.

12. Le mot *an* se répète assez souvent, et il ne faut jamais le remplacer par *au*, qui n'est pas latin.

13. *Aut* ne doit pas être pris pour *ant*, qui n'est pas latin, mais on ne mettra jamais *autœ, aute, autea;* c'est *antæ, ante, antea.*

14. Les mots *sen, cen* ne sont pas latins; c'est *seu, ceu* qu'il faut mettre.

15. On rencontre assez fréquemment le mot *ea*, dont l'*e* mal formé ressemble à un *c;* mais la syllabe *ca* qui peut terminer un mot ne se rencontre jamais isolée, non plus que *cas, co, cos,* (*eas, eo, eos*).

16. Le *c* final ne se trouve qu'avec des mots d'une et de deux syllabes, et jamais plus :

Ac... — Dic... — Duc... — Fac... — Hoc... — Hanc... — Hunc... — Nunc... — Sic... — Tunc... — Adhuc...

17. Il arrive quelquefois que le *n* et le *c* qui se trouvent à la fin d'un mot peuvent être pris pour un *m*, comme dans *hinc, hanc, hunc;* mais il ne peut y avoir de doute pour ces mots,

parce que *him*, *ham*, *hum*, ne sont pas latins. Dans les mots de trois syllabes, au contraire, ce doit être un *m*, puisque, comme on l'a vu précédemment, le *c* final ne peut se trouver qu'aux mots d'une et de deux syllabes.

18. Les mots ou les terminaisons *nanc*, *nane*, *nune*, que peut offrir l'écriture ne sont pas latins; c'est *nunc* qu'il faut mettre dans le premier cas, et *nam* ou *num* lorsque c'est une terminaison de mot.

19. Il en est de même des mots qui se présentent à l'œil sous la forme *eaut*, *enut;* c'est *eant* ou *eunt* qu'il faut mettre :

Aliud, et non *aluid* ou *alnid;*
Inde, et non *iude* ou *nide;*
Interea, et non *interca;*
Sint, et non *siut* ou *suit;*
Sicut, et non *sicat;*
Faciunt, et non *facuint* ou *facunit;*
Ineunda, et non *incunda* ou *imunda;*
Hunc, *hanc*, et non *hune*, *hane;*
Sane, et non *sanc* ou *sam*.

On met un point après *ibid.* (abréviation d'*ibidem*), mais il n'en faut pas après *idem*, qui est un mot complet.

20. La division des mots se fait généralement comme dans le français; nous nous bornerons donc à donner ici la liste de celles qui font exception, et qui pourraient offrir quelque difficulté :

abs-que	ca-stellum	de-inde	exi-stimandum
ad-erant	ca-stris	demon-strando	expi-am
ad-huc	colle-ctis	de-scendere	exspe-cto
admini-strari	comple-ctebatur	di-sciplinam	fa-ctum
ad-opto	con-scensis	di-spergo	fa-cturum
adsenti-antur	con-stat	di-speximus	fru-stra
adspe-ctabam	con-spe-ctum	dis-traho	ge-sta
adspe-xerant	con-stituta	du-xerunt.	ho-stes
Ægy-ptios	con-spicient	effe-ctura	ho-stibus
agno-scet	cun-cta	epi-stola	ho-sti-um
angu-stas	cu-stodia	exce-ptis	ju-stitiam
capi-am	Cya-xares	excusati-one	in-stitutus
ca-pti	de-inceps	ex-ercitu	in-stru-cta

interfe-ctori	nu-ptura	præ-staturi	re-spondebant
intue-antur	ob-lata	præter-ita	sic-ut
ipsi-us	obstupu-erunt	profici-scebatur	soci-orum
ja-cturam	pelta-stas	promi-scue	spe-ctatores
magi-stratus	per-a-ctisque	pro-pter	sub-eundo
ma-gnum	percipi-endam	pro-pter-ea	superi-ori
ma-ximis	perfe-ctum	prove-ctiores	sus-tulit
mode-stas	per-ierim	pro-ximum	tra-ctant
mon-stratis	per-spicuum	quam-ob-rem	tri-stique
na-sturtium	po-stremum	quem-admodum	ve-scendo
ne-scius	pote-statem	re-ctissime	ve-strum
no-cturnas	præfe-ctus	red-eamus	ve-xare
no-stros	præ-stantissimus	reje-ctæ	vi-ctoria

Comme on le voit, l'*s* est rarement séparé de la consonne qui le suit; et, dans les nombreux exemples qui précèdent, il n'y a que les mots *distraho* et *sustulit* que l'on doit couper après cette lettre, laquelle, dans ce cas, fait partie de la première syllabe.

21. On ne divise jamais les mots suivants.

Omne... — Omnes... — Omni... — Omnia... — Omnis... — Omnium...

LISTE DE QUELQUES ABRÉVIATIONS LATINES.

A. C.	anno Christi.	J. H. S.	Jesus hominum Salvator.
A. C.	ante Christum.	J. N. R. J.	Jesus Nazarenus rex Judæorum.
a. c.	anni currentis.	L. l.	liber.
ad lib.	ad libitum	L. S.	loco sigilli.
a lin.	a linea.	l. c.	loco citato.
A. M.	anno mundi.	l. l.	loco laudato.
A. M. D. G.	ad majorem Dei gloriam.	M. D.	medicinæ doctor.
a. p.	anni præteriti.	M. S.	memoriæ sacrum.
A. U. c.	anno Urbis conditæ.	Ms.	manuscriptum.
D. J. U.	doctor juris utriusque.	Mss.	manuscripta.
D^r	doctor.	N. B.	nota bene.
E. g	exempli gratia.	N°	numero.
etc.	et cætera.	P. pag.	pagina.
fol.	folio.	P. C.	pro centum.
h. e.	hoc est.	P. M.	pro memoria.
ib., ibid.	ibidem.	P. P.	præmissis præmittendis.
id.	idem.	P. S.	post scriptum.
i. e.	id est.	P. T.	pro tempore
i. q.	idem quod.		

S.	sanctus.	T.	testatur, teste.
S., seq.	sequentes.	T., tom.	tomus.
S. E. C.	salvo errore calculi.	Ult.	ultimo.
S. P. Q. R.	senatus populusque Romanus.	U. S.	ut supra.
		V. G.	verbi gratia.
Sign.	signatum.	V., V.	verte, vide.
S. T.	salvo titulo.	Vol.	volumen.
S. V.	salva venia.	VV. LL.	variæ lectiones.

Il existait autrefois certaines lettres abréviatives que l'on rencontre dans d'anciennes éditions, comme : *ā*, *ē*, pour *am*, *em*, *an*, *en*; *m̄*, pour *mm*; *ñ* pour *nn*; *ō*, pour *ou*; *q*, *q*;, pour *que*; *ū*, pour *um*, etc.

Les lettres *i*, *m*, *u*, sont beaucoup plus employées dans le latin que dans le français; mais les cassetins qui contiennent ces lettres étant de première grandeur et convenablement placés par rapport à la main, aucune modification n'a besoin d'être opérée dans la classification générale de la casse, même pour la composition prolongée de cette langue. L'*œ* seul pourrait être placé avec avantage dans le cassetin aux *é*.

§ II.

COMPOSITION DE L'ITALIEN (1).

La composition de l'italien sur réimpression n'offre aucun embarras; seulement, lorsqu'on ne va pas ligne pour ligne avec la copie, on peut, pour la division des mots, rencontrer les difficultés dont nous allons nous occuper, ainsi que de quelques observations relatives à l'apostrophe et à certains mots qui peuvent paraître douteux sur de mauvais manuscrits.

Les Italiens n'ayant ni substantif ni adjectif composés, ne font usage du trait d'union que pour quelques noms de lieu.

Pietra-Santa... — Nuova-Segovia... — Nuova-York...

---

(1) Ce paragraphe a été soumis à feu M. Broglie père, Italien instruit et compositeur estimé de l'imprimerie de MM. Firmin Didot.

et il ne figure jamais au bout des lignes que comme coupure d'un mot; on ne devra donc pas hésiter, hors du cas ci-dessus, pour réunir les deux parties qu'il sépare sur la copie.

On ne peut couper les mots entre le *s*, le *c*, le *p*, et le *t;* on divisera donc :

Di-scredito... — Di-sciplina... — Di-sperazione... — Di-spiacere... — Arre-stato... — Fa-stose...

La voyelle *e* se prononçant toujours comme notre *é*, la syllabe muette disparaît, et l'on peut plus facilement supporter la division de deux lettres, surtout dans les justifications étroites :

Amo-re... — Contor-te... — Ordi-ne...

On ne doit pas terminer une ligne par une apostrophe, si le mot où elle se trouve n'a pas une voyelle exprimée; il faut, dans ce cas, remplacer l'apostrophe par la lettre élidée, et mettre, par exemple :

Che | ella... — Gli | infermi... — Me | incamminai... — Voi | entendete...

au lieu de :

Ch' | ella... — Gl' | infermi... — M' | incamminai... — V' | intendete. .

Mais toutes les fois qu'il se trouve dans le mot une voyelle exprimée, l'apostrophe peut terminer la ligne :

Coll' | nell' | sull' | dell' | de' | degl', etc.

En dehors de ce que nous venons d'exposer, les mots se coupent, comme en français, à chaque syllabe :

Au-to-riz-zare... — Av-va-lo-ra-mento... — Az-zec-care... — Ban-chiere... — Bi-blio-teca...— Com-mis-sione...— Go-verno... — Ini-mico...— Sil-laba... — So-vrano...

L'apostrophe, placée à la fin des mots, tient le plus souvent lieu d'une voyelle, comme dans le français :

All' altra (alla altra)... — Dell' ozio (dello ozio)...

Quelquefois aussi, mais particulièrement dans la poésie, elle tient lieu d'une syllabe :

Un po' (un poco)... — Vo' essere (voglio essere)...

Très-fréquemment encore, mais jamais dans la prose, elle remplace une voyelle au commencement d'un mot :

Che 'l tempo (che il tempo)... — E 'l corso (e il corso)...

Dans ces divers cas, le mot où se trouve l'élision doit toujours être séparé de celui qui le suit ou le précède. Cependant, comme l'usage, en Italie, tend à rapprocher le mot qui est terminé par une apostrophe (celle qui remplace une voyelle) du mot qui le suit, lorsque ce dernier commence par une lettre de forme ronde, on peut, quand l'espacement l'exige, diminuer le blanc de préférence entre ces mots; mais devant les lettres de forme droite, l'espace doit être aussi forte qu'aux autres mots.

Il résulte de cette disposition, qu'on devra faire autant de mots distincts des consonnes isolées qui sont suivies de l'apostrophe, comme :

C' — ch' — d' — l' — m' — n' — s' — v' — 'v' (en poésie), etc.,

lesquelles se rencontrent très-souvent.

De toutes les voyelles, dans le français, l'*u* est la seule qui soit suivie de l'apostrophe, et l'*h* la seule consonne qui en soit précédée; dans l'italien elle se met après toutes les voyelles et devant toutes les consonnes :

A' bambini... — Da' suoi... — E' degli... — De' sospir... — I' dico.. — Veggi' orsi... — Non vo' che... — Co' suoi... — U' son... — Tu' aita...

Cet emploi divers et répété de l'apostrophe est bon à connaître; car, sur un mauvais manuscrit, on peut facilement, quand on ne sait pas la langue, prendre l'apostrophe pour un accent.

L'apostrophe se met encore, de plus qu'en français, après diverses consonnes, comme *g*, *h*, *v*, *z*, etc. :

Fung' ore.. — Perch' io .. — Ov' egli... — Senz' arte...

et aussi après des consonnes redoublées :

Debb' io... — Mill' anni... — Venn' io... — Sepp' io.... — Potess' io.. — Tutt' altre.

On rencontre souvent, seules, les voyelles *a*, *e*, *è*, *i*, *o*. Ces lettres forment autant de mots. Il arrive aussi assez fréquemment que deux de ces lettres se trouvent à côté l'une de l'autre :

E a castighi... — Egli è a... — E i buoni... — O a tutti... — O è libro... — O i padri...

Il faut se garder de les réunir; *i* et *o*, au contraire, ne se séparent pas : c'est le mot *io* (je, moi).

Le mot *ei* n'est pas italien; si ces deux lettres ne sont pas séparées, c'est le mot *ci*, dont le *c* est mal formé.

Le mot *cou* n'est pas italien; c'est *con* (avec) qu'il faut mettre.

Il ne faut pas confondre le mot *Io* (avec *i* majuscule) et le mot *lo* (avec *l* minuscule); le premier ne se trouve jamais qu'au commencement d'une phrase.

La lettre *j* se voit quelquefois à la fin d'un mot; elle remplace deux *i* :

Beneficj... — Lavatoj... — Libraj... — Proprj... — Regj...

Il y a des mots terminés par deux *i* :

Desiderii... — Topazii...

d'autres par deux *e* :

E ferree ruote... — E variate linee...

Les mots *di* (de) et *si* (on) s'écrivent aussi avec l'accent grave : *dì* (jour), *sì* (oui).

Indépendamment des consonnes *b*, *c*, *d*, *f*, *g*, *l*, *m*, *n*, *p*, *r*, *s*, *t*, qui se redoublent plus souvent qu'en français, les Italiens redoublent encore très-fréquemment le *v* et le *z* :

Avvolontato... — Avvoltura... — Ovviatore... — Azzalino... — Azzimo... — Izza... — Ozzimo...

On ne fait pas usage du *k*, de l'*x*, de l'*y*, ni des doubles lettres *æ*, *œ*, *w*.

L'accent *grave* est très-souvent répété; il se place sur les cinq voyelles et toujours à la fin des mots :

Già... — Unanimità... — Vanità...
Anzichè... — È... — Nè...
Così... — Dì... — Sì... — Vì...
Ciò... — E sospirò... — Dirò...
Gesù... — Più... — Virtù...

L'accent *aigu* ne s'emploie que dans les ouvrages de prosodie, ou dans ceux où l'on veut indiquer la prononciation aux étrangers. Il en est de même de l'accent grave dans le corps des mots.

L'accent *circonflexe* ne s'emploie pas.

Le *tréma* figure quelquefois dans la poésie.

. . . . . . Altro non resta
Oggi a noi dunque, che alla nobil plebe
Rïunir fidi il voler nostro intero.

E l' istantanea guisa onde l' avesti,
Prodigïosa ell' è pur anco.

Les mots *et cætera* (en italien *eccetera*) s'indiquent par *ec.*, et non par *etc.*

Les Italiens renfoncent assez communément les alinéa de deux cadratins.

La casse italienne n'est nullement semblable à la nôtre; mais la certitude que nous avons acquise qu'elle n'est en rien appropriée à l'usage plus ou moins fréquent des lettres, nous dispense d'en donner le modèle. On peut, lorsqu'on a un labeur de longue haleine à composer, transposer, comme dans le latin et l'anglais, les sortes les plus courantes, pour les rapprocher le plus possible de la main.

§ III.

COMPOSITION DE L'ANGLAIS.

La seule difficulté qu'offre l'anglais, lorsqu'on est au courant de l'écriture, repose sur la manière de diviser les mots au bout des lignes. Nous nous occuperons donc premièrement et spécialement de cet objet.

DE LA COUPURE DES MOTS.

En général, les mots anglais se divisent, comme les mots français, entre chaque syllabe commençant par une consonne :

Ac-cu-rate... — Com-pa-nion... — Com-po-si-tor... — Gal-lows... — Ge-ne-rally... — Mor-tise...

Mais la coupure étymologique n'est pas toujours d'accord avec cette règle; et comme elle est généralement adoptée en Angleterre, nous croyons utile d'en donner ici des exemples qui puissent servir de guide pour la plupart des cas.

Cette coupure se fait de deux manières : 1° aux particules préfixes (1), c'est-à-dire qui commencent les mots; 2° aux terminaisons.

I. *Particules préfixes.*

1° Anglaises.

On coupera par : *be* (2), *down, ever, for, fore, gain, how, mis, out, some, un, under, up, with,* les mots commençant par ces particules, qu'elles soient ou non suivies d'une voyelle :

Be-speak... — Be-tween... — Down-right... — Ever-sleep... — For-swear... — Fore-tell... — Gain-stand... — How-ever... — Mis-take... — Out-leap... — Un-able... — Up-root... — Some-where... — Under-stand... — With-out...

(1) Nous devons celles que nous reproduisons ici à M. Peter, correcteur de la maison Crapelet, qui possède à fond la langue anglaise.

(2) Excepté le mot *being*, et ceux dans lesquels cette particule est suivie d'une voyelle.

2° Latines.

On coupera également par : *ante, circum, contra, cum, co, col, com, con, cor, de, dis, extra, in, il* (1), *im, inter, intro, ob, per, post, pre, pro, retro, sub, subter, super, trans,* les mots qui commencent par ces particules, même avant une voyelle :

Ante-cedent... — Circum-stance... — Contra-band... — Cum-ber... — Co-temporary... — Col-lect... — Com-bustion... — Con-sonant... — Cor-respond... — De-scription... — De-spatch... — De-stroys... — Dis-advantage... — Dis-oblige... — Extra-vagant... — In-equality... — Il-legal... — Im-mortel... — Inter-fere... — Intro-duce... — Ob-struct... — Per-fect... — Post-humous... — Pre-juge... — Pro-ceed... — Retro-spect... — Sub-altern... — Subter-fluent... — Super-intendant... — Trans-marine...

3° Grecques.

Et par : *ana, amphi, anti, apo, dia, epi, hyper, hypo, meta, para, peri, syl, sym, syn,* les mots commençant par ces particules; tels que :

Ana-baptist... — Amphi-bious... — Anti-dote... — Apo-gee... — Dia-meter... — Epi-logue... — Hyper-bole... — Hypo-crisy... — Meta-morphose... — Para-graph... — Peri-phrase... — Syl-logism... — Sym-pathy... — Syn-onymous...

II. *Terminaisons.*

1° Terminaisons diverses.

On coupera par : *dom, ever, fold, ful, fully, fulness, hood, kind, less, lessness, like, ly, man (men), ment, ness, out, self (selves), ship, some, teen, teenth, ty* (2), *ward, where, wise, woman (women)*, les mots qui se terminent ainsi :

Free-dom... — King-dom... — What-ever... — Four-fold... — Ten-fold... — Health-ful... — Thought-ful... — Faith-fully... — Faith-fulness... — Child-hood... — Knight-hood... — Man-kind... — Friend-less... — Friend-lessness...

---

(1) Excepté le mot *illness* (*ill-ness*) et les composés de *ill*, qui se divisent après les deux *ll* (*ill-bred, ill-eyed*, etc.); ces derniers mots n'offriront d'ailleurs pas de difficulté, car ils se trouvent dans la copie avec le trait d'union.

(2) Excepté *eighty*, qui ne se divise jamais.

— War-like... — Heartless-ly... — English-man (men)... — Frag-ment... — Good-ness... — Through-out... — My-self... — Them-selves... — Friend-ship... — Tire-some... — Thir-teen... — Fif-teenth... — For-ty... — Back-ward... — No-where... — Other-wise... — Gentle-woman (women)...

2° Terminaisons *ing* (1) et *ed*.

Les mots terminés par *ing* et *ed* peuvent se couper à cette syllabe (2) :

Meet-ing... — Know-ing... — Concern-ing... — Continu-ing... — Print-ing... Justify-ing... — Mark-ed... — Accomplish-ed... — Perform-ed... — Uplift-ed...

mais quand cette syllabe est immédiatement précédée d'une consonne redoublée, on coupe entre les deux consonnes :

Dub-bing... — Annul-ling... — Plan-ning... — Stop-ping... — Fur-ring... — Dub-bed... — Annul-led... — Stop-ped... — Plan-ned... — Fur-red...

Cependant tous les dissyllabiques où ces terminaisons *ing* et *ed* sont précédées de deux *ll* ou de deux *ss*, font exception à cette règle, et peuvent se couper après les deux consonnes :

Press-ing... — Pull-ing... — Press-ed... — Pull-ed...

Il en est de même de quelques-uns des mots polysyllabiques; ce sont ceux qui sont formés d'un des radicaux monosyllabiques *fall, stall, press*, etc., précédés d'un des préfixes *be, fore, com, un*, etc. (Voir la liste des préfixes ci-dessus) :

Befall-ing... — Forestall-ing... — Compress-ing... — Compress-ed... — Undress-ed...

Les mots où ces terminaisons sont précédées d'un seul *g* ne se divisent ordinairement pas après le *g*; par exemple, *arranging, challenging*, etc., ne se doivent couper qu'entre les deux consonnes redoublées :

Ar-ranging... — Chal-lenging...

---

(1) Nous croyons devoir avertir ici que les terminaisons *iug* et *nig* que peut offrir à l'œil la copie ne sont pas anglaises; c'est toujours *ing* qu'il faut mettre. — Il en est de même des mots *aud* et *ou*; c'est *and* et *on*.

(2) *Ed* ne se sépare que dans les justifications étroites.

Les mots terminés par *able, age, ance, ate, ence,* se divisent presque toujours à cette terminaison :

Agree-able... — Attain-able... — Carri-age... — Change-able... — Import-ance... — Proportion-ate... — Refer-ence...

Il y a encore quelques autres coupures, comme :

An-swer... — Bibli-ography... — Di-gnity... — Eng-land... — Neg-lect... — Pub-lished... — Rig-lets... — Sig-nature...

qui diffèrent de la règle générale, mais dont la pratique mettra bientôt au courant.

Le *ck* se sépare rarement, et reste au bout de la ligne :

Back-side... — Hack-ney... — Quick-ly... — Reck-oned...

Il en est de même du *sh* :

Ash-avood... — English-man (men)... — Fash-ionable... — Furnish-ed... — Publish-ed... — Publish-ing...

Le *th* ne se sépare jamais non plus (1), mais il se reporte presque toujours au commencement de la ligne (2) :

Au-thority... — Fur-ther... — Ga-thered... — Nei-ther... — Toge-ther...

La composition de l'anglais est, du reste, plus simple en quelque sorte que la nôtre, car il n'y entre aucune lettre accentuée; mais elle en diffère sous les rapports suivants :

Il est d'usage de mettre un cadratin après chaque point, dans le cours des alinéa.

La virgule se met sans espace près du mot auquel elle appartient (3).

Le tiret (—) ne prend d'espace ni avant ni après.

Les Anglais font usage de deux sortes de guillemets : un dou-

---

(1) Excepté dans le mot *knigthood,* qui se divise *knight-hood.*

(2) Excepté dans *with-out, strength-ened,* et quelques autres.

(3) Cet usage vicieux, qui nous paraît n'avoir d'autre motif que la négligence du compositeur, tend malheureusement, de jour en jour, à s'introduire aussi dans la composition française.

ble (à peu près semblable au nôtre pour la forme, mais ayant l'alignement de l'apostrophe), et un simple, qu'ils emploient pour les passages cités dans une citation :

> " Mariana had written in the work *de Rege* ' that the public voice and the authority of grave and learned personages (such as the Jesuits), was sufficient to give every individual the right to kill a tyrant.' The Jesuits..."

On peut facilement simuler ceux de commencement avec une ou deux *virgules* retournées, selon qu'ils sont simples (') ou doubles (''); et ceux de fin avec une ou deux apostrophes (' "). — Ces derniers se mettent sans espace près du mot, quand les lettres qui terminent ce mot portent un blanc suffisant.

Les noms de mois prennent la majuscule, et les chiffres du quantième qui les précèdent sont toujours suivis des deux lettres finales du mot qu'ils représentent :

> 1st (first) of October... — 2nd (second) of May... — 3rd (third) of November... — 4th (fourth) of September.

Ces lettres se mettent en bas de casse, et ne prennent pas d'espace entre elles et le chiffre.

Les nombres exprimés en grandes ou en petites majuscules qui accompagnent un nom propre prennent toujours un point (1) :

> Innocent XI., XII., and XIII., and Benedict XIV., have in vain employed...

Il en est de même des abréviations

> Mr. (Mister)... — Messrs. (Messieurs)... — Mrs. (Mistress)...

Lorsque l'*i* se rencontre seul, il est toujours majuscule, soit au commencement, soit au milieu d'une phrase :

> I rose as at thy call... — Pensive here I sat alone... — And in the general fall I also... — From them I got his uncouth errand sole...

L'apostrophe est fort peu employée dans la prose; on n'en fait

(1) Nous voyons, dans les éditions françaises du dernier siècle, les traces de cet usage, qui a disparu parmi nous, mais qui subsiste encore en Angleterre.

usage que pour indiquer le génitif, et, dans ce cas, elle se trouve toujours à la fin du mot, et est généralement suivie d'un *s* :

See Clement XIV.'s Bull... — King's throne... — My mother's goodness...

Mais il n'en est pas de même dans les vers, où elle tient lieu, comme dans l'italien, des nombreuses voyelles (et même des syllabes) supprimées par élision; on la rencontre soit au commencement du mot :

Beast 'gan... — 'twixt upper... — And 's wage... — He 'scape...

soit, et plus fréquemment, à la dernière syllabe :

Produc'd... — Thou tell'st... — Accomplish'd Eve... — Was pleas'd... — Now glow'd...

soit, enfin, terminant le mot :

To sorrow' abandoned... — Them justly' is at his will... — Th' irrational... — I hav' seen... — Already' in part...

Voici, du reste, la liste des principales élisions de la poésie et du langage populaire, ainsi que les abréviations usitées en Angleterre :

ÉLISIONS.

altho'	although	here's	here is
an't	am not, are not	i'the	in the
can't	cannot	in't	in it
cou'd	could	I've	I have
cou'dn't	could not	I'd	I had, I would
'd	had, would	I'll	I will
d'	do	I'm	I am
d'ye	do you	i'n't	is not
don't	does not, do not	it's	it is
e'en	even	let's	let us
e'er	ever	let'em	let them
'em	them	mayn't	may not
gi'me	give me	mightn't	might not
ha'	have	ne'er	never
hadn't	had not	n't	not
haven't ha'n't	have not	o'	of
he'd	he had, he would	o'er	over

on't	of it, on it
o'th'	of the, on the
oughtn't	ought not
're	are
'rt	art
shan't	shall not
she's	she is
shou'dn't	should not
t'	to
th'	the
that's	that is
there's	there is
they'd	they had, they would
they're	they are
they've	they have
tho'	though
thou'dst	thou wouldst
thou'lt	thou wilt
thou'rt	thou art
thou'st	thou hast
thro'	through
'till	until
'tis	it is
to's	to is
to't	to it
t'other	the other
t'th', t'the	to the
'twas	it was
'twere	it were
upon't	upon it
wasn't	was not
was't	was it
we'd	we had, we would
we're	we are
wer'n't	were not
we've	we have
w'ch	which
what's	what is
where's	where is
who's	who is
w'n't	will not
wou'dn't	would not
you'd	you had, you would
you're	you are
you've	you have
y'r	your

ABRÉVIATIONS DIVERSES.

Abp.	Archbishop.
B. A.	Bachelors of Arts.
Bart.	Baronet.
B. D.	Bachelor of Divinity.
Bp.	Bishop.
B. V.	Blessed Virgin.
Capt.	Captain.
Col.	Colonel.
D. C. L.	Doctor of Civil Law.
D. D.	Doctor of Divinity.
Dr.	Doctor.
D. M.	Doctor of Music.
Esq.	Esquire.
F. A. S.	Fellow of the Antiquarian Society.
F. A. S. S.	Fellow of the Antiquarian Society of Scotland.
F. E. S.	Fellow of the Entomological Society.
F. H. S.	Fellow of the Horticultural Society
F. L. S.	Fellow of the Linnean Society.
F. R. A. S.	Fellow of the Royal and Antiquarian Society.
F. R. S.	Fellow of the Royal Society.
F. R. S. E.	Fellow of the Royal Society at Edinburgh.
F. T. C. D.	Fellow of Trinity College Dublin.
G.	General.

Geo. III.	George the Third.
G. R.	Georgius Rex.
Hon.	Honourable.
K.	King.
K. G. C. B.	Knight Grand Cross of the Bath.
Knt.	Knight.
K. C. B.	Knight Commander of the Bath.
K. G.	Knight of the Garter.
K. P.	Knight of St Patrick.
K. T.	Knight of the Thistle.
L. C. J.	Lord Chief Justice.
Lieut.	Lieutenant.
Ld.	Lord.
M. A.	Master of Arts.
M. A. S.	Member of the Asiatic Society.
Messrs.	Messieurs.
MM.	Masters.
M. P.	Member of Parliament.
Mr.	Mister.
Mrs.	Mistress.
M'.	Mac.
M. R. I. A.	Member of the Royal Irish Academy.
Rev.	Reverend.
A., answ.	Answer.
A. D.	Anno Domini.
E., W., N., S.	East, West, North, South.
&.	and.
Geog.	Geographer.
i. e.	that is.
Lat. and Long.	Latitude and Longitude.
Lsp.	Lordship.
MMS.	Manuscript.
No.	Number.
N. S.	New Style.
Ob.	Obolus, a half penny.
O. S.	Old Style.
Q.	Queen, Question.
St.	Saint, Street.
S.	Solidus, a shilling.
Viz.	Videlicet, namely.
Will., Wm.	William.
1st	first.
2nd	second.
3rd	third.
4th	fourth.
5th	fifth.
6th	sixth.
7th	seventh.
8th	eighth.
9th	ninth.
10th	tenth.
Ap.	April.
Feb.	February.
Jan.	January.
Dec.	December.
Nov.	November.
Oct.	October.
Sept., etc.	September, etc.

ABRÉVIATIONS PARTICULIÈRES AU COMMERCE.

ac., acct	account.
a/c	account current.
at 3 m. dte	at three months' date.
bes	balles.
bques	barriques.
bds	boucauds.
brl	barrel.
brot	brought.
carr.	carried.
cte	compte.
Co.	Company.
Cr.	Creditor.
ct., cts.	cent, cents.
Dr.	debtor.

c|ve	this place (cette ville).	Mkt	market.
cwt	Hundred-weight.	M/que	Martinique.
d	a penny.	n/sr	notre sieur.
d' dte	days' date.	ord	order.
dft	draft.	oz	ounce.
dol., dols	dollar, dollars.	p.	per.
do	ditto.	pble	payable.
doz.	dozen.	P. C.	price current.
ds	days.	p. ct	per cent.
d/st	days sight.	P. T. O.	please turn over.
dupe	duplicate.	p. %	pour cent.
E. I.	East Indies.	ppon	en participation.
Engd	England.	p.pon	proportion.
exche	exchange.	proxo	proximo.
gall.	gallon.	qr	quarter.
h/a	his account.	q/q	quelque.
hhd	hogshead.	s. bet	son billet.
id.	idem.	schr	schooner.
nst.	instant.	s. c., n. c.	son compte, notre compte.
je	jeune.		
jr	junior.	St-Do.	St-Domingo.
k., kil.	kilogrammes.	sh	shilling.
l. c., m. c.	leur, mon compte.	S. I.	Sea Island.
Lpool	Liverpool.	t/a	their account.
lb., lbs	livre, livres; pound, pounds.	tces	tierces.
		T. S. V. P.	tournez s'il vous plaît.
l. stg	livre sterling, pound sterling.	ult.	ultimo.
		U. S.	United States.
m.	thousand, mille.	v/	votre, vous.
mdize	merchandize.	v/ve	votre ville.
mo., mos	month, months.	W. I.	West Indies.

La contexture des mots anglais nécessitant l'emploi bien plus fréquent de certaines lettres que dans notre langue, la casse usitée en Angleterre diffère de la nôtre d'une manière notable; mais comme, assez souvent, on n'a qu'accidentellement à composer en cette langue, on peut se borner à rapprocher de la main les *h*, les *w* et les *y*, en déplaçant d'autres lettres moins employées.

§ IV.

COMPOSITION DU GREC.

Il est peu de compositeurs qui, voulant se livrer à la composition du grec, n'aient été frappés de l'étonnant laconisme des Manuels typographiques sur ce point. Tous (1), en effet, se bornent à donner la figure, le nom et la valeur des vingt-quatre lettres de l'alphabet, avec un modèle de casse, sans s'occuper en rien des esprits et des accents, dont la connaissance cependant est aussi indispensable que celle des lettres pour l'assemblage du mot grec le plus simple (2), surtout lorsque la copie (manuscrite) est peu soignée; ils ne disent rien non plus de l'emploi de certaines lettres, des ligatures, de la coupure des mots à la fin des lignes, etc., etc. Les notes qui suivent, dont une pratique et une observation assez longues nous ont fait reconnaître l'utilité, combleront, nous osons l'espérer, la lacune de nos ouvrages didactiques, et rendront par là beaucoup plus facile la composition d'une langue qui est de jour en jour plus étudiée.

DE L'ALPHABET.

L'alphabet grec se compose de vingt-quatre lettres, qui affectent les formes suivantes :

---

(1) Nous devons dire cependant qu'un Manuel anglais, publié à Londres en 1808, et une brochure allemande intitulée *Alphabete orientalischer und occidentalischer Sprachen zum Gebrauch für Schriftsetzer und Correctoren*, publiée à Leipzig en 1844, effleurent le sujet que nous traitons ici.

(2) Que de fois, en effet, n'avons-nous pas vu des compositeurs sortant d'apprendre l'alphabet dans les Manuels, être embarrassés dès le premier mot à composer, s'il s'y trouvait un esprit, doux ou rude! Ne voit-on pas aussi tous les jours des ouvriers peu exercés à ce travail faire de nombreuses fautes, parce qu'ils suivent servilement des manuscrits écrits avec rapidité, où les esprits et les accents sont trop souvent mis à côté de leur véritable place, comme, par exemple, κὰι pour καὶ; δὶα pour διὰ; τὸυς pour τοὺς; ἀυτὸς pour αὐτὸς; ἱέμένη pour ἱεμένη; ὀυδὲ pour οὐδὲ; ὑιὸς ou ὑὶος pour υἱὸς, etc., etc.?

Figure.	Nom.	Valeur.	Figure.	Nom.	Valeur.
Α α,	Alpha,	a.	Ν ν,	Nu,	n.
Β β ϐ,	Bêta,	b, v.	Ξ ξ,	Xi,	x, cs, gs.
Γ γ Ɣ,	Gamma,	g.	Ο ο,	Omicron,	o *bref.*
Δ δ,	Delta,	d.	Π π ϖ,	Pi,	p.
Ε ε,	Epsilon,	e *bref.*	Ρ ρ,	Rho,	r.
Ζ ζ,	Zêta,	z, ds.	Σ σ ς,	Sigma,	s.
Η η,	Êta,	ê *long.*	Τ τ τ,	Tau,	t.
Θ θ ϑ,	Thêta,	th.	Υ υ,	Upsilon,	y, u *bref.*
Ι ι,	Iota,	i.	Φ φ,	Phi,	ph.
Κ κ,	Cappa,	c, k.	Χ χ,	Chi,	ch.
Λ λ,	Lambda,	l.	Ψ ψ,	Psi,	ps, bs.
Μ μ,	Mu,	m.	Ω ω,	Oméga,	ô *long.*

DES ACCENTS ET DES ESPRITS.

Les Grecs font usage de deux esprits, le *doux* et le *rude;* de trois accents, l'*aigu*, le *grave* et le *circonflexe* (les deux premiers ont la même forme que les nôtres); et du *diérèse* ou *tréma.* Ils emploient ces divers signes tantôt seuls, et tantôt combinés entre eux, ainsi qu'il suit :

´ Accent aigu.
` Accent grave.
῀ Accent circonflexe.
᾿ Esprit doux.
῾ Esprit rude.
῎ Esprit doux accent aigu.
῞ Esprit rude accent aigu.
Esprit doux accent grave.
῝ Esprit rude accent grave.
῏ Esprit doux accent circonflexe.
῟ Esprit rude accent circonflexe.
¨ Tréma.
΅ Tréma accent aigu.
῭ Tréma accent grave.
῁ Tréma accent circonflexe (1).
῾᾿ Esprit rude et esprit doux (2).

DES LETTRES SOUSCRITES.

Il y a, en grec, certains cas où l'iota se retranche du corps du mot pour se placer sous les voyelles α, η, ω, qui le précèdent; ces voyelles prennent alors le nom de *lettres souscrites*, et se figurent ainsi :

ᾼ, ῌ, ῼ; ᾳ, ῃ, ῳ.

(1-2) Ces deux accents ne se rencontrent que très-rarement; aussi ne figurent-ils jamais dans les fontes que sur demandes particulières : on les forme, au besoin, de plusieurs pièces, ainsi que nous l'avons fait dans l'exemple ci-dessus.

DES LETTRES NUMÉRALES.

Les nombres se marquent en grec avec les lettres de l'alphabet, soit majuscules, soit minuscules, après lesquelles on met une minute (ou un accent aigu), depuis 1 jusques et y compris 999; passé ce nombre, c'est-à-dire à partir de 1,000, la minute se met avant la lettre, et devient alors inférieure. Il ne faut donc jamais employer les voyelles aiguës ά, έ, ή, ί, ό, ύ, ώ, pour exprimer les nombres de la première catégorie, α′ (1), ε′ (5), η′ (8), ι′ (10); ο′ (70), υ′ (400), ω′ (800); ni les lettres souscrites ᾳ, ῃ, ῳ, pour les nombres de la seconde catégorie, ͵α (1,000), ͵η (8,000), ͵ω (800,000).

Toute voyelle isolée, suivie de l'accent *aigu* (ou le *portant* par erreur) est un nombre.

Voici, au surplus, une table qui donnera une idée plus complète de la numération :

α′	β′	γ′	δ′	ε′	ϛ′ (1) ζ′		η′	θ′	ι′
1	2	3	4	5	6	7	8	9	10
ια′	ιβ′	ιγ′	ιδ′	ιε′	ιϛ′	ιζ′	ιη′	ιθ′	κ′
11	12	13	14	15	16	17	18	19	20
κα′	κβ′	κγ′	κδ′	κε′	κϛ′	κζ′	κη′	κθ′	λ′
21	22	23	24	25	26	27	28	29	30
λα′	λβ′	λγ′	λδ′	λε′	λϛ′	λζ′	λη′	λθ′	μ′
31	32	33	34	35	36	37	38	39	40
μα′	μβ′	μγ′	μδ′	με′	μϛ′	μζ′	μη′	μθ′	ν′
41	42	43	44	45	46	47	48	49	50
να′	νβ′	νγ′	νδ′	νε′	νϛ′	νζ′	νη′	νθ′	ξ′
51	52	53	54	55	56	57	58	59	60
ξα′	ξβ′	ξγ′	ξδ′	ξε′	ξϛ′	ξζ′	ξη′	ξθ′	ο′
61	62	63	64	65	66	67	68	69	70
οα′	οβ′	ογ′	οδ′	οε′	οϛ′	οζ′	οη′	οθ′	π′
71	72	73	74	75	76	77	78	79	80
πα′	πβ′	πγ′	πδ′	πε′	πϛ′	πζ′	πη′	πθ′	ϟ′ (2) Ϟ′
81	82	83	84	85	86	87	88	89	90

(1) Sigmatau (στ) ou épisémon.

(2) Coppa.

ϟα'	ϟβ'	ϟγ'	ϟδ'	ϟε'	ϟς'	ϟζ'	ϟη'	ϟθ'	ρ'
91	92	93	94	95	96	97	98	99	100
σ'	τ'	υ'	φ'	χ'	ψ'	ω'	ϡ' (1)		,α
200	300	400	500	600	700	800	900		1,000
,β	,γ	,δ	,ε	,ς	,ζ	,η	κ.τ.λ.		,,α
2,000	3,000	4,000	5,000	6,000	7,000	8,000	etc.		1,000,000
,,β	,,γ	,,δ	κ. τ. λ.						
2,000,000	3,000,000	4,000,000	etc.						

On rencontre, dans quelques manuscrits anciens, un trait horizontal au-dessus des lettres numérales, au lieu de la minute; de cette manière : $\overline{\kappa\varepsilon}$, $\overline{\nu\eta}$, 25, 58.

Les Grecs se servaient encore, pour la numération, de lettres majuscules et de certains signes, que l'on retrouve dans d'anciennes éditions : ainsi I valait 1; Π, 5; Δ, 10; H, 100; X, 1,000; M, 10,000. Et toutes ces lettres, à l'exception du Π seul, se redoublaient jusqu'à quatre fois, pour exprimer une, deux, trois, quatre fois leur valeur, comme : II, 2; III, 3; IIII, 4; ΔΔ, 20; ΔΔΔ, 30; ΔΔΔΔ, 40; ou bien elles s'additionnaient les unes avec les autres pour former toute espèce de nombres, ainsi : ΔI, 11; ΔΔI, 21; ΠI, 6; ΔΠ, 15; etc. Si l'on mettait une de ces lettres

---

(1) Sampi.

Les Grecs, comme on le voit, ont trois signes particuliers affectés à leur numération ordinaire : le *sigmatau* (ς), le *coppa* (ϟ), et le *sampi* (ϡ). L'emploi du *sampi* n'offre aucun embarras. Il en est de même du *sigmatau* employé avec des minuscules; mais la double forme Ϛ attribuée au *coppa* (à tort peut-être, car cette forme nous paraît la même que celle du ϟ dont les contours sont arrondis), présente une telle similitude avec le *sigmatau* majuscule, que ces deux lettres sont figurées par le même signe dans toutes les fontes, et qu'il s'élève une difficulté s'il s'agit d'exprimer en majuscules un nombre contenant la valeur du *sigmatau*. En effet, dans ce cas, devra-t-on exprimer les nombres 6, 16, 26, etc., de cette manière, Ϛ', IϚ', KϚ', etc.; ou bien ne faire usage que de la minuscule, ς', Iς', Kς' (ainsi que le portent quelques ouvrages), dans la crainte que le *sigmatau* majuscule ne soit pris pour le *coppa*, et que, par là, sa valeur n'en soit faussée? Quant à nous, il nous paraîtrait plus convenable, afin d'éviter toute méprise, de consacrer le *sigmatau* majuscule à l'unique représentation du chiffre 6 dans les nombres exprimés en lettres majuscules, et de ne faire usage que du signe ϟ pour représenter 90.

(l'I excepté) dans l'intérieur d'un Π, la lettre acquérait cinq fois sa valeur; ainsi : 𐅄 vaut 5 fois 10, ou 50; 𐅅 5 fois 100, ou 500; 𐅆 5 fois 1,000, ou 5,000; 𐅇 5 fois 10,000, ou 50,000. Ce signe se combinait quelquefois de cette manière : 𐅄 I, 51; 𐅄 Π, 55; 𐅄 Δ, 60; etc. — Le ρ surmonté d'un tréma (ρ̈) valait un million.

Les lettres grecques se trouvent aussi employées pour déterminer un certain classement, comme on en voit un exemple (l'unique peut-être?) dans l'*Iliade* et l'*Odyssée* d'Homère, où chacun des vingt-quatre chants de ces poëmes répond à l'une des vingt-quatre lettres, non selon leur valeur numérique, mais selon leur ordre alphabétique.

DES SIGNES DE PONCTUATION.

La ponctuation des Grecs diffère très-peu de la nôtre; ils emploient :

La *virgule* (,) et le *point bas* (.), qui ont le même usage que dans le français;

Le *point haut* (·), qui se trouve en tête de la lettre au lieu de se trouver en pied, et a la valeur de notre point-virgule et de notre deux-points;

Le *point-virgule* (;), qui a la valeur de notre point interrogant;

Et le *point d'exclamation* (!), dont l'application est la même que dans notre langue. Il se rencontre rarement; la simple virgule en tient lieu la plupart du temps.

DES LIGATURES.

Les ligatures ne sont plus en usage aujourd'hui; mais comme on peut avoir à composer sur d'anciennes éditions, où elles se trouvent toujours en grand nombre, il est indispensable de connaître la figure des principales. Nous empruntons à l'Imprimerie nationale celles que nous reproduisons ici :

Figure.	Signification.	Figure.	Signification.	Figure.	Signification.
αι	αι	δια	δια	μυν	μυν
αλ	αλ	δυι	δυι	μω	μω
αλλ	αλλ	δυν	δυν	μῶν	μῶν
αν	αν	δυς	δυς	οἷον	οἷον
αξ	αξ	ει ει	ει	ον	ον
ἀπο	ἀπο	εἰ	εἰ	ου	ου
αρ	αρ	εἶναι	εἶναι	ουκ	ουκ
αὐτοῦ	αὐτοῦ	ἐκ	ἐκ	οὐκ	οὐκ
αὐτῶ	αὐτῶ	ελ	ελ	οὗτος	οὗτος
αὐτῷ	αὐτῷ	ἐν	ἐν	παι	παι
γαι	γαι	εξ	εξ	παρα	παρα
γαρ γαρ	γαρ	ἐπι	ἐπι	παρα	
γγ	γγ	ερ	ερ	περ	περ
γει	γει	ἐστι	ἐστι	περι	περι
γεν	γεν	ευ	ευ	πρα	πρα
γην	γην	ἐυ	ἐυ	προ	προ
γι	γι	ευς	ευς	πρω	πρω
γο	γο	ην	ην	πτ	πτ
γρ	γρ	θει θει	θει	πυν	πυν
γράφεται	γραφεται	θην	θην	ρα	ρα
γρι	γρι	καὶ κ	καὶ	ρι	ρι
γρο	γρο	c c		ρο	ρο
γυι	γυι	κατα	κατα	σα	σα
γυν	γυν	κω	κω	σαι	σαι
γχ	γχ	μαρ	μαρ	σαν	σαν
γχε	γχε	ματων	ματων	σαρ	σαρ
γω γω	γω	μεθ	μεθ	σει	σει
δαι	δαι	μελ	μελ	σθ	σθ
δαυ	δαυ	μεν μεν	μεν	σθα	σθα
δέ	δέ	μετα	μετά	σθαι σθαι	σθαι
δει	δει	μην	μην	σθε	σθε
δην	δην	μο	μο	σθη σθη	σθη

Figure.	Signification.	Figure.	Signification.	Figure.	Signification.
σϑην	σθην	ϛας	στας	τι	τι
σϑι	σθι	ϛαυ	σταυ	το	το
σϑο	σθο	ϛε	στε	τ̃	τὸν
σϑω	σθω	ϛη	στη	τȣ	τοῦ
ϭ	σο	ϛι	στι	τρ	τρ
σϖα	σπα	ϛο	στο	τρι	τρι
σϖαι	σπαι	ϛρ	στρ	τρο	τρο
σϖαν	σπαν	ϛυ	στυ	ττ	ττ
σϖας	σπας	ϛω	στω	τυν	τυν
σϖε	σπε	συν	συν	τῶ	τῶ
σϖει	σπει	χ	σχ	τῷ	τῷ
σϖη	σπη	χα	σχα	τῶν	τῶν
σϖι	σπι	χε	σχε	υι	υι
σϖλ	σπλ	χει	σχει	υν	υν
σϖο	σπο	χη	σχη	ὑπ	ὑπ
σϖυ	σπυ	χην	σχην	ὑπερ	ὑπερ
σϖω	σπω	χι	σχι	υς	υς
σσ	σσ	χν	σχν	υσι	υσι
σσα	σσα	χο	σχο	χαι	χαι
σσαν	σσαν	χρ	σχρ	χαρ	χαρ
σσας	σσας	χυ	σχυ	χει	χει
σσε	σσε	χυν	σχυν	χην	χην
σσει	σσει	χω	σχω	χθην	χθην
σση	σση	ϭω	σω	χθω	χθω
σσι	σσι	τα	τα	χς	χς
σσο	σσο	ͻ	ται	χυν	χυν
σσυ	σσυ	τ̃	ταῖς	ψαι	ψα·
σσω	σσω	ταυ	ταυ	ψει	ψει
ϛ	στ	τε	τε	ῶ	ῶ
ϛα	στα	την τ	τὴν	ῷ	ῷ
ϛαν	σταν	τς	τῆς		

OBSERVATIONS RELATIVES A L'EMPLOI DE CERTAINES LETTRES.

Ce β se met au commencement des mots, βάλανος, βασιλεὺς; et celui-ci ϐ, au milieu, βάρϐαρος, ἑϐδομάς.

Ce σ se met au commencement et à l'intérieur des mots, σάϐϐατον, σύμϐασις; et celui-ci ς, à la fin, ἀετὸς, Ἡρακλῆς. Il arrive cependant assez souvent que ce dernier s'emploie aussi à l'intérieur, dans certains mots composés, comme προςέφη, ὅςτις, τάςδε, etc. : les éditions classiques imprimées en Allemagne le portent presque toujours ainsi. On doit, à ce sujet, se conformer à l'intention de la personne qui fait exécuter l'ouvrage.

Quelques fontes grecques ont encore le Γ (γ) et le Τ (τ) longs, ainsi que ce ϑ (θ); mais ces lettres ne sont plus guère en usage. On employait les deux premières lorsqu'elles étaient redoublées, et on les plaçait ainsi : ἔνεγγυς, εὐαγγέλιον; ἐνθαλαττεύω, ἀνήττητος. Ce ϑ se mettait de préférence au commencement des mots, ϑρῆνος, ϑύμιον; et celui-ci θ, au milieu, βάθρα, ἐλεύθερος.

Ce signe F, qu'on rencontre dans quelques anciennes inscriptions, se nomme *digamma*, parce qu'il a la forme d'un Γ majuscule double; il tenait lieu, chez les Éoliens, de l'aspiration : ils écrivaient Fεσπέρα, Fοῖνος, pour ἑσπέρα, οἶνος; ils le plaçaient aussi dans le milieu de quelques mots, ναFός, en remplacement de l'υ. (On peut, comme ici, le figurer par un F majuscule dont on abat la partie supérieure du petit trait vertical de l'intérieur.)

On rencontre quelquefois le mot ὅτι avec une virgule après l'ο, ὅ,τι; c'est pour distinguer le pronom d'avec la conjonction. Dans ce cas, on ne met d'espace ni avant ni après la virgule. Il en est de même du mot τό,τε. (Cette virgule s'appelle *hypodiastole.*)

Il ne faut pas employer indistinctement l'apostrophe pour l'esprit doux, ni celui-ci pour l'apostrophe, dans les fontes dont les accents sont détachés des majuscules. L'apostrophe (') remplace une voyelle minuscule retranchée, et se met toujours, soit à la fin d'un mot, après une consonne ou une voyelle, comme ἀπ' ἐμοῦ, δ' ἐνίκων, ν' ἀναπληρώσωσι, παρ' ὅσας, δι' ὅλου; pour ἀπὸ ἐμοῦ, δὲ ἐνίκων, νὰ ἀναπληρώσωσι, παρὰ ὅσας, διὰ ὅλου; soit (dans la poésie) au commencement d'un mot, avant une consonne, comme ὦ 'γαθὲ, ὦ 'νδρες, pour ὦ ἀγαθὲ, ὦ ἄνδρες, etc. L'esprit doux ('), au contraire, dont la forme est plus arrondie, se met devant les voyelles majuscules, Ἀχιλλεὺς, Ὀδυσσεὺς, etc.

On met toujours la majuscule après le point bas; cependant on rencontre quelques éditions modernes où il ne s'en trouve qu'aux noms propres, et d'autres où l'on s'est ménagé comme un signe de ponctuation de plus, en ne mettant de majuscules qu'après certains points bas marquant une pause qui tient le milieu entre la période ordinaire et l'alinéa. On n'en met après le point haut que lorsqu'un nom propre le suit. Après le point-virgule et le point d'exclamation, on met, comme en français, ou la majuscule ou la minuscule; mais il faut connaître la langue pour en juger.

Il n'est pas d'usage de mettre de majuscule au commencement des vers, si ce n'est au premier de chaque strophe ou partie; les suivants sont asservis à la règle ci-dessus.

Les mots *et cætera* se marquent ainsi, κ. τ. λ., et quelquefois sans point et sans espaces, κτλ.

L'italique s'indique, comme dans l'allemand, par une espace d'un point entre chaque lettre : ἡ αὔξησις τοῦ ἐμπορίου, καὶ ἡ ἐφεύρεσις τῆς θ ε ί α ς τ υ π ο γ ρ α φ ί α ς. (L'espace des mots doit alors, autant que possible, être un peu plus fort que d'habitude.)

DES LETTRES QUI PRENNENT LES ACCENTS.

La voyelle υ prend tous les accents et les esprits, sans exception :

ύ, ὺ, ὐ, ὑ, ὔ, ὕ, ὒ, ὓ, ῦ, ὖ, ὗ, ϋ, ΰ, ῢ, ῧ, ὑ̓.

Il en est de même pour l'ι; il n'y a que le rude-doux qu'il ne reçoit point :

ί, ὶ, ἰ, ἱ, ἴ, ἵ, ἲ, ἳ, ῖ, ἶ, ἷ, ϊ, ΐ, ῒ, ῗ.

Les lettres α, η, ω, ᾳ, ῃ, ῳ, les prennent tous aussi, excepté les trémas, et le rude-doux pour l'ᾳ, l'ῃ et l'ῳ :

ά, ὰ, ἀ, ἁ, ἄ, ἅ, ἂ, ἃ, ᾶ, ἆ, ἇ, α̈;
ή, ὴ, ἠ, ἡ, ἤ, ἥ, ἢ, ἣ, ῆ, ἦ, ἧ, η̈;
ώ, ὼ, ὠ, ὡ, ὤ, ὥ, ὢ, ὣ, ῶ, ὦ, ὧ, ω̈;
ᾴ, ᾲ, ᾀ, ᾁ, ᾄ, ᾅ, ᾂ, ᾃ, ᾷ, ᾆ, ᾇ;
ῄ, ῂ, ᾐ, ᾑ, ᾔ, ᾕ, ᾒ, ᾓ, ῇ, ᾖ, ᾗ;
ῴ, ῲ, ᾠ, ᾡ, ᾤ, ᾥ, ᾢ, ᾣ, ῷ, ᾦ, ᾧ.

L'ε et l'ο ne prennent ni les circonflexes, ni les trémas, ni le rude-doux.

έ, ὲ, ἐ, ἑ, ἔ, ἕ, ἒ, ἓ;
ό, ὸ, ὀ, ὁ, ὄ, ὅ, ὂ, ὃ.

On trouve cependant, dans d'anciennes éditions, l'ο surmonté de l'accent circonflexe (ο͂); il y est employé pour représenter le zéro ou nullité.

DE LA PLACE DES ACCENTS (1).

Tout mot grec, d'une ou de plusieurs syllabes (à un très-petit nombre d'exceptions près), est surmonté d'un des accents, aigu, grave, ou circonflexe, βάρος, κύκλα, δὲ, βασιλεὺς, τῆς, κῦμα; et quelquefois de deux, c'est-à-dire de deux accents aigus, θέλησίν (του), πόδεσσί (τε); ou de l'accent circonflexe et de l'accent aigu, μῦθόν (τε), πᾶσαί (τε); mais jamais de l'accent aigu ou circonflexe avec l'accent grave. Il y a très-peu de mots qui n'en aient point, encore n'est-ce qu'accidentellement; ces mots, tels que ἐστι, με, πως, σε, σοι, τε, τι, του, etc., s'appellent *enclitiques* (2).

---

(1) Nous n'avons nullement la prétention de faire ici un cours de grammaire pour l'accentuation des mots; nous ne connaissons pas la langue grecque, et cette instruction est destinée aux personnes qui y sont entièrement étrangères. Nous avons seulement l'intention, en rapportant les règles générales appuyées d'exemples variés, d'offrir comme une sorte de moyen mécanique qui nous a servi fort souvent, et dont, avec de l'intelligence, on pourra faire avec fruit l'application.

(2) Un mot enclitique est celui qui reporte son accent sur le mot précédent, et

L'accent aigu, lorsqu'il n'est pas joint à l'esprit doux ou rude, dans les mots de quatre syllabes et plus, se place sur la pénultième syllabe (surtout lorsque la dernière est longue), αὐτοκράτωρ, περιφήμου, ἐπιτηδευμάτων; et sur l'antépénultième (lorsque la dernière est brève), μετέπειτα, ὑπόκυκλα, ἐπιγράφουσι, παραγγελλόμενον, κατασκευαζόμενον. (Il ne peut jamais, dans ce cas, remonter plus avant vers la première syllabe.) Dans les mots de trois syllabes, il se met ordinairement sur la première (lorsque la dernière est brève), μάλιστα, πρότερος; et sur la deuxième (lorsque la dernière est longue), πολέμους, σποράδην. Dans les mots de deux syllabes, il est toujours sur la première, κάρφος, λόγος.

L'accent aigu ne se trouve sur un monosyllabe, γάρ (σφιν) κέ (μιν), ou sur la dernière syllabe d'un polysyllabe ἐγώ (τοι), ἰδικάς (με), que lorsque, comme dans ces exemples, il précède un enclitique, ou lorsqu'il est devant une ponctuation plus forte que la virgule.

L'accent grave, lorsqu'il est seul, se met toujours sur la dernière syllabe des polysyllabes, ἀσινὴς, βασιλὶς, τελειοποιὸς, etc.; et sur un grand nombre de monosyllabes commençant par une consonne (s'ils ne sont pas enclitiques), γὰρ, δὲ, δὴ, δὺς, καὶ, μὰ, μὰν, μὲν, μὴ, μὴν, νὰ, πρὸ, πρὸς, σὺ, σὺν, τὰ, τὴν, τὶς, τὸ, τὸν, τὸς, τοὺς, etc.

On ne doit jamais mettre d'accent grave devant le point haut ou bas, ni devant le point-virgule et le point d'exclamation; il se change alors en aigu : les Allemands ne l'emploient même pas avant la virgule; ainsi, au lieu de ἀγαθὸν, Διὸς, ἐστὶν, etc., suivis d'une virgule, ils écrivent ἀγαθόν, Διός, ἐστίν; mais, dans ce dernier cas, nous maintenons généralement l'accent grave.

L'accent circonflexe, lorsqu'il est seul, se met sur les monosyllabes, νῦν, τοῖς, τῶν, etc.; sur la dernière syllabe des polysyllabes (lorsque cette syllabe est longue), Ἀχαιῶν, λογικῶν, πολιτικῶν; ou sur l'avant-dernière (lorsque la dernière est brève), παῖδας,

---

semble ne faire qu'un avec lui, comme en français *ce* se reporte sur *est, sont*, dans les phrases interrogatives *est-ce? sont-ce?*

γυναῖκας, παραλογοῦσιν, πρῶτος. (Il ne se met jamais plus avant vers la première syllabe.)

Le tréma ou diérèse a le même usage qu'en français : il sert à indiquer que deux voyelles qui se trouvent à côté l'une de l'autre se prononcent séparément. Il s'emploie tantôt seul, ἄϊσθε, βασιλέϊ, ἐϋῤῥεῖος, προϋπάρχοι; tantôt réuni à l'accent aigu, αΐξατα, οΐσσεται, οΐων; ou à l'accent grave, κληῒς, Ναῒς; et quelquefois aussi, mais très-rarement, avec le circonflexe, κληῗδα.

Le mot enclitique qui est précédé d'un mot dont l'accent aigu est sur l'antépénultième syllabe, rejette son accent (toujours aigu dans ce cas) sur la dernière syllabe de ce mot, qui alors en a deux, ἄνθρωπός τις, ἐπέεσσί γε, πόλεμός τις, συντήρησίν του, κακώτερός περ, etc.

Si le mot qui précède l'enclitique a un accent aigu sur la pénultième syllabe, cet accent suffit, et l'enclitique perd le sien, κόλπον του, μέγαν τε, μέρος τι.

Si l'accent qui précède l'enclitique se trouve sur un monosyllabe commençant par une consonne ou sur la dernière syllabe d'un polysyllabe, et est par conséquent grave (δὲ, καὶ, ἰδικὰς), il se change seulement en aigu, δέ μιν, καί τινας, ἰδικάς μας, etc.

Si l'accent du mot qui précède l'enclitique est un circonflexe, et qu'il soit sur l'avant-dernière syllabe, l'accent de l'enclitique se porte sur la dernière syllabe de ce mot, τοῦτό σε, ξεῖνός μιν, χεῖράς τε, etc.

Si l'accent circonflexe se trouve sur la dernière syllabe du mot, il reste tel qu'il est, et l'enclitique perd son accent, ἀνεψιοῦ του, ἀρετῆς τινος, γῆς τινων, πανταχοῦ τινες, ἀνδρῶν τε, etc.

DE L'ACCENT QUI CONVIENT A CERTAINS MOTS.

De l'accent aigu.

Tous les mots terminés par ομαι, sans exception, prennent un accent aigu sur la voyelle qui précède cette terminaison, c'est-à-dire sur l'antépénultième, seul, si le mot a quatre syllabes et plus, ἐκνέμομαι, ἀναιρέομαι, ἐλλαμβάνομαι, ἀπαλλάττομαι, βρυχάομαι, διαλείβομαι, καταγωνίζομαι; et avec un esprit, s'il n'a que trois syllabes et commence par une voyelle, ἄνομαι, ἔρχομαι, etc.

Il en est de même des mots terminés en αμα, αρα, ατα, εκα, εμα, ημα, ισμα, ιτα : ἐπιθυμίαμα, βάρβαρα, ὀνόματα, οὕνεκα, ἀνάθεμα, ἐπιθύμημα, αὐθάδισμα, ἔπειτα, etc.;

De ceux terminés en ημι, οιμι, υμι, ωμι : ἐπικαθίστημι, ἐξανύοιμι, ἀνοίγνυμι, ἐγκαταδίδωμι, etc.;

Et de ceux terminés en σις, ξις, ψις : ἀνοίδησις, ἄνοιξις, κατακάλυψις, etc.

La plupart des mots terminés par l'ω non souscrit prennent un accent aigu sur la voyelle qui précède cette lettre, ἀντεπιστρέφω, μεγαληγορέω, ὀδυνάω, περιουσιάζω, περιπλύνω, etc.; excepté ἀεικιῶ, εὐεστὼ, κυνὼ, et quelques autres.

Les mots terminés par ια prennent en grande partie un accent aigu sur l'ι : ἀβρωσία, διακονία, ἰδιοσυγκρισία, ἱππαρχία, φιλία, etc.

Bon nombre de polysyllabes terminés en ος prennent aussi un accent aigu sur l'antépénultième syllabe, seul dans les mots de quatre syllabes et plus, ἀπόδουλος, βροντησικέραυνος, ἀξιεπιθύμητος, et avec un esprit dans les mots de trois syllabes qui commencent par une voyelle, ἄβακτος, ἄρτυνος, etc. Cependant cette règle est loin d'être générale; il y a une grande quantité de mots terminés en ος qui ont l'accent aigu sur la pénultième syllabe, ἰβίσκος, ἀρτοφάγος, διακεχρημένος, etc.; d'autres qui prennent l'accent grave, ἀγαθὸς, βρυγμὸς, ἀβιωτοποιὸς, etc.; et d'autres enfin qui prennent l'accent circonflexe sur la pénultième syllabe, στρῆνος, ἀπαιτοῦντος, etc.

De l'accent grave.

Les mots ἀεὶ, ἀνὰ, ἀντὶ, ἀπὸ, αὐτὰ, αὐτὸν, αὐτὸς, διὰ, ἐπὶ, κατὰ, μετὰ, παρὰ, περὶ, πολὺ, ὑπὲρ, ὑπὸ, prennent l'accent grave.

Les mots terminés par ευς, υ, υς, précédés d'une consonne, le prennent aussi très-fréquemment, ἀετιδεὺς, Αἰξωνεὺς, βασιλεὺς, γαλεὺς, Ζεὺς, κατευθὺ, μεταξὺ, πολὺ, αἰπὺς, πολὺς, etc.

Il en est de même de bon nombre de mots terminés par η,

ηρ, ης, précédés d'une consonne, ἀποστολὴ, διακομιδὴ, κλητὴρ, δωτὴρ, ἀρτιμελὴς, βρωμητὴς, etc.; mais ce que nous avons fait remarquer pour la terminaison ος peut également s'appliquer à celle-ci.

La plupart des mots terminés par ις précédé d'une consonne autre que le σ, le ξ et le ψ, prennent aussi l'accent grave, ἀκὶς, ἐμπὶς, ἐντομὶς, ἐνωπὶς, ἐξωμὶς, κτεὶς, ὀκταετηρὶς, πυριλαμπὶς, προβοσκὶς, etc.

De l'accent circonflexe.

Les monosyllabes νῦν, νῷ, τῇ, τῆς, τοῦ, τῷ, τῶν, et les mots αὐτοῦ, ἑαυτοῦ, ἐκεῖ, ἐκεῖθεν, ἐκεῖθι, ἐκεῖνος, ταῖς, τοῖς, ταῦτα, τοιοῦτο, τοιοῦτος, τοσοῦτο, τοσοῦτον, τοσοῦτος, prennent toujours l'accent circonflexe.

La plupart des mots terminés par αιοι, αιος, ειαι, ειον, ειος, ιαιος, οιον, οις, le prennent fréquemment aussi : ἀρχαῖοι, δωδεκαταῖος, κελευθεῖαι, ἀλφιτεῖον, ἀστεῖος, ἀκρογωνιαῖος, πλοῖον, θεοῖς, etc.

DE LA PLACE DES ESPRITS.

Les esprits ne se mettent jamais sur les mots qui commencent par une consonne, excepté dans quelques mots contractés dont le premier finit et dont le second commence par une voyelle, et qui prennent l'esprit doux, comme κἂν, κἀπὶ, ἐγῷμαι, τοὔλασσον, τοὔμπαλιν, etc., qui sont pour καὶ ἂν, καὶ ἐπὶ, ἐγὼ οἶμαι, τὸ ἔλασσον, τὸ ἔμπαλιν.

Toute voyelle (formant syllabe à elle seule ou avec le secours d'une consonne) qui commence un mot est toujours surmontée d'un esprit, doux ou rude, ἀπὸ, ἐκ, ἱρὸν, ὁποίας; et très-souvent d'un esprit et d'un accent, ἔτος, ὅλης, ὥσπερ, ἦρος, ἧσις, etc.

Si le mot commence par une diphthongue (deux voyelles ne formant qu'un seul son), l'esprit se met toujours sur la seconde voyelle, αὐτῶν, εὐδαίμων, αἱμασιὰ, εὑρετὴς; et souvent aussi l'accent, εὔθλαστος, εὕρετο, εἶναι, οὗτος, etc. — Les voyelles α, ε, ο, suivies de l'ι ou de l'υ, comme αι, αυ, ει, ευ, οι, ου, forment toujours diphthongue, excepté les cas peu fréquents où l'ι et l'υ sont surmontés du tréma, comme dans les exemples de la page 199 et dans ceux qui suivent.)

Si les deux voyelles se prononcent séparément, la première prend toujours l'esprit, ἀετὸς, ἀΐδρεια, ἀΰδρία, ἐΰκνήμιδες, ὀϊζύομεν; et souvent aussi l'esprit et l'accent, ἄεθλος, ἄεμμα, ἄϋσεν.

Lorsqu'il se rencontre trois voyelles au commencement d'un mot, et que les deux premières forment diphthongue, c'est toujours la seconde qui prend l'esprit, αὐασμὸς, εὐήρατος, εὐϊλατεύω, εὐόμιλος, εὐϋπέρβλητος, εὐΰφαντος; ou l'esprit et l'accent, αὔανσις, εὔϊνος, εὔϋδρος. (Dans ce cas, si la troisième voyelle est un ι ou un υ, elle prend le tréma simple ou avec l'accent, comme dans les exemples précédents.) — Si c'est la deuxième et la troisième voyelle qui forment diphthongue, la première prend l'esprit, ἀεὶ, ἀείδω; et quelquefois l'esprit et l'accent, ἤειρα.

Quand un mot commence par quatre voyelles, l'esprit est presque toujours sur la seconde, εὐειδὴς, εὐείκτως; quelquefois aussi l'esprit et l'accent, εὔειλος, εὔειρος.

L'esprit doux ou l'esprit rude, réuni avec l'accent aigu, se met sur des monosyllabes précédant une enclitique, ἄν (τοι), εἴ (κεν), ὅς (τε), ὥς (μοι); et sur des mots de deux ou de trois syllabes, οὔτις, ὄφρα, ἕθεν, ὅλος, ἄριστος, ὅμαδος, ἕζετο, οὕνεκα. (Il ne s'emploie jamais pour les mots de plus de trois syllabes.)

L'esprit doux ou l'esprit rude, réuni avec l'accent grave, ne s'emploie jamais que dans les mots d'une syllabe, ἂν, ἣ, ὢν, κἂν, ἓν, ἣν, ὃ, οἳ, ὣς, etc.

L'esprit doux ou l'esprit rude, réuni avec l'accent circonflexe, suit la même règle que l'esprit doux et l'esprit rude simples, c'est-à-dire que, comme eux, il se place sur la première voyelle du mot, quand cette voyelle forme syllabe à elle seule, ἆγες, ἧπαρ, ou qu'elle est suivie d'une consonne avec laquelle elle se prononce, ἧρμαι, ὦρτο; et sur la seconde, quand les deux forment diphthongue, αὖρα, οὗτος. (Les mots de plus de deux syllabes ne le prennent jamais.)

Les lettres ᾳ, ῃ, ῳ, surmontées ou non d'accents, se rencontrent tantôt seules, ᾆ, ᾗ, ᾧ; tantôt au commencement du mot, ᾍδης, ᾐσθάνθη, ᾦον; tantôt au milieu, τιμᾷν, λῃστὰς, Τρῳάδος; et tantôt à la fin, ἐρευνᾷ, παρασύρῃ, δήμῳ.

DE L'ESPRIT QUI CONVIENT A TEL OU TEL MOT.

Dans les mots commençant par la voyelle α.

Lorsque la voyelle α commence un mot et qu'elle n'est pas suivie d'une voyelle avec qui elle forme diphthongue, elle prend ordinairement l'esprit doux; excepté les mots où cette lettre est suivie de γνε, λμ, μαξ, μιλλ, παλος, παλοτ, παλοφ, παλυ, παλω, ρμα, ρμο, ρπ, qui prennent l'esprit rude.

Il en est de même pour la plupart des mots où l'α est suivi de βρ, λι, μαρτ, πλο;

Et de quelques-uns de ceux où il est suivi de γη, γι, λε, λο, λω, μα, μας, ματ, παξ, πτο.

Dans les mots commençant par les diphthongues αι, αυ.

Lorsque la diphthongue αι commence un mot, elle prend ordinairement l'esprit doux; excepté dans tous les cas où elle est suivie du μ (αἷμ), et dans presque tous ceux où elle est suivie du ρ (αἷρ); elle prend alors l'esprit rude.

La diphthongue αυ qui commence un mot est toujours marquée de l'esprit doux, excepté dans αὑτὰ, αὕτη, αὑτοῦ, αὑτῷ, αὕτως, qui prennent quelquefois l'esprit rude.

Dans les mots commençant par la voyelle ε.

Lorsque la voyelle ε commence un mot et qu'elle n'est pas suivie d'une voyelle avec qui elle forme diphthongue, elle prend ordinairement l'esprit doux; excepté le plus grand nombre des mots où cette lettre est suivie de βδ, δρ, κα, κασ, κατ, κη, λειο, λι, λκ, λλη, λμ, λξ, λοι, λω, πτ, ρκ, ρμ, ρπ, σπερ, στ, ται, ταρ, τερ, τοι, φθ, ψ, ω, qui prennent l'esprit rude.

Dans les mots commençant par les diphthongues ει, ευ.

La diphthongue ει, au commencement des mots, prend presque toujours l'esprit doux; excepté dans quelques-uns des mots où elle est suivie de α, λ, μ, ν, ρ, qui exigent l'esprit rude.

La diphthongue ευ qui commence un mot prend presque toujours l'esprit doux, excepté dans tous les temps des verbes εὕδω, εὑρίσκω, et dans la plupart des mots où cette diphthongue est suivie de ρε, ρη, qui prennent l'esprit rude.

Dans les mots commençant par la voyelle η.

La voyelle η, au commencement des mots, prend à peu près également l'esprit doux et l'esprit rude. Elle prend l'esprit doux quand elle est suivie de γα, γγ, γερ, γηγ, γκ, γμ, γν, γνο, γξ, γορ, γρ, δε (excepté ἧδε, ἡδέα, ἡδεῖα, ἡδέως, ἡδὺς), δη, ε, η, θ, ι, κ (excepté ἥκιστος, ἥκω), λα (excepté ἡλάμην), λδ, λε, λη, λθ, λιθ, λιτ, λιψ, λλ, λογ, λοη, λου, λυ, λφ, μαθ, μαρ, ματ, μϐ, με (excepté ἡμεδαπὸς, ἡμέες), μες, μη, μοι, μπ, μυ, μφι, να, νε, νι, νια, νιγ, νιδ, νιη, νιπ, νισ, νο, νπ, ντ, νυ, νω (excepté ἥνωμαι), ξ (excepté ἧξα), ο, πα, παω, πεδ, πει, περο, πεχ, πη, πι, που, πυ, ρ, ρα, ραμ, ραν, ραρ, ρασ, ργ, ρεμ, ρεσ, ρθ, ρι, ρκ, ρμ, ρξ, ρο, ρσ, ρυ, ρχ, σαν, σθα, σθησα, σθο, σμεν, σχυ, τε, τοι, τορ, τρ, τω, υ, φε, φι, χε. Dans tous les autres cas elle prend l'esprit rude.

Dans les mots commençant par la voyelle ι.

La voyelle ι, au commencement des mots, prend le plus ordinairement l'esprit doux; mais cette lettre prend l'esprit rude quand elle est suivie de δρο, δρυ, δρω, εθ, ερ, ευ, εω, ζ, η, κα, κεσ, κετ, κη, κμε, κν, κο, κτη, κτο, κω, λατ, λαο, λαρ, λασ, λαω, λεος, λεω, ληθ, ληκ, λημ, μα, μει, μερ, μη, μο, ππ, ρα, ρει, ρευ, ρηι, ρητ, ρμ, ρο, στ (excepté ἰστέον, ἴστρος, ἴστω; et dans les mots ἵεμαι, ἵεμεν, ἶν, ἵνα, ἵξεαι, ἵξομαι, ἵπταμαι).

Dans les mots commençant par la voyelle ο.

Lorsque la lettre ο commence un mot et qu'elle n'est pas suivie d'une voyelle avec qui elle forme diphthongue, elle prend ordinairement l'esprit doux; excepté les mots où cette lettre est suivie de δε, δη, δι, δοι, δοπ, δος, δοφ, δοω, κα, κεν, κκα, κο, κως, λιχ, λχ, λμ, λογ, λοδ, λοθο, λοχ, λομ, λοοι, λοοφ, λοπ, λοπτε, λοπυ, λορ, λος (excepté ὅλοσχοι), λοτ, λοφλ, λοφυδ, λοφυχ, λοχρυ, λοψ, λως, μαδε, μαδον, μαι, μαλη, μαλι, μαλοτ, μαλυ, μαλω, μαρ, μασ, με, μη, μι, μο (excepté ὀμόσαι), μω (et les mots ὅου, ὅπα, ὅπου, ὅπως, ὅπερ), πη (excepté ὀπηδεύω, ὀπηδητὴρ, ὀπήτιον), πλ, πο (excepté ὀπόεις, ὀποκάρπασον, ὀποκιννάμωμον, ὀποπάναξ, ὀπὸς), ππ (excepté ὄππατα, ὀππῆμος), πως, ρα, ρη, ριο, ρισ, ρχ, ρμ, ρπ, σ, σα, σγ, σε, ση, σι, σο, σπε, σσαι, σσαχ, σσατ, σσιχ, σσον, σσω, στε, στι, τα, τε, τι, τοις, του, ττε, ττι, τω, qui prennent l'esprit rude.

Dans les mots commençant par les diphthongues οι, ου.

La diphthongue οι, au commencement des mots, prend toujours l'esprit doux; excepté dans les mots οἱ, οἷ, οἷ, οἷα, οἷάπερ, οἷον, οἱονεὶ, οἷος, οἷοσπερ, οἵπερ, οἷς, οἵως, qui exigent l'esprit rude.

La diphthongue ου, au commencement des mots, prend toujours l'esprit doux; excepté dans les mots οὕνεκα, οὕνεκεν, οὕξ, οὗπερ, οὓς, οὕστινας, οὗτε, οὕτερος, οὗτινος, οὗτος, οὑτοσὶ, οὕτω, οὑτωσὶ, qui prennent l'esprit rude.

Dans les mots commençant par la voyelle υ.

La voyelle υ, lorsqu'elle commence un mot, prend toujours l'esprit rude; excepté quand elle est suivie d'un ι non tréma, comme dans υἱὸς, υἱότης, etc., cas unique où elle le perde.

Dans les mots commençant par la voyelle ω.

La voyelle ω, lorsqu'elle commence un mot, prend toujours l'esprit doux; excepté dans les mots ᾧ, ὡμάρτουν, ὧν, ὡς, ὡσανεὶ, ὡσαύτως, ὥγε, ὡσεὶ, ὥσκε, ὥσπερ, ὥστε, ὥτε, ὥτερος, ᾧτινι, qui prennent l'esprit rude.

Le ρ est la seule consonne qui prenne un esprit. Lorsque cette lettre commence un mot, elle est toujours surmontée de l'esprit rude, ῥάβδος, ῥάγιον; lorsqu'elle est redoublée dans le corps d'un mot, la première prend l'esprit doux et la seconde l'esprit rude, αἱμοῤῥαγία, ἀπόῤῥιψις, etc. — Les manuscrits antériuers au douzième siècle ne portent point ces signes.

DES FONTES GRECQUES.

Les fontes de grec ne sont pas toutes uniformes. Les plus anciennes, comme celles de Fournier, avaient les voyelles majuscules et minuscules crénées sur le côté droit, pour recevoir des accents détachés. Celles de Vibert n'avaient que les voyelles majuscules crénées en tête; les minuscules portaient leurs accents. Il y en a maintenant dont les grandes et les petites majuscules, ainsi que les minuscules, portent les accents; ce sont les plus compliquées. D'autres enfin n'ont que les minuscules seules accentuées, avec la série complète des accents fondus séparément pour joindre aux voyelles capitales, dont il n'y a que l'**Α** et l'**Ω** de crénés sur le côté gauche pour les recevoir.

Quand, dans une ligne de majuscules de ce dernier caractère, une voyelle accentuée commence un mot, l'accent se met avant cette lettre, **῎ΕΝΔΥΜΑ**, **῎ΟΝΟΣ**; dans le corps du mot, l'accent se met après, **ΕΥ᾽ΦΩΝΙ΄Α**, **ΟΥ᾽ΡΑΝΟ΄Σ**; excepté l'Α et l'**Ω**, qui, par rapport à leur crénure, le prennent toujours en avant, **Β΄ΑΡ-ΒΑΡΟΣ**, **ΒΡ῀ΩΜΟΣ**. — Les majuscules qui précèdent les minuscules prennent toujours l'accent en avant, Ἑλλήνων, Ἡρακλείδου, Ῥωμαίους.

Lorsque les lettres souscrites majuscules n'existent pas dans une fonte, il est d'usage de les remplacer, dans les lignes de titre, par un **I** majuscule ou minuscule que l'on place immédiatement après la lettre, **ΤΗΙ ΣΟΦΙΑΙ** ou **ΤΗι ΣΟΦΙΑι** (pour **Τῌ ΣΟΦΙᾼ**); et par un ι lorsque ce sont des minuscules qui suivent, Ἅιδης, Ὠιήθην (pour ᾍδης, ᾨήθην). On rencontre fréquemment ce cas dans les éditions anciennes.

DE LA COUPURE DES MOTS A LA FIN DES LIGNES.

La coupure des mots à la fin des lignes est, pour la plupart des commençants, une cause plus ou moins fréquente de corrections toujours dispendieuses : les règles et les exemples qui suivent, que nous devons au savant helléniste M. Dübner, à qui est confiée la rédaction des excellentes éditions grecques de MM. Firmin Didot, serviront à lever toute difficulté à ce sujet.

Règles principales.

La division des mots grecs peut se faire des diverses manières suivantes :

1° Entre chaque syllabe commençant par une consonne :

αγνω—μων	αλ—γει—νος	θη—σαυ—ρους
αι—ρουν—ται	δυ—να—μιν	πει—ρω—με—νοι
ακου—σαν—τας	εμ—πε—δωσω	πα—ρα—βαλ—λο—με—νοι.

2° Entre deux consonnes semblables :

αβ—βαλε	θαρ—ρος	παραγ—γελλη
εν—ναετηρ	ιπ—πον	φυλατ—τειν.

3° Entre deux voyelles, lorsque, par leur position, elles ne forment pas diphthongue :

Αστυ—αγης	ευ—ωνυμω	ορι—οις
εσθι—ουσι	Κυ—αξαρης	προ—ηει.

4° Les consonnes ζ, ξ, χ, ψ, se reportent au commencement de la ligne :

ηναγκα—ζον	επευ—ξατο	ευ—χομενους
μει—ζοσι	υπεδε—ξαμην	βλα—ψειεν.

5° Les consonnes βδ, γν, δμ, θμ, θν, κμ, κν, κτ, μν, πν, πτ, σβ, σθ, σμ, σπ, στ, σφ, σχ, τμ, φθ, χθ, χμ, χν, ne se séparent point, parce qu'elles forment le commencement de certains mots grecs dont quelques-uns sont passés dans notre langue, comme γνώμη, *gnome;* μνημονικὴ, *mnémonique;* πνευματικὸς, *pneumatique;* πτυαλισμὸς, *ptyalisme;* τμῆσις, *tmèse*, etc.; on les reporte toutes deux en tête de la ligne qui suit :

ρα—6δος	τα—κτικα	εκα—στοις
πρα—γματων	με—μνημενους	επι—σφαγησεται
γι—γνοιντο	δει—πνειν	δια—σχισθεντες
κα—δμεια	αμεμ—πτους	τε—τμημαι
στα—θμους	κατα—σβεννυναι	λει—φθεντες
τε—θνηξομαι	αι—σθανη—σθε	ταρα—χθειεν
κα—μνω	ειθ'—σμεθα	αι—χμαλωτον
αφι—κνουνται	δε—σποινα	εγ—χνοος.

6° Enfin, les syllabes δις, δυς, εις, εκ, εν, εξ, ουκ, προς, συν ou ξυν, τρις, υπερ, et ως, qui se trouvent au commencement d'un mot, ne peuvent être séparées de leurs consonnes finales, lors même que ces dernières sont suivies d'une voyelle; il faut, par exception aux règles qui précèdent, diviser ainsi qu'il suit les mots où elles se trouvent :

δισ—χιλιοι	εν—αεριος	προσ—6αινω
δυσ—δαιμονια	εξ—ηλθομεν	συν—ακολουθειν
εισ—ερχεται	εσ—υστερον	τρισ—χιλιοι
εκ—νομος	ξυν—αμφοτεροι	υπερ—οπτη
εκ—τασσω	ουκ—ετι	ως—αυτως.

On rencontre aussi, mais seulement dans certains vers propres à la poésie lyrique, des mots coupés à la fin des vers, et même après une seule lettre, comme dans l'exemple suivant :

ἁμέτεροι τίθεν· ἱ-
λατῆρά τοί κέν μιν πίθον
καί νυν ἔσλοῖσι παρα-
σχεῖν ἀνδράσιν θερμᾶν νόσων.

On doit éviter de terminer une ligne par un mot à la fin duquel il se trouve une apostrophe, surtout si ce mot n'a qu'une seule lettre, comme δ', τ', etc.

MODÈLE DE LECTURE.

Ce que nous donnons ici n'a aucune analogie avec la véritable prononciation du grec ancien ou moderne, aussi inutile, comme on le sait, pour la composition que celle de toute autre langue étrangère; nous avons seulement voulu faciliter l'assemblage des mots, à l'aide d'une prononciation qui se rapprochât le plus possible de la nôtre, et qui fût en usage dans les imprimeries.

Ὁποίου εἴδους καὶ ἂν ἦναι ἡ τυραννία, γίνεται πάντοτε ὀλέθρια
Opoïou éïdousse kaï ane ênaï ê turannia, guinétaï pantoté oléthria

εἰς τὸν λαόν· ἐξωλεστάτη ὅμως καὶ κινδυνωδεστάτη ἄλλη δὲν
éisse tone laone; exôlestatê omôsse kaï kinedunôdestatê allê dène

δύναται νὰ ὑπάρξῃ παρὰ τὴν θεοκρατίαν. Διότι ὅλαι αἱ ἄλλαι, ὅταν
dunataï na uparxê para tênе théokratiane. Dioti olaï aï allaï, otane

ὑπερβῶσι πάσης ἀδικίας καὶ βίας τὰ ἐνδεχόμενα ὅρια, κρημνίζον-
uperbôssi passêsse adikiasse kaï biasse ta enedékoména oria, krêmnidzon-

ται ἀφεύκτως, ἀφ' οὗ πλέον καταντήσωσιν ἀνυπόφοροι εἰς τὸν
taï apheuctôsse, aph' ou pléone katanetêssôssine anupophoroï éisse tone

λαόν.
laone.

DE LA CASSE GRECQUE.

Chaque imprimerie (et souvent même chaque compositeur!) a, pour le grec, une classification qui lui est particulière; de là vient que, dans les maisons où l'on n'en compose que rarement, les casses de ce caractère sont, le plus ordinairement, dans un désordre complet. Nous ne pouvons, ainsi que nous l'avons déjà fait pour la casse française, proposer comme remède une classification uniforme pour toutes les imprimeries, parce que la contexture des fontes varie beaucoup; mais nous appelons l'attention sur le modèle qui suit, pour le cas où il s'agirait de la mise en casse d'un caractère conforme à celui qu'il représente : nous lui avons fait subir des modifications que l'expérience viendra nécessairement confirmer (1).

(1) Ce modèle est pour un caractère dont les minuscules seules sont accentuées, et dont les grandes et les petites majuscules sont crénées pour recevoir des accents détachés.

MODÈLE DE CASSE GRECQUE.

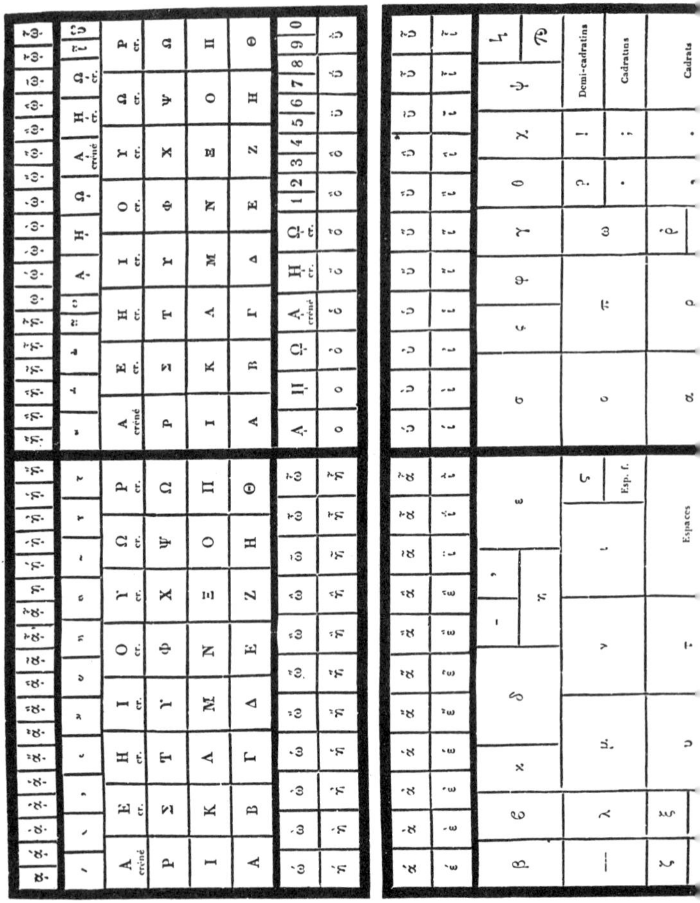

HAUT DE CASSE.

BAS DE CASSE.

§ V.

COMPOSITION DU GREC D'INSCRIPTION.

Cette composition ayant pour but, indépendamment du sens, de présenter à l'œil les diverses configurations des inscriptions que l'on veut reproduire, il en découle naturellement la nécessité de suivre servilement la copie pour la rentrée des lignes sur la droite ou sur la gauche, aussi bien que l'alignement de certaines parties intérieures.

La rentrée s'opère au moyen d'un espacement plus ou moins fort, mais régulier, entre chacune des lignes; espacement qui, ne pouvant être le même pour toutes les lignes, s'oppose à ce que les lettres s'alignent verticalement, ainsi qu'on le voit ici :

ΤΝΩ ΣΙΛΗΟΣΞΕΡ
ΤΟΔΙ ΩΜΑΤΟΚΥΡΩ
ΟΜΙΤ ΔΙΚΑΣΤΗΣΒΑ
ΝΚΑΘΕ ΑΝΣΙΤΟΥΔ
ΔΙΚΩΝΚΑΙ ΡΑΓΡΑΦΩΝ
ΕΝΤΑΙΣΦΙΛΟΤΙΜΙΑΙΣ
ΤΟ ΤΑ ΩΣΙΝΕΙΣΤΗΝΓ
ΕΝΤΑΙ

ΓΡΙΗΝΕΙ.....ΑΜΙΩΙ
ΕΥΦΑΝΙΣΚΟΣΚΑΙΔ/..ΙΝΟΥΚΑΘΥΟ
ΣΙΑΝΔΕΝΙΚΑΣΙΔΑΜΟΥΑΓΗΣΙΑΝΔΡΟ.
.ΥΔΑΜΟΥΤΙΜΑΓΟΡΑΣΓ...ΑΚΛΕΥΣ
.ΩΣΤΡΑΤΟΣΤΕΙΣ.....ΝΔΡΟΣΓ
.ΤΩΝΥΜΟΥΑΙΡΕΘΕΝ......ΥΑΛ

Mais lorsque l'inscription affecte la forme d'un quinconce, toutes les lettres de chaque ligne doivent s'aligner verticalement avec leurs correspondantes de dessus et de dessous; l'espacement régulier des lettres de la même ligne disparaît alors forcément :

Τ Η Ι Β Ο Υ Λ
Α Υ Σ Σ Ω Λ Λ Ο Ι Κ Α Τ
Ε Α Ε Π Ε Ι Α Ν Η Ρ Α Γ Α Θ Ο Σ
Ε Ρ Ι Τ Η Ν Π Ο Λ Ι Ν Τ Η Ν Ε Ρ Υ
Ω Ν Ε Ι Ν Α Ι Ε C Ρ Ε Γ Ε Τ Η Ν Τ Η Σ
Ε Σ Ω Κ Α Ι Π Ρ Ο Ξ Ε Ν Ο Ν Κ Α Ι Π Ο Λ Ι
Κ Α Ι Ε Σ Π Λ Ο Υ Ν Κ Α Ι Ε Κ Π Λ Ο Υ Ν
Π Ο Λ Ε Μ Ο Κ Α Ι Ε Ι Ρ Η Ν Η Σ Α Σ Υ Λ Ε
Α Σ Π Ο Ν Δ Ε Ι Κ Α Ι Α Τ Ε Λ Ε Ι Α Ν Κ Α
Ↄ Ε Δ Ρ Ι Η Ν Τ Α Ο Τ Α Δ Ε Ε Ι Ν Α Ι Α Θ Α
Ι Κ Α Ι Ε Κ Γ Ο Ν Ο Ι Σ Σ Τ Η Σ Α Ι Δ Ε Α
Α Ι Ε Ι Κ Ο Ν Α Χ Α Λ Κ Η Ν Ε Ν Τ Η Ι Α Λ
Ι Κ Α Ι Α Ρ Τ Ε Μ Ι Σ Ι Η Σ Ε Ι Κ Ο Ν Α
Ν Η Ν Ε Ν Τ Ω Ι Α Θ Η Ν Α Ι Ω Ι Κ Α Ι
Α Ν Ω Σ Α Ι Μ Α Υ Σ Σ Ω Λ Λ Ο Ν Μ Ε Ν
Ε Ι Κ Ω Ν Π Ε Ν Τ Η Κ Ο Ν Τ Α Δ Α Ρ Ε
Δ Ε Ε Κ Τ Ρ Ι Η Κ Ο Ν Τ Α Δ Α Ρ Ε
Α Ι Δ Ε Τ Α Ο Τ Α Ε Σ Τ Η Λ Η
Ι Ε Σ Τ Ο Α Θ Η Ν Α Ι Ο Ν
Ι Ν Α Ι

Pour obtenir, sans tàtonner, l'alignement vertical convenable dans un cas pareil, il est nécessaire de composer d'abord la ligne la plus large de l'inscription, et de justifier ensuite chacune de ses lettres au milieu de la plus épaisse de celles qui se trouvent soit au-dessus, soit au-dessous, dans toute l'étendue verticale, en tenant compte toutefois du blanc irrégulier qu'elles peuvent offrir sur le côté. Lorsque les lettres sont ainsi justifiées, on remplit la ligne en jetant une espace régulière entre chaque lettre, mais plus ou moins forte, selon la largeur de l'inscription.

Les lettres manquant dans les inscriptions s'indiquent soit par des points, soit par de simples blancs, comme on l'a vu dans les deux exemples de la page **211**.

Lorsque, pour plus d'exactitude, on tient à reproduire des lettres à demi effacées ou endommagées, on les figure en les baissant un peu de hauteur avec la lime, ou en les altérant comme on le voit ici :

ΤΟΜΝΗΜΕΙΟΝ
ΑΡΙΣΤΑΣΜΑΙΑΣ
❦ ΤΗΣΦΙΛΟΥΤΟΓΕ ❦
ΝΟΥ❦ΖΩCΙΜΗ
ΧΡΗCΤΗΧΑΙΑЄ

Lors de la distribution, ces lettres sont mises de côté pour servir de nouveau au besoin.

Nous croyons devoir, pour faciliter ce genre de composition, donner les principales formes de chacune des lettres de l'alphabet, ainsi que quelques-uns des signes de numération et de ponctuation, que nous empruntons au savant ouvrage de M. Le Bas sur les inscriptions grecques :

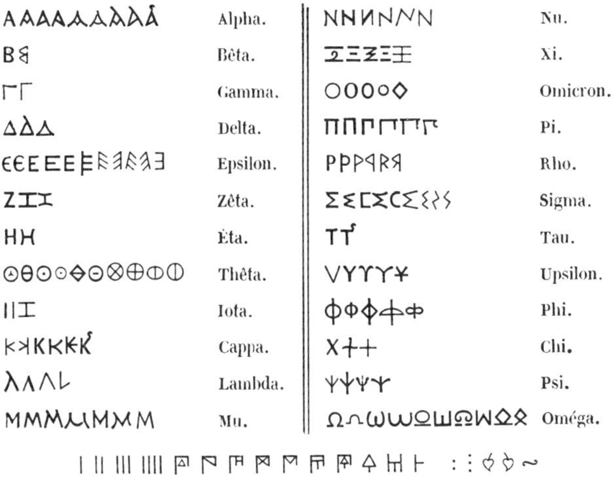

§ VI.

COMPOSITION DU COPTE.

L'alphabet copte se compose de trente-deux lettres, dont les vingt-quatre premières, comme on le voit ci-dessous, ont la plus grande analogie avec celles du grec :

Ⲁ	ⲁ,	Alpha.
Ⲃ	ⲃ,	Vida.
Ⲅ	ⲅ,	Gamma.
Ⲇ	ⲇ,	Dalda.
Ⲉ	ⲉ,	Ei.
Ⲍ	ⲍ,	Zida.
Ⲏ	ⲏ,	Hida.
Ⲑ	ⲑ,	Thida.
Ⲓ	ⲓ,	Iauda.
Ⲕ	ⲕ,	Kabba.
Ⲗ	ⲗ,	Laula.
Ⲙ	ⲙ,	Mi.
Ⲛ	ⲛ,	Ni.
Ⲝ	ⲝ,	Exi.
Ⲟ	ⲟ,	O.
Ⲡ	ⲡ,	Pi.
Ⲣ	ⲣ,	Rho.
Ⲥ	ⲥ,	Sigma.
Ⲧ	ⲧ,	Dau.
Ⲩ	ⲩ,	U.
Ⲫ	ⲫ,	Phi.
Ⲭ	ⲭ,	Chi.
Ⲯ	ⲯ,	Epsi.
Ⲱ	ⲱ,	Ô.
Ϣ	ϣ,	Schei.
Ϥ	ϥ,	Fei.
Ϧ	ϧ,	Khei.
Ϩ	ϩ,	Hori.
Ϫ	ϫ,	Sjansjia.
Ϭ	ϭ,	Scima.
Ϯ	ϯ,	Dei.
Ⲋ	ⲋ,	So.

On n'emploie, pour le copte, d'autre accent que le grave, qui se place sur les sept voyelles :

ⲁ̀, ⲉ̀, ⲏ̀, ⲓ̀, ⲟ̀, ⲩ̀, ⲱ̀.

Cet accent se rencontre au commencement, au milieu et à la fin des mots, et quelquefois sur deux voyelles à côté l'une de l'autre.

On fait aussi usage d'un signe abréviatif qui se place sur les lettres suivantes :

ⲙ̄, ⲛ̄, ⲣ̄, ϥ̄, ⲥ̄, ϯ̄.

La numération s'exprime, comme dans le grec, par les lettres de l'alphabet que l'on surmonte d'un petit trait à angle recourbé, afin de le distinguer de celui des lettres abréviatives :

ⲁ̄,	ⲃ̄,	ⲅ̄,	ⲕ̄ⲉ̄,	etc.
1,	2,	3,	25.	

Ils ont de plus, comme signe de numération, la lettre *so*, qui paraît n'être qu'une forme particulière du sigmatau grec (ϛ), et qui a la même valeur que ce dernier :

ⲋ̄,	ⲛ̄ⲋ̄,	etc.
6,	56.	

Le *fei* surmonté de la barre exprime le nombre 90, et remplace le *coppa* grec :

ϥ̄,	ϥ̄ⲁ̄,	etc.
90,	91.	

Il n'y a que deux signes de ponctuation, le point et le deux-points. Le premier se forme avec un iauda et un point retourné de chaque côté; le deux-points est le même que le nôtre :

·ı· :

La composition du copte n'offre, du reste, aucune difficulté que nous ayons à signaler.

Dans le modèle de casse qui suit, nous avons placé les lettres de manière à offrir le plus de similitude possible avec les lettres françaises qui leur correspondent en valeur.

MODÈLE DE CASSE COPTE.

HAUT DE CASSE.

Ϯ	Ɛ	ⲡ	ⲛ	ⲣ	ϥ	ϯ̄	ⲥ̄	⌴	⌴
Ⲫ	Ⲭ	Ⲯ	Ⲱ	Ϣ	Ϥ	Ϧ	Ϩ	Ϫ	Ϭ
Ⲁ	Ⲙ	Ⲛ	Ⲝ	Ⲟ	Ⲡ	Ⲣ	Ⲥ	Ⲧ	Ⲩ
Ⲁ	Ⲃ	Ⲅ	Ⲇ	Ⲉ	Ⲍ	Ⲏ	Ⲑ	Ⲓ	Ⲕ

BAS DE CASSE.

ϫ		ⲏ	ⲑ	ⲉ	ⲁ̀	ⲉ̀	ⲏ̀	ⲓ̀	ⲟ̀	ⲩ̀	ⲱ̀	-
ⲃ	ϧ	ⲕ	ⲇ		ⲥ		ϭ	ⲫ	ϥ	ⲅ	ϩ	Ɛ
ⲍ	ⲗ	ⲙ	ⲛ	ⲓ	ⲟ		ⲡ	ⲱ	ⲭ	ϯ	ϣ	Demi-cadr. / Cadratins.
ⲝ	ⲯ	ⲩ	ⲧ	Espaces.	ⲁ		ⲣ		.	.:	Cadrats.	

§ VII.

COMPOSITION DE L'ALLEMAND.

L'alphabet allemand se compose des vingt-six lettres suivantes, qui toutes ont la même valeur que les nôtres :

𝔄 𝔞, 𝔅 𝔟, ℭ 𝔠, 𝔇 𝔡, 𝔈 𝔢, 𝔉 𝔣, 𝔊 𝔤, ℌ 𝔥, ℑ 𝔦, 𝔍 𝔧, 𝔎 𝔨,
A a, B b, C c, D d, E e, F f, G g, H h, I i, J j, K k,

𝔏 𝔩, 𝔐 𝔪, 𝔑 𝔫, 𝔒 𝔬, 𝔓 𝔭, 𝔔 𝔮, ℜ 𝔯, 𝔖 ſ𝔰, 𝔗 𝔱,
L l, M m, N n, O o, P p, Q q, R r, S s, T t,

𝔘 𝔲, 𝔙 𝔳, 𝔚 𝔴, 𝔛 𝔵, 𝔜 𝔶, ℨ 𝔷,
U u (1), V v, W w, X x, Y y, Z z,

et des diphthongues

𝔄̈ 𝔞̈, 𝔒̈ 𝔬̈, 𝔘̈ 𝔲̈.
Æ æ, OE œ, Ue ü (2).

Il y a aussi des consonnes qui sont fondues ensemble ; ce sont :

𝔠𝔥, 𝔠𝔨; 𝔣𝔣, 𝔣𝔦, 𝔣𝔩; 𝔩𝔩; ſſ, ſ𝔦, ſ𝔱, ß; 𝔱𝔷.
ch, ck; ff, fi, fl; ll; ss, si, st, sz; tz.

La forme de ces lettres se rapprochant beaucoup de celle de nos caractères, la composition sur réimpression n'offre aucune difficulté ; mais il en est autrement s'il s'agit de composer sur du manuscrit, car la plus grande partie des lettres n'ont aucune res-

(1) Ainsi qu'on le verra à la page suivante, l'*u* minuscule, dans l'écriture allemande, a la même forme que l'*n ;* mais il est toujours surmonté d'un petit signe distinctif qui ressemble à un *c* retourné.

(2) Dans la composition de l'allemand avec des caractères français, ces lettres se remplacent par *ä*, *ö*, *ü*, ou par *æ*, *œ*, *ü ;* ou, lorsqu'elles sont majuscules, par *Æ*, *Œ*, *Ue*.

semblance avec les précédentes, et, quelque bien écrite que soit la copie, on ne pourrait parvenir à la lire, si, préalablement, on n'avait étudié le modèle qui suit (1) :

A a B b C c D d E e F f G g

H h I i J j K k L l M m N n

O o P p Q q R r S s T t U u

V v W w X x Y y Z z.

DIPHTHONGUES.

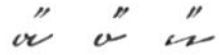

æ œ ü.

LETTRES LIÉES.

ch ss st sz.

La coupure des mots à la fin des lignes s'opère par syllabes; il en est, comme les suivantes, qui ne présentent aucun embarras :

An-ge-meſ-ſen-heit	Mark-bein	ſchmel-zen
bren-nend	mar-ken	um-wun-den
gan-zen	mit-neh-men	Wid-der, wi-der, wie-der
Him-mel	Ro-bin-ſon	Wirk-lich-keit
her-vor-tre-ten	ſchaf-fen	Zu-frie-den-heit.

(1) M. Leuilliet, un de nos graveurs les plus distingués, à qui l'imprimerie est redevable de ce caractère, a eu l'obligeance d'en mettre un alphabet à notre disposition.

Mais il en est un grand nombre d'autres qui pourraient embarrasser les personnes étrangères à la langue. Le relevé ci-dessous, fait dans de bons ouvrages imprimés en Allemagne, et qui a été revu par un compositeur de ce pays, versé dans son état (1), pourra servir à lever bien des difficultés.

Lorsque le ch est suivi d'une consonne, il reste, la plupart du temps, au bout de la ligne :

Ach-tung (2)	erwach-senen	gottesfürch-tig
allmäch-tiger	Geschicklich-keit	Rech-nungskunst
Buch-druckerkunst	gleich-falls	Verach-tung;

mais lorsqu'il est suivi d'une voyelle, le ch se reporte au commencement de la ligne :

Anspre-chen	Lämm-chen	sol-cher
Beste-cher	ma-chen	su-chen
Frett-chen	man-cher	wel-cher,

excepté dans les mots composés, tels que ceux qui commencent par Bruch, Buch, Durch, Nach, Sprach, Zwerch, qui le gardent à la fin :

Bruch-arzt	durch-ackern	Sprach-eigenheit
Buch-adel	nach-ahmen	Zwerch-art.

Le ck reste généralement à la fin de la ligne :

Block-haus	erweck-lich	schreck-lich
Eck-pfosten	geschick-lich	Stock-amboß,

excepté dans les mots

bli-cken	Fli-cker	Rü-cken
blö-cken	Kri-cker	schi-cken.

Le ff se divise généralement entre les deux f :

Af-fen	auf-fassen	hof-fen
auf-fangen	gaf-fen	schaf-fen,

---

(1) M. Straus, à qui nous avons aussi soumis l'instruction pour la composition de l'hébreu.

(2) Dans tous les exemples cités, les substantifs seuls ont la majuscule.

excepté dans les mots composés, comme par exemple,

Puff-schlag	Schlaff-heit	Stoff-artig.

Le h non précédé du c, et suivi d'une consonne, reste au bout de la ligne :

angeneh-men	aufführ-ren	vorneh-men
ath-men	nachah-men	Woh-nung.

Suivi d'une voyelle, il se met au commencement de la ligne :

ab-härten	Aufent-halt	Gesund-heit
an-heben	Brenn-holz	Unter-haltung,

excepté cependant lorsqu'il est précédé d'une voyelle :

Früh-apfel	Schuh-ahle	Stroh-arbeiter.

Lorsque deux h se trouvent à côté l'un de l'autre, on en reporte un au commencement de la ligne :

Brech-hammer	durch-hecheln	Mensch-heit
Buch-handlung	Koch-hafen	Stich-herd.

Le ll se divise lorsqu'il est suivi d'une voyelle :

Al-lerheilige	hel-len	stil-len
bel-len	stel-len	Stol-len.

Il ne se divise pas, et reste au bout de la ligne, quand il est suivi d'une consonne :

All-mächtige	hell-machen	Still-schweigen.

Le p et l'f suivis d'une consonne restent au bout de la ligne :

Knopf-macher	Kropf-hals	Stumpf-nase;

mais, suivis d'une voyelle, ils se reportent au commencement de la ligne :

Schö-pfer	Sto-pfen	stum-pfen.

Lorsque le ſ long commence une syllabe et est suivi du ch, il ne se sépare pas de ces deux dernières lettres, et se reporte ordinairement au commencement de la ligne :

Ge-ſchäft	Schreibma-ſchine	Wirt-ſchaft
hin-ſchwimmen	wa-ſchen	Wahr-ſcheinlichkeit,

excepté dans les mots composés, tels que

Buſch-eule	Fiſch-artig	Fleiſch-ader.

Le s rond ou final, au contraire, se sépare du ch, et reste à la fin de la ligne dans les mots qui suivent :

Dös-chen	Käs-chen	Näs-chen
Gläs-chen	Mäus-chen	Rös-chen.

Le ſt se reporte généralement au commencement de la ligne, lorsqu'il est suivi d'une voyelle :

An-ſtändigkeit	be-ſten	er-ſtaunungswürdig
be-ſteht	ent-ſtanden	ko-ſten,

excepté dans les mots qui commencent par Bruſt, Dienſt, Herbſt, Kunſt, Miſt, Selbſt :

Bruſt-arznei	Herbſt-arbeit	Miſt-hof
Dienſt-adel	Kunſt-anlage	Selbſt-genügſamkeit.

Le ß reste tantôt à la fin de la ligne, comme dans

Groß-ältermutter	Guß-abdruck	Stoß-eiſen,

et tantôt se reporte au commencement, comme dans

au-ßer	grö-ßer	Mü-ßiggang
gie-ßen	grü-ßen	ſpie-ßen ;

mais cette différence ne peut être saisie que lorsqu'on connaît la langue.

Le tz reste aussi à la fin de la ligne :

Platz-adjudant	Putz-arbeit	Stutz-ärmel,

excepté dans les mots composés qui commencent par Bett, Ent, Platt :

Bett-zeug	Ent-zieferer	Platt-ziegel.

Les syllabes lich, liche, lichen, licher et liches, qui terminent un mot, peuvent se reporter au commencement de la ligne :

eigent-lich	Sterb-liche	Ordent-licher
hinläng-lich	kind-lichen	hinder-liches.

Indépendamment des règles que nous venons de donner, mais qui sont loin d'être absolues, on peut encore diviser avec sûreté tous les commencements de mots ci-dessous, bien qu'ils soient suivis d'une voyelle :

ab-aasen
Abend-arbeit
auf-eggen
aus-arbeiten
bei-ankern
Brot-abrechnung
dar-unter
durch-arbeiten
ein-armig
Eis-achat
eisen-artig
empor-arbeiten
ent-adeln
Feld-altar
Feuer-eimer
Fleisch-ader
fort-arbeiten
Frei-acker
Früh-apfel
Glas-auge
Gold-ader
Groß-ältern
Grund-angel
gut-artig
halb-eins
Hand-amboß
Hals-eisen
Handles-angelegenheit
Hart-erz
Haupt-abschnitt
Haus-andacht
her-erzählen
Herbst-arbeit
hier-über
hin-eilen
Hof-amt
Holz-apfel
Hunds-affe
In-auguralschrift
Jagd-amt
Kirchen-einkünfte
Knochen-erzeugung
Kohlen-arbeiter
Kreuz-abnehmung
Kriegs-anführer
Kunst-anlage
Kupfer-erz
Land-arzt
landes-üblich
Lebens-ordnung
Leib-arzt
Leibes-erbe
Licht-abwechselung
los-arbeiten
Mandel-öhl
Manns-alter
Excepté mann-scheu, mann-stamm, mann-süchtig
Mauer-anker
Meer-aal
Menschen-art
Milch-artig
Mit-arbeiter
Mittel-ursache
Mund-art
Münz-ordnung
Muster-eisen
Mutter-erde
nach-empfinden
Nelken-öhl
Nicht-erscheinung
Noth-auswurf
Ober-aufseher
Papier-adel
Pflanzen-abdruck
Pflicht-ankertau
Pflug-ecks
Preis-aufgabe
Excepté Prei-selbeere, prei-sen
Puls-aderöffnung
Quer-eisen
Raben-art
Rand-Anmerkung

Rechen-unterricht
Recht-eck
rechts-erfahren
Reichs-anlage
Ring-amsel
Ritter-academie
rosen-artig
Roth-erle
Rücken-ader
Salz-abgabe
Schaum-erde
scheiben-artig
Schein-ehre
Schiefer-alaun
Schiffs-uhr
Schlacht-ordnung
Schlag-uhr
Schmelz-eisen
Schneider-arbeit
Schrauben-eisen
Schrift-anzeige
Schrot-art
Schuh-überzug
Schwarz-eisenerz
Schwefel-ofen
sechs-eckig
See-adler
Seelen-arznei
Seiden-arbeiter
Seifen-apfel
Seiger-ahmen
Silber-ader
Spath-asche
Sprach-übung
Staats-unruhe
Stadt-obrigkeit
Stein-arbeiter
Stern-apfel
Stifts-amt
Stock-adler
Stock-erz
stroh-artig
Stutz-ohr
Thier-arzt
über-einander
Um-armung
un-angemessen
Unter-arm
unver-arbeitet
ver-achten
ver-ächtlich
viel-eckig
vor-arbeiten
Wahl-amt
Wasch-ufer
Wasser-aderbruch
weg-eilen
Wein-apfel
Welt-auge
wieder-ersetzen
Wohl-anständigkeit
wort-arm
Wunder-apfel
Zahl-amt
zehn-eckig
zer-arbeiten
ziegen-artig
Zimmer-arbeit
Zins-einnehmer
Zirkel-abschnitt
Zitter-aal
Zoll-anschlag
zu-ackern
Zucht-ochs
Zunft-amt
Zwerch-arm
Zwischen-umstand
etc.

OBSERVATIONS.

1. Les Allemands, de même que les Anglais, mettent la majuscule à tous les substantifs, ainsi qu'aux pronoms désignant la personne à qui l'on parle.

2. Leur ponctuation n'a absolument rien qui diffère de la nôtre, quant à la valeur. Elle prend aussi le même espacement, à l'exception du point, après lequel on met un cadratin, comme dans l'anglais.

3. Leurs chiffres sont les chiffres arabes.

4. En dehors des diphthongues ä, ö, ü, les Allemands n'emploient point de lettres accentuées.

5. Ils ne font point usage de majuscules pour la composition des grands titres, titres courants, etc.; ils emploient des minus-

cules plus ou moins fortes, entre lesquelles ils jettent, selon le besoin, des espaces d'un, deux, trois points, et même plus :

Robinson der Jüngere.

E i n   L e s e b u c h   f ü r   K i n d e r,

v o n

Joachim Heinrich Campe.

6. L'*I* majuscule est le même que le *J*.

7. L'italique se marque avec des espaces d'un point, comme dans le grec :

Kinder, es ist ein wahres Sprichwort : G u t e r R a t h k o m m t m o r g e n.

8. Le guillemet allemand ressemble à notre signe *nullité* („). Il est fondu sur le bas de la tige, et se place dans ce sens lorsqu'il commence une phrase; mais lorsqu'il la termine, on le retourne, et il devient supérieur :

„ Söhnchen! Söhnchen! “ rief ihm dann die Mutter zu, „ bleibe im Lande, und nähre dich redlich! “

Lorsqu'on emploie le guillemet français, celui qui ouvre doit, contrairement à notre usage, avoir les pointes à gauche, et celui qui ferme, à droite :

» Hier, « antwortete der Schiffer, » sind einige Guineen. «

9. Le trait d'union des Allemands est double (=).

10. Dans les dialogues, on met un cadratin après l'interlocuteur qui commence une ligne, et l'on jette une espace d'un point entre chacune de ses lettres :

J o h a n n e s.   Ei! warum denn das?

11. L'abréviation *etc.* se marque par ce signe ꝛ, après lequel on ajoute un c (ꝛc.).

12. Toute partie intérieure d'un mot composé finissant par un s, prend le s rond :

Fuchshütte	Lebensmittel	losgehen
Gesichtszüge	lobenswerth	Muskete.

Lorsque le ſ commence un mot ou une syllabe intérieure, il est toujours long :

ſagen	ſeiner	derſelbe
ſäuerlich	ſolches	Unweſen.

Dans les mots composés où deux s se rencontrent à côté l'un de l'autre, le premier est rond et le second long :

aus-ſagen	Landes-ſprache	Landes-ſchule
aus-ſprechen	Landes-ſtelle	Manns-ſchild.

Dans tous les autres cas, ils sont tous les deux longs :

ablaſſen	Faſſung	vergeſſen
eſſen	meſſen	Waſſer.

LISTE DE QUELQUES ABRÉVIATIONS ALLEMANDES.

a. a. O.	am angeführten Orte.	l.	leſet.
d. h.	das heißt.	Maj.	Majeſtät
Fr.	Frau.	N. S.	Nach-Schrift.
Gr.	Groſchen.	S.	Seite.
heil.	heilig.	ſ.	ſiehe.
h. S.	heilige Schrift.	Sr.	Seiner.
Hr. Hrn.	Herr, Herrn.	Thlr.	Thaler.
i. J.	im Jahre.	z. B.	zum Beiſpiel.
kaiſerl.	kaiſerlich.	z. E.	zum Exempel.
Kap.	Kapitel.	u. A. m.	und Andere mehr.
königl.	königlich.	u. ſ. f.	und ſo ferner.
Kr.	Kreuzer.	u. ſ. w.	und ſo weiter.

Les sortes courantes pour la composition de l'allemand différant de celles du français, la classification de la casse ne peut être la même ; celle que nous donnons ici permettrait, au besoin, d'utiliser le bois de notre bas de casse.

MODÈLE DE CASSE ALLEMANDE.

HAUT DE CASSE.

1	2	3	4	5	6	7	8	9	0
V	W	X	Y	Z	Ä	Ö	Ü	„	)
L	M	N	O	P	Q	R	S	T	U
A	B	C	D	E	F	G	H	I	K

BAS DE CASSE.

q	c	ck	= | '	e	ä | ö	ü	j	ꝛ	k	fi	ff
ll	b	ch	d		ſ	s	f	g	h	ſſ / ſi	fl / tz
ʒ / y	l	m	n	i	o	p	w	: / ;	? / !	ſt / ß	Demi-cadratins. / Cadratins.
x	v	u	t	Espaces.	a	r		,	.	Cadrats.	

§ VIII.

COMPOSITION DU RUSSE.

La composition du russe n'offre guère d'autre difficulté que l'étude des trente-cinq lettres (1) de l'alphabet. Voici le nom de chacune d'elles, et leur figure en caractères d'impression :

Figure.	Nom.	Valeur.
А а,	Ass,	a.
Б б,	Bouki,	b.
В в,	Viédi,	v.
Г г,	Glagol,	g.
Д д,	Dobro,	d.
Е е,	Jést,	ié, é.
Ж ж,	Jivété,	j.
З з,	Zemlia,	z.
И и,	Ijé,	i.
І і,	I,	i.
К к,	Kako,	k.
Л л,	Lioudi,	l.
М м,	Muisslèté,	m.
Н н,	Nasch,	n.
О о,	On,	o.
П п,	Pokoy,	p.
Р р,	Rtzy,	r.
С с,	Slovo,	s.
Т т,	Tverdo,	t.
У у,	U,	ou.
Ф ф,	Fert,	f, ph.
Х х,	Kherr,	kh.
Ц ц,	Tsy,	ts.
Ч ч,	Tscherv,	tsch.
Ш ш,	Cha,	ch.
Щ щ,	Schtscha,	schtsch.
Ъ ъ,	Jerr,	(Son nul.)
Ы ы,	Jéry,	y (*i* guttur.).
Ь ь,	Jér,	y (*i* faible).
Ѣ ѣ,	Jat,	iè.
Э э,	E,	e.
Ю ю,	Iou,	iou.
Я я,	Ja,	ia.
Ѳ ѳ,	Fita,	f.
Ѵ ѵ,	Ijitsa,	i (upsil. gr.)

(1) La dernière lettre (ѵ) ne s'emploie que très-rarement, et quelques grammaires la suppriment même entièrement; mais l'introduction d'un troisième *i* (й) maintient le même nombre de lettres.

La connaissance de cet alphabet suffit pour composer toute copie imprimée; mais comme les lettres écrites diffèrent des types fondus, il est indispensable d'en connaître la forme lorsqu'il s'agit d'une copie manuscrite. Le modèle que nous reproduisons ici remplira le but qu'on se propose d'atteindre :

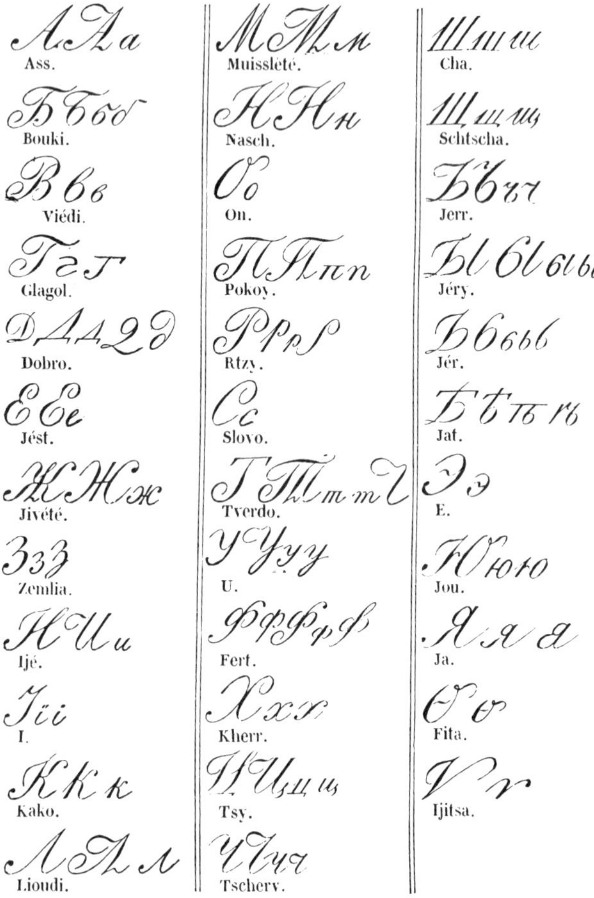

Les Russes ne font usage ni de l'apostrophe, ni de la cédille. Ils n'emploient pas non plus d'accents, si ce n'est toutefois l'accent aigu et le tréma, dans les ouvrages spéciaux de linguistique.

Leurs signes de ponctuation et leurs chiffres ont la même valeur et la même forme que les nôtres, et prennent le même espacement.

Le guillemet a aussi le même usage que le nôtre, mais il se remplace souvent, comme chez les Anglais, par deux virgules que l'on retourne pour le guillemet qui commence, et par deux apostrophes pour celui qui finit.

Les majuscules se placent, comme en français, au commencement des alinéa et des vers, après le point, et aux noms propres.

Les Russes font, comme nous, usage de caractères italiques.

Lorsque, dans la poésie, il se trouve des vers qui excèdent la justification, et qu'on double la ligne, la partie excédante est reportée presque à l'extrémité droite de la ligne, et les parties doublantes de la page gardent entre elles un renfoncement uniforme à gauche :

Что тамъ вдали, сквозь кустовъ, надъ гранитнымъ
утесомъ мелькаетъ,
Тамъ, гдѣ серебряный ключъ съ тихимъ жур-
чаньемъ бѣжитъ?
Нимфа ль долины въ прохладѣ тѣней позабылась
дремотой?

La coupure des mots, à la fin des lignes, se fait après chaque syllabe. Le modèle de lecture ci-dessous en donnera une idée, que confirmera la pratique (1) :

Что же, спра-ши-ваемъ, со-ста-вляетъ со-вер-шен-ство Ба-
Tchmo je, sprâ-chi-vaem, so-sta-vliaet so-ver-chen-stvo bâ-

сни? Въ про-за-и-че-ской — крат-кость, я-сный слогъ, при-
sni? V' pro-za-î-tche-skoi — krât-koste, ià-sni slôgue, pri-

---

(1) Nous le devons à M. Pluchard, compositeur employé longtemps dans l'imprimerie de son frère, à Saint-Pétersbourg.

ли-чіе вы-мы-шлен-на-го про-и-сше-стві-я той нрав-ствен-но-
li-tchié vi-mi-chlên-na-go pro-i-schê-stvi-ia toï nrâv-stven-no-

сти, ко-то-ра-я долж-на быть изъ не-го из-вле-кае-ма. Но сти-
sti, ko-tô-ra-ia dolj-nâ biti iz né-go iz-vle-kâé-ma. No sti-

хо-твор-ная? Она тре-бу-етъ го-раз-до бо-лѣе, и мы, чтобъ
kho-tvôr-naia? Onâ tré-bou-iett go-râz-do bô-liée, i mi, tchob

по-лу-чить нѣ-ко-то-рое по-ня-тіе о со-вер-шен-ствѣ ея,
po-lou-tchite niê-ko-to-roe po-nià-tié o so-ver-chênn-stvè eiâ,

взгля-немъ на то-го Сти-хо-твор-ца, ко-то-рый, пер-вый
vzgliâ-nèm na to-go Sti-kho-tvôr-tsa, ko-tô-ri, pêr-vi

по-ка-завъ обра-зецъ сти-хо-твор-ной Бас-ни, остал-ся на-
po-ka-zaf obra-zêtsz sti-kho-tvôr-noï Bâs-ni, ostâl-sia na-

всег-да образц-емъ не-по-дра-жае-мымъ — я го-во-рю о Ла-
vseg-dâ obrats-êm ne-po-dra-jâé-mim — ia go-vo-riôu o La-

фон-те-нѣ. Опре-дѣ-ливъ ха-рак-теръ се-го един-ствен-на-го
fonn-tè-nié. Opre-diè-lif kha-râk-ter se-gô édinn-stvenn-na-go

Сти-хо-твор-ца, мы въ то же вре-мя опре-дѣ-лимъ и истин-
Sti-kho-thvôr-tsa, mi v' to jé vré-mia opre-diè-limm i istinn-

ный ха-рак-теръ со-вер-шен-ной Бас-ни.
ni kha-râk-ter so-ver-chênn-noï Bâs-ni.

La casse russe a cent neuf cassetins, dont la disposition n'a rien d'analogue avec la nôtre. Le modèle suivant est généralement en usage à Saint-Pétersbourg.

Quant aux petites capitales qui manquent dans ce modèle, où il n'en figure que sept, elles sont remplacées par les lettres du bas de casse, qui ont absolument la même forme.

MODÈLE DE CASSE RUSSE.

HAUT DE CASSE.

<table>
<tr><td colspan="2">А</td><td colspan="2">Б</td><td colspan="2">В</td><td colspan="2">Г</td><td colspan="2">Д</td><td colspan="2">Е</td><td colspan="2">Ж</td><td colspan="2">З</td><td colspan="2">И</td><td colspan="2">I</td></tr>
<tr><td colspan="2">К</td><td colspan="2">Л</td><td colspan="2">М</td><td colspan="2">Н</td><td colspan="2">О</td><td colspan="2">П</td><td colspan="2">Р</td><td colspan="2">С</td><td colspan="2">Т</td><td colspan="2">У</td></tr>
<tr><td>Ф</td><td>Х</td><td>Ц</td><td>Ч</td><td>Ш</td><td>Щ</td><td>Ъ</td><td>Ы</td><td>Ь</td><td>Ѣ</td><td>Э</td><td>Ю</td><td>Я</td><td>Ѳ</td><td>Ѵ</td><td>И</td><td>†</td><td>§</td><td>*</td><td>)</td></tr>
<tr><td>А</td><td>Е</td><td>I</td><td>Р</td><td>С</td><td>Т</td><td>Ѵ</td><td></td><td></td><td>—</td><td>1</td><td>2</td><td>3</td><td>4</td><td>5</td><td>6</td><td>7</td><td>8</td><td>9</td><td>0</td></tr>
</table>

BAS DE CASSE.

<table>
<tr><td>ѳ</td><td>э</td><td colspan="2">ч</td><td colspan="2" rowspan="2">с</td><td colspan="2" rowspan="2">ш</td><td colspan="2" rowspan="2">у</td><td colspan="2" rowspan="2">р</td><td colspan="2" rowspan="2">в</td><td colspan="2">і</td><td>;</td><td>:</td><td>!</td><td>?</td></tr>
<tr><td>ѵ</td><td>»</td><td colspan="2">ѣ</td><td colspan="2">й</td><td colspan="2">–</td><td colspan="2">Espaces fines.</td></tr>
<tr><td colspan="2">ю</td><td colspan="2">ы</td><td colspan="2">з</td><td colspan="2" rowspan="2">м</td><td colspan="2" rowspan="2">и</td><td colspan="2" rowspan="2">н</td><td colspan="2" rowspan="2">о</td><td colspan="2">ц</td><td colspan="2">.</td><td colspan="2">Demi-cadratins.</td></tr>
<tr><td colspan="2">х</td><td colspan="2">к</td><td colspan="2">л</td><td colspan="2">п</td><td colspan="2">,</td><td colspan="2">Cadratins.</td></tr>
<tr><td colspan="2">щ</td><td colspan="2">ш</td><td colspan="2">ж</td><td colspan="2" rowspan="2">а</td><td colspan="2" rowspan="2">Espaces.</td><td colspan="2" rowspan="2">е</td><td colspan="2" rowspan="2">д</td><td colspan="2" rowspan="2">ъ</td><td colspan="2">ф</td><td colspan="2" rowspan="2">Cadrats.</td></tr>
<tr><td colspan="2">ь</td><td colspan="2">я</td><td colspan="2">б</td><td colspan="2">г</td></tr>
</table>

§ IX.

COMPOSITION DE L'ARABE (1).

L'arabe se lit de droite à gauche. Son alphabet a vingt-huit lettres, dont voici la figure et le nom :

FIGURE.				NOM.	VALEUR.	FIGURE.				NOM.	VALEUR.
Isolées.	Finales.	Médiales.	Initiales.			Isolées.	Finales.	Médiales.	Initiales.		
ا	ـا	ـا	ا	Élif,	â, ê.	ض	ـض	ـضـ	ضـ	Dhâd,	dh.
ب	ـب	ـبـ	بـ	Bé,	b.	ط	ـط	ـطـ	طـ	Thâ,	th.
ت	ـت	ـتـ	تـ	Té,	t.	ظ	ـظ	ـظـ	ظـ	Zzâ,	zz.
ث	ـث	ـثـ	ثـ	Tsé,	ts.	ع	ـع	ـعـ	عـ	'Aïn,	'a
ج	ـج	ـجـ	جـ	Djim,	dj.	غ	ـغ	ـغـ	غـ	Ghaïn,	gh.
ح	ـح	ـحـ	حـ	Ha,	h.	ف	ـف	ـفـ	فـ	Fé,	f.
خ	ـخ	ـخـ	خـ	Kha,	kh.	ق	ـق	ـقـ	قـ	Qâf,	q.
د	ـد	ـد	د	Dal,	d.	ك	ـك	ـكـ	كـ	Kef,	k.
ذ	ـذ	ـذ	ذ	Zal,	z.	ل	ـل	ـلـ	لـ	Lam,	l.
ر	ـر	ـر	ر	Ré,	r.	م	ـم	ـمـ	مـ	Mim,	m.
ز	ـز	ـز	ز	Zé,	z.	ن	ـن	ـنـ	نـ	Noun,	n.
س	ـس	ـسـ	سـ	Sin,	s.	ه	ـه	ـهـ	هـ	Hé,	h.
ش	ـش	ـشـ	شـ	Chin,	ch.	و	ـو	ـو	و	Ouaou,	ou.
ص	ـص	ـصـ	صـ	Sâd,	ss.	ى	ـى	ـيـ	يـ	Yé,	y, a.

Les Arabes comprennent habituellement la ligature *lam-élif* dans leur alphabet. Elle a les trois formes suivantes :

ﻼ ﻻ ﻻ

(1) Cette instruction a été soumise à l'examen de feu M. Marcel, ex-directeur de l'imprimerie impériale, par un de ses élèves (M. A. Fournet), compositeur, qui nous a lui-même aidé dans la rédaction de ce travail.

Ils donnent aussi fréquemment cette forme (ے) au *yé* final.

Les Barbaresques, ainsi que les habitants d'Alger, ne mettent qu'un seul point sur le *qâf* (ڧـ ـڧـ ـڧ ڧ), et placent celui du *fé* au-dessous de la lettre (ڣـ ـڣـ ـڣ ڣ).

Les Arabes mettent souvent deux points sur le *hé* (ـة ة ة), pour donner à cette lettre la valeur du *té* (ت); mais cela n'a lieu qu'à la fin des mots.

Outre le *kef* ordinaire (ک), il y en a encore de deux autres formes (ك ڪ) : le premier se met après une lettre qui, par sa forme, se heurterait contre la tête du *kef* ordinaire; le second s'emploie dans les vers pour élargir les hémistiches, comme dans le dernier exemple de la page 242.

Les Turcs, les Persans, les Malais, les Hindous, et plusieurs autres peuples, se servent des caractères arabes, en changeant la valeur de certaines lettres par l'addition d'un plus ou moins grand nombre de points. Voici quelques-unes de ces lettres :

Isolées.	Finales.	Médiales.	Initiales.		
پ	ـپ	ـپـ	پـ	Pé,	p.
چ	ـچ	ـچـ	چـ	Tchin,	tch.
ژ	ـژ	ـژ	ژ	Jé,	j.
ڨ	ـڨ	ـڨـ	ڨـ	Guef,	gu.
ڭ	ـڭ	ـڭـ	ڭـ	Guef,	gu.
گ	ـگ	ـگـ	گـ	Ghi,	gh.
ڠ	ـڠ	ـڠـ	ڠـ	Negâ,	ng.

Comme on vient de le voir, le plus grand nombre des lettres arabes ont quatre formes, qui diffèrent entre elles selon que ces lettres sont initiales, finales, médiales ou isolées.

Il est donc très important d'apprendre à les bien distinguer, afin de ne pas les confondre en composant.

Les initiales ont leur trait de jonction tourné à gauche (مـ لـ فـ تـ), afin de se lier avec la lettre qui vient après, commme on le voit ici :

مـحـمـد اـقـد فـيـلاـدـم تـثـدـر

15.

Il faut en excepter l'*élif*, le *dal*, le *zal*, le *ré*, le *zé* et le *ouaou*, qui, dans ce cas, n'ont pas de trait de jonction, et se disent *isolées* :

وتطبيق زمان رحمه ذلك دخلوا البيت

Les finales ont leur trait de jonction tourné à droite (ـف ـت ـم ـل), pour se lier avec les lettres qui les précèdent :

اختلافهم لاجل يوسف بيت

Mais lorsqu'une finale se trouve après l'*élif*, le *dal*, le *zal*, le *ré*, le *zé* et le *ouaou*, elle perd son trait et devient isolée :

الصوت يزل الفرس الذى فتحدث سلطان

Les médiales ont deux traits de jonction, l'un à droite et l'autre à gauche (ـبـ ـلـ ـغـ ـتـ), pour se joindre avec les lettres qui les précèdent et avec celles qui les suivent :

رحمن جلد تفاح الترعه

excepté l'*élif*, le *dal*, le *zal*, le *ré*, le *zé* et le *ouaou*, qui n'ont jamais de trait à gauche, mais qui, dans ce cas, de même que lorsqu'ils terminent un mot, en prennent un à droite :

ويولعون بالتجزئة برقص تذكر يستدعيها التناسب

Lorsqu'une médiale à deux traits de jonction se trouve précédée d'une des lettres *élif*, *dal*, *zal*, *ré*, *zé*, *ouaou*, elle perd son trait de droite et devient initiale :

قوله جزمه تركستان ذكرنا مشاهدهم تناسب

Les isolées, ainsi que leur nom l'indique, n'ont aucun trait de jonction :

ه ن م ل ف غ س ر ت, etc.

Lorsque quelques-unes des lettres *élif*, *dal*, *zal*, *ré*, *zé*, *ouaou*, se trouvent à côté l'une de l'autre au commencement d'un mot, elles sont toujours isolées :

وربما والمزامير دولتهم اوائلها

Mais lorsqu'elles sont groupées au milieu ou à la fin d'un mot, celle qui suit immédiatement une autre lettre se joint avec elle par la droite :

ديوان الرواية التذاذ بداوتهم بادراك

Lorsqu'un mot se trouve entièrement formé des lettres ci-dessus, elles sont toutes isolées, et ne prennent par conséquent aucune liaison :

ورده دار داود اذا

Toutes les lettres ci-dessous sont fondues sur deux alignements différents : l'alignement ordinaire et l'alignement supérieur :

Les lettres de l'alignement supérieur sont destinées à se joindre avec le *djim*, le *ha*, le *kha*, le *tchin* (médiaux), dont le trait de jonction, dans nos fontes, se trouve en tête de la lettre, au lieu d'être au bas comme aux autres lettres (1) :

الحجينه يتخذ لحد لعجم

(1) Il en est autrement dans les fontes d'Allemagne et dans celle gravée et fondue, dans le seizième siècle, par le célèbre Le Bé : le trait de jonction se trouve ramené au bas de la lettre par une légère courbure. Cette forme, moins gracieuse, il est vrai, a le grand avantage, en dehors de l'économie de fonte, de simplifier la composition, en diminuant de beaucoup le nombre des cassetins ; mais peut-être n'a-t-elle point été admise, par le grave inconvénient de faire douter, dans certains cas, si cette lettre est simple, ou si elle est précédée d'un *bé*, d'un *té*, d'un *noun* ou d'un *yé*, dont les points auraient été cassés.

Ces lettres ne diffèrent des autres qu'en ce que tout leur talus est par en bas. Elles se placent dans le haut de casse, et n'ont pas d'autre application que celle que nous venons de dire.

Lorsqu'une de ces lettres prend place au côté droit d'une lettre à liaison haute, il faut nécessairement que toutes les lettres qui se joignent à cette première supérieure le soient aussi :

العجم تهسخيره بشجو

Il y a cependant, dans certaines fontes, quelques lettres qui ont deux alignements différents, le ... (ٮ) (1), le *kef* (ک), le *lam* (ل), le *mim* (م), etc. (2), afin de pouvoir à la fois se joindre aux lettres qui ont leur trait de jonction en tête et qui les suivent, ou à quelque lettre supérieure, et ramener les lettres qui les précèdent à l'alignement ordinaire :

التلحين البكجى فتلتحم

Lorsque ces caractères n'existent pas, on est dans la nécessité d'employer un bien plus grand nombre de lettres supérieures :

المتخذون ويصطلحون

Les doubles lettres ou ligatures sont assez nombreuses dans les fontes arabes. Les plus usitées sont :

ده	Dal-hé isolé (pour ده).	کا	Kef-élif médial ou final.
ده	Dal-hé final.	کل	Kef-lam initial.
ذه	Zal-hé isolé.	کل	Kef-lam médial.
ذه	Zal-hé final.	کل	Kef-lam final.
في	Fé-yé (se met toujours ainsi).	کل	Kef-lam isolé.
کا	Kef-élif initial.	لا	Lam-élif isolé (le plus employé).

(1) Ce signe, fondu sans points avec intention, sert pour former les lettres *bé* (ب), *yé* (ي), *pé* (پ), *noun* (ن), *té* (ت), *tsé* (ث), *yé-hamzé* (ئ).

(2) Les lettres *bé*, *té*, *noun*, *yé*, penchées (ب ت ن ي), qui se trouvent dans quelques fontes, n'ont, que nous sachions, aucune application motivée.

لا	Lam-élif isolé (peu employé).	لى	Lam-yé isolé.
ـلا	Lam-élif final.	ـلى	Lam-yé final.
لكـ	Lam-kef initial.	الى	Élif-lam-yé.
للـ	Lam-lam initial.	الا	Élif-lam-élif (1).
لمـ	Lam-mim initial.	لله	Lam-lam-hé isolé (dans الله).

Celles qui suivent (dont nous ne donnons pas la liste pour complète), se remplacent ordinairement par des lettres détachées; et il est à présumer que, de même qu'il en a été pour les doubles lettres françaises, et surtout pour les ligatures grecques, elles disparaîtront un jour entièrement des fontes :

حجـ	Ha-djim initial.	مم	Mim-mim isolé.
ححـ	Ha-ha initial.	ٮمـ	. . . .-mim initial.
خحـ	Kha-ha initial.	ـٮمـ	. . . .-mim médial.
ـحجـ	Ha-djim médial.	غى	Ghayn-yé isolé.
ـححـ	Ha-ha médial.	عى	Ayn-yé isolé.
ـحخـ	Ha-kha médial.	يا	Yé-élif isolé.
جمـ	Djim-mim initial.	فى	Fé-yé allongé.
حمـ	Ha-mim initial.	ـپح	Pé-ha final.
خمـ	Kha-mim initial.	ـنچ	Noun-tchin final.
ـمجـ ـمجـ	Mim-djim médial.	لپچـ	Lam-pé-tchin initial.
ـمحـ ـمحـ	Mim-ha médial.	ـبن	Bé-noun final.
ـمخـ ـمخـ	Mim-kha médial.	ـبر	Bé-ré final.
ـمچـ ـمچـ	Mim-tchin médial.	ـپر	Pé-ré final.
مخـ	Mim-kha initial.	ـين	Yé-noun final.
مجمـ	Mim-djim-mim initial.	ـير	Yé-ré final.
محمـ	Mim-ha-mim initial.	لگـ	Lam-ghi initial.
مخمـ	Mim-kha-mim initial.	لحچـ	Lam-ha-tchin initial.

(1) Lorsque le *hamzah-dhammah* se trouve sur ces lettres, il doit être placé sur la partie du second *élif* qui ressort à droite, الأُ

Les Arabes ont des signes particuliers pour indiquer la numération. En voici la figure :

١	٢	٣	٤	٥	٦	٧	٨	٩	٠
1	2	3	4	5	6	7	8	9	0

mais ils emploient aussi, pour le même usage, les lettres de leur alphabet; seulement, se rapprochant en cela des Hébreux, ils les rangent selon l'ordre de l'ancien alphabet, et, pour ainsi dire, selon l'ordre des Grecs :

ا	ب	ج	د	ه	و	ز	ح	ط	ى
1	2	3	4	5	6	7	8	9	10
ك	ل	م	ن	س	ع	ف	ص	ق	
20	30	40	50	60	70	80	90	100	
ر	ش	ت	ث	خ	ذ	ض	ظ	غ	
200	300	400	500	600	700	800	900	1,000	

Lorsqu'un nombre est écrit avec ces lettres, on place toujours un *maddah* (˜) sur la première lettre :

بٓ	يٓج	تٓمد	غٓريح
2	13	444	1,218

Les Arabes emploient, pour indiquer les voyelles dans leurs mots, les signes suivants :

Le *fathah* ou *nasbéh* (´), qui se prononce comme *a* ou *e*, et se place au-dessus de la lettre;

Le *kesrah* ou *khoufdah* (ˏ), qui se prononce *i*, et se place au-dessous de la lettre;

Le *dhammah* ou *roufa'h* (ˌ), qui donne à la lettre la prononciation de *o*, *ou*, et se place au-dessus de celle-ci;

Enfin le *tenouyn* (٭), qui se joint aux trois signes précédents, en leur ajoutant la prononciation de la lettre *n*, et qui se place tantôt au-dessus, tantôt au-dessous de la lettre :

fathah-tenouyn, kesrah-tenouyn, dhammah-tenouyn.

Ils emploient aussi les signes orthographiques suivants :

Le *djesm* ou *sokoun* (ْ), qui indique que la consonne qui le porte n'a point de voyelle, et qu'on la prononce jointe avec la suivante : il se place au-dessus de la lettre ;

Le *techdyd* (ّ), qui indique que celle-ci doit se doubler dans la prononciation, et qui se place aussi au-dessus de la lettre ;

Le *maddah* (ٓ), qui se place presque toujours au-dessus de l'*élif*, pour en allonger la prononciation, surtout lorsque celui-ci termine un mot ; et sur la première lettre d'un nombre, pour indiquer que c'est un chiffre ;

Le *ouasl* (ٱ), qui se place aussi sur l'*élif*, indiquant que celui-ci disparaît dans la prononciation, et que le mot dont il fait partie doit être réuni au précédent ;

Le *hamzah* ou *qatta'h* (ٔ ء), qui accompagne très-souvent l'*élif* ; cependant on le trouve aussi au milieu d'un mot, et alors il a la valeur et la prononciation de cette lettre. — La première forme est la plus usitée.

Tous ces différents signes se combinent entre eux.

Ainsi le *hamzah* se joint avec le *fathah*, le *kesrah*, le *dhammah*, et le *tenouyn* :

- Hamzah-fathah.
- Hamzah-tenouyn-fathah.
- Hamzah-kesrah.
- Hamzah-tenouyn-kesrah.
- Hamzah-dhammah.
- Hamzah-tenouyn-dhammah.
- Hamzah-djesm.

Le *techdyd* se joint aussi avec les points-voyelles, absolument comme le *hamzah* :

- Techdyd-fathah.
- Techdyd-tenouyn-fathah.
- Techdyd-dhammah.
- Techdyd-tenouyn-dhammah.

L'on joint aussi les points-voyelles (*fathah*, *dhammah* et *tenouyn*) avec un, deux ou trois points :

- Fathah un point
- Fathah deux points.
- Fathah trois points.
- Tenouyn-fathah un point.
- Tenouyn-fathah deux points.
- Tenouyn-fathah trois points.

◌ُ	Dhammah un point.	◌ٌ	Tenouyn-dhammah un point.
◌ُ	Dhammah deux points.	◌ٌ	Tenouyn-dhammah deux points.
◌ُ	Dhammah trois points.	◌ٌ	Tenouyn-dhammah trois points.

Tous ces signes sont fondus sur un corps beaucoup plus petit que celui du caractère ordinaire; cependant toutes les combinaisons du *hamzah* sont aussi fondues sur le corps du caractère, pour le cas où elles se trouvent placées après un *élif :*

الثناء الأجزاء قضاء

Les signes orthographiques et les points-voyelles sont fondus de deux manières : les uns, avec tout le talus par en haut, sont dits *inférieurs;* les autres, avec tout le talus par en bas, sont dits *supérieurs.*

Les premiers s'emploient pour les lettres courtes par en haut :

السُجواد ويعصّلون سائر

les seconds s'emploient pour les lettres longues par en haut :

محلّ الآخرة بشأن

Les signes *fathah* (´) et *tenouyn-fathah* (ً) servent pour le *kesrah* (ِ) et le *tenouyn-kesrah* (ٍ); mais il faut avoir le soin de les mettre cran dessus ou cran dessous, selon qu'ils se trouvent au-dessus ou au-dessous de lettres longues par en haut ou par en bas :

جميعًا امَلى كَرادين

جانٍ بِرسالة الرحمنِ

Il résulte nécessairement de là que ces divers signes offrent, souvent dans le même mot, un alignement horizontal irrégulier :

دِهِ بِسِم رُمَلَ آلبَحرِ القُدَمآ

On trouve aussi des points fondus séparément sur corps plus petit :

• Un point. ·· Deux points. ∴ Trois points.

Ils servent pour former diverses lettres qui ne sont pas fondues avec ces points, comme, par exemple, le *guef* (ڭ), que l'on fait avec le *kef* (ک) en le surmontant d'un trois-points; le *té* à deux alignements (ت), avec deux points, et le *fé* (ڢ), avec un point dessous.

Lorsque la lettre *yé* (ى) se rencontre dépourvue de point, elle doit toujours être surmontée du signe orthographique *hamzah* (ء), et elle prend alors le nom de *yé-hamzé* :

الصنائع فيلائم

Les Arabes ne font pas usage de majuscules : on emploie pour les titres des caractères d'une force de corps supérieure, comme on en peut voir l'exemple, page 245.

Les alinéa ne se renfoncent généralement pas.

Les mots ne se coupent jamais au bout des lignes; il y a des traits horizontaux plus ou moins larges, appelés *allonges* (- -), qui se placent entre certaines lettres, et de préférence entre celles qui peuvent se heurter par en haut, ou se confondre par la forme et le nombre de points :

بـيـنـهـا بـيـن مهـالـكـة تـكـريت

Il est quelquefois nécessaire, dans des fontes mal faites, de jeter une espace plus ou moins forte entre certaines lettres isolées qui ne peuvent prendre d'allonges, afin d'éviter qu'elles ne se brisent par en bas :

الروم خشوع

L'italique se marque par un filet maigre que l'on met soit au-dessus, soit au-dessous du passage ou du mot que l'on veut faire ressortir :

فـصـاحـة القران

Les Arabes n'ont aucune ponctuation régulière; seulement ils font usage de plusieurs signes arbitraires, tels que les suivants :

❀ ، ؛ ،، etc.

Dans la poésie, l'hémistiche des vers se marque par l'un des signes ci-dessus, qui prend le même espacement que les mots :

ما لذ لى شرب راح ، على رياض الاقاح
لولا هضيم الوشاح ❀ اذا انثنى فى الصباح

ou bien par deux filets placés verticalement au milieu des vers :

فحلّت بزوراء العراق وزغبها || بعسفان ثاو منهم وطليح
تحنّ اليهم كلها ذرّ شارق || وتسجع فى جنح الدجى وتنوح

ou, encore, chaque hémistiche forme une ligne séparée, le premier ressortant à droite de la ligne, et le second à gauche :

فهذى اسرار عليكم بكتمها
اقمها دوائرا وبالحاء مدلا
وطاء لها عرش وفيه نقوشها
بنظم ونثر وتراه مجدولا

Lorsque les vers sont disposés de cette manière, il faut avoir le soin de rendre tous les hémistiches égaux entre eux en largeur, en jetant avec discernement les allonges entre certaines lettres, comme on le voit dans le précédent exemple.

Mais, le plus ordinairement, l'hémistiche est indiqué par un alignement vertical, et par un blanc plus fort à cet endroit :

اذا ذكّرتهم هيّجت ذا بلابل   وكانت بكتم الغرام تبوح
بابرح من وجدى لذكراكم متى   تالّق برق او تنسّم ريح
انظر الىّ بعين مولى لم يزل   تولى الندا وتلاف قبل تلافى
انا كالذى احتاج ما تحتاجه   فاغنم ثوابى والثناء الوافى

Il y a quelques ouvriers qui composent l'arabe le cran en dessous, ce qui les oblige à commencer les lignes par l'extrémité droite du composteur, en le tenant un peu incliné par en bas de ce côté; mais le plus grand nombre préfèrent composer le cran dessus, et commencer les lignes de gauche à droite, comme pour les langues occidentales.

Lorsque la ligne de texte est terminée de cette manière,

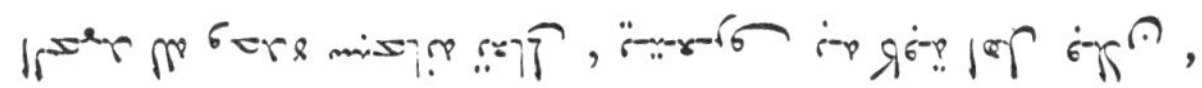

et qu'on l'a lue avec la plus grande attention, on met une interligne par-dessus, et l'on compose (également le cran en dessus) la ligne qui contient les différents signes détachés qui se trouvent sur certaines lettres, en ayant soin de bien ajuster chacun d'eux au milieu de la lettre à laquelle il appartient,

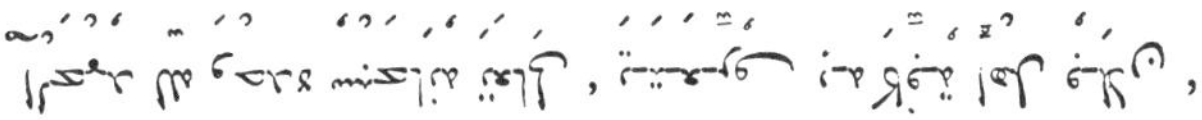

puis on met cette ligne de signes dans la galée, en la retournant. On enlève ensuite la ligne de texte du composteur, pour l'y replacer le cran en dessous, et l'on compose de la même manière qu'il vient d'être dit, le cran aussi en dessous, la ligne des signes détachés qui sont sous les lettres :

الحمد لله وحده سبحانه تعالى ، يتعرو به كافة اهل بلان ،

puis l'on place ces deux lignes ensemble dans la galée ; ce qui donne le résultat suivant :

اَلْحَمْدُ لِلّٰهِ وَحْدَهُ سُبْحَانَهُ تَعَالَى ، يَتَعَرَّفُ بِهِ كَافَّةُ أَهْلِ فُلَانٍ ،

Il est utile de faire un petit trait à la copie à chaque ligne de texte que l'on termine, lequel sert de point de rappel pour retrouver plus facilement l'endroit où on s'est arrêté.

Lorsque, dans un ouvrage mélangé de français et d'arabe, on se trouve dans le cas de couper une ligne entre des mots arabes qui *forment une phrase*, il faut avoir soin de ne pas prendre le mot qui suit immédiatement le français pour terminer la ligne, mais celui qui semble par sa position être le dernier de la citation; parce que, l'arabe se lisant à l'inverse du français, on ferait, en agissant ainsi, commencer la phrase par le dernier mot. Nous allons rendre ceci plus sensible par un exemple.

Supposons le passage suivant à composer :

Le célèbre émir Abd-el-Kader porte le surnom de بن محى الدين, c'est-à-dire, fils de Mahi-ed-Din;

On ne devra pas couper ainsi :

. . . . Le célèbre émir Abd-el-Kader porte le surnom de الدين
بن محى, c'est-à-dire, fils de Mahi-ed-Din;

non plus que de cette manière :

. . . . Le célèbre émir Abd-el-Kader porte le surnom de محى الدين
بن, c'est-à-dire, fils de Mahi-ed-Din;

ce qui, évidemment, transposerait le tout, et rendrait la citation inintelligible.

Dans le premier cas, on coupera :

. . . . Le célèbre émir Abd-el-Kader porte le surnom de بن
محى الدين, c'est-à-dire, fils de Mahi-ed-Din;

et, dans le second,

. . . . . . Le célèbre émir Abd-el-Kader porte le surnom de بن محى
الدين, c'est-à-dire, fils de Mahi-ed-Din.

On conçoit qu'on n'agit plus de même, si chaque mot forme comme un exemple isolé; c'est-à-dire qu'on termine la ligne avec le premier mot qui suit le français, et, au besoin, avec le second.

Lorsque, pour une cause quelconque, on opère un remaniement (lequel se fait le cran en dessous), il faut avoir soin, dans le cas d'ajouté, de reporter le ou les mots ressortant à gauche de la première ligne remaniée en tête de la deuxième, c'est-à-dire à droite, d'après son sens de lecture et sa position dans la galée. S'il s'agit d'une suppression, c'est, au contraire, le ou les mots de la partie droite de la deuxième ligne qu'il faut reporter à l'extrémité gauche de la première.

Il est inutile de dire que si, par le fait de corrections, on ajoute ou retranche une lettre qui modifie l'espacement de la ligne, on doit retoucher également aux deux lignes de ponctuation, afin de conserver à chacun des signes la place qui lui convient. — Ceci s'applique également à l'hébreu.

Lorsqu'on distribue, il faut avoir le soin de pousser les interlignes en arrière, au lieu de les tirer en avant, comme on fait d'habitude, par rapport aux nombreuses lettres crénées qui font saillie, et que l'on pourrait facilement endommager.

MODÈLE DE LECTURE.

المرة و الدجاجة
ed-dedjadja ou el-mra

مرة كان عندها دجاجة تولد كلّ يوم عظمة متاع الفضة ❋
el-fadha mtâ âdhma ioum koll touled dedjadja ând-ha kan mra

قالت المرة في قلبها واذا نزيد لها في الماكلة ترجع
terdjâ el-makla fi lha nzid ouida qalb-ha fi el-mra qalet

تولد لي زوج عظمات ❋ زادت لها في الماكلة و الدجاجة
ed-dedjadja ou el-makla fi lha zadet âdhmat zoudj li touled

تفرقعت حنجورتها و ماتت ❋ هذا معناه ❋ قدّاش من واحد
ouahed men qaddach mânahou hada matet ou handjouret-ha tferqaât

في خاطر رباح صغير يفسّد راس ماله
malou ras ifessed seghir rbah khathar fi

Le modèle de casse qui suit est formé de quatre parties. Les cassetins vides de la partie gauche supérieure permettront l'introduction de certaines lettres ponctuées de différents dialectes, de la nature de celles qui figurent déjà au-dessus des chiffres.

MODÈLE

HAUT DE CASSE (PREMIÈRE PARTIE).

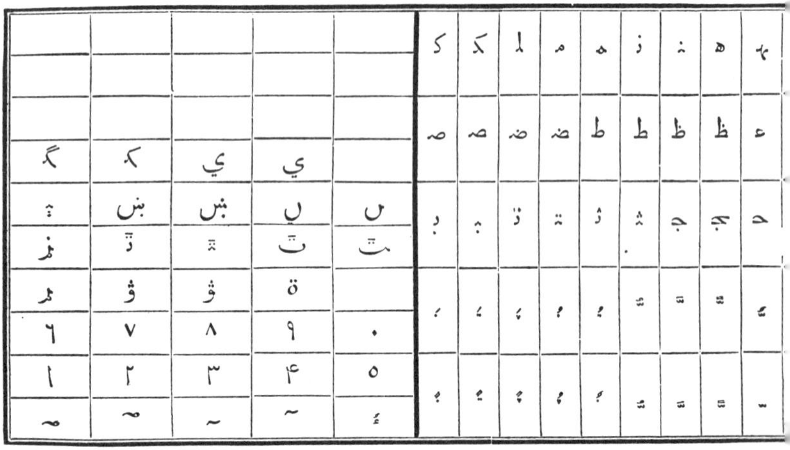

BAS DE CASSE (PREMIÈRE PARTIE).

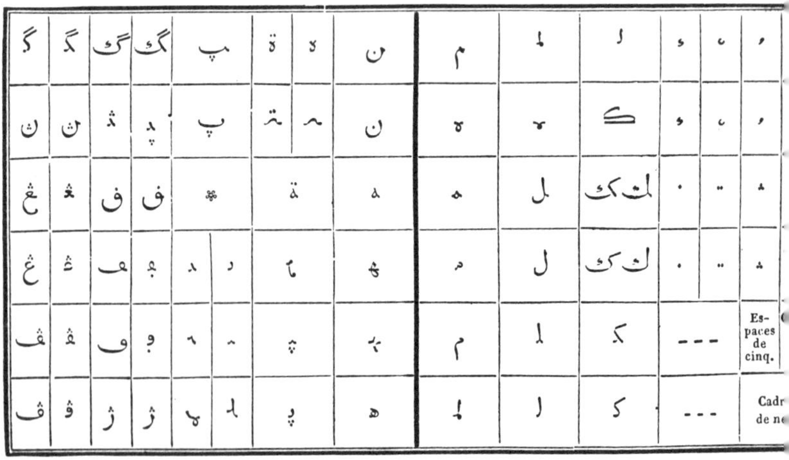

SE ARABE.

HAUT DE CASSE (DEUXIÈME PARTIE).

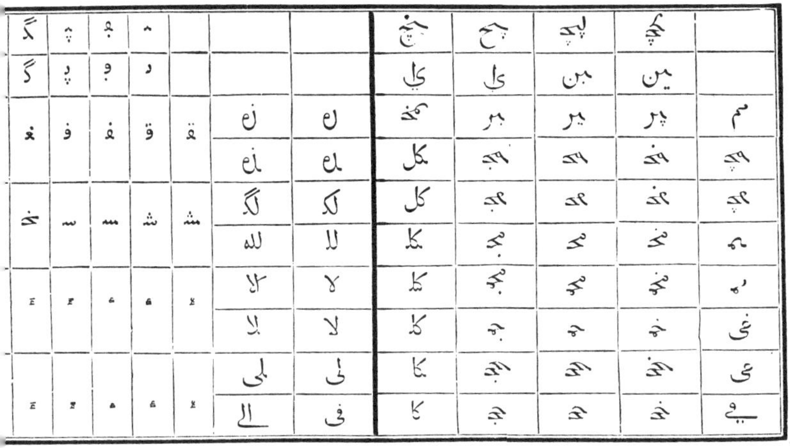

BAS DE CASSE (DEUXIÈME PARTIE).

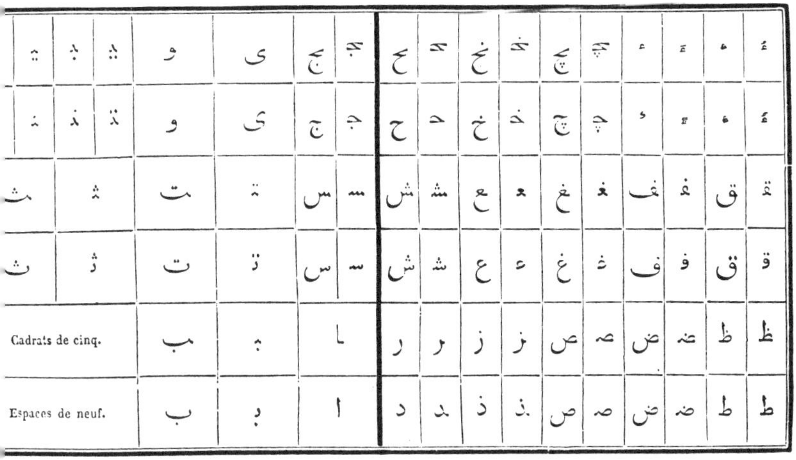

§ X.

COMPOSITION DE L'HÉBREU.

L'alphabet hébreu a vingt-deux lettres, dont voici la figure et le nom :

FIGURE. Finales.	FIGURE. Initiales, Médiales.	NOM.	VALEUR.	FIGURE. Finales.	FIGURE. Initiales, Médiales.	NOM.	VALEUR.
	א	Aleph,	a.		ל	Lamed,	l.
	ב	Beth,	b, bh.	ם	מ	Mem,	m.
	ג	Guimel,	g, gh.	ן	נ	Noun,	n.
	ד	Daleth,	d, dh.		ס	Samech,	s.
	ה	Hè,	h.		ע	Aïn,	h, gh.
	ו	Vav,	v, o, ou.	ף	פ	Phè,	ph.
	ז	Zaïn,	z.	ץ	צ	Tzade,	tz.
	ח	Heth,	h.		ק	Coph,	k.
	ט	Teth,	t.		ר	Resch,	r.
	י	Iod,	i, j.		ש	Shin,	sh.
ך	כ	Caph,	c, ch.		ת	Thau,	th.

Toutes ces lettres étant susceptibles de recevoir des points soit au-dessus, soit au dedans, et quelquefois même au-dessus et au dedans, sont fondues avec ces points (1) :

אֹ (2) בֹּ בֹ בּ גֹּ גֹ גּ דֹּ דֹ דּ הֹּ הֹ הּ וֹּ וֹ וּ זֹּ זֹ זּ חֹ טֹּ טֹ טּ יֹּ יֹ יּ

(1) En Allemagne et en Hollande, où l'on compose fréquemment cette langue, les caractères sont fondus à vif, et les points supérieurs qui figurent ici fondus séparément, s'ajustent comme les points-voyelles et la ponctuation tonique ; ce qui offre le triple avantage de diminuer beaucoup les sortes à fondre, de simplifier la casse, et de ne point assez isoler la ponctuation tonique pour faire douter à quelle ligne elle appartient : défaut remarquable dans nos fontes.

(2) Le point (*cholem*) qui figure au-dessus de la partie gauche de toutes ces lettres (excepté le ש qui le prend tantôt à droite, tantôt à gauche, selon qu'on le prononce *schin* ou *sin*), se rencontre assez souvent sur la partie droite, dans certaines fontes allemandes.

צצצ פפפ עעע ססס נננ מממ ללל ךךך כככ
קקק ווו שששששש תתת (1).

Le nombre et la place de ces points changent la prononciation des lettres.

Il y a, en outre, sept points-voyelles, fondus séparément sur un corps inférieur, et qui se placent au-dessous des lettres :

ָ ַ ְ ִ ֶ ֵ ֻ
kametz, patach, schwa, chirek, segol, zereh, kibbur.

Ces points-voyelles se combinent quelquefois ainsi sous la même lettre :

ֳ ֱ ֲ
chatef-kametz, chatef-segol, chatef-patach.

Il y a aussi vingt-quatre signes de ponctuation tonique, fondus comme les précédents, qui se placent tantôt au-dessus, tantôt au-dessous des lettres, suivant l'élévation ou l'abaissement du ton; voici les supérieurs :

segolta, petit sakeph, grand sakeph (2), r'bia, paschta ou kadma (3), sarka, schalschelet, paser, karne-phara (4), grand telischa, petit telischa, gäresch, double gäresch ou guerschaïm, j'thib.

Les inférieurs sont :

silluk, athnach, tiphcha, merka, double merka, munach, t'bir, mahpach (5), darga, iärach (6).

---

(1) Lorsque l'hébreu se compose sans points-voyelles et sans ponctuation tonique, on ne fait point usage de ces lettres.

(2) Ces trois premiers signes sont les mêmes que les points-voyelles *segol* retourné, *schwa*, et *silluk* réuni au *schwa*.

(3) Le *paschta* se place sur la partie gauche de la lettre (ה); lorsqu'il est au milieu, il prend le nom de *kadma* ou *asla* (ה). Ce signe sert, en le retournant, pour le *tiphcha*, et le *gäresch* pour le *merka*.

(4) Le *karne-phara* se forme de la réunion du petit et du grand *telischa*.

(5) Ce signe, qui est le même que le *j'thib* retourné, se place sur la partie droite de la lettre, et ce dernier sur la partie gauche.

(6) Le *iärach* est l'*athnach* retourné.

Le signe s'emploie pour remplacer une lettre à la fin d'un mot; et, lorsqu'il est redoublé (″), il signifie que le mot qui le précède et celui qui le suit forment deux ou plusieurs mots composés. Ils sont plus particulièrement employés dans l'hébreu rabbinique.

Le signe ־ (*makkeph*) sert à réunir deux mots, et se place sans espace ni avant ni après :

אֶל־מֹשֶׁה אֶת־אַהֲרוֹן.

Il peut terminer une ligne, et, dans ce cas, simuler notre division.

Le *psik* (׀) indique qu'il ne faut pas, en lisant, lier le mot qui le précède avec celui qui le suit.

La ligature ﭏ, la seule employée en hébreu, est la réunion de l'*aleph* et du *lamed*. On ne l'emploie que pour éviter des lignes trop serrées, et elle ne se place qu'au milieu ou à la fin des mots :

עמנוﭏ מﭏהים

On ne fait point usage de majuscules.

L'hébreu n'a que deux signes de ponctuation : le deux-points (:), qui est presque uniquement employé, et qui prend une espace forte avant et une plus forte après; et le point (.), que l'on rencontre rarement, et qui s'espace de la même manière que le deux-points.

L'hébreu n'a point de chiffres particuliers; les lettres de l'alphabet servent à la numération, ainsi qu'il suit :

א	ב	ג	ד	ה	ו	ז	ח	ט	י	יא	יב	יג	יד	טו	טז	יז
1	2	3	4	5	6	7	8	9	10	11	12	13	14	15	16	17

יח	יט	כ	כא	ל	לא	מ	מא	נ	נא	ס	סא	ע	עא	פ	פא		
18	19	20	21	30	31	40	41	50	51	60	61	70	71	80	81		

צ	צא	ק	קא	ר	ש	ת	ך	ם	ן	ף	ץ	א̇	בא̇
90	91	100	101	200	300	400	500	600	700	800	900	1,000	2,000

L'italique se marque, comme dans le grec et l'allemand, par une espace fine entre chaque lettre.

L'alinéa se marque par un cadratin.

En Allemagne, l'hébreu se compose généralement de droite à gauche, et le cran en dessous, en inclinant la tête du composteur par en bas. En France, on le compose de gauche à droite, le cran en dessus, comme l'arabe :

לכן יתן אדני הוא לכם אות : הנה העלמה הרה וילדת בן וקראת

On compose ensuite de la même manière, par-dessus la ligne, la ponctuation tonique, si l'on en fait usage,

לכן יתן אדני הוא לכם אות : הנה העלמה הרה וילדת בן וקראת

et cette ponctuation est retournée et placée dans la galée ; puis on retourne à son tour la ligne de texte dans le composteur, et l'on ajuste (en commençant par la gauche) les points-voyelles exactement au milieu de chacune des lettres qui en portent, excepté sous le דָ, le וָ, le זָ, le יָ, le לָ, et le רָ, qui le prennent exactement sous la pointe de leur trait vertical (1) :

לָכֵן יִתֵּן אֲדֹנָי הוּא לָכֶם אוֹת : הִנֵּה הָעַלְמָה הָרָה וְיֹלֶדֶת בֵּן וְקָרָאת

Enfin, ces deux dernières lignes sont, à leur tour, mises dans la galée, et offrent alors la configuration d'ensemble suivante :

לָכֵן יִתֵּן אֲדֹנָי הוּא לָכֶם אוֹת : הִנֵּה הָעַלְמָה הָרָה וְיֹלֶדֶת בֵּן וְקָרָאת

Il est indispensable d'apporter la plus grande attention à la lecture de la ligne avant d'y placer la ponctuation, car l'omission ou la doublure d'un mot, ou même d'une simple lettre, pourrait entraîner à une perte de temps considérable.

Lorsqu'un point-voyelle et un accent tonique appartiennent à une même lettre, ils ne doivent pas être séparés entre eux ; et s'ils excèdent en largeur la lettre sous laquelle ils sont réunis, on jette une espace d'un point de chaque côté de la lettre :

אֶהְיֶה וַיֵּבֹשׁוּ

(1) Le *metheg* (ֽ), qui indique une pause en poésie, se place, lorsqu'il est seul, sous la partie gauche de la lettre, et non au milieu ; et quand il est accompagné d'un point-voyelle, on ne met pas d'espace entre.

La ponctuation étant généralement fondue sur une très-petite force de corps, il est nécessaire de mettre une interligne ou un filet sur la ligne avant de la justifier, sans quoi on courrait risque de la mettre en pâte.

Les mots ne se coupent jamais à la fin des lignes; la justification s'opère, indépendamment de l'espacement qu'on peut tenir très-fort, à l'aide de certaines lettres larges, qui se placent préférablement à la fin des mots. Ces lettres sont les suivantes :

א, ה, ל, ם, ת.
aleph, hè, lamed, mem, thau.

לא-תשתחוה להם ולא תעבדים כי אנכי יהוה אלהיך אל

On doit éviter néanmoins, autant que possible, que plusieurs lignes consécutives finissent par la même lettre large, parce que cela produit un effet désagréable à l'œil.

Il arrive si fréquemment des erreurs à l'occasion de la coupure des lignes, dans les ouvrages mêlés de citations en langues orientales, que nous croyons devoir reproduire ici ce que nous avons dit page 244, à l'occasion de l'arabe. Supposons donc le passage suivant :

..... Les onze lettres contenues dans les trois mots משה כתב אלינו, s'appellent *serviles*...

On ne coupera pas

.... Les onze lettres contenues dans les trois mots אלינו
משה כתב, s'appellent *serviles*...

ni de cette manière,

.... Les onze lettres contenues dans les trois mots כתב אלינו
משה, s'appellent *serviles*...

Dans le premier cas, on coupera :

.... Les onze lettres contenues dans les trois mots משה
כתב אלינו, s'appellent *serviles*...

et, dans le second :

.... Les onze lettres contenues dans les trois mots משה כתב
אלינו, s'appellent *serviles*...

Ce qui est relatif aux corrections et aux remaniements, dans l'arabe, est également applicable ici.

LETTRES RABBINIQUES.

Les lettres de l'hébreu rabbinique ont la même dénomination et la même valeur que celles de l'hébreu carré; mais elles en diffèrent pour la forme, ainsi qu'on le voit ici :

א,	ב,	ג,	ד,	ה,	ו,	ז,	ח,	ט,	י,
aleph,	beth,	guimel,	daleth,	hè,	vav,	zaïn,	heth,	teth,	iod,
כ ך,	ל,	מ ם,	נ ן,	ס,	ע,	פ ף,	צ ץ,	ק,	
caph,	lamed,	mem,	noun,	samech,	aïn,	phè,	tzade,	coph,	
ר,	ש,	ת;	ﭏ.						
resch,	shin,	thau;	aleph-lamed.						

Bien que toutes ces lettres soient susceptibles de recevoir des points-voyelles, ainsi que la ponctuation tonique, le plus grand nombre des écrits rabbiniques ne les portent pas; ce qui, en dehors des règles que nous avons exposées plus haut, rend la composition de ces caractères des plus faciles.

L'imposition des ouvrages hébreux, ainsi que celle des ouvrages arabes, se fait de manière que, la feuille étant pliée, la première page se trouve à la place où nous mettons notre dernière (1).

Nous avons, dans le modèle de casse que nous donnons à la page suivante, disposé les lettres de manière qu'elles puissent être placées dans une casse française, sans, pour ainsi dire, toucher à sa boiserie.

---

(1) Voir, chapitre IX, le plan des impositions.

MODÈLE DE CASSE HÉBRAÏQUE.

HAUT DE CASSE.

BAS DE CASSE.

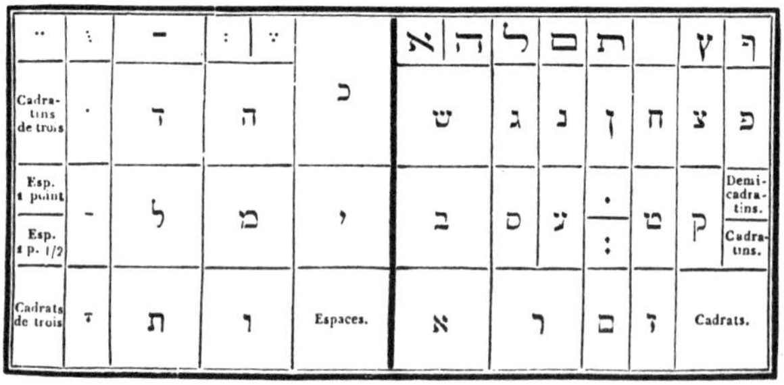

CHAPITRE VI.

ATTRIBUTIONS RELATIVES DE L'APPRENTI, — DU PAQUETIER, — DU METTEUR EN PAGES, — DE L'HOMME DE CONSCIENCE.

§ Ier.

ATTRIBUTIONS DE L'APPRENTI.

L'apprenti, que l'on doit supposer connaître à fond l'orthographe, savoir lire à peu près toute espèce de manuscrit, et avoir l'aptitude convenable, est l'aide naturel de la *conscience,* chargée, le plus fréquemment, de lui apprendre son état, en lui faisant faire successivement toute espèce de travaux : il doit donc, avant tout, s'il tient à devenir bon ouvrier, écouter ses conseils avec la plus grande attention.

La durée de l'apprentissage est, le plus fréquemment, de quatre années.

Les fonctions préalables et les plus ordinaires de l'apprenti, pendant les deux premières années, sont :

Désinterligner (1) et lier la lettre qui doit être mise en réserve lorsqu'un ouvrage est terminé;

---

(1) On procède au désinterlignage de la manière suivante :

Le paquet à désinterligner est placé dans une galée (ordinaire, si on désinterligne sur la casse; à pied, si on désinterligne sur le marbre), dans le même sens que la composition; et chaque interligne, en commençant par le bas du paquet, est successivement soulevée, à l'aide d'une autre interligne ou d'une pointe, par son côté libre, c'est-à-dire à droite, et saisie par la main gauche, qui la sort d'entre les lignes, tout en rapprochant presque simultanément ces dernières; ce qui ne laisse jamais de vide entre les lignes.

Quelques compositeurs, au contraire, commencent par soulever toutes les interlignes du paquet (les uns par la droite, les autres par la gauche) d'une ma-

Trier les interlignes par longueur et par épaisseur;

Mettre en ordre les lingots pour garnitures;

Faire les pâtés des ordures ou autres (1);

Distribuer les caractères d'affiches;

Tenir la copie aux correcteurs en première;

Faire pendant une heure déterminée par le prote, les commissions des ouvriers qui prennent leur repas à l'atelier.

Les deux premières années de l'apprentissage doivent être consacrées à la composition et à la correction des ouvrages de ville en général, ainsi qu'aux diverses autres opérations qui sont du ressort de la *conscience*, comme imposition, confection de garnitures, etc., etc., enfin à tout ce qu'il est nécessaire de savoir exécuter.

Il y a quelques imprimeries d'importance secondaire où l'apprenti est en outre astreint aux fonctions suivantes :

Balayer l'atelier le matin, avant l'arrivée des ouvriers (2);

Allumer les feux des poêles en hiver;

Nettoyer les chandeliers ou les lampes;

Mettre de l'eau à la tremperie pour le service des presses, et faire la lessive;

Porter les épreuves chez les auteurs;

Étendre et détendre le papier après le tirage, et quelquefois même assembler.

---

nière sensible au-dessus de l'œil de la lettre, pour en retirer ensuite plusieurs d'un seul coup, et ne rapprocher les lignes qu'après leur extraction totale.

Nous ne croyons pas avoir besoin d'insister sur le vice de cette manière, qui laisse bien plus de chances de mise en pâte, par l'isolement de toutes les lignes entre elles, ainsi que par le danger qu'elle offre d'accrocher, d'une manière ou d'une autre, quelqu'une des interlignes qui se trouvent toutes soulevées pendant un certain temps.

(1) Les pâtés des ordures doivent être composés le cran dessus, afin de pouvoir facilement en reconnaître les divers caractères du même corps, et être remis ensuite à la conscience, qui seule doit en opérer la distribution.

(2) Le balayage ne doit se faire qu'après avoir préalablement ramassé les lettres dans chaque rang, et les avoir déposées, sur du papier, dans le cassetin aux espaces du compositeur à qui elles appartiennent.

Lorsqu'il en est ainsi toutefois, l'équité la moins rigoureuse exige que cela ne soit que temporaire, afin que, son temps fini, l'élève ne soit pas dans la triste nécessité, comme on le voit trop souvent, ou de recommencer un nouvel apprentissage à ses frais, ou même d'abandonner un état pour lequel ses parents ont fait en vain le sacrifice de quatre années consécutives! Il est, du reste, nous le pensons, de l'intérêt bien entendu du maître imprimeur, d'avoir une personne spécialement chargée de ces diverses occupations.

§ II.

ATTRIBUTIONS DU PAQUETIER.

Le paquetier doit avoir recours à son metteur en pages pour tout ce qui peut offrir du doute dans sa copie, mais lorsqu'il en a reçu les renseignements nécessaires, il est passible des corrections résultant de sa négligence à cet égard.

Lorsqu'il y a impossibilité d'être renseigné d'une manière positive sur un ouvrage spécial, les paquetiers doivent s'entendre entre eux, afin que leur travail soit au moins uniforme jusqu'à la décision de l'auteur ou du correcteur.

Le paquetier est responsable de la copie qui lui est délivrée. Il doit, après l'avoir terminée, la placer d'une manière visible entre le haut et le bas de casse.

Après avoir lié solidement ses paquets (1), le paquetier les met par ordre sous son rang, le premier à gauche et libre, c'est-à-dire sans être couvert, afin que le metteur en pages trouve facilement la composition à prendre. Les autres paquets se mettent l'un sur l'autre.

Il vaut mieux que le dernier paquet d'une composition soit long de quelques lignes, que d'en faire un nouveau avec un excédant trop faible.

(1) La mise en pâté des paquets mal liés est à la charge du paquetier.

Le paquetier doit éviter de commencer un paquet par un bout de ligne (fin d'alinéa); on le fait rentrer dans le paquet précédent, qui alors devient long, et le suivant est tenu court. Par là on épargne, sans se porter le moindre préjudice, le temps du metteur en pages, souvent obligé, faute de cette précaution, de remettre plusieurs pages en pages.

Il convient aussi (sans pourtant qu'il y soit obligé) que le paquetier place un bout de papier entre les lignes où se trouvent des titres, des vers, des opérations, etc. Il en est de même des renvois de notes en chiffres supérieurs sans parenthèses et peu nombreux; mais s'ils sont en chiffres ordinaires avec parenthèses, cette indication devient à peu près inutile, leur grosseur les faisant facilement apercevoir en mettant en pages.

Bien que finissant sa copie en alinéa, le paquetier doit toujours s'assurer s'il a un rattrapage; car, outre que le metteur en pages peut avoir eu des motifs pour ne faire commencer qu'au deuxième ou au troisième alinéa du feuillet suivant, il est possible qu'il ait été lui-même trompé par un alinéa mal formé par l'auteur en tête du feuillet. — Tout bourdon résultant de ce fait est à la charge de celui qui a omis de remplir cette formalité.

Le rattrapage doit, autant que possible, être remis aussitôt à celui qui le demande, afin, dans certains cas, de ne point retarder la mise en pages.

Le paquetier doit la correction de la *typographique*, c'est-à-dire de toutes les fautes provenant de son fait, comme coquilles, mots tronqués, bourdons, doublons, espacement vicieux, mauvaises divisions, et autres défauts de composition; ainsi que des fautes relatives à une disposition particulière adoptée pour l'ouvrage, et pour laquelle, comme nous l'avons dit, il doit avoir reçu les instructions convenables. Mais il n'est point tenu d'exécuter à son compte le redressement de phrases mal construites, lorsque la copie est vicieuse sous ce rapport, non plus que les changements dans la ponctuation, surtout quand il s'agit d'une réimpression.

Lorsque, pour une cause quelconque (ce qui ne doit avoir lieu que dans des cas très-rares), l'épreuve est envoyée à l'auteur sans avoir été lue en *typographique*, et qu'elle est surchargée de corrections faites par ce dernier, le paquetier se trouve dégagé de la correction des fautes qui lui sont personnelles.

Le paquetier seul est responsable des bourdons, de quelque nature qu'ils soient, dans les catalogues, tables, poésie, en un mot, dans toute composition dont la trop grande fréquence des alinéa en empêche la vérification par le metteur en pages.

Si un paquetier fait un bourdon dans le corps d'un alinéa, il doit en opérer le remaniement à ses frais, et il n'a rien à réclamer pour sa composition, si le placement des lignes en plus s'opère au détriment des blancs de titres ou de notes. Il n'a droit à compter que les lignes qui sortent d'une feuille, lorsque la feuille suivante n'est pas en pages; il doit compte, au contraire, des lignes qu'il prend sur le premier paquet à mettre en pages, pour le remplacement d'un doublon dans le corps d'un alinéa.

S'il arrive que, dans un ouvrage où certaines divisions tombent en page ou en belle page, un bourdon de cinq ou six lignes dans le corps d'un alinéa entraîne à faire une et même deux pages de plus et occasionne la désimposition, la réimposition, et le changement des folios de ce qui est imposé, tout ce travail est à la charge de celui qui a fait le bourdon, sans que, pour cela, nous le croyions rigoureusement en droit de rien exiger; car le metteur en pages eût eu le bon de ces pages, en parties blanches, si le bourdon n'eût pas été fait. Le seul avantage réel qui en résulte pour ce dernier est la confection de deux pages par le paquetier, avantage dont, au reste, il est juste qu'il lui tienne compte, en le remboursant du temps passé.

Il en sera de même si, dans un cas semblable, un doublon de quelques lignes dans le corps d'un alinéa entraîne la suppression d'une ou de deux pages presque blanches; c'est-à-dire que le paquetier opérera à son compte le travail en résultant, mais que le metteur en pages ne perdant en réalité que le temps qu'il a passé à confectionner les deux pages que la présence seule du doublon a nécessitées, ne peut rien exiger au delà de ce temps.

Lorsque plusieurs paquetiers ont des bourdons dans la même feuille, celui qui doit corriger le premier par son tour d'ordre sur l'épreuve peut profiter des lignes à regagner ou des blancs à diminuer jusqu'à l'endroit où se trouve le bourdon du second ou du troisième paquetier. Si, arrivé là, son bourdon n'est pas entièrement placé, il s'entend avec son suivant pour le report, si celui-ci a lui-même des lignes excédantes; dans le cas contraire, il continue le report jusqu'au point convenable. Celui qui corrige avant son tour, comme cela arrive quelquefois, ne peut rétrograder pour profiter d'un blanc quelconque favorable à son bourdon, qu'après s'être assuré que celui qui le précède n'en aura pas besoin. — Il en est de même à l'égard des doublons.

Si la correction d'un paquetier est faite en son absence, il en doit le remboursement. Il est cependant d'usage que si la correction se fait extraordinairement, c'est-à-dire pendant la nuit ou un dimanche, elle soit comptée dans les frais de gratification par le metteur en pages.

Le paquetier qui corrige le premier doit porter l'épreuve à son suivant; et, en l'absence de celui-ci, au compositeur qui marche après (1). Celui qui corrige le dernier ne doit pas laisser l'épreuve sur le marbre, mais la remettre au metteur en pages.

Le paquetier doit inscrire ses compositions et ses corrections

---

(1) Il était d'usage, autrefois, lorsqu'un compositeur finissait sa composition au tiers ou à la moitié de la dernière page de la feuille, qu'il en corrigeât le bas quoiqu'il ne fût pas à lui, à moins cependant qu'il n'y eût nécessité de remanier, pour bourdon, doublon, etc. Cette manière d'agir, qui du reste était réciproque, était dictée par la courtoisie, et avait pour but de ne pas déranger un compositeur pour quelques lettres à changer, souvent pour une seule, en le mettant dans le cas de démonter une casse, de descendre ou monter un ou plusieurs étages, ou tout au moins de quitter sa casse, ce qui porte toujours préjudice. Plus tard, comprenant mal le motif qui avait fait agir ainsi, on a pensé qu'il était de rigueur de corriger non-seulement le bas de la dernière page de la feuille, mais encore tous les autres bas de pages; ce que rien ne motivait, puisque celui à qui on corrige le commencement de sa composition, n'est pas pour cela dispensé d'en corriger le reste, et par conséquent de se déranger. — Maintenant on tend à tomber dans un excès contraire, et la plupart des compositeurs refusent de corriger aucun bas de page.

avec ordre sur son calepin, c'est-à-dire y marquer le folio et la réclame de la copie, ainsi que le nombre de lignes; la nature des épreuves corrigées (1re, 2e), le temps passé, etc.; afin d'en faire facilement et sans erreur le relevé lorsqu'il fait sa note de payement pour le metteur en pages. Cette note peut être conçue de cette manière (1) :

COMPOSITIONS.

OUVRAGES.	CARACTÈRES.	LIGNES.	*n*	TOTAL des *n*.	PRIX du MILLE.	MONTANT.		OBSERVATIONS.
Rœderer.....	Neuf.	800	37	29,600	50	14 fr.	80 c.	Fourni 773 l.; redoit 27.
Mémoires....	Onze.	1,400	50	70,000	50	35	"	Fourni 1,456 l.; bon 56.
Jocelyn......	Neuf.	624	53	33,072	55	18	18	
Pilote danois.	Neuf.	349	51	17,799	55	9	78	
				Total de la composition....		77 fr.	76 c.	

CORRECTIONS.

OEuvres de M. Rœderer.		*Mémoires du roi Joseph.*		*Jocelyn.*	
Feuille 1 (1re)......	10 h.	Feuille 15 (2e).....	7 h. 1/2	Feuille 15 (1re)....	2 h.
— 2 (4e)......	6	— 22 (1re)....	11	— 19 (4e).....	3
— 6 (3e)......	2 1/2	— 27 (3e).....	4 1/2	— 27 (1re)....	6 1/2
— 9 (2e)......	4	— 29 (1re)....	8	— 30 (2e).....	2
Total...	22 h. 1/2	Total...	31 h.	Total...	13 h. 1/2

RÉCAPITULATION :	Composition......................	77 fr. 76 c.
	Correction, 67 heures............	33 50
	TOTAL GÉNÉRAL.....	111 fr. 26 c.

Le paquetier est tenu de distribuer, si ce n'est immédiatement lors de sa rencontre, du moins aussitôt que possible, l'italique qui peut se trouver dans sa distribution. — Lorsque cet italique est insuffisant pour les besoins communs, et qu'il en est fourni par la *conscience*, chaque paquetier doit en distribuer sa part, qu'il s'en trouve ou non pour le moment dans sa copie. Il en serait autrement si un seul paquetier avait un passage de longue

(1) Il serait à désirer que, de même qu'on le fait dans certaines imprimeries pour le metteur en pages relativement à son bordereau, il fût fourni à chaque paquetier une note imprimée de la nature de celle-ci, et qu'il n'aurait plus qu'à remplir.

étendue à composer : il doit, dans ce cas, en distribuer lui-même la quantité qui lui est nécessaire.

Lorsqu'une casse italique est commune à plusieurs paquetiers, elle est de droit au premier occupant, soit pour composer, soit pour distribuer; mais celui-ci doit se dispenser de lever la totalité de l'italique si sa copie est divisée en plusieurs alinéa, afin de laisser, successivement, la place libre au suivant.

Le paquetier est tenu d'enlever immédiatement la distribution qui lui est désignée par le metteur en pages; et, dès ce moment, il en devient responsable. Lorsqu'il quitte un ouvrage sans espoir de le reprendre de longtemps, il doit la rendre au metteur en pages, ou à la *conscience* si l'ouvrage est terminé.

Lorsqu'un paquetier manque d'interlignes ou d'une sorte quelconque, il doit en avertir son metteur en pages, et ne rien bloquer sans ordre de sa part. S'il agit autrement, l'interlignage ou le débloquage reste à sa charge. Il est même tenu, lorsqu'il s'agit d'un ouvrage en train ou terminé, de retirer, en temps opportun et sur la demande du metteur en pages, les interlignes ou les sortes de la distribution pour mettre sa composition en état. Lorsque la lettre est rare, et qu'il consacre la part qui lui revient à ce travail, il ne peut en exiger d'autre du metteur en pages, par la raison bien simple que souvent il a travaillé, quoique en bloquant, pendant que les autres paquetiers se reposaient.

Le paquetier doit recevoir sa casse en bon état des mains de la *conscience*; mais il est tenu de la rendre également en bon état lorsqu'elle lui devient inutile. — Il doit la souffler de temps en temps; afin que la poussière ne s'y amasse pas. — Il doit également avoir le soin de ramasser immédiatement les lettres qui, en composant ou en distribuant, pourraient s'échapper fortuitement de ses mains, afin d'éviter qu'on ne marche dessus.

Si, par accident ou par maladresse, un paquetier fait un pâté, il doit le composer et le distribuer le plus tôt possible.

Le paquetier doit remettre, en ordre, à la *conscience*, les sortes étrangères à sa casse, et dont il n'a pas besoin. Il en est de même de toute sorte surabondante, qu'il ne doit pas garder sous son rang, réservé à recevoir seulement les paquets de composition, les sortes courantes survidées accidentellement, et les interlignes nécessaires à la composition.

De même que le prote doit, pour l'ensemble du travail, compter sur la présence du metteur en pages, celui-ci doit, à son tour, pouvoir compter sur celle du paquetier pendant une journée ordinaire, c'est-à-dire d'environ dix heures. Si donc, durant ce temps, le paquetier a besoin de s'absenter, il doit en prévenir le metteur en pages, afin que ce dernier fasse, si besoin en est, continuer sa copie ou sa correction.

§ III.

ATTRIBUTIONS DU METTEUR EN PAGES.

Lorsqu'un metteur en pages reçoit un labeur pour le faire exécuter, il doit s'enquérir du caractère du corps de l'ouvrage (1), de celui des notes (2), additions (3), préface (4), table (5), etc.; de la justification, du nombre de lignes à la page; s'il y aura de

---

(1) Le caractère doit être approprié au format; on emploie ordinairement :

Dans l'in-folio, du quatorze, du seize et au-dessus;
Dans l'in-quarto, du onze au seize;
Dans l'in-octavo, du neuf au douze;
Dans l'in-douze, du sept au onze;
Dans l'in-dix-huit, et l'in-trente-deux du cinq au neuf.

(2) Le caractère des notes varie, généralement, de quatre à cinq points au-dessous de celui du texte, pour le dix-huit et le seize; et de deux à trois points, du quatorze au six.

(3) Lorsqu'un ouvrage comporte des additions et des notes, les additions doivent être d'un caractère inférieur à ces dernières : ainsi, lorsque les notes sont en neuf, elles se font en sept; si en huit, en six; si en sept, en cinq. Mais lorsqu'il n'y a point de notes, on peut en augmenter la force.

(4) On emploie pour les préfaces, introductions, etc., un caractère de deux à trois points au-dessus de celui du texte.

(5) Le caractère des tables est à peu près celui des notes; mais il varie selon qu'elles occupent la justification totale ou qu'elles sont à deux colonnes; dans le dernier cas, il doit être plus petit que dans le premier.

simples folios ou des titres courants, et, dans ce cas, comment ils seront coupés; si les longues citations seront guillemetées au long, ou simplement au commencement de chaque alinéa; si les notes seront séparées par des filets, et par quels renvois on les indiquera; si l'orthographe particulière de l'auteur sera conservée; enfin, si les divisions de l'ouvrage se suivront, ou tomberont en page ou en belle page.

Le metteur en pages doit, en outre, toutes les fois que la nature du travail l'exige, prendre près du prote, de l'auteur ou du libraire, les renseignements qu'il juge nécessaires pour la régularité de l'ouvrage. Après avoir pris ces renseignements, il collationne la copie pour s'assurer de la pagination; et si celle-ci manque, il doit ou la faire faire immédiatement, ou la faire lui-même avec soin. Il prend en même temps connaissance des titres, notes, tableaux, etc., qui peuvent s'y rencontrer, afin de savoir à l'avance à quoi s'en tenir à cet égard.

Le metteur en pages est tenu, mais, on le conçoit, dans des bornes très-restreintes, d'aider le paquetier à résoudre une difficulté de copie, soit pour la lecture, soit pour un renvoi, soit pour un alinéa à former ou à supprimer; encore ne peut-il être, dans aucun cas, responsable des erreurs commises à ce sujet.

Lorsque le metteur en pages délivre de la copie à un paquetier, il doit lui indiquer l'endroit où il faut commencer en y inscrivant son nom sur la marge (Voir page 284). Il lui transmet en même temps les instructions nécessaires, soit verbalement, soit, lorsqu'elles sont d'une certaine étendue, par une petite note écrite. Si, faute d'agir ainsi, les paquetiers commettent des erreurs, les corrections qui en sont la conséquence doivent être à la charge du metteur en pages seul, à moins que ce dernier n'ait été lui-même privé des renseignements convenables, ou n'en ait reçu d'inexacts; cas dans lequel les corrections retombent sur qui de droit. — Il est entendu qu'il ne s'agit ici que de choses exceptionnelles; car, pour tout ce qui est d'usage ordinaire dans l'imprimerie en général, et même dans une maison particulière, le metteur en pages ne doit aucun avis, à moins que, dans ce dernier cas, il n'ait affaire à un paquetier nouvellement embauché, et par conséquent étranger aux usages de l'imprimerie où il se trouve.

Le metteur en pages doit donner lui-même la justification à ses paquetiers, en leur remettant quelques interlignes, et non en leur désignant simplement le numéro ou le nom de l'interligne à prendre.

Lorsque tout ou partie d'un ouvrage se fait plein et n'est pas sur une interligne quelconque, c'est au metteur en pages à donner la justification à chacun de ses paquetiers, soit avec des *n*, soit, et préférablement, avec des cadrats ou des cadratins.

Lorsque le metteur en pages délivre la copie d'un dictionnaire, d'une table, etc., formée de cartes ou de feuillets ne comportant qu'un seul article chacun, il doit, après l'avoir cotée (si elle ne l'a pas été par l'auteur), réunir, par une ficelle passée dans un trou pratiqué à l'angle inférieur gauche, la quantité de feuillets qu'il destine à chaque compositeur : il évite par là le désagrément de voir s'égarer quelque portion de la copie.

Lorsque le metteur en pages reçoit une copie divisée en plusieurs parties dont la cote est semblable et recommence à chacune d'elles, il doit avant de la délivrer, attacher chaque partie, si elle est de peu d'étendue, et y ajouter, sur le premier feuillet seulement, les lettres A, B, C, etc.; si, au contraire, chaque partie de la copie est assez considérable pour ne pouvoir être donnée à un seul compositeur, il faut répéter la lettre indicative sur chacun des feuillets des diverses parties : 1 A, 2 A, etc.; 1 B, 2 B, etc.

Lorsqu'un ouvrage contient des abréviations souvent répétées, le metteur en pages doit en donner la liste par écrit à ses paquetiers, afin qu'elles soient faites d'une manière uniforme.

Il est nécessaire que le metteur en pages inscrive sur un registre la cote et le premier mot de la copie qu'il donne à ses paquetiers. Par là, il facilite la recherche des rattrapages, et évite en même temps des contestations, qui découlent trop souvent soit d'un nom oublié sur l'épreuve lors de la correction, soit d'une erreur dans le nombre des compositions lorsqu'on a fait le relevé des comptes. Ce registre, qui sert aussi à inscrire la réception des compositions (1), est ainsi conçu :

Mémoires du roi Joseph, in-8°, onze serré, 31 *lignes à* 41 *n,* 55 *c.*

M. FALLOT.			M. REYMON.			M. HUGELET.		
Folio.	Réclame.	Lignes.	Folio.	Réclame.	Lignes.	Folio.	Réclame.	Lignes.
125	*Il est nécessaire.*	1,056	133	*Deux raisons.*	255	144	*Quel est donc ce.*	1,700

Le metteur en pages est tenu d'enlever les paquets de composition sous le rang du paquetier, au fur et à mesure qu'il en a besoin.

Le metteur en pages doit composer lui-même ses notes, si elles ne sont pas nombreuses, ou dans le cas contraire, les faire composer par une personne spéciale; mais il ne peut exiger que chacun de ses paquetiers change de casse pour les lui composer, lors de leur rencontre dans la copie. — Ceci s'entend également de tout titre, à moins qu'il ne soit du caractère de l'ouvrage.

Le metteur en pages doit fournir à ses paquetiers les ficelles et les porte-pages nécessaires. Il doit également leur faire délivrer par la *conscience* les sortes spéciales dont ils peuvent avoir besoin en dehors de la distribution.

Il est dans l'intérêt bien entendu du metteur en pages de ne desserrer la distribution que lorsqu'il a de nouvelles feuilles à imposer; mais comme il doit, avant tout, veiller à ce que ses paquetiers n'éprouvent point, par sa faute, d'interruption dans leur travail, il agira convenablement en desserrant, s'il est possible,

(1) A la fin de la semaine ou du mois, selon le mode de payement, le metteur en pages fait l'appel des compositions de chaque ouvrage avec ses paquetiers, et marque, au-dessous du total, tant de lignes *en bon* ou *en salé,* selon qu'il lui a été compté plus ou moins que les compositions inscrites. Le *bon* est reporté en tête des inscriptions à venir; le *salé* se déduit sur la ou les premières compositions livrées. — Le metteur en pages n'est, en aucune manière, tenu de donner du *salé* à ses paquetiers; il a le droit, au contraire de se réserver du *bon* pour l'équivalent des corrections qui restent à faire après la banque.

aussitôt leur demande, dût-il faire une double fonction en mettant momentanément les garnitures sur un ais.

Le metteur en pages doit fournir la distribution à ses paquetiers dégagée des folios, titres, notes, additions, et opérations quelconques.

Lorsque la distribution est abondante et rentre régulièrement chaque jour, le metteur en pages doit la partager selon l'habileté de ses paquetiers, afin que tous puissent remplir leur journée; mais si elle est rare et qu'il y ait pénurie d'ouvrage, il doit la partager le plus également possible.

Le metteur en pages doit jeter un coup d'œil comparatif sur les alinéa de la copie et sur ceux de la composition : il suit de là que tout remaniement résultant de l'omission d'un alinéa est nécessairement à sa charge, ainsi que le payement de la composition à faire. Il en est de même à l'égard d'un alinéa doublé; mais il a le droit dans ce cas, de rabattre le montant de la composition au paquetier.

Le metteur en pages est autorisé à refuser toute composition qui n'est pas exécutée dans les conditions voulues, c'est-à-dire bien espacée, bien justifiée, et liée solidement.

Tout remaniement occasionné pour faire une ligne de plus ou de moins, en mettant en pages, afin d'éviter les pages courtes ou longues, est à la charge du metteur en pages, à moins, cependant, que la composition n'ait été tenue trop large pour faire une *ligne à voleur*, ou étranglée sans nécessité : cas où le remaniement doit être fait par le paquetier. Toutefois, il est nécessaire d'attendre la rentrée de l'épreuve en *typographique*, pour être sûr que la présence d'un bourdon ou d'un doublon ne viendra pas modifier la composition sous ce rapport. On se borne provisoirement à enlever le bout de ligne qui doit être regagné, ou à jeter une ligne de blanc à l'endroit où l'on projette de faire une ligne de plus.

Aussitôt qu'une épreuve lue en *typographique* est remise au metteur en pages, il doit en faire exécuter la correction le plus tôt possible, afin d'en accélérer l'envoi chez l'auteur : il la remet, à cet effet, au compositeur qui commence la feuille, et, à son défaut, au suivant (1).

Avant de serrer une feuille corrigée en *typographique,* le metteur en pages s'assure qu'il n'est resté aucune lettre, cadrat, ou interligne, sur le châssis, les pages ou le marbre; dans le cas contraire; il doit les faire enlever par le dernier qui a corrigé, celui-ci étant autorisé à agir de même envers celui qui l'a précédé au marbre. — Il s'assure aussi que les folios, titres, notes, etc., ont été corrigés, et que les transpositions ou remaniements ont été faits d'une manière convenable.

Le metteur en pages doit, lors de la correction d'une épreuve d'auteur ou d'un bon à tirer, faire réparer par le paquetier toutes les défectuosités résultant d'une composition mal faite ou d'une correction mal exécutée; bien que, dans le premier cas, ces défauts n'aient pas été signalés à la *typographique.*

Le changement des renvois de notes est à la charge du metteur en pages, sauf à lui, s'ils sont trop nombreux, de les compter en surcharge ou dans le temps des corrections; mais dans aucun cas, ce travail ne regarde le paquetier.

Lorsque le metteur en pages fait bloquer une sorte sans l'autorisation du prote, il ne peut mettre les frais de débloquage à la charge de ses paquetiers; ces frais, en cas de contestation, doivent être supportés par lui. — Il en est de même s'il fait composer sans interlignes, et qu'il faille interligner après coup.

Lorsque la nature de l'ouvrage exige la correction d'épreuves *typographiques* en paquets le metteur en pages est tenu d'enlever les paquets pour en faire faire épreuve, et de les rapporter en bon ordre aux paquetiers pour qu'ils les corrigent.

Le metteur en pages (ou la personne qui corrige pour lui) est tenu d'appeler l'attention de celui qui voit les tierces, en entou-

(1) La correction des épreuves ne devant souffrir aucun retard, le metteur en pages est autorisé, en cas d'absence d'un paquetier en dehors des heures de repas (et même pendant ces heures, s'il y a nécessité), à faire corriger pour l'absent, et à lui retenir le montant de la correction à la banque.

rant sur le *bon à tirer* les parties de pages ou de lignes, tombées ou écrasées, qui auraient été recomposées. — L'usage, malgré cela, ne le rend pas responsable des erreurs qui pourraient résulter de l'omission de cette indication.

Le metteur en pages doit désigner la nature des épreuves qu'il remet au prote, à cet effet, il marque en tête de chaque feuille si c'est une *typographique*, une *première*, une *deuxième*, etc.

La copie doit être jointe à la *typographique;* et, après la correction de celle-ci, elle se joint de nouveau à la *première* pour être envoyée à l'auteur, qui, ordinairement, la garde. — La *première* corrigée se joint à la *deuxième*, et ainsi de suite.

Le temps passé aux corrections d'auteur doit se marquer en tête de l'épreuve, avec le nom de celui qui a corrigé; puis le metteur en pages l'inscrit immédiatement de son côté sur un registre qu'il tient à cet effet, et qu'il peut disposer ainsi :

Œuvres de M. Rœderer, tome II.

	1res		2es		3es		4es	
flles	COMPOSITEURS.	hres	COMPOSITEURS.	hres	COMPOSITEURS.	hres	COMPOSITEURS.	hres
1	M. Straus.	9 ½	M. Sage.	9	M. Paulin.	3 ½	"	"
2	M. Émile.	7	M. Bressoles.	6	M. Frilley.	2	M. Guy.	3
3	M. Straus.	8	M. Dupré.	7 ½	"	"	"	"
4	M. Hugelet.	8	M. Sage.	7	M. Reymon.	3 ½	M. Félix.	1
5	M. Hugelet.	9	M. Joffroy.	6	M. Sardine.	2	"	"

Le relevé de ce registre lui sert pour reproduire le détail des corrections lorsqu'il fait son bordereau.

Lorsque le metteur en pages reçoit un ouvrage, il en établit le prix de la manière suivante : Le nombre de lignes que comporte la page étant connu, on compte combien il entre d'*n* dans la justification, et l'on multiplie le nombre d'*n* par celui des lignes; ce qui donne le contenu d'une page. On multiplie ensuite ce produit par le nombre de pages du format, pour obtenir le total d'*n* de la feuille, et celui-ci est à son tour multiplié par la valeur du mille.

Enfin, on ajoute au résultat de cette multiplication (qui est le prix de la feuille en paquets) le prix de la mise en pages.

EXEMPLE :

Nombre d'*n* à la ligne	42	
Nombre de lignes à la page	32	
	84	
	126	
Nombre d'*n* à la page	1344	
Nombre de pages à la feuille	16	
	8064	
	1344	
Nombre d'*n* à la feuille	21504	ou 22,000 (1)
Prix du mille		55 c.
		110
		110
Prix de la feuille en paquets		fr. 12,10
Mise en pages		2
Prix de la feuille en pages		fr. 14,10

Tout ce qui est en dehors du texte, comme notes, additions, tableaux, etc., se compte en surcharge à la fin du volume (2).

(1) Dans la plupart des imprimeries, le mille se compte au-dessus de 500, et se néglige au-dessous de ce nombre.

(2) On évalue la surcharge d'un caractère inférieur sur celui du texte, en prenant le nombre de lignes d'une page de chacun de ces caractères et en le multipliant d'abord par le nombre d'*n* que contiennent les lignes, puis par la valeur du mille. La différence en plus d'une page sur l'autre se multiplie ensuite par le nombre de pages fourni par la totalité des lignes du caractère inférieur, dont on a préalablement fait un relevé exact. — La surcharge des additions, filets, accolades, fractions, etc., se compte selon les prix convenus.

Il n'est rien déduit au metteur en pages pour les pages qui sont d'un caractère supérieur au corps de l'ouvrage, à moins, cependant, que ces dernières ne soient en grand nombre. — Il en est de même à l'égard des pages blanches qui se rencontrent dans le corps de l'ouvrage, ainsi que de celles qui terminent un volume, si ces dernières n'excèdent pas les nombres suivants : une page dans une forme in-4°, deux et même trois dans une feuille ; une page dans un quart in-8°, deux et trois dans la demi-feuille ou la feuille ; une, deux et trois dans une demi-feuille ou une feuille in-12 ou in-18.

Le metteur en pages doit apporter la plus grande clarté dans l'énonciation de son bordereau, afin d'en faciliter le contrôle par qui de droit. Il doit à cet effet, lorsqu'il compte un ouvrage pour la première fois, y relater le format, le caractère, le nombre de lignes à la page, celui des *n* à la ligne et à la feuille, le prix du mille, le prix de la feuille en paquets, celui de la mise en pages, et le prix total de la feuille. — Les corrections doivent y être inscrites par ouvrage, et selon l'ordre numérique des feuilles, avec leur cote de 1re, 2e, 3e, etc.; le temps passé, et le nom de la personne qui a corrigé (1). — Les surcharges doivent aussi y être motivées avec détail. — Le modèle de la page qui suit donnera, du reste, une plus juste idée de la contexture d'un bordereau.

Lorsque, au début d'un ouvrage, le metteur en pages donne une feuille à imposer à la *conscience,* il doit lui faire connaître le nom du papier, et, dans certains formats, s'il y aura un ou plusieurs cahiers à la feuille.

Lorsque le metteur en pages termine un ouvrage dont les garnitures lui sont encore utiles pour imposer les dernières feuilles ou pour un nouveau labeur sur la même justification, il doit desserrer lui-même les feuilles tirées pour en prendre les garnitures, et avertir la *conscience,* afin qu'elle enlève la lettre. Si, au contraire, la lettre seule lui est nécessaire, les formes doivent être desserrées et dégarnies de leurs titres par la *conscience.*

Le metteur en pages est responsable de la mise en pâte des titres qu'il conserve pour son besoin, ainsi que des feuilles qu'il a en châssis; mais lorsque, l'ouvrage étant terminé, il a prévenu la *conscience* que ces dernières lui devenaient inutiles, il demeure étranger aux accidents qui pourraient leur survenir. — La distribution des titres de réserve qui se trouvent dans les galées est à sa charge, à moins (ce qui est préférable pour l'ordre) qu'il ne les remette en paquets et en bon état à la *conscience.*

---

(1) Lorsque l'étendue des corrections ne permet pas d'en donner le détail sur la première page du bordereau, on fait figurer seulement le total sur cette page, et l'on reporte le détail au verso, comme on le voit page 273.

BORDEREAU

DE

IMPRIMERIE DE FIRMIN DIDOT FRÈRES.

COMPOSITEURS.

M. *Banque du* 185 . RANG N° 6.

NOMS des PAQUETIERS.	MONTANT de leur BANQUE.		TOMES.	SIGNATURES.	DÉSIGNATION DES OUVRAGES.	PRIX de la COMPOSITION.		TOTAL.		OBSERVATIONS.
Hugelet.......	85	25	III.	28-34	*OEuvres de M. Rœderer*, t. III, flles 28 à 34 (7 flles), à 34 fr.....	34	″	238	″	
					Id. corrections sur les flles 22 à 26 (V. détail au verso), 124 h. 1/2.			62	25	
Straus.........	24	40	I.	1-6	*Théologie orthodoxe*, in-8°, onze serré, 34 lig. à 46 *n* (25,000),					
Reymon	63	65			à 55 c. le mille, 13 fr. 75 c.; mise en pages (avec additions),					
					2 fr. 50 c.; la flle, 16 fr. 25 c.; t. I, flles 1 à 6..............	16	25	97	50	
Fallot.........	86	15			Id. corrections, 75 h. (V. détail au verso)			37	50	
Pamphile......	90	10			Id. à compte sur les surcharges (1)...........................			25	″	(1) On ne prend d'à-compte sur les surcharges que lorsqu'elles sont considérables; autrement, on attend la fin du volume pour les compter.
			X.	17-30	*Mémoires du roi Joseph*, t. X, flles 17 à 30 (14 flles), à 13 fr. 50 c.	13	50	189	″	
Sardine.......	85	30			Id. surcharge sur le volume :					
Félix.........	52	50			1° 16 pages en sept et demi (notes et table), 42 lig. à 52 *n*					
					(2,184), à 60 c., 1 fr. 31 c., au lieu de 70 c. (prix du onze),					
Vigné.........	68	45			ou 61 c. par page; les 16 pages..........................			9	76	
					2° 18 pages de dix (appendice), 33 lig. à 44 *n* (1,452), 80 c.,					
François......	26	30			au lieu de 70 c., ou 10 c. par page; les 18 pages............			1	80	
					3° 1,500 lignes d'additions, à 2 fr. le cent..................			30	″	
					4° Deux tableaux en six (pages 144 et 145), place déduite.....			9	″	
					5° Mise en pages de 2 flles à 2 colonnes.....................			4	″	
					6° Suppression de 140 lig. de neuf à 47 *n*, à 55 c.............			3	60	
					7° Mise en placards de 10 placards, à 60 c. l'un..............			6	″	
					Id. corrections sur les flles 24 à 30 (V. au verso), 101 h.			50	50	
								763	91	
					A déduire pour à-compte pris en juillet sur les surcharges					
					du t. IX du *roi Joseph*			20	″	
								743	91	
					Luminaire, à ... c. par franc........			..	..	
					TOTAL.................			...	..	

BORDEREAU (*verso*).

CORRECTIONS.

Œuvres de M. Rœderer, t. III.

(1res)	— Feuille	22	Sardine...	11 h.	
	—	23	Joffroy...	5	1/2
	—	24	Pamphile.	6	
	—	25	Sardine...	15	
	—	26	Sardine...	9	
(2es)	— Feuille	22	Sardine...	3	1/2
	—	23	Sardine...	12	
	—	24	Sardine...	7	1/2
	—	25	Félix.....	2	
	—	26	Félix.....	4	
(3es)	— Feuille	22	Sardine...	11	
	—	23	Joffroy...	5	
	—	24	Joffroy...	4	1/2
	—	25	Émile....	7	
	—	26	Joffroy...	4	1/2
(4es)	— Feuille	22	Joffroy...	2	
	—	23	Joffroy...	4	1/2
	—	25	Sardine...	2	
(5es)	— Feuille	22	Sardine...	3	
	—	25	Félix.....	2	
(6es)	— Feuille	22	Félix.....	1	1/2
	—	25	Sardine...	2	
			TOTAL.....	124 h.	1/2

Théologie orthodoxe, t. I.

(1res)	— Feuille	1	Sardine...	7 h.	1/2
	—	2	Sardine...	8	
	—	3	Reymon..	6	
	—	4	Reymon..	9	
	—	5	Félix.....	8	
	—	6	Félix.....	7	
(2es)	— Feuille	1	Émile....	4	
	—	2	Émile....	3	
	—	3	Sardine...	5	1/2
	—	4	Sardine...	4	
	—	5	Reymon..	3	
	—	6	Reymon..	5	
(3es)	— Feuille	1	Sardine...	2	
	—	3	Sardine...	3	
			TOTAL.....	75 h.	

Mémoires du roi Joseph, t. X.

(1res)	— Placard	54	Reymon..	8 h.	1/2
	—	55	Reymon..	7	
	—	56	Félix.....	10	
	—	57	Émile....	6	
	—	58	Sardine...	4	
	—	59	Sardine...	6	
	—	60	Félix.....	5	
(2es)	— Placard	55	Reymon..	9	
	—	57	Reymon..	7	
	—	60	Félix.....	8	1/2
(1res)	— Feuille	24	Sardine...	4	
	—	25	Sardine...	3	
	—	26	Reymon..	2	
	—	27	Reymon..	4	
	—	28	Reymon..	3	1/2
	—	29	Félix.....	3	
	—	30	Félix.....	4	
(2es)	— Feuille	24	Émile....	2	
	—	25	Émile....	3	
	—	26	Sardine...	3	
	—	27	Sardine...	1	1/2
	—	28	Reymon..	2	
	—	29	Reymon..	2	
	—	30	Sardine...	3	
			TOTAL.....	101 h.	

§ IV.

ATTRIBUTIONS DE LA CONSCIENCE.

Le compositeur en conscience, c'est-à-dire à la journée, doit posséder assez de connaissances pour exécuter d'une manière satisfaisante les nombreux et difficultueux travaux dont il est susceptible d'être chargé.

Il doit, en outre, connaître parfaitement la nature du matériel de l'imprimerie dans laquelle il est occupé; savoir à quoi il est employé, et avoir l'esprit d'ordre convenable pour maintenir chaque chose à la place qui lui est assignée.

Les fonctions ordinaires de l'homme de conscience sont :

Donner, en ordre, aux compositeurs les casses dont ils ont besoin, et exiger qu'elles soient rendues dans le même état;

Fournir la lettre pour la distribution, en l'appropriant à l'ouvrage que l'on commence; ou, dans le cas contraire, donner en temps opportun les sortes nécessaires qu'elle ne contiendrait pas;

Remettre aux casseaux ou dans les armoires les sortes surabondantes;

Désinterligner et lier la lettre provenant d'un ouvrage terminé, après en avoir préalablement extrait l'italique, les petites capitales, bouts de ligne, etc. — Cette lettre est ensuite empaquetée lorsqu'elle est sèche, étiquetée avec les indications nécessaires, et placée sous son titre, dans les armoires de réserve;

Dégarnir les feuilles qui lui sont rendues par les metteurs en pages, et distribuer les titres et les opérations qu'elles contiennent;

Confectionner les garnitures des ouvrages nouveaux;

Corriger les tierces, et s'assurer, à chaque feuille que l'on met sous presse, de l'identité des blancs des garnitures;

Faire rentrer et tenir en bon ordre les tableaux, titres, couvertures, etc., qui doivent être conservés;

Étiqueter les casses, casseaux, etc.;

Veiller à la propreté des marbres, des rangs et des galées, et exiger que l'italique soit distribué, ou rendu en paquets et en ordre, s'il est inutile. — Il en est de même de tout ce qui est étranger à la casse, soit que le compositeur n'en ait plus besoin, soit que cela provienne de distribution non épurée d'avance par la *conscience;*

Préparer le travail aux apprentis, et leur donner d'une manière convenable, c'est-à-dire avec bienveillance, mais sans familiarité, tous les conseils dont ils ont besoin pour le bien exécuter.

OBSERVATIONS.

Lorsque la *conscience* donne de la lettre, elle doit avoir le soin de prendre la plus ancienne de l'armoire, afin que le caractère s'use également; et, dans le cas où le caractère est divisé en plusieurs parties dont l'une est plus neuve que l'autre, éviter de les mélanger.

Elle tient un registre sur lequel sont inscrites les sortes surabondantes de chacun des caractères. Le nombre des cornets de la même sorte y est indiqué par autant de barres, que l'on efface ou que l'on augmente immédiatement, selon qu'il entre ou sort de cornets de l'armoire. (Voir la forme de ce registre à la page suivante.)

Le nombre des casses et des casseaux, ainsi que la place où ils se trouvent, doit être indiqué par un tableau conçu de la manière suivante, et placé dans l'atelier, afin que chaque compositeur puisse le consulter au besoin :

DÉSIGNATION DES CARACTÈRES.	CRANS DES CARACTÈRES.	NOMBRE DE CASSES.		PLACE des CASSEAUX.
		Romain.	Italique.	
Quatre.	Un cran bas.	10	3	Conscience.
Cinq Thorey	Un cran bas, un cran haut . .	3	1	Couloir.
Cinq serré	Deux crans bas.	7	2	Conscience

Sortes surabondantes de

BAS DE CASSE.	ACCENTS.	SIGNES DIVERS.	CAPITALES.	PET. CAPIT.
a	á	-	A	A
b	é	’	B	B
c	í	[	C	C
d	ó	(	D	D
e	ú	§	E	E
f		»	F	F
g	à	*	G	G
h	è	—	H	H
i	ì	℞	I	I
j	ò	℣	J	J
k	ù	¶	K	K
l		†	L	L
m	â		M	M
n	ê	CHIFFRES.	N	N
o	î		O	O
p	ô	1	P	P
q	û	2	Q	Q
r		3	R	R
s	ä	4	S	S
t	ë	5	T	T
u	ï	6	U	U
v	ö	7	V	V
x	ü	8	X	X
y		9	Y	Y
z	PONCTUATIONS.	0	Z	Z
			Æ	Æ
æ	Point.		Œ	Œ
œ	Virgule.		Ç	Ç
ç	Point-virgule.		W	W
w	Deux-points.		É	É
fi	Point interr.		È	È
fl	Point exclam.		Ê	Ê

Il doit également y avoir un tableau pour indiquer la force de corps des interlignes, ainsi que leurs longueurs par points, et non par des dénominations arbitraires, comme celles d'un titre d'ouvrage ou du nom d'un auteur. Ce tableau peut être conçu ainsi qu'il suit, en supposant (comme cela devrait être) les interlignes augmenter de six en six points :

Longueur en points.	Force de corps en points.
100	1 ½ 2
106	1 ½ 2
112	1 2 2 ½
118	1 2 3
124	1 ½ 2 3
130	1 2 2 ½
136	1 2 3
142	1 2 3
148	2 3
154	1 2 3
160	2 3

Les initiales romaines, ainsi que celles de fantaisie, doivent aussi être l'objet d'un tableau particulier. Ce tableau, qui est de la plus grande utilité pour la confection des titres et des ouvrages de ville, doit, comme on le voit ci-dessous, contenir un mot de chacun des caractères (en commençant par le plus faible), de manière qu'on puisse, d'un seul coup d'œil et sans tâtonnement, apprécier la différence d'un caractère sur un autre, et faire choix de celui qu'il est convenable d'employer :

TABLEAU DES INITIALES ROMAINES.

12 HISTOIRE

14 HISTOIRE

16 **HISTOIRE**

20 **HISTOIRE**

24 **HISTOIRE**

L'étiquette des casses doit porter : un numéro d'ordre relatif au nombre de casses qu'il y a sur un caractère, lequel sert à indiquer que la casse n° 1, 2, 3, etc., est ou a été entre les mains de tel compositeur; la désignation du caractère, et s'il est romain ou italique; et le millésime, nécessaire pour ne point mêler les diverses fontes d'un même caractère :

N° 1. — Sept serré romain. — 1854.

On met une seule étiquette sur le devant et au milieu du bas de casse; mais il est nécessaire d'en mettre deux au haut de casse, dont une sur la partie libre lorsque la casse est montée, afin de faciliter les recherches dans le cas où l'étiquette du bas de casse se trouverait accidentellement masquée.

Lorsqu'on procède à la formation d'une garniture, il faut avoir égard aux considérations suivantes :

La dimension du papier mécanique variant d'une manière assez sensible dans chaque dénomination (*carré*, *grand-raisin*, etc.), il est indispensable, pour éviter de retoucher plusieurs fois à la garniture, de se procurer une feuille de papier de l'ouvrage, et de la plier avec toute la justesse possible sur le format voulu, pour connaître la valeur exacte des blancs à répartir, tant en tête et en pied, que sur les côtés.

Les blancs de tête et de fond sont ordinairement tenus un tiers environ moins forts que le blanc de pied et que celui de la barre; on donne aussi à ce dernier quelques points de moins qu'à celui de la marge extérieure, pour balancer les défectuosités que peut offrir le papier de ce côté. — Le blanc qui est à la barre horizontale doit, autant que possible, avoir une épaisseur égale à celle du biseau de pied et des coins réunis; il en est de même de celui de la barre verticale relativement aux biseaux et aux coins de côté. Cette disposition est nécessaire pour que les pages se trouvent exactement au milieu du châssis.

Ces différentes parties de la garniture, qu'on doit, autant que possible, mettre d'une seule pièce, se placent comme nous l'indiquons ici, afin que toutes les pages soient convenablement maintenues :

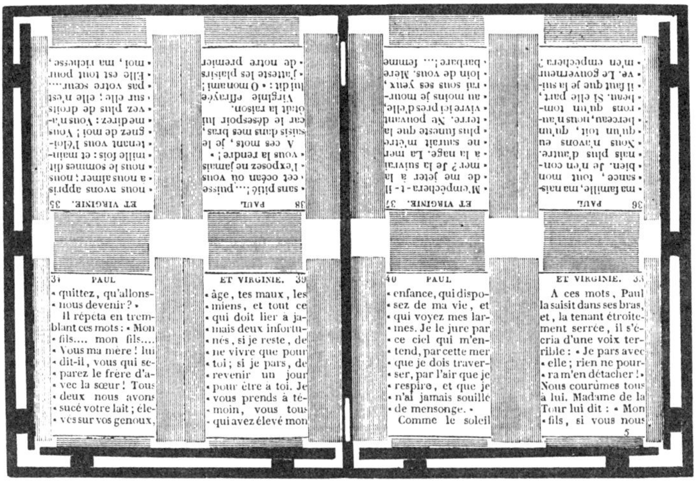

Lorsqu'on impose une feuille qui doit, alternativement, être tirée avec de petits et de grands blancs, on place provisoirement le blanc supplémentaire des têtières par moitié, au bas des pages (dans l'in-octavo); et celui de la barre et des fonds entre les pages et le biseau de côté.

Il faut aussi que le châssis soit approprié à la matière qu'il doit contenir. S'il est trop petit, le maniement en est tout à la fois difficile et pénible, par l'impossibilité de fourrer les doigts dans l'ouverture des coins; s'il est trop grand, et par conséquent trop fourni de bois et de plombs, la matière est susceptible de tomber en pâte.

Les garnitures des placards doivent, autant que possible, être combinées de façon que, les blancs étant transposés, elles puissent servir pour imposer les feuilles mises en pages. En agissant ainsi, il y a économie notable de matériel, de place, et de temps pour la *conscience* et pour le metteur en pages. — De cette manière encore, on trouve facilement, dans le blanc réservé pour le fond ou les têtières, la place dont on pourrait avoir besoin pour ajoutés faits à la correction, sans être obligé de faire passer l'excédant d'un placard sur l'autre.

Dans les garnitures provisoires des ouvrages destinés à être clichés, on ne doit pas employer des plombs ou des bois dont la rectitude est faussée; car il est souvent impossible, ou du moins très-difficile, de faire perdre aux pages le guingois qu'elles contractent lorsqu'elles sont serrées dans de semblables conditions.

Les pièces de garniture qui longent les barres horizontale et verticale du châssis doivent, lorsqu'elles sont en plomb, en être séparées par un bois ou par une réglette, afin que leur contact immédiat avec le fer (rarement bien dressé) n'altère en rien la régularité de leur épaisseur.

La personne chargée de vérifier les tierces doit s'assurer avec soin de la parfaite exécution des corrections indiquées sur le bon à tirer, et des remaniements, reports de lignes, modifications de blancs, etc., qu'elles peuvent avoir occasionnés. Elle doit aussi jeter un coup d'œil sur la fin des lignes, pour voir s'il n'y a rien de tombé ou d'écrasé, si rien n'y chevauche, et si la frisquette ne mord nulle part. — Elle est seule responsable de ce qui pourrait avoir échappé, sous ce rapport, à celui qui a corrigé le bon à tirer sur le plomb; de même que celui qui corrige la tierce l'est à son tour de l'exécution de tout ce qui y est indiqué, à moins cependant qu'il n'y ait une révision, et, qu'ayant oublié une ou plusieurs fautes, ou même en ayant fait de nouvelles, ces fautes ne soient pas indiquées derechef à la révision : cas où, encore, la responsabilité incombe au réviseur.

On doit également s'occuper de l'imposition, surtout si elle offre une complication de cartons; et, dans ce cas, il faut exiger la tierce en retiration, afin de plier la feuille avant de la signer. — Les erreurs commises sous ce rapport sont à la charge, non du metteur en pages, mais de la personne qui voit la tierce.

CHAPITRE VII.

LECTURE DES ÉPREUVES.

La personne qui est chargée de la lecture des épreuves, et que nous supposerons connaître, au moins théoriquement, la composition dans tous ses détails, doit non-seulement corriger les fautes contre la langue (française ou autre) et la ponctuation, mais encore s'assurer :

1° Si l'espacement de chaque ligne est régulier; s'il n'est pas trop large ou trop serré sans motif; si le compositeur, dans la répartition des espaces aux virgules, a tenu compte du blanc que certaines lettres portent naturellement par en bas, comme l'*o*, l'*r*, l'*y* (bas de casse), et le chiffre 7; ou de la rencontre accidentelle de certaines autres, comme l'A avec le T, le V, l'Y (AT, AV, AY); l'F, le T, le V et l'Y avec l'A (FA, TA, VA, YA); l'L avec l'apostrophe et l'A (L'A), dans les lignes de titres espacées.

2° Si les divisions des fins de ligne sont faites d'une manière convenable, et si elles sont nécessaires pour la régularité de l'espacement; s'il est possible de les éviter au bas d'une page, surtout si elles sont muettes ou suivies d'une ponctuation forte, ou si elles se trouvent au recto; si celles des substantifs composés sont d'accord avec le dictionnaire adopté comme autorité; enfin, si leur nombre successif n'est pas trop considérable, eu égard à la largeur de la justification.

3° Si la ponctuation est en italique après de l'italique (1), et en romain après du romain; si elle est bien placée relativement

(1) Quoique appartenant à une phrase ou à un mot en italique, la ponctuation se met en romain lorsqu'elle se trouve immédiatement après un crochet, une parenthèse, ou un chiffre, si toutefois ces deux derniers ne sont pas italiques.

aux parenthèses, c'est-à-dire en dedans ou en dehors de ces dernières, selon le cas.

4° Si l'interlignage est fait régulièrement.

5° Si les espaces, cadrats, ou interlignes, ne lèvent pas.

6° Si les lettres ne sont pas d'œil ou de corps différents; si elles ne sont pas retournées, sales, gâtées ou basses; de romain dans l'italique, ou d'italique dans le romain; si elles ne chevauchent pas dans l'intérieur ou à la fin des lignes.

7° Si les vers sont renfoncés régulièrement selon leur nature.

8° S'il y a des lignes dites *à voleur* à regagner.

9° Si les alinéa de la copie ont été observés.

10° Si les folios et les signatures de la feuille à lire correspondent entre eux et avec ceux des feuilles précédentes (1).

11° Si l'ordre numérique des livres, chapitres et paragraphes, est suivi.

12° Si les titres courants sont coupés convenablement, et s'ils expriment bien le contenu du livre, chapitre, etc., auxquels ils ont rapport.

13° Si les titres intérieurs sont de types et de force d'œil uniformes, et s'ils sont blanchis régulièrement.

14° Si les notes correspondent avec leurs renvois, et si leur coupure d'une page à l'autre est satisfaisante.

15° Si les additions sont convenablement disposées, et si leur alignement horizontal avec le passage auquel elles se rapportent ne laisse rien à désirer.

16° S'il ne se trouve pas en tête d'une page une ligne (fin d'alinéa) non pleine.

17° Si les pages ont exactement la longueur voulue; et dans le cas de pages courtes ou longues, les lignes à regagner ou à faire en plus pour les éviter.

18° Enfin, si les coins des pages ont la rectitude désirable.

---

(1) Cette opération est une des plus importantes pour ses conséquences; aussi ne saurions-nous assez recommander de la faire avant tout, c'est-à-dire aussitôt que la feuille est pliée et coupée.

Le correcteur doit, en outre, se renseigner, auprès du metteur en pages, sur l'orthographe arbitraire de certains mots, sur l'emploi des majuscules, de l'italique, etc., exigés par l'auteur, ainsi que des abréviations adoptées, et en prendre une note pour y recourir au besoin.

OBSERVATIONS.

1. Les corrections doivent s'indiquer, d'une manière claire, sur la marge extérieure des pages, la première partant de la droite des lignes pour la page recto, et de la gauche pour la page verso, et les suivantes s'étendant successivement dans ces deux sens, selon leur nombre.

2. Dans les ouvrages à deux colonnes, les corrections se marquent sur les deux marges. S'il y a plus de deux colonnes, ainsi que cela se voit dans les tableaux, on tire autant de traits verticaux sur la marge extérieure qu'il y a de colonnes dans le tableau, et les corrections relatives à chacune des colonnes sont indiquées entre ces traits.

3. Lorsqu'une faute oubliée ne peut être placée, après coup, dans son ordre, on emploie un signe particulier pour l'indiquer.

4. Quand un bourdon excède quatre ou cinq lignes, on peut se dispenser de l'écrire en entier sur l'épreuve; on se contente de l'indiquer à l'endroit où il se trouve par un signe quelconque, que l'on répète en marge avec ces mots : *Bourdon.* (*V. copie, p. ...*); puis, comme on le voit à la page 284, on entoure, sur la copie, le passage sauté, et l'on joint à l'épreuve le feuillet où il se trouve.

5. Lorsqu'une correction quelconque peut, par sa nature, entraîner un remaniement de quelques lignes, il convient d'en indiquer l'échelle sur l'épreuve.

6. Les noms des compositeurs doivent être placés, d'une manière lisible, exactement vis-à-vis de l'endroit (alinéa ou ligne pleine) où ils ont commencé, afin de faciliter au besoin la vérification des comptes, et d'éviter toute contestation pour la correction.

7. La réclame doit être indiquée sur la copie, à l'endroit où se

termine la feuille; et, s'il y a des notes, on répète cette indication au point de rappel, de la manière suivante :

256

prince attendait avec impatience, arriva à Madrid pour y faire une courte apparition.

M. Charles.

On ne tarda pas à apprendre l'ouverture des hostilités avec l'Autriche, et les premiers succès de Napoléon; mais le roi acquit aussi la malheureuse conviction que son frère voyait d'un mauvais œil sa conduite en Espagne. Cette conduite, honorable pour Joseph, qui ne voulait agir que dans l'intérêt de la nation espagnole, et pour la soustraire à la dépendance de la France, était diamétralement opposée à celle que Napoléon aurait voulu lui voir tenir. Il devenait facile de prévoir les obstacles qui n'allaient pas tarder à naître sous ses pas. Ne voulant pas servir d'instrument aux projets de l'Empereur sur la Péninsule, Joseph aurait dû peut-être abandonner son royaume; il préféra suivre une marche intermédiaire, espérant, d'une part, par des concessions, obtenir, pour le bonheur des Espagnols, beaucoup d'un frère qui, dans le fond, l'estimait et l'aimait (1); d'une autre, par sa bienveillance et sa justice vis-à-vis de ses peuples, arriver à la soumission des provinces plus vite et plus sûrement que par la force des armes. L'ambition, qui

A composer.

t. I, flle 25, p. 385; M. Charles.

(1) On lit dans le premier volume de l'ouvrage du docteur O'Méara, page 232 : « Napoléon m'a parlé de son frère Joseph, qu'il a

M. Félix (pour les notes).

Cette réclame doit être vérifiée à chaque feuille; et si elle a été modifiée par quelque correction ultérieure, on met en tête de la nouvelle feuille en *typographique : Vérifier la réclame.* — Il en est de même lorsqu'il y a doute pour la concordance des feuilles bonnes à tirer entre elles.

8. Le correcteur en *typographique* doit se borner, quant au style, à la reproduction exacte de la copie, et ne rien changer à la ponctuation qu'avec la plus grande réserve, surtout s'il s'agit d'une réimpression; le compositeur ne devant pas être responsable des erreurs de la copie sous ce rapport.

9. Lorsqu'un mot ou une phrase paraît fautive au correcteur en *bon à tirer,* il appelle l'attention de l'auteur en mettant en tête de la première page de l'épreuve qu'il lui renvoie : *Voir page ...*, et en entourant le passage douteux sur l'épreuve.

10. Les corrections ajoutées après coup sur une épreuve déjà lue, ou quelquefois corrigée, doivent être entourées ou écrites à l'encre rouge, afin d'éviter, pour leur recherche, une perte de temps inutile.

11. Lorsque le correcteur lit deux épreuves successives d'une même feuille, il doit, préalablement, vérifier si les corrections indiquées sur la première épreuve ont été exécutées, et il passe ensuite à la nouvelle lecture. Mais si, comme pour une tierce, il ne s'agit que d'une simple vérification, il doit redoubler d'attention, car il arrive assez souvent qu'une correction qui paraît oubliée a été, par erreur, exécutée ailleurs qu'en son lieu, et occasionne alors une faute de plus. Il doit donc, lorsqu'il s'aperçoit d'une omission de ce genre, relire avec soin la ligne où se trouve l'indication, et au besoin, les lignes qui la précèdent ou la suivent. — Il doit agir de même lorsqu'un ajouté ou une suppression a entraîné un remaniement quelconque; ou encore s'il y a eu des reports de lignes d'une page à l'autre. Que d'erreurs graves ne pourrait-on pas signaler, résultant de l'indifférence des correcteurs sous ce rapport!

12. Le correcteur en *bon à tirer* est seul responsable des fautes qu'il laisse passer, ces fautes eussent-elles même été déjà indiquées par lui sur de précédentes épreuves; par la raison que la

TEXTE A CORRIGER (*verso*).

/l /r /g	C'est un fait dilne de remasque que l'in-	Lettres à substituer.
/puissam	vention qui a contribué le plus utilement	Mot à changer.
/les é	à perptuer souvenirs historiques n'ait pu	Lettre et mot à ajouter.
	jusqu'à ce ce jour réppandre quelque clarté	— à supprimer.
	sur le mystère inb enveloppe sa propre ori-	— à retourner.
	gnie. Trois villes, Mayence, et Strasbourg	— à transposer.
	le berceau de l'imprimerie. Quant à l'é-	Lignes à transposer.
	Harlem, se disputent l'honneur d'avoir été	
/,	poque de sa naissance ; on la fait générale-	Ponctuation à changer.
/xv	ment remonter à la moitié du XVe siècle.	Petites majuscules.
/i	Il résulte néanmoins de l'hésitation des érudits	Grande majuscule.
/#	sur ce point historique une incertitude qui	Séparer deux mots.
	porte à la fois sur l'au teur, sur le lieu	Mot à réunir et mots à rapprocher.
(o (n	et sur l'année de cette découverte. Que si	Lettres gâtées.
	l'on considère la proximité des temps et	— à redresser.
	des lieux témoins de cet événement, on	— à nettoyer.
	sexpliquera assez difficilement les causes qui	Apostrophe à ajouter.
	suspendent encore de nos jours la solution	Ligne à rentrer.
	de ce triple problème. Le concours des	— à sortir.
	traditions contemporaines et des plus savantes	Lignes à remanier.
	investigations n'a jusqu'ici donné pour	
	résultats que certaines probabilités plus ou	
m e	moins fondées, mais jamais une évidence	Lettres d'un autre œil.
	suffisante pour triompher des scrupules	Espace à baisser.
	de l'histoire. Depuis le commencement du	Alinéa à faire.
	XVIe siècle jusqu'à nos jours, un très-	Lettre supérieure.
/g /n	grand nombre d'ouvrages ont été publiés sur	Lettres basses.
	cette matière dans différents pays.	Alinéa à supprimer.
	—Les historiens et les bibliographes se sont	
		Lignes à rapprocher.
	livrés aux recherches les plus laborieuses et	— à séparer.
	les plus diverses, sans parvenir à une cer-	
ital. /a	titude *irréfrigable* sur aucun des trois points	A mettre en italique.
rom.	controversés.	— en romain.

TEXTE A CORRIGER (*recto*).

Indications	Texte	Corrections
Addition à remonter.	« Mon cousin, comment arrive-t-il que la	Napoléon à Berthier.
	gendarmerie de Santander, de la Biscaye et	
	de l'Aragon n'est pas payée? Écrivez au gé-	
Correction hors de sa place.	nęral Caffazelli dour la Biscaye et Santan-	é / p / r
	der, et au général Suchet pour l'Aragon, de	
	prendre des mesures pour faire sur-le-champ	
Morsure de frisquette.	solder cette troupe. Les gendarmes doivent	*Coupez.*
	être payés avant tout. »	
Addition à baisser.	« Mon cousin, demandez aux ministres	Napoléon à Berthier.
	d'Espagne à Paris, des notes précises sur les	
Bourdon de grande étendue.	abus qu'ils reprochent au général X... Man-	*Bourdon.* (*V. copie, p.* 7.)
	dez à ce général que je vois avec surprise qu'il	
Interligne à baisser.	se soit attribué des sommes qui ne lui étaient	× /
Ligne à espacer également.	pas dues; qu'il a pris 9,000 fr. par mois,	/ / / / / / / /
	traitement qu'on ne fait pas même à un gé-	
Lettre qui chevauche.	néral maréchal, commandant une armée; et	
	qu'il est probable que le trésor ne regardera	
	pas cette somme comme légalement re-	
Ligne à regagner.	çue. »	
	« Mon cousin, je vous envoie des extraits	(*M. Félix.*)
Corrections semblables et successives.	des journaux anglais. Envoyez-en une note	o / / /
	au duc de Dalmatie, et témoignez-lui mon	
	mécontentement de ce que les divisions espa-	
Ligne à faire en plus.	gnoles soient à Lisbonne et qu'il ne fasse rien. »	
	« Mon cher cousin, donnez ordre au géné-	
Mot biffé à conserver.	ral Thouvenot de ~~faire~~ confisquer toutes les	*bon*
	marchandises anglaises et coloniales. On as-	
Bourdon indiqué en tête ou en pied.	sure qu'il a reçu un droit de 10 pour cent.	
	— Si cela est vrai, il faut lui faire restituer	
Coin de page à redresser.	ces sommes, et confisquer toutes les marchan-	
	dises qu'il aurait laissé débarquer. Il aurait	
	là commis une grande faute. »	

des marchandises moyennant

lecture de cette dernière épreuve a pour but l'épuration définitive du travail. Seulement il peut, selon la nature des fautes, avoir son recours contre l'auteur.

13. On doit éviter de se servir de sable ou de toute autre poudre, pour sécher les corrections, parce que, étant susceptible de se détacher de l'encre lors du maniement de l'épreuve sur les formes, cette poudre peut s'introduire entre les lettres et en empêcher le rapprochement convenable.

Afin de rendre plus facile l'application de ce que nous venons de dire dans ce chapitre, nous avons donné, dans les deux pages qui précèdent (1), le relevé, aussi complet que possible, des corrections que l'on peut avoir à indiquer sur une épreuve (2).

---

(1) Nous avons emprunté au *Manuel* de M. Fournier le texte de notre première page. Quant à l'exécution manuelle, nous n'avons fait qu'imiter M. Brun, qui a eu l'initiative de ce travail.

(2) La contexture de ces deux pages ne nous a pas permis d'y introduire les signes de correction qui suivent :

Minuscule italique à mettre en majuscule : m/ ou, plus simplement, M/

Majuscule à mettre en initiale du même corps : M/ ou, plus simplement, M *init.*/

ADDITION AU CHAPITRE VII.

Par un oubli bien involontaire, nous n'avions pas indiqué la manière de faire les lettres barrées qui figurent aux pages 286 et 287 ci-contre; nous sommes heureux que la mise en livraisons du ***Guide du Compositeur*** nous offre la possibilité de réparer cette omission regrettable.

Supposons donc qu'un a soit à barrer obliquement de droite à gauche.

On prend la lettre (1) destinée à former la première partie de l'a (celle de gauche), et l'on commence à en abattre, avec un canif, l'angle droit du côté opposé au cran (*le bas de la lettre*) dans toute la longueur de la tige, afin d'obtenir une petite surface plate semblable à celle-ci

et susceptible d'être appliquée sans *vacillement* sur une lime douce et bien nette. Cela fait, on frotte la lettre, en la maintenant d'aplomb sur la lime avec le pouce, l'index et le médium, jusqu'à ce que toute son épaisseur, du côté entamé, ait entièrement disparu, et qu'il ne reste plus que l'angle gauche, lequel doit rester intact et très-aigu, tandis que la partie opposée

(1) Il est inutile de dire qu'il faut deux lettres pour en former une, et qu'elles ne doivent nullement être endommagées.

(*le haut de la lettre*), avec laquelle il forme sifflet, conserve toute son épaisseur; ce qui donne le résultat suivant :

La lettre qui doit former la partie droite de l'a est ensuite traitée de la même manière, mais en sens inverse, c'est-à-dire que l'on abat d'abord l'angle gauche du côté du cran (*le haut de la lettre*),

pour ne laisser subsister, en frottant sur la lime, que l'angle droit, tandis que la partie opposée (*le bas de la lettre*) doit rester dans son épaisseur normale :

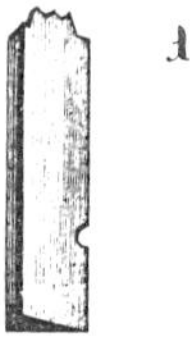

puis on s'assure que l'opération donne un résultat satisfaisant, en rapprochant les deux parties limées, lesquelles doivent, comme on le voit ci-dessous, reproduire la lettre dans toute son intégrité d'épaisseur et d'œil :

a

On coupe alors un morceau de clinquant (préalablement

mis de la hauteur du caractère) de la largeur exacte de la lettre, du côté limé, et jusqu'à la hauteur du talus, qu'il doit ensuite dépasser un peu de chaque côté, pour prolonger l'étendue du trait au delà de l'œil, de cette manière :

et l'on réunit le tout :

Si la lettre doit être barrée de gauche à droite, on opère à l'inverse de ce qui vient d'être dit; la première partie limée offre alors cette figure :

la seconde, celle-ci :

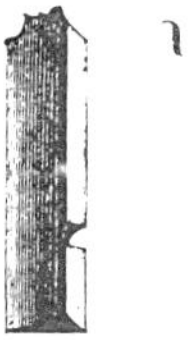

et leur réunion, celle-ci :

Les lettres à barrer horizontalement présentent moins de difficulté : il suffit de limer le plus exactement possible, dans un étau à main, les parties opposées des deux mêmes lettres, c'est-à-dire le haut de l'une, comme par exemple :

et le bas de l'autre :

de s'assurer, par le rapprochement des deux parties, que la lettre est intacte, comme on le voit ici :

a

puis de placer entre elles le bout de clinquant, taillé ainsi que nous l'avons dit précédemment (1) :

~~a~~

On conçoit aisément que le moyen que nous venons d'indiquer cesse d'être applicable, s'il s'agit d'un certain nombre de mêmes lettres à barrer; dans ce cas, il est indispensable d'avoir recours à la fonderie.

---

(1) Lorsque les parties environnantes de la lettre barrée s'opposent à l'étendue du trait, le clinquant doit être coupé carrément dans toute sa hauteur, sur la largeur du côté limé en sifflet pour le trait diagonal, et sur la simple épaisseur de la lettre pour le trait horizontal.

CHAPITRE VIII.

DE LA CASSE FRANÇAISE.

La casse française, stationnaire pendant si longtemps sous le rapport de sa classification, a enfin éveillé l'attention des personnes qui pratiquent l'imprimerie, et plusieurs d'entre elles, depuis peu, se sont crues obligées de proposer, à l'envi, des modèles qui tous offrent, pour avantage presque unique, la possibilité *apparente* de réunir le plus d'ouvriers possible dans l'espace le moins considérable (1). Nous nous dispenserons de discuter ici la valeur de cette considération, ainsi que le grave inconvénient de refaire la boiserie des casses et des rayons (2); mais, en présence de cette fièvre de changements que l'expérience sans doute calmera bientôt, nous croyons devoir reproduire ici dans son entier, sans commentaire aucun et comme point de comparaison seulement, l'écrit que nous avons publié sur le même sujet il y a quarante ans. On y verra que les modifications radicales que nous proposions alors s'appuyaient toutes sur des chiffres, et laissaient du moins la boiserie des casses dans une intégrité pour ainsi dire complète.

[NOUVELLE CLASSIFICATION DE LA CASSE FRANÇAISE.

Depuis son origine, et particulièrement depuis un demi-siècle, l'imprimerie a subi, dans presque toutes ses parties, de nom-

(1) Il est juste de dire que, de tous les modèles qui ont paru jusqu'à présent, le moins irrationnel est, sans contredit, celui de M. Rignoux.

(2) M. Jouaust, maître imprimeur, et l'un des membres de la Commission typographique, s'est chargé de le faire d'une manière péremptoire dans la brochure qu'il a publiée sous ce titre : ***Gardons nos casses, ne les mutilons pas !***

breux et utiles changements. Mais, au milieu des progrès qui semblent avoir fait atteindre à cet art toute la perfection dont il est susceptible, il est à regretter que la casse française, devenue sensiblement vicieuse dans sa classification, n'ait reçu aucune amélioration, même partielle. Elle occupe pourtant une place assez importante pour mériter de fixer d'une manière toute particulière l'attention; et rien, selon nous (si ce n'est la *routine*, pourtant), ne saurait justifier l'oubli dans lequel on l'a laissée jusqu'à ce jour (1).

Compositeur pendant de longues années, nous avons pu remarquer les inconvénients de cette classification, et apprécier le préjudice qu'elle cause : placé ensuite à la tête d'une imprimerie, nous nous sommes occupé, pour y remédier, de la combinaison que nous offrons ici (2), et dont nous allons essayer de faire sentir l'avantage en motivant les déplacements que nous avons opérés.

Nous commencerons par le haut de casse.

En blâmant la disposition ancienne des grandes et des petites majuscules, notre intention n'est certainement pas d'en faire un reproche à ceux qui nous l'ont léguée; car nous trouvons, au contraire, qu'ils avaient calculé juste en plaçant ces lettres dans la partie la plus éloignée du casseau supérieur (3), afin de pouvoir consacrer la partie inférieure aux doubles lettres minuscu-

---

(1) M. Vinçard et l'auteur de la casse tachéotype ont bien, à différentes époques, cherché à la modifier; mais comme les changements qu'ils proposaient ne consistaient que dans la réintroduction de ligatures, ils n'ont pas été adoptés.

(2) Cette classification, qui a reçu la sanction d'un des plus savants maîtres imprimeurs (M. Eberhart), à l'examen duquel nous l'avions soumise avant sa publication, est adoptée depuis trois ans chez M. Goujon, à Saint-Germain en Laye, maison dans laquelle ont été occupés plusieurs compositeurs instruits et habitués à raisonner leur travail : nous ne craignons pas que le jugement qu'ils en ont porté lui soit défavorable.

(3) On peut supposer cette classification très-ancienne, puisque le J et l'U, introduits vers le milieu du XVIe siècle, n'ont probablement été casés si loin de leur véritable place, que pour éviter de déranger l'ordre déjà établi pour les autres majuscules.

les (1), et aux signes divers (2) dont ils faisaient un très-fréquent usage. Nous convenons même que la réforme de ces doubles lettres ne s'étant faite que successivement, il a été pour ainsi dire impossible, plus récemment, de rien changer à l'organisation primitive; et qu'il a fallu se contenter de mettre, dans les cassetins qu'occupaient les lettres supprimées, d'autres lettres nouvellement introduites, lesquelles, relativement à leur emploi, se sont trouvées ou trop rapprochées ou trop éloignées. Mais, maintenant que tout est à peu près fixé dans la fonte de nos caractères; que, par le fait des réformes opérées à diverses époques, une partie des cassetins des quatre dernières rangées sont vides (3), et que l'autre partie (à l'exception des lettres minuscules accentuées) n'est occupée que par des sortes d'un usage presque nul, nous avons jugé raisonnable de placer les grandes et les petites majuscules dans ces quatre rangées (4), parce que le rapprochement de ces lettres, indépendamment de l'économie de temps qui en résulte, procure encore les avantages suivants : 1° celui d'apercevoir le cran en les composant; 2° celui de n'être pas autant exposé à faire des coquilles en les distribuant; 3° celui, enfin, d'éprouver moins de fatigue dans le bras pour les compositions où elles sont employées en grand nombre.

Les premières lettres de l'alphabet étant plus usuelles que les autres, on sentira facilement ce qui nous a fait préférer la direction ascendante à la direction descendante.

Deux raisons nous ont engagé à rejeter les chiffres dans le haut de casse : la première est que, dans les ouvrages courants, ils

---

(1) as, ct, et, fr, ffr, is, sb, sl, ss, ssl, sp, st, us, ā, ē, ō, ū, etc., etc.

(2) Les *croix*, les *pieds-de-mouche*, les *crochets*, les *paragraphes*, etc., ainsi que les lettres *á*, *í*, *ó*, *ú*, *ì*, *ò*, étaient autrefois bien plus souvent employés qu'ils ne le sont aujourd'hui.

(3) Voyez les modèles de casse des *Manuels typographiques* de MM. Brun et Audouin de Géronval.

(4) Nous avons appris, depuis peu, que dans les imprimeries d'une partie du midi de la France, ces lettres occupent à peu près la même place que celle que nous leur assignons ici.

sont employés en bien plus petit nombre que les lettres accentuées que nous avons mises à la place qu'ils occupaient (1); la seconde, que la nature de certains ouvrages ne permettant pas de composer d'avance les titres courants, il fallait, dans la mise en pages de ces ouvrages, pour le folio de chaque ligne de tête, déranger la copie, ordinairement placée, pendant cette opération, sur la partie où se trouvaient les chiffres.

Le petit emploi que l'on fait des lettres supérieures (2), des paragraphes, des crochets, etc., etc., nous a autorisé à les placer dans la partie la plus éloignée du haut de casse (3), où nous les avons groupés le plus convenablement possible.

La disposition du bas de casse, quoique moins sensiblement vicieuse que celle du haut de casse, demandait néanmoins à être modifiée aussi.

Nous nous sommes donc attaché d'abord, tout en appropriant la place de chaque lettre à l'emploi qu'on en fait dans le français, à y réunir tout ce qui en dépend; car la répartition des minuscules et de la ponctuation dans les grandes et dans les petites majuscules, nous a toujours paru peu convenable. Nous avons

---

(1) Dans la police des caractères, le nombre total des chiffres, pour une fonte de 100,000 lettres, ne s'élève qu'à 2,250; tandis que celui des minuscules accentuées usitées dans le français s'élève à 2,750. Il y a cependant, nous le savons, des ouvrages dans lesquels on en emploie considérablement, mais ces ouvrages sont en trop petit nombre pour servir de règle : on peut s'en convaincre en compulsant, ainsi que nous l'avons fait, les *Bulletins bibliographiques* de toute une année.

(2) Malgré les observations de M. Rignoux, qui a vu notre travail et l'a jugé digne de figurer dans le monument que, de concert avec M. Capelle, il élève à la Typographie, nous avons négligé d'introduire les chiffres supérieurs dans le haut de casse, dans la crainte de trop multiplier le nombre des nouveaux cassetins, et de rendre par là l'adoption de notre combinaison plus difficile. Nous pensons d'ailleurs que, pour éviter le désordre, ces chiffres doivent être le sujet d'un casseau particulier.

(3) Le *guillemet* est le seul signe que nous ayons mis dans le bas de casse; son usage assez répété nous a fait penser qu'il occuperait avec avantage la place de l'*astérisque*.

ensuite cherché, comme nous l'avons fait pour le haut de casse, à y grouper certaines sortes, telles que les voyelles accentuées usitées dans le français (1), les doubles lettres (2), et la ponctuation, afin de faciliter à l'élève l'étude de la casse.

Quant aux autres changements, voici les raisons qui nous ont porté à les faire :

L'*e*, le *s*, et la *virgule*, étant beaucoup plus souvent employés que l'*i*, l'*o* et le *point* (3), nous ont paru devoir occuper la place de ces derniers, parce qu'elle est plus rapprochée de la main.

Nous avons mis le *l* à la place du *p*, celui-ci à la place du *q*, et ce dernier à la place du *l*, non-seulement pour le même motif (4), mais encore parce que le *q* se trouve mieux placé relativement à l'*u*, dont il est toujours suivi dans le latin comme dans le français, le mouvement à faire pour prendre et pour replacer ces deux lettres devenant plus bref en cessant d'être croisé.

Enfin, il nous a semblé que l'*espace fine*, si avantageusement et si fréquemment employée, devait être placée au-dessus des autres espaces (5); ce qui, tout en en diminuant la distance de

(1-2) Les *ff*, *ffi*, *ffl*, étant encore en usage dans beaucoup d'imprimeries, et ces sortes étant plus fréquemment employées que les ë, ï, ü, nous avons dû les mettre dans le bas de casse ; mais, dans les maisons où elles sont entièrement rejetées, on devra les remplacer par ces dernières lettres.

(3-4) Dans une police de 100,000 lettres, on fournit 12,000 *e* et 6,000 *i*; 8,000 *s* et 5,000 *o*; 4,500 *l*, 2,500 *p*, et 1,600 *q*. Le *point* est fourni en même nombre que la *virgule*; mais il est incontestable que son emploi est bien moindre dans les ouvrages d'un texte ordinaire. Au reste, ce que nous avançons ici se trouve confirmé par le travail que nous avons fait, et que nous exposons dans le tableau ci-après.

(5) Nous avons entendu dire à des compositeurs que l'*espace fine* était mieux placée dans le cassetin où nous avons mis le *petit-qué*, parce que là elle se trouvait plus près de la *virgule*, pour laquelle, disaient-ils, cette espace a été fondue. Quoique cette erreur ne soit partagée que par un petit nombre de personnes qui ne peuvent point faire autorité, nous croyons cependant devoir la relever. L'*espace fine* n'a pas plus été imaginée en France pour séparer la *virgule*, qu'elle ne l'a été en Angleterre, où elle n'est jamais employée à cet usage : la véritable destination de cette espace est de faciliter la justification des lignes et l'espacement régulier des mots. Mais quand bien même elle ne serait employée que pour séparer la *virgule*, comme ces compositeurs le prétendent, nous leur demandons si,

1p 4o (1), nous a donné la possibilité de rapprocher aussi de 10o 2l le *f*, le *q*, et le *h*. Nous avons formé son cassetin en diminuant celui de l'*i* qui est toujours beaucoup trop grand pour la composition du français et même du latin.

Ce qu'on vient de lire devrait suffire pour prouver que, s'accordant parfaitement avec l'échelle de proportion numérale établie pour la fonte des caractères, et avec ce que disent tous les Manuels à l'article *Casse* (2), notre classification offre une amélioration notable sur l'ancienne, laquelle s'écarte en grande partie de ces deux points importants. Mais pour ne laisser aucun doute à cet égard, et en même temps pour faire apprécier, par des calculs exacts, la valeur de cette amélioration, nous avons fait un travail, objet du tableau ci-joint, auquel nous avons procédé de la manière suivante :

---

parce que ce signe de la ponctuation se trouve éloigné, ce doit être un motif pour que l'*espace fine* qui le précède le soit aussi, plutôt que l'*espace forte* qui le suit?

(1) Cette différence, qui comprend la distance parcourue pour l'aller et le venir, est calculée en supposant l'*espace fine* placée dans le cassetin qu'occupait autrefois le *s* long; elle serait un peu plus grande si nous l'avions prise du cassetin qui est à côté du *fi*, où beaucoup de personnes ont l'habitude de la mettre.

(2) « La distribution des cassetins a été combinée, d'après les données de l'ex-« périence, de telle sorte que la proximité ou l'éloignement de chacun fussent « proportionnés à la nécessité d'y recourir plus ou moins fréquemment; que leur « distance de la main qui doit s'y porter fût en rapport avec l'emploi plus ou « moins répété des lettres qu'ils contiennent. » (*Manuel* de M. Fournier, in-8o, page 21.)

Il est fâcheux qu'un passage qui se trouve en haut de la même page forme une contradiction des plus grandes avec ce raisonnement. Le voici : « Le complément « de l'une et de l'autre partie (*la partie inférieure du haut de casse, et par « conséquent la plus rapprochée de la main*) contient des lettres accentuées « et autres signes d'un usage peu fréquent et quelquefois nul dans certaines com-« positions. » Ce qui a été dit en général ne doit-il donc pas aussi s'appliquer au haut de casse?

Le même Manuel dit encore, ainsi que celui de M. Audouin de Géronval, que les majuscules sont classées par ordre alphabétique, sans tenir compte que dans le modèle qu'il donne on saute de l'I au K, et du T au V. Tout en réparant cette imperfection, nous avons motivé l'ancienne organisation.

Nous avons pris une casse vide, de moyenne grandeur (35°), et nous avons mesuré la distance du centre de chaque cassetin, tant du haut que du bas, relativement au centre du cassetin aux espaces (colonnes I et II). Ces distances une fois connues, il nous a été facile de calculer la différence, soit en moins, soit en plus, que donne le déplacement que nous avons fait éprouver à chacune des lettres (colonne III). Cette première opération étant terminée, nous avons distribué dans la casse vide un nombre de paquets de petit-romain (texte courant) équivalant à 18,000 *n*, terme moyen de deux journées de composition (1); après quoi nous avons compté attentivement le contenu de chaque cassetin: le total général s'est élevé à 24,408 lettres, divisées ainsi qu'il est marqué dans la première partie de la colonne IV. Nous avons fait ensuite une distribution de cicéro, égale à celle du petit-romain, laquelle nous a produit 24,265 lettres (seconde partie de la colonne IV). La petite différence que nous avons trouvée dans les nombres partiels et dans le nombre total des lettres de ces deux distributions (2) nous ayant convaincu de l'exactitude de ce travail, nous avons multiplié le nombre de chacune des sortes de cette dernière distribution par leurs distances ancienne et nouvelle (colonne V); et cette multiplication nous a fait connaître, aussi justement que possible, l'avantage de notre classification pour la composition. Il nous restait encore à savoir la différence produite par la distribution, et, pour cela, il fallait posséder le rapport de l'espace parcouru pour la distribution à celui de la composition. Pour l'obtenir, nous avons fait distribuer devant nous trois lignes de 41 *n*, et nous avons mesuré avec soin la distance parcourue pour placer chaque lettre (colonne VI); puis,

---

(1) Nous avons fait le calcul pour deux journées, afin que les sortes fussent plus variées.

(2) Le nombre total des lettres de ces deux colonnes nous prouve que l'on s'est trompé en prenant le *n* pour base du calcul du mille : on emploie généralement, en y comprenant les espaces, beaucoup plus de lettres au-dessous qu'au-dessus de son épaisseur.

comparant cette distance avec celle qui est à parcourir pour composer ces trois mêmes lignes (colonne VII), nous avons trouvé que la première est à la seconde comme 66 est à 100.

Il résulte de là que, pour faire une composition de 18,000 *n* (24,265 lettres, espaces, etc.) dans une casse ancienne, la main parcourt un espace de 30,242^{p} 8° 10^{l}; tandis que, dans une casse nouvelle, elle ne parcourt que 27,828^{p} 3° 1^{l}. La distance à parcourir pour la distribution étant des 66/100 de celle de la composition, si nous ajoutons, aux 30,242^{p} 8° 10^{l} ci-dessus, les 66/100 de ce nombre, qui sont de 19,501^{p} 7° 6^{l}, nous obtiendrons le total de 49,744^{p} 4° 4^{l} pour la composition et la distribution des 18,000 *n* dans une casse ancienne; et, en faisant la même opération pour la casse nouvelle, c'est-à-dire en ajoutant aux 27,828^{p} 3° 1^{l}, les 66/100 de ce nombre, qui sont de 18,364^{p} 6° 10^{l}, le total ne s'élèvera qu'à 46,192^{p} 9° 11^{l} : ce qui porte la différence en moins, sur deux journées de travail, à 3,551^{p} 6° 5^{l}, ou environ 1/13.

La distance parcourue dans trois cents jours de travail (à raison de 9,000 *n* chacun) étant de 7,461,654^{p} 2° dans la première casse, et de 6,928,923^{p} 11° 6^{l} dans la seconde, la différence en moins sera donc de 532,730^{p} 2° 6^{l}, lesquels, divisés par 46,192^{p} 9° 11^{l} (espace parcouru pour deux journées), donnent, à peu de chose près, pour quotient 11 1/2, et procurent, par conséquent, un bénéfice qui répond au temps employé à parcourir la distance nécessaire pour la composition et la distribution de *vingt-trois jours*.

Nous ferons en outre remarquer que cette différence, produite par un texte courant, serait encore plus considérable sur les dictionnaires, les pièces de théâtre, et en général sur toute espèce de versification, genre d'ouvrages dans lesquels on emploie beaucoup de grandes et de petites majuscules (1); puisque, sur la

---

(1) Il n'est pas rare de trouver dans une feuille in-8° de 18,000 *n* (tragédie ou comédie), de 360 à 400 grandes majuscules, et de 1,000 à 1,100 petites majuscules.

composition et la distribution de chacune de ces lettres, on gagne, l'une dans l'autre, 1^{p} 2° 4^{l}.

L'avantage que nous venons de signaler comme résultant de notre classification, quelque important qu'il soit, n'est pas le seul motif qui nous fasse désirer de la voir adopter; une considération majeure vient encore s'y joindre. Tout le monde connaît le mauvais état dans lequel se trouvent les casses de presque toutes les imprimeries de Paris (1); ce désordre, qui porte un si grand préjudice aux maîtres et aux ouvriers, par la nécessité où il met les premiers de faire fondre des sortes qui, trop souvent, sont enfouies sous les pâtés des casses, et par le temps qu'il fait perdre aux seconds à chercher ces mêmes sortes, a pour principales causes : 1° le placement différent des É, È, Ê, Æ, Œ, W, Ç (grandes et petites majuscules), des lettres supérieures, et des divers signes d'un usage peu fréquent, parce qu'il en résulte que les compositeurs, malgré l'attention qu'ils peuvent y apporter, sont exposés à brouiller ces lettres chaque fois qu'ils changent d'imprimerie; 2° la possibilité qu'ont certains ouvriers peu soigneux, de remplir de pâtés les cassetins laissés vides par l'organisation actuelle du haut de casse, ces cassetins se trouvant à la proximité de leur main.

Il est facile de sentir qu'une classification uniforme pour toutes les imprimeries pourrait seule faire cesser la première cause de ce désordre; et nous pensons que celle que nous proposons, ne laissant aucun cassetin vide, détruirait naturellement la seconde.

Puissent donc les raisons que nous avons exposées être senties! L'ordre qui en résultera dédommagera amplement les maîtres imprimeurs de la légère dépense que nécessite la formation de trois nouveaux cassetins; et les compositeurs regagneront bien-

---

(1) Les cassetins des rangées inférieures du côté droit du haut de casse, notamment ceux de la dernière, ne contiennent généralement que des pâtés. Nous devons pourtant dire qu'il n'en est pas ainsi chez M. Crapelet; on y exerce à ce sujet une surveillance assez active.

tôt le temps qu'ils auront consacré à transposer les sortes, et à graver dans leur mémoire une classification qui ne présente aucun obstacle sérieux à des ouvriers intelligents.]

Ce travail, que nous avons adressé alors à tous les maîtres imprimeurs de Paris, est jusqu'ici resté sans application dans cette ville. Nous aimons à croire que les personnes qui s'occupent réellement de progrès sérieux, ne nous blâmeront pas de le mettre de nouveau en évidence.

MODÈLE DE CASSE (NOUVELLE CLASSIFICATION).

HAUT DE CASSE.

e	l	m	o	r	s	—	ë	ï	ü	á	í	ó	ú
Æ	OE	W	Ç	É	È	Ė	ì	ò	(	*	℣	℟	¶
0	9	8	7	6	5	4	Æ	OE	W	Ç	§	[	†
V	X	Y	Z	1	2	3	V	X	Y	Z	É	È	Ê
O	P	Q	R	S	T	U	O	P	Q	R	S	T	U
H	I	J	K	L	M	N	H	I	J	K	L	M	N
A	B	C	D	E	F	G	A	B	C	D	E	F	G

BAS DE CASSE.

<table>
<tr><td>«</td><td>ç</td><td>é</td><td>-</td><td>’</td><td rowspan="2">i</td><td>à</td><td>è</td><td>ù</td><td>â</td><td>ê</td><td>î</td><td>ô</td><td>û</td></tr>
<tr><td>w</td><td rowspan="2">b</td><td rowspan="2">c</td><td colspan="2" rowspan="2">d</td><td colspan="2" rowspan="2">o</td><td rowspan="2">f</td><td rowspan="2">g</td><td rowspan="2">h</td><td>ff</td><td>ffi</td><td>ffl</td></tr>
<tr><td>k</td><td rowspan="2">e</td><td>fl</td><td>æ</td><td>œ</td></tr>
<tr><td>z</td><td rowspan="2">q</td><td rowspan="2">m</td><td colspan="2" rowspan="2">n</td><td colspan="2" rowspan="2">s</td><td rowspan="2">l</td><td rowspan="2">p</td><td>j</td><td>fi</td><td>!</td><td>Demi-cadratins</td></tr>
<tr><td>y</td><td>Espaces de 1 p.</td><td>;</td><td>:</td><td>?</td><td>Cadratins</td></tr>
<tr><td>x</td><td>v</td><td>u</td><td colspan="2">t</td><td>Espaces</td><td colspan="2">a</td><td colspan="2">r</td><td>,</td><td>.</td><td colspan="2">Cadrats</td></tr>
</table>

CHAPITRE IX.

PLAN DES IMPOSITIONS.

Indépendamment des impositions relatives aux labeurs, nous avons réuni, dans ce chapitre, des exemples variés d'*ouvrages de ville* imposés ensemble de manière à ne faire qu'un seul tirage, ainsi que les principales impositions propres aux ouvrages en langues orientales qui se lisent de droite à gauche, telles que l'arabe, l'hébreu, etc.

Nous y offrons aussi l'exemple d'une feuille in-octavo dans des châssis dits *brisés* (bien que ces châssis ne changent rien à la disposition des pages réunies), pour le cas où, faute de place, on serait dans la nécessité d'imposer isolément chacune des quatre parties de la feuille.

Nous donnons également les diverses combinaisons auxquelles peuvent donner lieu les demi-feuilles tirées à la mécanique, soit que la composition en soit doublée, soit qu'on en réunisse deux différentes.

Nous y faisons figurer l'imposition de deux et trois feuilles in-octavo, sur une même feuille, *sans coupure,* ainsi que l'in-douze et l'in-dix-huit (également *sans coupure*), pour certaines publications périodiques, ces impositions ayant l'avantage de diminuer notablement les frais de poste.

Parmi les impositions in-douze et in-dix-huit, on en trouvera qui, quoique moins usitées que certaines autres, devraient néanmoins leur être préférées, si la *routine* ne prévalait pas, par la raison qu'elles évitent de retourner un carton à la pliure de la feuille.

Nous nous sommes attaché, dans l'exécution de ce travail, à conserver, quoique sur une petite échelle, la forme constitutive de chaque format (1), et à apporter la plus rigoureuse exactitude dans la division des blancs de barre, de tête et de fond de nos modèles, de manière que, pour la formation des garnitures, on n'ait plus qu'à augmenter proportionnellement ces blancs en raison de la dimension des pages et du papier. Nous avons cru devoir aussi ne pas négliger d'indiquer la place que doivent occuper les coins pour qu'une forme soit serrée carrément, cette chose étant bien plus importante que ne le pensent la plupart des ouvriers.

---

(1) Une feuille de *carré*, pliée selon le format, a servi de base à toutes nos impositions.

TABLEAU SYNOPTIQUE

Indiquant : 1° la distance ancienne et la distance nouvelle des lettres, avec la différence en moins et en plus que donne leur déplacement; 2° le nombre moyen des lettres contenues dans une distribution de 18,000 *n*, et la distance que parcourt la main pour les composer; 3° le rapport de la distance parcourue pour la distribution à celle de la composition.

I. LETTRES (1).		II. DISTANCES — Ancienne.	II. DISTANCES — Nouvelle.	III. DIFFÉRENCE — En moins.	III. DIFFÉRENCE — En plus.	IV. NOMBRE DE LETTRES employées DANS LA DISTRIBUTION DES 18 MILLES DE — Petit-romain.	IV. — Cicéro.	V. ESPACE PARCOURU pour chaque lettre DANS LA COMPOSITION DES 18 MILLES DE CICÉRO — Distance ancienne.	V. — Distance nouvelle.
		p. p. l.	p. p. l.	p. p. l.	p. p. l.			p. p. l.	p. p. l.
BAS DE CASSE	a	0 4 8	0 4 8	″	″	1340	1161	903 0 0	903 0 0
	b	1 1 6	1 1 6	″	″	140	146	328 0 0	328 0 0
	c	0 11 0	0 11 0	″	″	511	507	929 6 0	929 6 0
	d	0 8 5	0 8 5	″	″	646	722	1012 9 8	1012 9 8
	e *	0 8 1	0 5 8	0 2 5	″	2622	2747	3700 9 10	2594 4 8
	f *	1 0 3	0 10 8	0 1 7	″	129	93	189 10 6	165 4 0
	g *	1 1 11	1 0 3	0 1 8	″	140	220	510 3 4	449 2 0
	h *	1 3 9	1 1 11	0 1 10	″	109	161	422 7 6	373 5 2
	i	0 3 10	0 9 1	″	0 5 3	1209	1163	743 0 4	1760 7 10
	j *	1 1 4	1 0 10	0 0 6	″	57	49	108 10 8	104 9 8
	k *	1 4 9	1 3 0	0 1 9	″	1	1	2 9 6	2 6 0
	l *	1 0 2	0 8 9	0 3 5	″	955	959	1944 7 8	1366 11 6
	m	0 9 3	0 9 3	″	″	433	428	659 10 0	659 10 0
	n	0 5 9	0 5 9	″	″	1322	1294	1240 1 0	1240 1 0
	o	0 6 0	0 8 8	″	0 2 8	1009	968	968 0 0	1398 2 8
	p	0 8 9	0 10 7	″	0 1 10	515	508	740 10 0	896 0 8
	q	0 10 7	1 0 2	″	0 1 7	224	249	439 2 6	504 11 0
	r	0 8 9	0 8 9	″	″	1263	1258	1834 7 0	1834 7 0
	s	0 8 8	0 6 0	0 2 8	″	1433	1501	2168 1 4	1501 0 0
	t	0 4 1	0 4 1	″	″	1342	1223	832 3 10	832 3 10
	u	0 8 4	0 8 4	″	″	1120	1107	1537 6 0	1537 6 0
	v	0 11 6	0 11 6	″	″	267	240	460 0 0	460 0 0
	x	1 1 6	1 1 6	″	″	88	82	184 6 0	184 6 0
	y	1 1 9	1 1 9	″	″	64	54	123 9 0	123 9 0
	z	1 2 4	1 2 4	″	″	4	19	45 4 8	45 4 8
	ç	1 3 4	1 3 4	″	″	13	5	12 9 4	12 9 4
DOUBLES	ff	1 1 1	1 4 3	″	0 3 2	16	14	30 6 4	37 11 0
	fi	1 2 4	1 2 9	″	0 0 5	25	22	52 3 8	54 1 11
	ffi	1 2 9	1 6 1	″	0 3 4	″	5	12 3 6	15 0 10
	fl	1 2 10	1 3 6	″	0 0 8	2	3	7 [illegible] 0	7 9 0
	ffl	1 4 7	1 7 10	″	0 3 3	1	″	″	″
	æ	1 5 3	1 5 3	″	″	″	″	″	″
	œ	1 7 2	1 7 2	″	″	6	6	19 2 0	19 2 0
	w	1 0 10	1 3 10	″	0 3 0	1	″	″	″
ACCENTS	á	sans place	2 1 6	″	″	″	″	″	″
	à *	1 7 9	0 10 6	0 9 3	″	83	62	204 1 0	108 6 0
	â *	1 10 4	1 2 0	0 8 4	″	11	18	67 0 0	42 0 0
	é	1 1 3	1 1 3	″	″	420	392	865 8 0	865 8 0
	è *	1 6 5	0 11 6	0 6 11	″	64	62	190 3 8	118 10 0
	ê *	1 9 3	1 3 6	0 5 9	″	24	27	95 7 6	69 9 0
	ë	1 1 10	1 11 0	″	0 9 2	″	″	″	″
	í	sans place	2 2 9	″	″	″	″	″	″
	ì	1 5 0	1 9 5	″	0 4 5	″	″	″	″
	î *	1 8 1	1 5 1	0 3 0	″	19	11	36 9 10	31 3 10
	ï	1 3 0	1 11 8	″	0 8 8	1	1	2 6 0	3 11 4
	ó	sans place	2 4 0	″	″	″	″	″	″
	ò	1 3 9	1 10 0	″	0 6 3	″	″	″	″
	ô *	1 6 11	1 6 9	0 0 2	″	8	7	22 0 10	21 10 6
	ú	sans place	2 5 3	″	″	″	″	″	″
	ù *	1 2 9	1 0 6	0 2 3	″	8	5	12 3 6	10 5 0
	û	1 6 2	1 8 6	″	0 2 4	10	5	15 1 8	17 1 0
	ü	1 4 8	2 0 4	″	0 7 8	″	″	″	″
PONCTUATIONS	.	0 11 11	1 1 11	″	0 2 0	125	99	196 7 6	229 7 6
	, *	1 1 11	0 11 11	0 2 0	″	346	301	698 1 10	597 9 10
	; *	1 4 1	1 0 2	0 3 11	″	28	62	166 2 4	125 8 8
	: *	1 4 4	1 2 4	0 2 0	″	13	22	59 10 8	51 8 8
	! *	1 11 9	1 4 9	0 7 0	″	4	1	3 11 6	2 9 6
	? *	1 10 7	1 4 4	0 6 3	″	″	7	26 4 2	19 0 8
SIGNES DIVERS	'	0 10 4	0 10 4	″	″	254	255	439 2 0	439 2 0
	-	0 11 0	0 11 0	″	″	147	140	256 8 0	256 8 0
	» *	1 8 0	1 4 11	0 3 1	″	22	27	90 0 0	76 1 6
	)	1 2 4	1 10 11	″	0 8 7	″	8	19 1 4	30 6 8
	*	1 4 11	1 11 10	″	0 6 11	″	1	2 9 10	3 11 8
	—	1 3 3	1 11 1	″	0 7 10	″	″	″	″
	]	1 4 3	2 0 11	″	0 8 8	″	″	″	″
	¶	1 7 1	2 3 6	″	0 8 5	″	″	″	″
	§	1 3 2	1 11 6	″	0 8 4	″	″	″	″
	†	1 5 8	2 2 4	″	0 8 8	″	″	″	″
	℣	1 8 9	2 1 0	″	0 4 3	″	″	″	″
	℟	1 10 1	2 2 4	″	0 4 3	″	″	″	″
GRANDES MAJUSCULES	A *	2 2 10	1 8 0	0 6 10	″	12	37	165 5 8	123 4 0
	B *	2 1 8	1 4 9	0 8 11	″	6	8	34 2 8	22 4 0
	C *	2 0 3	1 3 5	0 8 10	″	35	40	161 8 0	102 9 4
	Ç	1 2 3	1 10 2	″	0 7 11	″	″	″	″
	D *	1 11 11	1 2 2	0 9 9	″	9	13	51 9 10	30 8 4
	E *	1 11 6	1 1 4	0 10 2	″	10	13	50 11 0	28 10 8
	É	1 9 3	1 9 6	″	0 0 3	3	4	14 2 0	14 4 0
	È	1 7 9	1 9 2	″	0 1 5	″	″	″	″
	Ê	1 6 5	1 9 1	″	0 2 8	″	″	″	″
	F *	1 11 2	1 0 7	0 10 7	″	20	5	19 3 8	10 5 10
	G *	1 11 1	1 0 6	0 10 7	″	″	12	46 2 0	25 0 0
	H *	2 1 5	1 7 9	0 5 8	″	3	3	12 8 6	9 10 6
	I *	2 0 1	1 6 5	0 5 8	″	26	15	60 2 6	46 0 6
	J	1 2 2	1 5 0	″	0 2 10	9	7	16 6 4	19 10 0
	K *	1 11 1	1 3 9	0 7 4	″	1	″	″	″
	L *	1 10 2	1 2 9	0 7 5	″	49	22	81 3 4	54 1 0
	M *	1 9 6	1 2 4	0 7 2	″	38	22	78 10 0	52 6 8
	N *	1 9 2	1 2 3	0 6 11	″	3	7	24 8 4	16 7 6
	O	1 9 1	1 9 3	″	0 0 2	8	12	42 2 0	42 6 0
	P *	1 11 11	1 7 9	0 4 2	″	9	19	75 8 10	62 6 6
	Q *	1 10 8	1 6 5	0 4 3	″	9	3	11 4 0	9 2 6
	R *	1 9 7	1 5 4	0 4 3	″	5	17	61 1 10	49 1 4
	S *	1 8 6	1 4 5	0 4 1	″	8	11	37 7 0	30 1 2
	T *	1 8 0	1 4 1	0 3 11	″	5	7	23 4 0	18 9 2
	U	1 3 5	1 4 0	″	0 0 7	5	1	2 6 10	2 8 0
	V	1 7 7	1 10 4	″	0 2 9	10	6	19 7 0	22 4 0
	X	1 7 6	1 9 3	″	0 1 9	9	2	6 6 0	7 1 0
	Y	1 6 0	1 8 1	″	0 2 1	″	1	3 0 0	3 4 2
	Z	1 5 11	1 6 11	″	0 1 0	1	″	″	″
	Æ	1 5 4	2 1 5	″	0 8 1	″	″	″	″
	OE	1 4 5	2 0 1	″	0 7 8	″	″	″	″
	W	1 4 0	1 11 1	″	0 7 1	″	″	″	″
PETITES MAJUSCULES	A *	1 11 0	1 1 1	0 9 11	″	″	″	″	″
	B *	1 11 8	1 1 10	0 9 10	″	″	″	″	″
	C *	2 0 4	1 3 0	0 9 4	″	″	″	″	″
	Ç	1 8 6	1 10 5	″	0 1 11	″	″	″	″
	D *	2 1 6	1 4 8	0 8 10	″	″	″	″	″
	E *	2 2 9	1 6 0	0 8 9	″	″	6	26 9 0	18 0 0
	É	1 7 7	1 10 1	″	0 2 6	″	″	″	″
	È	1 8 11	1 11 6	″	0 2 7	″	″	″	″
	Ê	1 10 1	2 1 1	″	0 3 0	″	″	″	″
	F *	2 4 0	1 7 9	0 8 3	″	″	″	″	″
	G *	2 5 3	1 9 6	0 7 9	″	″	3	14 7 6	10 9 0
	H *	1 9 5	1 2 10	0 6 7	″	″	″	″	″
	I *	1 10 0	1 3 2	0 6 10	″	″	3	11 0 0	7 7 0
	J *	1 6 0	1 4 3	0 1 9	″	″	″	″	″
	K *	1 10 11	1 5 8	0 5 3	″	″	″	″	″
	L *	1 11 10	1 7 1	0 4 9	″	″	″	″	″
	M *	2 1 0	1 8 9	0 4 3	″	″	″	″	″
	N *	2 2 4	1 10 7	0 3 9	″	″	6	26 4 0	22 7 0
	O *	2 3 6	1 4 7	0 10 11	″	″	3	13 9 0	8 3 0
	P *	1 7 10	1 4 11	0 3 11	″	″	″	″	″
	Q *	1 8 6	1 6 1	0 2 5	″	″	″	″	″
	R *	1 9 5	1 7 3	0 2 2	″	″	3	10 8 6	9 7 6
	S *	1 10 5	1 8 6	0 1 11	″	″	3	11 2 6	10 3 0
	T *	1 11 6	1 10 1	0 1 5	″	″	″	″	″
	U	1 6 8	1 11 9	″	0 5 1	″	3	9 4 0	11 10 6
	V *	2 0 11	1 6 0	0 6 11	″	″	″	″	″
	X *	2 2 4	1 6 8	0 7 8	″	″	″	″	″
	Y *	1 11 6	1 7 7	0 3 11	″	″	″	″	″
	Z *	2 1 1	1 8 11	0 4 2	″	″	″	″	″
	Æ	1 4 11	1 7 10	″	0 2 11	″	″	″	″
	OE	1 6 1	1 8 6	″	0 2 5	″	″	″	″
	W	1 7 3	1 9 5	″	0 2 2	″	″	″	″
CHIFFRES	1	0 10 6	1 6 2	″	0 7 8	16	15	26 3 0	45 5 0
	2	0 11 6	1 6 0	″	0 6 6	6	4	7 8 0	12 0 0
	3	1 0 6	1 5 11	″	0 5 5	3	4	8 4 0	11 11 4
	4	1 2 0	1 7 6	″	0 5 6	2	6	14 0 0	19 6 0
	5	1 3 6	1 7 7	″	0 4 1	2	3	7 9 0	9 9 6
	6	1 5 1	1 8 0	″	0 2 11	3	11	31 3 10	36 8 0
	7	1 6 9	1 8 6	″	0 1 9	4	3	9 4 6	10 3 0
	8	1 8 6	1 9 7	″	0 1 1	11	4	13 8 0	14 4 8
	9	1 6 1	1 10 8	″	0 4 7	4	″	″	″
	0	1 7 10	1 11 11	″	0 4 1	4	″	″	″
SUPÉRIEURES	e	1 0 7	2 2 10	″	1 2 3	″	″	″	″
	l	sans place	2 1 8	″	″	″	″	″	″
	m	sans place	2 0 3	″	″	″	″	″	″
	o	1 4 9	1 11 11	″	0 7 2	″	1	2 9 6	3 11 10
	r	1 0 6	1 11 6	″	0 11 0	″	″	″	″
	s	sans place	1 11 2	″	″	″	″	″	″
BLANCS	espaces	0 2 0	0 2 0	″	″	4706	4588	1529 4 0	1529 4 0
	Esp. fines *	0 10 8	0 2 8	0 8 0	″	631	734	1304 10 8	326 2 8
	cadratins	1 6 3	1 6 3			40	34	115 7 0	115 7 0
	1/2 cadr.	1 6 9	1 6 9			6	7	21 10 6	21 10 6
	cadrats	1 5 1	1 5 1			83	102	289 8 8	289 8 8
					TOTAUX.	24408	24265	30242 8 10	27828 3 1

(1) Nous avons mis un astérisque à chacune des lettres que nous avons rapprochées; il sera facile, par ce moyen, en consultant la colonne IV, de s'assurer qu'elles sont en bien plus grand nombre que les autres.

VI. ESPACE PARCOURU POUR DISTRIBUER

LES TROIS LIGNES A 41 *n* SUIVANTES :

rencont | rer des obs | tacles plus | ou moins | multipliés.
faut f | aire quitter | une habit | ude, on doit | s'attendre à
Lorsque, | pour faire ado | pter une chose | nouvelle, il

Ligne	Temps	Trajet	p. p. l.
Ire LIGNE	1er TEMPS	De la poignée à l'm	0 9 3
		De l'm à l'u	0 3 11
		De l'u à l'l	1 4 10
		De l'l au t	1 0 9
		Du t à l'i	0 10 3
		De l'i au p	0 11 3
		Du p à l'l	0 2 0
		De l'l à l'i	0 9 6
		De l'i à l'é	0 8 6
		De l'é à l's	1 2 6
		De l's au point	0 10 5
		Du point à la poignée	1 1 11
	2e TEMPS	De la poignée à l'o	0 8 8
		De l'o à l'u	1 3 3
		De l'u à l'espace	0 8 4
		De l'espace à l'm	0 9 3
		De l'm à l'o	1 1 10
		De l'o à l'i	0 5 3
		De l'i à l'n	0 7 0
		De l'n à l's	0 9 0
		De l's à l'espace	0 6 0
		De l'esp. à la poignée	0 3 0
	3e TEMPS	De la poignée au t	0 4 1
		Du t à l'a	0 8 9
		De l'a au c	1 3 0
		Du c à l'l	1 4 7
		De l'l à l'e	0 8 1
		De l'e à l's	0 5 0
		De l's à l'espace	0 6 0
		De l'espace au p	0 10 7
		Du p à l'l	0 2 0
		De l'l à l'u	1 4 7
		De l'u à l's	1 1 9
		De l's à l'espace	0 6 0
		De l'esp. à la poignée	0 3 0
	4e TEMPS	De la poignée à l'r	0 8 9
		De l'r à l'e	0 10 3
		De l'e à l'r	0 10 3
		De l'r à l'espace	0 8 9
		De l'espace au d	0 8 5
		Du d à l'e	0 4 9
		De l'e à l's	0 5 0
		De l's à l'espace	0 6 0
		De l'espace à l'o	0 8 8
		De l'o au b	1 4 2
		Du b à l's	1 4 7
		De l's à la poignée	0 6 0
	5e TEMPS	De la poignée à l'r	0 8 9
		De l'r à l'e	0 10 3
		De l'e à l'n	0 4 9
		De l'n au c	0 5 4
		Du c à l'o	1 1 2
		De l'o à l'n	0 10 10
		De l'n au t	0 3 9
		Du t à la poignée	0 4 1
IIe LIGNE	1er TEMPS	De la poignée à l's	0 6 0
		De l's à l'apostrophe	0 10 0
		De l'apostrophe à l'a	1 0 9
		De l'a au tt	0 8 9
		Du tt à l'e	0 6 10
		De l'e à l'n	0 4 9
		De l'n au d	0 3 9
		Du d à l'r	1 3 0
		De l'r à l'e	0 10 3
		De l'e à l'espace	0 5 8
		De l'esp. à l'esp. fine	0 2 8
		De l'espace fine à l'à	0 8 3
		De l'à à la poignée	0 10 6
	2e TEMPS	De la poignée à l'u	0 8 4
		De l'u au d	0 8 6
		Du d à l'e	0 4 9
		De l'e à l'espace fine	0 3 0
		De l'esp. fine à la virg.	1 0 4
		De la virg. à l'espace	0 11 11
		De l'espace à l'o	0 8 8
		De l'o à l'n	0 10 10
		De l'n à l'espace	0 5 9
		De l'esp. à l'esp. fine	0 2 8
		De l'espace fine au d	0 6 9
		Du d à l'o	0 8 11
		De l'o à l'i	0 5 2
		De l'i au t	0 10 3
		Du t à l'espace	0 4 1
		De l'esp. à l'esp. fine	0 2 8
		De l'esp. fine à la poig.	0 4 0
	3e TEMPS	De la poignée à l'u	0 8 4
		De l'u à l'n	0 5 9
		De l'n à l'e	0 4 9
		De l'e à l'espace	0 5 8
		De l'espace à l'h	1 1 11
		De l'h à l'a	0 10 6
		De l'a au b	1 5 8
		Du b à l'i	0 11 6
		De l'i au t	0 10 3
		Du t à la poignée	0 4 1
	4e TEMPS	De la poignée à l'a	0 4 8
		De l'a à l'i	0 10 6
		De l'i à l'r	1 1 0
		De l'r à l'e	0 10 3
		De l'e à l'espace	0 5 8
		De l'esp. à l'esp. fine	0 2 8
		De l'espace fine au q	0 11 6
		Du q à l'u	0 5 0
		De l'u à l'i	1 0 4
		De l'i au tt	0 10 3
		Du tt à l'e	0 6 10
		De l'e à l'r	0 10 3
		De l'r à l'espace	0 8 9
		De l'esp. à la poignée	0 3 0
	5e TEMPS	De la poignée à l'f	0 10 8
		De l'f à l'a	0 8 0
		De l'a à l'u	1 1 3
		De l'u au t	0 4 3
		Du t à l'espace	0 4 1
		De l'esp. à l'esp. fine	0 2 8
		De l'espace fine à l'f	0 9 2
		De l'f à la poignée	0 10 8
IIIe LIGNE	1er TEMPS	De la poignée à l'n	0 5 9
		De l'n à l'o	0 10 10
		De l'o à l'u	1 3 3
		De l'u au v	0 3 3
		Du v à l'e	1 0 9
		De l'e à l'll	0 8 1
		De l'll à l'e	0 8 1
		De l'e à l'espace fine	0 3 0
		De l'esp. fine à la virg.	1 0 4
		De la virg. à l'espace	0 11 11
		De l'espace à l'i	0 9 3
		De l'i à l'l	0 9 9
		De l'l à la poignée	0 8 7
	2e TEMPS	De la poignée au p	0 10 7
		Du p au t	1 2 7
		Du t à l'e	0 6 10
		De l'e à l'r	0 10 3
		De l'r à l'espace	0 8 9
		De l'espace à l'u	0 8 4
		De l'u à l'n	0 5 9
		De l'n à l'e	0 4 9
		De l'e à l'espace	0 5 8
		De l'espace au c	0 11 0
		Du c à l'h	1 8 4
		De l'h à l'o	0 7 4
		De l'o à l's	0 3 6
		De l's à l'e	0 5 0
		De l'e à l'espace	0 5 8
		De l'esp. à la poignée	0 3 0
	3e TEMPS	De la poignée au p	0 10 7
		Du p à l'o	0 6 4
		De l'o à l'u	1 3 3
		De l'u à l'r	1 5 4
		De l'r à l'espace	0 8 9
		De l'espace à l'f	0 10 8
		De l'f à l'a	0 8 0
		De l'a à l'i	0 10 6
		De l'i à l'r	1 1 0
		De l'r à l'e	0 10 3
		De l'e à l'espace	0 5 8
		De l'espace à l'a	0 4 8
		De l'a au d	0 11 6
		Du d à l'o	0 8 11
		De l'o à la poignée	0 8 8
	4e TEMPS	De la poignée au cadr.	1 6 3
		Du cadratin à l'L	2 1 0
		De l'L à l'o	0 11 2
		De l'o à l'r	0 8 6
		De l'r à l's	0 5 9
		De l's au q	0 4 5
		Du q à l'u	0 5 0
		De l'u à l'e	0 9 9
		De l'e à l'espace fine	0 3 0
		De l'esp. fine à la virg.	1 0 4
		De la virg. à l'espace	0 11 11
		TOTAL.	125 3 6

VII. ESPACE PARCOURU POUR COMPOSER

LES TROIS LIGNES A 41 *n* SUIVANTES :

(Mouvements doubles.)

Lorsque, pour faire adopter une chose nouvelle, il faut faire quitter une habitude, on doit s'attendre à rencontrer des obstacles plus ou moins multipliés.

Ligne	Caractère	p. p. l.
Ire LIGNE	Cadratin	3 0 6
	L	2 5 6
	o	1 5 4
	r	1 5 6
	s	1 0 0
	q	2 0 4
	u	1 4 8
	e	0 11 4
	Espace fine	0 5 4
	Virgule	1 11 10
	Espace	0 4 0
	p	1 9 2
	o	1 5 4
	u	1 4 8
	r	1 5 6
	Espace	0 4 0
	f	1 9 4
	a	0 9 4
	i	1 6 6
	r	1 5 6
	e	0 11 4
	Espace	0 4 0
	a	0 9 4
	d	1 4 10
	o	1 5 4
	p	1 9 2
	t	0 8 2
	e	0 11 4
	r	1 5 6
	Espace	0 4 0
	u	2 4 8
	n	0 11 6
	e	0 11 4
	Espace	0 4 0
	c	1 10 0
	h	2 3 10
	o	1 5 4
	s	1 0 0
	e	0 11 4
	Espace	0 4 0
	n	0 11 6
	o	1 5 4
	u	1 4 8
	v	1 11 0
	e	0 11 4
	l	1 5 6
	l	1 5 6
	e	0 11 4
	Espace fine	0 5 4
	Virgule	1 11 10
	Espace	0 4 0
	i	1 6 6
	l	1 5 6
IIe LIGNE	f	1 9 4
	a	0 9 4
	u	1 4 8
	t	0 8 2
	Espace	0 4 0
	Espace fine	0 5 4
	f	1 9 4
	a	0 9 4
	i	1 6 6
	r	1 5 6
	e	0 11 4
	Espace	0 4 0
	Espace fine	0 5 4
	q	2 0 4
	u	1 4 8
	i	1 6 6
	t	0 8 2
	t	0 8 2
	e	0 11 4
	r	1 5 6
	Espace	0 4 0
	u	1 4 8
	n	0 11 6
	e	0 11 4
	Espace	0 4 0
	h	2 3 10
	a	0 9 4
	b	2 3 0
	i	1 6 6
	t	0 8 2
	u	1 4 8
	d	1 4 10
	e	0 11 4
	Espace fine	0 5 4
	Virgule	1 11 10
	Espace	0 4 0
	o	1 5 4
	n	0 11 6
	Espace	0 4 0
	Espace fine	0 5 4
	d	1 4 10
	o	1 5 4
	i	1 6 6
	t	0 8 2
	Espace	0 4 0
	Espace fine	0 5 4
	s	1 0 0
	Apostrophe	1 8 8
	a	0 9 4
	t	0 8 2
	t	0 8 2
	e	0 11 4
	n	0 11 6
	d	1 4 10
	r	1 5 6
	e	0 11 4
	Espace	0 4 0
	Espace fine	0 5 4
	à	1 9 0
IIIe LIGNE	r	1 5 6
	e	0 11 4
	n	0 11 6
	c	1 10 0
	o	1 5 4
	n	0 11 6
	t	0 8 2
	r	1 5 6
	e	0 11 4
	r	1 5 6
	Espace	0 4 0
	d	1 4 10
	e	0 11 4
	s	1 0 0
	Espace	0 4 0
	o	1 5 4
	b	2 3 0
	s	1 0 0
	t	0 8 2
	a	0 9 4
	c	1 10 0
	l	1 5 6
	e	0 11 4
	s	1 0 0
	Espace	0 4 0
	p	1 9 2
	l	1 5 6
	u	1 4 8
	s	1 0 0
	Espace	0 4 0
	o	1 5 4
	u	1 4 8
	Espace	0 4 0
	m	1 6 6
	o	1 5 4
	i	1 6 6
	n	0 11 6
	s	1 0 0
	Espace	0 4 0
	m	1 6 6
	u	1 4 8
	l	1 5 6
	t	0 8 2
	i	1 6 6
	p	1 9 2
	l	1 5 6
	i	1 6 6
	é	2 2 6
	s	1 0 0
	Point	2 3 10
	TOTAL.	189 7 2

CHASSIS IN-OCTAVO.

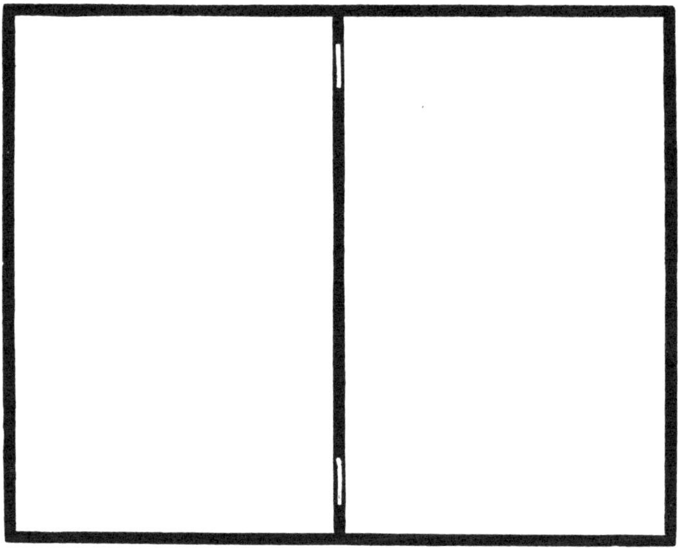

CHASSIS IN-OCTAVO *dit* BRISÉ.

CHASSIS IN-DOUZE (FRANÇAIS).

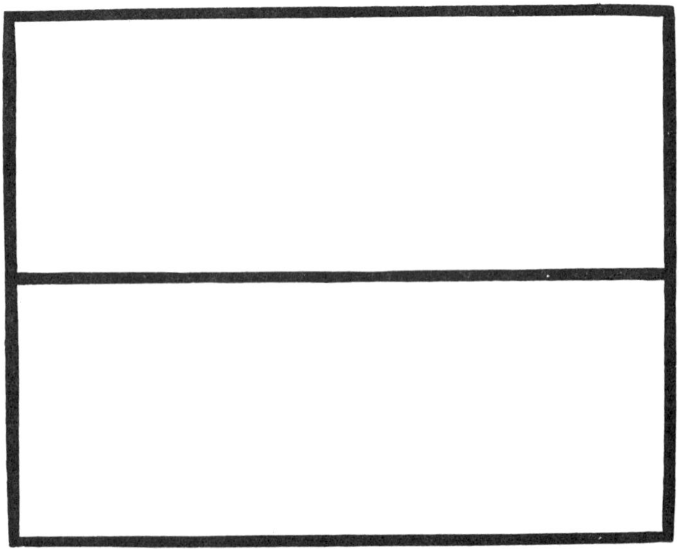

CHASSIS IN-DOUZE (HOLLANDAIS).

IN-FOLIO. — *Feuille.* — (Côté de **1.**)

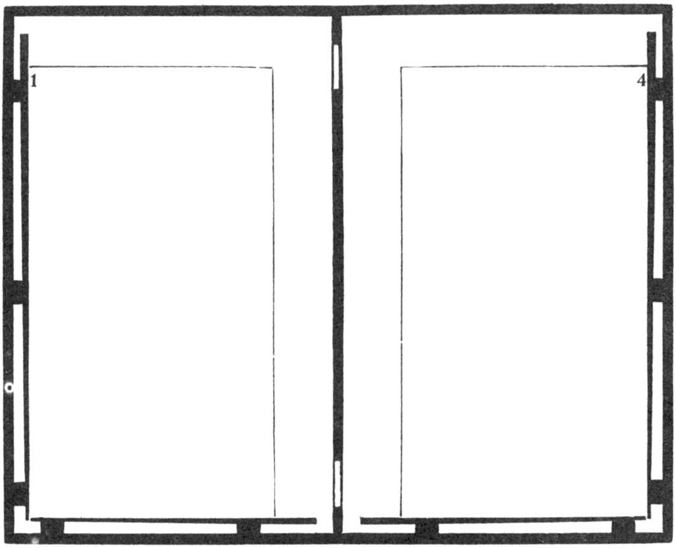

IN-FOLIO. — *Feuille.* — (Côté de **2.**)

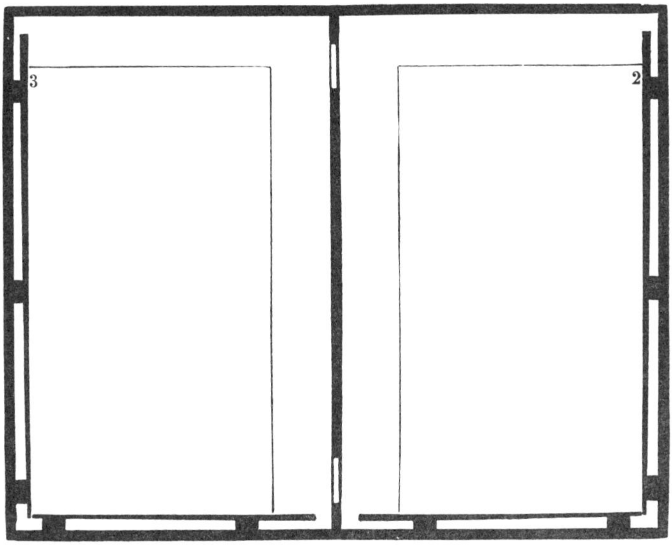

IN-FOLIO. — (Langues orientales.) — *Feuille.* — (Côté de 1.

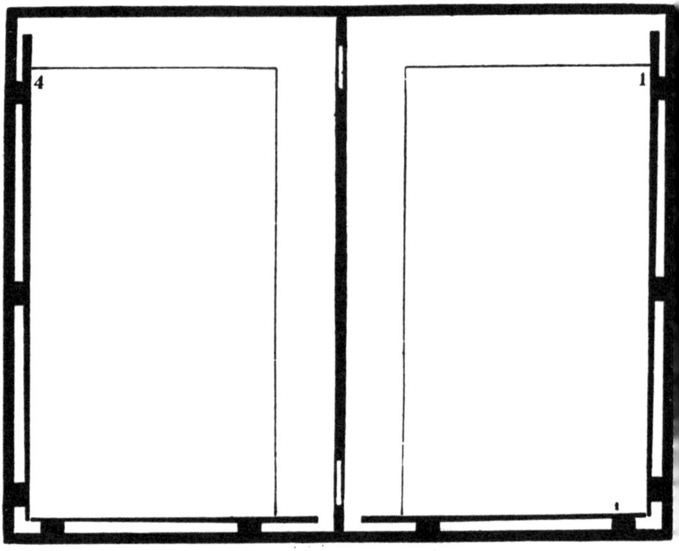

IN-FOLIO. — (Langues orientales.) — *Feuille.* — (Côté de 2.)

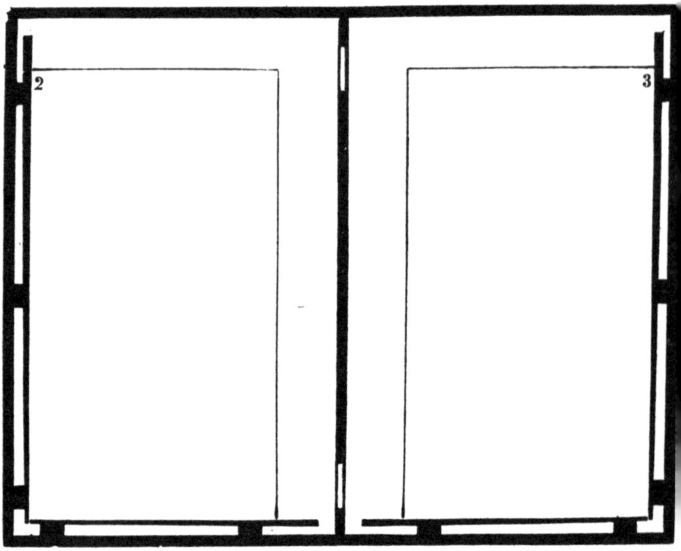

IN-FOLIO. — *Deux feuilles en un cahier.* — (Côté de 1 de la feuille 1.)

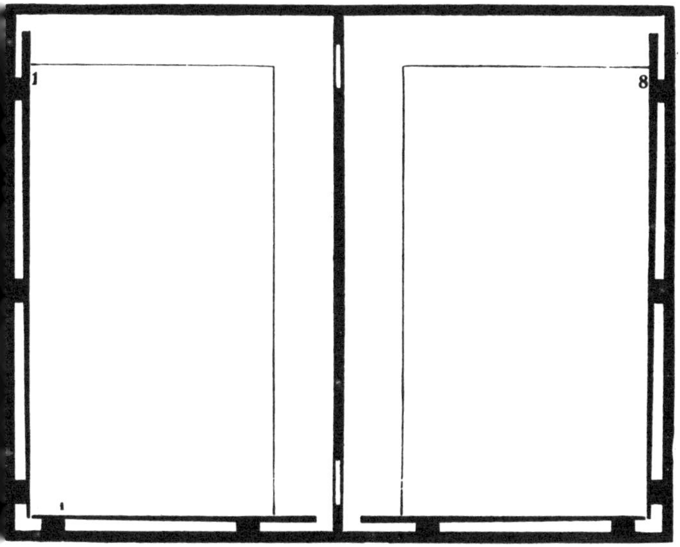

IN-FOLIO. — *Deux feuilles en un cahier.* — (Côté de 2 de la feuille 1.)

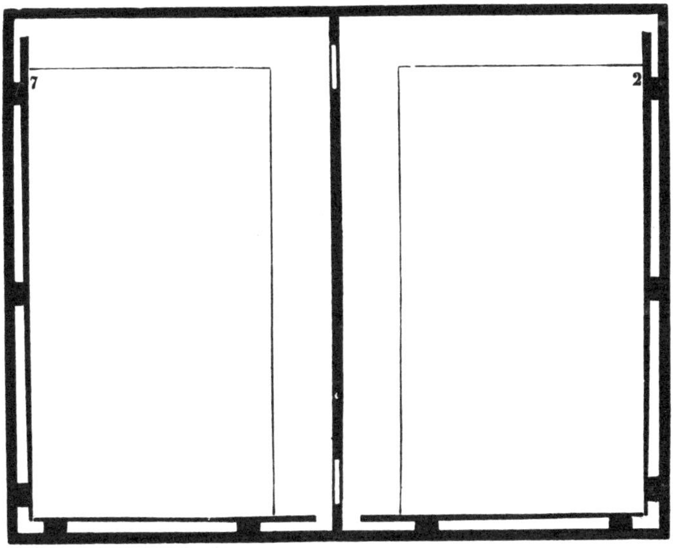

IN-FOLIO. — *Deux feuilles en un cahier.* — (Côté de 1 de la feuille 2.)

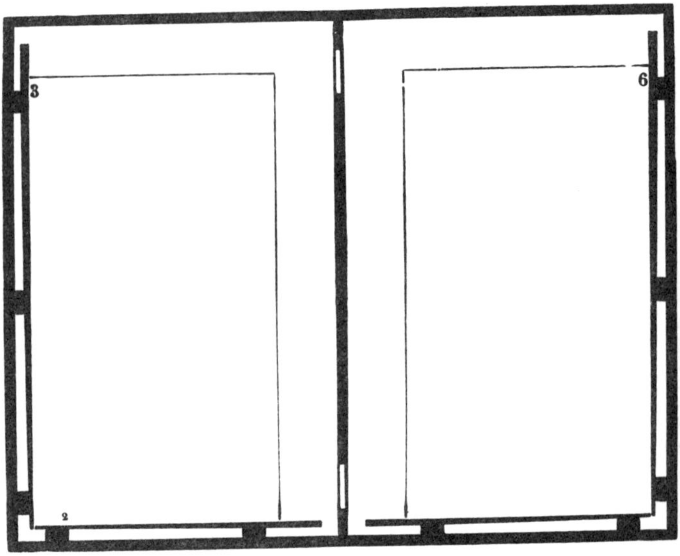

IN-FOLIO. — *Deux feuilles en un cahier.* — (Côté de 2 de la feuille 2.)

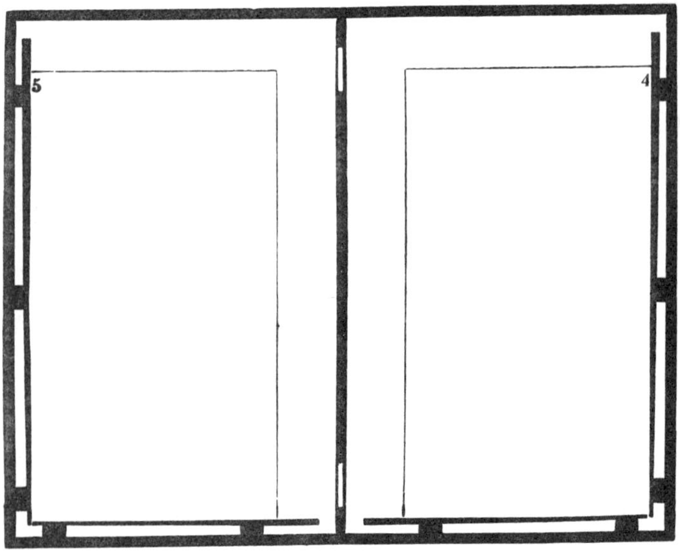

IN-FOLIO. — *Trois feuilles en un cahier.* — (Côté de 1 de la feuille 1.)

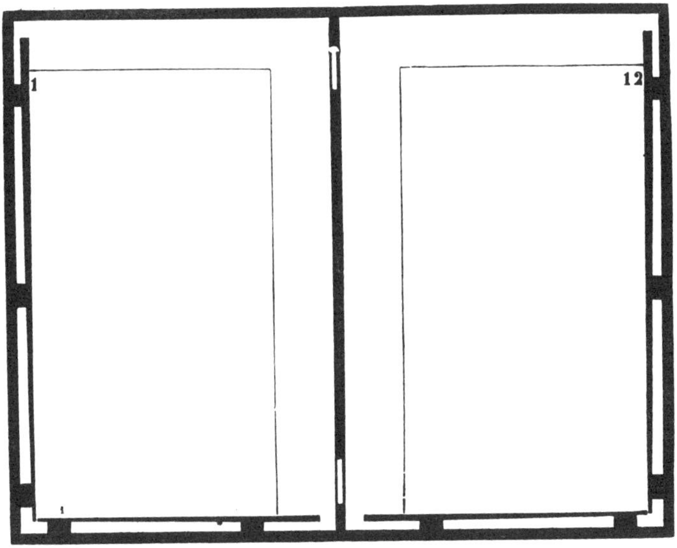

IN-FOLIO. — *Trois feuilles en un cahier.* — (Côté de 2 de la feuille 1.)

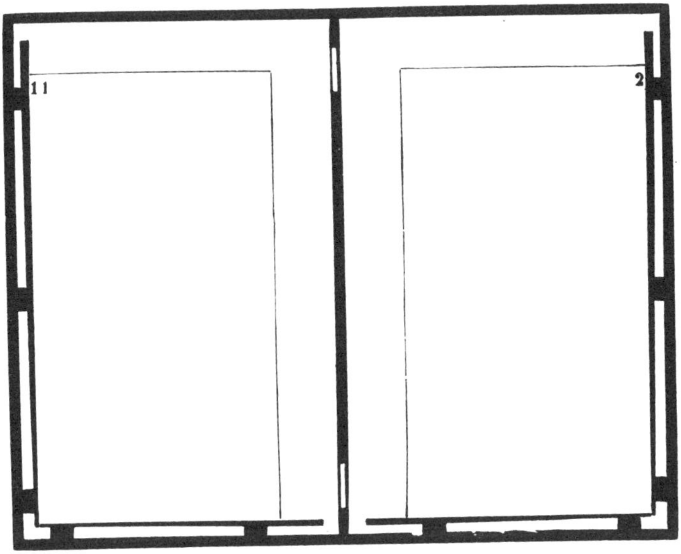

IN-FOLIO. — *Trois feuilles en un cahier.* — (Côté de 1 de la feuille 2.)

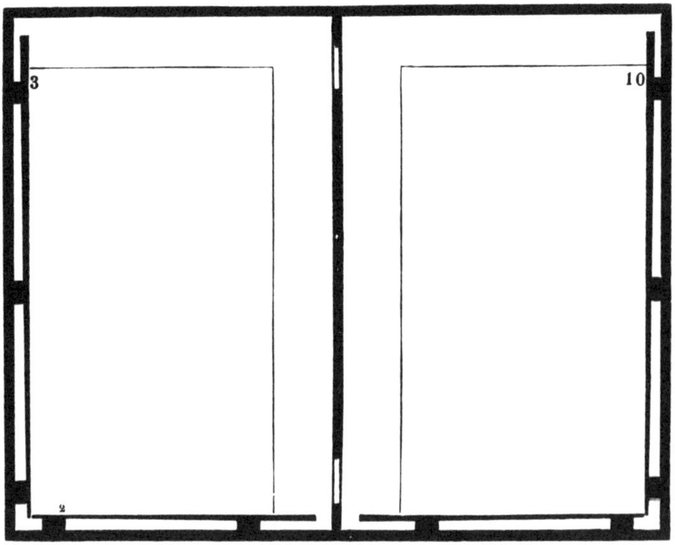

IN-FOLIO. — *Trois feuilles en un cahier.* — (Côté de 2 de la feuille 2.)

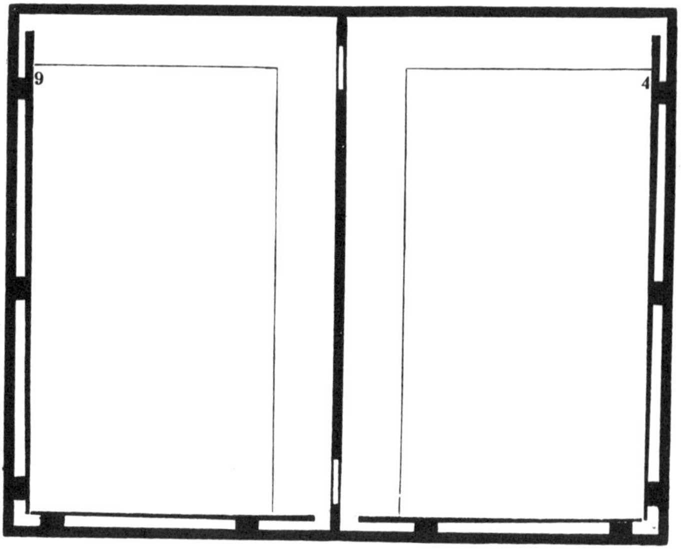

IN-FOLIO. — *Trois feuilles en un cahier.* — (Côté de 1 de la feuille 3.)

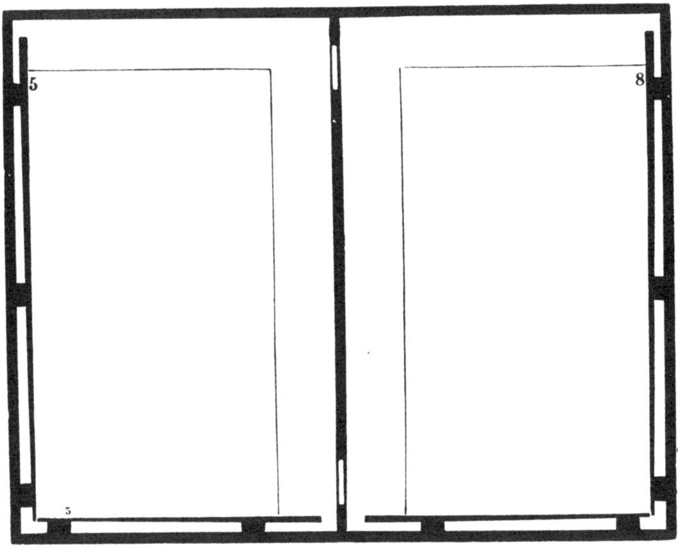

IN-FOLIO. — *Trois feuilles en un cahier.* — (Côté de 2 de la feuille 3.)

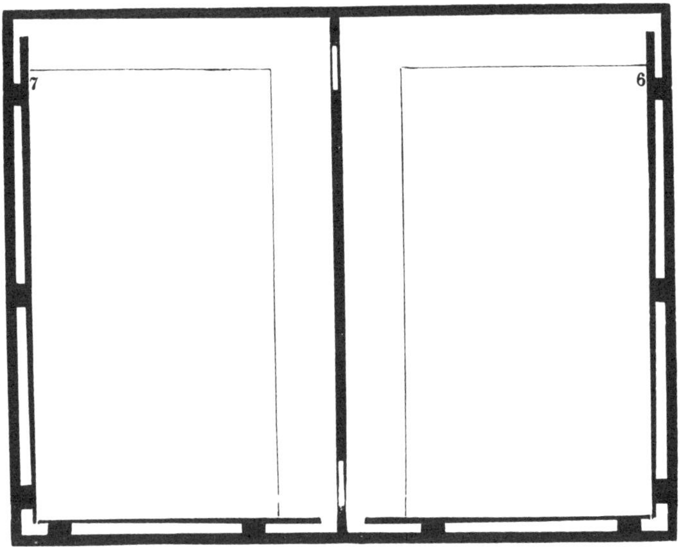

IN-FOLIO. — *Demi-feuille avec feuillet blanc.* — (Côté de 1.)

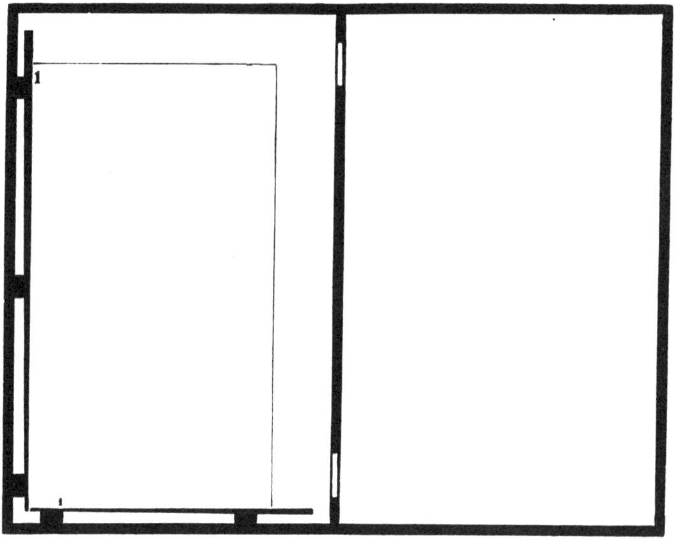

IN-FOLIO. — *Demi-feuille avec feuillet blanc.* — (Côté de 2.)

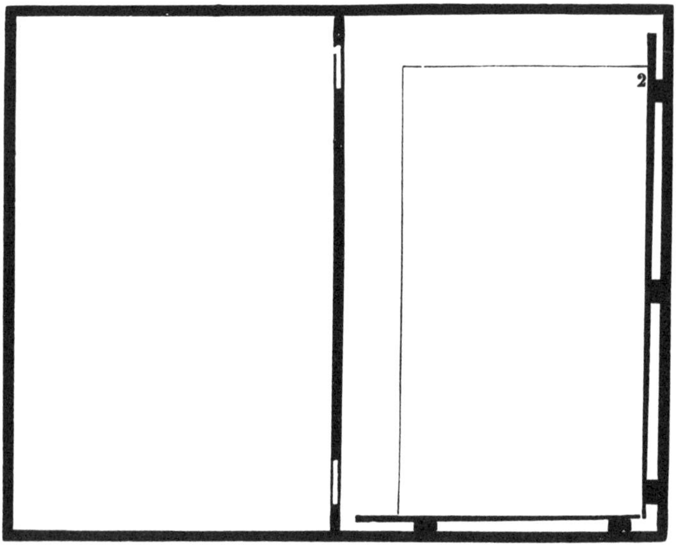

IN-FOLIO. — *Demi-feuille formant onglet.*

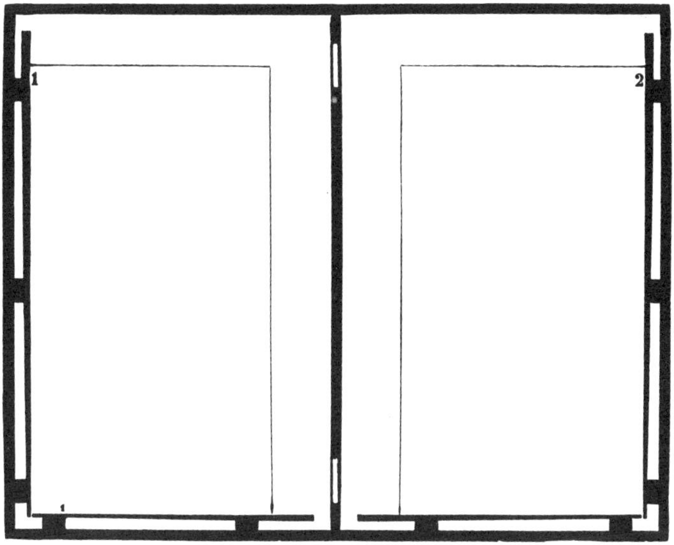

IN-QUARTO. — *Feuille.* — (Côté de 1.)

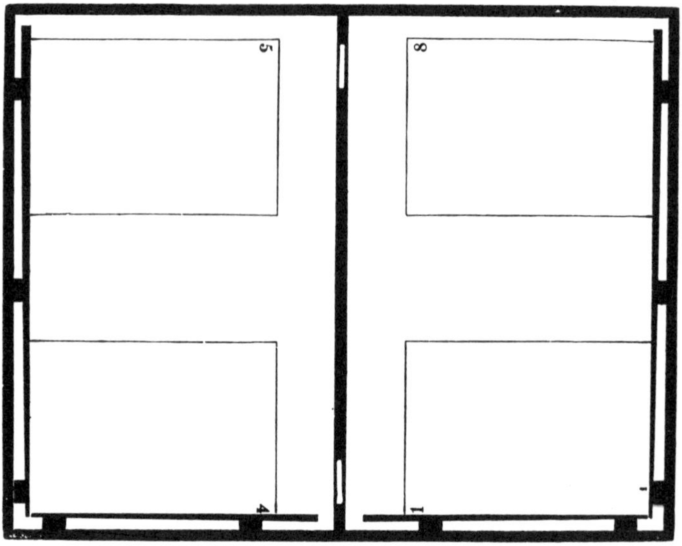

IN-QUARTO. — *Feuille.* — (Côté de 2.)

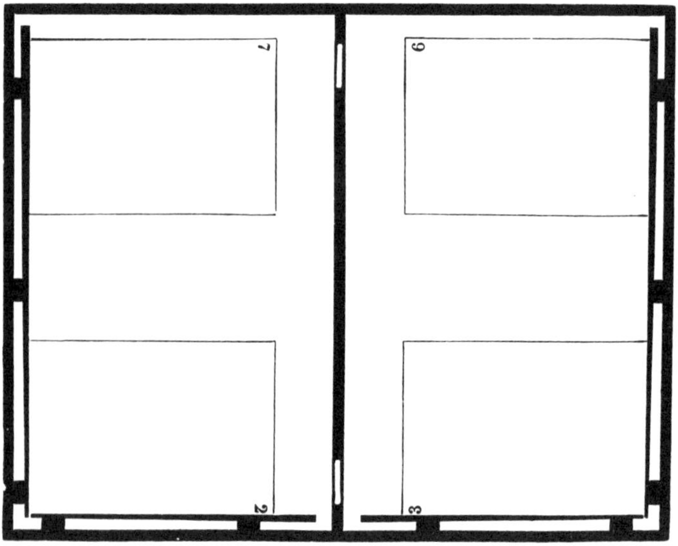

IN-QUARTO. — (Langues orientales.) — *Feuille.* — (Côté de 1.)

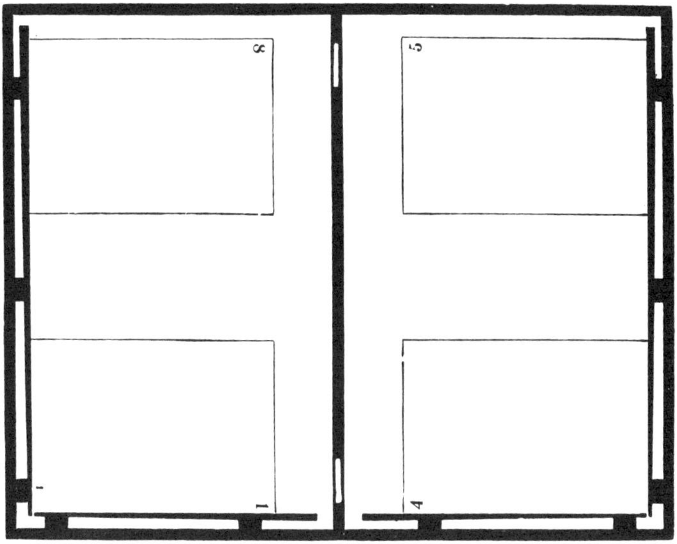

IN-QUARTO. — (Langues orientales.) — *Feuille.* — (Côté de 2.)

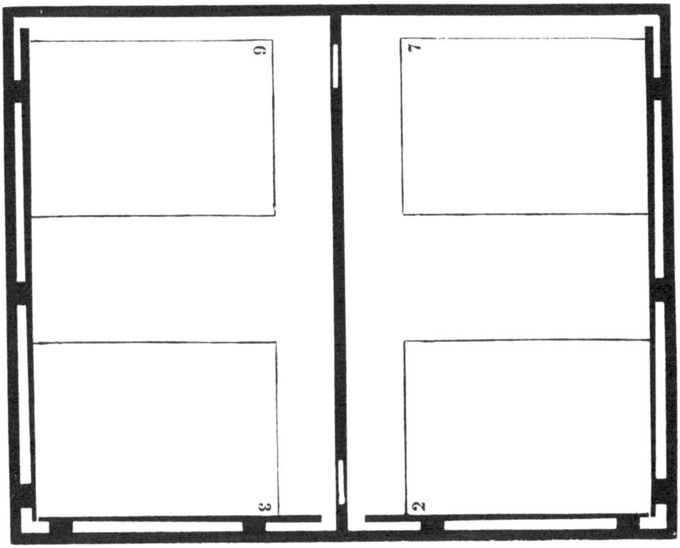

IN-QUARTO. — *Deux feuilles en un cahier.* — (Côté de 1 de la feuille 1.)

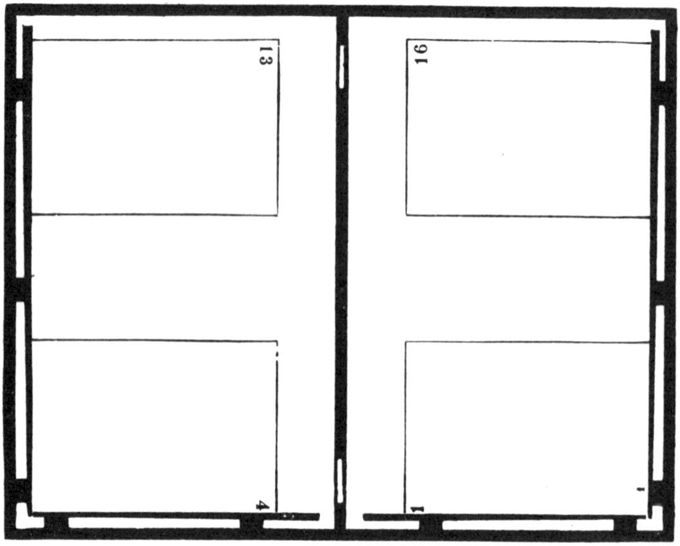

IN-QUARTO. — *Deux feuilles en un cahier.* — (Côté de 2 de la feuille 1.)

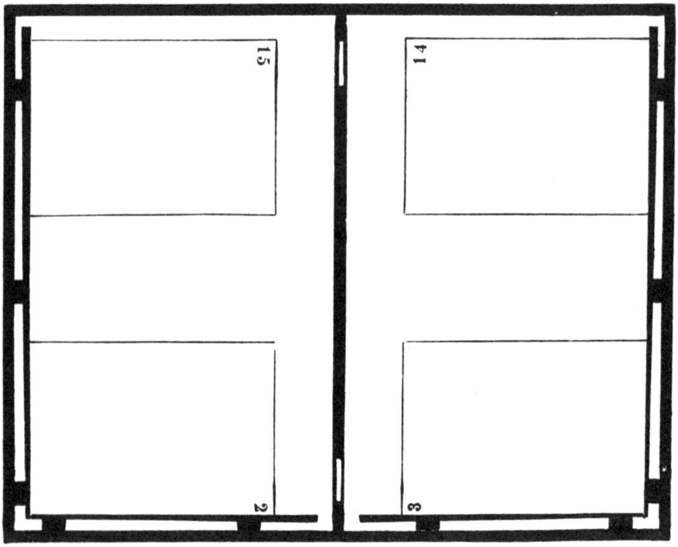

IN-QUARTO. — *Deux feuilles en un cahier.* — (Côté de 1 de la feuille 2.)

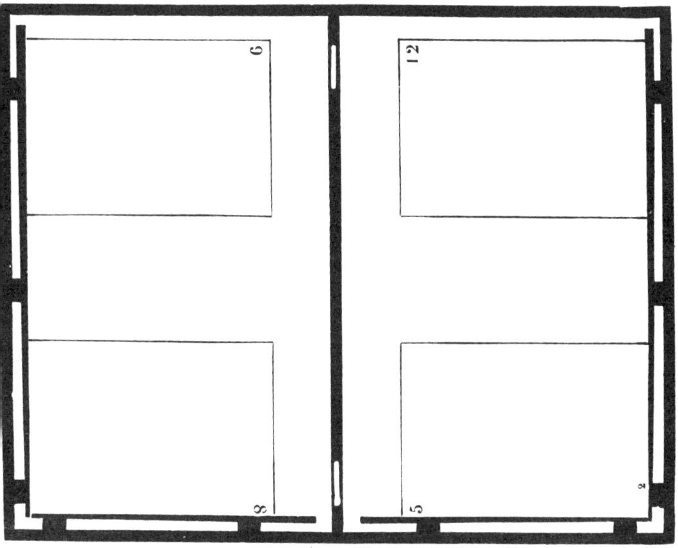

IN-QUARTO. — *Deux feuilles en un cahier.* — (Côté de 2 de la feuille 2.)

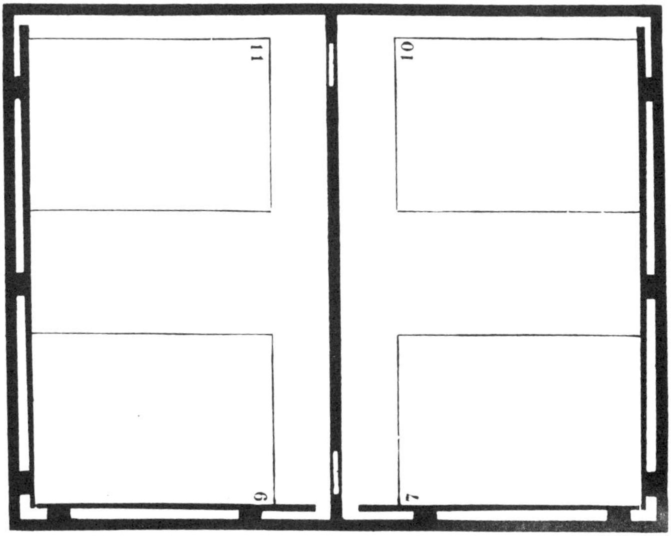

IN-QUARTO. — *Feuille et demie en un cahier.* — (Côté de **1** de la feuille **2.**)

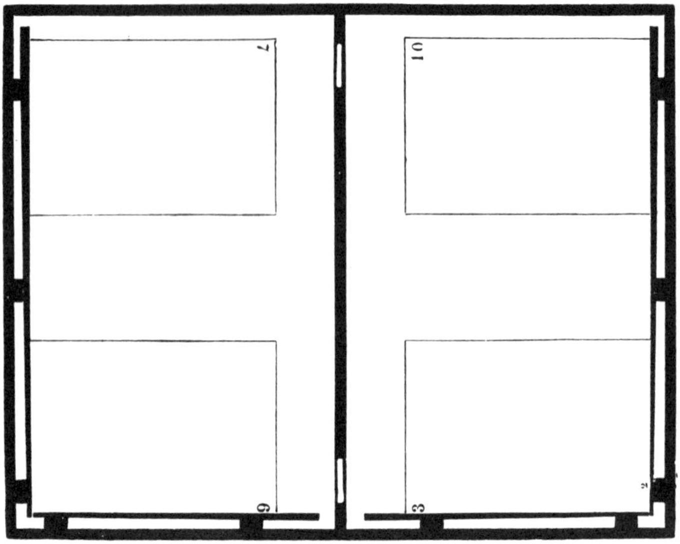

IN-QUARTO. — *Feuille et demie en un cahier.* — (Côté de **2** de la feuille **2.**)

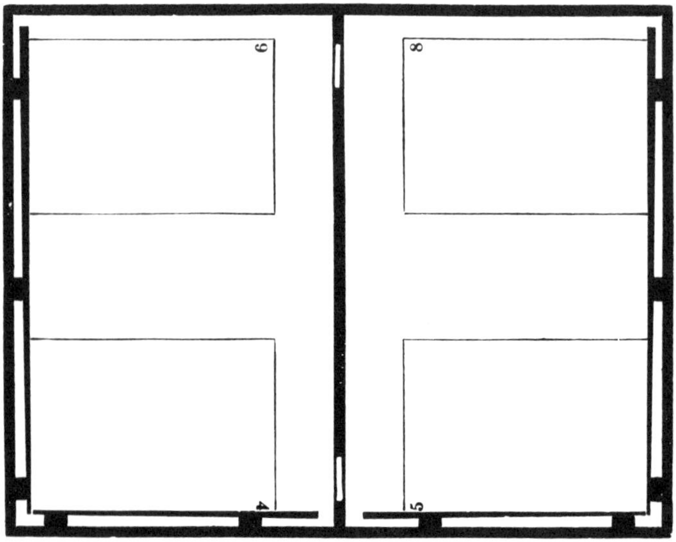

IN-QUARTO. — *Feuille et demie en un cahier.* — (Demi-feuille 1.)

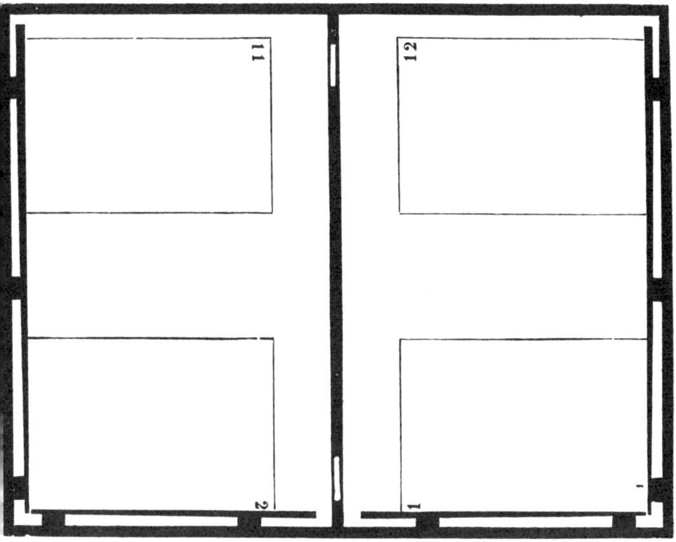

IN-QUARTO. — *Demi-feuille.*

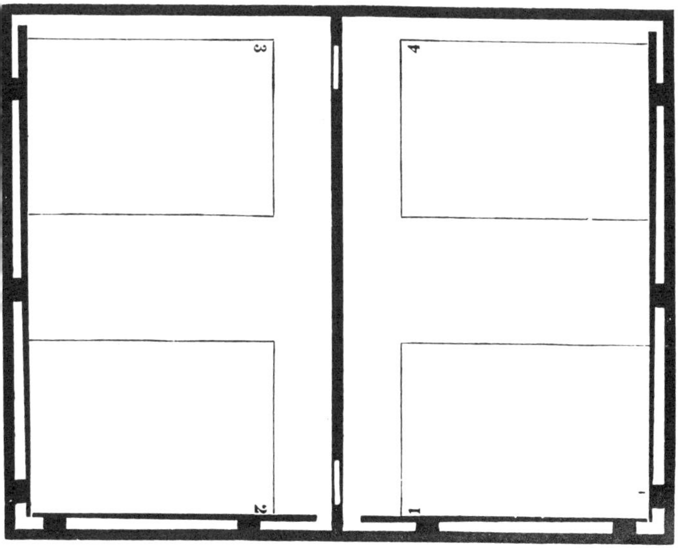

IN-QUARTO. — *Demi-feuille avec feuillet blanc.*

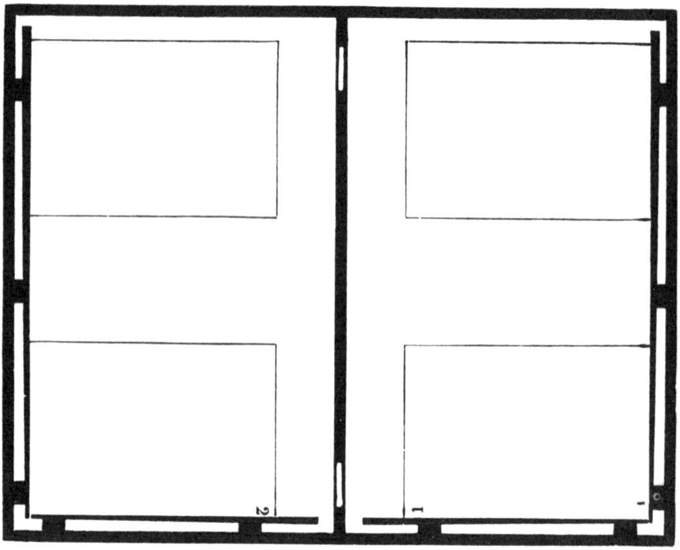

IN-QUARTO. — *Quart de feuille ou onglet.*

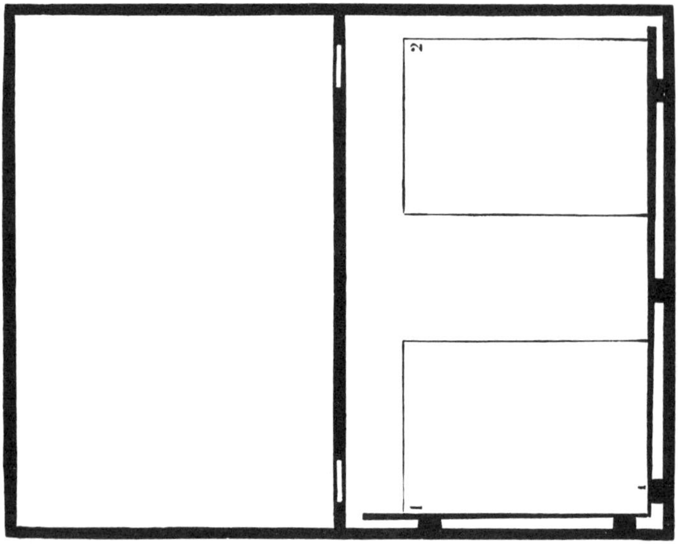

IN-QUARTO OBLONG. — *Feuille.* — (Côté de 1.)

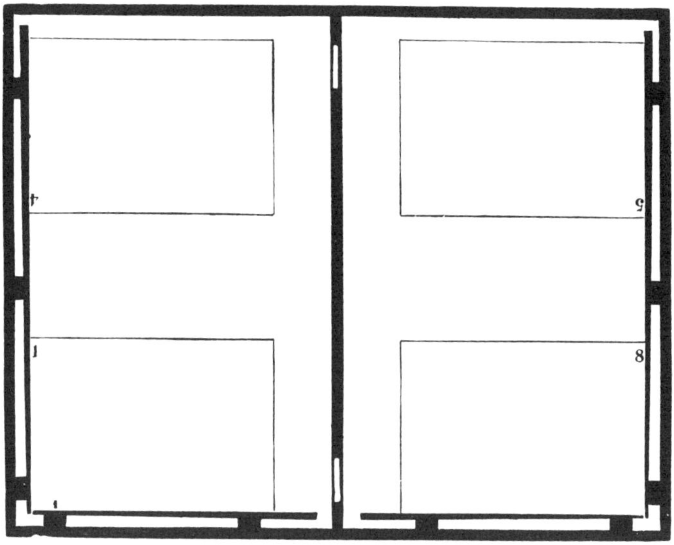

IN-QUARTO OBLONG. — *Feuille.* — (Côté de 2.

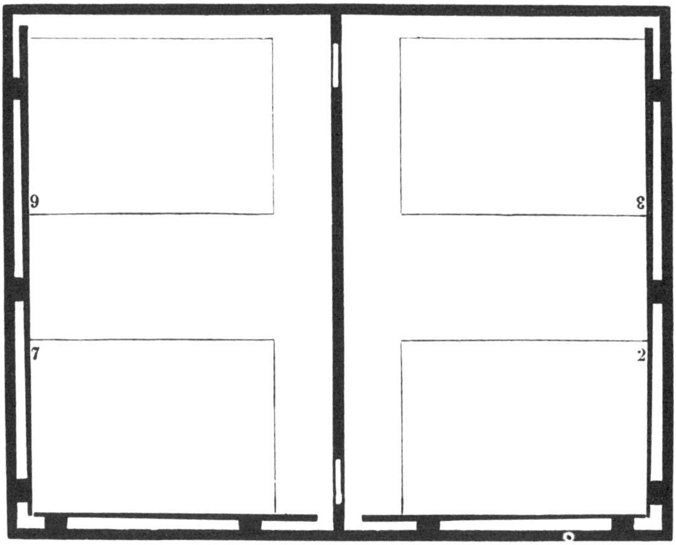

IN-QUARTO OBLONG. — *Demi-feuille.*

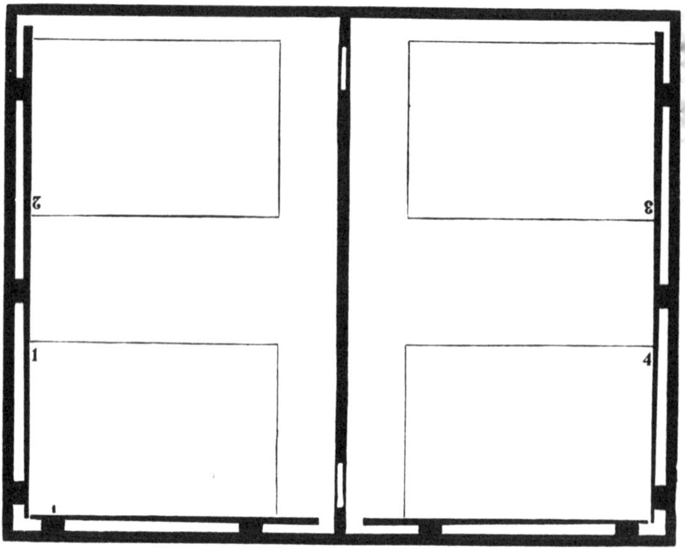

IN-QUARTO OBLONG. — *Quart, ou demi-feuille avec feuillet blanc.*

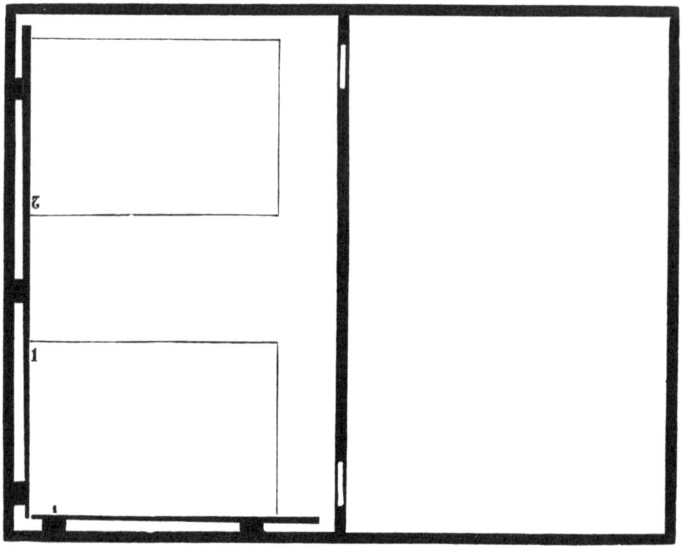

IN-SIX. — *Feuille.* — (Côté de 1.)

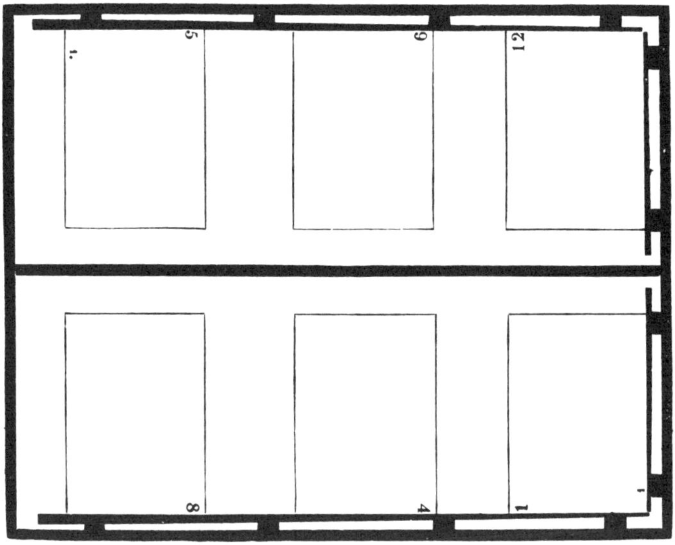

IN-SIX. — *Feuille.* — (Côté de 2.)

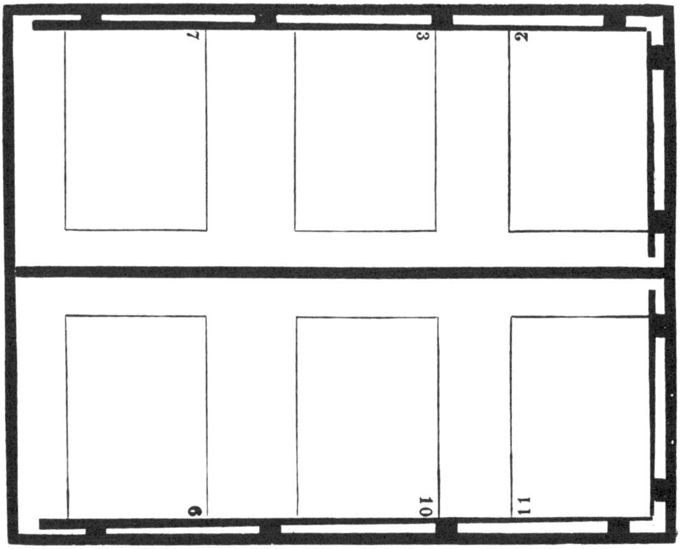

IN-SIX. — *Feuille sans coupure.* — (Côté de 1.)

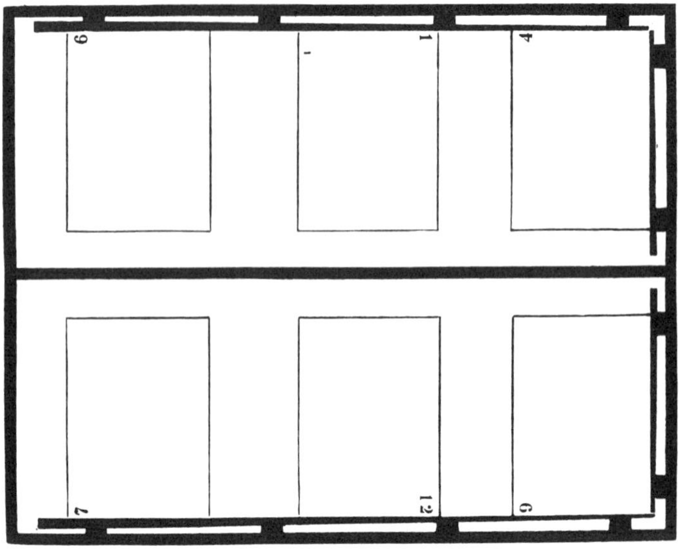

IN-SIX. — *Feuille sans coupure.* — (Côté de 2.)

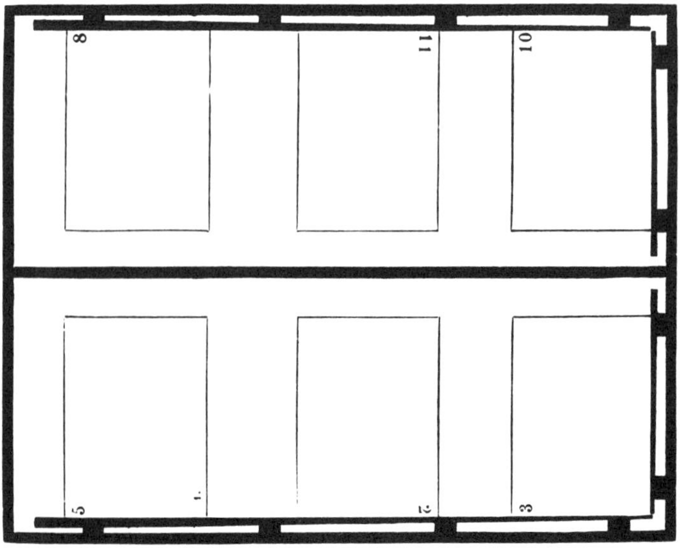

IN-SIX. — *Demi-feuille.*

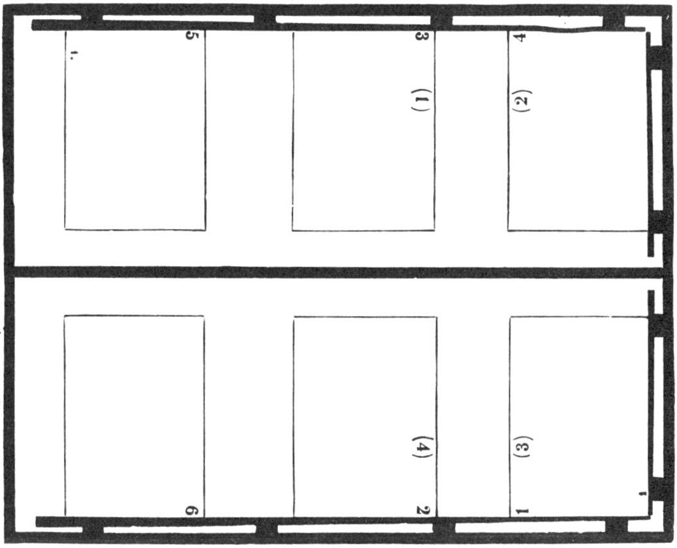

IN-OCTAVO. — *Feuille.* — (Côté de 1.)

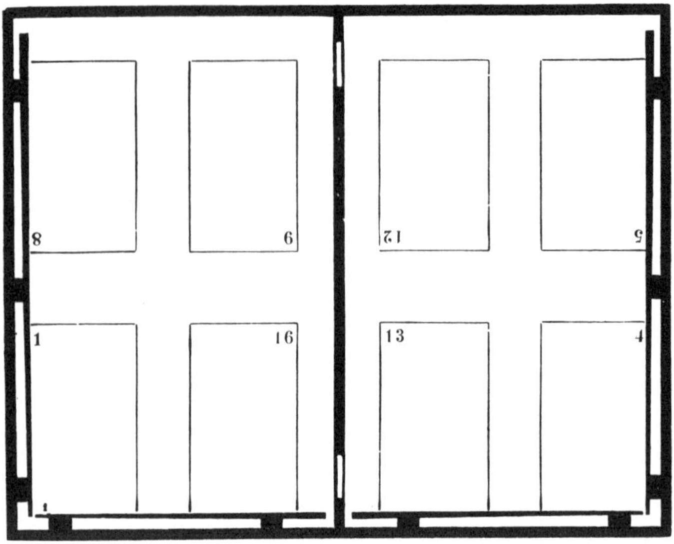

IN-OCTAVO. — *Feuille.* — (Côté de 2.)

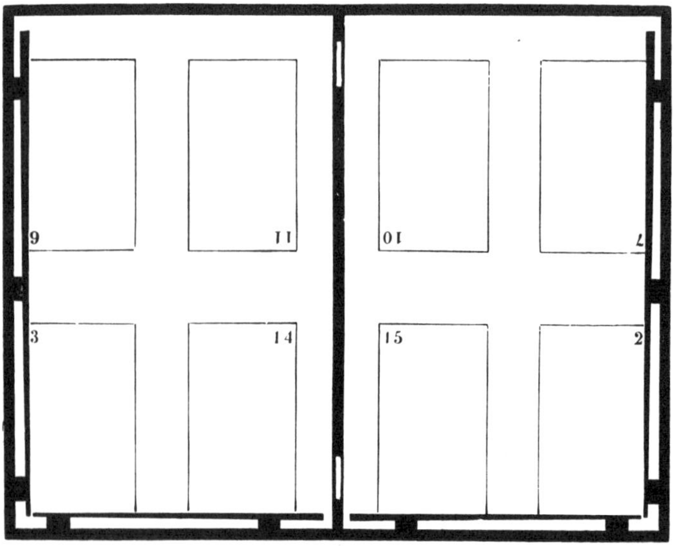

IN-OCTAVO. — (Langues orientales.) — *Feuille.* — (Côté de 1.)

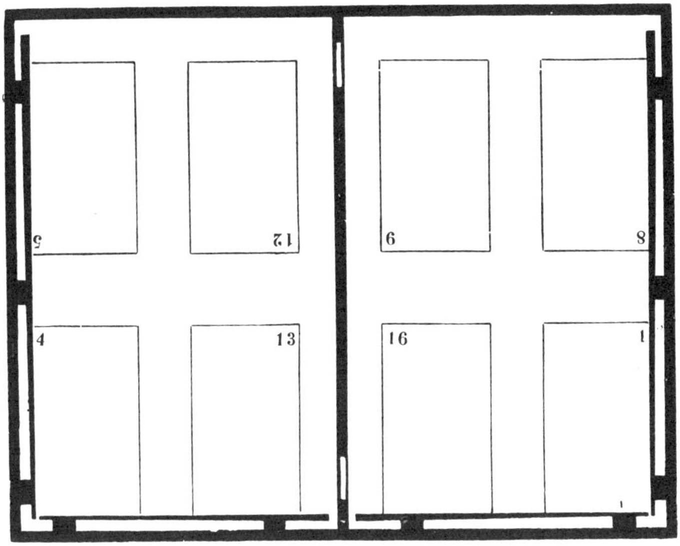

IN-OCTAVO. — (Langues orientales.) — *Feuille.* — (Côté de 2.)

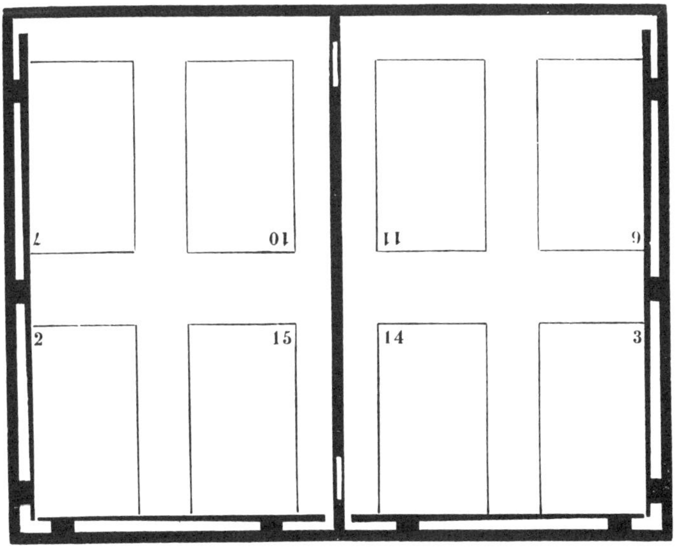

IN-OCTAVO. — *Feuille dans des châssis brisés, pour mécanique.* — (Côté de 1.)

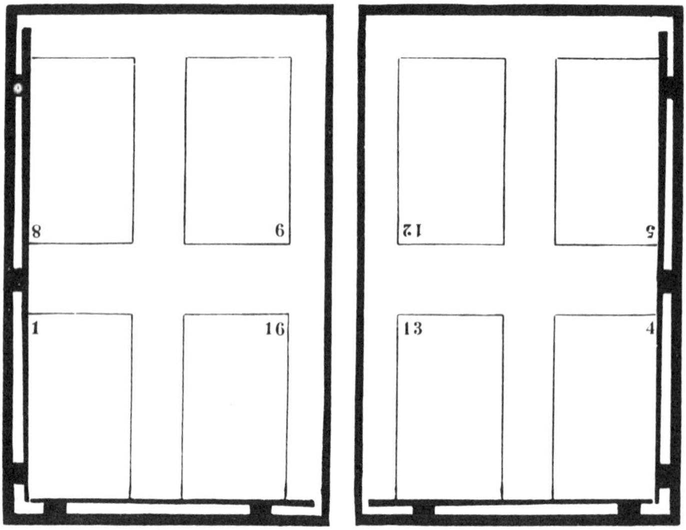

IN-OCTAVO. — *Feuille dans des châssis brisés, pour mécanique.* — (Côté de 2.)

IN-OCTAVO. — *Feuille d'un cahier de 12 pages, et d'un de 4 en dedans.* — (Côté de **1.**)

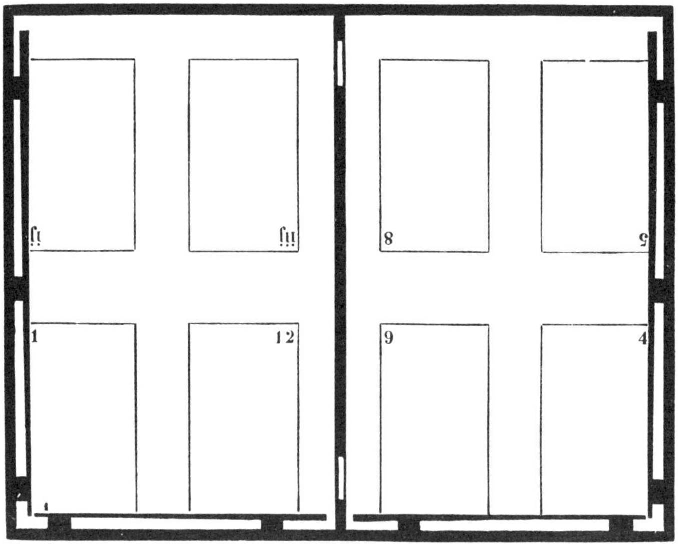

IN-OCTAVO. — *Feuille d'un cahier de 12 pages, et d'un de 4 en dedans.* — (Côté de **2.**)

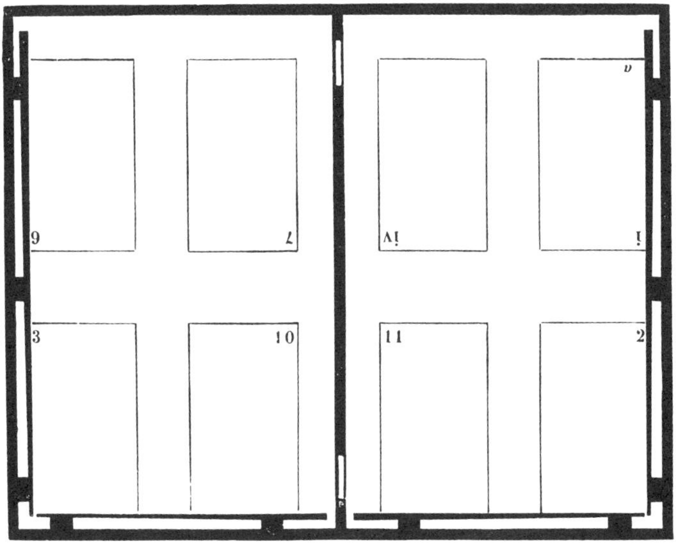

IN-OCTAVO. — *Feuille d'un cahier de 12 pages, et d'un de 4 en dehors.* — (Côté de 1.)

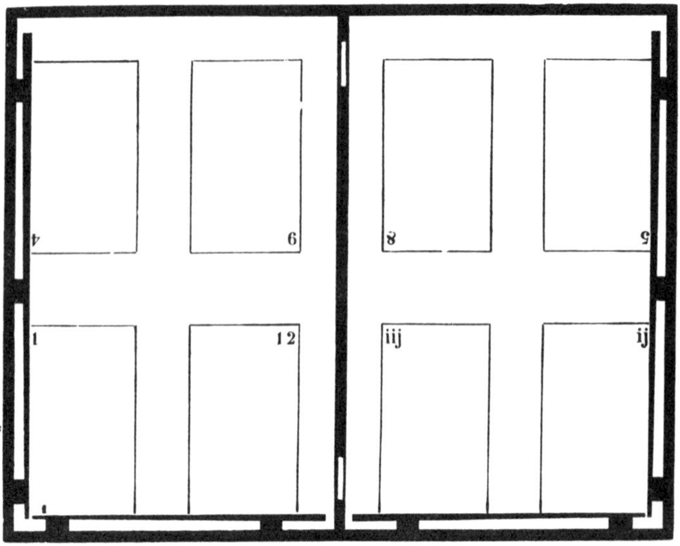

IN-OCTAVO. — *Feuille d'un cahier de 12 pages, et d'un de 4 en dehors.* — (Côté de 2.)

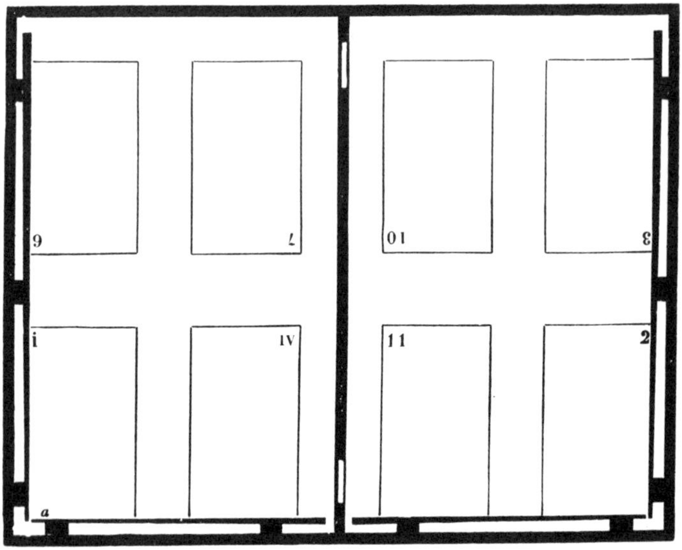

IN-OCTAVO. — *Feuille en trois cahiers, un de 8 pages, et deux de 4.* — (Côté de 1.)

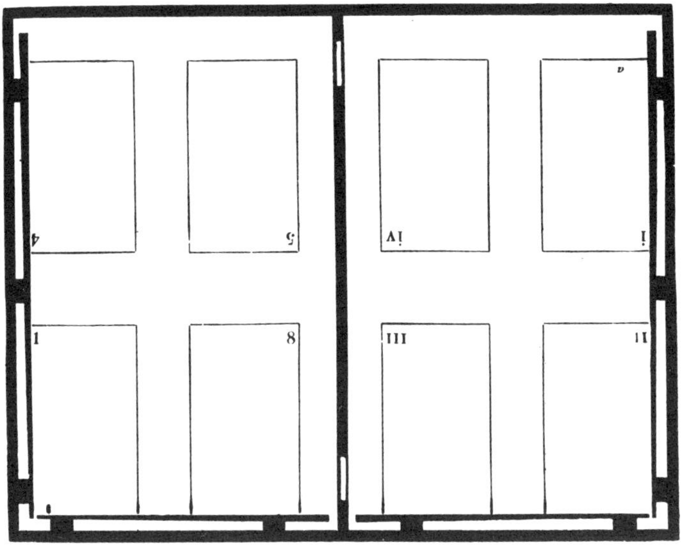

IN-OCTAVO. — *Feuille en trois cahiers, un de 8 pages, et deux de 4.* — (Côté de 2.)

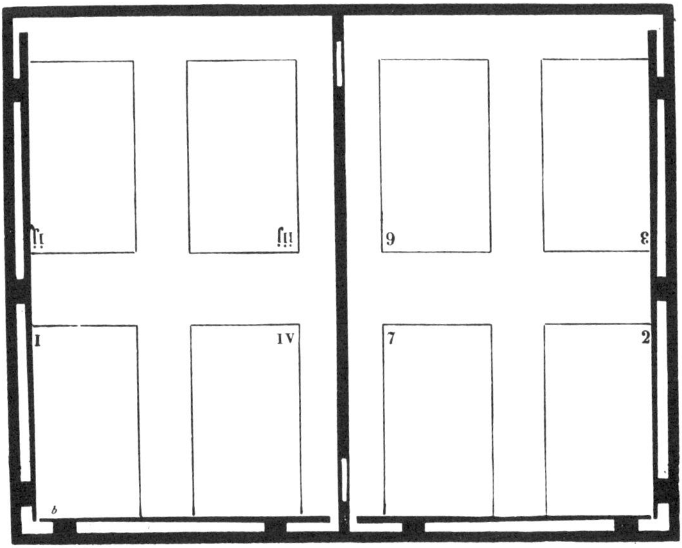

IN-OCTAVO. — *Feuille en quatre cahiers, pour mécanique.* — (Côté de 1.)

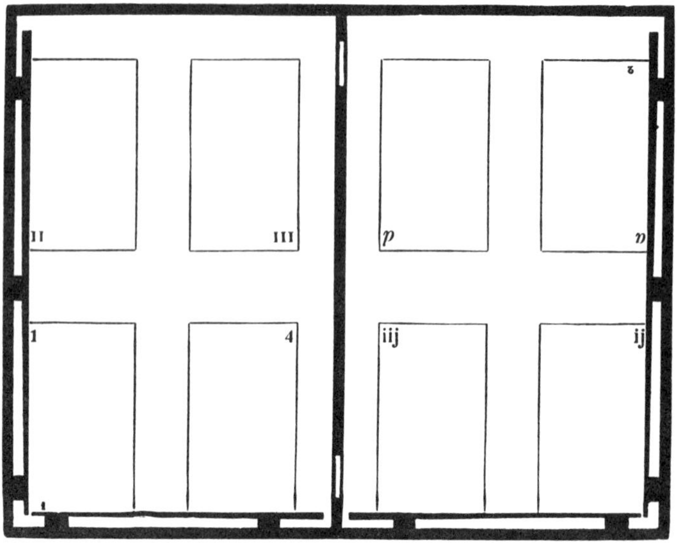

IN-OCTAVO. — *Feuille en quatre cahiers, pour mécanique.* — (Côté de 2.)

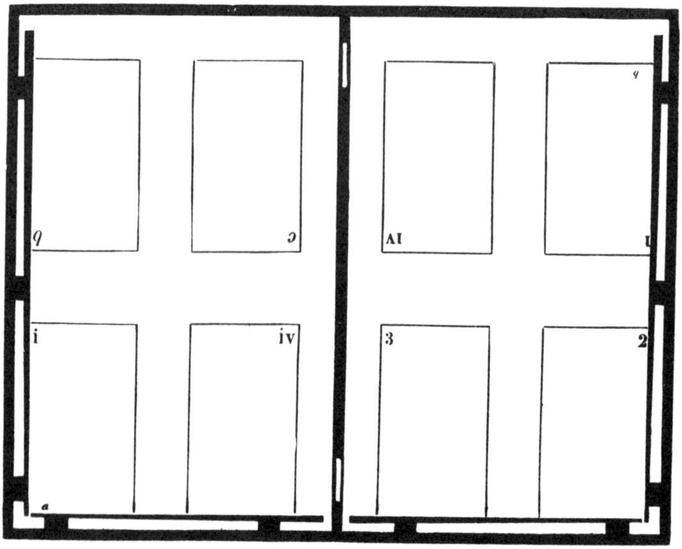

IN-OCTAVO. — *Deux demi-feuilles imposées en feuille entière.* — (Côté de 1.)

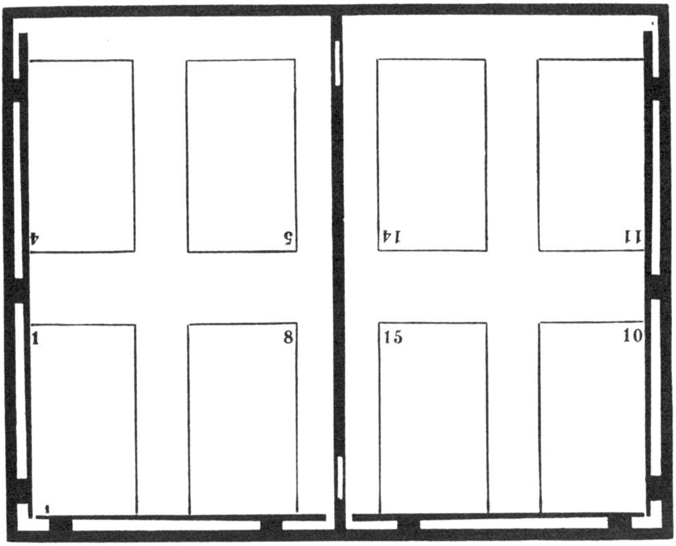

IN-OCTAVO. — *Deux demi-feuilles imposées en feuille entière.* — (Côté de 2.)

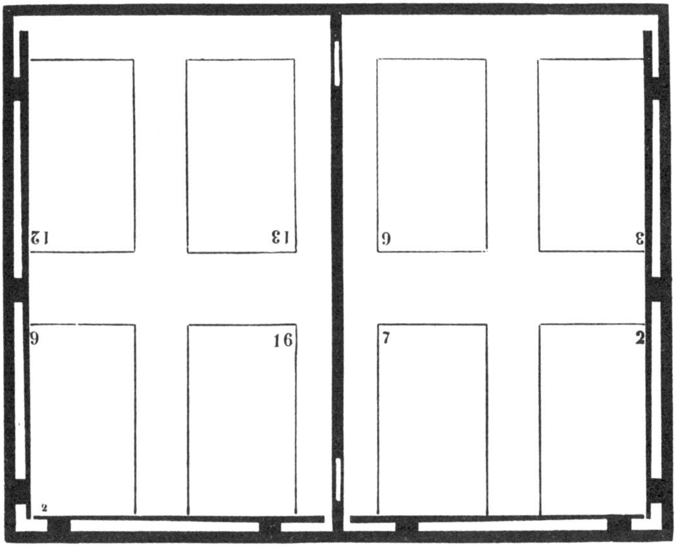

IN-OCTAVO. — *Deux feuilles en un cahier.* — (Côté de 1 de la feuille 1.)

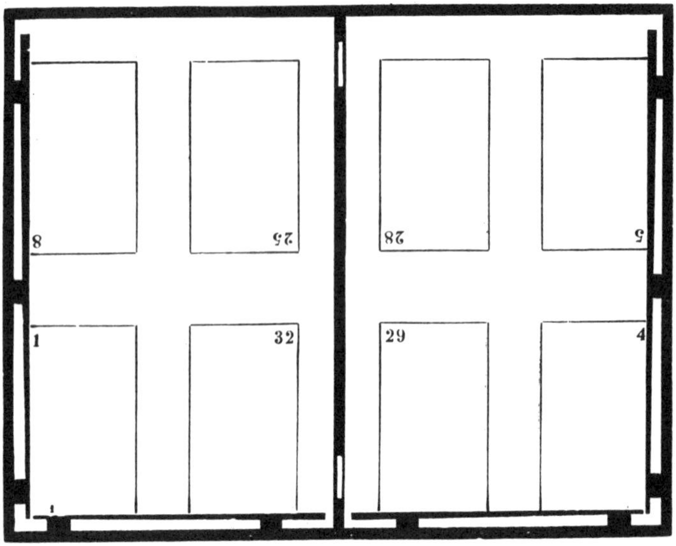

IN-OCTAVO. — *Deux feuilles en un cahier.* — (Côté de 2 de la feuille 1.)

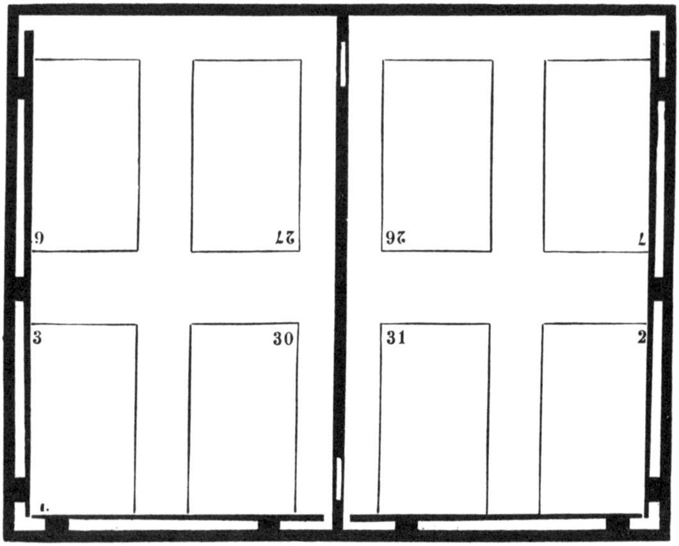

IN-OCTAVO. — *Deux feuilles en un cahier.* — (Côté de 1 de la feuille 2.)

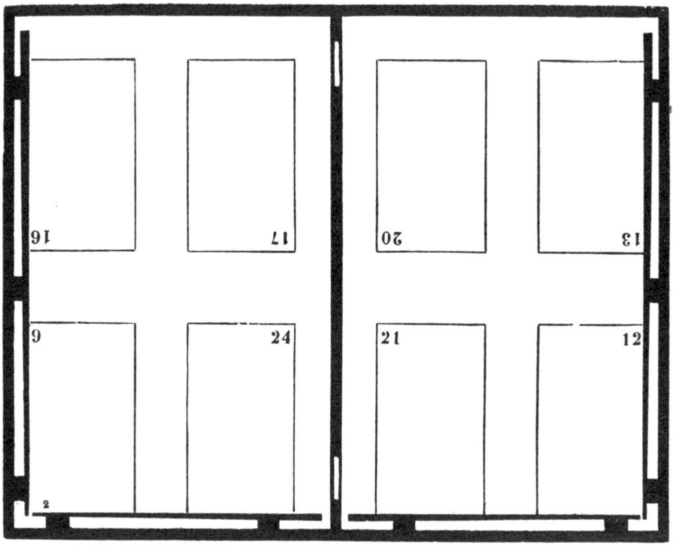

IN-OCTAVO. — *Deux feuilles en un cahier.* — (Côté de 2 de la feuille 2.)

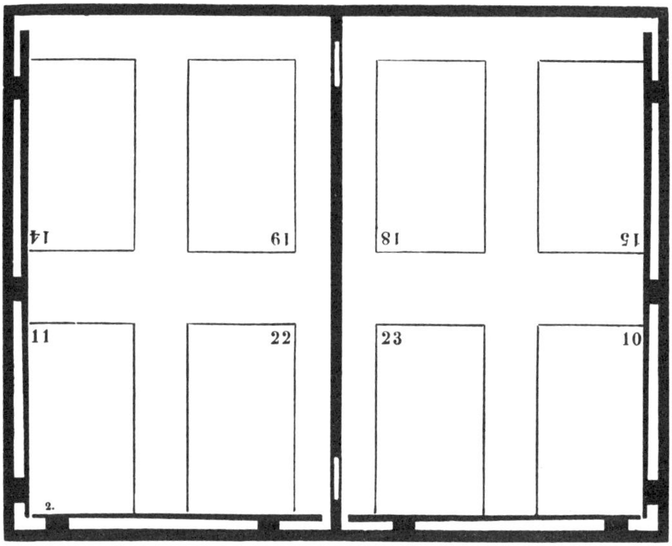

IN-OCTAVO.—*Deux feuilles en deux cahiers sur la même feuille.*—(Côté de **1** de la feuille **1**.)

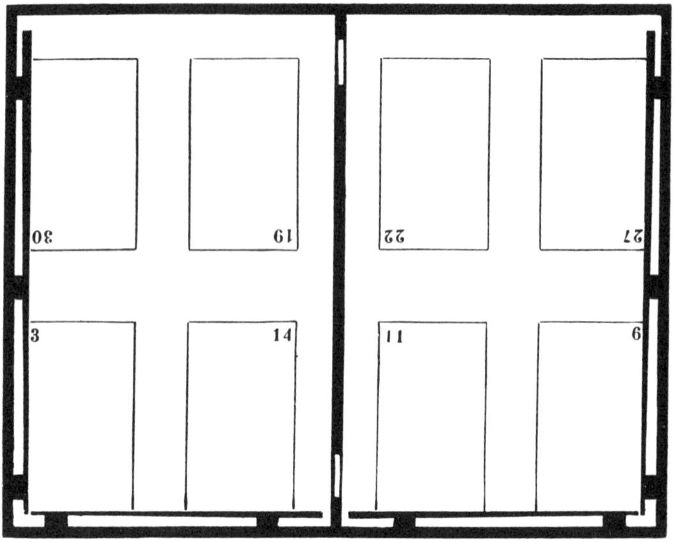

IN-OCTAVO. — *Deux feuilles en deux cahiers sur la même feuille.*—(Côté de **2** de la feuille **1**.)

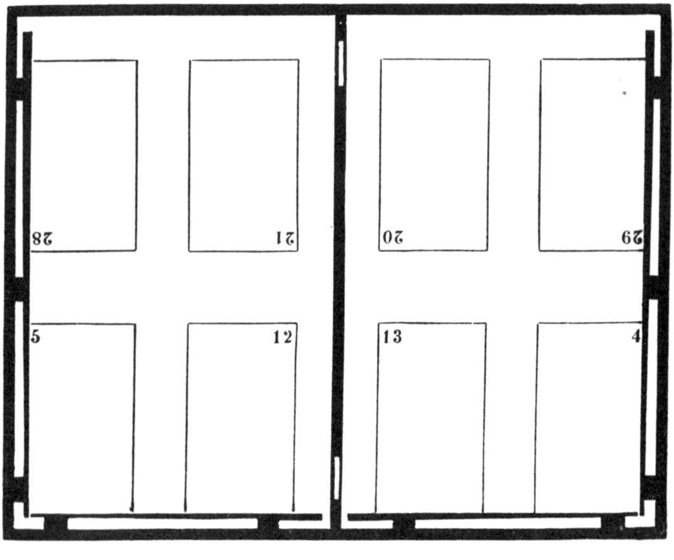

IN-OCTAVO.—*Deux feuilles en deux cahiers sur la même feuille.* — (Côté de 1 de la feuille 2.)

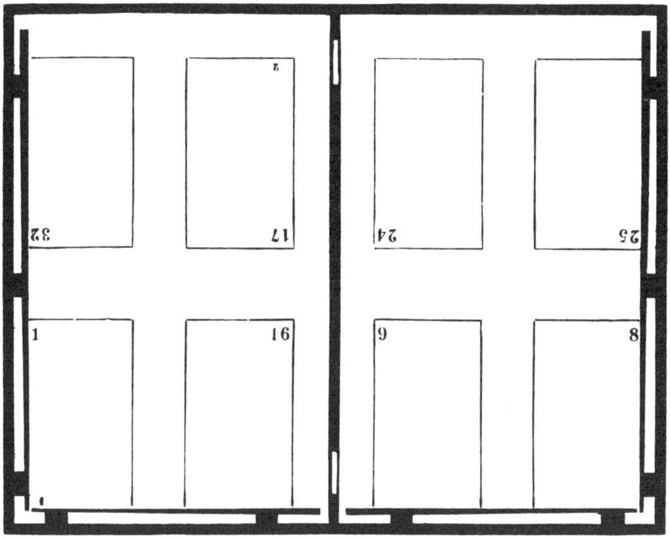

IN-OCTAVO.—*Deux feuilles en deux cahiers sur la même feuille.*—(Côté de 2 de la feuille 2.)

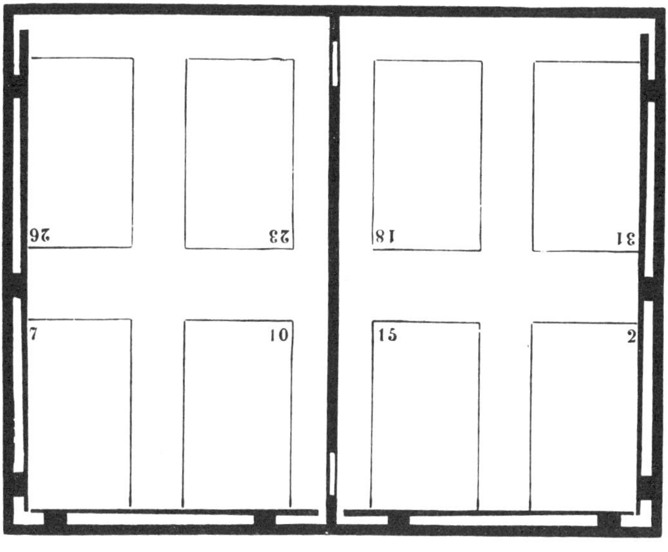

IN-OCTAVO. — *Trois feuilles en un cahier sur la même feuille.* — (Côté de 1, 1re partie.)

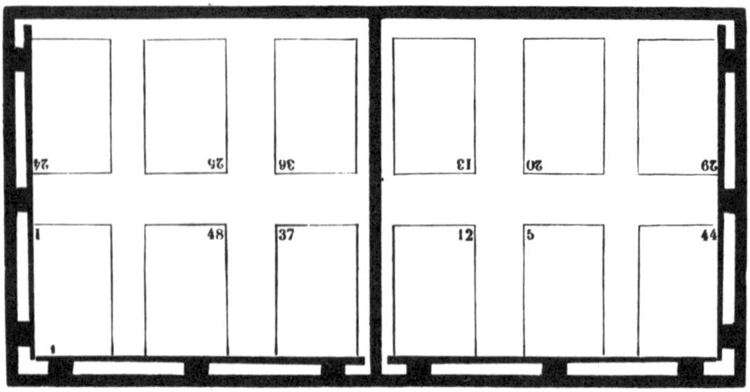

IN-OCTAVO. — *Trois feuilles en un cahier sur la même feuille.*— (Côté de 1, 2e partie.)

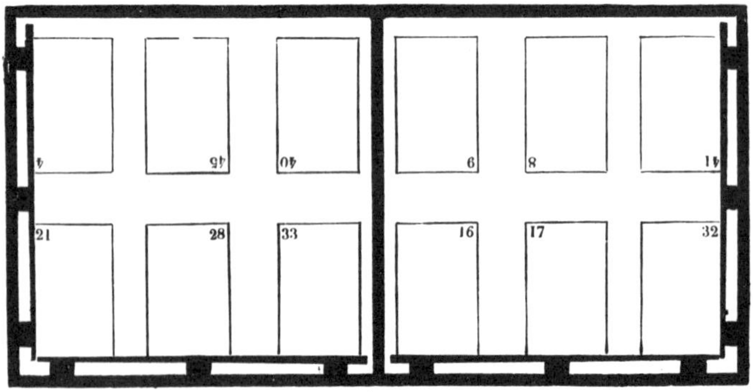

IN-OCTAVO. — *Trois feuilles en un cahier sur la même feuille.* — (Côté de 2, 2e partie.)

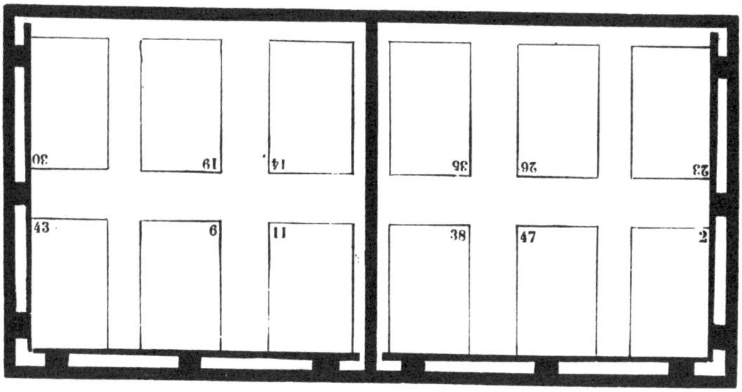

IN-OCTAVO. — *Trois feuilles en un cahier sur la même feuille.* — (Côté de 2, 1re partie.)

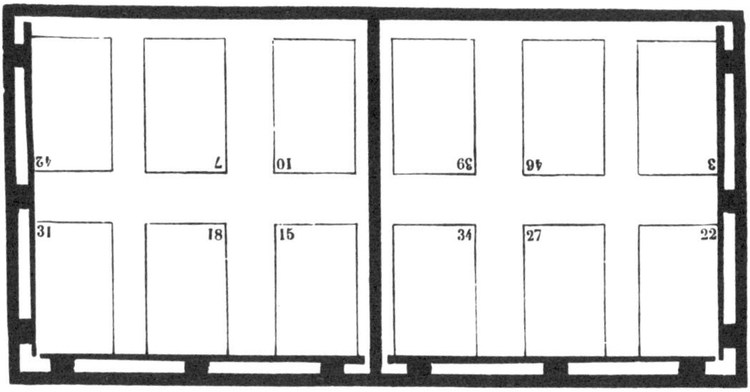

IN-OCTAVO. — *Demi-feuille ordinaire.*

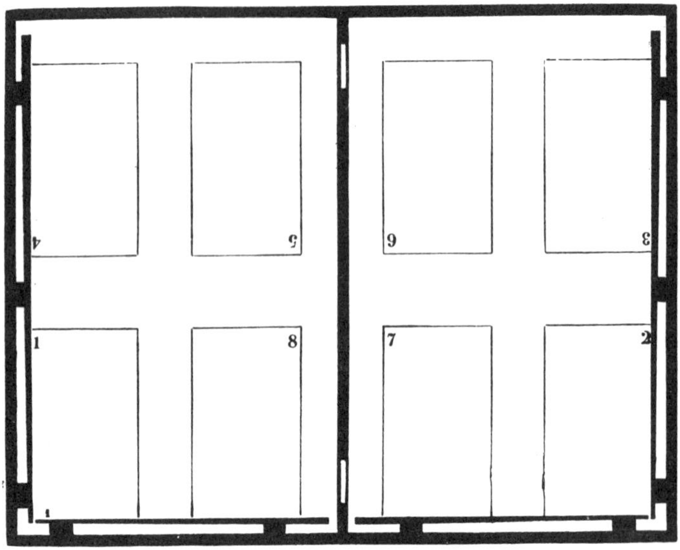

IN-OCTAVO. — *Demi-feuille en deux cahiers, retiration in-douze.*

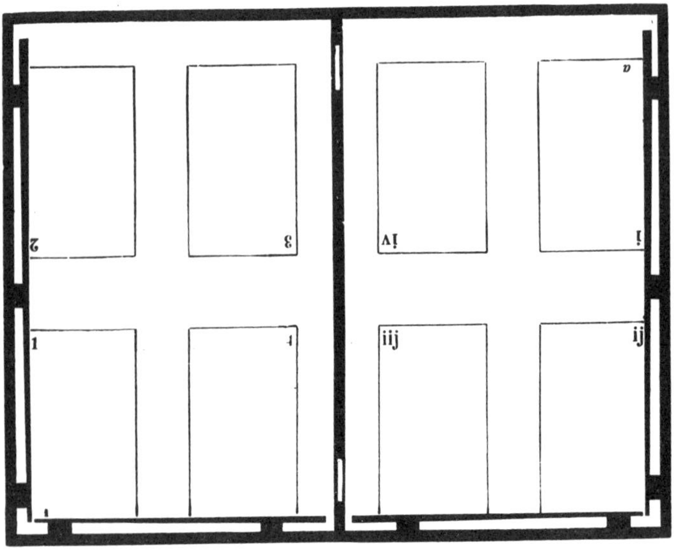

IN-OCTAVO. — *Demi-feuille en deux cahiers, retiration in-octavo.*

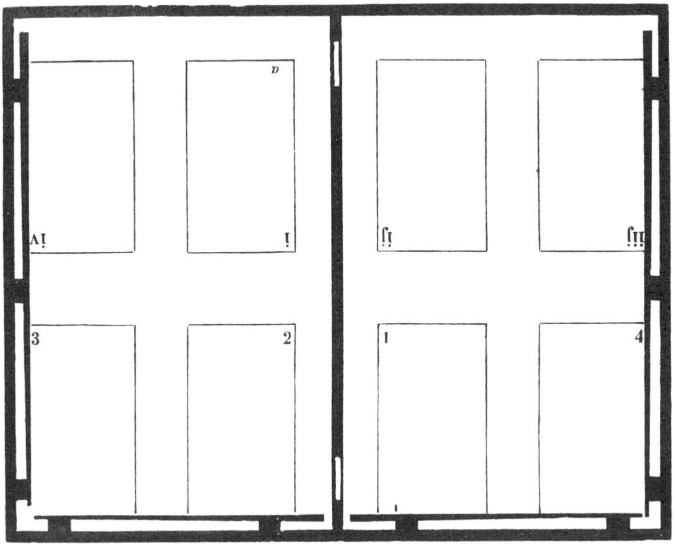

IN-OCTAVO. — *Demi-feuille en deux cahiers, retiration in-octavo.*

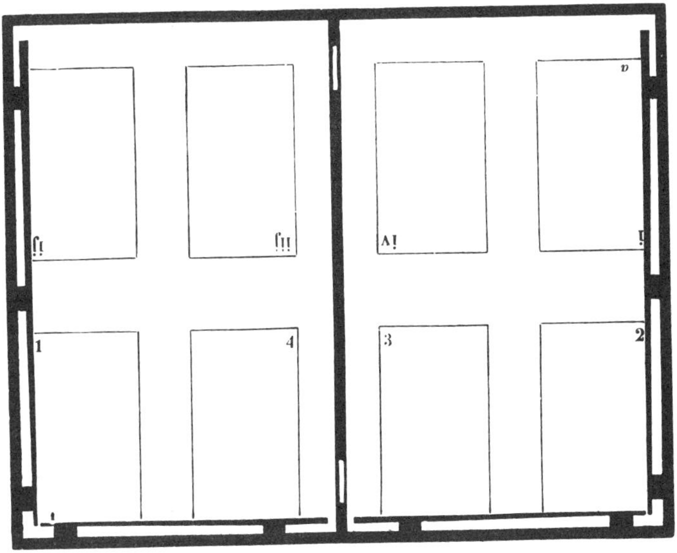

IN-OCTAVO. — *Quart de feuille.*

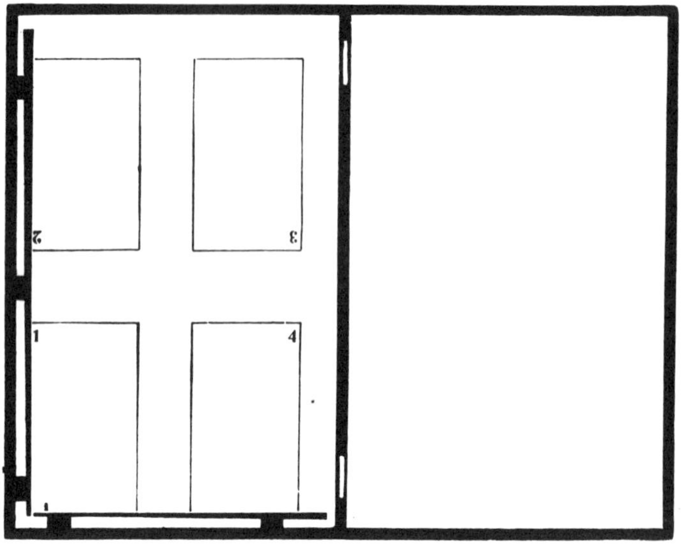

IN-OCTAVO OBLONG. — *Feuille.* — (Côté de 1.)

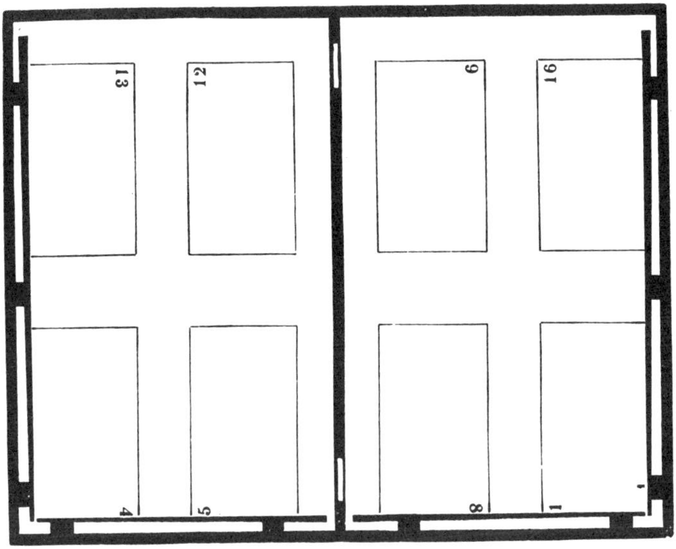

IN-OCTAVO OBLONG. — *Feuille.* — (Côté de 2.)

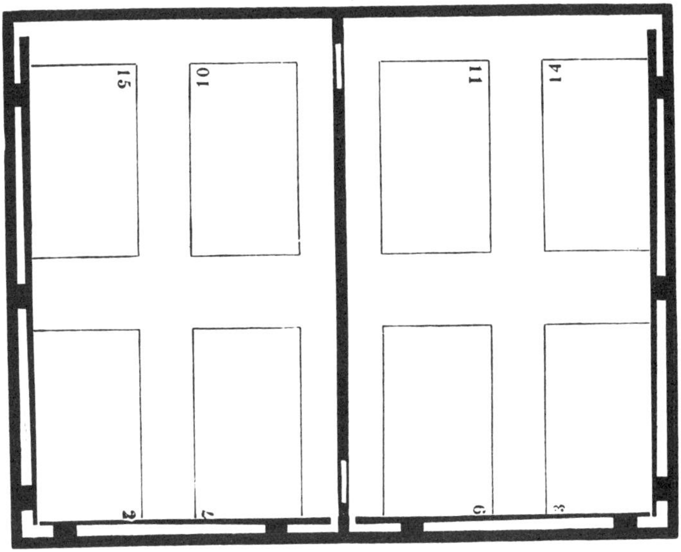

IN-OCTAVO OBLONG. — *Feuille d'un cahier de 12 pages, et d'un de 4.* — (Côté de 1.)

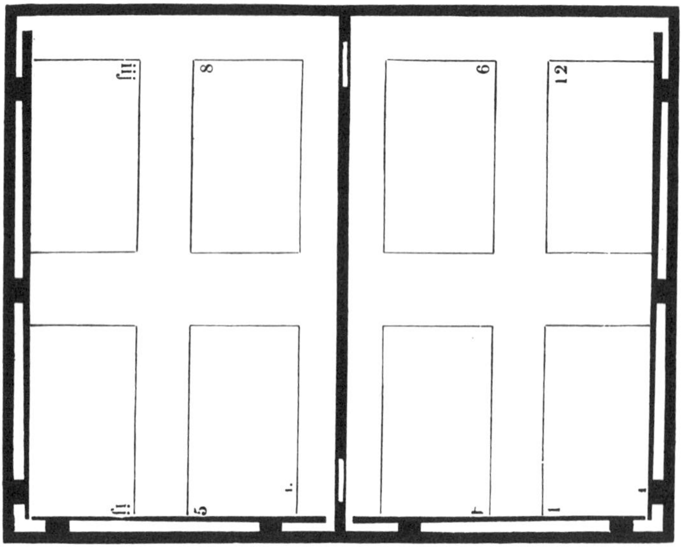

IN-OCTAVO OBLONG. — *Feuille d'un cahier de 12 pages, et d'un de 4.* — (Côté de 2.)

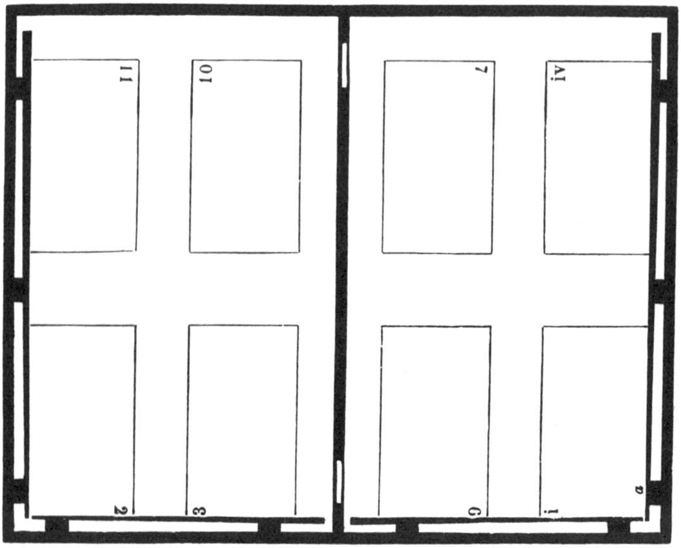

IN-OCTAVO OBLONG. — *Deux demi-feuilles imposées en feuille entière.* — (Côté de **1.**)

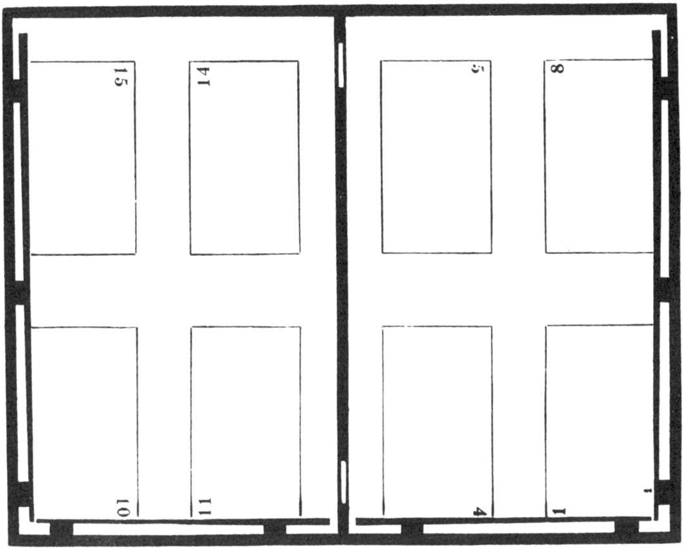

IN-OCTAVO OBLONG. — *Deux demi-feuilles imposées en feuille entière.* — (Côté de 2.)

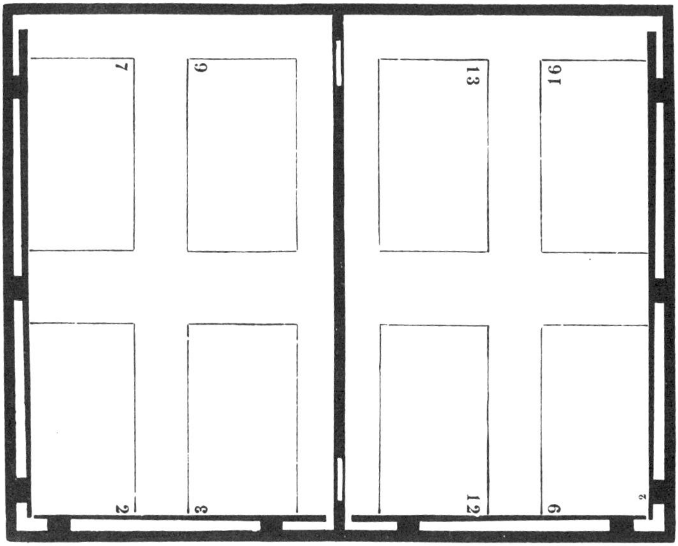

IN-OCTAVO OBLONG. — *Demi-feuille ordinaire.*

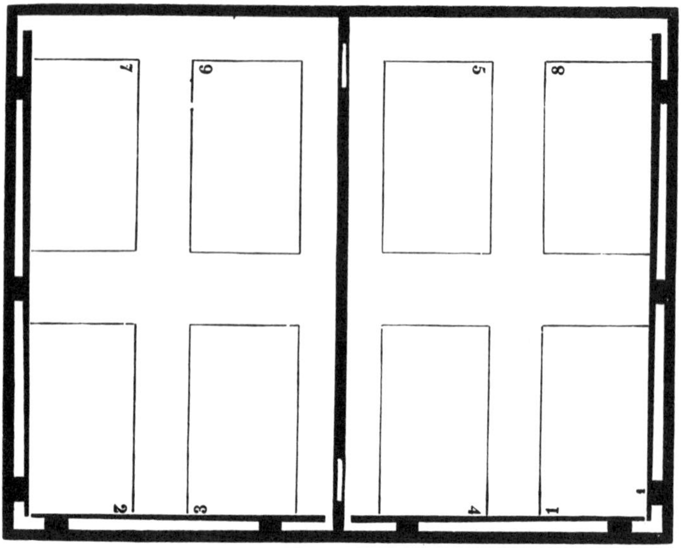

IN-OCTAVO OBLONG. — *Demi-feuille en deux cahiers.*

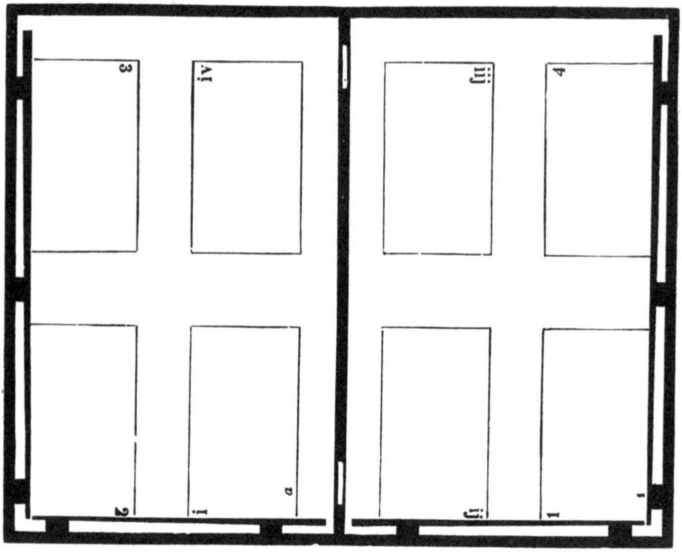

IN-OCTAVO OBLONG. — *Quart de feuille.*

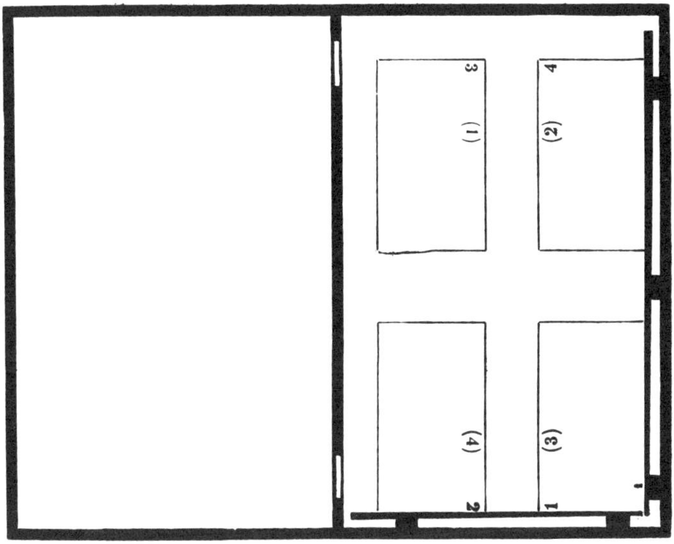

IN-DOUZE. — *Feuille en un cahier.* — (Côté de 1.)

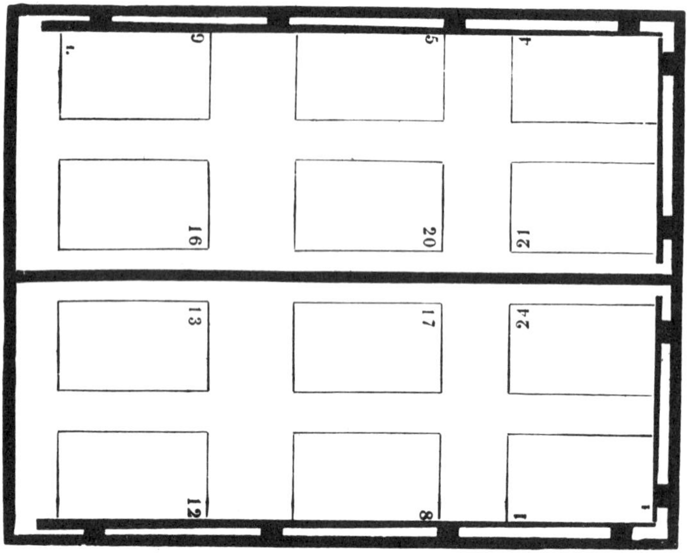

IN-DOUZE. — *Feuille en un cahier.* — (Côté de 2.)

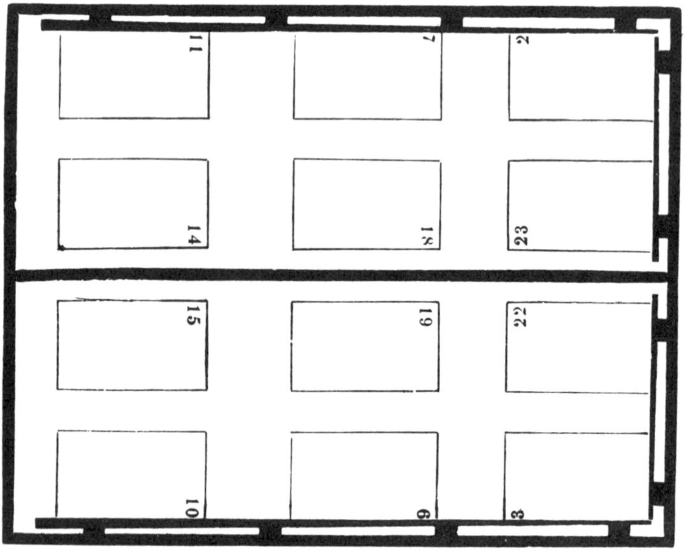

IN-DOUZE. — *Feuille en un cahier.* — (Côté de 1.)

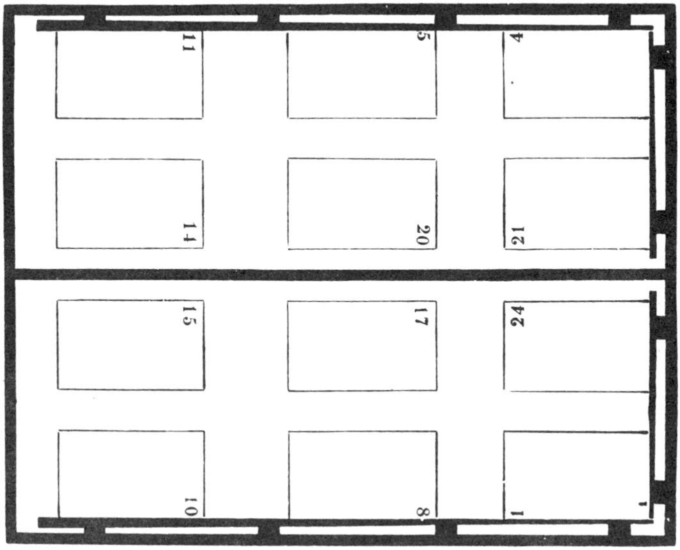

IN-DOUZE. — *Feuille en un cahier.* — (Côté de 2.)

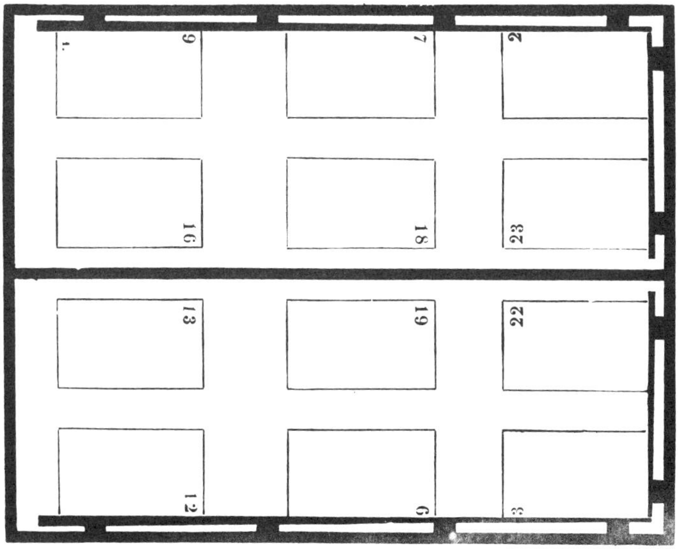

IN-DOUZE. — *Feuille en un cahier, sans coupure.* — (Côté de 1.)

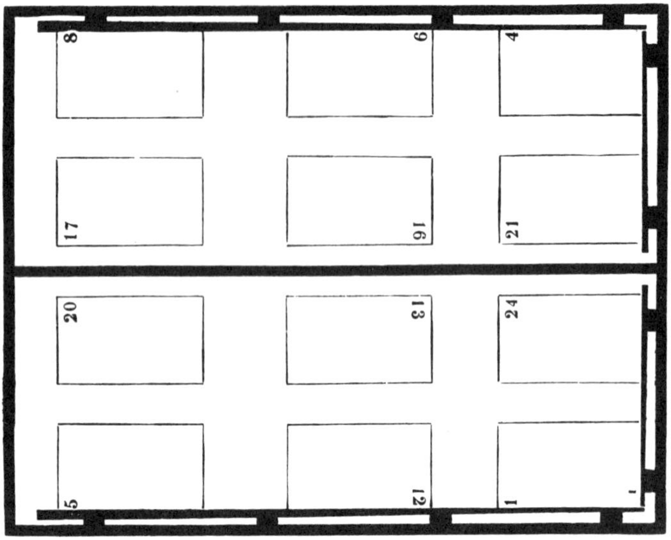

IN-DOUZE. — *Feuille en un cahier, sans coupure.* — (Côté de 2.)

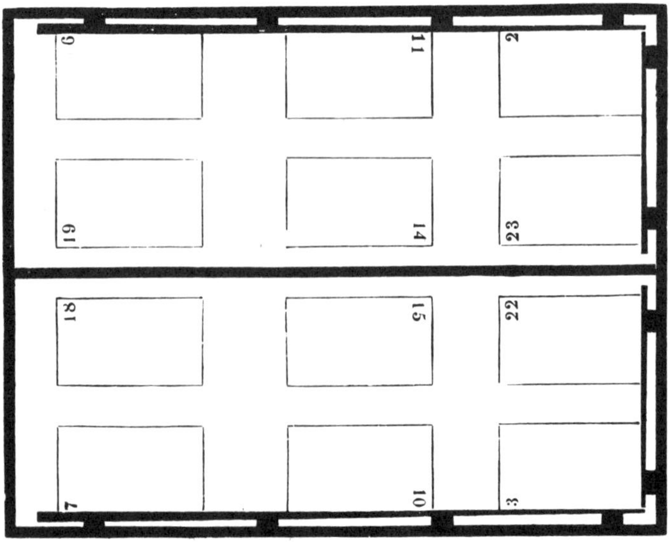

IN-DOUZE. — *Feuille en un cahier, sans coupure.* — (Châssis particulier.) — (Côté de 1.)

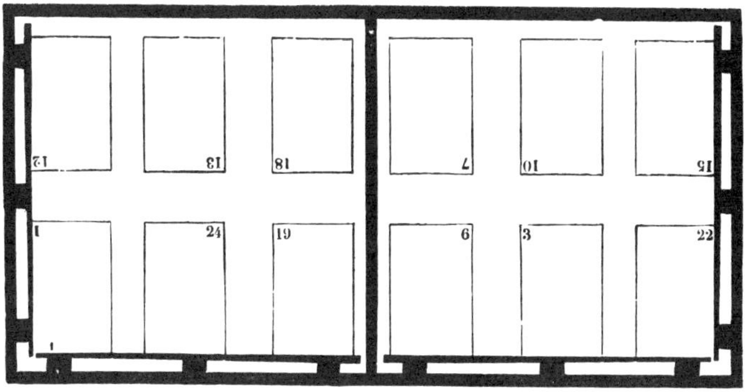

IN-DOUZE. — *Feuille en un cahier, sans coupure.* — (Châssis particulier.) — (Côté de 2.)

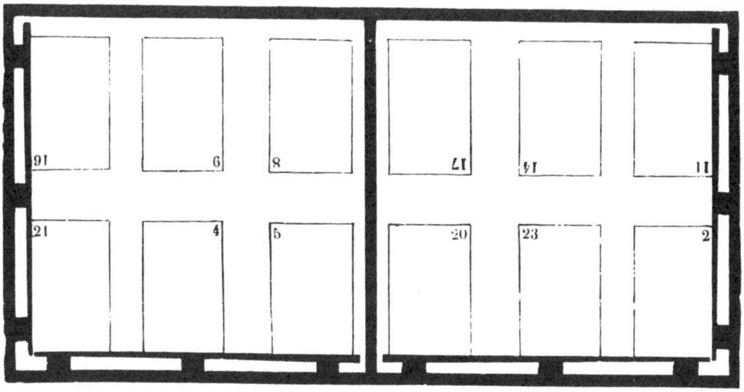

IN-DOUZE. — (Langues orientales.) — *Feuille.* — (Côté de 1.)

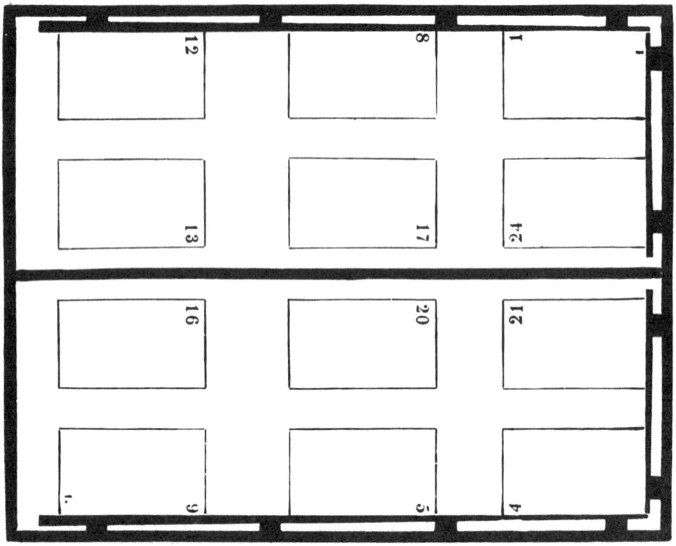

IN-DOUZE. — (Langues orientales.) — *Feuille.* — (Côté de 2.)

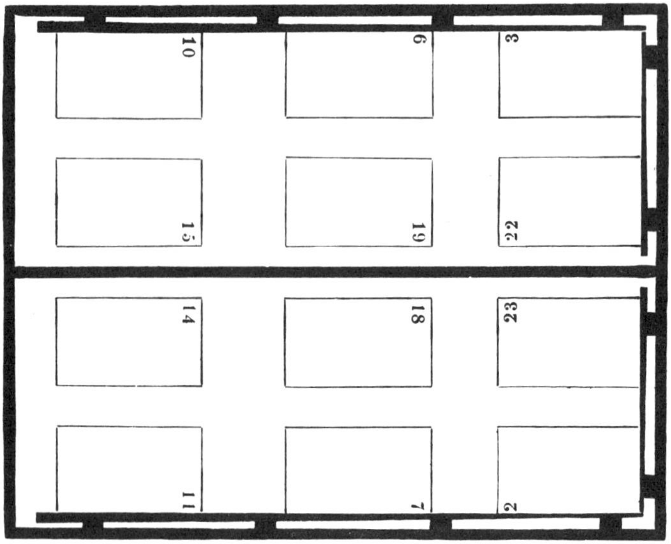

IN-DOUZE. — *Feuille en deux cahiers égaux.* — (Côté de 1.)

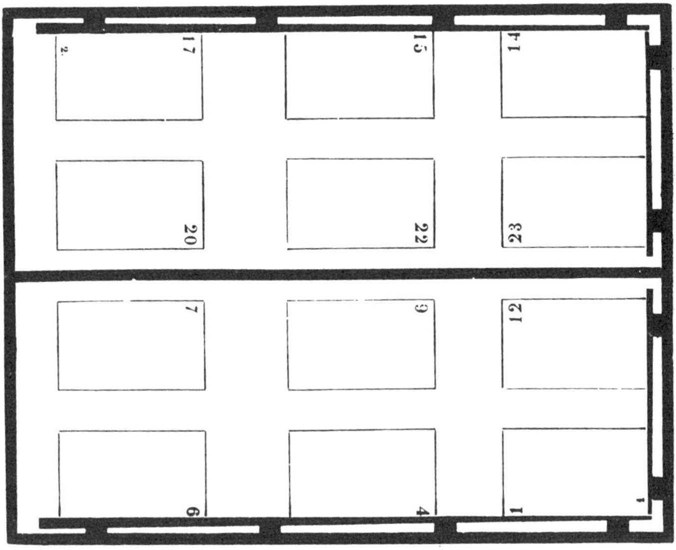

IN-DOUZE. — *Feuille en deux cahiers égaux.* — (Côté de 2.)

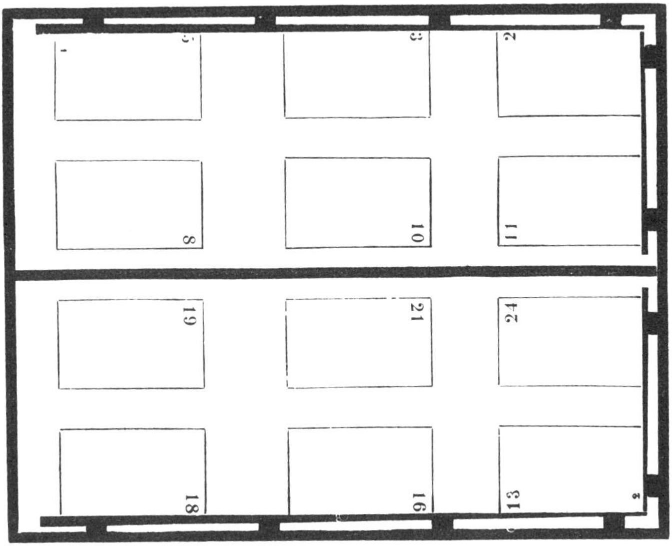

IN-DOUZE. — *Feuille en deux cahiers égaux.* — (Côté de 1.)

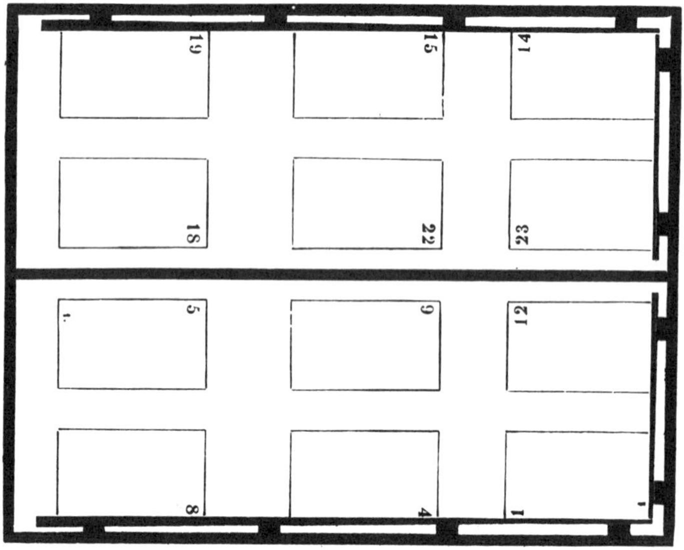

IN-DOUZE. — *Feuille en deux cahiers égaux.* — (Côté de 2.)

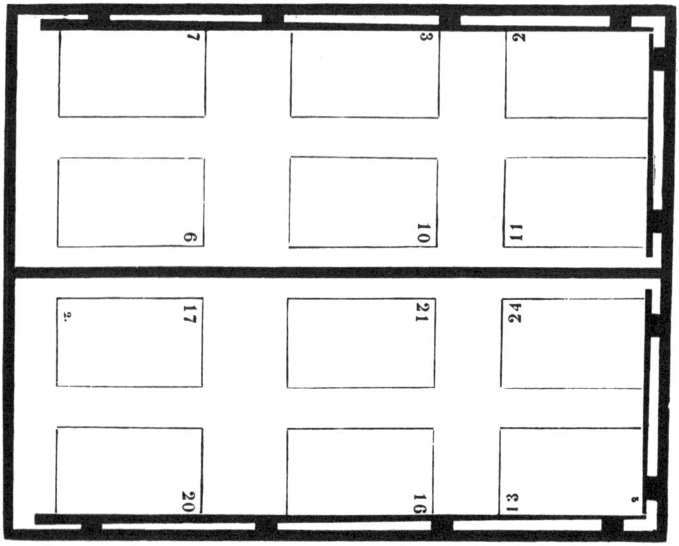

IN-DOUZE. — *Feuille en deux cahiers, un de 16 pages, et un de 8.* — (Côté de 1.)

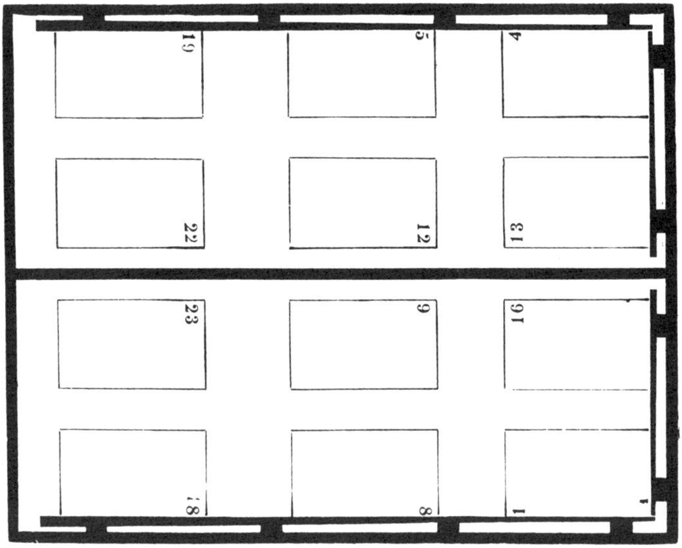

IN-DOUZE. — *Feuille en deux cahiers, un de 16 pages, et un de 8.* — (Côté de 2.)

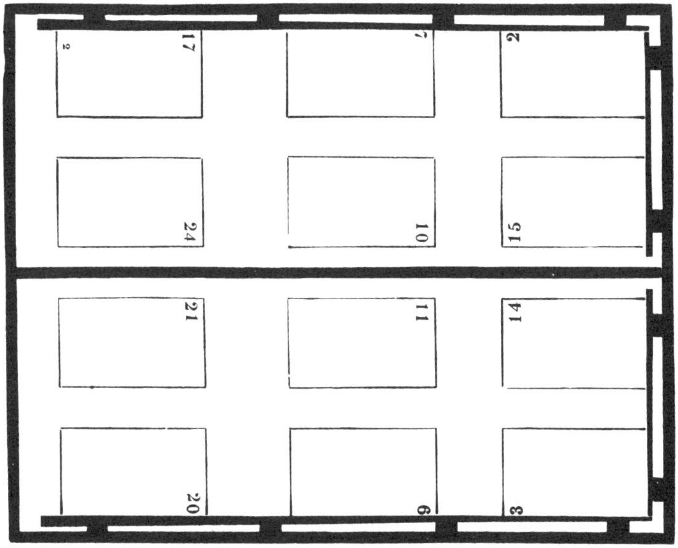

IN-DOUZE. — *Feuille en deux cahiers, un de 16 pages, et un de 8.* — (Côté de 1.)

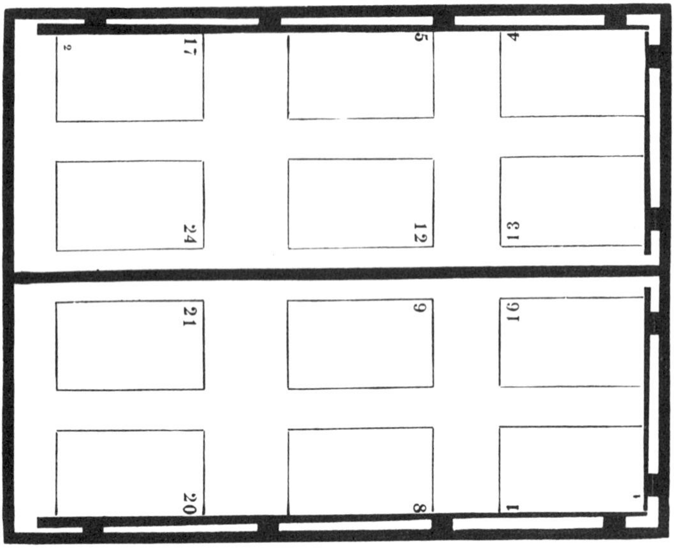

IN-DOUZE. — *Feuille en deux cahiers, un de 16 pages, et un de 8.* — (Côté de 2.)

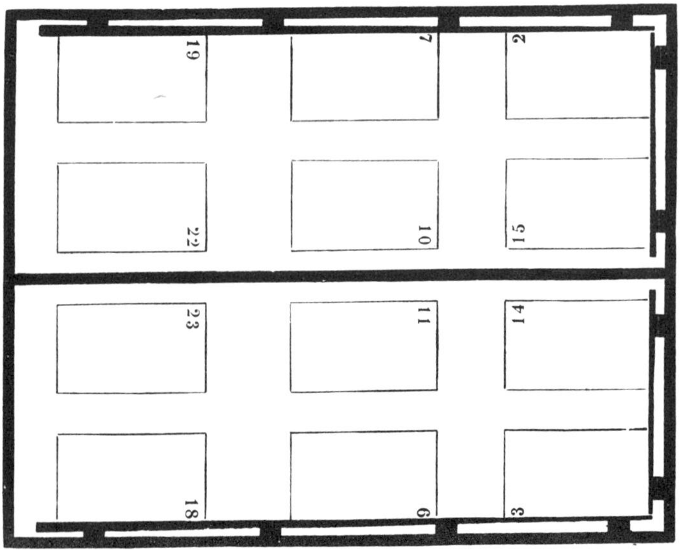

IN-DOUZE. — *Feuille en deux cahiers, un de 20 pages, et un de 4.* — (Côté de 1.)

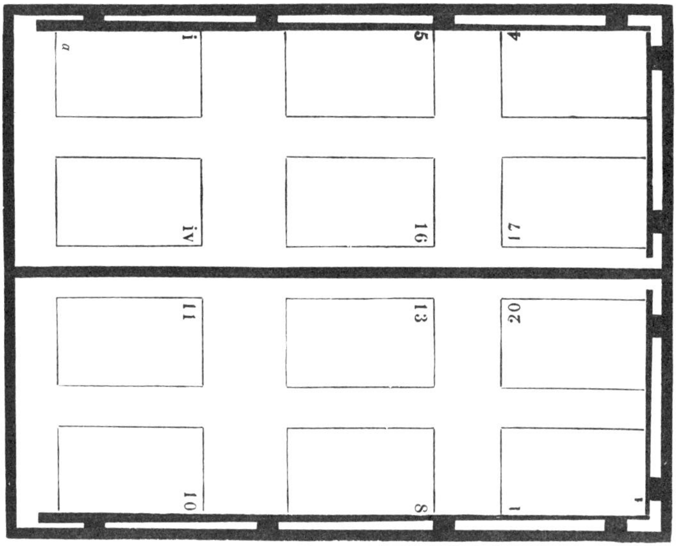

IN-DOUZE. — *Feuille en deux cahiers, un de 20 pages, et un de 4.* — (Côté de 2.)

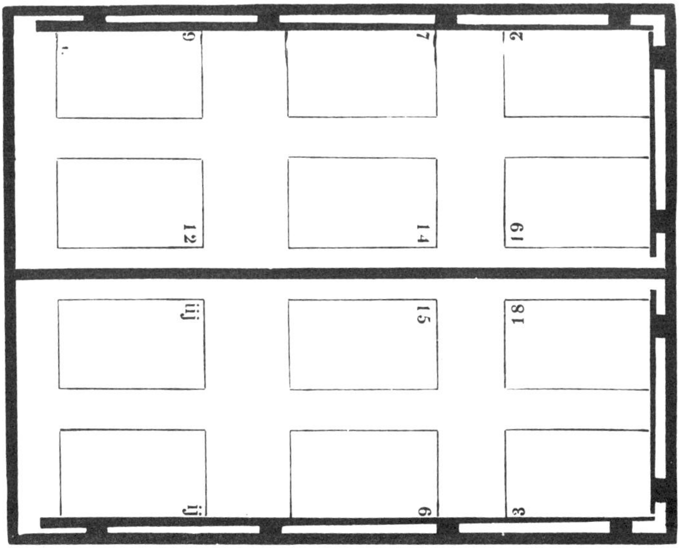

IN-DOUZE. — *Feuille en deux cahiers, un de 20 pages, et un de 4.* — (Côté de 1.)

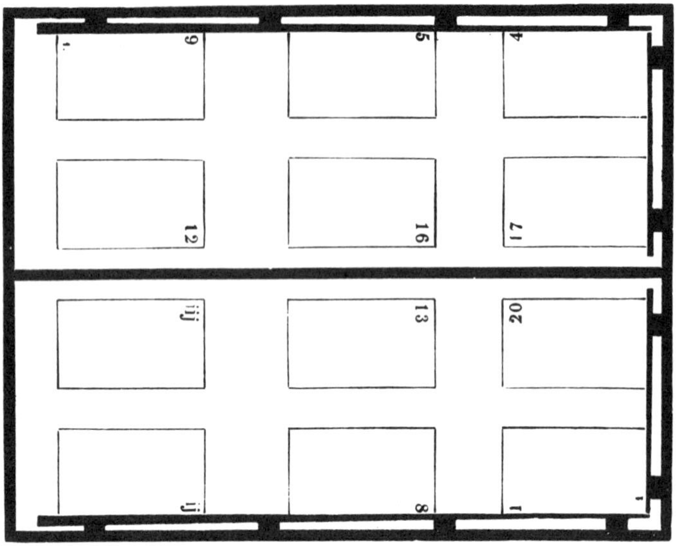

IN-DOUZE. — *Feuille en deux cahiers, un de 20 pages, et un de 4.* — (Côté de 2.)

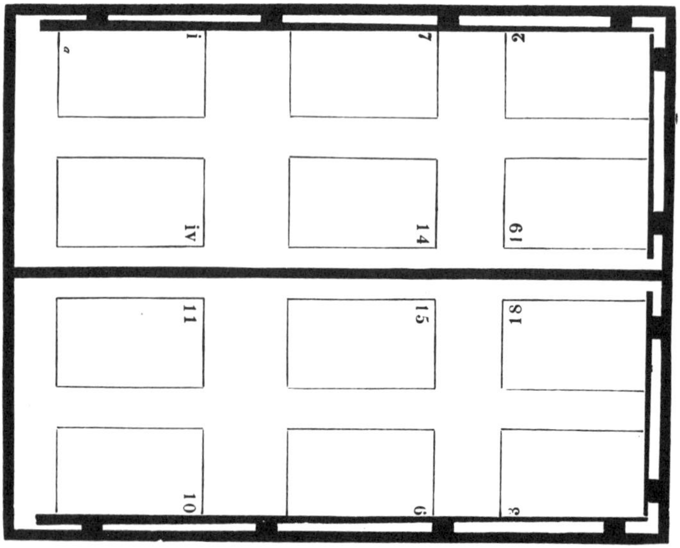

IN-DOUZE. — *Feuille en trois cahiers égaux.* — (Côté de 1.)

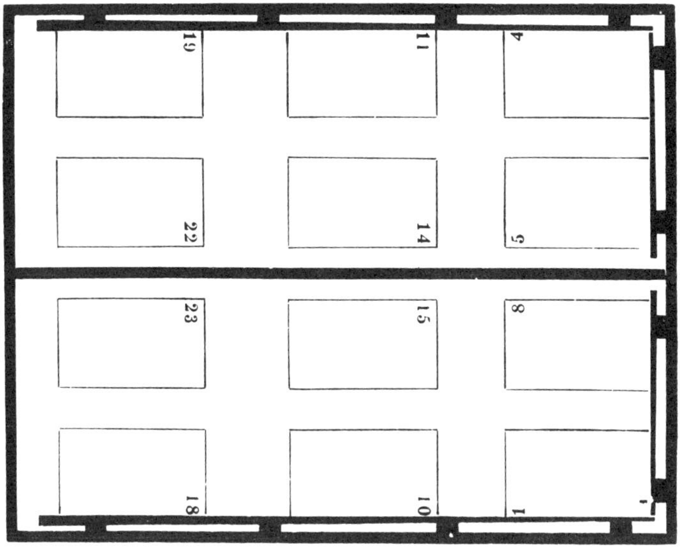

IN-DOUZE. — *Feuille en trois cahiers égaux.* — (Côté de 2.)

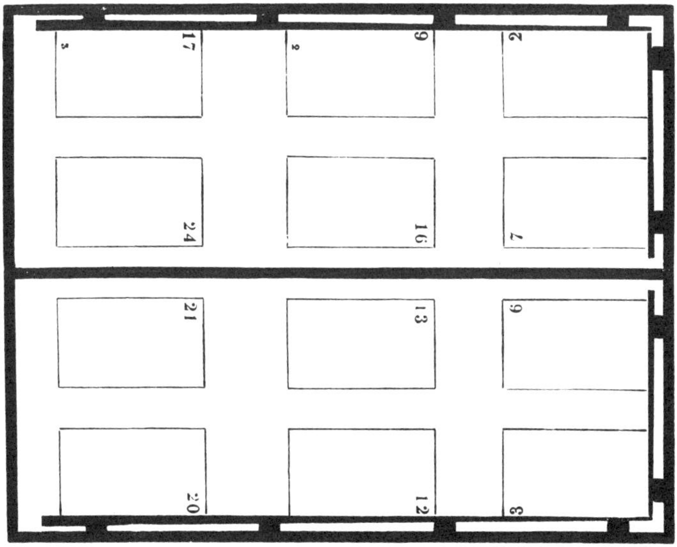

IN-DOUZE. — *Feuille en trois cahiers égaux.* — (Côté de 1.)

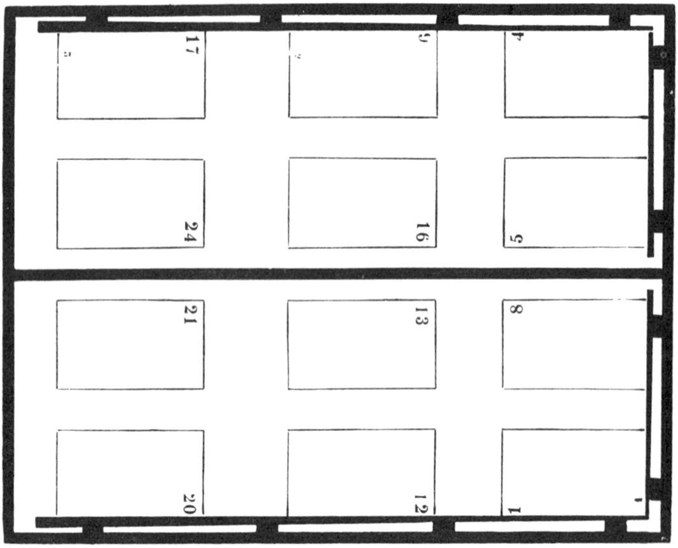

IN-DOUZE. — *Feuille en trois cahiers égaux.* — (Côté de 2.)

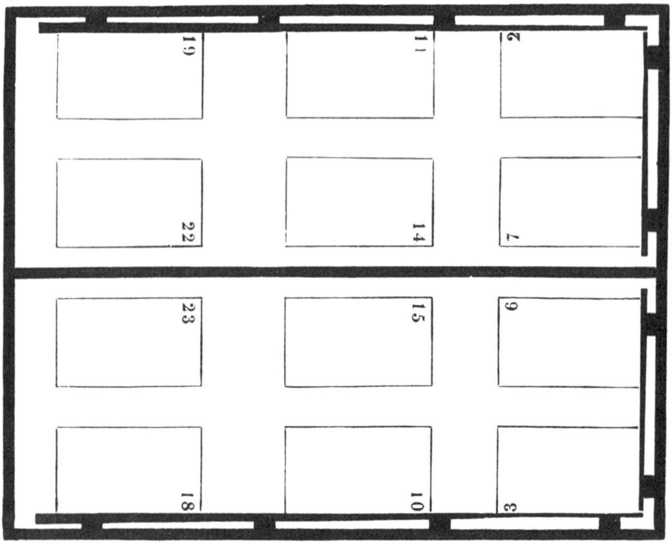

IN-DOUZE. — *Feuille en trois cahiers, un de 16 pages, et deux de 4.* — (Côté de 1.)

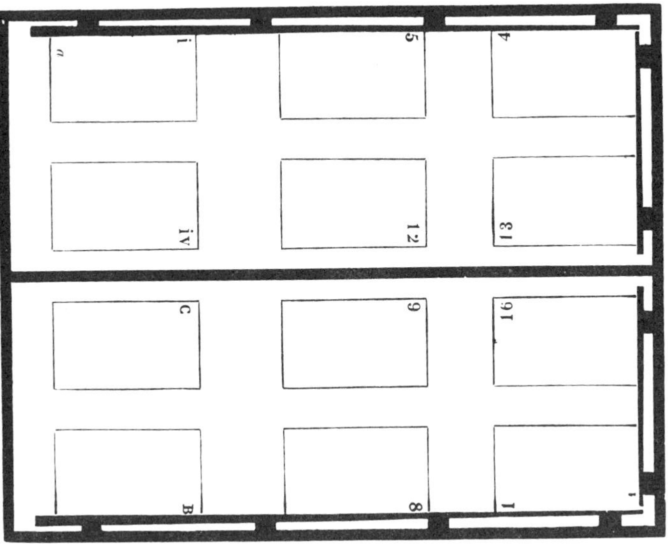

IN-DOUZE. — *Feuille en trois cahiers, un de 16 pages, et deux de 4.* — (Côté de 2.)

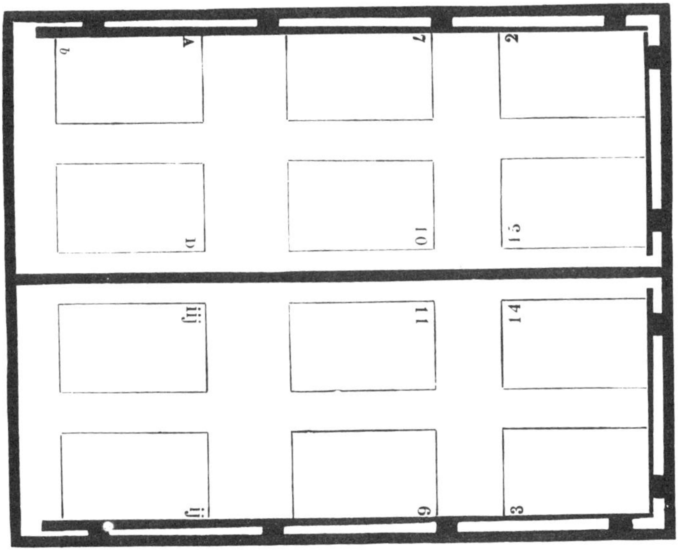

IN-DOUZE. — *Deux tiers de feuille.* — (Côté de 1.)

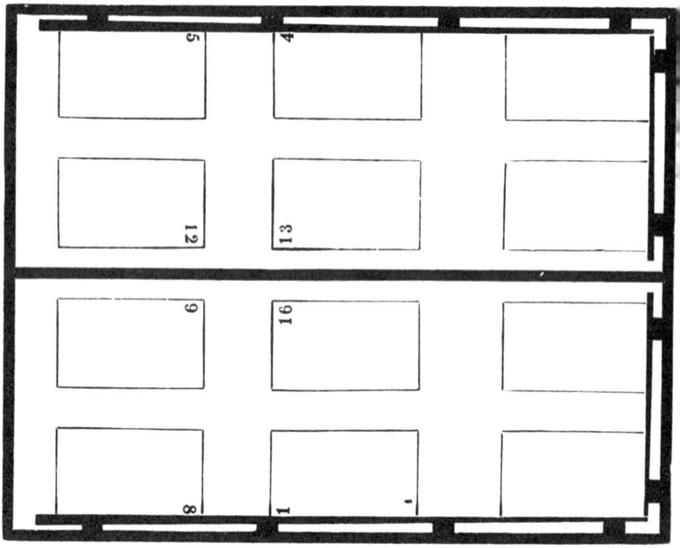

IN-DOUZE. — *Deux tiers de feuille.* — (Côté de 2.)

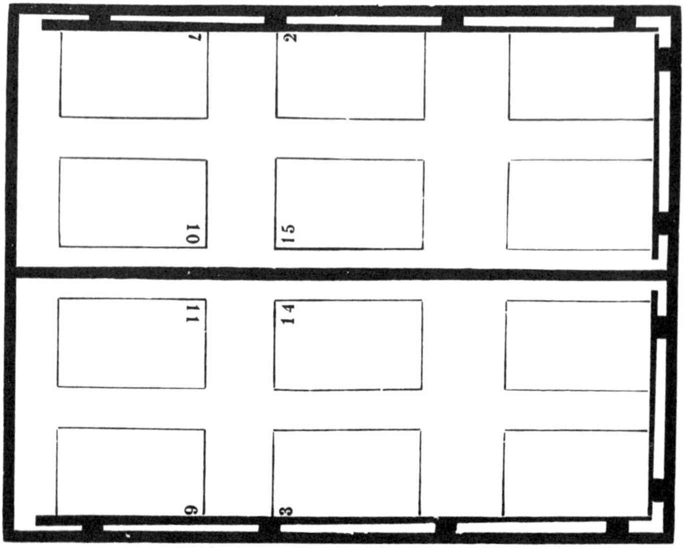

IN-DOUZE. — *Demi-feuille en un cahier.*

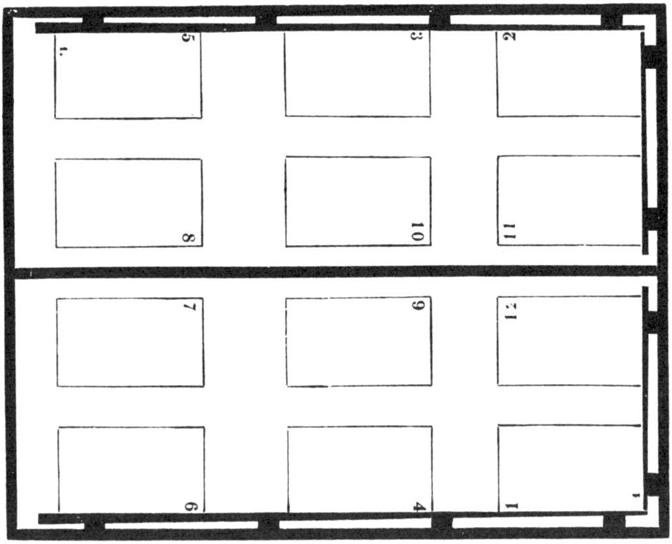

IN-DOUZE. — *Demi-feuille en deux cahiers, un de 8 pages, et un de 4.*

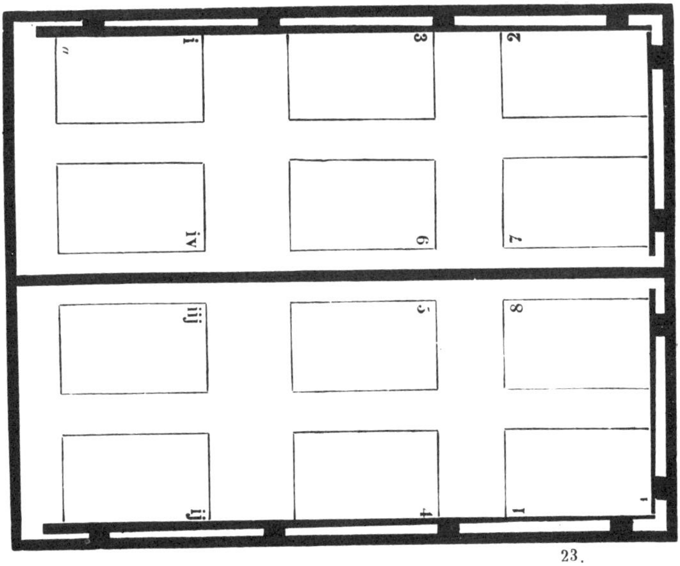

IN-DOUZE. — *Demi-feuille en trois cahiers égaux.*

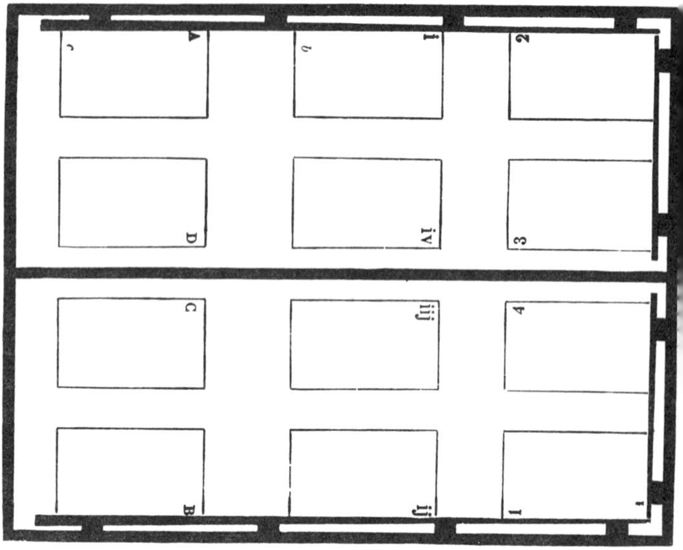

IN-DOUZE. — *Tiers de feuille.*

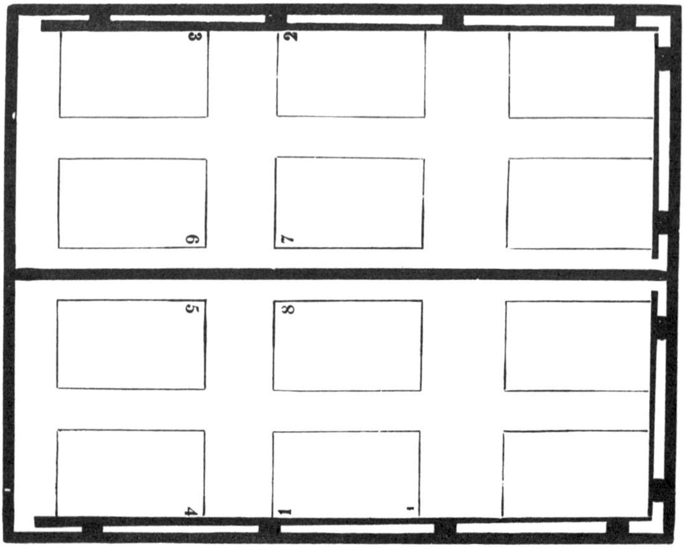

IN-DOUZE OBLONG. — *Feuille en un cahier.* — (Côté de 1.)

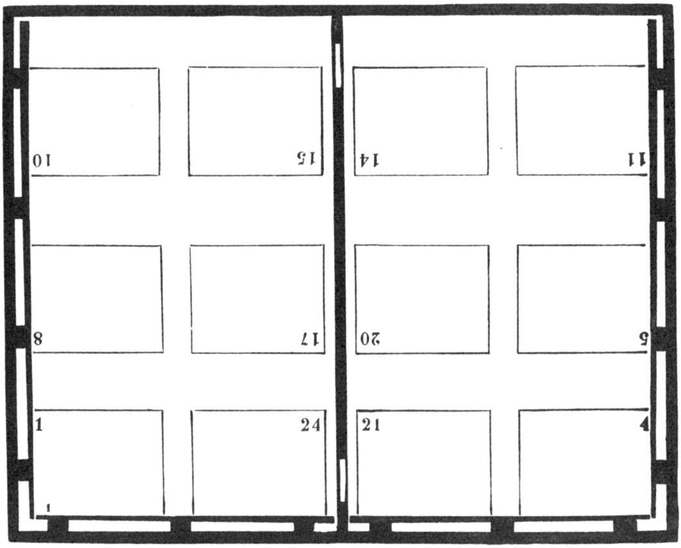

IN-DOUZE OBLONG. — *Feuille en un cahier.* — (Côté de 2.)

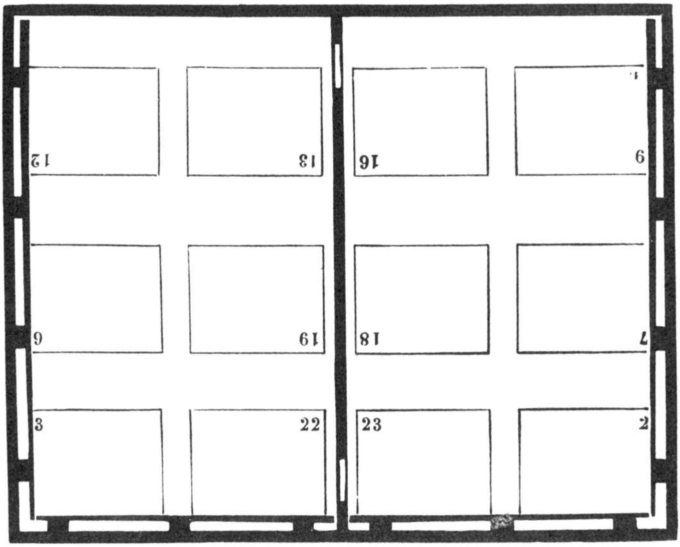

IN-DOUZE OBLONG. — *Feuille en deux cahiers.* — (Côté de 1.)

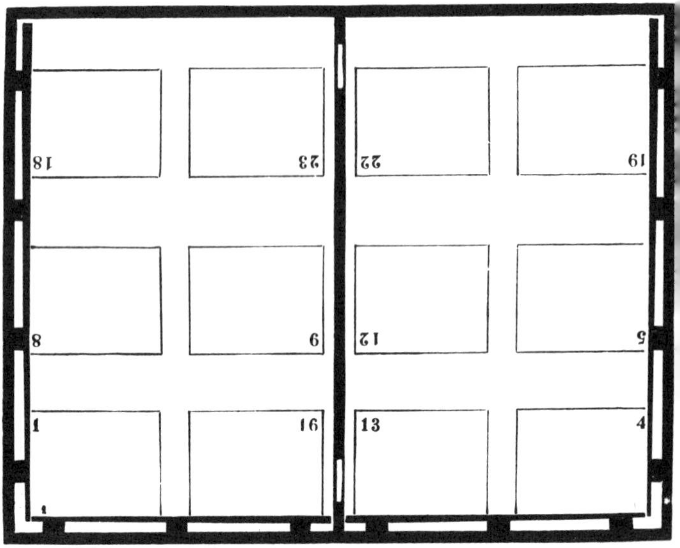

IN-DOUZE OBLONG. — *Feuille en deux cahiers.* — (Côté de 2.)

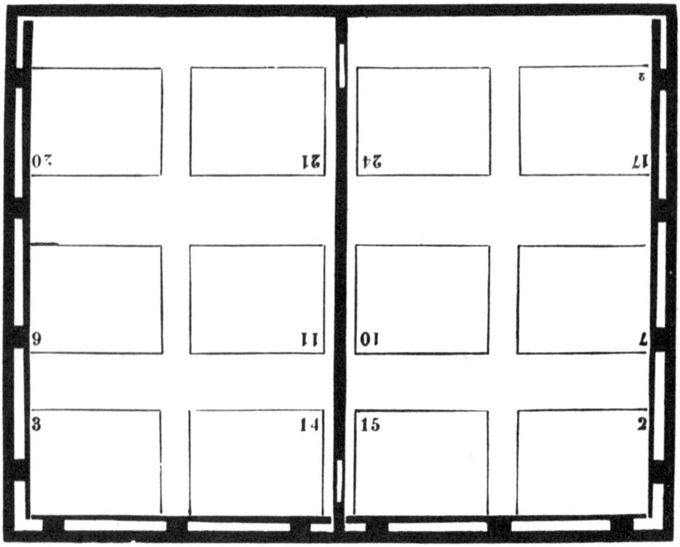

IN-DOUZE OBLONG. — *Demi-feuille en un cahier.*

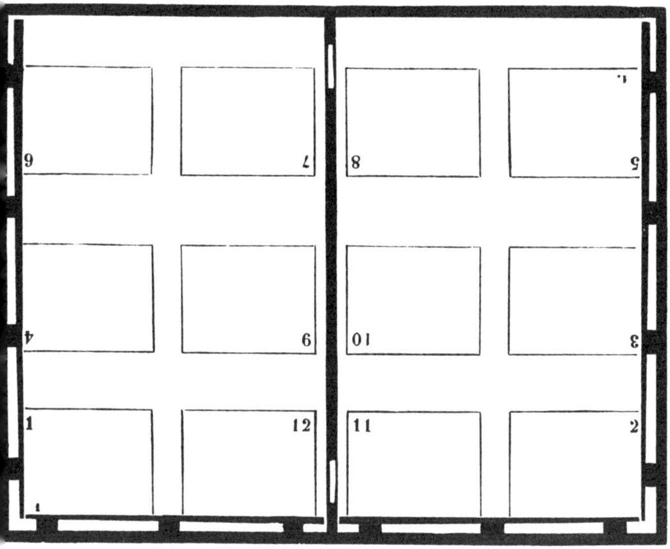

IN-SEIZE. — *Feuille en un cahier.* — (Côté de **1.**)

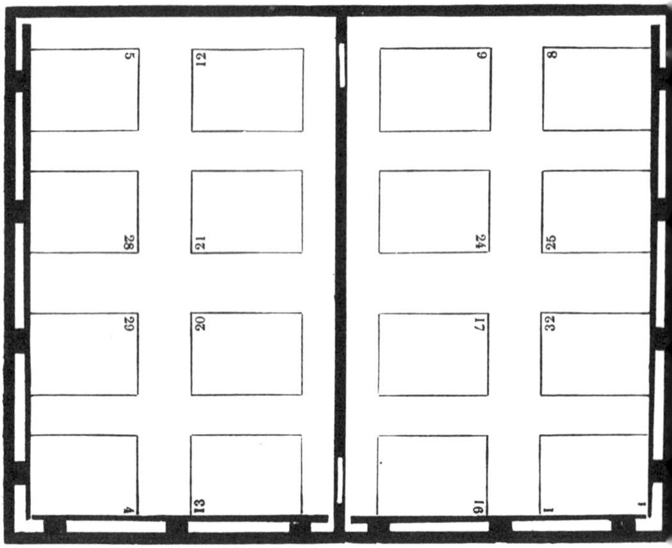

IN-SEIZE. — *Feuille en un cahier.* — (Côté de **2.**)

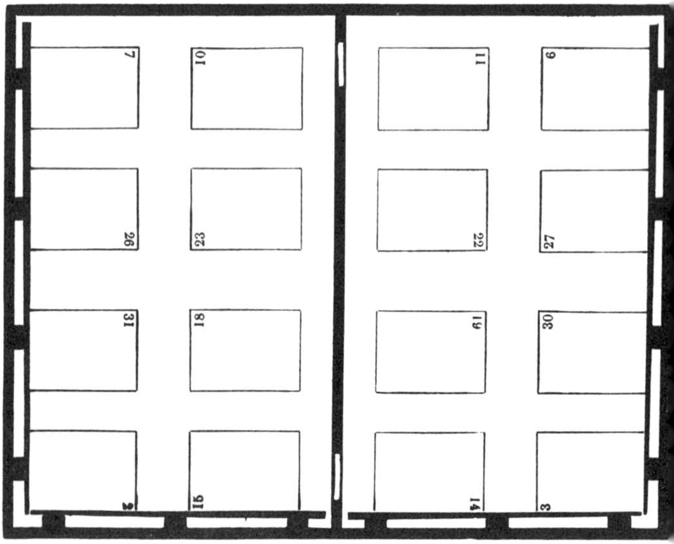

IN-SEIZE. — *Feuille en deux cahiers.* — (Côté de 1.)

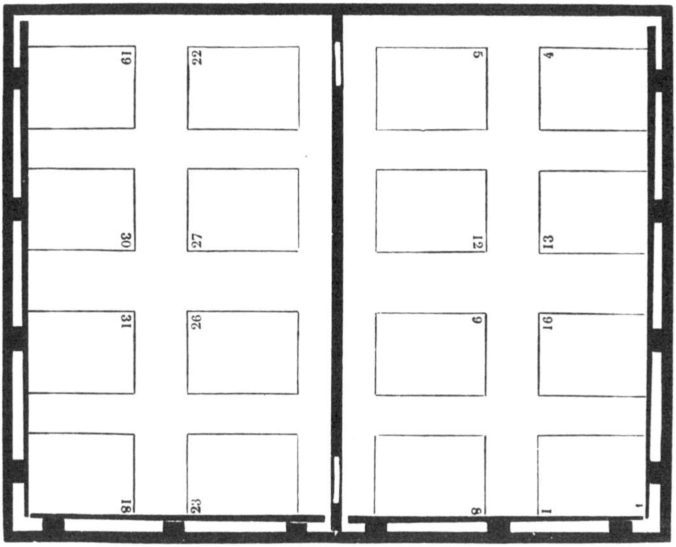

IN-SEIZE. — *Feuille en deux cahiers.* — (Côté de 2.)

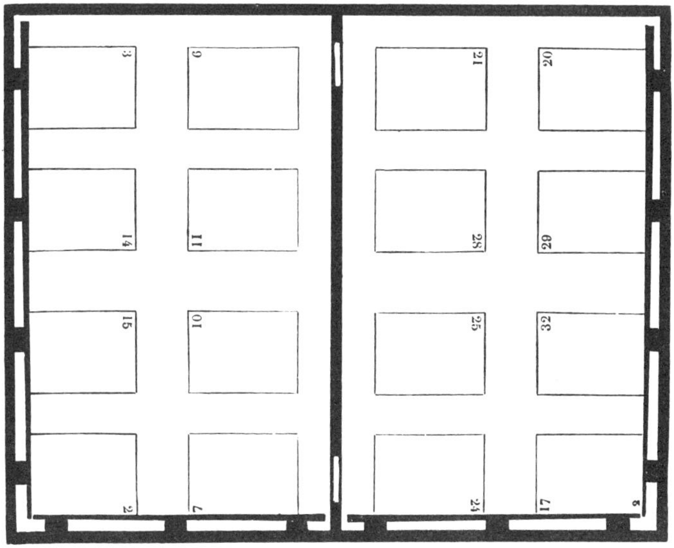

IN-SEIZE. — *Demi-feuille en un cahier.*

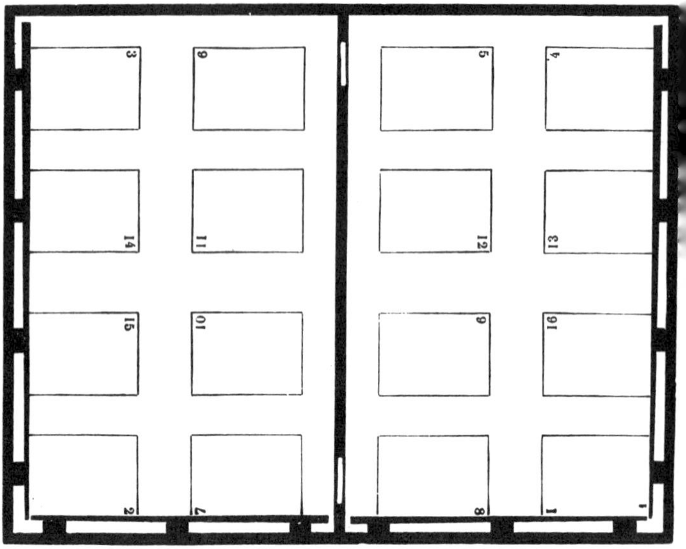

IN-SEIZE. — *Demi-feuille en deux cahiers.*

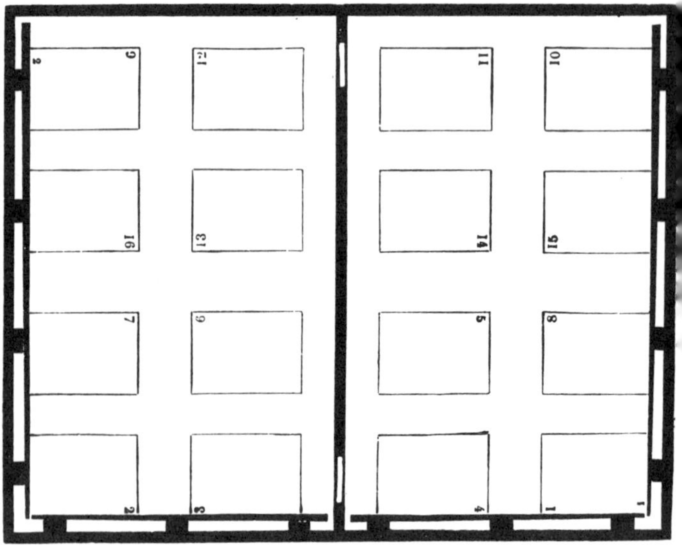

IN-SEIZE OBLONG. — *Quart de feuille.*

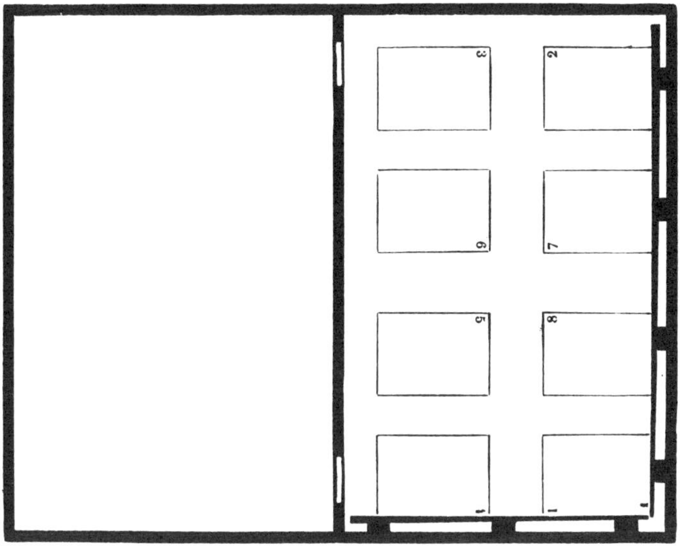

IN-SEIZE OBLONG. — *Feuille en un cahier.* — (Côté de 1.)

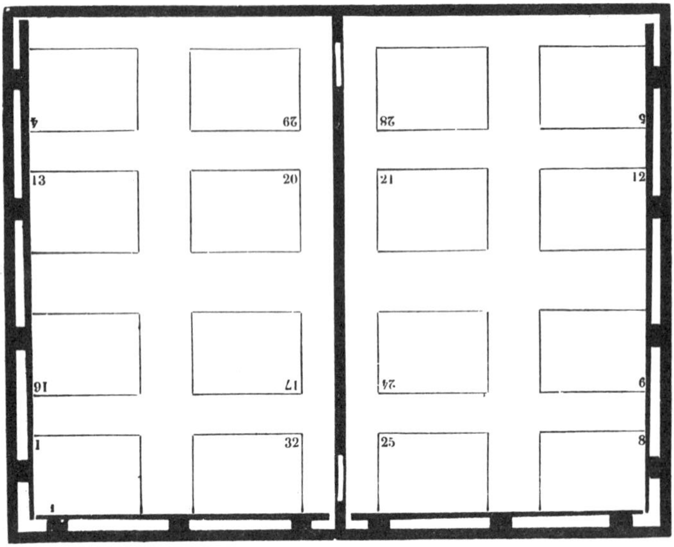

IN-SEIZE OBLONG. — *Feuille en un cahier.* — (Côté de 2.)

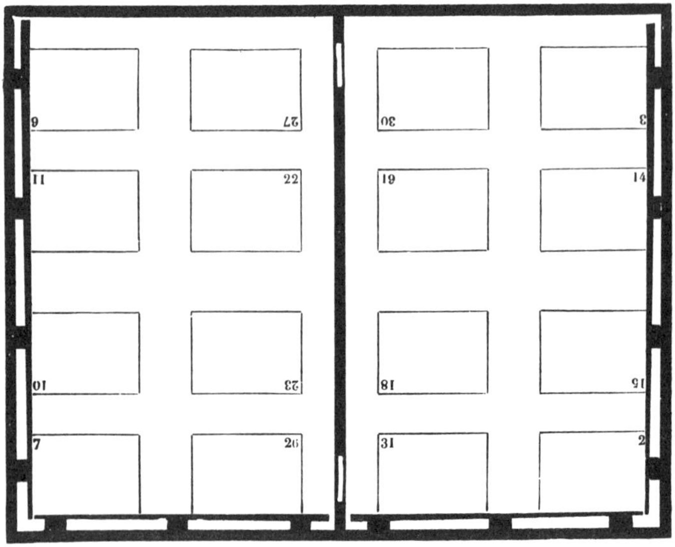

IN-SEIZE OBLONG. — *Feuille en deux cahiers.* — (Côté de 1.)

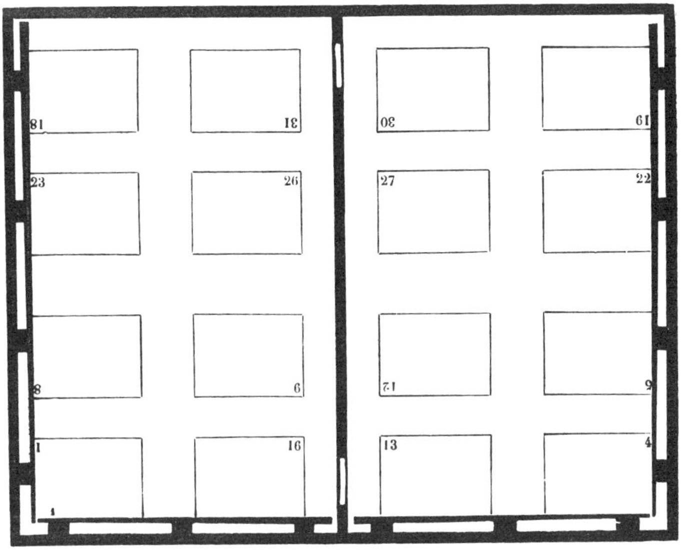

IN-SEIZE OBLONG. — *Feuille en deux cahiers.* — (Côté de 2.)

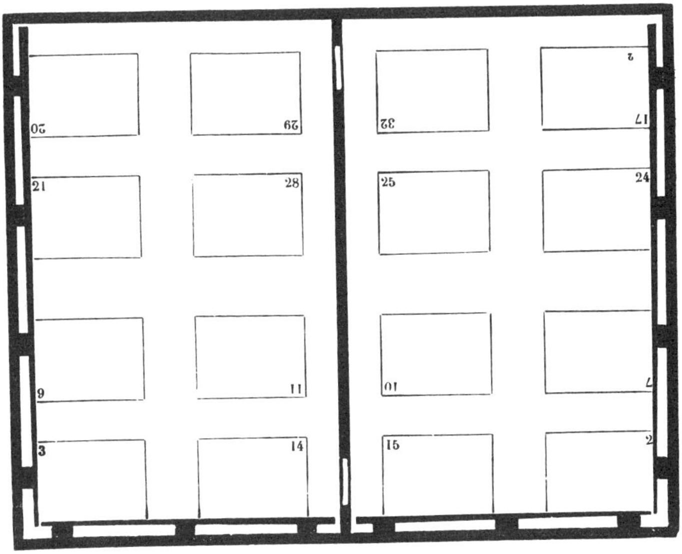

IN-SEIZE OBLONG. — *Demi-feuille en un cahier.*

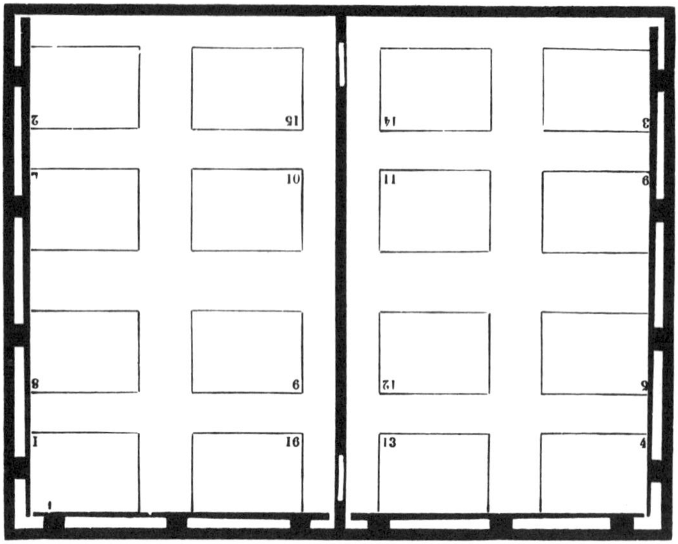

IN-SEIZE OBLONG. — *Demi-feuille en deux cahiers.*

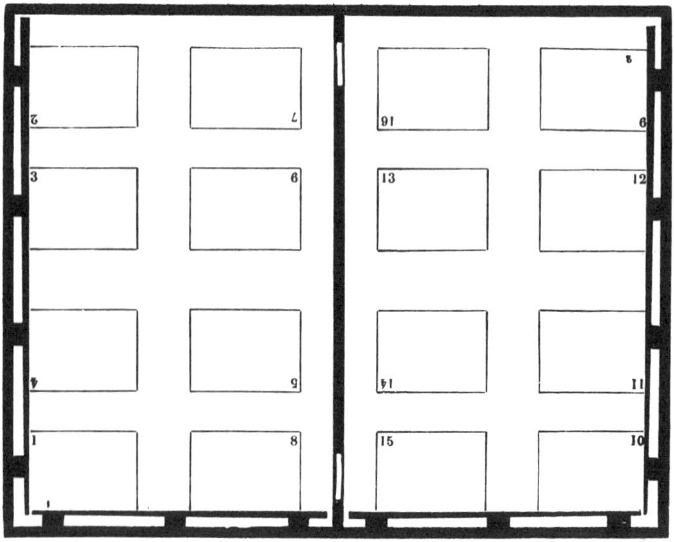

IN-SEIZE. — *Quart de feuille.*

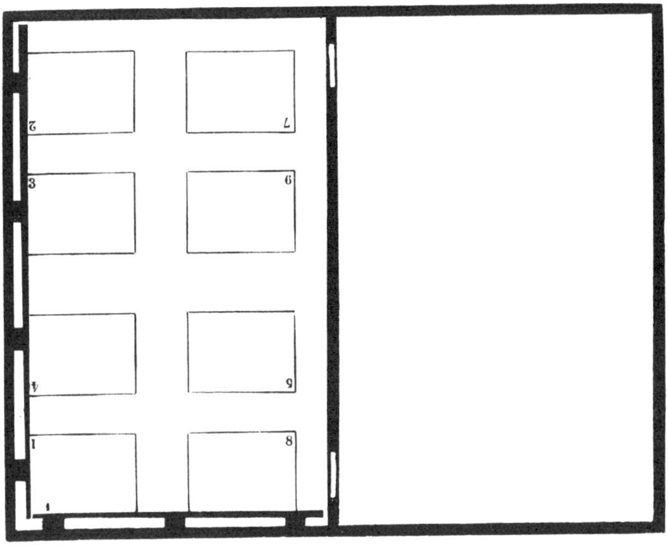

IN-DIX-HUIT. — *Feuille en un cahier.* — (Côté de 1.)

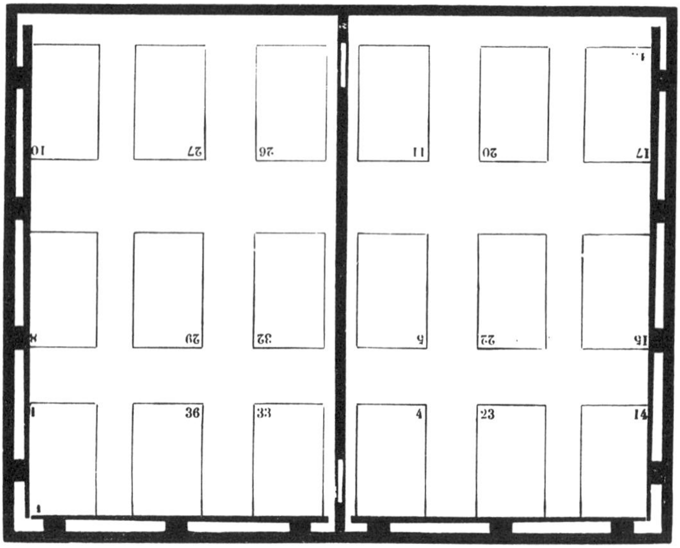

IN-DIX-HUIT. — *Feuille en un cahier.* — (Côté de 2.)

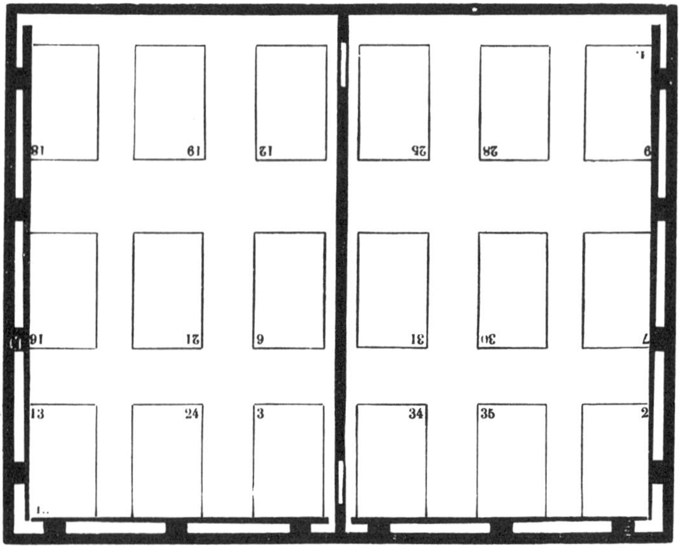

IN-DIX-HUIT. — *Feuille en un cahier, sans coupure.* — (Côté de 1.)

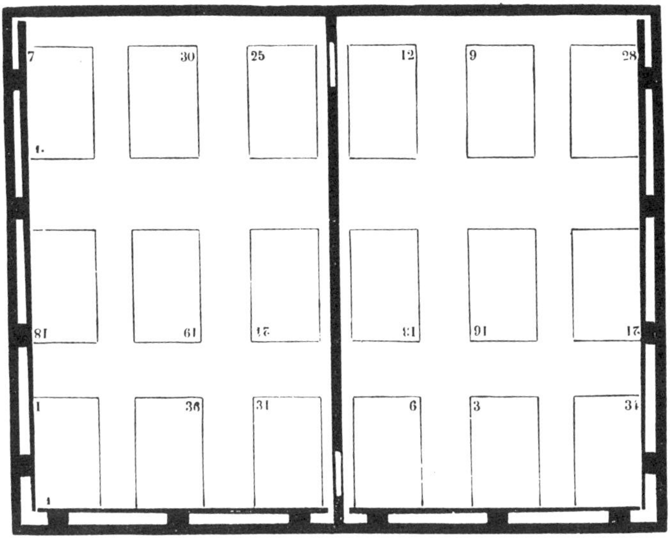

IN-DIX-HUIT. — *Feuille en un cahier, sans coupure.* — (Côté de 2.)

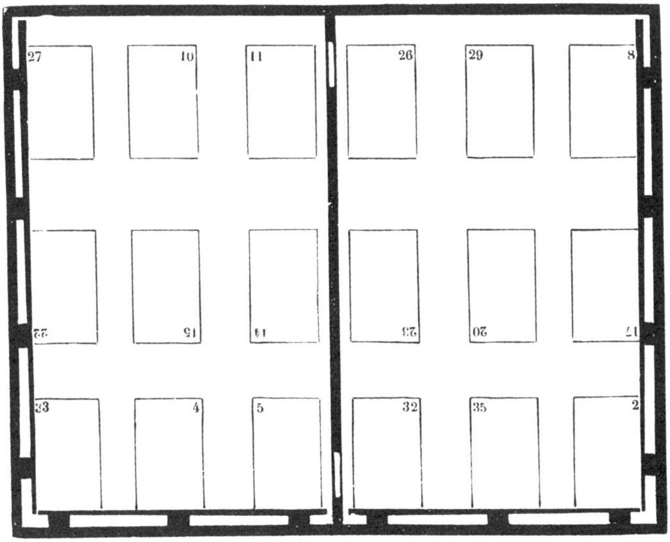

IN-DIX-HUIT. — *Feuille en deux cahiers, un de 24 pages, et un de 12.* — (Côté de 1.)

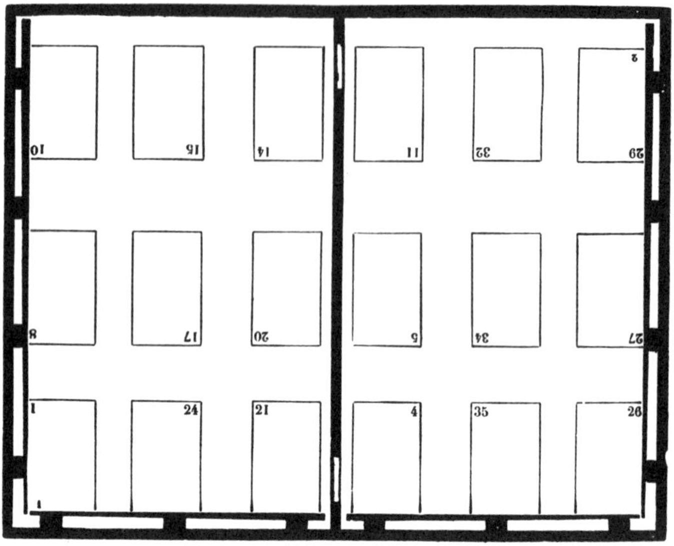

IN-DIX-HUIT. — *Feuille en deux cahiers, un de 24 pages, et un de 12.* — (Côté de 2.)

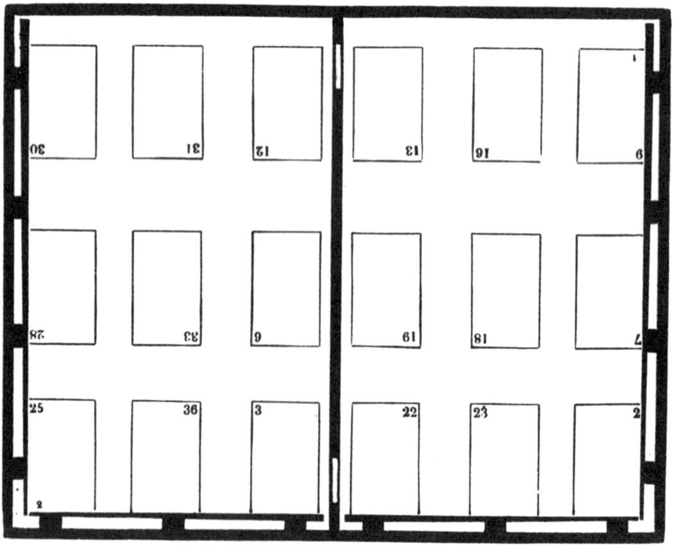

IN-DIX-HUIT. — *Feuille en deux cahiers, un de 24 pages, et un de 12.* — (Côté de 1.)

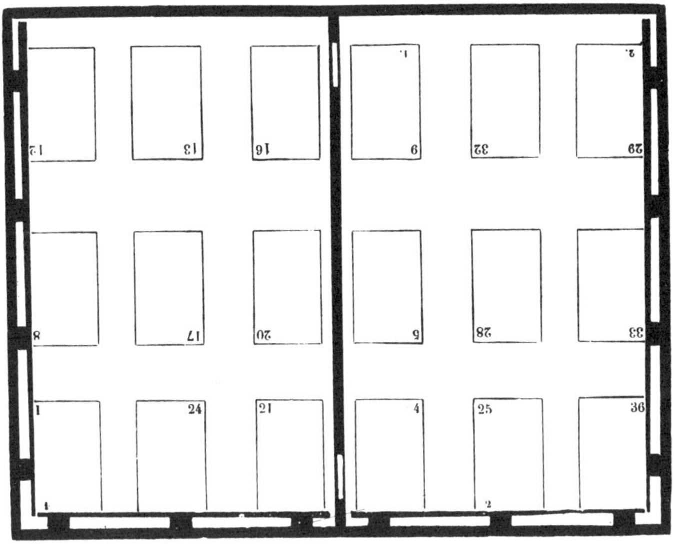

IN-DIX-HUIT. — *Feuille en deux cahiers, un de 24 pages, et un de 12.* — (Côté de 2.)

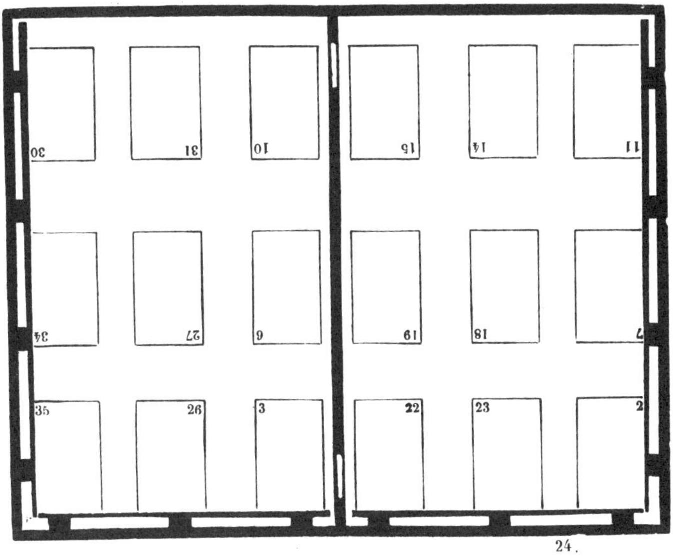

IN-DIX-HUIT. — *Feuille en deux cahiers, un de 20 pages, et un de 16.* — (Côté de 1.)

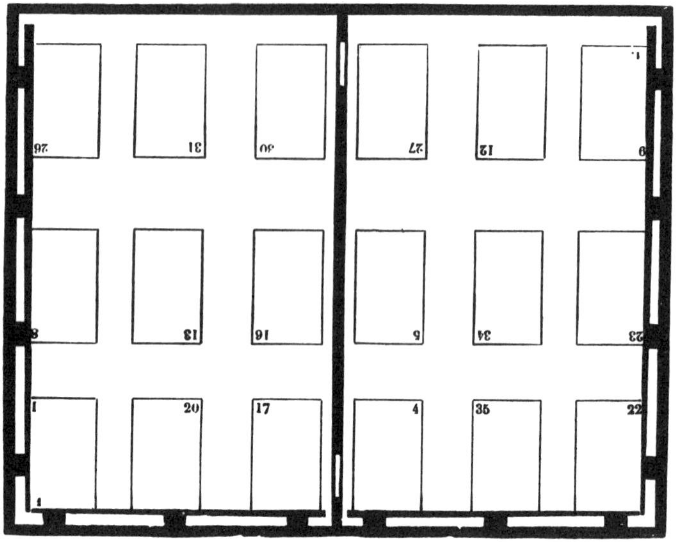

IN-DIX-HUIT. — *Feuille en deux cahiers, un de 20 pages, et un de 16.* — (Côté de 2.)

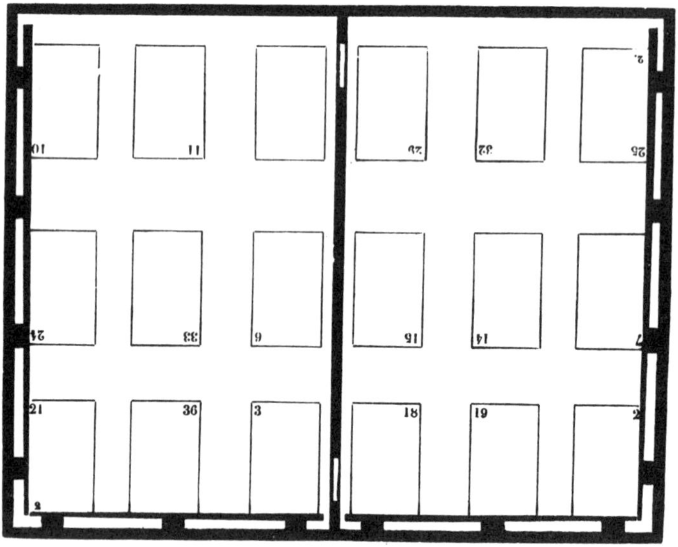

IN-DIX-HUIT. — *Feuille en trois cahiers égaux.* — (Côté de 1.)

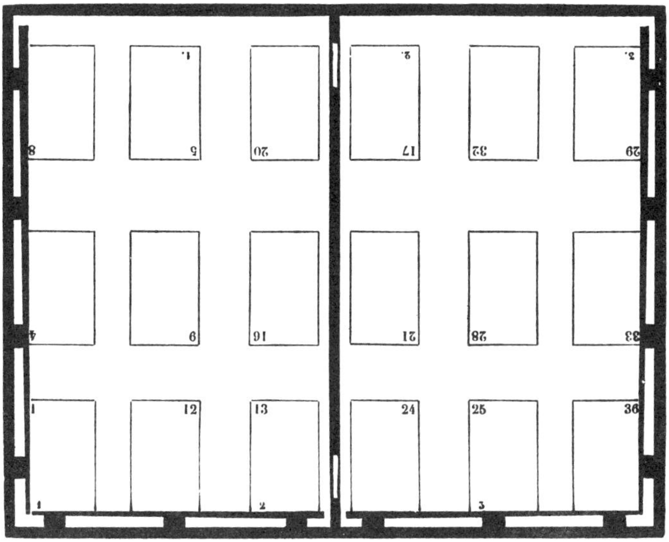

IN-DIX-HUIT. — *Feuille en trois cahiers égaux.* — (Côté de 2.)

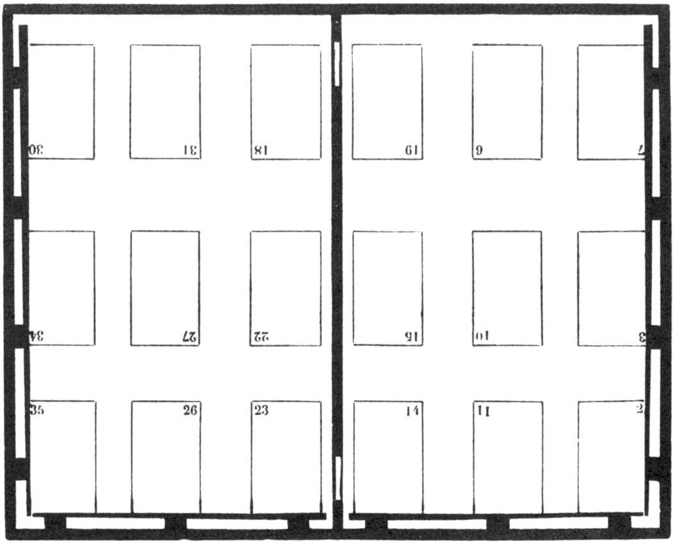

IN-DIX-HUIT. — *Feuille en trois cahiers égaux.* — (Côté de 1.)

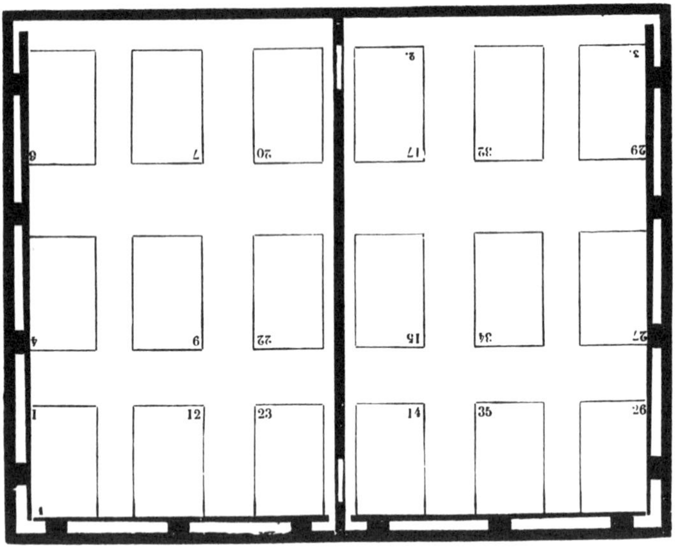

IN-DIX-HUIT. — *Feuille en trois cahiers égaux.* — (Côté de 2.)

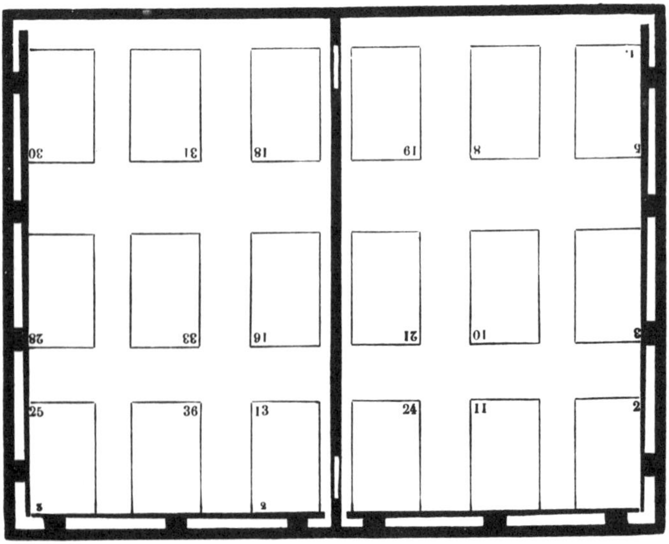

IN-DIX-HUIT. — *Demi-feuille en un cahier, l'onglet au commencement.*

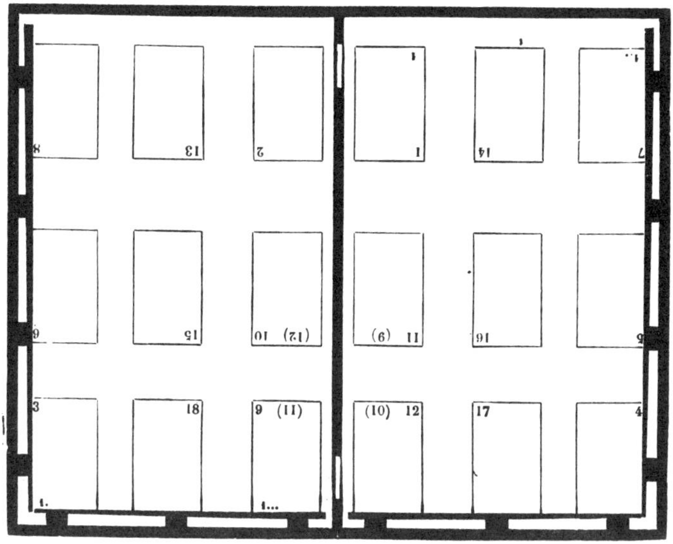

IN-DIX-HUIT. — *Demi-feuille en un cahier, l'onglet au milieu.*

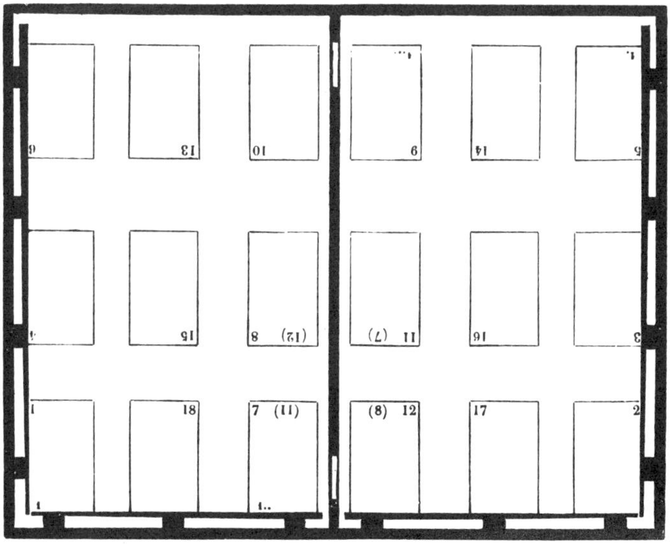

IN-DIX-HUIT. — *Demi-feuille en un cahier, l'onglet à la fin.*

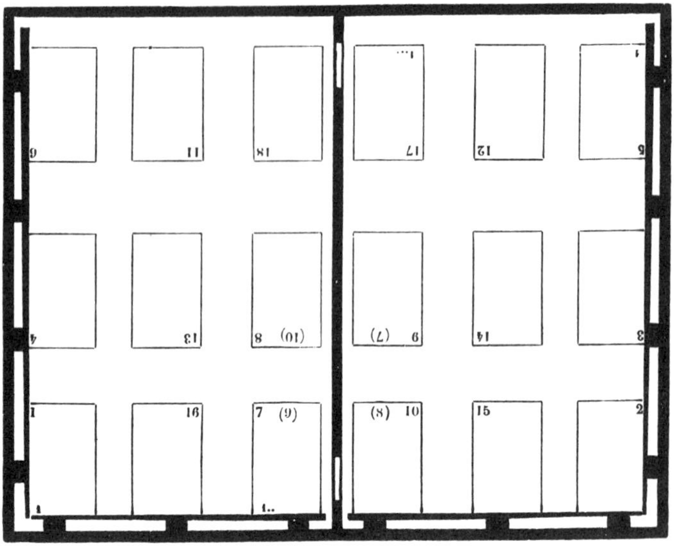

IN-DIX-HUIT. — *Demi-feuille en un cahier, trois onglets au milieu.*

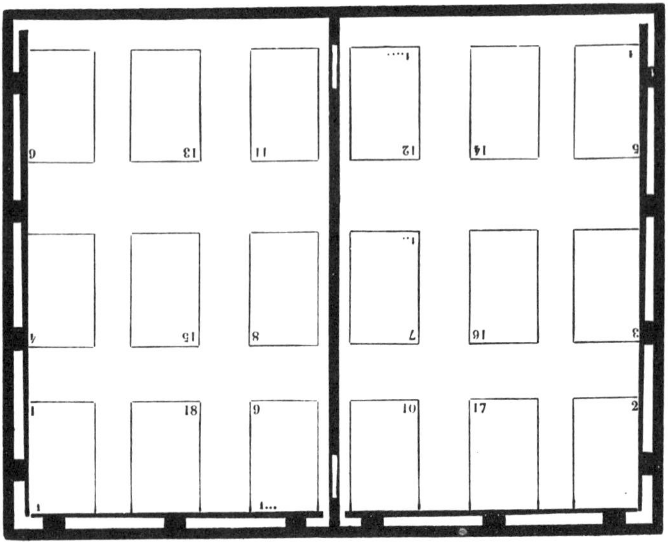

IN-DIX-HUIT. — *Deux demi-feuilles* semblables, *pour mécanique.* — (Côté de 1.)

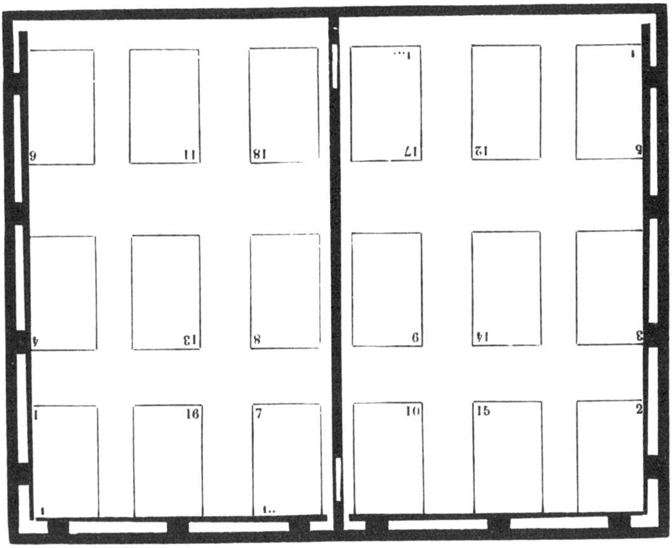

IN-DIX-HUIT. — *Deux demi-feuilles* semblables, *pour mécanique.* — (Côté de 2.)

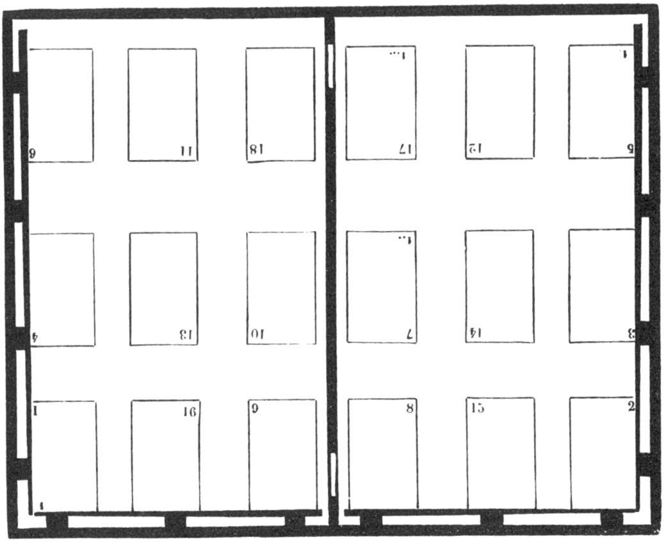

IN-DIX-HUIT. — *Deux demi-feuilles* différentes, *pour mécanique.* — (Côté de 1.)

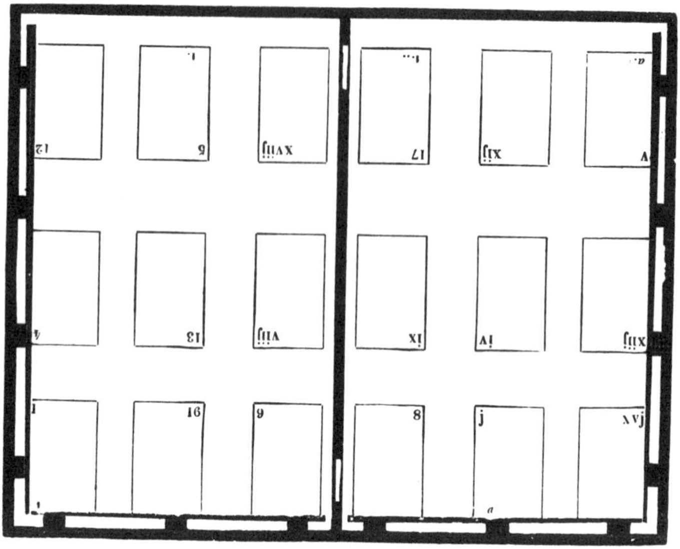

IN-DIX-HUIT. — *Deux demi-feuilles* différentes, *pour mécanique.* — (Côté de 2.)

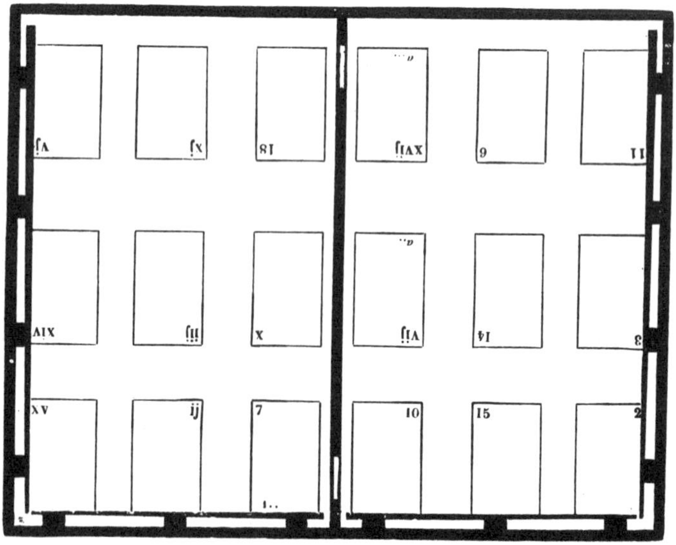

IN-VINGT. — *Feuille en deux cahiers.* — (Côté de 1.)

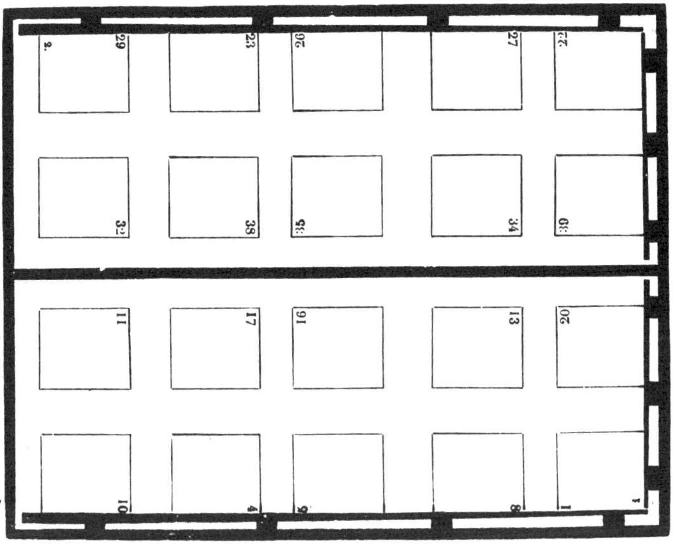

IN-VINGT. — *Feuille en deux cahiers.* — (Côté de 2.)

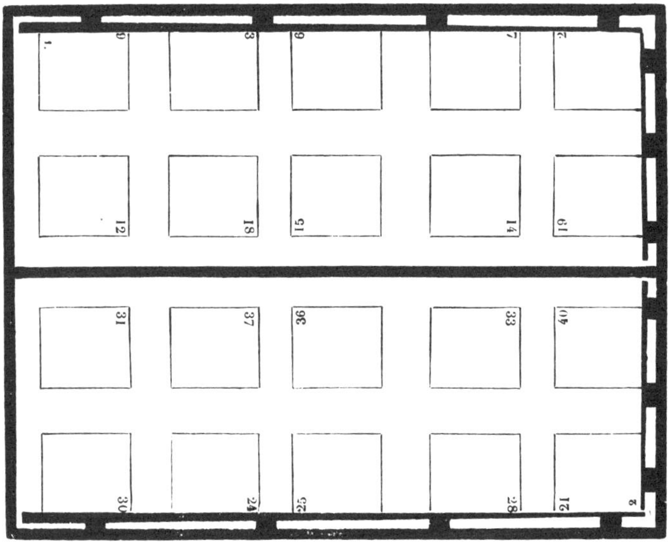

IN-VINGT. — *Demi-feuille en un cahier.*

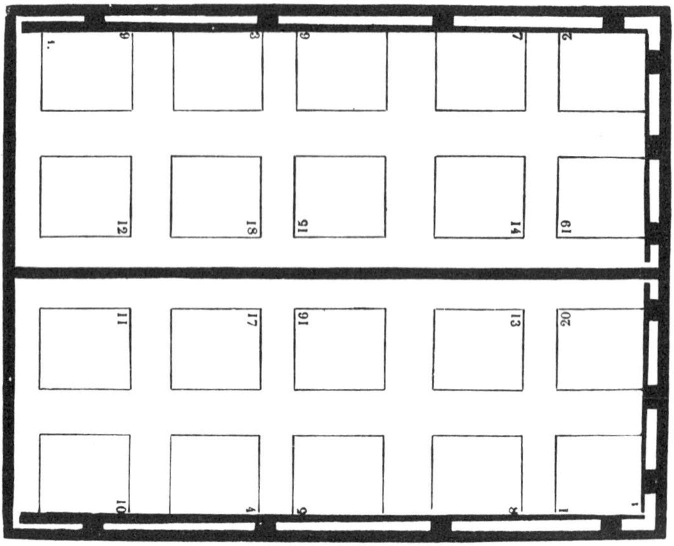

IN-VINGT. — *Quart de feuille en un cahier et un onglet.*

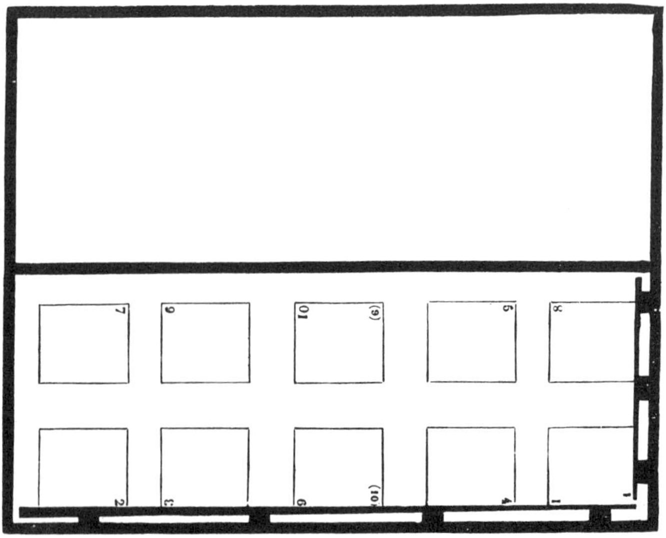

IN-VINGT-QUATRE. — *Feuille en trois cahiers égaux.* — (Côté de 1.)

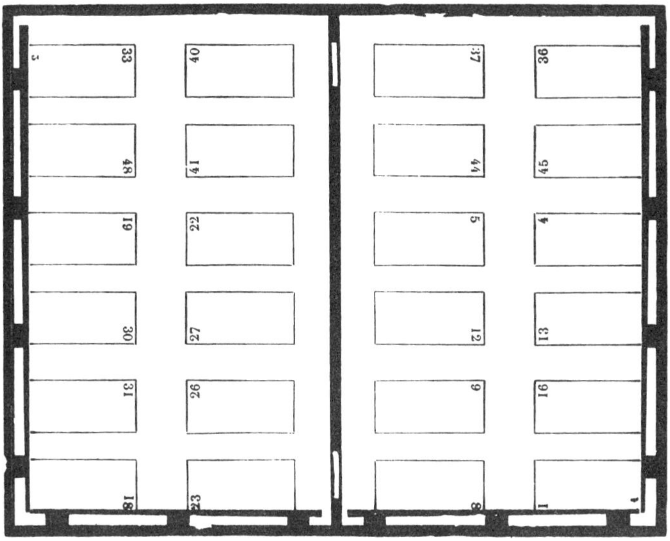

IN-VINGT-QUATRE. — *Feuille en trois cahiers égaux.* — (Côté de 2.)

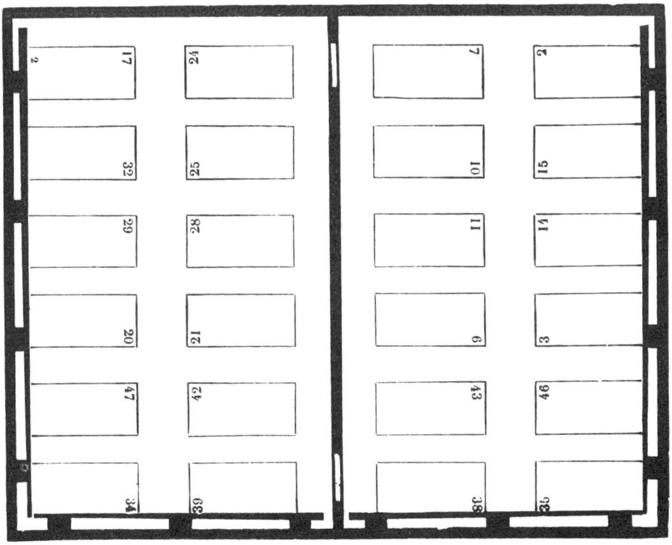

IN-VINGT-QUATRE. — *Demi-feuille en un cahier, sans coupure.*

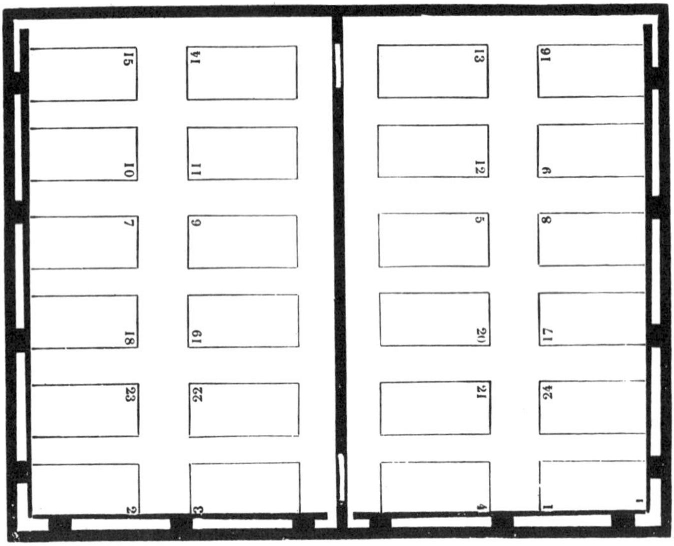

IN-VINGT-QUATRE. — *Demi-feuille en un cahier.*

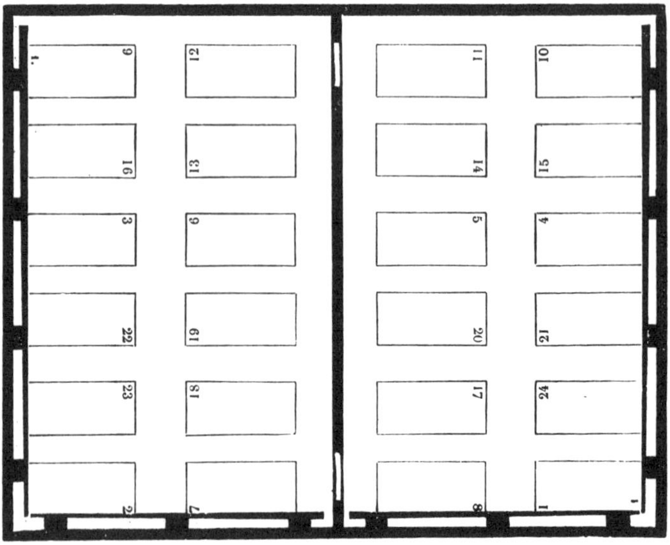

IN-VINGT-QUATRE. — *Demi-feuille en deux cahiers, un de 16 pages, et un de 8.*

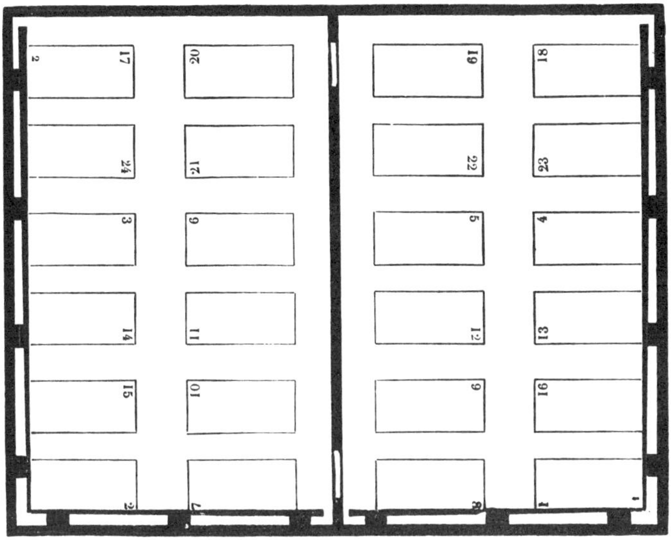

IN-VINGT-QUATRE. — *Demi-feuille en trois cahiers égaux.*

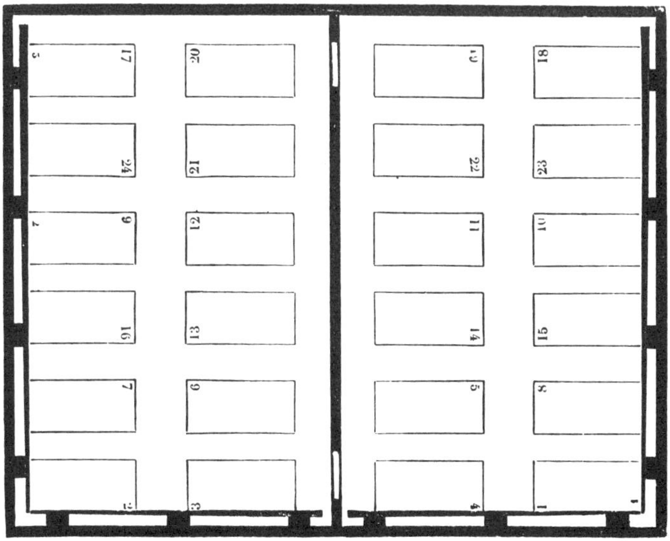

IN-VINGT-QUATRE. — *Quart de feuille en un cahier.*

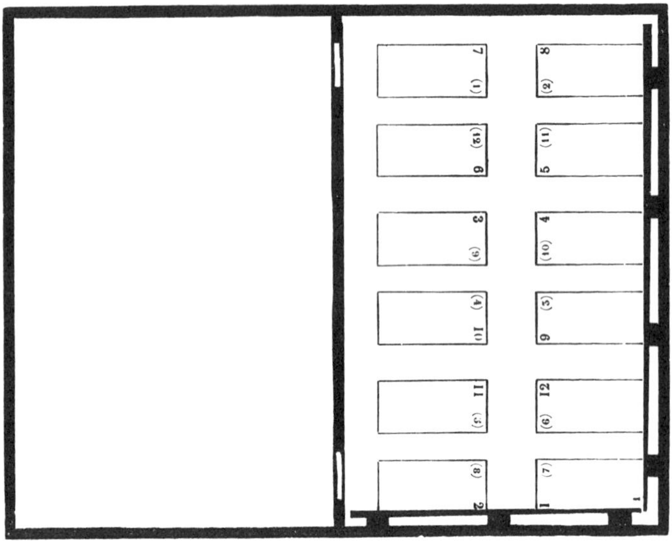

IN-VINGT-QUATRE LONG. — *Feuille en deux cahiers égaux.* — (Côté de **1.**)

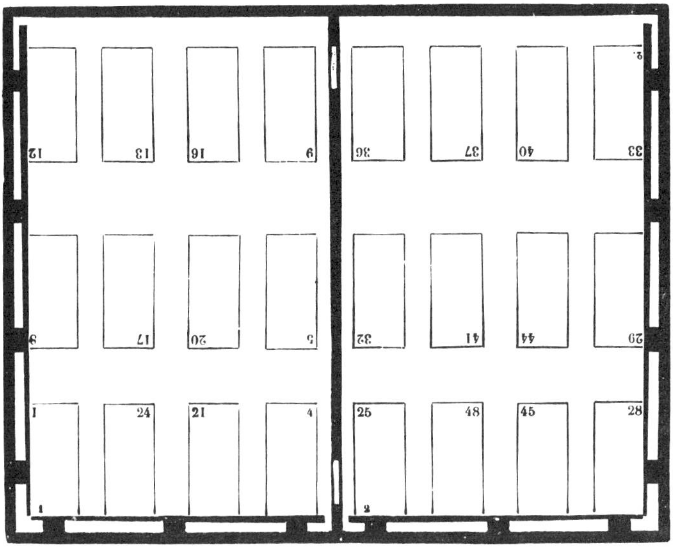

IN-VINGT-QUATRE LONG. — *Feuille en deux cahiers égaux.* — (Côté de **2.**)

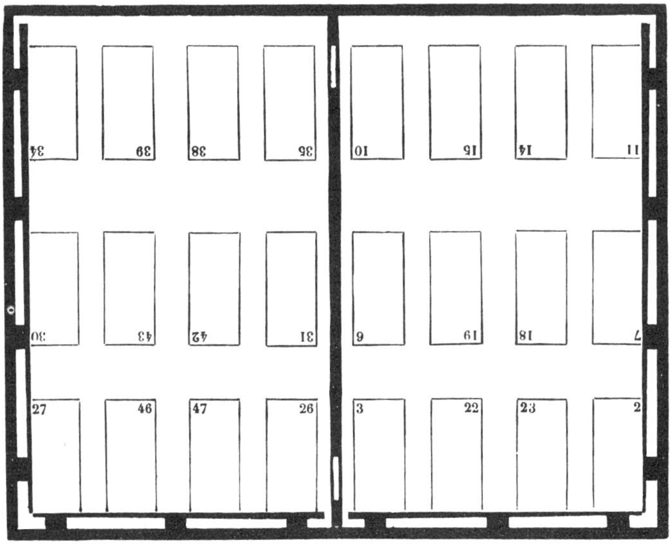

IN-VINGT-QUATRE LONG. — *Feuille en deux cahiers égaux.* — (Côté de 1.)

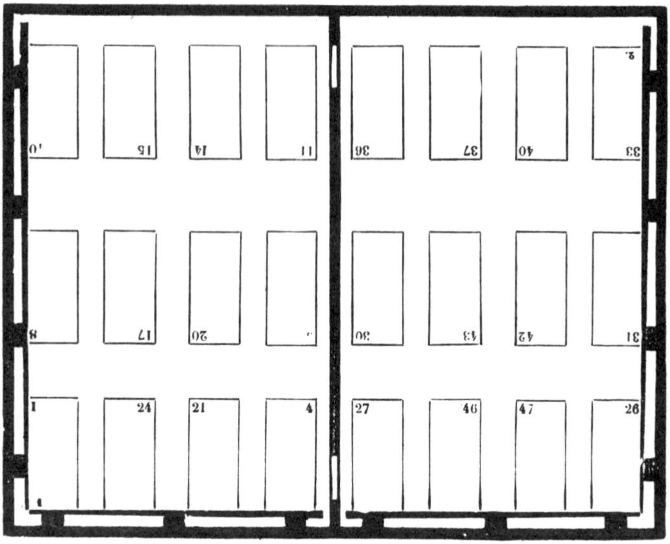

IN-VINGT-QUATRE LONG. — *Feuille en deux cahiers égaux.* — (Côté de 2.)

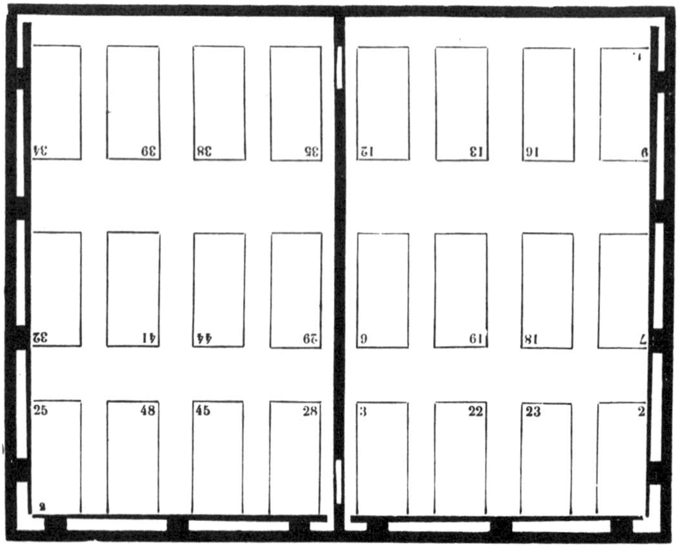

IN-VINGT-QUATRE LONG. — *Demi-feuille en un cahier.*

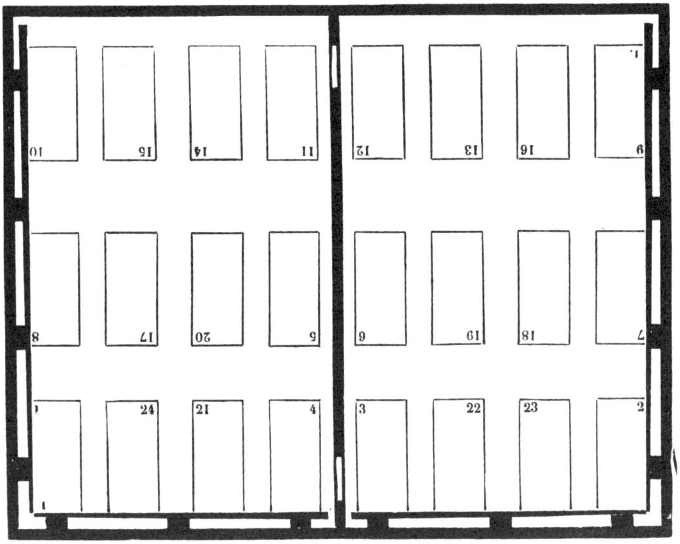

IN-VINGT-QUATRE LONG. — *Demi-feuille en deux cahiers, un de 16 pages, et un de 8.*

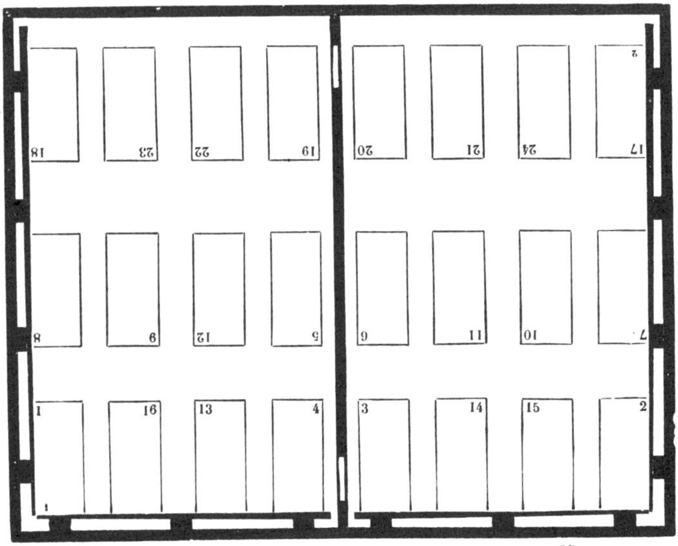

IN-VINGT-QUATRE LONG. — *Demi-feuille en trois cahiers égaux, par bandes.*

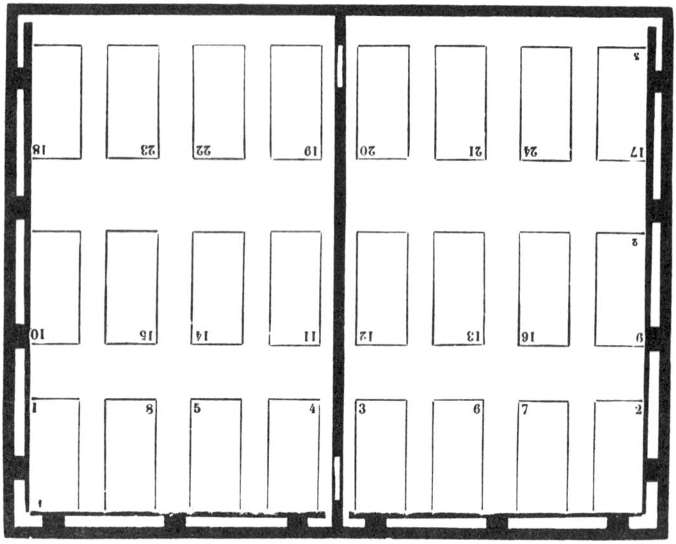

IN-VINGT-QUATRE LONG. — *Quart de feuille en un cahier.*

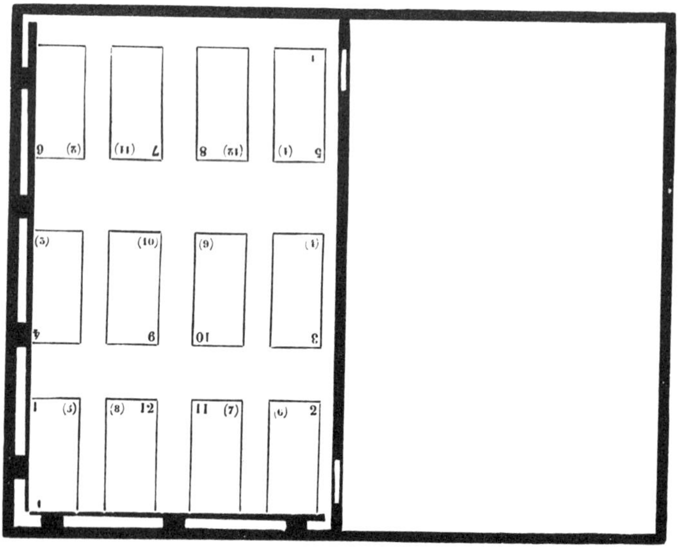

IN-VINGT-QUATRE OBLONG. — *Feuille en deux cahiers égaux.* — (Côté de 1.)

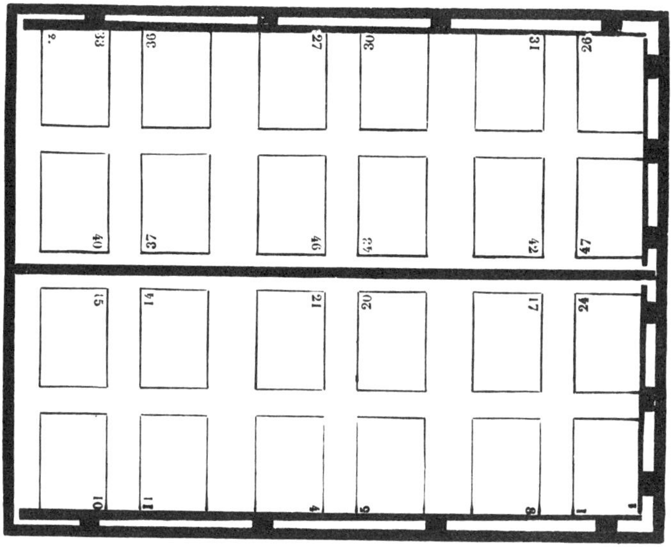

IN-VINGT-QUATRE OBLONG. — *Feuille en deux cahiers égaux.* — (Côté de 2.)

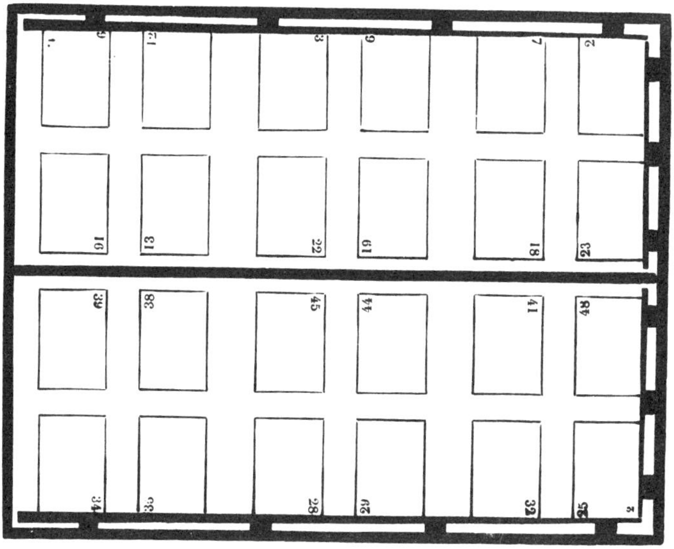

IN-VINGT-QUATRE OBLONG. — *Demi-feuille en un cahier.*

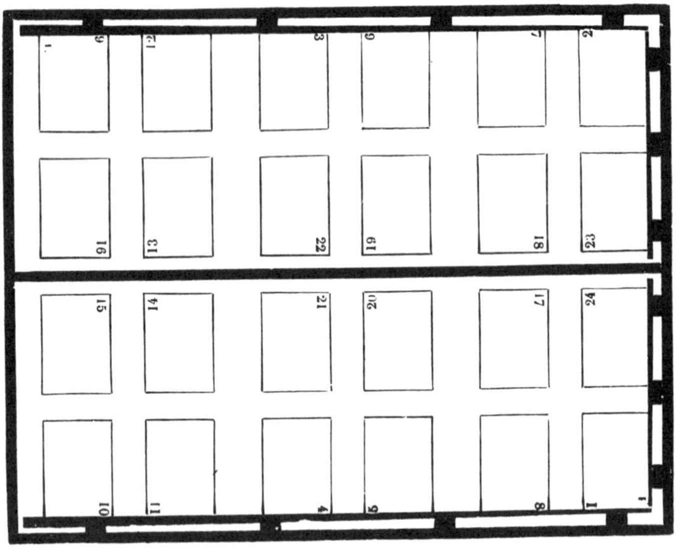

IN-VINGT-QUATRE OBLONG. — *Quart de feuille en un cahier.*

IN-TRENTE. — *Feuille en trois cahiers égaux.* — (Côté de 1.)

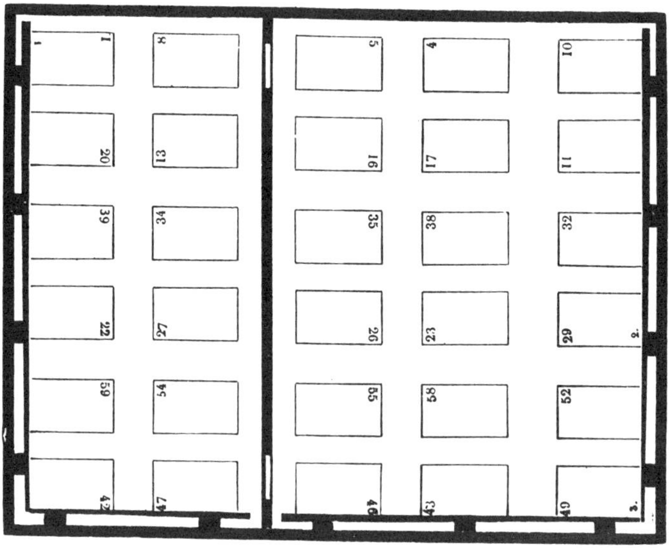

IN-TRENTE. — *Feuille en trois cahiers égaux.* — (Côté de 2.)

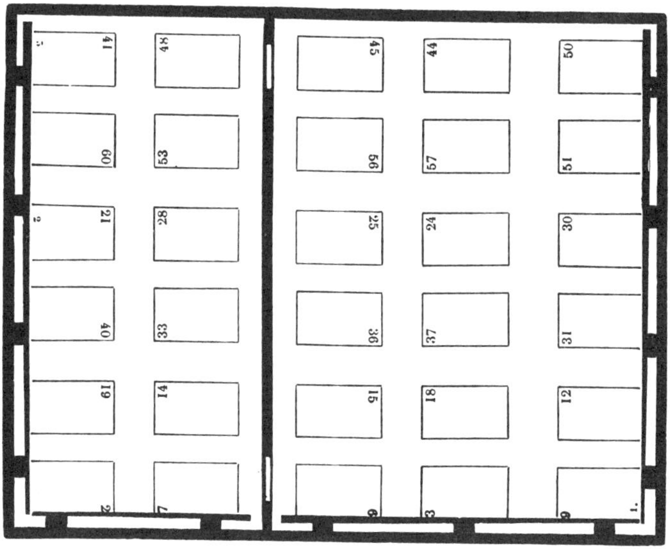

IN-TRENTE. — *Demi-feuille en deux cahiers, un de 20 pages, un de 8, et un onglet.*

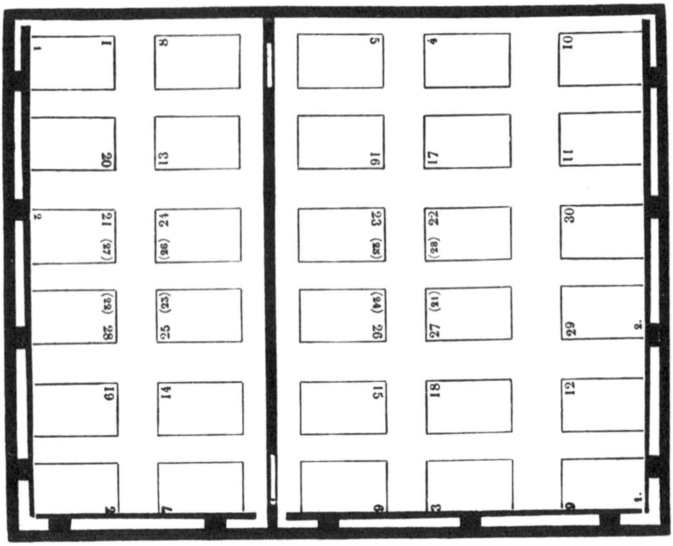

IN-TRENTE-DEUX. — *Feuille en quatre cahiers égaux.* — (Côté de 1.)

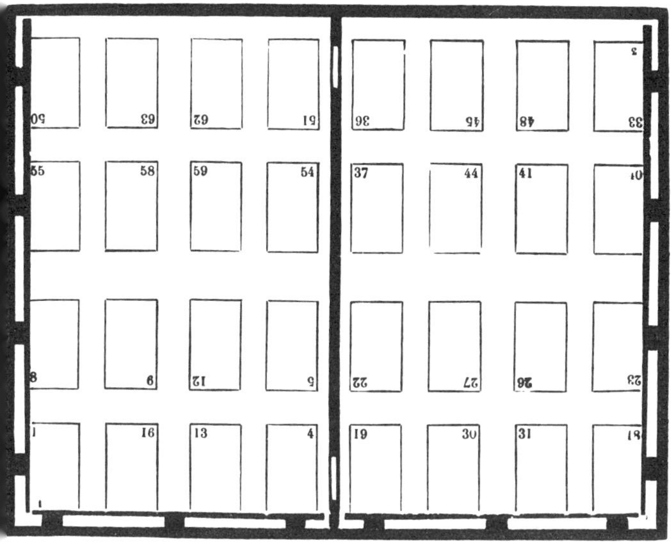

IN-TRENTE-DEUX. — *Feuille en quatre cahiers égaux.* — (Côté de 2.)

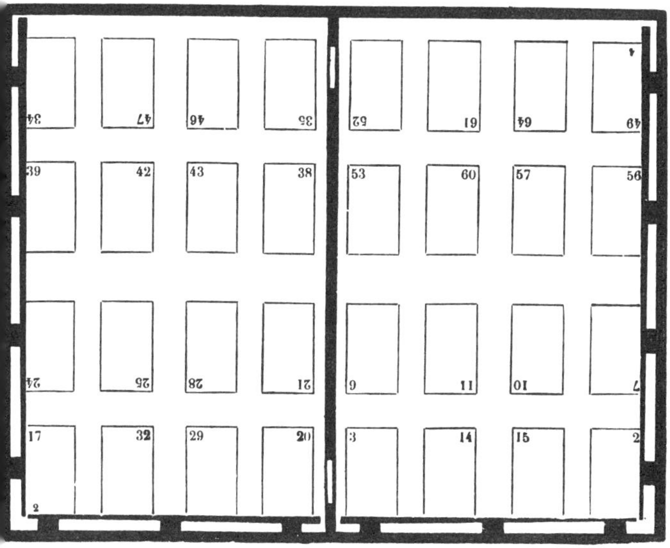

IN-TRENTE-DEUX. — *Demi-feuille en deux cahiers égaux.*

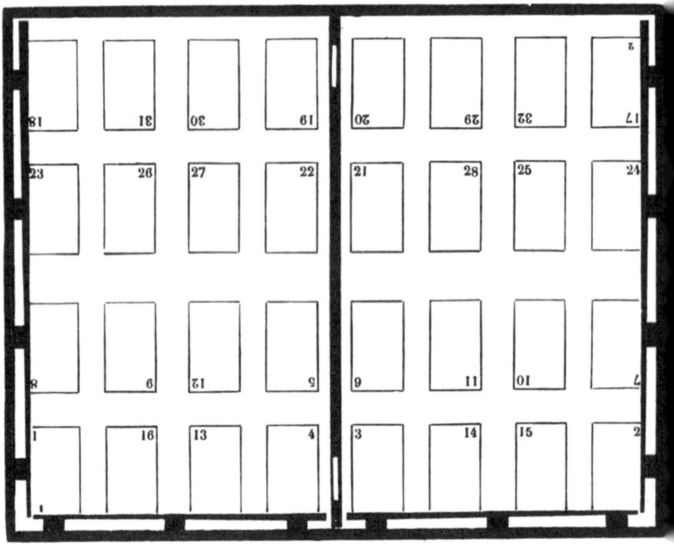

IN-TRENTE-DEUX. — *Quart de feuille en un cahier.*

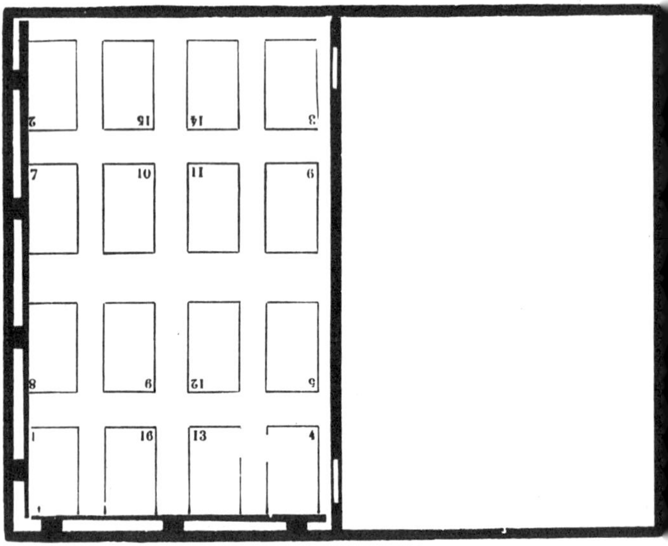

IN-TRENTE-DEUX OBLONG. — *Feuille en quatre cahiers égaux.* — (Côté de 1.)

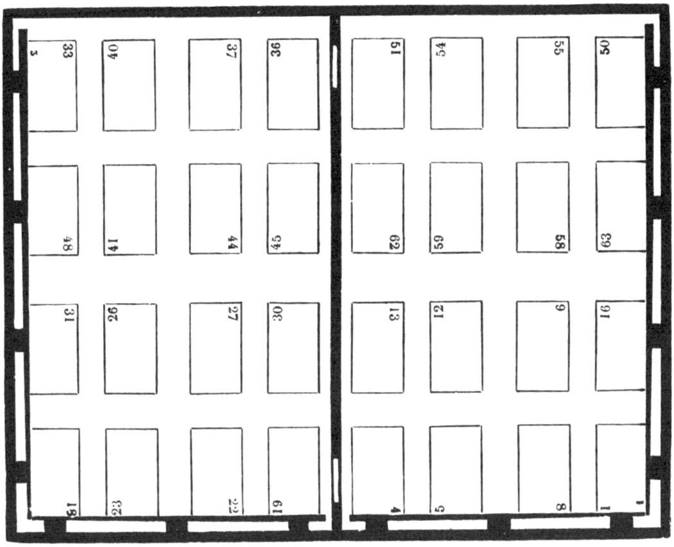

IN-TRENTE-DEUX OBLONG. — *Feuille en quatre cahiers égaux.* — (Côté de 2.)

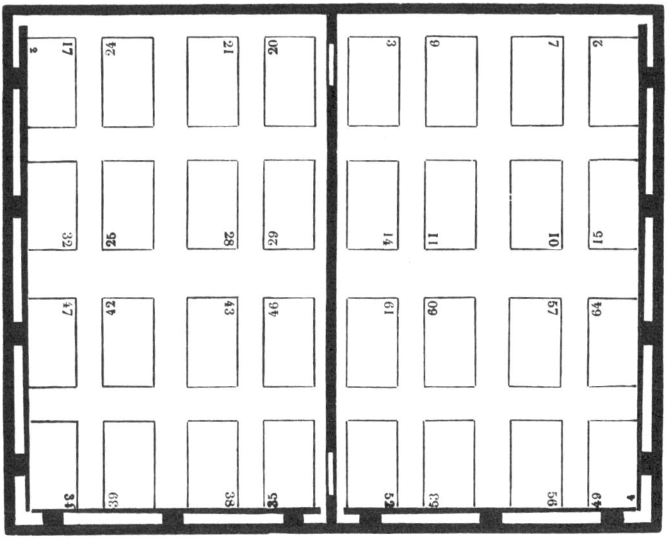

IN-TRENTE-DEUX OBLONG. — *Demi-feuille en deux cahiers égaux.*

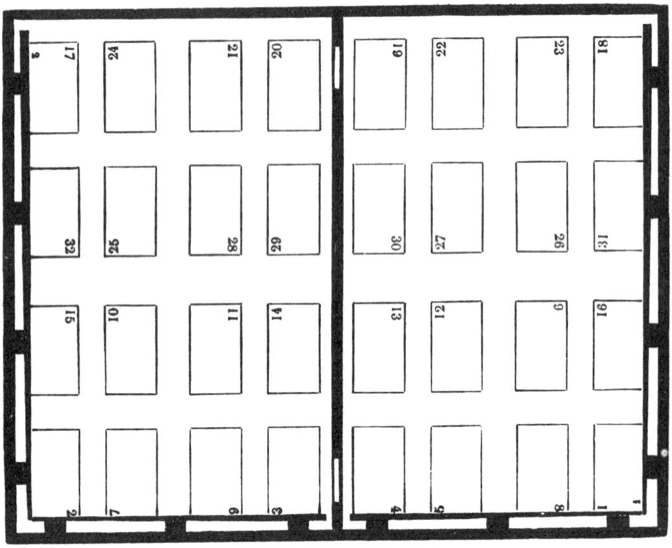

IN-TRENTE-DEUX OBLONG. — *Quart de feuille en un cahier.*

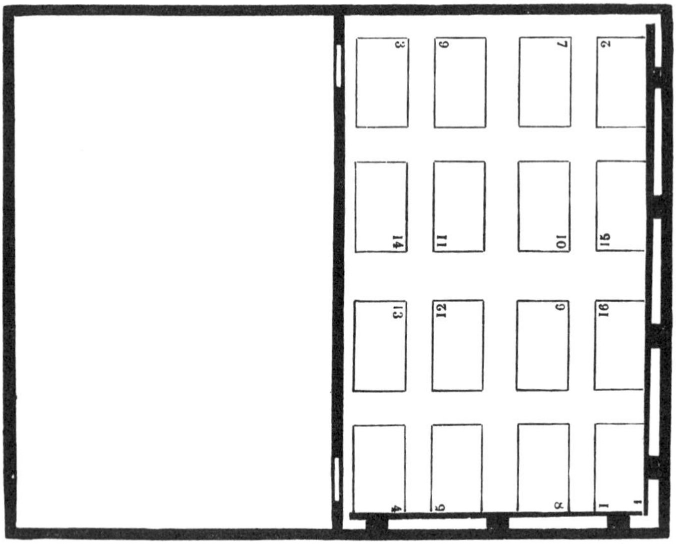

IN-TRENTE-SIX. — *Feuille en trois cahiers égaux.* — (Côté de 1.)

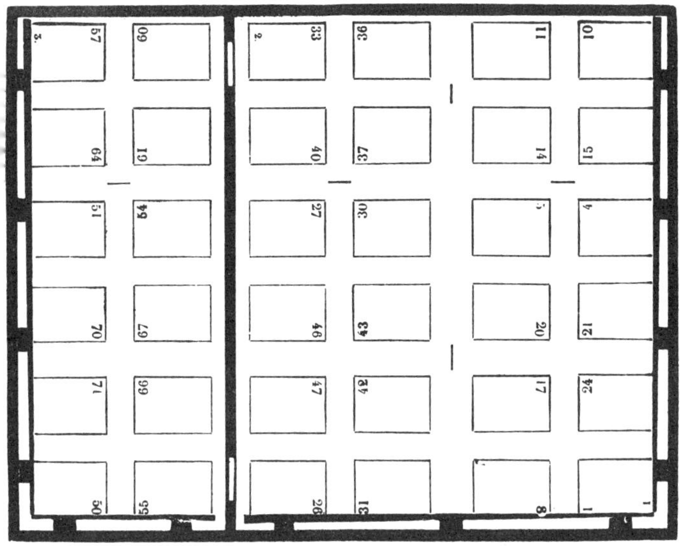

IN-TRENTE-SIX. — *Feuille en trois cahiers égaux.* — (Côté de 2.)

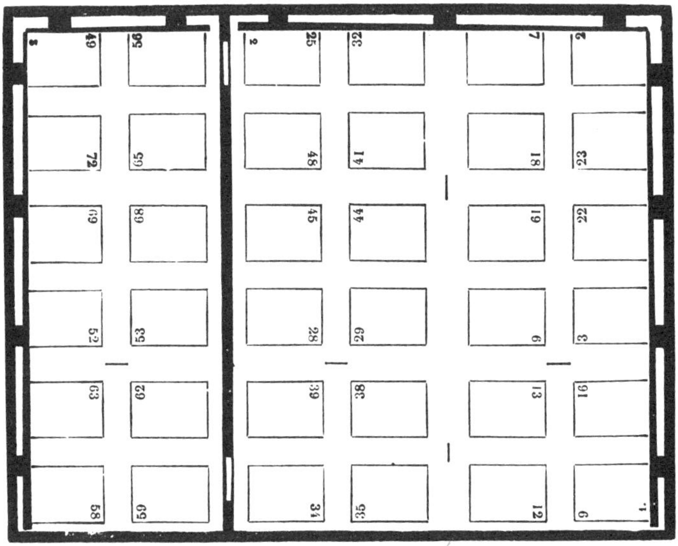

IN-TRENTE-SIX. — *Demi-feuille en deux cahiers, un de 24 pages, et un de 12.*

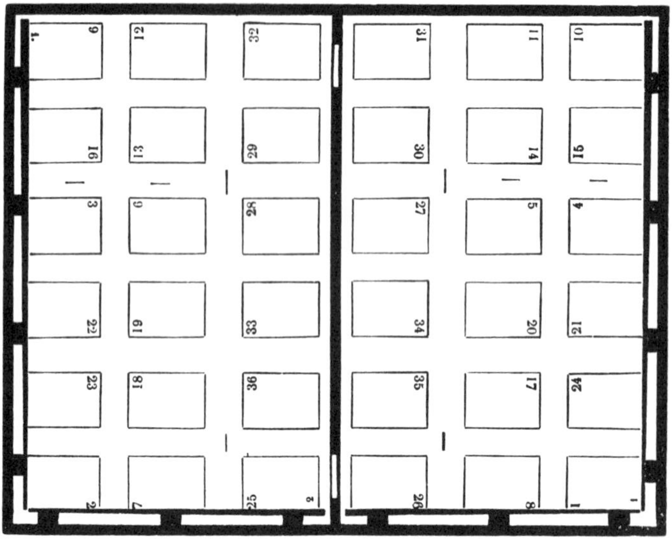

IN-TRENTE-SIX. — *Quart de feuille en un cahier, et un onglet.*

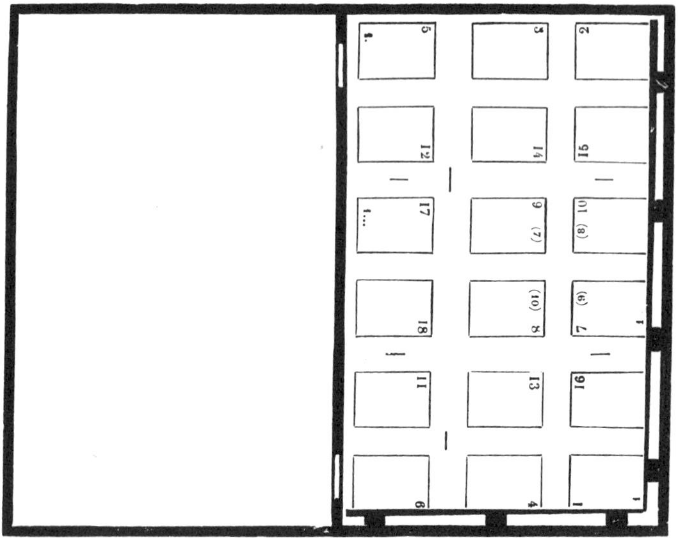

IN-QUARANTE-HUIT. — *Feuille en six cahiers égaux.* — (Côté de 1.)

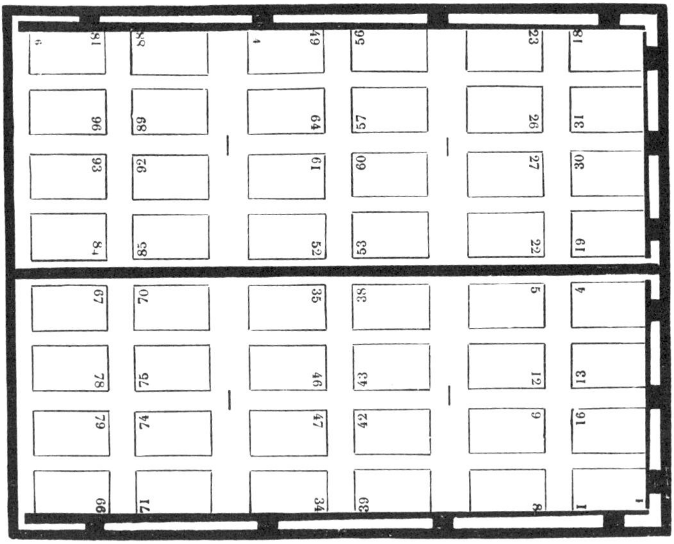

IN-QUARANTE-HUIT. — *Feuille en six cahiers égaux.* — (Côté de 2.)

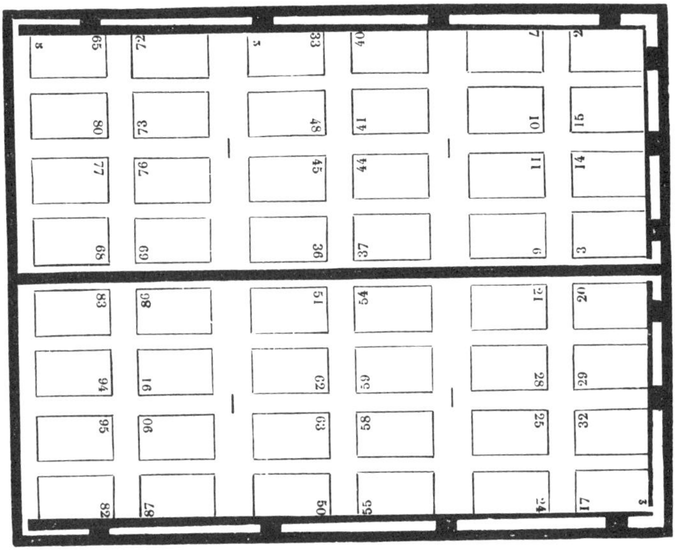

IN-QUARANTE-HUIT. — *Demi-feuille en trois cahiers égaux.*

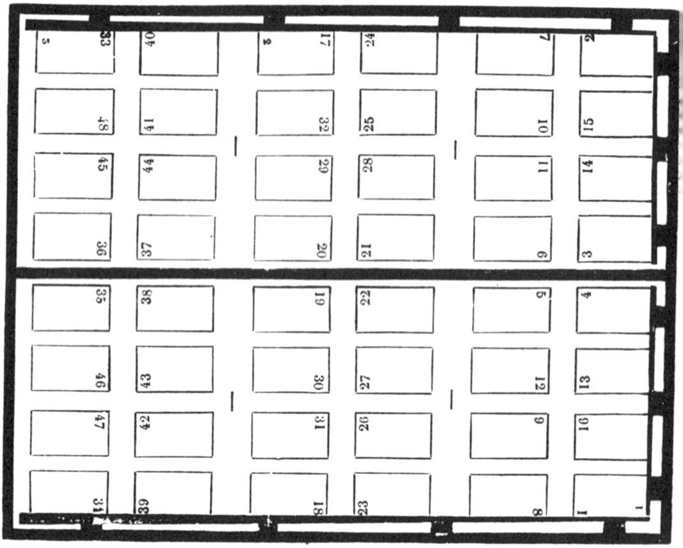

IN-QUARANTE-HUIT. — *Quart de feuille en deux cahiers, un de 16 pages, et un de 8.*

IN-SOIXANTE-QUATRE. — *Demi-feuille en quatre cahiers égaux.*

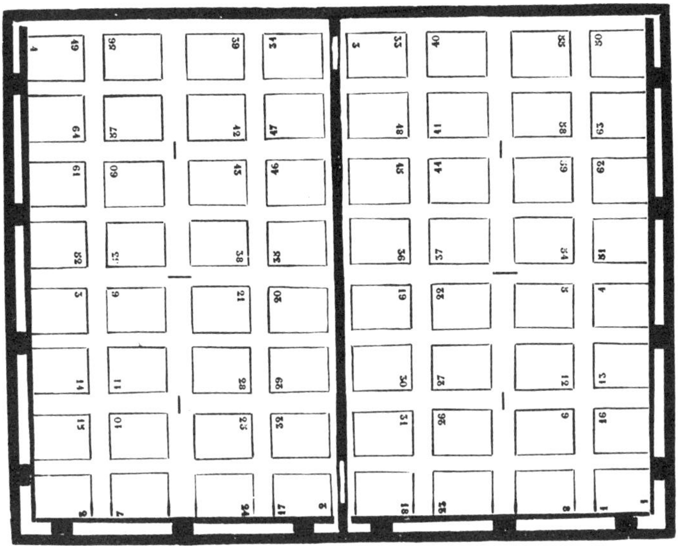

IN-SOIXANTE-QUATRE. — *Quart de feuille en deux cahiers égaux.*

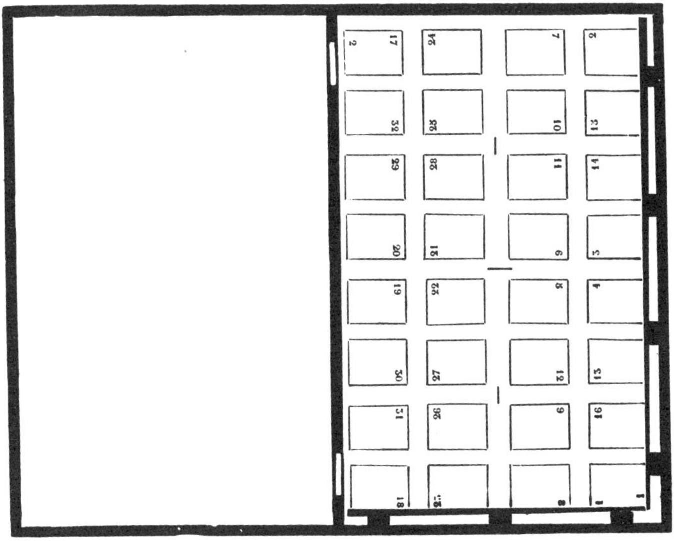

IN-SOIXANTE-DOUZE. — *Demi-feuille en trois cahiers égaux.*

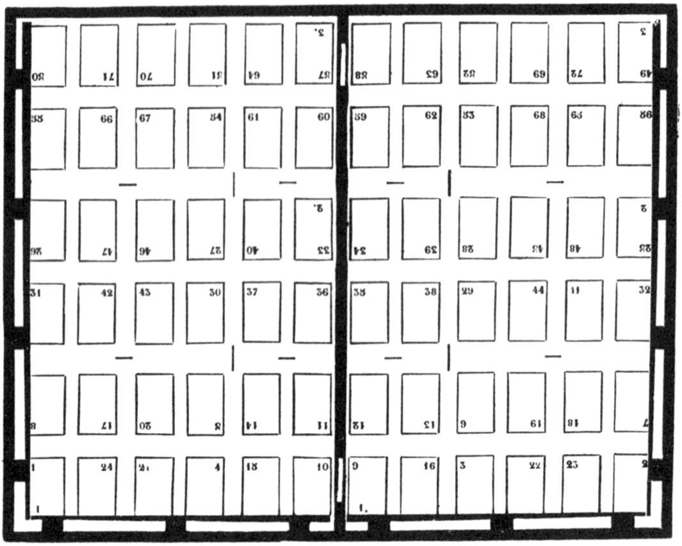

IN-SOIXANTE-DOUZE. — *Quart de feuille en deux cahiers, un de 24 pages, et un de 12.*

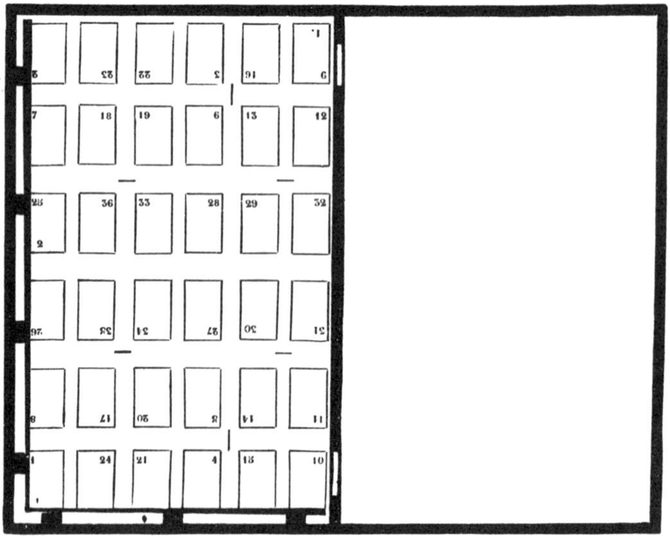

IN-QUATRE-VINGT-SEIZE. — *Demi-feuille en six cahiers égaux.*

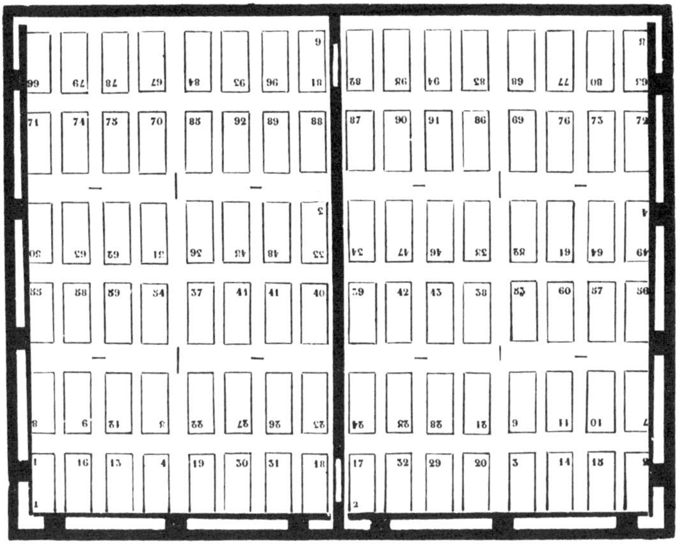

IN-QUATRE-VINGT-SEIZE. — *Quart de feuille en trois cahiers égaux.*

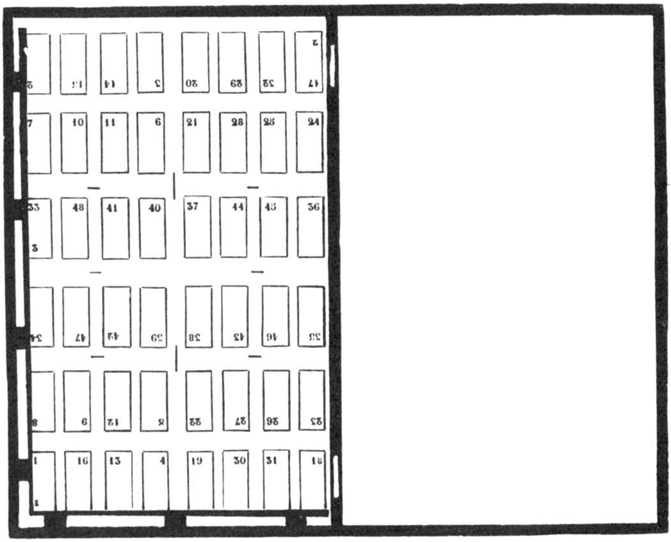

IN-CENT-VINGT-HUIT. — *Demi-feuille en huit cahiers égaux.*

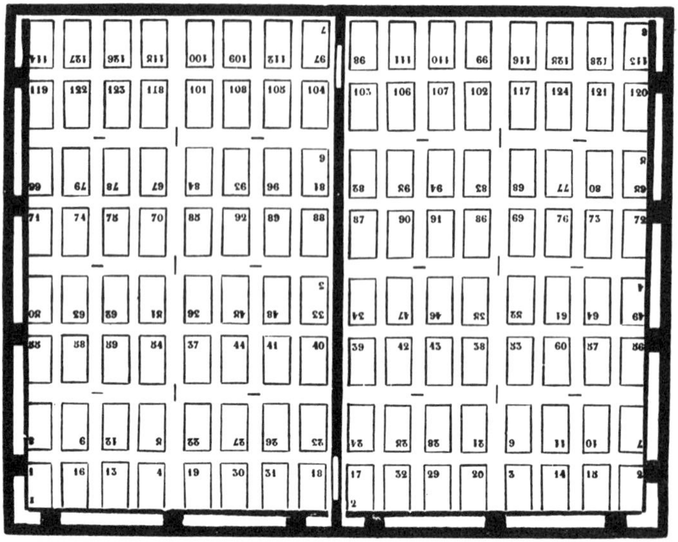

IN-CENT-VINGT-HUIT. — *Quart de feuille en quatre cahiers égaux.*

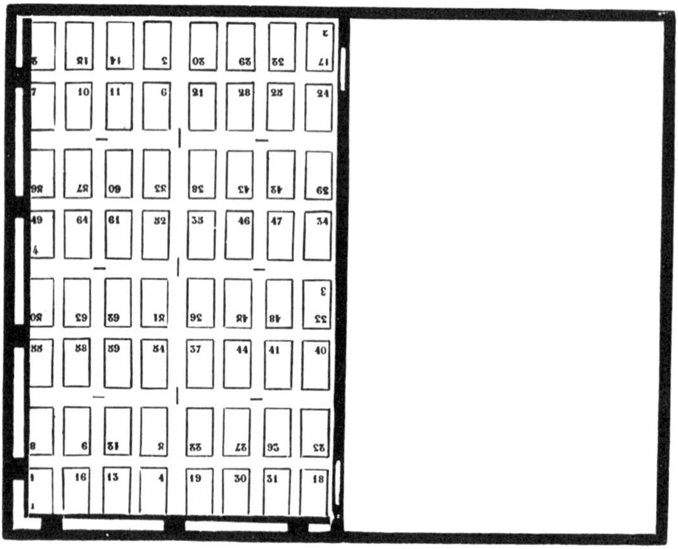

OUVRAGES DE VILLE. — *Ramette.*

OUVRAGES DE VILLE. — *In-plano.*

OUVRAGES DE VILLE. — *Deux pages sans feuillet blanc.*

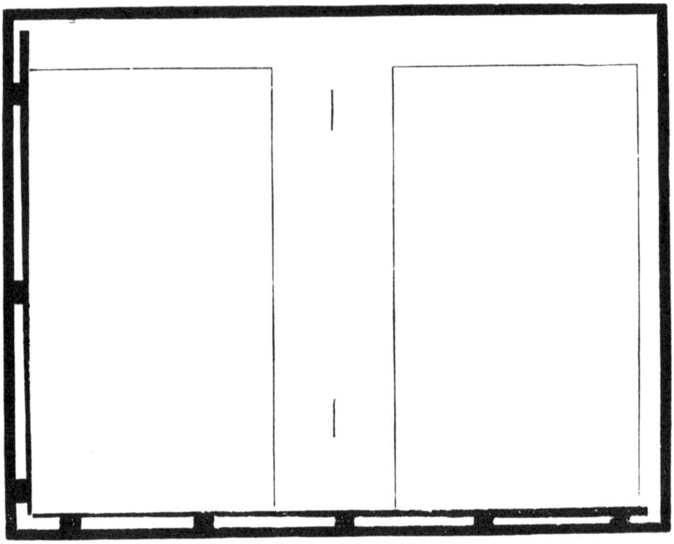

OUVRAGES DE VILLE. — *Deux pages avec feuillet blanc.*

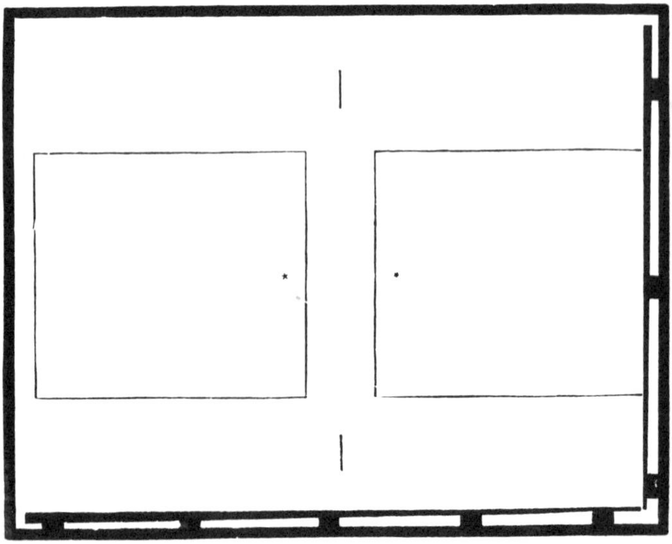

OUVRAGES DE VILLE. — *Deux pages formant demi-feuille avec feuillet blanc.*

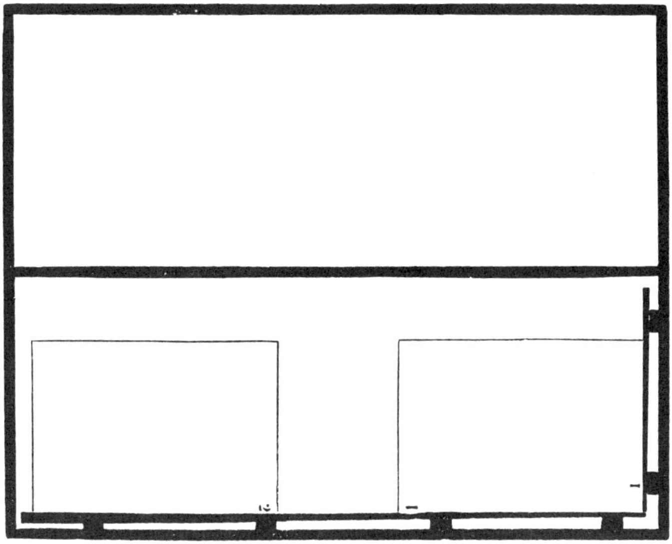

OUVRAGES DE VILLE. — *Deux pages en aile de moulin.*

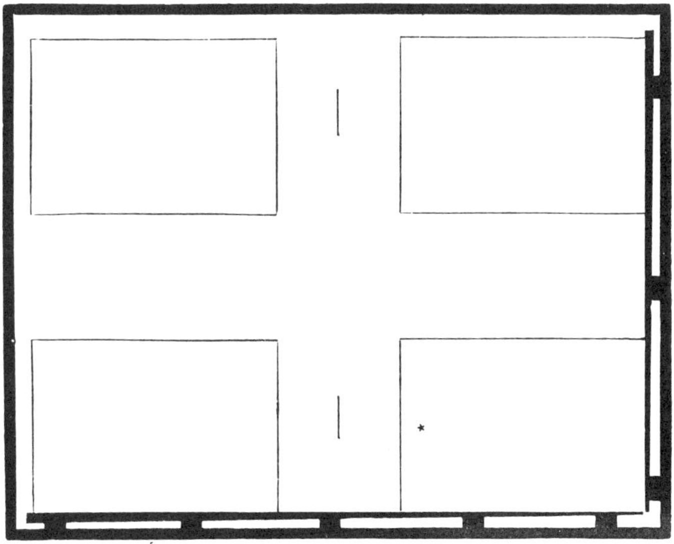

OUVRAGES DE VILLE. — *Une page in-folio et deux in-quarto.*

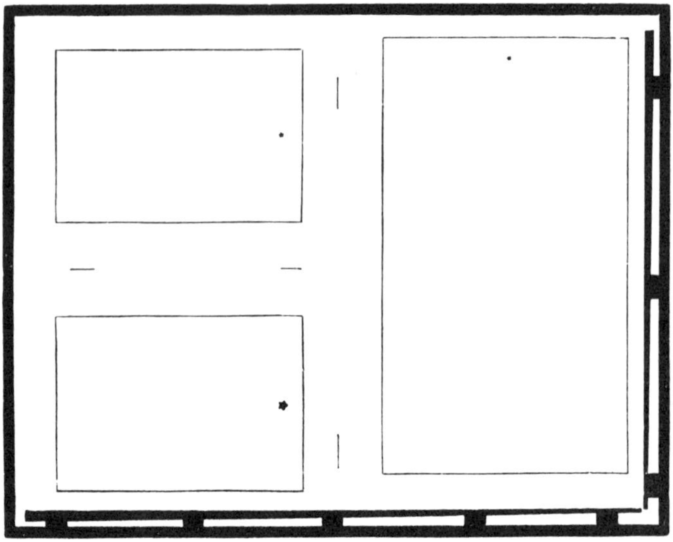

OUVRAGES DE VILLE. — *Une page in-folio, une in-quarto, et deux in-octavo.*

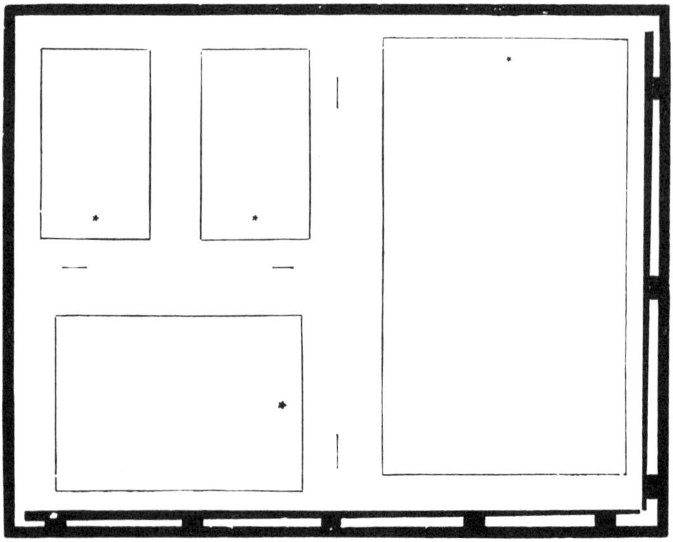

OUVRAGES DE VILLE. — *Deux pages in-quarto et quatre in-octavo.*

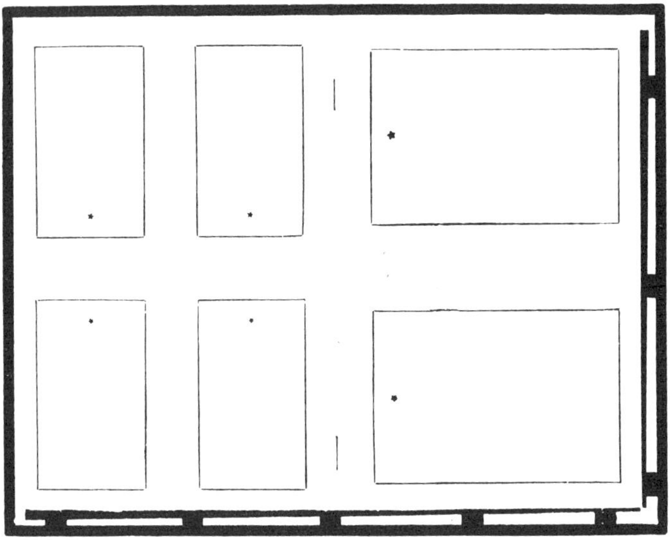

OUVRAGES DE VILLE. — *Une page in-4°, deux in-8°, quatre in-16, et 8 in-32.*

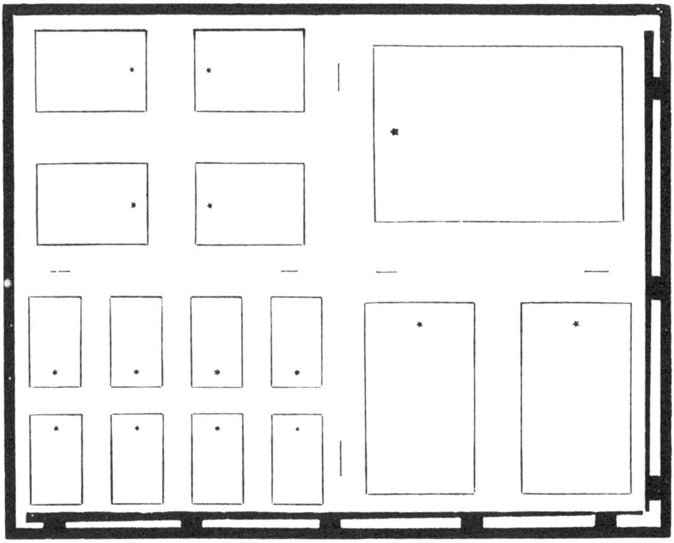

OUVRAGES DE VILLE. — *Almanach plié dans un étui.* — (Côté de 1.)

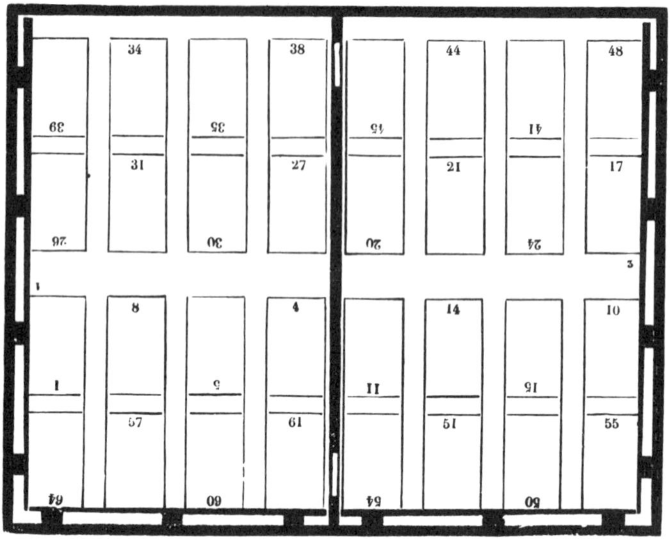

OUVRAGES DE VILLE. — *Almanach plié dans un étui.* — (Côté de 2.)

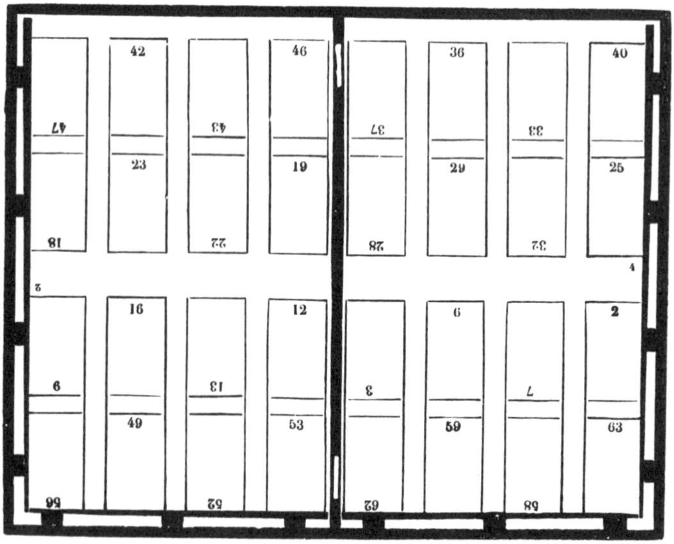

NOTA.

Les impositions qui suivent étant absolument les mêmes que leurs analogues, auxquels nous renvoyons, nous nous dispensons d'en donner de nouveau la configuration.

IN-OCTAVO.

Deux demi-feuilles en un cahier, pour mécanique.

Les deux feuilles s'imposent comme la feuille in-seize en un cahier, page 366, mais dans des châssis brisés formant quatre parties.

DEMI-FEUILLES, SEMBLABLES OU DIFFÉRENTES, RÉUNIES EN FEUILLES POUR ÊTRE TIRÉES A LA MÉCANIQUE.

IN-DOUZE.

Deux demi-feuilles semblables *en un cahier chacune.*

Les deux formes s'imposent comme la demi-feuille in-douze en un cahier, page 361.

IN-DOUZE.

Deux demi-feuilles différentes *en un cahier chacune.*

La feuille s'impose comme les feuilles in-douze en deux cahiers égaux, pages 351 et 352.

IN-SEIZE.

Deux demi-feuilles, semblables *où* différentes, *en un cahier chacune.*

La feuille s'impose comme la feuille in-seize en deux cahiers égaux, page 367.

IN-VINGT-QUATRE.

Deux demi-feuilles, semblables *ou* différentes, *en un cahier chacune.*

La feuille s'impose comme la feuille in-vingt-quatre long en deux cahiers égaux, page 391.

IN-TRENTE-DEUX.

Deux demi-feuilles semblables *en deux cahiers chacune.*

Les deux formes s'imposent comme la demi-feuille in-trente-deux en deux cahiers égaux, page 400.

•IN-TRENTE-DEUX.

Deux demi-feuilles différentes *en deux cahiers chacune.*

Les deux formes s'imposent comme les précédentes; mais il faut avoir le soin de mettre les pages de chaque demi-feuille dans un côté distinct du châssis, afin de pouvoir couper le papier dans le sens de la barre, pour séparer les deux demi-feuilles.

CHAPITRE X.

VOCABULAIRE TYPOGRAPHIQUE.

A

ADDITION, MANCHETTE. — Petite note (date ou indication quelconque) placée en marge, hors de la justification, et sans renvoi.

AJOUTÉ. — Mot, phrase ou partie de phrase qui n'était point à la copie, et que l'auteur ajoute à la correction de son épreuve.

ALINÉA. — Première ligne de texte, renfoncée d'un cadratin. — *Faire un alinéa; remanier un alinéa; transposer, intercaler un alinéa.*

ANGLET. — Ouverture d'angle faite à l'extrémité d'un filet destiné à encadrer un tableau, une couverture, etc. — *Faire un anglet à la lime, au coupoir, au canif.*

APPROCHE. — En fonderie, c'est la distance naturelle qui existe entre les lettres et le blanc nécessaire que porte chacune d'elles. Un caractère est plus ou moins serré d'approche, selon que sa forme le comporte. C'est du montage du moule que dépend la justesse et l'égalité proportionnelle de l'approche de toutes les lettres d'un caractère entre elles. — Dans la composition, c'est la séparation inopportune de deux lettres, causée par la présence d'un corps étranger, ou par une partie saillante de matière provenant bien souvent d'un coup de pointe donné maladroitement à la lettre sur le côté de la frotterie.

B

BANQUE. — Payement des ouvriers. — *Livre de banque; bordereau de banque; faire la banque.*

BARDEAUDE (CASSE). — On se sert de cette expression pour désigner la casse dans laquelle certaines sortes manquent, tandis que d'autres y sont surabondantes; ce qui la fait ressembler à un *bardeau*, grand casseau destiné à recevoir les sortes surabondantes des casses de chaque caractère.

Belle page. — Page impaire, ou recto du feuillet. — *Faire tomber les livres, les chapitres, etc., en belle page.*

Blancs. — On appelle ainsi, en fonderie, les espaces, demi-cadratins, cadratins et cadrats. — *Les blancs d'une fonte.*

On dit qu'un caractère *porte son blanc*, lorsque l'œil est au corps dans une proportion relative inférieure.

Il y a des lettres qui, par leur conformation, semblent porter du blanc soit en pied, soit en tête lorsqu'elles sont placées auprès de certaines autres, bien que leur approche réelle soit uniforme avec celle de tout le caractère, comme, par exemple ; AV, FA, PAYA, TA, etc.

Les interlignes, les réglettes et les lingots forment une seconde espèce de blancs particulièrement destinés à prolonger l'étendue verticale de la composition, à figurer tout autre blanc de remplissage, de garniture, etc.

Dans la composition, on appelle *blancs* l'intervalle que l'on met entre les lignes de titres en sus de l'interlignage ordinaire. — *Jeter du blanc ; ajouter une ligne, deux lignes de blanc.*

Dans l'imposition, les fonds et les têtières s'appellent les *petits blancs ;* et les marges extérieures et de pied, les *grands blancs.* — *Augmenter, diminuer les fonds, les têtières, la barre, de* 20, *de* 30 *points.*

Blanchir. — Ajouter du blanc dans les titres ou dans les garnitures.

Blocage. — Lettre retournée provisoirement, et mise avec intention à la place d'une autre. — *Cette feuille contient du blocage.*

Bloquer. — Remplacer par des lettres de même épaisseur, en les retournant le cran en dessus, celles qui sont momentanément épuisées dans une fonte.

Bois. — On comprend sous cette dénomination générale toutes les parties en bois qui servent à garnir une forme (les biseaux, réglettes, feuillets, coins, etc.) ; mais, rigoureusement, on n'appelle ainsi que celles d'une certaine épaisseur, comme le 36, le 40, le 48, le 72, le 96 points.

Bordereau. — On appelle ainsi la note que le metteur en pages fournit au prote, et sur laquelle il relate la composition et les corrections faites dans le mois ou la quinzaine, selon le mode de payement. — *Faire, donner son bordereau.*

Bourdon. — On appelle *bourdon* l'omission faite, par le compositeur, d'un mot, d'une phrase, etc., de la copie.

Brochure. — On donne généralement ce nom aux ouvrages qui n'atteignent pas dix feuilles in-quarto ou in-octavo.

C

Cadre. — Filets taillés en anglet, et servant à encadrer de la composition.

Caractère. — Terme générique qui comprend les différentes espèces de lettres en usage dans l'imprimerie. Il y a plusieurs sortes de caractères : le plus usité est celui dit *romain*, dont les lettres sont droites et qui fait le fond de tous les ouvrages; et le caractère *italique*, qui a ses lettres penchées comme l'écriture, et qui s'emploie généralement pour faire ressortir certains mots ou phrases. — On dit *gros caractère*, *petit caractère; caractère compacte*, *poétique*, *gras*, *de fantaisie*, *etc.*

Carton. — On appelle ainsi quatre pages d'un format quelconque (excepté l'in-folio et l'in-quarto, où elles forment feuille et demi-feuille) offrant un seul morceau de papier que l'on plie en deux. — *Carton de titre*, *de fin*, *intercalaire; réimprimer un carton.*

Chasser. — On se sert de ce mot pour exprimer qu'il entre moins de lettres à la ligne, à la page, à la feuille de tel caractère, comparativement à tel autre, quoique de la même justification. On dit, par exemple, que le *dix* chasse plus que le *neuf*, et celui-ci plus que le *huit.* On emploie encore cette expression quand on blanchit les titres plus qu'il n'est d'usage, et que l'on fait tomber en page ou en belle page certaines divisions, ou que l'on raccourcit la longueur des pages et leur justification pour arriver à grossir un volume.

Chevaucher. — On entend par là les mots qui manquent d'alignement par le fait de quelque ordure ou de lettres d'un corps supérieur; et plus particulièrement lorsqu'une lettre de fin de ligne se met à cheval sur la ligne précédente ou suivante par un serrage irrégulier. — *Cette lettre*, *ce mot*, *cette ligne chevauche.*

Composer. — Mot qui exprime particulièrement l'action d'assembler les lettres dans le composteur, mais qui s'applique aussi à la combinaison des tableaux de tout genre. — *Composer une ligne*, *une page*, *un tableau*, *une couverture*, *etc.*

Compositeur. — Nom de celui qui exécute les travaux relatifs à la composition typographique.

Composition. — On appelle ainsi tout assemblage de lettres, de filets, de lignes quelconques, destiné à être reproduit sur le papier par l'impression. (On appelle aussi *composition* le lieu où s'exécute ce travail.) — *Bonne, mauvaise composition; composition mal espacée, trop large, trop serrée; aller à la Composition.*

Conscience. — On désigne par ce mot les ouvriers compositeurs qui travaillent à la journée : *un homme de conscience, la conscience.* On appelle aussi *conscience* le lieu où ces ouvriers se tiennent habituellement : *Aller à la Conscience.*

Copie. — Manuscrit ou livre imprimé d'après lequel l'ouvrier fait la composition. — *Copie manuscrite, imprimée; bonne, mauvaise copie; prendre, donner de la copie; terminer sa copie.*

Coquille. — On nomme ainsi toute lettre placée, en distribuant, ailleurs que dans le cassetin qui lui est propre; ou bien encore celle que l'on fait tomber d'un cassetin dans un autre en composant dans une casse trop pleine. On donne aussi ce nom à la lettre fautive que le compositeur a placée, à son insu, dans sa composition, et dont la correction lui est indiquée à l'épreuve.

Correcteur. — Personne chargée de lire les épreuves pour indiquer les fautes qui s'y trouvent. — *Correcteur en première, en seconde.*

Correction. — Expression générique par laquelle on entend l'exécution des changements ou corrections de diverse sorte indiquées sur une épreuve par l'auteur ou par le correcteur.

Côté de première, de seconde. — On appelle *côté de première* la forme dans laquelle se trouve la première page d'une feuille; et *côté de seconde* ou *de deux*, celle où se trouve la seconde page. — *Desserrer le côté de première, de seconde.*

Coucher la lettre. — La lettre se dit *couchée* lorsqu'elle est mal redressée dans le composteur ou la galée, ou après l'épreuve d'un paquet mal lié ou mal soutenu sur la presse. Il est important de la remettre bien d'aplomb sur son pied, sans quoi le côté des lettres couchées marque peu ou point du tout lors du tirage.

Cran. — Petite entaille faite à la lettre pour indiquer le sens dans lequel elle doit être placée dans le composteur. — *Mettre une lettre cran dessus, dessous; du onze un cran, deux crans; du douze cran dessus et dessous.*

Crénée. — On appelle *lettre crénée* celle dont l'œil déborde le corps dans certaines parties, comme le *f*, le *j* italiques. Elles demandent des soins particuliers à la distribution et à la correction.

CUL-DE-LAMPE. — Sorte d'arrangement triangulaire que l'on donnait autrefois aux titres, mais que l'usage regarde aujourd'hui comme vicieux. C'est aussi une sorte de fleuron. — *Faire, éviter un cul-de-lampe.*

D

DÉBAUCHER. — C'est remercier un ouvrier lorsque l'ouvrage manque, ou pour une cause quelconque de mécontentement.

DÉBLOQUER. — C'est mettre la lettre bloquée à la place de celle qui en tenait lieu provisoirement.

DÉGARNIR. — C'est enlever, avec le châssis, les diverses parties de plomb et de bois qui séparent les pages, soit pour transposer ces dernières, soit pour exécuter des corrections considérables ; c'est, de plus, enlever les lignes de pied, de tête, titres, notes, etc., pour préparer la distribution aux paquetiers. — *Dégarnir une forme, une feuille, de la lettre.*

DELEATUR. — Terme et signe de correction qui indique ce qui doit être supprimé.

DÉPATISSER. — C'est mettre en ordre de la lettre tombée en pâte, et la distribuer dans les casses ; trier les caractères mêlés, les interlignes, filets, garnitures, etc.

DÉSIMPOSER. — Dégarnir une forme de son châssis et de sa garniture, pour opérer une transposition de pages.

DÉSINTERLIGNER. — C'est enlever les interlignes, soit de la composition, soit de la distribution.

DESSALER. — Diminuer au compositeur ce qu'il a compté de trop à la banque précédente.

DÉTRANSPOSER. — Rétablir dans l'ordre naturel des pages mal placées en imposant.

DISTRIBUER. — C'est, après le tirage, remettre chaque lettre dans le cassetin qui lui est propre.

DISTRIBUTION. — On appelle ainsi la lettre tirée et destinée à être remise en casse. La distribution est dite *bonne* quand elle rend les sortes nécessaires à la composition à faire ; et *mauvaise* quand elle n'a pas été préalablement dégagée de l'italique, petites majuscules, chiffres, etc., qui sont inutiles pour le travail que l'on exécute. — C'est aussi l'action de distribuer : *Commencer, achever sa distribution.*

DIVISER. — C'est couper un mot en deux parties, dont la première reste à la fin d'une ligne, et l'autre se reporte au commencement de la ligne suivante. On ne doit user de cette facilité qu'avec ménagement, et en se conformant aux règles établies à ce sujet.

DOUBLER. — C'est composer deux fois, par inadvertance, les mêmes mots, lignes ou pages.

On fait *doubler* une composition lorsqu'il y a économie à diminuer le nombre du tirage. *Doubler une ligne* se dit encore lorsque, dans quelques cas, on reporte le dernier mot d'un vers au commencement d'une nouvelle ligne.

DOUBLON. — Mot, ligne, page, etc., doublée.

E

EMBAUCHER. — Admettre un ouvrier dans un atelier pour y travailler.

EMPAQUETER. — C'est envelopper dans du papier les paquets de distribution destinés à être mis en réserve dans les armoires.

ÉPREUVE. — Feuille tirée sur la composition avant le tirage définitif. — *Première*, *deuxième*, *troisième épreuve.*

ESPACER. — Mettre des espaces entre les mots. Ce terme signifie aussi jeter des blancs entre les lignes d'un titre ou entre les alinéa.

ÉTIQUETTE. — L'étiquette est la reproduction en petit du frontispice pour être collée sur le dos du volume. L'usage s'en perd depuis l'introduction des couvertures imprimées. — On appelle encore *étiquette* un petit écriteau destiné à être collé sur chaque casse, casseau, etc., pour indiquer la nature du caractère contenu.

F

FAUSSE PAGE. — On dit qu'on tombe en *fausse page* lorsque le texte qui précède certaines grandes divisions devant tomber en page impaire ne se prolonge pas jusque sur le verso, et le laisse en blanc.

FAUX TITRE. — Le faux titre est la première page d'un livre. Il ne contient que le simple énoncé du sujet, et la tomaison du volume, si l'ouvrage en forme plusieurs.

On donne aussi ce nom aux sous-titres qui, dans le cours d'un livre, sont placés au recto d'un feuillet blanc.

FEUILLE. — Chaque feuille, de quelque format que ce soit, se compose de deux formes : *Feuille in-octavo*, *in-douze*, *in-dix-huit*, *etc.* — On dit *imposer par feuille* ou *par forme*, selon la disposition que l'on donne aux signatures en mettant en pages, et aux pages en imposant. — L'ouvrage imposé par *forme* se met en retiration sur la même forme ; ce qui donne par conséquent deux exemplaires à la feuille.

FOLIO. — Numéro en chiffres arabes ou romains mis en tête des pages pour en indiquer l'ordre et le nombre.

FONCTIONS. — Expression qui embrasse tout ce qui est dans les attributions des ouvriers soit aux pièces, soit en conscience. — *Fonctions du paquetier*, *du metteur en pages*, *etc.* — On dit plus particulièrement *faire des fonctions* lorsqu'il s'agit de la correction, de l'imposition, etc., plutôt que de la composition.

FOND (BLANC DE). — On entend par là la partie de la garniture qui forme la marge intérieure des pages. — On appelle aussi, mais moins fréquemment, *blanc de fond* la partie de garniture qui, dans l'in-octavo, se place contre la barre horizontale du châssis, et qui est opposée aux biseaux de pied.

FORCE DE CORPS. — Par *force de corps*, on entend la distance totale occupée par la tige de la lettre dans le sens vertical de l'œil : [redacted] — *Caractère corps six*, *corps huit*, *corps dix*, etc. ; et, absolument, du *six*, du *huit*, du *dix*, etc.

Voici, réduite en points typographiques, la force de corps des principaux caractères, et leur ancienne dénomination :

Force de corps.	Ancienne dénomination.
Trois	Diamant.
Quatre	Sédanoise.
Cinq	Parisienne.
Six	Nonpareille.
Sept	Mignonne.
Sept et demi	Petit-texte.
Huit	Gaillarde.
Neuf	Petit-romain.
Dix	Philosophie.
Onze	Cicéro.
Douze ou treize	Saint-Augustin.
Quatorze	Gros-texte.
Quinze ou seize	Gros-romain.
Dix-huit ou vingt	Petit-parangon.
Vingt et un ou vingt-deux	Gros-parangon.
Vingt-quatre	Palestine.
Vingt-huit ou trente-deux	Petit-canon.
Trente-six	Trismégiste.
Quarante ou quarante-quatre	Gros-canon.
Quarante-huit ou cinquante-six	Double-canon.
Soixante-douze	Triple-canon.
Quatre-vingt-seize	Grosse-nonpareille.

FORMAT. — Ce mot sert à déterminer la dimension d'un livre par rapport au nombre de pages contenues dans une feuille de ce livre : L'in-quarto a 8 pages ; l'in-octavo, 16 ; l'in-douze, 24 ; l'in-seize, 32 ; l'in-dix-huit, 36, etc.

FORME. — La moitié d'une feuille. — *Corriger une forme, aller par forme, imposer par forme.*

FRONTISPICE ou GRAND TITRE. — On appelle ainsi le titre principal et complétement développé d'un ouvrage ; il contient aussi le nom et l'adresse de l'éditeur, et le millésime de l'émission. Le verso du grand titre doit rester en blanc.

G

GAGNER. — On se sert de ce terme par opposition à celui de *chasser*, pour exprimer que la copie fait, comparativement, plus de lignes ou de pages que la composition.

GARNIR. — Entourer les pages d'une forme des différentes pièces de plomb et de bois nécessaires pour la faire tenir dans le châssis. — *Garnir une forme, une feuille.*

GARNITURES. — C'est l'ensemble des parties de bois ou de plomb qui servent à maintenir les pages dans le châssis, et dont la combinaison doit être faite en raison des marges plus ou moins grandes que ces dernières doivent avoir en tête, en pied et sur les côtés.

H

HAUTEUR EN PAPIER. — On appelle ainsi la hauteur prise du pied de la lettre jusqu'à la superficie de l'œil :

A Paris, cette hauteur est généralement de 10 lignes et demie ; à Lyon, de 11 lignes ; à Strasbourg, de 11 lignes un quart. On donne un peu moins de hauteur au caractère tel que le *trois*, eu égard à la faiblesse de sa tige. — Les caractères destinés à l'impression en rouge se fondent sur 12 lignes et plus de hauteur. — La hauteur des espaces, cadrats, cadratins, etc., est ordinairement de 8 lignes. — Dans les caractères destinés à être clichés, ces blancs ont la même hauteur que la lettre, moins la partie qui est en relief.

I

IMPOSER. — C'est placer les pages dans un ordre voulu, et en déterminer les marges à l'aide des garnitures.

INTERCALER. — C'est, en imposant, placer un carton ou tout autre fragment de feuille, de manière qu'en pliant la feuille dont il fait partie, il s'en trouve entièrement détaché. — *Intercaler un carton*, *un onglet*, *etc.*

On se sert encore de cette expression lorsqu'il s'agit d'une note, d'un alinéa, d'une phrase, etc., ajoutée dans une feuille en corrigeant. — *Intercaler la phrase*, *etc.*, *suivante.*

INTERLIGNER. — C'est mettre des interlignes entre les lignes, soit en composant, soit après coup. — Dans le doute si une composition accidentelle entrera interlignée dans un nombre de pages déterminé, il est toujours préférable d'interligner en composant, parce que, dût-on désinterligner ensuite, la perte de temps est moindre que pour interligner après coup.

J

JUSTIFICATION. — Longueur des lignes, prise et arrêtée sur le format. — *Prendre*, *donner la justification; bonne*, *mauvaise justification* (celles dans lesquelles il entre beaucoup ou peu de lettres).

JUSTIFIER. — C'est, 1° prendre la justification dans le composteur, en en fixant les coulisseaux à la distance voulue du talon avec des interlignes, des lingots, des cadrats ou de la composition. — *Justifier son composteur.* — 2° Donner aux lignes la largeur voulue par la répartition égale des espaces entre les mots. — *Justifier également*, *fort*, *faible.* — 3° Donner aux pages, colonnes, etc., la longueur convenable au moyen d'interlignes ou de lignes de blanc. — *Justifier une page*, *une colonne*, *etc.*

L

LABEUR. — Ouvrage de longue haleine, susceptible d'occuper plusieurs ouvriers pendant un certain temps.

LARDÉE. — Se dit de toute composition dans laquelle il entre beaucoup d'italique, de petites capitales, etc.

LETTRE. — On nomme ainsi, en imprimerie, tout parallélipipède qui offre par une de ses extrémités le relief d'une figure de l'alphabet. — *Lettre haute*, *basse; lettre* ou *sorte courante*, *manquante*, *surabondante.* — On donne également ce nom à la distribution. — *Donner*, *prendre*, *enlever de la lettre.*

LETTRE DE DEUX-POINTS. — On appelle ainsi la lettre qui, placée au début d'une partie quelconque d'un ouvrage, porte sur les deux premières lignes et quelquefois davantage. On n'en fait plus guère usage que dans les ouvrages d'Église ; mais, lorsqu'elle est ornée, elle figure encore très-souvent dans les publications illustrées.

Lettre montante. — Elle a remplacé la lettre de deux-points, et n'en diffère qu'en ce qu'elle porte seulement sur la première ligne, avec laquelle elle s'aligne par le pied. Primitivement sur le double du corps du texte, on en a successivement réduit l'excédant par en haut à quelques points, et elle est elle-même bien moins fréquemment employée aujourd'hui.

Lettrine. — Lettre italique, avec ou sans parenthèses, qui servait autrefois de renvoi de note. — On appelle encore ainsi les lettres alphabétiques qu'on place au commencement de chaque lettre nouvelle dans les dictionnaires, tables, etc.

Lever la correction. — C'est réunir par ordre, dans un composteur de bois, toutes les lettres marquées sur une épreuve, pour en opérer la correction sur le plomb.

Lever la lettre. — Expression qui répond à l'action de composer. — On dit d'un ouvrier qu'*il lève bien la lettre*, lorsqu'il la lève habilement et sans faux mouvements.

Lignes. — C'est l'assemblage de mots formés par la réunion des lettres, et dont un certain nombre constitue les pages. On appelle *ligne pleine* celle dont la matière occupe toute la justification ; *ligne de blanc*, celle dans laquelle il n'entre que des cadrats ; *ligne perdue*, celle qui, pleine ou non, se trouve placée entre deux blancs, soit dans un titre, soit dans le corps de la matière ; *ligne pointée*, la ligne qui ne contient que des points mis en remplacement d'un passage omis. — La *ligne de tête* est celle qui contient le folio et le titre courant, et qui se place en tête de la page ; la *ligne de pied* est une ligne blanche, ou qui ne contient que la signature et la tomaison. — *Faire des lignes*, *bourrer des lignes*.

M

Marge. — Blanc que l'on observe aux côtés, en tête et en pied des pages.

Matériel. — On entend par ce mot la totalité des objets qui composent une imprimerie.

Matière. — On appelle ainsi le mélange du plomb et du régule dont est formé le caractère. C'est dans ce sens qu'on dit *caractère matière forte* ou *dure*, *matière faible*, pour exprimer qu'il y entre plus ou moins de régule, et quelquefois d'étain, de cuivre, de fer. — On se sert aussi de cette expression pour désigner les caractères de rebut destinés à être refondus.

METTEUR EN PAGES. — Le metteur en pages est celui qui est chargé de la conduite d'un ouvrage ; qui met les pages de longueur en y plaçant les folios, titres, notes, etc.

MISE EN PAGES. — Action de mettre les pages de longueur. — On dit qu'une mise en pages est *bonne* ou *mauvaise*, selon qu'elle contient plus ou moins de blancs, plus ou moins de difficultés. — *Le prix de cette mise en pages est de tant; obtenir une ou plusieurs mises en pages.*

O

ŒIL. — On appelle ainsi la partie de la lettre qui est en relief sur la tige. — *Ménager*, *abîmer*, *écraser l'œil de la lettre.*

ONGLET. — Partie de feuille contenant deux pages (recto et verso). Cette combinaison, qui s'offre naturellement dans la demi-feuille in-18, a encore lieu accidentellement lorsqu'il s'agit de réimprimer deux pages où il s'est glissé quelque faute grave. Dans ce dernier cas, il faut avoir soin, en imposant ces deux pages, d'augmenter un peu le blanc du fond au détriment de la marge extérieure, afin que le pli nécessaire au brochage puisse être fait d'une manière convenable.

OPÉRATION. — On nomme opération toute composition en plus petit caractère que le texte, formée de chiffres ou de mots disposés en colonnes, et séparés par un blanc ou par des filets perpendiculaires.

OUVRAGES DE VILLE. — On comprend sous ce titre les affiches, billets de naissance, de mariage, de mort, circulaires, factures, etc., etc.

P

PAGE. — La page est un assemblage déterminé, tant pour la largeur que pour la longueur, d'un certain nombre de lignes de texte, accompagnées de la ligne de tête ou folio, et de la ligne de pied.

PAGE BLANCHE. — Les pages blanches sont celles qui ne contiennent aucun caractère. — Elles doivent être de la longueur exacte des pages pleines. Il est indispensable de les commencer par une ligne de cadrats plus ou moins forts, et de les terminer de même ; puis de jeter entre les lingots plus courts qui peuvent servir à les former, d'autres lignes de cadrats avec des interlignes dessus et dessous, afin de conserver à l'ensemble de la page la quadrature convenable.

PAGES COURTES, PAGES LONGUES. — Pages dont le nombre de lignes a été diminué ou augmenté pour une cause ou pour une autre.

Paquet. — Le paquet est la réunion d'un nombre quelconque de lignes de texte ou de notes, sans folio ni ligne de pied.

Paquetier. — On appelle ainsi le compositeur qui concourt à la confection d'un labeur confié à un metteur en pages, en fournissant à celui-ci des paquets de composition d'un nombre de lignes déterminé.

Parangonner. — On parangonne toutes les fois que l'on réunit plusieurs lettres, cadrats ou autres blancs, afin de réaliser la force d'un seul autre corps.

Paté. — Mélange accidentel de lettres de divers caractères ou du même caractère. — *Faire un pâté ; composer, distribuer un pâté.*

Placards. — C'est la réunion provisoire d'un certain nombre de paquets pour être corrigés avant la mise en pages, lorsque l'ouvrage est susceptible de beaucoup de changements. — *Mettre en placards, corriger un placard.*

Points carrés ou Gros points. — Points fondus sur demi-cadratins, et que l'on emploie dans les tables, opérations, etc. — Ils étaient autrefois fondus sur cadratins ; de là leur dénomination de *points carrés.*

Police. — C'est la liste de toutes les lettres et signes de la casse, avec l'indication de leur quantité respective pour un nombre total de lettres déterminé. Celle que nous donnons ici est pour 100,000 lettres ; nous l'empruntons à M. Rignoux, comme étant une des plus exactes :

Bas de casse.		s	6,500	:	200	è	300	G	150	OE	25	M	150	m	100
a	5,000	t	5,500	?	100	ë	50	H	150	W	25	N	200	o	100
b	1,000	u	5,000	!	100	ì	150	I	300	Pet. capit.		O	200	r	100
c	2,500	v	1,000			ï	50	J	100			P	150	s	100
ç	100	x	500	Signes.		ô	150	K	25	A	200	Q	100	t	100
d	3,000	y	300			ù	250	L	300	B	100	R	200		
e	11,000	z	300		1,000	û	150	M	200	C	150	S	200	Chiffres.	
f	1,000			,	1,000	ü	50	N	250	Ç	25	T	200	1	300
g	1,000	Doubles.		»	300			O	300	D	200	U	175	2	200
h	1,000			*	50	Capitales.		P	200	E	350	V	125	3	200
i	5,500	æ	50	(	150	A	300	Q	150	É	75	X	75	4	200
j	500	œ	100	[	50	B	150	R	300	È	50	Y	50	5	200
k	100	w	50	§	50	C	250	S	300	Ê	25	Z	50	6	200
l	4,500	fi	350	—	200	Ç	25	T	300	F	100	Æ	25	7	200
m	2,500	fl	150			D	250	U	250	G	100	Œ	25	8	200
n	5,000			Accents.		E	450	V	200	H	100	W	25	9	200
o	4,500	Ponctuat.		à	500	É	100	X	75	I	250			0	300
p	2,000	.	1,500	â	250	È	75	Y	50	J	100	Supérieures.			
q	1,200	,	2,000	é	1,500	Ê	25	Z	50	K	25	e	100		
r	5,500	;	300	è	500	F	150	Æ	25	L	200	l	100		

Généralement, la *police* est établie par le fondeur en vue de la composition du français; mais comme elle varie sensiblement si l'on a à composer du latin, de l'italien ou de l'anglais, des auteurs anciens (en admettant que l'on conserve l'orthographe du temps) ou modernes, etc., l'imprimeur peut la modifier selon ses besoins.

Les fontes se commandent au poids et non au mille de lettres. Une fonte de 100,000 lettres, d'après une des principales fonderies, pèse environ :

	Livres.		Livres.
En cinq	80	En onze	350
En six	120	En douze	400
En sept	160	En quatorze	500
En sept et demi	180	En seize	600
En huit	200	En dix-huit	700
En neuf	250	En vingt	800
En dix	300	En vingt-deux	900

Les espaces et les cadrats ne sont pas compris dans cette évaluation, on ajoute, par 100 liv. de caractère, 10 liv. d'espaces et 10 liv. de cadrats.

Comme il est utile de connaître la capacité du bas de casse pour en faire au besoin la police, nous donnons ici le nombre approximatif de lettres de chacun des cassetins d'une casse de onze, ce caractère étant le plus fréquemment employé :

	Lettres.		Lettres.
a	700	n	600
b	250	o	625
c	700	p	250
d	600	q	250
e	1,100	r	725
é	300	s	750
f	400	t	800
g	250	u	600
h	250	v	300
i	900	x	250
k	100	y	120
l	450	z	125
m	350		

PREMIÈRE. — On appelle ainsi la première épreuve d'une feuille envoyée à l'auteur après la *typographique.*

R

RATTRAPAGE. — C'est, ordinairement, la fin d'un alinéa qui se trouve en tête d'un feuillet de copie, et dont le compositeur qui a le feuillet précédent a besoin pour terminer sa composition. — *Demander, prendre, faire son rattrapage.*

Réclame.— C'est l'endroit de la copie où se termine une feuille et où l'on en recommence une nouvelle, que l'on indique ordinairement à la lecture de la *typographique*, en marquant la tomaison (si l'ouvrage fait plusieurs volumes), le numéro de la feuille, celui de la page, et le nom du compositeur. — *Indiquer, vérifier la réclame.*

Autrefois, on appelait aussi *réclame* le premier mot d'une page qui se plaçait à l'extrémité droite de la ligne de pied de la page précédente : elles étaient très-nombreuses.

Remanier. — Expression dont on se sert pour marquer qu'on chasse ou qu'on reprend d'une ligne sur l'autre pour la correction d'un ajouté ou d'une suppression. — On se sert aussi de ce mot lorsque, soit pour réparer une erreur, soit, après le tirage, pour obtenir une nouvelle édition, on change la nature de la justification. — *Remanier une composition d'un format sur un autre.*

Rentrée. —On appelle ainsi le renfoncement que, dans la prose comme dans la poésie, certaines lignes subissent relativement à d'autres.

Renvoi. — Indication marginale quelconque répétée dans la matière, pour marquer que ce qui est écrit en marge de la copie ou de l'épreuve, à la suite de cette indication, doit entrer dans la matière, et y faire suite, avec ou sans alinéa. — On appelle aussi *renvoi*, le chiffre avec ou sans parenthèses placé dans le texte et qui indique une note. — *Placer, changer un renvoi de note.*

Report. — La ou les lignes que l'on reporte d'une page ou d'une feuille à l'autre.

S

Salé. — Mot consacré pour exprimer que l'on a compté plus d'ouvrage qu'il n'en a été fourni. — *Prendre du salé; faire du salé* (s'acquitter de ce que l'on a compté de trop).

Sentinelles. — On appelle ainsi les lettres qui, sorties accidentellement d'une forme que l'on enlève de dessus le marbre, s'y maintiennent debout.

Signature. — Indication en chiffres que l'on place dans la ligne de pied de la première page de chaque feuille ou de chaque cahier, pour en marquer l'ordre successif. La signature contient en outre la tomaison, lorsque l'ouvrage fait plusieurs volumes. Voici la liste des signatures pour les formats les plus usités :

SIGNATURES.		FOLIOS DES PREMIÈRES PAGES DANS LES FORMATS							
		IN-FOL.	IN-4°.	IN-8°.	IN-12		IN-18		
					à 1 cah.	à 2 cah.	à 1 cah.	à 2 cah.	à 3 cah.
A ou	1	1	1	1	1	1	1	1	1
B	2	5	9	17	25	17	37	25	13
C	3	9	17	33	49	25	73	37	25
D	4	13	25	49	73	41	109	61	37
E	5	17	33	65	97	49	145	73	49
F	6	21	41	81	121	65	181	97	61
G	7	25	49	97	145	73	217	109	73
H	8	29	57	113	169	89	253	133	85
I	9	33	65	129	193	97	289	145	97
K	10	37	73	145	217	113	325	169	109
L	11	41	81	161	241	121	361	181	121
M	12	45	89	177	265	137	397	205	133
N	13	49	97	193	289	145	433	217	145
O	14	53	105	209	313	161	469	241	157
P	15	57	113	225	337	169	505	253	169
Q	16	61	121	241	361	185	541	277	181
R	17	65	129	257	385	193	577	289	193
S	18	69	137	273	409	209	613	313	205
T	19	73	145	289	433	217		325	217
V	20	77	153	305	457	233		349	229
X	21	81	161	321	481	241		361	241
Y	22	85	169	337	505	257		385	253
Z	23	89	177	353	529	265		397	265
A a	24	93	185	369	553	281		421	277
B b	25	97	193	385	577	289		433	289
C c	26	101	201	401	601	305		457	301
D d	27	105	209	417	625	313		469	313
E e	28	109	217	433	649	329		493	325
F f	29	113	225	449	673	337		505	337
G g	30	117	233	465	697	353		529	349
H h	31	121	241	481	721	361		541	361
I i	32	125	249	497	745	377		565	373
K k	33	129	257	513	769	385		577	385
L l	34	133	265	529	793	401		601	397
M m	35	137	273	545	817	409		643	409
N n	36	141	281	561	841	425		667	421
O o	37	145	289	577	865	433		679	433

On peut voir, au chapitre précédent (plan des impositions), les signatures à mettre à certains formats, en dehors de celles qui figurent dans le tableau ci-dessus.

SONDER. — C'est l'action de soulever légèrement une forme, deux ou trois fois de suite, avant de l'enlever définitivement de dessus le marbre, pour s'assurer que rien ne s'en échappe.

Sonnettes. — Ce sont des lettres qui s'échappent, avec un léger bruit, de lignes mal justifiées, lorsqu'on sonde les formes sur le marbre.

Sources. — Indication de l'auteur, de l'ouvrage, et de ses diverses parties.

Surcharges. — On désigne sous ce nom toutes les parties d'un volume qui se font d'un caractère inférieur à celui du texte, telles que notes, additions, sommaires, épigraphes, ainsi que tout ce qui offre quelque difficulté dans l'exécution, comme les opérations, les tableaux, etc., et sur quoi il est alloué une surcharge en sus du prix convenu de la composition courante.

T

Tableaux. — On nomme ainsi toute composition qui comporte plus ou moins de colonnes de matière ou en blanc, avec tête, séparées par des filets, et le plus ordinairement encadrées.

Talus. — Partie inclinée du haut de la tige, qui se trouve d'un seul côté de l'œil aux lettres longues ou accentuées, et des deux côtés aux lettres courtes.

Taquer. — C'est l'opération que nous avons décrite à l'article *Imposition* (page 25), et qui doit toujours être faite avant que la forme soit serrée.

Têtières. — On appelle ainsi les parties d'une garniture qui servent à former la marge qui se trouve en tête des pages.

Typographique. — Première épreuve d'une feuille sur laquelle on indique les fautes faites par le compositeur.

FIN.

TABLE DES MATIÈRES.

CHAPITRE III.

CHAPITRE IV.

CHAPITRE V.

CHAPITRE VI.

CHAPITRE VII.

CHAPITRE VIII.

CHAPITRE IX.

CHAPITRE X.

FIN DE LA TABLE DES MATIÈRES.

GUIDE PRATIQUE

DU

COMPOSITEUR

D'IMPRIMERIE.

GUIDE PRATIQUE

DU

COMPOSITEUR

D'IMPRIMERIE;

PAR THÉOTISTE LEFEVRE.

C'est aux personnes qui étudient pour apprendre, plutôt qu'à celles qui savent, que tout travail didactique est particulièrement adressé.

DEUXIÈME PARTIE

PARIS,

LIBRAIRIE DE FIRMIN-DIDOT ET CIE,

IMPRIMEURS DE L'INSTITUT DE FRANCE

RUE JACOB, 56.

—

M DCCC LXXVIII.

Republished in 1972 by Gregg International Publishers Limited
Westmead, Farnborough, Hants., England

AVANT-PROPOS.

Malgré le titre assez restreint de cet ouvrage, notre but ayant été d'étendre autant que possible les connaissances typographiques du compositeur, afin de le mettre en état de remplir convenablement la place de prote, nous n'avons pas hésité, en commençant ce second volume, à entrer dans des détails assez développés sur l'impression (1); et nous nous sommes d'autant plus volontiers laissé aller à cette idée, que nous avons en outre l'espérance que ces détails, objet spécial des trois premiers chapitres, ne seront pas non plus sans une utilité marquée pour les ouvriers imprimeurs et pour les conducteurs de mécaniques (2).

---

(1) On trouvera peut-être, à cette occasion, que nous aurions dû être un peu plus bref sur ce qui concerne les presses manuelles, dont le nombre diminue de jour en jour, et parler plus particulièrement des presses mécaniques; mais à cela nous répondrons que les principales opérations du tirage (et notamment tout ce qui est relatif à la mise en train proprement dite) étant absolument les mêmes sur l'un et l'autre système, ce que nous avons dit pourra aussi bien servir aux conducteurs qu'aux pressiers. D'un autre côté encore, comme nous pensons que tant qu'il sera fait usage des presses manuelles, les conducteurs seront choisis avec avantage parmi les bons ouvriers imprimeurs, ceux-ci n'auront plus en quelque sorte, par notre manière de procéder, que le mécanisme des machines à connaître pour parfaire leur nouvel apprentissage.

(2) Loin de nous toutefois la prétention de n'avoir rien laissé d'important à

Le chapitre IV, entièrement original, traite également du tirage : il offre un résumé assez complet des causes qui produisent les principaux défauts pouvant se manifester dans le cours de l'impression, tant aux presses manuelles qu'aux presses mécaniques. Ce sera donc pour le praticien un mémento qu'il ne consultera pas toujours sans fruit.

Ce que nous disons dans le chapitre V servira à initier le compositeur aux fonctions administratives du prote; en modifiant toutefois certains articles selon la nature des travaux, le matériel dont il aura à disposer, et particulièrement aussi selon les idées du patron et les siennes propres.

Le chapitre VI traite de la confection des rouleaux et des soins divers qu'exige leur conservation.

Dans les chapitres VII et VIII nous donnons des renseignements que consulteront surtout avec avantage les maîtres imprimeurs de province qui s'occupent de clicherie et de galvanoplastie.

Vient ensuite un appendice au chapitre V du premier volume, dans lequel on trouvera, avec un complément de ce que nous y avons écrit sur l'accentuation du grec, des instructions pour la composition du polonais, de

---

dire sur le tirage : nous sommes au contraire certain, d'après les quelques entretiens que notre bonne fortune nous a procurés avec M. Motteroz, le savant et fécond rédacteur du journal *l'Imprimerie*, qu'on trouvera dans le *Guide du Conducteur*, qu'il ne pourra se dispenser de publier un jour, des enseignements qui combleront sur ce point les lacunes de notre livre.

l'espagnol et du portugais; puis enfin les alphabets de plusieurs langues étrangères.

Si, contrairement à notre attente et à notre vif désir de contribuer pour une part, quelque minime qu'elle soit, à rendre l'instruction facile, ce second volume, demandé bien des fois, n'obtenait pas la même faveur que le public typographe a bien voulu accorder au premier, nous ne regarderions pas pour cela nos peines comme entièrement perdues : grâce à la bienveillance de MM. Firmin-Didot, qui nous ont autorisé à faire exécuter ce travail sous nos yeux par notre petit-fils et élève (Martial Boudet) et par l'un des descendants d'une maison célèbre (Henri Estienne), il nous resterait la satisfaction, bien grande pour nous, d'avoir pu ainsi produire deux ouvriers déjà très-distingués malgré leur jeunesse.

GUIDE PRATIQUE

DU

COMPOSITEUR.

(DEUXIÈME PARTIE.)

CHAPITRE PREMIER.

DE LA PRESSE A BRAS ET DES MÉCANIQUES.

§ Ier.

ÉTUDE DE LA PRESSE STANHOPE (1).

La connaissance de la presse étant préalablement nécessaire pour arriver à celle du tirage, nous allons consacrer ce chapitre à la description aussi détaillée que possible des diverses parties dont est formée la presse Stanhope, la plus simple et la plus usuelle de toutes, en indiquant le rôle que chacune de ces parties est appelée à remplir.

Le patin, fig. 1.

Assemblage de deux fortes pièces en bois d'égale épaisseur sur toutes les faces, arrondies à leurs extrémités, réunies en forme

(1) Ainsi appelée du nom de lord Stanhope, son inventeur. On s'en servit à Londres vers 1809, et elle fut introduite à Paris en 1814, où, imitée et perfectionnée par nos mécaniciens, elle tarda peu à remplacer avec avantage toutes les anciennes presses en bois, les seules qui fussent en usage à cette époque. Son emploi se répandit assez rapidement aussi dans les diverses autres villes de la France, ainsi qu'à l'étranger. (Voir figure IV, à la fin du volume.)

de croix par une mortaise taillée à mi-corps, et arrêtées sur la face supérieure par un fort boulon *a*. — *b* et *c* représentent les quatre écrous et boulons qui servent à consolider dans son aplomb

Fig. 1.

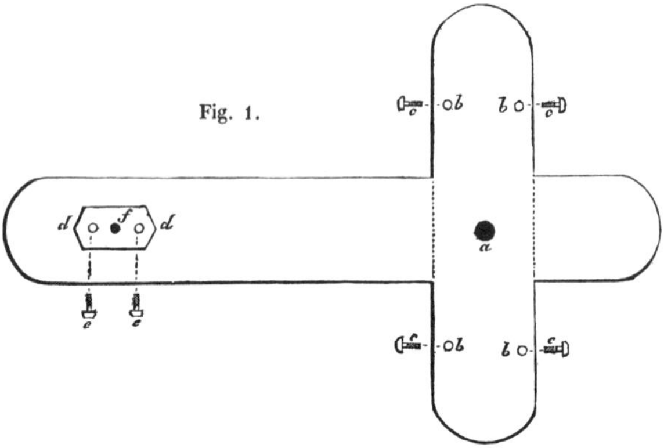

le corps de presse sur le patin, en traversant les oreilles *h* de la figure suivante. — *d,* Plaque de fonte fixée dans le patin par les deux vis *e*.

Au milieu de cette plaque est un écrou *f* pour recevoir la colonne de support des bandes (fig. 15).

La lyre ou *corps de presse* (vu par derrière), fig. 2.

a, Le col de la presse, dans lequel se trouve fixé l'écrou *b,* surmonté de son chapeau *c*. — *d,* Coulisseaux des jumelles *e,* servant de glissoir au contre-foulon ou pièce d'estomac (fig. 7), et d'arrêt à la boîte coulante (fig. 5), qui glisse elle-même sur les chanfreins pratiqués par opposition sur le devant des jumelles. — *f,* Renflement sur le corps de la lyre, à gauche, formant en dehors un petit godet destiné à recevoir le pivot de la colonne (*d,* fig. 10). — *g,* Bras du corps de presse, ressortant, en avant et en arrière, de toute la longueur de la platine. — *h,* Oreilles servant à fixer le corps de presse sur le patin. — *i,* Trous taraudés destinés à recevoir les boulons à vis des oreilles supportant la fourchette (*e*, fig. 8).

Fig. 2.

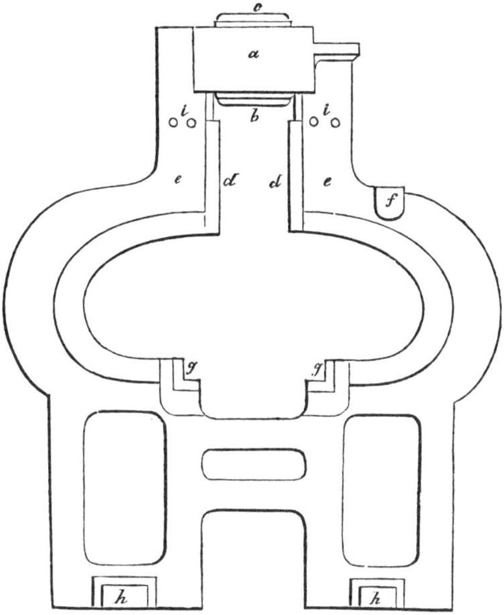

L'écrou de la vis, fig. 3.

Il est fixé à demeure dans le col de la presse au moyen de deux étoquiaux *a*, qui s'emboîtent dans des entailles de même dimen-

Fig. 3.

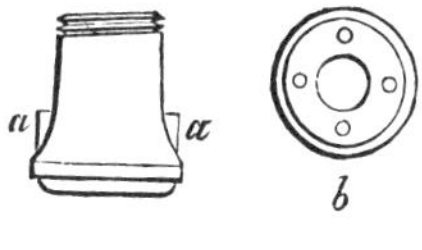

sion pratiquées des deux côtés intérieurs du col de la presse, et qui le maintiennent dans son aplomb. — *b*, Le chapeau de l'écrou vu en dessus, percé de manière à faire jouer la clef (fig. 25) pour le dévisser. — L'écrou et le chapeau sont en cuivre.

L'arbre ou *la vis*, fig. 4.

Pièce en fer forgé, avec sa virgule droite *a* en fonte, refendue à son extrémité pour recevoir le tirant (fig. 14), qui s'y fixe au moyen du boulon *b* arrêté par son écrou *c*.

L'arbre est terminé à sa base par un pivot d'acier *d*, légèrement arrondi, qui s'adapte à l'extrémité inférieure de l'arbre par le moyen d'une languette percée à jour (1).

Fig. 4.

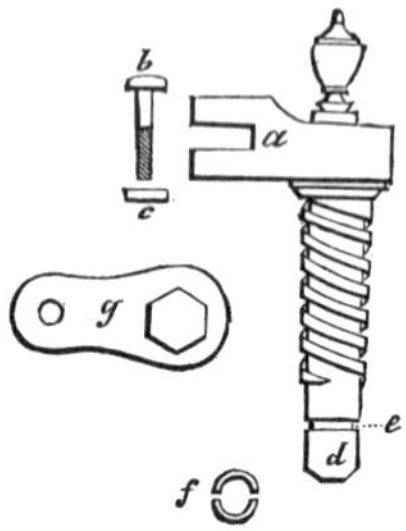

Un peu au-dessus du pivot est un petit étranglement ou corselet *e*, pour placer le collier *f*, de deux pièces, servant à maintenir verticalement l'arbre dans le calice de la boîte coulante. — *g*, Virgule droite vue en dessus, dont la tête, percée en hexagone, se fixe sur la tête de l'arbre.

La vis porte ordinairement un point de repère qui indique le côté par lequel elle doit être introduite dans l'écrou, où on la laisse descendre lentement en la soutenant des deux mains à l'aide de la virgule.

La boîte coulante, fig. 5.

Le corps de la boîte *a* présente par devant un carré régulier, dont les côtés, formant talus, s'emboîtent dans toute leur lon-

(1) Le pivot doit être fait en acier de la meilleure trempe, car son extrémité aiguë formant le centre de gravité et supportant tout l'effort de la pression, s'use ou s'écrase assez vite, malgré l'huile qu'on y met pour en adoucir le frottement.

gueur, en queue d'aronde, entre les deux chanfreins des jumelles. Sa base *b* forme la contre-platine, qui est renforcée par des nervures se prolongeant graduellement jusque vers ses extrémités.

C'est dans l'intérieur de la boîte coulante, appelée *calice* ou *godet*, que s'opère la pression, par le jeu de l'arbre, qui se prolonge jusqu'au fond du calice, et vient s'appuyer sur le boulon ou grain d'acier *c*, sur lequel tourne le pivot qui le termine. Le

Fig. 5.

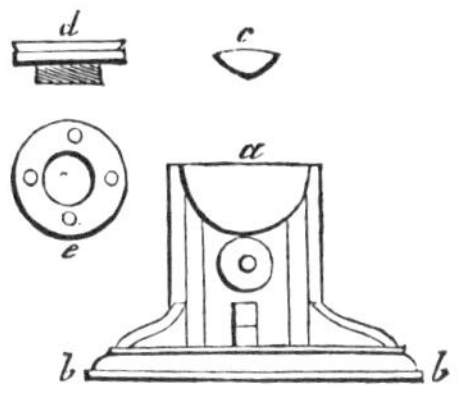

calice a son bord intérieur taraudé à filets fins, pour recevoir son chapeau. — *d*, Le chapeau vu de profil, sa vis en dessous. — *e*, Le même, vu en dessus (1).

Au centre de la partie supérieure du calice, en dehors, sont placés deux petits goujons en fer forgé et taraudés, qui, pris en dessous par les crochets qui sont aux extrémités de la fourchette et obéissant à l'action de ce levier et de son poids, ramènent à leur position de repos l'arbre, la boîte coulante et la platine, après que la pression a eu lieu.

La platine, fig. 6.

Pièce de fonte parfaitement unie sur sa face inférieure, et s'adaptant par le milieu de sa partie supérieure à la base de la boîte coulante ou contre-platine, au moyen de quatre boulons *a*, pour ne former qu'un tout avec celle-ci.

La platine est couverte de nervures qui augmentent sa force de résistance, et c'est elle qui, abaissée sur la forme par le

(1) Le chapeau ne doit être arrêté que lorsqu'on a bien fixé l'arbre et son collier dans l'intérieur du calice.

mouvement horizontal du barreau, en effectue l'impression sur le papier (1).

Fig. 6.

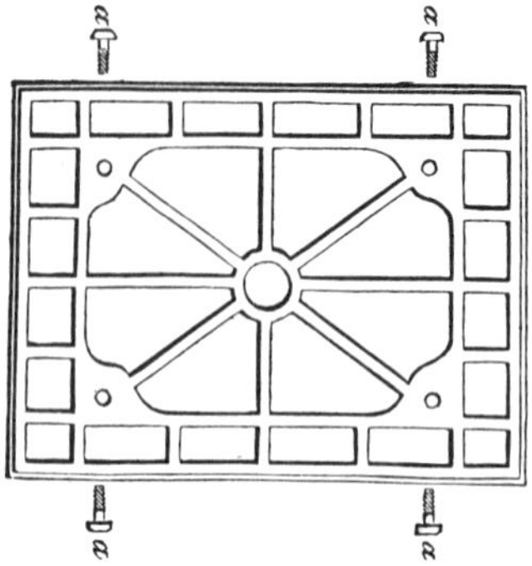

La pièce d'estomac, fig. 7.

Forte pièce carrée en fonte, servant à maintenir toute l'armature de la presse dans son aplomb et à empêcher son écartement. Elle se place sur le derrière de la boîte coulante, embrassant dans

Fig. 7.

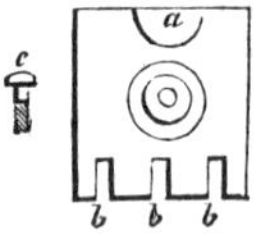

son échancrure supérieure *a* le contour saillant du calice, et dans ses trois échancrures inférieures *b* les nervures de la contre-platine. Elle est contenue dans son centre par un fort boulon à vis *c*. Ses parties latérales débordent, et, dans le mouvement du barreau, glissent le long des renforts des jumelles.

La fourchette, fig. 8.

Pièce en fer forgé, placée sur le derrière des jumelles, et ser-

(1) Cette pièce, ainsi que le marbre, doit être continuellement entretenue avec la plus grande propreté.

vant de levier pour faire remonter la platine aussitôt après la pression.

a, Le levier, à l'extrémité *b* duquel se place le contre-poids (fig. 9). — *c,* Les branches, ayant leurs extrémités terminées par des crochets qui doivent agir sous les goujons du calice et de la boîte coulante. — *d,* Goujons servant d'axe ou de point

Fig. 8.

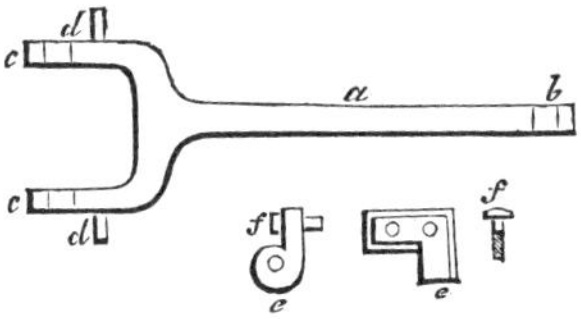

d'appui à la fourchette, et tournant librement dans les anneaux des oreilles qui sont fixées sur les jumelles par des boulons à vis, à la hauteur de la boîte coulante (*i,* fig. 2). — *e,* Une des oreilles, avec un de ses boulons d'arrêt *f.*

Le contre-poids, fig. 9.

Cette pièce de fonte est suspendue par son anneau *a* au crochet *b,* qui est fixé sur le levier ou branche de la fourchette au

Fig. 9.

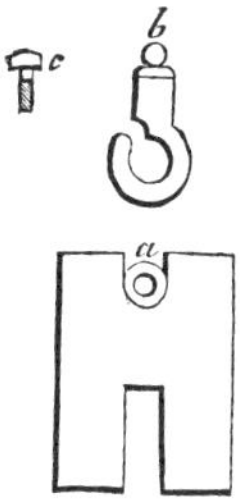

moyen du boulon à vis *c,* plus ou moins avant, selon l'effet qu'il doit produire, c'est-à-dire pour que la platine se relève avec la rapidité convenable.

La colonne du barreau, fig. 10.

Forte pièce en fer forgé, placée sur le côté gauche du corps de presse, maintenue dans son aplomb par l'épaulette (fig. 11), et à laquelle est fixé le barreau.

La partie supérieure de la colonne *a* est taillée en hexagone pour recevoir sa virgule (fig. 12), percée de la même manière à son extrémité droite; son fût est arrondi, pour recevoir l'épaulette, qui s'y trouve appuyée sur un collet *b;* sa partie inférieure

Fig. 10.

représente une espèce de nœud ou soubassement carré, percé dans son centre d'une ouverture *c*, appelée *ciel du barreau,* au-dessous de laquelle la colonne se prolonge, et est terminée par un pivot arrondi *d*, qui se place et agit dans la cavité du godet de la jumelle gauche (*f,* fig. 2).

L'épaulette, fig. 11.

Espèce de moise, servant de bride à la colonne du barreau, qui passe à travers son ouverture *a*. Elle est arrêtée dans l'en-

Fig. 11.
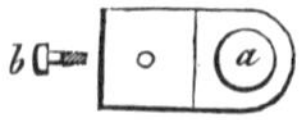

taille pratiquée sur le col de la presse (*f,* fig. 2) au moyen du boulon *b*.

La virgule de la colonne du barreau, fig. 12.

Espèce de noix, dont la tête *a* aplatie, percée en hexagone, s'adapte au sommet de la colonne, et dont l'extrémité, s'échappant en forme de spirale surhaussée, est refendue pour recevoir l'anneau du tirant (*a,* fig. 14), qui y est maintenu sans force par le boulon à écrou méplat *b*.

Fig. 12.

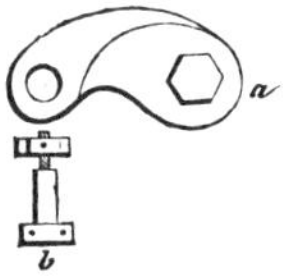

Le barreau, fig. 13.

Barre en fer forgé, renforcée dans son centre; sa tête *a* est recourbée de manière à entrer obliquement dans l'œil de la colonne (*c*, fig. 10), où elle est fortement contenue par un écrou *b*.

Fig. 13.

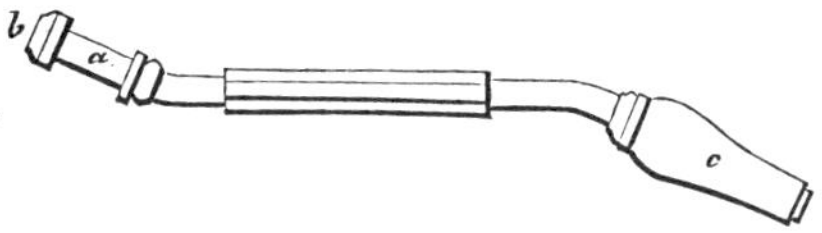

Le barreau décrit un léger plan incliné sur le devant de la presse, et sa branche, terminée par un manche en bois *c*, vient s'appuyer sur la jumelle droite, qu'elle ne doit déborder que de très-peu.

Le tirant, fig. 14.

Forte lame en fer forgé, arrêtée dans les ouvertures ou moufles des virgules, et mettant en contact l'arbre et la colonne.

Le tirant est fixé à la colonne par son anneau *a;* le côté opposé représente une espèce de moufle *b*, au travers de laquelle

Fig. 14.

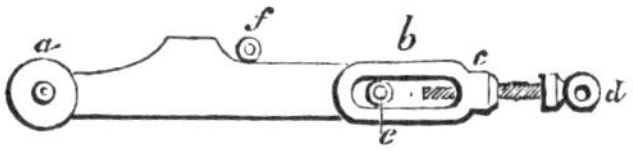

passe le boulon de la virgule de l'arbre (*b*, fig. 4). A l'extrémité de cette moufle est une forure *c*, dans laquelle s'introduit la vis régulatrice *d*, qui vient s'appuyer contre la bague *e*, interposée entre elle et le boulon. C'est au moyen de cette vis qu'on règle le foulage, en rapprochant plus ou moins les deux virgules. Sur le derrière du tirant ressort un anneau *f*, après lequel s'arrête un petit chaînon ou bride de sûreté.

La colonne des bandes, fig. 15.

Cette pièce, en fer forgé, sert à soutenir les bandes dans leur ligne horizontale avec le corps de presse. Elle se place à l'extrémité du patin (*d*, fig. 1), où elle est arrêtée par la vis *a*, qui est

Fig. 15.

à sa base; sa tête porte également un petit goujon *b*, à vis, qui traverse l'entretoise placée au-dessous des bandes (*c*, fig. 16), et s'y arrête par un écrou méplat.

Les bandes et le rouleau, fig. 16.

Les bandes *a*, sur lesquelles se place le marbre ou train (fig. 17), sont un assemblage de deux pièces de fonte, creuses en dessus, parfaitement dressées en dedans et en dehors, et jointes à chaque bout par une entretoise *b*, à tête carrée, arrêtée avec des vis.

Les bandes sont encore jointes par une troisième entretoise *c*, qui prend son point d'appui sur la colonne (fig. 15) : cette entretoise les embrasse en dessous, et s'arrête à vis sur chacun des deux côtés.

Elles sont placées sur les soubassements des bras de la presse (*g*, fig. 2), et fixées par quatre boulons *d*, qui traversent ces derniers et prennent écrou sur elles.

Dans toute la partie creuse des bandes sont pratiquées des entailles *e*, de forme ronde, qui ont pour but de permettre à l'huile de s'y refouler dans le mouvement de pression.

Le rouleau *f* est un morceau de bois cylindrique, à rebords saillants, qui sert à rouler et à dérouler le train de la presse, au moyen de deux cordes *h*, qui y sont adaptées et placées en sens

Fig. 16.

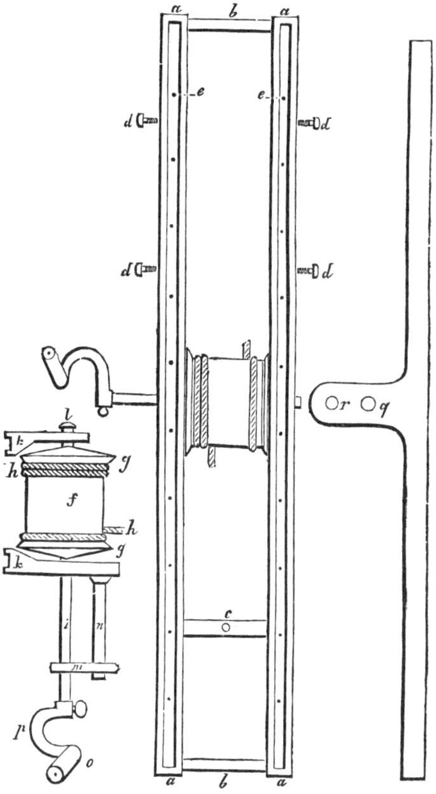

inverse. Ses côtés sont aplatis et légèrement convexes dans le milieu, où il est percé, dans toute sa longueur, d'un trou carré par où passe sa broche *i*, sur laquelle il doit être fixé solidement. Le rouleau est encore percé de chaque côté d'un trou en biais, pratiqué de dehors en dedans du bord saillant, et assez évasé sur le côté pour y recevoir entièrement le nœud qu'on a fait au bout de chacune des deux cordes pour les arrêter : le trou pour la corde (du côté de la manivelle) qui sert à rouler le train sous la platine, est percé dans la partie du rouleau qui regarde le corps de presse, et la corde s'y roule en dessus, du même côté; l'autre trou est percé du côté du tympan, et sa corde, qui sert à dérouler le train, se roule également en dessus du rouleau, mais dans le sens opposé à l'autre. Chacune de ces cordes doit faire à peu près trois tours sur le rouleau : la première, qui se prolonge dans presque toute la longueur du train, vient se fixer sur le cric en fer placé du côté du tympan; l'autre se fixe sur le cric qui est en avant du train.

Le rouleau est placé entre les bandes, où il doit être monté avant que celles-ci soient réunies par leurs entretoises. Il est soutenu par sa grande broche, qui traverse les trous percés dans les deux consoles ou supports *k*, qui s'échappent du milieu des bandes, en dessous. L'extrémité de la grande broche, du côté du barreau, est contenue par un écrou méplat *l;* celle du côté de la manivelle, débordant jusqu'au delà du marbre, est appuyée sur un troisième support *m*, dont la tête à coussinet, assujettie avec des vis, la recouvre et l'empêche de dévier. Ce troisième support, coudé, a sa petite broche *n* arrêtée par un écrou en dedans de la console de la bande. La manivelle *o* est montée à vis sur le croissant *p*, et celui-ci l'est de même sur la grande broche.

(A droite, une bande vue de face, avec sa console percée d'un trou *q*, pour la grande broche, et d'un autre trou *r*, pour la petite broche.)

Le marbre ou *train*, fig. 17.

Forte pièce en fonte, dont le dessous est surchargé de nervures qui augmentent sa force de résistance; ses parties latérales sont échancrées; celles du haut et du bas sont revêtues de cornières montées à vis *a*, ainsi que ses quatre angles saillants *b*. Sur le retour des deux angles du bas, de chaque côté, est une plaque *c* servant également de cornière, surmontée d'un charnon taraudé qui, accouplé avec celui des pattes saillantes du grand tympan (*d*, fig. 18), et traversés l'un et l'autre par un boulon à vis, forment la charnière du grand tympan. (Au bas de la figure, à droite, une de ces plaques *d*, avec son charnon, son boulon et sa bague.) Le marbre est revêtu de chaque côté, dans toute sa longueur, de deux tasseaux *e*, qui doivent correspondre exactement avec les bras du corps de presse (*g*, fig. 2). A côté, et en

Fig. 17.

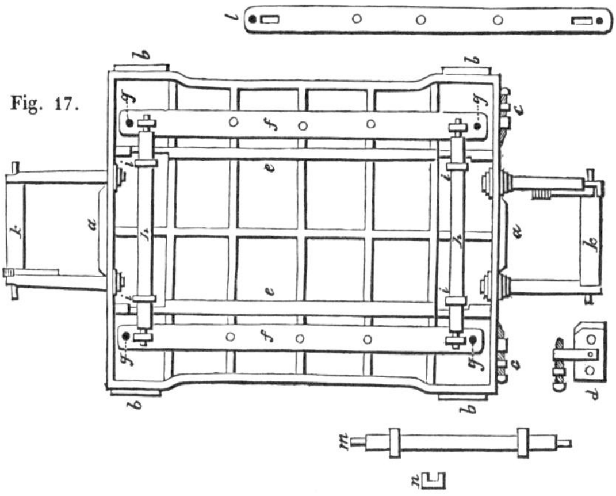

dehors de ces tasseaux, sont placés deux ressorts en acier *f*, fixés dans leur centre par six vis d'arrêt, et ayant vers leurs extrémités des vis régulatrices *g*, servant à mettre le marbre dans un aplomb parfait. A côté de ces vis sont placés des pitons dont la tête supporte les essieux *h* et leurs crampons *i* : ce sont ces quatre crampons qui, glissant facilement dans la cavité des bandes, et soumis à l'élasticité des ressorts, empêchent le frottement des tasseaux sur les bras du corps de presse lorsque le train est en mouvement. Dans le haut et dans le bas du marbre sont solidement ajustés deux crics en fer *k*, servant à tendre les cordes du rouleau (*h*, fig. 16). (Au-dessus de la figure, un ressort *l*; au-dessous, un essieu *m* avec ses crampons, et un crampon isolé *n*.)

Le grand tympan, fig. 18.

Châssis en bois de la largeur et de la longueur du marbre, qu'il recouvre entièrement lorsqu'il est abattu. Son assemblage se compose des parties suivantes : La traverse inférieure *a*, percée, dans le milieu de sa longueur, d'un trou par lequel on introduit, de dedans en dehors, le boulon à vis *b*, servant à fixer la

Fig. 18.

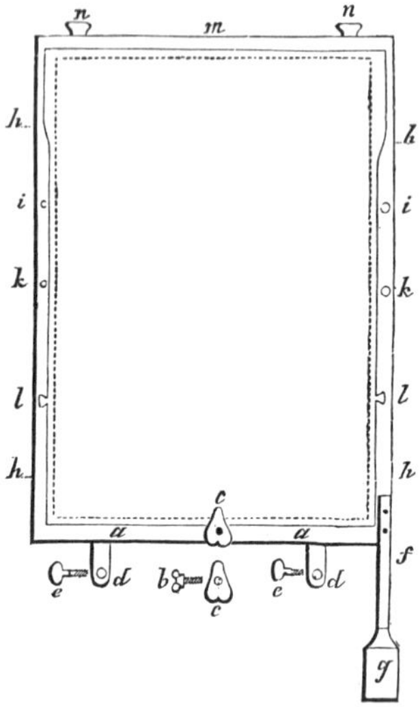

patte à crochet *c*, qui maintient le petit tympan (indiqué par les lignes ponctuées) dans le grand. A la gauche et à la droite de cette traverse sont placées deux fortes pattes saillantes *d*, dont la tête, composée d'un charnon taraudé, s'accole, en dedans, à celui du marbre (*d*, fig. 17), pour former la charnière qui joint ces deux parties, et dont l'extrémité, percée et taraudée, reçoit le boulon à vis *e*, lequel vient s'arc-bouter contre le marbre, pour former le point d'appui du tympan déployé. En dehors de la patte droite est une branche *f*, arrêtée à vis sur le montant du châssis, à laquelle est adapté un contre-poids *g*, qui, tout en facilitant le déploiement du tympan, en allége le poids. — Les deux montants *h*, ou parties latérales du tympan, également en bois, un peu moins large que la traverse inférieure, mais de même épaisseur. Chacun de ces montants est percé de deux trous, dont le premier *i*, à peu près au tiers supérieur, sert pour placer les pointures de l'in-12; et le second *k*, au milieu, pour les pointures de tous les autres formats (1). Une troisième ouverture *l*, placée au tiers inférieur des montants, est destinée à recevoir la partie en queue d'aronde *b* de la figure 19. — La traverse supérieure *m* est une lame de fer qui ferme le châssis du tympan par le haut. Cette traverse est surmontée, de chaque côté, de couplets *n*, destinés à recevoir la frisquette (fig. 20), qui s'y trouve fixée au moyen des brochettes (*b*, de la même figure).

Le petit tympan, fig. 19.

C'est, à proprement parler, la doublure ou un accessoire du grand tympan. Il est composé d'un châssis en fer, recouvert en

Fig. 19.

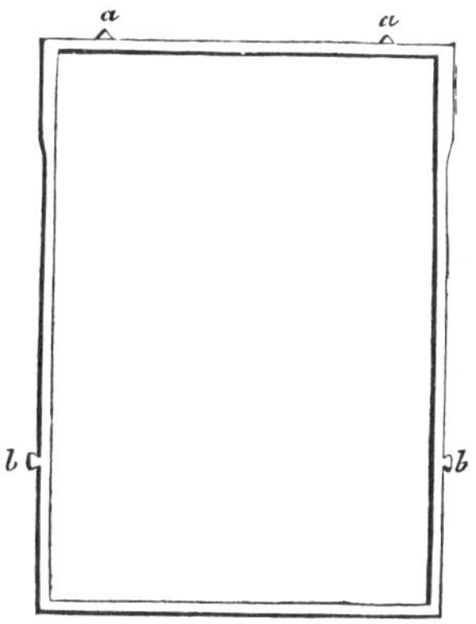

parchemin ou en toile de lin. Il s'emboîte dans le grand tympan,

(1) Dans la plupart des tympans modernes, ces deux trous sont remplacés par une rainure qui se prolonge de l'un à l'autre et dans laquelle on fait glisser les pointures, pour les fixer au point convenable.

où il est arrêté, dans le haut, au moyen de deux petites languettes *a*, qui s'échappent de sa traverse supérieure; sur les côtés, par deux oreilles *b*, en queue d'aronde, qui s'introduisent dans les entailles de même forme pratiquées dans le grand tympan (*l*, fig. 18); et dans le bas, par une patte à crochet (*c*, de la même figure).

La frisquette, fig. 20.

Châssis en lames de fer, recouvert de deux ou trois feuilles de fort papier (ou d'une feuille de parchemin). Elle s'adapte au grand tympan au moyen de couplets *a*, qui, joints à ceux de ce

Fig. 20.

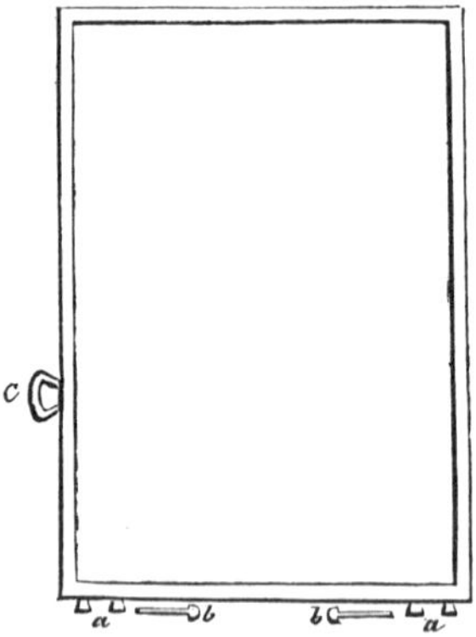

dernier (*n*, fig. 18), forment les charnières arrêtées par les brochettes *b*, lesquelles, introduites avec un peu de force, la maintiennent dans son aplomb et l'empêchent de vaciller. Au montant gauche est adaptée une languette ou oreille *c*, également en fer : c'est le seul point par où l'imprimeur saisit la frisquette, dans le travail, pour la baisser et la relever (1).

(1) La frisquette doit être de la même largeur que le tympan, mais un peu moins longue, afin de ne pas heurter la forme lorsqu'on l'abat.

§ II.

PRINCIPAUX ACCESSOIRES DE LA PRESSE.

L'encrier, fig. 21.

Table en bois, dont l'assemblage est en chêne et le dessus en hêtre irréprochablement uni. A l'extrémité opposée de la table est adaptée, dans toute sa largeur, une forte traverse en fonte *a*, légèrement évasée par le haut pour recevoir l'encre. En avant de cette pièce est placé, sur deux consoles en fer *b*, montées à vis,

Fig. 21.

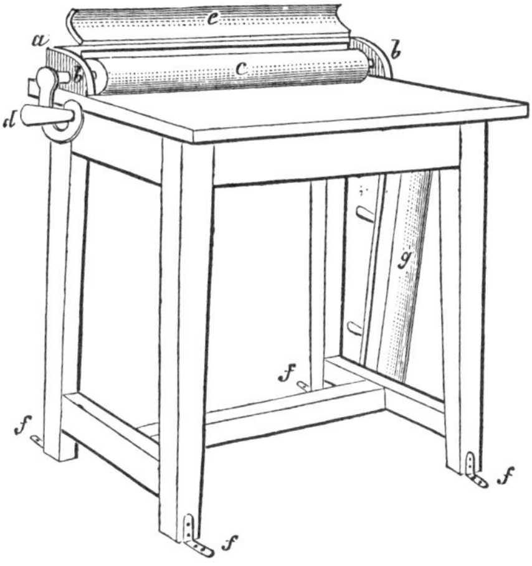

un cylindre *c*, également en fer, lequel, mû par la manivelle *d*, se recouvre successivement d'une légère couche d'encre qui s'échappe entre lui et la traverse ci-dessus. Sur le derrière de cette même traverse, et fixées sur la table, sont trois vis de rappel et trois de renvoi, à l'aide desquelles l'on diminue ou augmente la prise d'encre du cylindre; et, à sa partie supérieure, une plaque arrondie de tôle à charnières *e*, destinée, en se rabattant, à garantir de la poussière l'encre et le cylindre.

A l'un des bouts de la table, et de préférence à celui qui est près de la presse, se trouve un piton à crochet, auquel on suspend le rouleau *g* dans les intervalles du travail.

L'encrier se place à l'alignement de la jumelle, et est solidement fixé au plancher par des pattes en équerre et à vis *f*.

Le banc, fig. 22.

Le banc est une espèce de coffre d'environ 80 centimètres de haut sur 1 mètre 10 centimètres de large, prenant son ouverture en devant, et destiné à recevoir le papier à tirer et celui qui est tiré. Il est divisé dans sa hauteur en deux compartiments *a*, *b*, et un tiroir *c*, lesquels servent à déposer les étoffes et divers ustensiles, ainsi que les papiers de hausses et de décharge. Le pupitre *d* se fixe à l'extrémité gauche de la tablette supérieure, dont la partie droite est réservée pour l'ais sur lequel on place, au fur et à mesure, le papier tiré.

Fig. 22.

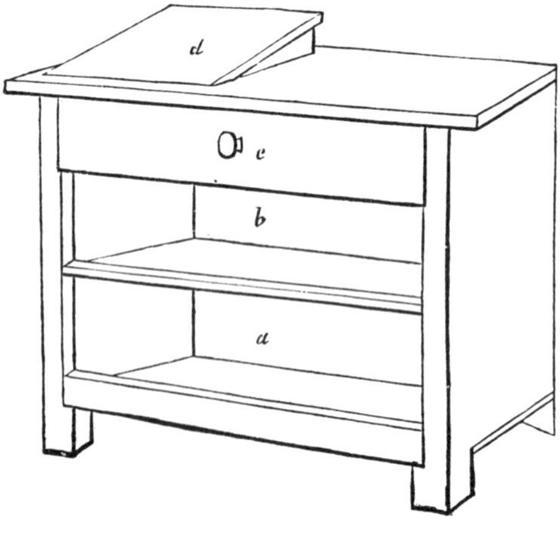

Le banc doit être aussi près que possible du train déroulé, et former avec lui un angle rentrant qui abrége au toucheur l'espace à parcourir pour examiner le tirage.

Les pointures, fig. 23.

Les pointures sont de petites lames de fer forgé très-minces, plus ou moins longues, terminées à l'une de leurs extrémités par une double branche en forme de fourchette *a*, et à l'autre par

Fig. 23.

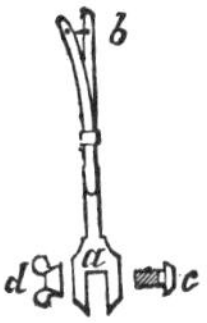

un ardillon très-aigu *b*, sortant à angle droit d'environ 5 à 6 millimètres. Elles servent à faire le registre, c'est-à-dire à faire tomber exactement les pages les unes sur les autres à la retiration, en replaçant les ardillons dans les trous qu'ils ont faits à la feuille lors du tirage du premier côté. Elles sont fixées sur le grand tympan (selon le format, dans l'un des trous *i, k*, fig. 18) par la vis *c*, et son écrou *d*.

La clef à pointures, fig. 24.

Son centre *a*, percé en ovale, sert à serrer ou à desserrer les écrous à oreilles des pointures; sa tête *b* remplit le même office

Fig. 24.

pour les boulons à tête ronde percée, et son extrémité *c*, pour les vis à tête plate.

La grande clef, fig. 25.

Pièce en fer, dont la tête, en forme de croissant, porte à cha-

Fig. 25.

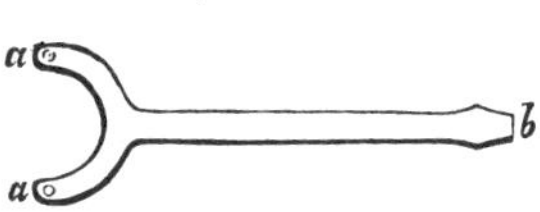

cune de ses pointes un petit goujon *a*, servant à serrer ou à desserrer le chapeau de l'écrou (*b*, fig. 3), et celui du calice de la boîte coulante (*e*, figure 5). Les vis à tête plate se dévissent avec son extrémité *b*.

La servante.

Petite planchette fixée, soit dans le plafond, soit dans la muraille (voir figure II, à la fin du volume), selon la plus grande proximité de l'un ou de l'autre, mais de manière à ne donner à la frisquette déployée, qui s'y appuie pendant le changement successif des feuilles sur le tympan, que l'inclinaison nécessaire pour qu'elle ne retombe pas d'elle-même sur ce dernier. Lorsque le plafond et la muraille sont trop éloignés, on se sert d'une branche en fer fixée dans le plancher, et qui s'élève jusqu'à l'extrémité supérieure de la frisquette.

§ III.

ORDRE DANS LEQUEL ON DOIT MONTER LA PRESSE STANHOPE.

Le patin (fig. 1), — le corps de presse (fig. 2), — les boulons des oreilles (*c*, fig. 1), — l'écrou et son chapeau (fig. 3), — la colonne des bandes (fig. 15), — les bandes et le rouleau (fig. 16), — l'arbre et sa virgule (fig. 4), — la boîte coulante (fig. 5), — la platine (fig. 6), — le boulet (*c*, fig. 5), — le collier brisé de l'arbre (*f*, fig. 4), — la pièce d'estomac (fig. 7), — son boulon (*c*, même figure), — la fourchette et ses oreilles (fig. 8), — le crochet du contre-poids (*b*, fig. 9), — le contre-poids (*a*, même figure), — la colonne du barreau (fig. 10), — l'épaulette (fig. 11), — la virgule de la colonne (fig. 12), — le barreau (fig. 13), — le tirant (fig. 14), — le boulon de la virgule de la colonne (*b*, fig. 12), — le marbre (fig. 17), — le grand tympan (fig. 18), — le petit tympan (fig. 19), — la frisquette (fig. 20).

NOTA. — Les parties à frottement de la presse, comme le calice, les bandes, les couplets, etc., ne doivent pas recevoir une trop grande quantité d'huile, si l'on veut les maintenir en bon état, et prévenir un empâtement de sale aspect, qui nuit plus ou moins sensiblement au libre jeu qu'elles doivent avoir. — (Il en est de même pour toutes les parties mobiles des presses mécaniques.)

§ IV.

DES PRESSES MÉCANIQUES.

Les presses mécaniques, quelles qu'elles soient, étant toujours mises en état de fonctionner par le mécanicien qui les livre, c'est-à-dire montées et régularisées quant au foulage, aussi bien que pour le jeu convenable des nombreuses parties qui les constituent, nous n'avons pas, comme nous venons de le faire pour la presse Stanhope, à nous en occuper sous ces divers rapports. Toutefois, nous croyons devoir donner ici, par ordre alphabétique, le nom des pièces dont est formée la mécanique la plus en usage (1); pièces qu'il importe que le conducteur connaisse parfaitement, autant pour apprécier le rôle qu'elles remplissent les unes vis-à-vis des autres, que pour en demander au besoin, sans hésitation et sans crainte d'erreur, la réparation ou le remplacement au mécanicien.

Nomenclature des pièces composant la presse mécanique.

Arbre de la cage d'excentrique.
Arbre du pignon de commande de la crémaillère.
Arbre du volant ou arbre moteur.
Bague ou carré réunissant l'arbre moteur à l'arbre du pignon de commande et formant la genouillère avec ses boulons.
Bandes à galets.
Bandes du marbre.
Barre carrée des pinces.
Barre plate portant les porte-pinces.
Bascule à béquille et à galet du rouleau preneur.
Bâtis (grands).
Bâtis (petits).
Bielle ou manivelle à galet du secteur des pinces.

(1) La presse qui sert à notre dénomination et dont nous donnons le plan à la fin du volume, sort des ateliers de MM. Alauzet et Heuse, mécaniciens des plus recommandables, passage Stanislas, 4, à Paris.

Boulon ou axe des rotules.
Cage d'excentrique.
Came de prise de feuille.
Came de transmission de la feuille en blanc.
Came de prise de la feuille en retiration.
Came de sortie de feuille.
Chaise à coulisses de l'arbre du pignon de commande.
Chaise ou support de l'arbre moteur.
Chapeaux de gendarme.
Chemin des rouleaux.
Cornes à douille et ressorts à boudin pour la sortie des feuilles.
Cornes ou supports à palier de la table à marger en blanc.
Cornes ou supports de la table à recevoir.
Cornes ou supports de la table à marger en décharge.
Coulisses (grandes) } des bandes à galets.
Coulisses (petites) } des bandes à galets.
Coussinets des cylindres de pression.
Couteaux des encriers.
Crémaillère.
Croissants de la crémaillère.
Cylindres des encriers.
Cylindres de pression.
Débrayage.
Entretoise à goujon supportant le balancier des entretoises mouvantes.
Entretoises des bouts.
Entretoises des coulisses ou petites entretoises.
Entretoises du milieu ou grandes entretoises.
Entretoises mouvantes (dites *de foulage*).
Entretoises (ou coulisses) des galets des croissants.
Excentrique brisé du cylindre de l'encrier.
Excentrique de commande du porte-cames.
Excentrique du départ de la feuille de décharge.
Excentrique du départ de la feuille en blanc.
Excentrique du foulage.
Galets des croissants.
Galets des rouleaux distributeurs.
Galets du marbre.
Galets du pignon de commande.
Galet du porte-cames.
Garde-fou des cylindres.
Garde-fou des encriers.
Garde-fou des marbres.

Genouillère.
Lyres.
Manivelles ou béquilles de la prise d'encre, et galets de la bascule.
Marbres.
Montants des cylindres de pression.
Palier de la cage d'excentrique.
Paliers du jeu des pinces.
Palier du sommier de l'encrier.
Peignes des rouleaux distributeurs.
Peignes des rouleaux toucheurs.
Pignon commandant la roue d'engrenage de la marge en blanc et en décharge.
Pignon commandant la roue d'engrenage du porte-cames.
Pignon de commande des cylindres de pression.
Pignon de commande de la crémaillère.
Pignon du secteur des pinces.
Pignon d'angle commandant les tringles des encriers.
Pignons d'angle des encriers.
Plaques fixant les montants des cylindres.
Porte-cames.
Porte-tampons des marbres.
Poulie de commande ou poulie fixe.
Poulie folle.
Poupée du cylindre de l'encrier.
Ressort à boudin de l'arbre de commande de la crémaillère.
Ressort à boudin du train.
Ressort de soulèvement.
Rotules.
Roue d'engrenage commandant la marge en blanc et en décharge.
Roues d'engrenage des cylindres de pression.
Roues d'engrenage du porte-cames.
Roue intermédiaire des cylindres de pression.
Rouleau de départ de la décharge.
Rouleau tendeur des cordons de sortie de feuille.
Secteur des pinces.
Sommier des encriers.
Support à écrou des chapeaux de gendarme.
Support de la roue intermédiaire des cylindres de pression.
Support à galet de la table à marger en blanc.
Support du rouleau preneur.
Table à décharges.
Table à marger en décharge.
Table à recevoir le papier imprimé.

Table à taquets pour la marge en blanc.

Tables à encre.

Tendeurs des ressorts à boudin des cylindres.

Tringle (ou barre) à blanchets.

Tringle à bascule et à galet pour la marge en blanc.

Tringle à bascule et à régulateur pour la marge en décharge.

Tringle à boules de la marge en décharge.

Tringle à picots et à rochet pour tendre les blanchets de fond.

Tringle à poulies mobiles et à poids tendeur des cordons pour la sortie de feuille.

Tringle à poulies mobiles pour la décharge.

Tringle à poulies pour la tension des cordons de la marge en décharge.

Tringle à taquets pour la marge en blanc.

Tringle brisée avec ressort à boudin pour la tension des pinces.

Tringle des supports du rouleau preneur.

Tringle du ressort à boudin du porte-cames.

Tringles à bagues pour les cordons de sortie de feuille.

Tringles à cordons et à faux cordons.

Tringles supérieure et inférieure de support pour les cordons de la décharge.

Vis pour régler le foulage.

Vis de rappel et de renvoi pour régler l'encrier.

Vis réglant les taquets.

Volant.

Le placement des cordons et leur parcours, quoique simples, étant malgré cela un sujet d'embarras plus ou moins prolongé pour l'ouvrier appelé à conduire une presse mécanique, nous croyons utile de donner les figures qui suivent, afin d'en rendre la perception plus facile.

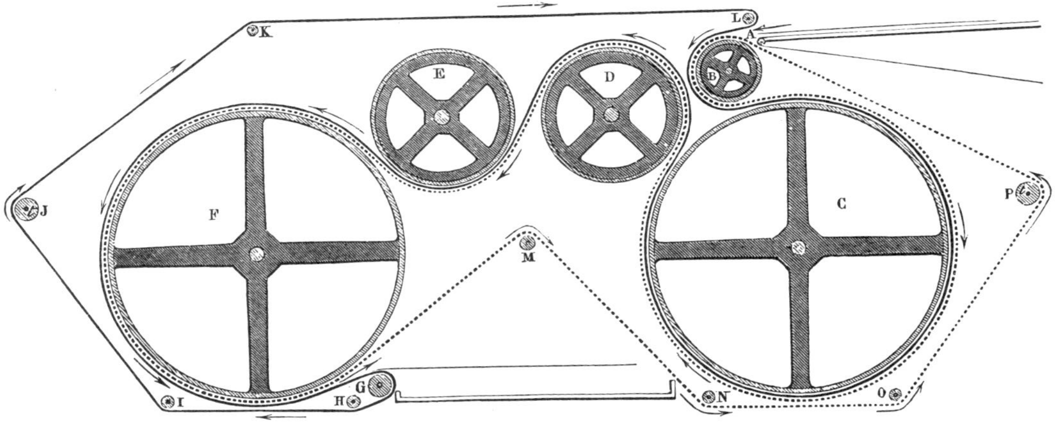

Parcours des cordons sur les presses mécaniques à gros cylindres.

Le cordon *plein* (ou cordon dit du *côté de première*) part du point A, passe sous le rouleau du départ de feuille B, entoure presque en totalité le cylindre de pression C, remonte sur le cylindre de registre D, passe sous le second cylindre de registre E, entoure aux trois quarts le cylindre de pression F, passe sur le rouleau de sortie de feuille G, puis sous la tringle H, de là sous la tringle à bagues I, remonte sur la poulie de tension J, puis sur le rouleau K, et revient à son point de départ A, en passant sur la tringle à poulies L.

Le cordon *ponctué*, partant du même point A, suit le cordon *plein* dans son parcours jusque sous le cylindre de pression F, où il le quitte à la sortie de feuille pour remonter sur la tringle à bagues M; il redescend alors et passe sous la tringle N, et de là sous la tringle à bagues O, remonte sur la poulie de tension P, pour revenir à son point de départ A.

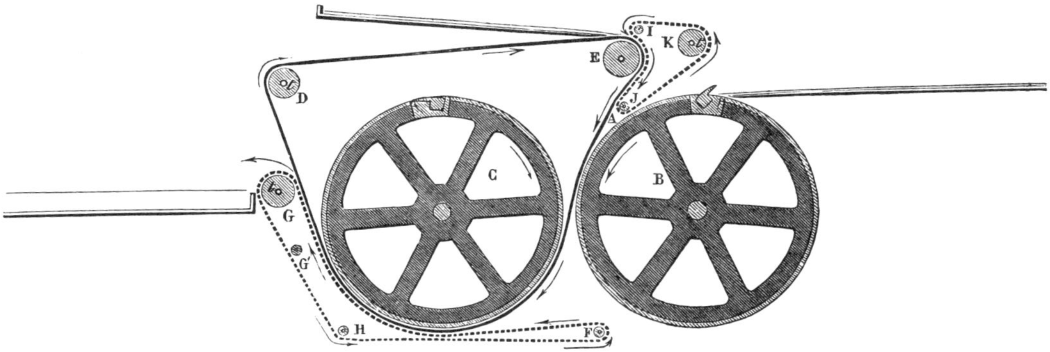

Parcours des cordons sur les presses mécaniques à petits cylindres.

Le cordon *plein* part du point A, touche sur le côté le cylindre de pression B, passe sous le cylindre C, remonte sur la poulie de tension D, pour arriver sur le rouleau E, d'où il redescend jusqu'à son point de départ A.

Le grand cordon *ponctué* (dit *de sortie de feuille*) part de la tringle F, passe sous le cylindre de pression C, remonte sur le rouleau tendeur G (sortie de feuille), redescend sur la tringle à bagues G', de là sous la tringle H, et revient à son point de départ F.

Le petit cordon *ponctué* (dit *de décharge*) part de la tringle supérieure I, passe sur le côté du rouleau E, puis sous la tringle inférieure J, remonte sur la poulie de tension K, et revient au point I, départ de la feuille de décharge.

Les *faux cordons* dont on fait usage sur la presse mécanique à petits cylindres, lorsque la nature des formes s'oppose à l'application des cordons ordinaires, comme tableaux, affiches, etc., se placent sur le rouleau tendeur G, redescendent sur la tringle à bagues G', de là sur la tringle H qu'ils entourent, et remontent à leur point de départ G.

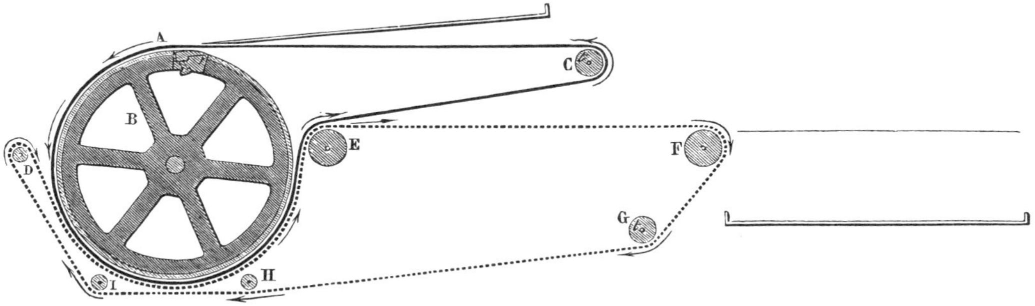

Parcours des cordons sur les presses mécaniques en blanc.

Le cordon *plein* part du point A (départ de la feuille), entoure les trois quarts du cylindre de pression B, remonte sur le rouleau E sortie de la feuille), et de là sur la poulie de tension C, puis revient à son point de départ A.

Le cordon *ponctué* part de la tringle à bagues D, passe sous la moitié du cylindre de pression B, puis au-dessus du rouleau E, et se prolonge, en soutenant la feuille, jusqu'au rouleau F, descend sous la poulie de tension G, arrive sous les tringles à bagues H et I, et retourne à son point de départ D.

Les *faux cordons* employés sur la presse mécanique en blanc sont de deux sortes : ceux de l'entrée de feuille en pression, et ceux de la sortie de feuille. Les premiers partent de la tringle à bagues D, descendent à la tringle à bagues I, et remontent, en entourant cette dernière, à leur point de départ D. Les seconds partent du rouleau E, se prolongent jusqu'au rouleau F, redescendent à la poulie de tension G, passent sous la tringle à bagues H, et remontent à leur point de départ E.

CHAPITRE II.

DE L'IMPRESSION.

La connaissance de la presse Stanhope étant suffisamment acquise par ce qui a été dit dans le chapitre précédent, nous allons développer, en les expliquant, la série des opérations nombreuses qui constituent l'impression (1), et nous suivrons pour cela l'ordre successif et rationnel dans lequel les deux compagnons les exécutent simultanément.

§ Ier.

PRÉPARATIONS DIVERSES DU PAPIER.

1° *Trempe.* — La trempe du papier contribue pour une large part à la bonne ou à la mauvaise qualité de l'impression : il est donc important d'apporter tous ses soins à la régler d'après la nature du papier, c'est-à-dire selon son degré de collage, son épaisseur, etc., et selon aussi que le format à tirer est plus ou moins compacte, le caractère gros ou fin.

En conséquence de cela, on trempe le papier par main, demi-main, et même quelquefois moins; mais, généralement, le papier sans colle (2) ne se trempe qu'une seule fois la main, en y jetant plus ou moins d'eau.

---

(1) Dans le but de rendre l'étude de ces opérations plus facile à l'élève, nous nous bornerons ici, ainsi que nous l'avons fait pour la composition, à les lui présenter d'abord sous la forme la plus simple : les nombreuses observations du chapitre III compléteront ce qui se rattache à chacun des paragraphes qui vont suivre, et à l'impression en général.

(2) Le papier sans colle est avec raison, pour la plupart des tirages, employé de préférence au papier collé, parce que celui-ci, demandant à être plus large-

Le papier se trempe de deux manières : *à la main* ou *au balai* (1).

Pour tremper *à la main*, on prend de la main droite une main de papier dont on maintient l'extrémité libre avec la main gauche, afin de prévenir l'écartement des feuilles pendant l'immersion, et on la plonge rapidement, du côté du dos, dans la bassine (2) placée à la droite; puis, après l'avoir laissé égoutter suffisamment, le trempeur la dépose, la partie mouillée en dessous et en l'ouvrant par son milieu, sur un ais recouvert d'une maculature sèche. — La totalité du papier à tremper est successivement traitée de même.

Pour tremper *au balai*, on pose sur l'ais la quantité de papier voulue, et, après l'avoir ouvert, s'il ne l'est pas, on l'asperge le plus régulièrement possible avec un petit balai de bouleau ou de bruyère (3) qu'on charge d'eau en le plongeant successivement dans la bassine.

2° *Remaniement*. — Immédiatement après que le papier est trempé, on le recouvre d'un ais qu'on charge très-légèrement, afin de lui laisser prendre son eau, et on le remanie au bout de plus ou moins d'heures, selon sa force et sa nature.

Le remaniement a pour but de répartir également l'eau reçue dans la trempe par le papier, c'est-à-dire de communiquer l'excès d'humidité de certaines parties à celles qui n'en ont pas suffisamment. Pour cela, on retourne le papier par petites portions égales,

---

ment trempé, nuit par sa fraîcheur à la beauté de l'impression; — ou que, s'il est tenu trop ferme, il altère plus rapidement le caractère. Mais la négation de colle devient surtout indispensable lorsqu'il s'agit de tirages en couleurs diverses, qui doivent s'opérer à sec pour la régularité du registre.

(1) Le papier collé se trempe le plus ordinairement à la main, et celui sans colle au balai.

(2) La bassine, en chêne doublé de plomb ou de zinc, se remplace quelquefois par un simple baquet, qu'il faut avoir soin de tenir très-propre et constamment rempli.

(3) Il y a des imprimeurs de province qui remplacent le balai par une éponge de moyenne grosseur.

et alternativement en sens inverse (c'est-à-dire in-octavo et in-douze), autant de fois que cela peut être jugé nécessaire.

Le papier est ensuite mis en presse, ou, à défaut de celle-ci, fortement chargé entre deux ais. On le laisse ainsi douze ou quatorze heures, puis il est sorti de presse et reste libre deux ou trois heures, afin de faire son dernier effet avant d'être employé.

3° *Glaçage.* — Cette opération se fait généralement par des ouvriers spéciaux. Elle a lieu lorsque le papier trempé a été remanié, et a pour effet d'unir sa surface, en en faisant, par la pression, disparaître le grain ainsi que les rugosités de diverses natures qui s'y trouvent trop fréquemment. Rendu plus ferme alors, le papier donne un foulage moins creux qui fait ressortir les parties délicates du caractère et des vignettes, et qui permet d'obtenir plus facilement la régularité convenable de l'impression.

Les feuilles à glacer se placent *une à une,* jusqu'à la concurrence de vingt ou vingt-cinq (ce qui forme *un jeu*), entre des plaques de zinc de dimension relative, mais qui doivent toutefois les déborder un peu de chaque côté. Ainsi réunies, les plaques et les feuilles sont mises entre les deux cylindres du laminoir, où elles sont suffisamment pressées en passant et repassant autant de fois que l'exigent la nature du papier et celle du tirage.

§ II.

COLLAGE DU GRAND ET DU PETIT TYMPAN, DE LA FRISQUETTE.

Collage du grand tympan. — Le grand tympan se couvre communément avec de la soie de bonne qualité, ou, ce qui est préférable pour des ouvrages soignés, avec du satin léger (1).

---

(1) Lorsque les tympans en parchemin étaient en usage, on les préparait ainsi : le parchemin était plongé entièrement dans l'eau, où il restait pendant quelques minutes; il était ensuite étendu avec soin, et recouvert dans toute son étendue avec un torchon sec ou des maculatures sans colle; puis le tout était roulé en cylindre et tordu légèrement, pour en exprimer l'eau. On retran-

Après en avoir enlevé les écrous, on enduit de colle le dessus du cadre, on pose par-dessus l'étoffe, préparée à l'avance, en la faisant dépasser autant d'un côté que de l'autre. Cela fait, on pratique de petites fentes dans le haut de l'étoffe, et l'on y fait entrer les couplets de la frisquette; on met de la colle sur la barre et sur l'étoffe, qu'on applique autour, puis on coupe les coins, en ayant soin de n'y point laisser de grosseurs. On colle ensuite le côté droit, en tirant fortement et droit l'étoffe par en bas, de façon à n'y laisser aucun pli; puis, lorsque ces deux parties sont à peu près sèches, on passe au côté gauche, pour lequel on agit de même; et l'on termine par le bas, après avoir mouillé légèrement l'étoffe, si elle est en soie, afin d'en faciliter et augmenter la tension.

Collage du petit tympan. — Le petit tympan se couvre, soit avec de la toile de lin écrue, soit avec de la soie encadrée de bandes de toile.

Après avoir coupé l'étoffe, de manière qu'elle puisse entourer le fer en tout sens, on en abat les quatre angles en équerre, et l'on colle d'abord la barre du haut, en faisant passer l'étoffe par-dessus et introduisant les languettes dans les petites ouvertures qu'on y a pratiquées à cet effet; puis on la rabat en dessous, en évitant d'y faire ni plis ni grosseurs qui pourraient gêner le passage sous la platine. On colle ensuite les deux côtés, et enfin la barre du bas, en faisant passer l'étoffe autour, dans le sens contraire de ce qui a été fait pour la barre du haut, c'est-à-dire de dessous en dessus (1).

Collage de la frisquette. — La frisquette, placée à plat sur le

---

chait alors le superflu du parchemin; l'on enduisait de colle les parties à fixer sur le cadre du tympan, le grain en dessus, et l'on tendait sans effort.

(1) Il faut éviter de mouiller l'étoffe du petit tympan, qu'elle soit en toile ou en soie, parce que, dans le premier cas, le tympan se détend en séchant, et que, dans le second, il acquiert une tension trop forte qui le fait cambrer. — Il est également nécessaire, pour prévenir ce défaut, de faire sécher le petit tympan à l'ombre.

marbre de la presse ou sur le banc, est couverte dans son entier par une feuille de papier collé et un peu fort, dont on enduit les bords de colle, ainsi que les bandes de la frisquette, sur lesquelles on la fixe en la tendant le mieux possible. On étend ensuite de la colle sur toute la surface de cette première feuille, et on la recouvre d'une seconde feuille également collée et forte, mais sèche, afin de prévenir plus facilement toute espèce de pli; puis on laisse sécher à l'ombre.

§ III.

LAVAGE DE LA FORME.

On place la forme à laver dans la bassine, après avoir préalablement passé dans un des angles de droite un bout de forte corde qui sert à l'y poser et à l'en sortir avec facilité; puis on la couvre complétement de lessive, et on la brosse avec soin.

Le mouvement de la brosse sur l'œil de la lettre se fait circulairement lorsqu'il s'agit d'une forme pleine; mais sur des tableaux à colonnes blanches, il doit être fait horizontalement ou verticalement, selon le sens des filets. On n'appuie que légèrement sur la brosse, et l'on évite avec soin le contact de son bois avec le caractère.

Lorsque la forme est lavée et retirée de la bassine, on la dresse le long de l'appui à ce destiné, et on la rince en jetant à plusieurs reprises de l'eau sur ses deux faces, puis on la laisse sécher.

§ IV.

PLACEMENT DE LA FORME SUR LA PRESSE.

Après avoir essuyé le marbre le mieux possible, on brosse le pied de la forme avec une brosse un peu ferme, et si l'on s'aperçoit qu'elle a conservé quelque humidité, on met deux ou trois feuilles de papier de décharge sur le marbre avant de l'y abattre, et autant par-dessus, puis on ôte un peu de foulage, et l'on tire quelques coups successifs de barreau. Il convient, après cela, d'essuyer de nouveau le marbre, et même d'y passer quelques gouttes d'huile.

La forme (que nous supposons complète, c'est-à-dire recouvrant la totalité d'un des côtés de la feuille à imprimer) doit être placée exactement au milieu du marbre, si elle ne le recouvre pas entièrement; et, lorsqu'elle est ainsi disposée, on l'y arrête sur ses quatre côtés avec des cales.

La forme étant définitivement arrêtée, on la desserre, on baisse le châssis et toutes les parties de garniture ou de blanc quelconques qui ne toucheraient pas le marbre, on taque, puis on serre légèrement, afin de ne rien faire lever (1), cas où il faudrait nécessairement desserrer, baisser et taquer de nouveau. On passe ensuite une brosse à longs crins et sèche sur la surface de la forme, en commençant par le caractère et finissant par les garnitures, biseaux, coins, châssis, afin d'en enlever toute espèce d'ordure qui pourrait se communiquer au rouleau (2).

§ V.

GARNITURE DU GRAND TYMPAN.

Pour l'impression du plus grand nombre de labeurs, le tympan se garnit avec une étoffe de soie unie et un blanchet de drap fin et moelleux recouverts d'une feuille de grand papier collé et glacé. Pour les ouvrages légers, on peut mettre seulement deux blanchets de soie ou un casimir fin; et si l'on veut reproduire le caractère dans toute sa pureté, un satin fort et une feuille de papier mince collé et bien uni suffisent, en ayant soin toutefois de ménager le foulage. Ces étoffes, quoique maintenues

---

(1) Pour éviter ce défaut, il faut incliner les coins de manière qu'ils ne buttent pas sur le marbre. On doit aussi, pour le même motif, éviter l'emploi de biseaux ou de coins défectueux.

(2) On agit de même pour le placement des formes sur les mécaniques.

par le petit tympan, qui les recouvre, se fixent au grand tympan au moyen de quatre épingles, et doivent être changées de position à chaque forme nouvelle.

§ VI.

DONNER TIERCE.

La tierce est la première feuille tirée ordinairement après le placement de la forme sous presse, et sur laquelle le prote, ou la personne commise à cet effet, vérifie si les fautes indiquées au bon à tirer ont été corrigées. Elle est ensuite remise à l'homme de conscience chargé de la corriger (1). La tierce doit être très-lisible, mais plutôt un peu grise que trop noire, afin de ne pas empâter la forme et que chaque lettre puisse être distinguée sans la moindre équivoque.

L'imprimeur, pendant ce temps, doit avoir desserré la forme qui est sous presse.

§ VII.

FAIRE LA MARGE ET PLACER LES POINTURES.

La marge est une feuille de papier qui, collée sur le grand tympan, sert de repère à l'imprimeur pour toutes les feuilles à tirer en blanc; il est donc important qu'elle soit faite avec le plus grand soin.

La *marge in*-8° se fait de la manière suivante : Une feuille régulière du papier de l'ouvrage est pliée exactement en deux dans le sens de la barre du châssis, et posée, ainsi pliée, sur les quatre pages du côté de la platine, de façon qu'elle les déborde

---

(1) Cette manière de procéder, quoique généralement en usage, a l'inconvénient de faire perdre un temps préjudiciable soit à l'ouvrier, soit à la célérité du travail; il serait plus rationnel de suivre ce que nous disons page 61, n° 49.

juste autant en pied, ce dont on s'assure en appuyant les doigts sur la feuille aux extrémités inférieures des pages; il faut en même temps que le pli de la feuille suive régulièrement le milieu de la barre du châssis. Le tympan, dégagé de la frisquette, est abaissé doucement sur la feuille, et on le traverse, à une certaine distance, par deux épinglettes aux blancs de fond ou de tête, indiqués facilement par l'appui de la main. Le tympan, étant relevé, donne, par les épinglettes qui y sont restées fixées, deux points de repère sur lesquels on porte exactement la feuille (ou marge) par le moyen des trous correspondants qui y ont été pratiqués, puis on colle la feuille aux quatre coins.

La marque du pli, qui reste apparente sur la feuille, indique la ligne sur laquelle il faut placer les pointures pour que leurs ardillons tombent dans les crénures du châssis.

La *marge in*-12 s'obtient ainsi : On plie en deux une feuille du papier de l'ouvrage, dans le sens de la barre du châssis, et l'on place cette feuille sur la forme de façon qu'elle déborde les pages juste autant dans les deux sens de son étendue, ayant eu le soin de la déplier et de faire fouler sur elle le folio de la page de la grande têtière (côté de la manivelle), où doit se placer la première pointure. Après avoir fixé la marge sur le tympan comme pour l'in-octavo, l'on prend avec un compas la moitié du blanc de la petite têtière : ce compas, présenté par l'une de ses branches près du foulage du folio dont on vient de parler (1), offre par l'autre branche l'écartement de tête à observer pour l'ardillon de la première pointure; on fait alors rentrer cette pointure d'environ 2 ou 3 centimètres sur le papier (2), on la fixe, et on la pique dans la feuille; on soulève ensuite la moitié de la feuille qui est de l'autre côté, puis on la plie exactement sur son pre-

---

(1) Si le folio est formé des chiffres français 1, 2, 7, 9, 0, qui diffèrent des mêmes chiffres anglais (1, 2, 7, 9, 0) en ce qu'ils portent du blanc en tête, l'imprimeur doit tenir compte de ce blanc dans son évaluation.

(2) Moins les pointures sont avancées sur la feuille, moins elles sont susceptibles d'occasionner du papillotage.

mier pli; on la pique sur la première pointure, on la déplie de nouveau, et l'on fixe la seconde pointure en lui donnant la rentrée nécessaire pour que son ardillon se trouve en rapport avec le trou qui vient d'être pratiqué.

§ VIII.

DÉCOUPAGE (1) DE LA FRISQUETTE.

Après avoir fait la marge et placé les pointures, on adapte la frisquette au grand tympan au moyen des brochettes, puis elle est, ainsi que celui-ci, abattue sur la forme préalablement touchée, et l'on tire le barreau le plus légèrement possible. Cela fait, la frisquette est enlevée du tympan, placée sur le banc, et, avec des ciseaux ou la pointe d'un canif, dégagée avec soin de toutes les parties qui y sont imprimées.

Le découpage terminé, on replace la frisquette, et l'on tire une feuille pour s'assurer que rien n'y *mord,* c'est-à-dire n'y masque le caractère en aucun endroit.

§ IX.

FAIRE LE REGISTRE (2).

Les principales conditions pour obtenir un bon registre sont : 1° l'intérieur des châssis parfaitement dressé; 2° l'exacte largeur et longueur des pages entre elles; 3° la régularité des blancs de

---

(1) L'usage, dans l'imprimerie, a consacré *découpage* au lieu de *découpure*.

(2) C'est, rigoureusement, faire correspondre le tirage d'un côté de la feuille avec celui du côté opposé, de telle sorte que, les pages étant de même dimension et de même caractère, toutes les lignes du verso tombent exactement sur celles du recto; mais, dans le cas où les pages contiennent des caractères différents, comme titres, notes, etc., le registre des lignes n'est plus possible, et l'on se borne alors à faire tomber parfaitement les pages en tête, en pied, et sur les côtés.

garniture. On doit donc commencer par s'assurer de ces choses à l'aide d'une équerre, d'une réglette bien dressée, ou d'un filet présenté en tête et le long des pages de toute une rangée, et, s'il y a lieu, corriger en jetant ou diminuant, selon le besoin, soit aux blancs du châssis, soit à ceux des garnitures ou des pages. Mais lorsque la perfection désirable est obtenue sous ce rapport, il peut arriver que le registre pèche encore par le placement vicieux des deux pointures ou d'une seulement, ce dont on ne peut s'assurer qu'en faisant ce que l'on appelle le *registre en blanc*. Pour cela, on tire une feuille blanche sous une feuille de papier de décharge, puis on la met en retiration sur elle-même en pointant avec soin, et on la tire de nouveau. Si les pages ne tombent pas exactement les unes sur les autres, on fait mouvoir les pointures en haut ou en bas, en avant ou en arrière, suivant le format, mais toujours dans le sens de la différence qu'offre la retiration; c'est-à-dire que si, la feuille étant considérée dans ce sens, l'impression descend, c'est que, pour le tirage en blanc, les pointures montent trop; il faut donc les descendre de *moitié* de la différence offerte, et, dans le cas contraire, les relever d'autant. Cette opération se répète jusqu'à ce qu'on ait obtenu un registre convenable.

Le registre bien fait en blanc doit servir, sans y rien changer, lorsque la retiration a lieu sur la même forme; mais si elle se fait sur une autre forme, il faut d'abord donner exactement à celle-ci la même position qu'avait la précédente forme, et ensuite en rectifier les défauts comme il a été dit plus haut. Il est convenable aussi que le serrage des deux formes soit fait d'une manière identique, surtout dans les petits formats, car le serrage irrégulier peut faire pécher d'une manière sensible le registre de formes où tout est exact d'ailleurs; cas où il faut de nouveau serrer ou desserrer, selon le besoin, et, si cela est insuffisant, jeter ou retrancher du blanc où il est nécessaire.

§ X.

RÉGLER LE FOULAGE (1).

La régularité préalable du foulage s'obtient à l'aide de supports (2); elle est ensuite achevée avec les hausses et les découpages, lesquels constituent la *mise en train* proprement dite.

Lorsque la forme à tirer est pleine et de grande dimension, les supports sont à peu près inutiles; mais il n'en est plus ainsi quand elle n'occupe qu'une partie du marbre de la presse, ou que, le recouvrant entièrement, elle contient des vides quelconques, susceptibles de fausser le foulage : dans ce cas, ils sont indispensables, et l'imprimeur doit les placer avec discernement, c'est-à-dire de manière que les lignes voisines des parties vides soient soulagées de pression, et que le rouleau soit régulièrement soutenu dans son parcours sur la forme. — Il est inutile de dire que les supports mis en dehors du texte ne doivent jamais se rencontrer avec le cadre de la frisquette.

Après que les supports de la forme sont placés, on tire, sans encrer, une feuille sèche du papier de l'ouvrage, qu'on laisse sur le tympan, et dans laquelle on enfonce deux épinglettes, l'une en haut, l'autre en bas, de manière à traverser ce dernier ainsi que la feuille qui se trouve dans son intérieur, afin de pouvoir, plus tard, repérer exactement et facilement les deux feuilles ensemble. On enlève ensuite la feuille tirée de dessus le tympan, et on la retourne pour vérifier le foulage et en corriger les défauts.

---

(1) Le foulage est le relief produit par le caractère sur le côté du papier opposé à celui qui a été en contact immédiat avec lui lors de l'impression de la feuille. — Sur les presses à bras, il se détermine à l'aide du régulateur; — sur les mécaniques en retiration, au moyen des vis placées sous les tiges des genouillères, et qui se tournent de gauche à droite pour l'augmenter, et de droite à gauche pour le diminuer; — sur les mécaniques en blanc, il se règle par les deux vis qui sont de chaque côté du cylindre.

(2) Voir, plus loin, page 70 et suivantes, la nature des divers supports.

§ XI.

PLACER LES HAUSSES ET FAIRE LES DÉCOUPAGES.

La première de ces opérations se fait en appliquant sur la feuille de mise en train (ou sur la feuille de marge, ou sur le tympan) un ou plusieurs morceaux de papier aux endroits qui foulent moins que d'autres, pour en corriger la faiblesse (1).

Les découpages, au contraire, consistent à enlever avec les ciseaux toutes les parties de la feuille de mise en train ou de la marge qui offrent un foulage relativement trop fort, comme cela se manifeste particulièrement sur les bords des pages ou sur des lignes isolées; et cette opération se répète sur autant de feuilles qu'il est nécessaire pour obtenir la régularité du foulage.

Lorsque cela est achevé, on place la feuille de mise en train dans le tympan, entre le blanchet et le papier glacé, en la repérant avec soin avec celui-ci, à l'aide des trous pratiqués par l'épinglette; puis, après avoir mis une feuille de décharge sur le tympan, on abaisse deux ou trois fois la platine, pour aplatir les hausses et les faire adhérer convenablement à la feuille de mise en train.

§ XII.

TOUCHER (2).

La touche est une des plus importantes opérations à l'aide desquelles on obtient une bonne impression, aussi exige-t-elle des soins incessants et tout particuliers.

Le rouleau, supposé dans un état satisfaisant de confection (3) et de propreté, est légèrement et dans toute sa longueur approché

(1) Ces morceaux de papier s'appellent *hausses*.

(2) On désigne ainsi l'action de mettre l'encre sur la forme avec le rouleau avant d'opérer le tirage.

(3) Voir chapitre VI, page 178.

du cylindre de l'encrier, réglé à l'avance, pour y prendre l'encre nécessaire, laquelle est immédiatement et vivement distribuée sur la table, en déplaçant souvent le rouleau de gauche à droite et de droite à gauche, et en le changeant de main, sans toutefois le lever haut ni le laisser retomber lourdement sur la table, pour éviter d'en décoller la matière à ses extrémités. — (Cette opération se répète plus ou moins fréquemment, selon l'étendue de la forme et aussi selon que l'ouvrage exige de soins; mais il faut à chaque fois faire faire un quart de tour au cylindre de l'encrier, pour renouveler la couche d'encre qui en a été enlevée précédemment.)

Le rouleau est ensuite placé d'aplomb sur la forme (1), dont on lui fait parcourir quatre fois la surface (davantage si la forme est très-chargée) avec assurance et légèreté, et le plus régulièrement possible (2), c'est-à-dire sans appuyer plus d'une main que de l'autre.

Lorsque le rouleau a fait son premier parcours sur la forme, il faut, avant de le ramener à soi, le soulever un peu, afin de changer sa position sur la forme et pour donner une égale quantité d'encre à toutes les parties de celle-ci. On évite aussi par là que le bas des pages ne s'empâte. — On agit de même à chaque nouveau parcours du rouleau.

---

(1) Le toucheur quitte l'encrier lorsque le train a été déroulé par son compagnon, et avance d'abord le pied gauche, puis le pied droit dès que le tympan est relevé. Il roule comme il a été dit ci-dessus, et retourne à l'encrier en retirant le pied droit, pour éviter de heurter le pied gauche de celui qui tire le barreau.

(2) Il arrive quelquefois, cependant, que l'on doit s'écarter de ce principe : c'est lorsqu'il se trouve à l'une des extrémités de la forme des parties plus chargées que celles de l'autre extrémité, et qui, par conséquent, exigent plus d'encre; il est même nécessaire, dans ce cas, de passer une ou deux fois de plus le rouleau sur ces parties.

§ XIII.

TIRER (1).

Cette opération, qui a lieu dès que la forme a été encrée par l'un des deux ouvriers, s'exécute ainsi qu'il suit pour le tirage *en blanc* (2).

La presse étant préparée et la forme placée selon ce qui a été dit précédemment, le papier, trempé et remanié, est apporté en totalité ou en partie sur le pupitre, aussi près que possible du tympan, sans toutefois y toucher. L'imprimeur qui doit tenir le barreau commence par prendre une certaine quantité de papier, qu'il remue sur place et dans plusieurs sens, afin de détacher les feuilles qui pourraient adhérer l'une à l'autre; puis il ramène à lui, à l'aide de l'ongle du pouce droit (3), trois ou quatre feuilles, qui, de cette manière, débordent les autres par en bas, et dont il saisit des deux mains celle de dessus par ses deux angles inférieur et supérieur, pour la porter rapidement et avec précision (en allongeant les bras de manière que le corps reste en dehors du tympan) sur la feuille de marge, qu'elle doit exactement recouvrir. La main gauche quitte alors l'angle inférieur de la feuille pour se rapprocher de son centre, tandis que la main droite, débarrassée, saisit légèrement l'oreille de la frisquette, sans la tirer ni la pousser, et la fait descendre sans secousse sur le tympan, lequel, pour ainsi dire par le même mouvement (4), est abaissé

---

(1) C'est proprement dit, mais prise dans son sens le plus restreint, l'action d'imprimer les caractères sur les feuilles qui passent sous la presse.

(2) Il y a deux sortes de tirages : le tirage dit *en blanc*, c'est-à-dire celui qui, préalablement, et en général pour tous les labeurs, se fait sur le premier côté de la feuille (ou exclusivement, comme pour les affiches, factures, etc.); — et le tirage *en retiration*.

(3) Lorsqu'il s'agit du papier à mettre en retiration, l'imprimeur doit avoir le soin de ne porter l'ongle que sur la marge intérieure ou extérieure de la feuille, afin de ne pas occasionner de maculage, en écrasant l'impression du côté déjà tiré sur le côté à tirer des feuilles suivantes.

(4) Pour bien opérer ce mouvement, qui, techniquement, s'appelle *moulinet*,

délicatement sur la forme. Saisissant aussitôt la manivelle de sa main gauche, l'imprimeur la fait tourner rapidement de droite à gauche, et pendant que le train glisse sous la platine, il prend le barreau de la main droite, l'amène à lui en retirant son corps en arrière, et conserve à son bras une position droite qui double sa force au moment du tirage. Après avoir abandonné le barreau, il imprime à la manivelle, de sa main gauche, un mouvement rapide de gauche à droite, pour la faire marcher en sens contraire et ramener le train à son point de départ; puis, dès que cela est fait, il quitte la manivelle et appuie les doigts de sa main gauche vers le bas du tympan, pour aider sa main droite à le relever de la même manière qu'il a été abattu. Pendant que la frisquette se relève, il glisse le pouce de sa main gauche sous l'angle inférieur de la feuille le plus près de lui; il lève cette feuille avec ses deux premiers doigts, et fait exécuter la même opération à sa main droite au sommet de la feuille, laquelle se trouve ainsi enlevée avec soin de dessus les pointures pour être placée carrément sur la partie du banc opposée au pupitre. — Ces diverses opérations se répètent jusqu'à ce que tout le papier soit tiré en blanc.

Après avoir serré et enlevé (pour la laver immédiatement) la forme tirée (1), on dispose la deuxième forme de la même manière que l'a été la précédente, et l'on commence le tirage *en retiration,* c'est-à-dire celui du second côté de la feuille.

L'imprimeur retourne le papier tiré, soit in-8°, soit in-12 : pour

---

il faut se placer en face du train, près du tympan, et, la frisquette étant saisie de la manière qu'il vient d'être dit, n'avancer le pied gauche devant le milieu du train qu'au moment où le tympan couvre entièrement la forme. Sans cette précaution, c'est-à-dire si l'on avance trop tôt le pied gauche, on pousse forcément la frisquette, qui dévie alors de sa marche régulière, et produit, en se redressant sous le tympan ainsi abattu, un frisottement plus ou moins prononcé. — Il en est de même si la frisquette, prise à pleine main, est tirée à soi. — Un mauvais abattage peut, de plus, contribuer à fausser le registre, lorsque les couplets du tympan ont un jeu insolite.

(1) On suppose que le tirage se fait par feuille et non par demi-feuille, cas où la retiration s'imprime sur la même forme.

l'in-8° et tous les autres formats analogues, il l'enlève du banc sur la main gauche, et le retourne de bas en haut en le plaçant sur le pupitre; pour l'in-12, il le prend sur la main droite, et le retourne dans son sens le plus étroit, les trous des pointures en haut du pupitre.

Lorsque la tierce de la retiration est corrigée et le registre vérifié, l'imprimeur, après avoir diminué d'un tour de vis le foulage, fixe une feuille de décharge sur la marge (1), en la faisant passer sous les pointures, et en la collant légèrement à ses extrémités, afin d'éviter qu'elle ne plisse sur les bords des pages et n'en fasse par là forcer le foulage, tout aussi bien que pour empêcher qu'elle ne soit enlevée avec la feuille tirée.

Cela fait, on procède à la mise en train de la nouvelle forme, et l'on continue le tirage avec les mêmes soins apportés pour le papier blanc; mais avec cette différence, toutefois, qu'au lieu de marger seulement la feuille en l'apportant sur le tympan, on la présente légèrement, quoique avec assurance, au-dessus des pointures, pour faire pénétrer ces dernières dans les trous qu'elles y ont faits lors du tirage en blanc.

La retiration terminée, le papier est remis à la personne chargée de le compter (2) et de l'étendre; puis, la seconde forme étant lavée, elle est, ainsi que la précédente, portée au metteur en pages pour être distribuée.

On agit de la même manière pour les feuilles suivantes.

---

(1) Le côté imprimé portant sur la marge y laisse, par l'effet de la pression, une partie de son encre, laquelle, bien que très-minime d'abord, finit ordinairement par en transmettre à son tour à la feuille imprimée, et y produit ce que l'on appelle *maculage*. La feuille de décharge a pour objet de prévenir ce grave inconvénient, mais elle doit être renouvelée dès qu'on peut craindre qu'elle ne soit assez chargée d'encre pour en communiquer elle-même à la bonne feuille.

(2) Avant de relever la dernière forme tirée, il faut s'assurer que le comptage a fourni le nombre demandé. — Ceci s'applique également aux mécaniques.

§ XIV.

TIRAGE A LA MÉCANIQUE.

La plus grande partie des opérations relatives au tirage à la mécanique étant identiques de dénomination avec celles de la presse manuelle, nous les avons, sous les mêmes titres, mais d'une manière distincte, réunies à ces dernières, afin d'éviter des répétitions complétement inutiles.

Nous dirons donc seulement ici, en renvoyant pour les détails aux paragraphes qui ont rapport à ces diverses opérations (1), ce qui se pratique généralement pour la mise sous presse à la mécanique.

Après avoir placé et arrêté la forme du côté de *deux* sur le marbre dit de *prise de feuille,* le conducteur met une feuille blanche sur cette forme et la fait passer pour régler le foulage; il agit de même pour le placement du côté de *première,* place les rouleaux sur les peignes et règle les encriers en faisant tourner la machine; il baisse ensuite les rouleaux, passe quelques décharges, puis une feuille blanche pour faire le registre et régler la marge. Lorsque cela est obtenu, il passe une nouvelle feuille pour la tierce, et successivement deux autres feuilles, mais cette fois sans retiration, pour la mise en train. Il enlève après cela le blanchet de mérinos, donne un peu de foulage, et fait marcher la machine en passant quelques décharges; puis il fait passer une fois sans feuille, afin de marquer un point de repère sur la feuille fixée aux cylindres. Il fait alors relever les rouleaux sur les peignes

---

(1) Voir à ce sujet les articles : *Trempe du papier,* pages 49, 51; — *Lavage des formes,* page 56; — *Placement de la forme,* pages 58, 59; — *Garniture des cylindres,* pages 59, 60; — *Tierce,* page 61; — *Marge,* page 65; — *Pointures,* pages 66, 67; — *Registre,* page 69; — *Foulage,* pages 41, 60, 70, 72, 73; — *Découpages,* pages 73 à 91; — *Touche,* pages 92, 93, 94; — *Tirage,* pages 96, 98, 99, 100, 101; — et *Causes principales des défauts de l'impression,* pages 113 à 128.

et donner un coup de brosse aux formes; il diminue le foulage, fait la mise en train sur les deux feuilles tirées précédemment et les divise par pages qu'il colle le plus exactement possible sur les feuilles des cylindres, puis il les recouvre avec le blanchet. (Pendant ce temps la tierce a dû être corrigée.) Les rouleaux sont mis en place, et, après deux ou trois feuilles de décharge, une feuille blanche est passée pour la révision.

Cela terminé, le conducteur met définitivement la machine en marche.

CHAPITRE III.

OBSERVATIONS SUR LE CHAPITRE PRÉCÉDENT (1).

§ Ier.

OBSERVATIONS RELATIVES A LA PRÉPARATION DU PAPIER.

1. En recevant le papier, l'imprimeur (2) doit le vérifier en comptant par main le papier ordinaire, et par feuille le vélin ou tout autre papier de choix, s'il est en petit nombre (3).

2. Lorsque le vélin passe cent feuilles, ou qu'il est de plus grande dimension, il est trempé à part; dans le cas contraire, il se place vers le milieu du papier ordinaire, où il est indiqué par une contre-marque distincte.

3. La table à tremper doit être d'un niveau parfait, afin que l'eau dont on imbibe le papier ne se porte pas d'un côté au préjudice de l'autre.

4. L'eau que l'on emploie doit être dégagée de toute espèce d'ordures qui pourraient altérer la blancheur du papier et nuire au caractère. Celle de puits convient peu, parce qu'elle contient ordinairement des sels qui donnent au papier une teinte de roux plus ou moins accentuée.

5. L'ais sur lequel on place le papier en trempant doit être de sapin, car le chêne y produit des taches; il doit aussi n'avoir que la grandeur exacte du papier, pour que l'eau qui s'écoule de ce

(1) Afin d'éviter des répétitions, nous avons, dans ce chapitre et le suivant, réuni une grande partie du travail similaire qui se fait aux mécaniques.

(2) Ou le trempeur spécial affecté au service des mécaniques, lequel, dans ce cas, devrait, de préférence, être choisi parmi d'anciens ouvriers imprimeurs.

(3) S'il en est autrement, c'est-à-dire si le papier, quel qu'il soit, lui est livré ouvert, par paquets de mille feuilles, sans division des mains par une marque apparente, l'imprimeur ne saurait être responsable de l'irrégularité de nombre qui pourrait se produire sur le tirage des diverses feuilles d'un même ouvrage.

dernier ne puisse y séjourner, et n'entretienne ainsi aux bords des mains inférieures un excès de fraîcheur nuisible. Pour le même motif, la maculature (1) placée préalablement sur l'ais n'excédera pas sa dimension.

6. Si le papier à tremper est livré *ouvert* (ce qui a lieu pour les papiers forts ou de choix), l'imprimeur prend une certaine quantité de feuilles entre deux réglettes de bois assez solides et assez longues pour les maintenir dans l'étendue de l'un de leurs bords les plus étroits, et il les plonge de ce côté dans la bassine de la même manière que lorsqu'il s'agit d'une main entière non ouverte (2).

7. Lorsque l'on jette de l'eau sur du papier sans colle et qu'elle y forme des creux, c'est que la pâte en est douce : il faut alors tremper légèrement; si, au contraire, l'eau produit un certain bruit en tombant et que le papier s'élève au lieu de creuser, c'est que la pâte est revêche et demande à être plus fortement trempée (3).

8. Les papiers sans colle, faibles de pâte et cotonneux, qui s'effleurent au tirage ou jettent des ordures, ne doivent recevoir que médiocrement d'eau.

9. Lorsque l'on trempe du papier disposé par mains, on en abat le mieux possible les dos; on efface les rides et les plis qui peuvent s'y trouver; puis, à chaque cinquième main, on fait rentrer sur elle-même la dernière feuille, de manière que son angle inférieur de droite vienne faire saillie sur le devant du paquet, et former ce que, techniquement, on appelle les *marques*.

---

(1) Les maculatures qui contiennent de la paille ne seront pas employées, parce qu'elles communiquent une teinte jaunâtre aux feuilles qui se trouvent en contact immédiat avec elles.

(2) Il y a des ouvriers qui remplacent les réglettes par un pli fait sur l'un des côtés du papier; ce qui est plus facile et revient au même, car l'important est que l'eau n'entre pas entre les feuilles de la pincée.

(3) Le papier exige aussi une trempe prononcée lorsque les formes à tirer sont très-pleines et le caractère non interligné. — Il en est de même pour le tirage des tableaux encadrés et à colonnes vides.

On peut encore, et cela est préférable, placer successivement au lieu du pli une bandelette de papier de couleur, dont la position doit être alternée de gauche à droite, puis de droite à gauche si cela est nécessaire, afin d'éviter l'épaisseur que produirait son placement perpendiculairement régulier (1).

10. Lorsque l'on trempe par fractions de main, l'on doit faire en sorte que les parties divisées soient égales entre elles et reçoivent la même quantité d'eau.

11. Lorsque le papier à tremper l'a déjà été une première fois, et que, malgré un séchage convenable, l'on craint qu'il ne se *pique* en le trempant de nouveau, c'est-à-dire ne se marque de points jaunâtres, il faut ajouter à l'eau une petite quantité d'eau de Javelle (2).

12. Le papier doit être un peu moins trempé pour les mécaniques que pour les presses à bras, et les *marques* ne se placent qu'à chaque rame.

Il en est de même, sous ces deux rapports, du papier qui est destiné à être glacé (3).

13. Le papier de Chine ne se trempe pas, mais on le met ramoitir entre des feuilles légèrement humides.

14. L'imprimeur doit, particulièrement en été, ne pas négliger de visiter le papier qui est trempé depuis plusieurs jours; et

---

(1) Ce mode est surtout avantageux pour les papiers mécaniques, qui se cassent facilement, et pour tous les papiers collés, dont les plis qui résultent des marques avec les feuilles sont souvent ineffaçables.

(2) Le papier *piqué* se détache en le trempant dans de l'eau propre mélangée, en quantité suffisante, d'eau de Javelle. — Quelquefois aussi, il suffit d'exposer le papier à un soleil ardent pendant quelques heures pour en faire disparaître les taches. — Il est bon de dire, toutefois, qu'il y a des impressions en rouge qui ne peuvent supporter la première de ces opérations sans en être notablement altérées, ou même sans disparaître entièrement. Le seul moyen, dans ce cas, de *prévenir* le piquage lorsqu'on s'aperçoit, après le tirage, qu'il a de la tendance à se produire, c'est d'encoller au plus tôt et assez fortement le papier.

(3) Dans les conditions ordinaires de trempage les feuilles adhèrent entre elles, et leur difficile séparation nuit à la célérité du glaçage.

si l'odorat (1), aussi bien que la vue, lui fait reconnaître qu'il est en danger de se piquer, il est indispensable qu'il le fasse, sans retard, étendre par très-petites parties.

15. On doit avoir soin, en remaniant le papier, d'effacer tous les plis qu'on y découvre, mais il faut maintenir ceux des marques sans en intervertir l'ordre.

16. Si, en passant la main sur le papier remanié, on s'aperçoit qu'il y ait des parties plus moites que d'autres, il faut remanier et mettre en presse une seconde fois. Mais si le papier est généralement trop trempé, et que son exposition à l'air pendant quelques instants soit insuffisante pour le ramener à l'état convenable (2), il faut, s'il est collé, y intercaler du papier de décharge à des distances plus ou moins rapprochées; et s'il ne l'est pas, du papier de l'ouvrage, qui puisse être employé après ce service (3). Lorsque, au contraire, le papier est en totalité trop sec, on l'asperge légèrement et par intervalle (4). — Dans ces deux derniers cas, il faut, comme dans le premier, soumettre de nouveau le papier à la pression et au remaniement.

17. Les plaques de zinc de la presse à glacer exigent la plus grande propreté, et doivent par conséquent être fréquemment essuyées avec un chiffon enduit d'essence de térébenthine, afin de prévenir l'oxydation qu'y produit assez facilement l'humidité du papier. S'il en était autrement, la blancheur du papier se trouve-

---

(1) Il s'exhale du papier piqué, ou sur le point de l'être, une odeur alliacée plus ou moins prononcée. — Le papier à la forme, surtout lorsqu'il est collé, est plus susceptible de se piquer que le papier continu.

(2) L'étendage sur les cordes, dans ce cas, ne donne qu'un résultat peu satisfaisant, en ce que le séchage ne s'y opère que très-inégalement.

(3) En négligeant d'agir ainsi, le papier court risque de s'effleurer sur la forme, et de ne donner qu'un tirage lourd et plus ou moins pâteux.

(4) Il y a des ouvriers qui, dans ce cas, se contentent d'augmenter le foulage pour que l'impression ne soit pas égratignée : c'est remédier à un défaut en en produisant un autre.

rait altérée soit par des taches partielles, soit par une teinte plombée des plus désagréables.

Le même défaut se manifeste lorsque la pression est trop forte ou trop répétée; et, dans ce cas, le papier est en outre en danger de se *brûler,* c'est-à-dire de perdre toute la force d'adhérence que lui donne le trempage.

18. Le glaçage ménage le caractère lorsque, comme aujourd'hui, il se trouve dans le papier des éléments autrement durs que le chiffon; mais le papier qui a subi cette opération doit être tiré sans trop de retard (surtout s'il est placé dans un endroit humide), si l'on ne veut en neutraliser le bon effet. Il demande aussi à être manié avec soin lorsqu'il est tiré, parce que l'encre, le pénétrant plus difficilement, reste à sa surface, et y produit du maculage au moindre frottement (1).

19. Le papier dit *de Hollande* (ou *à la forme*) ne se glace pas, ou du moins que très-légèrement, si l'on tient à lui conserver en partie le granuleux qui le fait reconnaître et rechercher par les amateurs, sinon pour sa beauté, du moins pour sa durée.

20. Le papier destiné à recevoir une teinte de chine pour l'impression de gravures, doit préalablement être glacé; et après le tirage de la teinte, il faut l'étendre pendant quelques jours avant de le soumettre à un second glaçage pour le tirage en noir.

21. Après le glaçage, le papier ne doit plus être mis en presse.

§ II.

OBSERVATIONS RELATIVES AU COLLAGE DU GRAND ET DU PETIT TYMPAN, DE LA FRISQUETTE.

22. Autant par économie que pour obtenir la solidité convenable, l'étoffe qui recouvre le grand tympan doit n'avoir que l'étendue intérieure du cadre; l'excédant nécessaire s'obtient au moyen de bandes de toile que l'on coud sur ses quatre côtés. Si

(1) Cet inconvénient grave est quelquefois à tort, dans ce cas, attribué au manque de siccité de l'encre.

l'on se dispense de ces bandes, il convient toutefois de garantir d'une trop prompte usure l'étoffe qui porte sur les barres, en la recouvrant de toile ou de fort papier collé.

23. Une quinzaine de jours après le collage du grand tympan, il est indispensable de le décoller pour en tendre de nouveau l'étoffe. — Il en est de même pour le petit tympan.

24. Lorsque le petit tympan est d'étoffe faible, on peut, pour lui donner plus de solidité, le doubler en dedans d'une feuille de papier fort, bien collé, que l'on fait adhérer exactement et sans pli, après l'avoir imbibée de colle.

25. La frisquette doit être assez large pour que ses montants ne portent pas sur la tête des vis qui servent à fixer les pointures, et la bande où sont les couplets avoir plus de largeur que les autres, mais sans plus d'épaisseur.

26. Lorsque le labeur à tirer est de longue haleine et de nature, par ses blancs, à exiger des supports nombreux, il est nécessaire de coller la frisquette avec du parchemin, ou au moins d'en couvrir de bandes les parties extérieures qui sont en contact avec ces supports (1).

27. Lorsque, après un tirage effectué, on colle de nouveau la frisquette, il faut éviter de donner, en les recouvrant, trop d'épaisseur aux parties anciennes qui pourraient y être conservées.

28. On doit préparer deux ou trois frisquettes à l'avance, afin de ne pas perdre de temps en cas d'accident ou de changement imprévu de format.

§ III.

OBSERVATIONS RELATIVES AU LAVAGE DES FORMES.

29. Les formes doivent, autant que possible, être lavées avant la correction du bon à tirer, afin qu'elles aient le temps de sécher

(1) L'adhérence des supports de la forme avec la frisquette se corrige en mettant un peu de blanc à cette dernière, aux endroits correspondants.

convenablement dans l'intervalle de leur correction et de la mise sous presse (1).

30. Après avoir retiré les formes de la bassine, on doit s'assurer s'il n'en est pas tombé de lettres; cas où il faudrait remettre celles-ci au metteur en pages ou à l'homme de conscience.

31. Lorsqu'il a été fait plusieurs épreuves sur une forme, et cela à de longs intervalles, il est bon de la laisser tremper quelques heures dans la bassine avant de la brosser, et, s'il est possible, de faire tiédir la lessive.

32. Il faut éviter de laisser la brosse sur ses soies; elle doit être passée à l'eau pure après qu'on s'en est servi, et suspendue à un clou, afin de se ressuyer plus facilement.

33. Lorsqu'on fait usage de lessive chaude (ce qui, nous pouvons l'affirmer, ménage le caractère d'une manière notable), elle doit être versée sur la forme quelques instants avant d'y appliquer la brosse, qui, sans cette précaution, en serait promptement altérée (2).

34. Si, pendant le tirage, des ordures s'aperçoivent sur plusieurs points de la forme, et qu'il soit nécessaire de laver sous

---

(1) Cette manière de procéder offre en outre, au corrigeur sur le plomb, la possibilité de s'apercevoir si quelques lettres se sont échappées ou brisées dans le lessivage ou le transport des formes, s'il n'en a pas été prévenu par le laveur.

(2) Pour laver à froid, on met un kilogramme et demi de potasse d'Amérique dans deux seaux d'eau; si on lave à chaud, un kilogramme suffit.

On peut obtenir une eau de lessive plus économique et suffisamment bonne (surtout si on la fait chauffer) par le moyen suivant : Dans le milieu d'un tonneau de dimension ordinaire on place une claie en osier, ou un fond en bois percé de trous peu distants les uns des autres, qu'on recouvre d'un fort lit de paille, ainsi que les parois supérieures du tonneau; on met ensuite sur la paille une épaisse couche de cendre de bois, sur laquelle on verse, en quantité suffisante, de l'eau de pluie ou de rivière. Cette eau filtre lentement au travers de la cendre jusque dans la partie inférieure du tonneau, d'où on l'extrait, selon le besoin, à l'aide d'un robinet. Lorsque la lessive est devenue boueuse par l'usage, on la jette sur la cendre, qui en retient la crasse, et elle se filtre de nouveau en acquérant du mordant. Cette dernière opération peut se répéter plusieurs fois, après quoi la crasse qui s'est accumulée est enlevée du tonneau et remplacée par de la cendre neuve et de la potasse.

presse, il faut pour cela, avant de se servir de la brosse, la dégager presque entièrement de la lessive qu'elle contient en la secouant et la frappant sur du papier non collé; puis passer ensuite sur toute la forme une éponge imbibée d'eau propre, laquelle eau est enlevée à son tour avec un chiffon moelleux mis en tapon; et enfin tirer quelques feuilles de décharge pour ressuyer complétement (1). S'il ne s'agit que de quelques lettres sales, on les frotte d'abord légèrement avec un morceau de papier sans colle (et non avec le doigt seul, ce qui les graisserait), puis on enlève délicatement l'ordure avec une épinglette. On peut encore, et de préférence dans ce cas, surtout si le caractère est fin, passer une petite brosse enduite d'essence de térébenthine ou d'alcool sur les parties encrassées, et on les ressuie ensuite en y promenant à diverses reprises un morceau de papier non collé.

35. Lorsqu'une forme contenant des gravures en bois ou montées sur bois (clichés ou galvanos) a besoin d'un coup de brosse dans le cours du tirage, on doit se servir de lessive pour le texte, et d'alcool, de benzine ou d'essence pour les gravures, afin d'éviter autant que possible, par cette précaution et par un prompt ressuyage de la forme, l'humidité prolongée qui pourrait faire gonfler et gondoler les bois, surtout ceux qui sont d'une certaine étendue.

Le lavage définitif se fait entièrement à la lessive; mais si les formes sont mises immédiatement en distribution, on doit essuyer les gravures avec soin, les charger légèrement, et les laisser sécher à l'ombre.

(La plupart des articles de ce paragraphe s'appliquent également au travail des mécaniques.)

---

(1) Pour en arriver là, il est même quelquefois nécessaire, lorsque l'humidité a pénétré jusqu'au pied de la lettre, et qu'elle remonte par place jusqu'à l'œil sous l'effort de la pression, de dégager la forme des cales ou coins qui la fixent sur le devant du train et du côté de la platine, pour, en la soulevant un peu, placer dessous deux ou trois feuilles de papier de décharge non collé, sur lesquelles on la fait retomber à plusieurs reprises, en déplaçant les décharges à chaque fois.

36. Les formes tirées en couleur ne doivent être lavées qu'à l'essence, soit pendant le tirage, soit lorsqu'il est terminé; ce qui toutefois ne dispense pas de les laver ensuite à la lessive comme les formes tirées en noir.

37. Lorsque un ou plusieurs lavages successifs ont eu lieu sous presse, il devient nécessaire, après que la forme est tirée, de nettoyer le marbre avec de la brique réduite en poudre très-fine et mêlée à de l'huile.

§ IV.

OBSERVATIONS RELATIVES AU PLACEMENT DE LA FORME.

38. On doit, de préférence, commencer le tirage d'une feuille par le *côté de deux* (la forme où se trouve la deuxième page), parce que, pour la première feuille de l'ouvrage, le titre d'en-tête de la première page de texte (*côté de première*) étant tiré en dernier lieu, et n'ayant été ni maculé par la décharge ni repoussé par le foulage, s'obtient plus pur; et que, pour les feuilles suivantes, le côté de première s'offrant toujours aux regards, soit extérieurement, soit intérieurement de la feuille, lorsque celle-ci est pliée sans être coupée, ce côté paraît, pour les causes que nous venons de dire, plus agréable à la vue que le côté de deux (1). L'on agit en sens inverse si, dans le cours de l'ouvrage, quelque titre saillant se trouve au côté de deux. — (Ceci s'applique également aux presses mécaniques qui ne tirent qu'en blanc.)

39. Lorsque la nature d'une forme s'oppose à ce que, placée régulièrement, c'est-à-dire au milieu de la platine, la dimension

(1) Un avantage plus important peut en outre motiver la priorité du tirage accordé au côté de deux. Si, par exemple, ce côté étant tiré, on s'apercevait que les folios, les titres courants et les signatures de la feuille fussent faux, il serait possible encore de rectifier les uns et les autres au côté de première, et de rétablir ainsi le rapport de la première et de la dernière page de la feuille avec les feuilles précédente et suivante; rapport indispensable pour éviter à l'assembleur et au brocheur de commettre à leur tour de nouvelles erreurs.

du papier puisse se combiner avec la marge à conserver, comme cela arrive pour certaines têtes de lettre, ou de tableaux sans prolongement de filets, etc., on doit placer des bois de hauteur à la distance voulue, pour établir l'aplomb convenable.

40. Les formes de très-petite dimension, bilboquets ou autres, s'entourent d'une grande ramette fixée extérieurement avec des cales ou des coins, au centre de laquelle on les arrête de la manière qu'il a été dit plus haut, et en y mettant des bois de hauteur s'il en est besoin.

41. Avant de placer les formes sur la mécanique à gros cylindres, on prend une règle plate, de la largeur du cylindre, et l'on y indique avec de la craie la place des blancs de la forme auxquels doivent correspondre les cordons; on fait ensuite amener le marbre du côté de première, et, selon les marques de la règle, on dispose les bagues sur les tringles ainsi que les poulies et les cordons, afin que ces derniers tombent exactement dans les blancs pendant leur trajet. Cela terminé, on dispose de même les cordons du côté de deux. — La forme du côté de deux est alors placée sur le milieu du marbre, dans le sens des bâtis, mais plus ou moins rapprochée de la gorge, selon l'étendue de la marge (1), les coins en dehors, c'est-à-dire du côté des encriers, et elle est calée d'abord médiocrement sur les quatre côtés; puis, la forme étant desserrée, on s'assure, à l'aide d'une équerre, si l'alignement des pages, dans les fonds aussi bien qu'aux têtes, laisse quelque chose à désirer. On serre ensuite fortement les cales, et après avoir taqué la forme, elle est serrée avec le décognoir, afin de ne faire lever ni le caractère ni le châssis. — La forme du côté de première est placée sur le marbre, et traitée comme il vient d'être dit pour celle du côté de deux.

Sur les mécaniques à petits cylindres, les formes se placent également au milieu du marbre dans le sens des bâtis (2); mais

(1) On augmente la marge en éloignant la forme de la gorge; le contraire a lieu s'il s'agit de la diminuer.

(2) Lorsque les formes sont de petite dimension, l'on peut, pour faciliter le margeur, les placer sur le côté, en mettant à l'opposé des supports suffisants.

il faut préalablement marquer avec de la craie les sangles du cylindre du côté de deux, vis-à-vis l'endroit de la gorge où se terminent les pinces, puis faire un tour à la main, pour que la craie, en décalquant sur les bandes de support du marbre, indique avec exactitude le point jusqu'où peuvent descendre les formes sans craindre l'écrasement du caractère par la rencontre des pinces. On place ensuite la forme du côté de deux, en la rapprochant ou en l'éloignant de la gorge, selon la marge à établir; on la cale, et on la fait amener sous les tringles des cordons du côté de première, pour placer ceux-ci dans les blancs voulus. Le côté de première est placé de la même manière, mais en augmentant le blanc de la gorge autant que l'exige telle ou telle mécanique pour arriver au registre (1).

Sur les mécaniques en blanc, les formes se placent aussi au milieu du marbre, mais elles se reportent du côté de la gorge autant que les pinces le permettent et que l'exige la marge.

§ V.

OBSERVATIONS RELATIVES A LA GARNITURE DU GRAND TYMPAN.

42. De quelque nature que soient les blanchets, ils doivent toujours être tenus très-souples. Pour cela il est nécessaire, chaque fois que l'on met une nouvelle feuille sous presse, de les frotter légèrement sur eux-mêmes, pour en effacer le mieux possible les traces du foulage de la feuille précédente (2).

43. Dans le même but, les blanchets de casimir doivent de temps en temps, mais particulièrement à chaque changement de format (3), être lavés à l'eau froide et à l'amer de bœuf ou au

(1) Cette augmentation est, relativement, la même pour tous les formats.

(2) Les soins à donner aux blanchets des presses manuelles s'appliquent également à ceux des presses mécaniques.

(3) Nous voulons dire, non-seulement chaque fois que l'on passe, par exemple, de l'in-8° à l'in-12, à l'in-18, etc., mais aussi lorsque les pages, quoique d'un format de même dénomination, sont cependant plus larges et plus longues

savon noir. On les fait sécher aux trois quarts, sans les tordre, puis on les met à plat entre des cartons que l'on soumet à une pression modérée.

44. La garniture des cylindres, aux mécaniques (laquelle se modifie selon la nature des formes à tirer), est ordinairement composée comme il suit : Un coutil bien serré de tissu et irréprochablement uni (1); — un calicot fin (2); — une feuille de papier fort et glacé, régulièrement tendue, et collée dans toute sa surface sur le calicot; — une seconde feuille, collée seulement sur les bords de la précédente, et sur laquelle se place la mise en train (3); — puis un blanchet de mérinos par-dessus le tout (4).

45. Lorsque, par usure ou autrement, il se trouve des caractères de différente hauteur dans une forme, il est nécessaire, pour remédier autant que possible à ce grave défaut, de modifier la garniture du tympan ou des cylindres, en augmentant un

---

que celles précédemment tirées; parce que, dans ce cas, leurs bords portant sur des parties du blanchet qui n'ont pas encore reçu de pression, obtiennent un foulage tout différent de celui de leur centre.

(1) Le coutil, coupé de longueur convenable (et glacé s'il est possible), se coud solidement sur l'une des tringles plates *à étoffes*, que l'on fixe ensuite aux crochets qui sont placés à l'intérieur de la gorge; puis le coutil est étendu sur toute la surface du cylindre, et l'on fait pénétrer dans l'extrémité de son côté libre les picots de la tringle ronde qui est parallèle à celle des pinces. Cette tringle à picots, sur laquelle s'enroule l'excédant du coutil, porte à l'un de ses bouts un petit cric que l'on fait mouvoir, à l'aide d'une clef à béquille, jusqu'à ce que l'étoffe soit suffisamment tendue, et dont on arrête l'action avec le cliquet qui l'accompagne.

(2) Le calicot, également glacé et cousu à une tringle plate, mais ne devant recouvrir que la partie du cylindre sur laquelle s'opère la pression, se fixe aux mêmes crochets que la précédente, et, bien tendu, s'arrête sur le coutil avec des épingles. — Quelques conducteurs cousent le calicot sur la même tringle; mais il y a plus de temps à perdre en agissant ainsi, lorsqu'il faut changer le calicot pour une nouvelle mise en train.

(3) Le cylindre du côté de seconde doit, lorsqu'on tire sans décharge, recevoir une feuille de plus, pour suppléer, par le foulage, à la différence de couleur que doit avoir ce côté, auquel on donne un peu moins d'encre.

(4) On agit pour ce blanchet comme il vient d'être dit pour le calicot, en ayant soin, pour l'un et pour l'autre, que les épingles soient placées de manière à ne pas se trouver en contact avec le caractère.

peu l'épaisseur des étoffes, et de se servir de rouleaux plutôt mous que trop fermes. — L'étoffage pour les clichés demande aussi à être un peu plus moelleux que pour le mobile. Il en est de même pour le tirage des affiches, ou de toute forme contenant de très-gros caractères; mais le tirage des ouvrages encadrés, ainsi que celui des tableaux à colonnes blanches, exige au contraire un étoffage sec (1).

§ VI.

OBSERVATIONS RELATIVES A LA TIERCE.

46. La tierce de tout labeur qui commence doit être faite sur le papier de l'ouvrage et rigoureusement margée, afin de rectifier la garniture dès le début, s'il y a lieu, et éviter par là de retoucher après coup soit au registre, soit au foulage, soit à la frisquette.

47. La première tierce d'une feuille se fait ordinairement en blanc, c'est-à-dire d'un seul côté; mais si la feuille a subi des corrections entraînant des reports d'une page sur l'autre, ou si l'imposition ordinaire en a été modifiée pour un motif quelconque, il est indispensable de mettre la tierce en retiration (sur une autre presse), afin que la personne chargée de sa vérification puisse, en pliant la feuille, suivre avec plus de facilité les divers remaniements qui y ont été opérés, et signaler les erreurs qui auraient été commises sous ce rapport.

48. Lorsque la tierce en blanc est corrigée, l'imprimeur la place dans le papier à imprimer, pour qu'elle y conserve la fraîcheur nécessaire à sa mise en retiration.

49. Après la correction du bon à tirer des feuilles destinées à la mécanique, et toutes les fois que la dimension du format le permet, il en est fait épreuve sur une presse affectée à cet usage : cette épreuve, revisée et corrigée avec soin à l'avance, a pour but d'éviter une perte de temps sous presse.

50. L'imprimeur ne doit pas omettre, lorsque sa tierce lui est

(1) Il faut aussi, dans ce cas, adapter une tringle à brosse entre les deux cylindres, pour éviter le papillotage qui aurait lieu sans cela.

remise, de prendre connaissance des divers avis qui peuvent y être relatés, et de l'inobservance desquels il est responsable.

§ VII.

OBSERVATIONS RELATIVES A LA MARGE ET AUX POINTURES.

Indépendamment de la marge des formes complètes et régulières in-8° et in-12, dont nous avons parlé pages 37 et 38, il y a encore les suivantes, dont la plupart sont basées, en totalité ou en partie, sur celles de ces deux formats.

51. *Marge d'un carton in-8°.* — La feuille de marge est traitée comme celle de la forme in-8°, et les pointures sont aussi placées sur la même ligne ou pli; mais, ainsi que pour la forme in-12, on fait un second pli au papier dans le sens de sa hauteur, pour fixer exactement la seconde pointure dans le trou fait par la première.

52. *Marge d'un carton in-12.* — La forme doit occuper à peu près le tiers du marbre du côté de la platine, mais il ne faut l'arrêter que lorsque la marge est fixée. On plie exactement la feuille en trois, dans le sens de sa hauteur, en laissant en tête et en pied les marges voulues; on repère ensuite la feuille de la manière qu'il a été dit pour les formes précédentes, puis on la développe, pour s'assurer qu'en retournant le papier cette manœuvre ne gêne pas, par la position donnée, l'abatage de la frisquette ni celui du tympan, cas auquel on remédie en changeant un peu la forme de place. Cela fait, on arrête la forme, et l'on fixe les pointures comme pour la forme in-12.

53. *Marge in-folio.* — Après avoir plié la feuille et placé le pli sur le milieu de la barre du châssis, comme pour l'in-8°, on la laisse dépasser en tête d'environ un tiers, et de deux tiers en pied; puis elle est repérée, fixée, et les pointures assujetties comme à l'in-8° (1).

---

(1) Les marges de tête de l'in-folio et de l'in-plano devant être régulières

54. *Marge in-plano.* — La manière de placer la feuille de marge, pour la tête et le pied, est la même que pour l'in-folio; mais comme on doit commencer par le côté de deux, il faut d'abord retrancher sur les marges de côté, pour être appliqués à celle de droite, environ 24 à 30 points pour l'onglet nécessaire à chaque feuille; puis on répartit en deux le reste du blanc, en en laissant à gauche environ un cinquième de plus qu'à droite. Comme il est important que les piqûres des pointures ne paraissent que le moins possible sur les marges, on place la première pointure dans le blanc de l'onglet, au milieu de la feuille, et la seconde (qui est une pointure *volante*) en tête ou en pied de la page, à très-peu de distance du bord de la feuille, parce que celle-ci doit, pour la retiration, conserver sa place, et la première être reportée à la place opposée du tympan, pour suivre l'onglet.

55. *Marge in-4°.* — Elle ne diffère en rien, dans les cas ordinaires, de celle de l'in-8°.

56. Lorsque la première page d'une demi-feuille in-4° est un faux-titre sans aucune ligne pleine, et que la deuxième page est blanche, on obtient le point de repère de la feuille de marge en pliant celle-ci dans le sens opposé à la barre, et en appliquant le dos du pli sur le milieu exact du blanc de fond, que l'on a déterminé à l'avance à l'aide du compas.

57. Dans la forme in-4° imposée en ailes de moulin, les pointures doivent être placées in-12 (c'est-à-dire à égale rentrée sur la marge), afin de fournir des repères à la pliure tout en conservant la marge de fond intacte.

58. *Marge des ouvrages de ville.* — Les tirages en blanc, comme circulaires, factures, etc., exigent également une feuille de marge, et l'emploi des pointures devient même nécessaire lorsque le papier n'est pas régulier et que l'objet à tirer doit être rogné ou simplement plié, leurs trous, dans ce cas, servant seuls de points de repère.

---

pour le même ouvrage, il convient que l'imprimeur en garde soigneusement la dimension lorsqu'il exécute le tirage à plusieurs reprises.

59. Les affiches, factures, avis à la main, etc., doivent avoir les marges de côté égales, et celle de tête d'un tiers environ moins forte que celle de pied.

60. S'il se trouve dans une forme des pages dont la dimension ait contraint, en imposant, d'anticiper sur les marges de tête et de pied aussi bien que sur celles des côtés, c'est toujours sur le milieu de la barre que, pliée en deux, la feuille de marge doit être portée, et, pliée en quatre, sur le milieu des têtières de deux pages de longueur ordinaire.

61. La marge des pages qui ont des additions, soit à droite, soit à gauche, se fait dans les conditions ordinaires, c'est-à-dire en raison du texte seul.

62. Lorsqu'une circulaire est en caractère d'écriture ou en italique, on peut, si le client le désire, contrairement à ce qui se fait pour les labeurs, mettre autant de blanc en tête qu'en pied, et ne laisser à la marge de droite du recto que l'étendue suffisante pour que l'impression ne soit pas endommagée à la rognure. Le contraire se fait pour le verso, c'est-à-dire que la presque totalité de la marge est reportée à droite; — et alors le registre des côtés ne peut exister.

63. On doit éviter de mouiller la feuille de marge pour la faire adhérer au tympan, ainsi qu'ont l'habitude de le faire certains imprimeurs; parce qu'elle se ride, s'étend inégalement, et qu'en séchant elle se retire et fausse ainsi le repère qu'elle est destinée à conserver, en même temps que l'eau nuit au tympan et aux étoffes qu'il contient.

64. Lorsque la feuille de marge est épaisse, on n'en laisse subsister que l'extrémité des quatre coins sur le tympan, afin de ne pas nuire à la pureté du foulage; et aussi pour que, s'il est nécessaire d'y découper quelques parties qui ne forcent que légèrement, on ne soit pas obligé de remettre une hausse sur l'endroit découpé, et de doubler ainsi le travail.

On peut encore, dans ce cas, remplacer la feuille de l'ouvrage par une feuille mince de la même dimension.

65. Si, placée sur le tympan, la feuille offre quelque différence

en plus ou en moins dans sa dimension, l'imprimeur doit remédier à ce défaut en partageant la différence (1).

66. On doit, en margeant, porter la main gauche au bas et non au milieu de la feuille, parce que, en l'appuyant entre les pointures, dont les ressorts tiennent momentanément le centre de la feuille éloigné du tympan, on déterminerait, par le rapprochement de la feuille sur ce dernier, une augmentation de distance entre les trous des pointures relativement à celle qui existe réellement de l'un à l'autre ardillon; d'où il résulterait des variations de registre plus ou moins sensibles lors de la mise en retiration.

67. Les pointures destinées aux presses manuelles doivent être en rapport avec les divers formats, c'est-à-dire, courtes pour l'in-12 et les grands papiers; moyennes pour l'in-8° sur carré, et plus ou moins longues pour les petits papiers. — Leur ardillon doit être court, mince, poli et bien effilé. — Celles qui sont destinées aux formats in-18, in-32, et en général pour tous les cas où le blanc de fond ou de barre est peu fort, doivent être aussi étroites que possible, afin que leur proximité du bord des pages n'y occasionne pas de frisottement et ne fasse pas casser le papier sur les côtés.

Les pointures dites *volantes* sont plates, unies, et de la dimension d'un centime environ; elles portent au milieu un ardillon bien effilé et un peu plus court que celui des autres pointures. On les fixe en dedans du tympan, au moyen d'un papier qui les recouvre et qu'on colle à cet effet, à un endroit correspondant avec un vide ou blanc de l'intérieur de la forme, afin que leur ardillon reste inoffensif et ne s'émousse pas. Dans certains cas, l'emploi simultané de deux de ces pointures est nécessaire pour le registre, et dans d'autres une seule suffit, comme pour l'in-plano, par exemple. — Ces pointures, indispensables lorsqu'une

---

(1) De son côté, le conducteur doit veiller à modifier la marge, lorsqu'il y a variation soutenue et prononcée dans la dimension du papier.

composition encadrée a trop peu de marge pour l'emploi des pointures ordinaires, viennent encore en aide à celles-ci pour les tirages en diverses couleurs.

On se sert aussi, pour ce dernier cas, de petites pointes dites *picots*, fixées à vis aux deux extrémités de la barre intérieure du châssis, ou, lorsque les marges du papier sont de grande dimension, le long des bords extérieurs des pages. Ces picots, dont le nombre doit répondre à celui des tirages, s'enlèvent à la retiration (1).

68. Il faut avoir soin, lorsque l'on fait usage de pointures à ressort (2), de ne pas trop élever celui-ci au tirage en blanc, afin que la feuille, qui se trouve ainsi éloignée du tympan, ne porte pas sur la forme avant la pression et n'éprouve du frisottement, ou que, par la même cause, devenue trop lâche pour la retiration, elle ne nuise à la régularité du registre.

69. Afin de prévenir les erreurs qui pourraient se produire à la mise en retiration, lorsque le papier doit être retourné in-8°, il est nécessaire d'avancer sur le tympan une pointure plus que l'autre, et c'est ordinairement celle du côté de la manivelle (3). — Mais toutes les fois que le papier se retourne in-12, aussi

---

(1) On doit à M. Derriey, artiste graveur et fondeur en même temps que typographe, dont nous nous sommes déjà plu à faire ressortir le mérite dans notre premier volume, un outil aussi simple qu'ingénieux, à l'aide duquel on peut, d'un seul coup, pratiquer avec célérité, régularité, et sans aucune barbe, autant de trous qu'il est nécessaire à chaque côté des feuilles qui doivent être tirées en plusieurs couleurs. Les pointures, avancées ou reculées selon le besoin, ne remplissent plus alors, à l'égard de la feuille, que l'office de supports, et n'ont ainsi aucune action fâcheuse sur le registre par l'agrandissement souvent inévitable des trous qu'elles formaient. — A défaut de cet outil, on peut avoir recours au moyen employé par M. Silbermann (de Strasbourg), lequel consiste à faire un tirage préalable en blanc sur des picots.

(2) La tige de ces pointures est recouverte d'un ressort en acier (voir fig. 23, page 19) qui repousse la feuille aussitôt après le coup de barreau, mais dont le jeu, lors de la retiration, est arrêté par un petit coulisseau que l'on avance jusqu'à l'ardillon.

(3) Sur les mécaniques en blanc, c'est la pointure de l'entrée en pression qui, dans ce cas, doit être plus rapprochée du bord de la feuille.

bien sur les mécaniques en blanc que sur les presses manuelles, les deux pointures doivent être rigoureusement placées à égale distance du bord de la feuille.

70. Les pointures des mécaniques en blanc sont de deux espèces : les pointures fixes et la pointure mobile. Les premières, qui servent au tirage en blanc, se placent, pour les formats dont le papier se retourne in-8°, dans la ligne de trous pratiquée au milieu du cylindre, à égale distance des bords de la feuille; et dans les lignes qui sont sur le côté pour tous les cas où le papier doit être retourné in-12 (1). La pointure mobile sert pour la mise en retiration; elle est adaptée à une tige mobile placée sous la table de marge, vis-à-vis l'une des ouvertures longitudinales qui lui donnent issue à chaque évolution du cylindre pour le pointage de la feuille, et elle s'abaisse ensuite pour laisser échapper cette dernière dès que le cylindre se met en marche.

Il y a, pour les formats de petite dimension, des pointures brisées, que l'on fait fonctionner dans divers sens selon que l'exigent les formats; elles se placent sur la table de marge.

Les pointures à coulisses s'appliquent au cylindre; elles sont employées à faire le registre dans le cas où la forme n'ayant pas été placée au milieu du marbre, la mise en train, déjà faite, s'oppose à ce qu'on la fasse varier.

§ VIII.

OBSERVATIONS RELATIVES AU DÉCOUPAGE DE LA FRISQUETTE.

71. Le découpage de la frisquette ayant pour but de découvrir les parties de la forme qui doivent être reproduites sur le papier, et de laisser masquées, au contraire, celles dont le contact avec la feuille formerait tache, comme pages blanches, garnitures, cadrats, ou blancs quelconques, il ne doit se faire que lorsque les blancs de la garniture sont définitivement fixés.

(1) La pointure de derrière s'enlève lorsqu'on met en retiration.

72. Lorsqu'il s'agit d'ouvrages de ville extrêmement légers, on doit, afin de ménager le caractère, s'abstenir autant que possible de tirer le barreau sur la frisquette avant d'en avoir effectué le découpage, et se borner à la pression de la main; mais si cela est indispensable, on humecte un peu la frisquette en dedans, et l'on place une feuille de décharge entre elle et la marge avant de tirer dessus.

73. Il est nécessaire, pour obvier au vacillement que peut offrir la frisquette, d'enlever cinq ou six points de plus que la partie marquée, si l'on tire sur mobile, et seulement trois ou quatre sur les clichés (par rapport aux griffes et à la partie biseautée, qui seraient susceptibles de marquer).

74. Lorsque les blancs des fonds ou des têtières sont exigus et que les parties correspondantes de la frisquette n'offrent plus une solidité suffisante pour résister à l'action continue du tirage, il faut soutenir ces parties par de petites bandes de parchemin, ou par des ficelles adaptées au cadre de la frisquette.

75. Lorsqu'une forme est de très-petite dimension, il convient d'alléger la frisquette en y pratiquant, à l'aide de découpages, des vides en plusieurs endroits autres que ceux destinés à recevoir l'impression, c'est-à-dire aux coins et sur les côtés, afin que, en la relevant, l'air ne fasse pas échapper la feuille tirée de dessus le tympan.

76. On doit éviter de faire porter le cadre de la frisquette sur les vis qui fixent les pointures, afin de ne pas nuire, par cette double épaisseur, au libre passage du tympan sous la platine.

77. Pour parer aux accidents de brisure et autres, ainsi qu'aux changements imprévus de format, chaque presse doit être pourvue de plusieurs frisquettes, collées à l'avance.

§ IX.

OBSERVATIONS RELATIVES AU REGISTRE.

78. L'imprimeur doit avoir soin de n'enlever qu'avec précaution de dessus le marbre la première forme tirée d'une feuille,

c'est-à-dire de ne point déplacer les cales qui la fixaient du côté du barreau, non plus que celles qui sont contre les couplets du tympan, avant de les avoir repérées entre elles avec de la craie ou avec une pointe, afin de faire prendre sans tâtonnements à la forme de retiration la place exacte qu'occupait la forme précédente (1).

79. Lorsque l'imprimeur ou le conducteur met pour la première fois un labeur sous presse, il prend le calibre des blancs de barre, de fond et de tête, pour le présenter à chaque forme successive, afin de s'assurer qu'il n'y a entre ces blancs aucune différence capable de fausser le registre ou les marges (2).

80. Dans le tirage à deux couleurs fait simultanément sur deux presses, le registre de la forme la plus complète (ordinairement celle du noir) doit être régularisé en premier lieu, puis celui de l'autre forme est mis en rapport parfait avec lui (3).

81. Sur les machines à gros cylindres, le registre se régularise au moyen de l'un des deux petits cylindres en bois placés entre les cylindres de pression, lequel, avançant ou retardant le passage de la feuille tirée en blanc sur le cylindre de la retiration selon qu'il est plus ou moins élevé, remplit l'office des pointures des presses manuelles et des mécaniques en blanc. Sur les machines à petits cylindres le registre s'opère par le simple déplacement des formes lorsque, du reste, celles-ci ont entre elles toute l'uniformité désirable à leur intérieur.

---

(1) Il est sous-entendu ici que les barres extérieures du second châssis sont de même largeur que celles du premier.

(2) Voir, chapitre IV, paragraphe III (page 116 et suivantes), les diverses choses qui sont à éviter pour ne pas nuire au registre.

(3) On doit avoir le soin, chaque fois que, pour une cause quelconque, la forme du noir est desserrée, de s'assurer de nouveau de son registre, et de faire une marque au papier à cet endroit, afin que, arrivé là lors du tirage en couleur, le registre de ce dernier soit modifié s'il y a lieu. — Il en est de même pour le cas où les deux compagnons alternent entre la touche et le barreau; car il est rare que le changement de main ne détermine pas quelque variation dans le registre.

§ X.

OBSERVATIONS RELATIVES AU FOULAGE.

82. Le foulage doit être en rapport avec la lourdeur de la forme à tirer, c'est-à-dire que la pression doit être plus forte si elle contient beaucoup de caractère que si elle en contient peu.

Il doit être peu saillant ou *plat*, et surtout régulier.

La première de ces deux qualités ne s'obtient d'une manière satisfaisante qu'avec des étoffes légères (1), parfaitement unies, et avec une pression modérée (2).

83. Il y a, pour les presses manuelles, deux sortes de *supports :* ceux de la forme et ceux de la frisquette (3).

Les supports de la forme, dits *solides*, sont *partiels* ou *généraux*. Ils ont pour but, les uns et les autres : 1° de régulariser la superficie de la forme, pour que la pression de la platine soit la même partout; 2° de maintenir la totalité de la feuille à la hauteur du caractère, afin de prévenir le papillotage; 3° de soutenir le rouleau dans son parcours sur la forme, de façon à l'empêcher de graisser, en les heurtant, les parties isolées, ainsi que les titres courants et la dernière ligne des pages.

Les supports *partiels*, c'est-à-dire ceux qui sont placés en opposition de certaines parties de la forme offrant des vides et foulant

---

(1) Des étoffes épaisses donnent un foulage creux qui dénature l'œil de la lettre en l'alourdissant.

(2) Une pression trop forte, particulièrement lorsque les étoffes sont minces, en outre du défaut ci-dessus, détermine promptement l'usure du caractère. — Il faut toutefois ne pas tomber dans l'excès contraire, car un foulage insuffisant ne donne qu'une impression égratignée; et l'encre, restant à la surface du papier au lieu de le pénétrer, s'étale sous le doigt et produit facilement du maculage.

(3) Les supports employés aux presses mécaniques consistent en morceaux de carton ou de maculature plus ou moins épais, que l'on place sous les bandes de support des marbres, soit à l'entrée en pression ou à la sortie, soit vis-à-vis des endroits qui foulent trop ou qui papillotent, ainsi qu'à l'opposé des vignettes qui ont été tenues plus hautes que le texte. — Aux presses à gros cylindres les supports, de même nature que les précédents, se placent sous les sangles qui garnissent le bord des cylindres.

trop, comme pages blanches ou courtes, titres, etc. (1), consistent en un bout de réglette parangonné avec le biseau ou le bois correspondant à ces parties, sur lequel on le place pour arriver à la hauteur du caractère. Cette réglette, recouverte de colle, est, par un coup de barreau, fixée à l'extérieur de la frisquette; et, s'il en est besoin, on en augmente l'épaisseur avec des bandes de papier que l'on colle en dedans de la frisquette, à l'endroit convenable. D'autres fois ce support est cloué sur le bois de garniture ou sur le biseau; mais alors il faut avoir soin d'en abattre les bords anguleux, afin qu'ils ne déchirent pas le rouleau, et aussi pour que leur marque sur le papier soit moins apparente, dans le cas où le support n'aurait pu être placé en dehors de l'étendue de la feuille, comme il convient de le faire toutes les fois que rien ne s'y oppose.

On peut, du reste, remplacer ces supports par des rouelles de liége fixées sur le biseau avec des clous dont la tête ne doit pas faire saillie, ou collées à l'extérieur de la frisquette. Mais le bois dit *de hauteur* (lequel doit être tenu un peu plus bas que le caractère) doit être préféré à ces divers supports toutes les fois que son application est possible.

On emploie aussi pour *supports partiels* de petits morceaux de plomb fondus en cône, nommés *marrons*, et qui se placent dans les vides des lingots de garniture environnant la partie à soutenir, où ils sont introduits par-dessous.

On fait également usage, et plus avantageusement dans beaucoup de cas, de bouchons de liége taillés aussi en cône; mais, vu leur élasticité assez prononcée, il faut qu'ils soient tenus un peu plus hauts que le caractère.

Les *supports généraux* sont ceux qui encadrent entièrement la forme, et quelquefois même chaque page. Ils sont en bois

---

(1) L'on peut dans certains cas, et pour des ouvrages soignés, prévenir en partie l'emploi des supports en déplaçant ces pages; c'est-à-dire que si, par l'imposition ordinaire, elles se trouvent sur les côtés de la forme, on les reporte à l'intérieur par une imposition spéciale, dont il est alors indispensable de donner connaissance au brocheur ou au relieur.

ou en plomb (1), et exigent l'emploi d'une frisquette en parchemin, laquelle résiste mieux à leur adhérence que celle du papier. L'usage de ces supports est restreint aux ouvrages de luxe en vers ou extrêmement légers. — Ils doivent être placés avant de faire le registre.

Les supports dits *élastiques* sont ceux qui s'adaptent à l'intérieur de la frisquette, dans le but unique d'empêcher le papillotage ou le frisottement, quand il y a frottement à la presse lors du passage du train. On les forme avec un peu de crin ou de laine suffisamment détirée pour n'offrir aucune dureté, roulée et pressée dans du papier, et que l'on colle à la frisquette, le plus près possible de l'endroit à corriger, en ayant soin d'éviter leur rencontre avec les supports de la forme; ils doivent être de même grosseur, s'il y en a plusieurs, afin que le plus fort ne neutralise pas l'effet du plus faible (2).

84. S'il arrive que, la vis du régulateur étant entièrement desserrée, le foulage soit encore trop fort, il convient d'adapter un taquet de bois en dedans de la virgule, au point où le régulateur vient la toucher en tirant le barreau.

85. Lorsque la mise en train a été faite avec un papier plus

---

(1) Le célèbre Pierre Didot avait imaginé des supports à ressort dont l'application ne laissait absolument rien à désirer, mais que leur prix élevé et leur entretien très-dispendieux ont malheureusement fait abandonner. Ils consistaient en deux morceaux de cuivre ayant par le corps la même dimension que les bois de garniture, et réunis au moyen de vis qui, traversant le morceau supérieur en lui laissant une marche aisée mais limitée, étaient retenus à demeure au morceau inférieur, afin de ménager la place et le jeu vertical d'un, de deux, ou de trois ressorts; leur hauteur était au niveau de l'œil par la pression des ressorts toujours tendus. Ils étaient cannelés et polis à leur surface supérieure pour y empêcher l'adaptation trop prononcée de l'encre, et par suite l'adhérence des balles et de la frisquette. Ils entouraient toutes les pages d'une forme, et pouvaient être placés dans les queues et les pages blanches; les ressorts obéissaient exactement à la pression instantanée.

(2) Il est quelquefois possible de prévenir le papillotage et le plissage, aux presses mécaniques, en plaçant sous le blanchet, et collés à la feuille de mise en train, des supports élastiques qui correspondent aux parties libres de la forme et sur lesquels on doit avoir le soin de faire passer les cordons.

mince que celui de l'ouvrage, il est nécessaire de diminuer un peu le foulage avant de rouler.

L'imprimeur doit agir de même toutes les fois que le papier offre une différence d'épaisseur d'une rame à l'autre, ou au moins pour une quantité facile à apprécier; mais il n'en peut être ainsi lorsque cette différence n'existe que pour quelques feuilles, ou si le papier est entièrement mélangé : cas où il devient absolument impossible d'avoir un foulage régulier pour la totalité du tirage.

Le foulage se diminue aussi à la retiration, en raison de la feuille de décharge ajoutée sur le tympan.

86. L'impression des ouvrages à gravures exige, aux presses manuelles comme aux mécaniques, une pression très-forte, mais avec un étoffage résistant, afin d'atténuer le foulage le plus possible.

§ XI.

OBSERVATIONS RELATIVES AUX HAUSSES ET AUX DÉCOUPAGES.

87. Le travail des hausses et des découpages (pour texte ou gravures), aussi bien aux mécaniques qu'aux presses manuelles, ne doit être fait que lorsque les formes n'ont plus aucune modification à subir, soit pour les blancs des garnitures, soit pour ceux du texte, soit pour la position des gravures, et que le registre ne laisse plus rien à désirer.

88. Avant de placer une hausse ou de faire un découpage, il convient, pour peu qu'il y ait doute, de s'assurer de l'existence du défaut en retournant la feuille (1).

(1) Que de fois, en effet, n'avons-nous pas vu des ouvriers peu expérimentés (nous n'oserions pas dire de protes!), faute de cette précaution, attribuer à un défaut de hausse ce qui n'était que le résultat d'un papier sec ou mince par places, ou bien un refus d'encre sur un ou plusieurs mots; et, par contre, considérer comme trop forts et dégarnir des endroits qui n'avaient de *graisse* que par l'humidité ou l'épaisseur prononcée du papier en ces endroits, ou encore par un empâtement d'encre!

89. Le papier de hausses doit être plus ou moins épais, selon l'intensité de la faiblesse, mais moelleux, uni, et sans colle pour les hausses appliquées sur le tympan ou sur la feuille de marge; il est indifférent qu'il soit collé pour celles qui sont placées dans le tympan.

90. Les hausses ne se taillent pas avec les ciseaux, mais elles se déchirent avec les doigts toutes les fois que leur dimension le permet; ce qui diminue utilement leur bord d'une manière insensible. — Elles ne doivent recouvrir exactement que les parties faibles, et pour les fixer il ne faut employer que le moins de colle possible (1).

91. Lorsque plusieurs hausses sont appliquées sur le même endroit (ce qui ne doit avoir lieu que sur la feuille de mise en train et non sur le tympan, parce que leur épaisseur y formerait des duretés qui annuleraient l'effet des blanchets), la première placée doit être plus petite que les suivantes.

92. La mise en train des gravures (2), en ce qui concerne les découpages et les hausses, a pour but, de même que pour le texte, d'obtenir l'ensemble de ton voulu (3); elle se fait le plus communément de la manière suivante :

---

(1) La colle peut, en séchant, occasionner le déplacement des hausses qui en ont reçu surabondamment, surtout si la presse ou la mécanique se trouve exposée à un courant d'air. Pour cette raison, la gomme est employée avec avantage, surtout pour les hausses des vignettes.

(2) Il est inutile de dire que nous négligeons de parler ici des gravures au simple trait, dont la mise en train n'offre généralement pas plus de difficulté que celle du texte.

(3) Un fumé sur papier de Chine est ordinairement fourni par le graveur pour servir de guide; mais, à son défaut, le goût de l'ouvrier doit pouvoir y suppléer : il ne s'agit toujours pour cela que de charger plus ou moins et *avec intelligence* les endroits noirs, un peu plus légèrement ceux de ton moyen; à dégrader les parties grises, et à enlever entièrement les parties blanches. — Il faut aussi que l'épaisseur de la garniture du tympan ou du cylindre soit en harmonie avec les découpages : si donc ces derniers sont légers, l'étoffage devra l'être aussi, pour en conserver l'effet; dans le cas contraire, l'étoffage sera plus consistant; ce qui, tout à la fois, ménagera les parties fines du dessin et donnera plus de brillant à celles qui sont d'un noir prononcé.

Après avoir tiré isolément et à l'avance quatre épreuves (1) de la gravure à imprimer (2) sur du papier de bonne force, collé et glacé (3), on place une de ces épreuves sur un morceau de glace ou de marbre recouvert d'un papier épais (4), et l'on en enlève, avec le couteau à découpages, *en taillant les bords en biseau :*

---

(1) Par économie de temps, les gravures doivent, autant que possible, être remises à la personne chargée des découpages avant d'être placées dans les formes, afin qu'elle les mette de hauteur (c'est-à-dire un point environ plus haut que le texte pour les presses manuelles, deux et même trois points pour les mécaniques) et en tire le nombre convenable d'épreuves. Pour obtenir ces épreuves, on place un blanchet de soie ou de mérinos fin, plié en double ou en triple, sur le marbre d'une presse à bras, et l'on pose le papier à découpages par-dessus; puis, après avoir encré les gravures en les passant sur un rouleau à main, on les applique, du côté des tailles, sur le papier, et l'on tire avec un foulage très-modéré.

On doit s'attacher à ce que ces épreuves soient faites avec le plus de soin possible, c'est-à-dire que les *tons gris* de la gravure soient *purs* et sans aucune *brisure*. — Ce point important obtenu facilite et abrége le découpage beaucoup plus que ne le pensent la plupart des ouvriers.

Lorsque les gravures sont creuses ou déjetées (ce dont on s'aperçoit facilement en présentant une règle ou une lame de filet sur la taille), on les redresse en appliquant sur les parties creuses du dessus ou du dessous un linge imbibé d'eau bouillante, qu'on y laisse refroidir. — On agit de même lorsque, par accident, les gravures ont reçu un choc qui en a abaissé les tailles.

Si le tirage de gravures de grande dimension a lieu sur des galvanos montés sur bois, il est indispensable de les inciser en dessous d'un ou de deux traits de scie (en sens croisé), autant pour obtenir leur parfait aplomb sur le marbre que pour les rendre moins susceptibles de se déjeter à l'humidité. — Ceci s'applique aussi aux blocs en bois des clichés de texte.

(2) Nous supposons cette gravure être celle de la page 77, et nous la reproduisons page 86, *tirée sans aucune mise en train*, en regard de la même gravure ayant subi les découpages successivement opérés; ce qui permettra d'apprécier le résultat avantageux obtenu à l'aide de ces derniers.

(3) On se sert le plus souvent de papier Bristol pour les découpages; mais il y a des ouvriers qui, au lieu de plusieurs feuilles, n'en emploient qu'une seule très-épaisse, qu'ils amincissent plus ou moins par place, selon les divers tons à obtenir. Toutefois, l'expérience accorde la supériorité à la pluralité des feuilles, sous le triple rapport de la facilité, de l'exactitude et de la célérité de l'exécution.

(4) Ce papier, renouvelé au besoin, empêche le couteau de s'émousser trop rapidement par son contact immédiat avec un corps dur.

1° les quatre côtés extrêmes de la gravure; 2° les parties totalement blanches des nuages, de la mer et des deux personnages; après quoi on dégrade (1) les parties les plus claires des nuages et de la mer, puis le reste de l'épreuve est mis de côté.

De la deuxième épreuve on enlève encore entièrement les parties blanches et toutes celles qui ont été dégradées à la première épreuve; on dégrade ensuite légèrement les endroits de la gravure qui doivent être moins accentués que d'autres (2), et le surplus de l'épreuve est collé avec toute l'exactitude possible sur les parties correspondantes de la première épreuve.

De la troisième épreuve on fait de nouveau disparaître toutes les parties enlevées et dégradées à la deuxième, et, de plus, les parties les moins noires de la mer et des nuages, ainsi que celles de la partie inférieure du monticule où sont les deux personnages; puis on dégrade en totalité les parties grises du rocher, de la mer et les bords des nuages conservés (3), et cette épreuve est collée sur les deux premiers découpages.

Enfin, de la quatrième épreuve on enlève tout ce qui a été retranché et dégradé précédemment, ainsi que les parties les moins accentuées du rocher et des nuages laissées intactes aux trois premières épreuves; puis on dégrade le bord des parties les plus noires et la totalité de celles qui le sont moins (4), et l'on reporte ces parties sur les trois découpages déjà faits (5).

Lorsque les découpages sont achevés (6), on les place entre du

---

(1) C'est-à-dire que l'on amincit (ou dédouble) le papier avec le couteau tenu à plat. — Voir les parties *rayées verticalement* de la page 77, qui indiquent ce qui a été dégradé.

(2) Voir les parties *rayées verticalement* de la page 79.

(3) Voir les parties *rayées verticalement* de la gravure de la page 81.

(4) Voir la figure de la page 83.

(5) De cette façon, les diverses parties de la gravure se trouvent, selon qu'elles doivent être plus ou moins salllantes (voir page 87), chargées de une, deux, trois et quatre épaisseurs.

(6) Nous n'avons pas eu occasion, dans la démonstration que nous venons de faire, de dire que l'on doit également enlever des gravures les petites par-

Premier découpage.

Deuxième découpage.

Troisième découpage.

Quatrième découpage.

Gravure sans aucun découpage.

Gravure avec tous les découpages.

papier sec et on les charge légèrement, afin de prévenir le plissage qui se manifeste parfois; après quoi l'on agit comme il suit pour les tirages aux presses à bras :

On tire une feuille bien repérée à l'aide des épinglettes, et l'on y reporte exactement les découpages; puis, le tympan étant garni d'un blanchet de satin recouvert d'une feuille de papier de moyenne épaisseur et collé, on fixe sur cette dernière la feuille aux découpages en la collant aux quatre coins, et l'on met une seconde feuille blanche par-dessus le tout.

Après avoir placé une décharge sur le tympan et tiré plusieurs coups de barreau pour fixer convenablement les découpages et les empêcher de faire trop support, on tire en noir une feuille, repérée comme il vient d'être dit, sur laquelle on corrige les défauts du texte ainsi que les dernières imperfections de la gravure, et l'on place avec soin cette feuille immédiatement par-dessus les découpages. L'on doit obtenir alors les tons vigoureux de la gravure de la page 87, lesquels diffèrent essentiellement de ceux de la même gravure qui lui fait face, et qui est tirée sans aucun découpage.

S'il s'agit de tirages aux mécaniques (1), on enlève les blanchets de décharge, on augmente un peu le foulage, on embraye; et, pour asseoir les gravures (bois, clichés ou galvanos), l'on fait passer quelques décharges en noir avec la vitesse ordinaire de la machine, afin que plus tard il ne s'opère aucun déplacement relatif de la mise en train avec les formes, ce qui aurait immanquablement lieu si l'on faisait passer lentement, en né-

ties isolées qui, bien que légères et prenant par conséquent peu d'encre, seraient néanmoins susceptibles de *piquer* au tirage.

(1) Nous ferons observer ici que pour la beauté des tirages à la mécanique en retiration les gravures doivent, autant que cela se peut, n'occuper que le *côté de première*. — Nous dirons aussi, comme chose importante, que les gravures à fond noir, et exigeant par conséquent une certaine quantité d'encre, seront, toutes les fois que l'imposition de la forme le permettra, placées avec avantage aussi près que possible de la prise d'encre, afin d'en recevoir des rouleaux toucheurs la quantité nécessaire.

gligeant d'embrayer. Cela fait, on passe sans feuille, mais toujours en noir, pour que la feuille blanche du cylindre (laquelle doit être sèche et bien tendue) reçoive l'impression; puis sur cette feuille on corrige, au moyen de hausses, les faiblesses apparentes des gravures; on recouvre ensuite le tout d'une nouvelle feuille, que l'on colle légèrement dans toute sa largeur, du côté de la gorge ainsi qu'à l'autre extrémité, et sur laquelle, après avoir passé de nouveau en noir, les découpages, préalablement humectés, sont appliqués avec le plus d'exactitude et le moins de colle possible; et la totalité des gravures est alors recouverte avec du papier de soie enduit de colle, que l'on fait pénétrer dans leurs parties creuses à l'aide d'une brosse (1). Dès que le tout est suffisamment sec pour ne pas dévier sous l'action du cylindre, le blanchet de décharge est replacé, le foulage diminué, et l'on passe une feuille en noir pour s'assurer que les gravures ne laissent plus rien à désirer et pour corriger en même temps les défauts du texte, souvent très-prononcés dans les parties voisines des vignettes. Cette feuille est ensuite découpée par parties, qui sont collées avec précision sur les endroits fautifs (2), et recouvertes définitivement par le blanchet.

(Il est bon, lorsqu'un tirage peu considérable est achevé, d'enlever avec soin les découpages en les mouillant avec l'éponge, et, après les avoir fait sécher, de les conserver dans un endroit à l'abri de l'humidité, en prévision de tirages ultérieurs.)

93. Sur les clichés, les principaux défauts de foulage se corrigent comme il suit : Après avoir arrêté convenablement les

---

(1) Ce papier de soie empêche les fractions légères du découpage de s'échapper ou de se déplacer pendant le tirage.

(2) Si, par suite de l'affaissement des découpages pendant un tirage prolongé, les gravures perdent de leur vigueur de ton, on la leur rend, soit, si la faiblesse est partielle, en plaçant de nouvelles hausses, découpées d'exacte dimension de feuilles imprimées en rapport d'épaisseur avec les défauts à corriger; soit, si l'affaissement est général, en collant par-dessous la gravure, selon l'intensité de la faiblesse, une ou plusieurs feuilles de papier collé amincies sur les bords, et renforcées aux endroits qui correspondent aux parties noires de la gravure, mais seulement lorsque celles-ci ont une certaine étendue.

clichés sur leurs blocs (1) à l'aide des griffes (2), on tire en blanc, avec une médiocre pression (3), une feuille, de laquelle on enlève avec les ciseaux toutes les parties qui forcent, et dont, au contraire, on charge toutes les parties faibles avec du papier collé plus ou moins épais. Cela fait, on détache les pages, en leur conservant autant que possible assez de marge pour que les biseaux des clichés portent dessus, et soient par là moins exposés à se briser en abaissant les griffes; puis on les colle exactement sous les clichés correspondants (4). Les petites irrégularités qui peuvent exister encore se corrigent, comme pour le mobile, soit sur ou dans le tympan, soit sur les cylindres.

94. Une fois la mise en train faite, les clichés doivent être solidement fixés sur leurs blocs, si l'on veut éviter, pendant le tirage : le maculage des griffes sur les marges du papier, l'excès de foulage de la partie soulevée du cliché, la variation du registre, le papillotage, une impression lourde et la prompte usure des coins des pages.

95. Lorsque sur des clichés ayant déjà servi il se trouve des parties écrasées, qui donnent par conséquent peu de foulage, il est souvent nécessaire, malgré cela, de les découper plutôt que d'y mettre des hausses, afin d'en obtenir un tirage moins lourd.

96. Il ne faut pas négliger, lorsqu'on a baissé une griffe pendant le tirage, de s'assurer si, comme cela a lieu ordinairement, il ne s'est pas produit de faiblesse dans la partie correspondante de la page.

---

(1) Les blocs doivent être à l'avance calibrés et mis de hauteur régulière entre eux : la hauteur ordinaire des blocs est de 52 points (18 millimètres).

(2) Il est très-important, pour le serrage des formes et la régularité du registre, de n'employer que des griffes de même épaisseur.

(3) Par une trop forte pression on courrait le risque d'écraser très-rapidement les extrémités des clichés, qui souvent foulent plus que l'intérieur, par suite d'une confection défectueuse.

(4) On remédie avantageusement au défaut général de hauteur que peut offrir l'ensemble des blocs et des clichés, en plaçant sous la forme une ou deux feuilles de papier fort collé, ou, mieux encore, un carton parfaitement lisse et de l'épaisseur voulue.

§ XII.

OBSERVATIONS RELATIVES A LA TOUCHE.

97. Les vis du cylindre de l'encrier doivent être régulièrement serrées (si celui-ci a la justesse nécessaire), et de manière à ne donner que peu d'encre à la fois; mais si, dès le début de la touche, on s'aperçoit que le cylindre, mal réglé, a donné trop d'encre au rouleau, il convient de décharger immédiatement ce dernier sur une feuille de papier bien collé étendue sur la table (1).

98. Il arrive quelquefois que, des imprimeurs n'appuyant pas également des deux mains sur la forme en roulant, certains endroits, sur le bord des pages, ne reçoivent jamais l'encre qu'imparfaitement : il faut, dans ce cas, que le toucheur ait le soin de repasser une ou deux fois le rouleau sur le point défectueux.

99. Lorsqu'un tableau à colonnes vides offre des filets horizontaux et verticaux, les uns prennent ordinairement plus d'encre que les autres et donnent par conséquent une impression plus foncée : il convient alors de passer le rouleau (qui doit plutôt être ferme que mou) dans les deux sens sur la forme, afin d'équilibrer la couleur autant que possible.

100. Le tirage des vignettes aux presses à bras exige une touche particulière, qui consiste en un fort tamponnement répété plusieurs fois aux endroits où se trouvent placés les bois ou les galvanos, et qui a pour but de donner de l'encre aux tailles les moins prononcées (2).

101. Pour les tirages en couleur, le rouleau, plutôt ferme que

(1) A la mécanique, on serre les vis de l'encrier, et, au moyen de la béquille, l'on empêche le preneur de prendre de l'encre pendant le tirage de quelques feuilles de décharge.

(2) C'est afin d'obtenir plus sûrement ce résultat que les vignettes, ainsi que nous l'avons dit précédemment (page 75, note 1), doivent être tenues un peu plus hautes que le texte.

mou, sans trop de tirant et peu chargé d'encre, ne doit, au contraire, être appuyé que très-légèrement sur la forme, particulièrement à son dernier parcours.

102. Les rouleaux toucheurs des mécaniques, dont le nombre est ordinairement de trois, mais peut varier de deux à quatre pour chacune des formes, selon que celles-ci sont légères ou lourdes de composition, se placent sans intervalle entre eux et près des cylindres.

103. Dès que les rouleaux toucheurs perdent leur tirant, ce qui se reconnaît à l'impression, qui devient lourde et macule au côté de seconde (sur les presses à double cylindre), il faut, selon le cas, les changer en partie ou en totalité, et les laver, pour les dégager du duvet que le papier lâche quelquefois avec abondance et dont ils se trouvent comme empâtés.

104. Il convient aussi de changer toutes les heures ou environ le toucheur le plus ancien, et de mettre celui de remplacement (qui doit être en bon état) à la gorge du cylindre, parce que, touchant le dernier et tirant davantage, il égalise l'encre et dépouille mieux l'œil de la lettre.

105. Pour obtenir la distribution satisfaisante de l'encre, il est indispensable de donner aux rouleaux distributeurs autant d'obliquité que le permettent les peignes, et de les faire agir dans un sens différent les uns des autres.

106. Lorsque, sur les mécaniques, une des deux formes à tirer est plus légère que l'autre et exige par conséquent moins d'encre, on en diminue la quantité soit en serrant les vis de l'encrier, — soit en diminuant la surface du preneur par des entailles en spirale pratiquées dans toute sa longueur, ou en l'entourant seulement d'un ruban plus ou moins large également disposé en spirale et fortement serré (1), — soit en supprimant un des trois

(1) On peut aussi modifier partiellement les rouleaux de cette manière pour des endroits de la forme qui ont moins besoin d'encre que d'autres, ou circonscrire l'encre sur le cylindre aux parties correspondantes au moyen de plombs fondus exprès. — M. Alauzet, habile mécanicien, a imaginé, pour arriver plus sûrement à ce résultat, de diviser en plusieurs parties le couteau et

toucheurs, — et quelquefois même à l'aide de ces divers moyens réunis.

107. Lorsque, au contraire, la touche laisse à désirer par son insuffisance, il est indispensable d'augmenter le nombre des distributeurs et des toucheurs, c'est-à-dire d'en mettre quatre au lieu de trois.

108. La table et l'encrier ne sauraient être tenus avec trop de propreté : il est donc bien, chaque fois qu'on cesse le travail, de les recouvrir avec un carton façonné à cet usage. Lorsque, malgré cette précaution, on juge nécessaire de nettoyer la table, il ne faut pas la ratisser avec un grattoir, ce qui finirait par altérer sa surface, mais la brosser avec de la lessive, et la bien sécher ensuite avec du papier collé ou du chiffon, sans quoi l'humidité qu'elle pourrait conserver s'opposerait à la bonne distribution de l'encre, en même temps qu'elle communiquerait au rouleau une fraîcheur nuisible.

109. Une table particulière est nécessaire pour le tirage des affiches, parce que, comme il arrive quelquefois qu'à défaut d'encre spéciale ou de vernis faible on mêle un peu d'huile à l'encre ordinaire pour donner suffisamment de noir aux grosses lettres, cette huile, inoffensive pour des impressions éphémères, nuirait d'une manière fâcheuse à celle des labeurs.

110. On doit aussi, pour les tirages en couleur, se procurer soit un marbre, soit une pierre lithographique, soit même une simple feuille de zinc (1), qu'on fixe solidement sur la table de l'encrier. L'encre, placée sur la partie la plus proche de l'en-

---

le cylindre de l'encrier; de sorte qu'il est plus facile, au moyen des vis de pression agissant directement sur chacune de ces parties, qui demandent à être rigoureusement ajustées entre elles, de n'en obtenir que la quantité d'encre nécessaire.

(1) Lorsque le tirage en couleur se fait aux mécaniques, on emploie également une feuille de zinc peu épaisse quand il s'agit d'un ouvrage soigné, parce que la table en bois, fût-elle d'une propreté irréprochable, altérerait toujours plus ou moins la couleur. L'encre occupe sa place habituelle; mais comme elle ne peut être distribuée autant qu'il serait convenable, on la fabrique avec un vernis plus faible que celui destiné aux presses manuelles.

crier, est prise par très-petites quantités avec une spatule, et répartie en divers endroits, puis bien étendue avec le broyon et presque continuellement distribuée avec le rouleau (1). A chaque suspension de travail, on relève soigneusement, à l'aide de la spatule, l'encre qui est étendue, on la réunit à l'autre, et on lave à l'essence toute la partie libre de la table, ainsi que le rouleau et la forme (2).

§ XIII.

OBSERVATIONS RELATIVES AU TIRAGE.

111. L'imprimeur doit s'attacher à ne rouler que lorsque la mise en train ne laisse plus rien à désirer; sans quoi, obligé de s'arrêter plus ou moins fréquemment pendant le cours du tirage pour corriger les défauts qu'il a négligés et qui s'y découvrent, il perdra en somme plus de temps qu'il n'en aurait passé pour parfaire son travail, et ne produira en outre rien que de défectueux.

112. La feuille de mise en train d'une forme quelconque (c'est-à-dire celle sur laquelle on a fait les découpages et placé les hausses) ne peut servir pour une autre forme (3).

113. Le train doit constamment être avancé au même point sous la platine, pour que celle-ci, recouvrant toujours également la surface du tympan, donne un foulage régulier.

La même attention doit être apportée en déroulant; car si le train est trop déroulé, la frisquette, presque droite, retombe inop-

---

(1) Les encres de couleur étant susceptibles de s'épaissir rapidement doivent, autant que possible, n'être fabriquées qu'au moment de s'en servir; on peut toutefois, pour les conserver un certain temps, les recouvrir d'un papier huilé, avec de l'eau par-dessus.

(2) Ce lavage, qui ne saurait être trop minutieux, doit également avoir lieu chaque fois que l'on modifie sensiblement la nuance de l'encre ou que l'on change totalement de couleur.

(3) Il n'en est pas de même de toutes les feuilles qui ont été tirées en blanc ou autrement *pendant* la mise en train du premier côté, et qui, par consé-

portunément sur le tympan; — et s'il ne l'est pas assez, la frisquette s'éloigne de l'imprimeur, dont le mouvement pour la rabattre sur le tympan devient alors plus difficile et moins rapide.

114. Sur les ouvrages soignés, et notamment sur les tirages en diverses couleurs, il est préférable que les deux compagnons n'alternent pas entre la touche et le barreau, ainsi qu'il est d'usage pour les ouvrages ordinaires; le travail y gagne incontestablement sous le double rapport de la nuance et du registre.

115. Il faut éviter, en enlevant la feuille tirée en blanc, d'élargir les trous des pointures; ce qui occasionnerait des défauts de registre lors de la mise en retiration. La même précaution doit être prise pour le tirage en retiration, c'est-à-dire qu'il faut éviter tout tiraillement de la feuille lorsque les pointures sont engagées dans les trous déjà pratiqués.

116. Quand l'imprimeur trouve une feuille dite *de marque,* il la dédouble, en unit le pli avec le dos des ongles, et, après l'avoir tirée, il la replie, pour servir de nouveau de marque à la retiration.

117. Les rides ou plis accidentels qui se rencontrent quelquefois dans le papier pendant le cours du tirage doivent être effacés sur le banc et non sur le tympan, afin de ne pas distendre ce dernier en appuyant dessus.

118. Lorsque la feuille tirée est enlevée de dessus le tympan (1), elle doit être placée bien carrément sur les précédentes (2); car s'il en est autrement les bords qui dépassent sèchent promptement, et nuisent ainsi au tirage de la retiration; ou bien ils se brisent ou se salissent dans les divers déplacements que le papier subit pendant le cours de l'impression et lors du comptage et de l'étendage.

---

quent sont défectueuses sous un rapport ou sous un autre : elles doivent être mises à part et séparées par une marque distinctive, afin de servir pour la mise en train du second côté.

(1) Lorsqu'un imprimeur travaille seul, il n'enlève la feuille tirée qu'après avoir encré la forme pour la feuille suivante.

(2) On doit agir de même pour le papier tiré aux mécaniques.

119. Le papier trempé ne doit être apporté sur le banc, soit en fractions, soit en totalité, selon le nombre à tirer, que lorsque la mise en train est achevée, sans quoi il est exposé à perdre une partie de l'humidité qui lui est nécessaire : il faut jusque-là le tenir au frais, recouvert d'une maculature humide et d'un ais (1). Si, malgré cette précaution, une cause quelconque lui fait contracter de la sécheresse sur les bords, on y passe une éponge légèrement mouillée et très-propre.

120. Lorsque le tirage est peu considérable et que le nombre de feuilles bonnes à tirer le permet, il y a des imprimeurs qui ne mettent en retiration qu'après avoir tiré plusieurs formes en blanc, afin que l'encre puisse sécher suffisamment pour ne pas maculer : cette manière d'agir, susceptible d'occasionner des erreurs, ne saurait être conseillée; mais en tout cas il faut, si l'on procède ainsi, retarder le moins possible la mise en retiration, pour éviter que le papier ne sèche.

121. Non-seulement le papier destiné aux tirages à plusieurs couleurs ne doit pas être trempé, mais il faut de plus éviter, après le glaçage, de le placer dans un endroit humide, afin de ne nuire ni à son brillant ni à la régularité du registre.

122. On doit éviter de charger en aucune manière le papier tiré en blanc, afin qu'il ne macule pas, et qu'il ne s'élargisse assez pour nuire au registre.

123. Aussitôt que l'on s'aperçoit, en l'enlevant de dessus le tympan, que la feuille tirée a de l'adhérence avec la feuille de décharge, il devient indispensable de changer cette dernière, si l'on veut prévenir toute espèce de maculage (2).

---

(1) Pour le même motif, la partie de papier tiré qui se trouve sur le banc doit, aux heures des repas et à la fin de la journée, être reportée sur celle qui reste à tirer, et le tout recouvert comme il vient d'être dit.

(2) On évite en grande partie ce défaut, qui peut se manifester fréquemment, à l'aide de la préparation suivante : D'une rame de papier de décharge non collé, on prend sur une main quatre ou cinq feuilles, dont on couvre la surface d'huile de pied de bœuf avec un pinceau ou une éponge, et on les intercale à distances régulières dans le reste de la main; on agit de même pour

124. Il est nécessaire aussi lorsqu'une forme contient des lignes de gros caractère, qui exigent plus d'encre et plus de foulage que les autres, d'intercaler une décharge entre chaque feuille lors du tirage : sans cette précaution la saillie du contre-foulage de ces lignes, retombant exactement sur les lignes similaires de la feuille précédemment tirée, en serait plus ou moins maculée, même sans aucun frottement, surtout si l'encre n'est que médiocrement ou point siccative.

125. Lorsque le tirage aux mécaniques se fait avec des décharges, et qu'on a oublié d'en passer une, la feuille tirée ensuite est assez ordinairement maculée ; le conducteur ne doit pas négliger de s'en assurer, et doit la rejeter au besoin.

126. Les blanchets qui recouvrent la mise en train aux mécaniques doivent, ainsi que les décharges, être changés dès qu'on s'aperçoit qu'ils noircissent assez pour communiquer de l'encre aux bonnes feuilles.

127. Comme il est rare que le rouleau, au début du tirage, donne tout de suite la couleur désirable, on doit, pour les ouvrages soignés surtout, se mettre en couleur en tirant préalablement autant de papier de décharge ou de mauvaises feuilles qu'il est nécessaire. Il en est de même chaque fois que, pour une cause quelconque, la totalité ou une partie de la forme a été lavée sous presse, ou que quelques lettres seulement ont été nettoyées à l'essence. Si malgré cela les premières feuilles du tirage laissaient encore à désirer, on les placerait avec les feuilles de mise en train.

---

toutes les mains, puis pendant plusieurs jours on remanie et on met en presse alternativement, afin que toutes les feuilles de la rame soient également, mais légèrement, pénétrées d'huile. On étend ensuite sur cordes par parties menues, afin d'obtenir un séchage parfait.

L'expérience a démontré que ce papier n'altère en rien l'impression et qu'il procure une notable économie : il serait donc à désirer que l'on en fît aussi usage sur les presses mécaniques, lorsqu'on y tire en décharges ; et que, pour les autres cas (ainsi que cela se pratique dans le remarquable établissement de MM. Firmin Didot, au Mesnil-sur-l'Estrée, près de Dreux), le blanchet en tissu fin qui recouvre la mise en train fût préparé d'une manière analogue.

Il est indispensable aussi, chaque fois que le tirage est suspendu pour une cause quelconque, et surtout lorsque l'encre est siccative, de tirer immédiatement quelques feuilles de décharge sur la forme (1), dans le double but de nettoyer le caractère et de le faciliter à retenir l'encre régulièrement lors de la reprise du travail.

On ne doit pas non plus, pour la même raison, oublier de tirer une feuille de décharge ou autre sur la forme qui a été encrée sans être imprimée.

128. Le conducteur doit éviter de laisser les rouleaux sur les formes pendant un temps d'arrêt, parce que les premières feuilles qui sont tirées ensuite sont plus grises à l'endroit où les rouleaux ont reposé : il convient donc, lorsqu'il en est ainsi, de passer préalablement quelques mauvaises feuilles.

129. Lorsqu'une forme contient des gravures sur bois, il est bon, à chaque suspension de travail, d'arrêter le barreau à demi-pression sur le tympan abattu, afin de les empêcher de se déjeter.

130. Lorsque, sur les mécaniques, les extrémités des lignes d'un texte qui précède ou qui suit une gravure n'occupant pas la totalité de la justification ou dont le milieu est un fond noir avec des bords légers, et pour laquelle il faut forcer la couleur, reçoivent en trop l'encre qui dans le premier cas n'a pas été déposée sur la gravure, ou qui dans le second n'a été prise qu'en petite quantité par les parties claires, tandis que la partie de texte qui correspond au noir de la gravure n'en reçoit qu'insuffisamment et reste grise, il faut, si ces défauts ne peuvent être corrigés par les vis de l'encrier ou par le chemin des rouleaux élevé ou baissé en certains endroits, les atténuer le plus possible en dégarnissant les parties qui reçoivent trop d'encre et en chargeant celles qui n'en reçoivent pas assez.

131. Lorsque le mauvais serrage d'une forme, une justification défectueuse, simultanément avec le tirage des rouleaux et

(1) Il est en outre souvent nécessaire, dans ce cas, de laver la table ainsi que le rouleau.

la secousse du marbre dans son parcours, ont fait lever quelque partie de page, ce qui a particulièrement lieu aux extrémités de la forme, et que le foulage se trouve augmenté en cet endroit, il vaut mieux desserrer et taquer que de découper les parties levées, lesquelles pourraient plus tard devenir trop faibles si, par une cause ou une autre, elles reprenaient naturellement leur aplomb.

132. L'imprimeur qui tient le rouleau doit, dans l'intervalle de sa touche et pendant tout le cours du tirage, jeter un coup d'œil sur le papier tiré, afin de s'assurer :

Si l'action du rouleau n'a pas fait monter d'espaces ou de cadrats, ou s'il n'a pas cassé de lettres sur les bords (1);

Si les supports ou les hausses s'affaissent;

Si des faiblesses se manifestent en quelque endroit;

Si le registre ou la marge se dérange;

Si la couleur se maintient de même ton (2);

Si la totalité de la forme, des mots, ou simplement des lettres, s'emplissent;

Si le rouleau se fatigue ou se salit (3);

Si le papier sèche sur les bords, etc., etc. (4).

---

(1) Ce dernier accident est surtout à craindre dans les formes qui contiennent des vers, titres, ou autres lignes d'inégale longueur; il faut donc dans ce cas, plus particulièrement encore, redoubler d'attention.

(2) Pour obtenir une couleur uniforme pour tout l'ouvrage, les imprimeurs doivent avoir une feuille de la nuance jugée convenable, qu'ils placent à portée de vue, au-dessus du papier tiré, avec lequel ils la comparent de temps à autre.

(3) Lorsque cela arrive, le bord des pages ou les titres courants s'empâtent; il devient dès lors urgent de changer de rouleau, et, au besoin, de donner un coup de brosse à la forme.

(4) En dehors de ces inconvénients, qui surviennent aussi bien aux mécaniques qu'aux presses à bras, le conducteur doit particulièrement encore avoir l'œil aux cales, aux cordons, ainsi qu'aux épingles qui maintiennent les étoffes, pour éviter autant que possible les accidents qui pourraient se produire de ce côté; et nous dirons même, sans crainte d'avancer rien de trop, qu'il doit être continuellement aux écoutes, afin de percevoir, dès qu'il se manifeste, tout bruit insolite annonçant un déplacement quelconque soit sur le marbre, soit à la mécanique.

§ XIV.

OBSERVATIONS RELATIVES A QUELQUES TIRAGES SPÉCIAUX.

133. Lorsque les tirages en deux couleurs se font sur une seule forme, on enlève de cette dernière les diverses parties (mots, lignes, vignettes, cadres, etc.) qui doivent être d'une autre couleur que le noir (1), et on les remplace par des cadrats de force identique; puis la frisquette est découpée avec soin, de manière à masquer, autant qu'il est possible de le faire, les vides produits par les parties enlevées. Après le tirage en noir, on replace dans la forme ce qui en avait été extrait, en lui donnant alors une hauteur de trois ou quatre points de plus que les caractères déjà imprimés (2), et l'on découpe une nouvelle frisquette, en masquant cette fois tout ce qui a été tiré en noir (3). — (Cette opération se répète pour chaque couleur différente.)

Si le tirage se fait sur deux formes, l'une contenant ce qui doit être en noir, et l'autre ce qui doit être en couleur, l'emploi des caractères hauts n'est plus nécessaire; mais le rapport des lignes ou des mots est moins facile à obtenir irréprochable : aussi doit-on apporter une précision rigoureuse dans la répartition des blancs de remplacement de l'une et de l'autre forme.

Il est quelquefois indispensable aussi, pour éviter le barbouillage d'une couleur sur l'autre aux tirages successifs, de placer à chaque feuille des capucins (4) dans l'intérieur des pages enca-

---

(1) Voir la page 104.

(2) A défaut de caractères fondus exprès, ce surplus de hauteur s'obtient à l'aide de bouts d'interlignes placés sous les mots, lignes, etc., qui doivent être tirés en couleur.

(3) Voir la page 105. — Si, dans ce cas, le tirage se fait à la mécanique, la totalité de ce qui a été tiré en noir doit être remplacée par des blancs, et les caractères destinés au tirage en couleur conservent leur hauteur habituelle.

(4) Morceau de carte ou de papier fort, coupé de manière à former à son centre une pointe qui en facilite le placement à chaque feuille.

drées qui offrent des vides assez grands, la frisquette n'étant ici d'aucune utilité pour prévenir ce grave défaut.

S'il est important, pour ces tirages, que les trous des pointures ne subissent aucun élargissement, afin de ne pas nuire à l'exactitude du rapport vertical et horizontal des différentes couleurs entre elles (1), il ne l'est pas moins que le grand tympan soit assez bien fixé dans ses charnières pour n'éprouver aucune vacillation, et que le serrage plus ou moins répété des formes se fasse toujours de la manière la plus régulière (2).

134. Avant de tirer les peaux de vélin (3) on passe légèrement sur les deux faces un tampon de linge fin ou de papier moelleux, pour enlever la poussière de chaux qu'elles peuvent avoir conservé; puis on les place dans le papier trempé de l'ouvrage jusqu'à ce qu'elles soient souples, mais sans humidité (4). Après s'être assuré de la propreté de la forme, du bon état du rouleau ainsi que de celui de l'encrier, et avoir recouvert la marge d'une feuille de papier collé, mince et glacé, on tire les peaux du côté du poil (5), parce que le côté de la chair lâcherait plus facilement son encre à la retiration s'il était tiré en premier lieu.

En attendant la retiration, que celle-ci se fasse ou non sur la même forme, on met les peaux entre des feuilles sèches et collées recouvertes d'un plateau, puis une nouvelle feuille mince est placée sur la marge au moment de la retiration.

---

(1) Voir la page 107.

(2) Voir les observations relatives à la *préparation du papier*, page 49; — au *lavage des formes*, page 57; — aux *pointures*, page 66; — au *registre*, page 69; — à la *touche*, pages 92, 93, 94, 95; — au *tirage*, page 96.

(3) Ce tirage ne doit avoir lieu que lorsque, une partie du papier étant déjà imprimée, on est certain que la mise en train ne laisse absolument rien à désirer. — Les peaux, sans taches et parfaitement unies à leur surface, doivent être régulières entre elles dans leur épaisseur aussi bien que dans leur teinte.

(4) L'humidité a pour résultat fâcheux de faire goder les peaux et de les empêcher de prendre l'encre d'une manière satisfaisante.

(5) Ce côté se reconnaît au léger grain dont il est parsemé et à sa nuance un peu moins blanche. Le coup de barreau doit être donné sans hésitation, mais plutôt gradué que trop sec.

savez-vous pas que les dieux, que upiter lui-même, ne les nomment qu'en tremblant? qu'ils jurent par la majesté du tyx, comme vous autres mortels vous jurez par la puissance des dieux? ais confiez-moi ce flacon. l dit, s'en empare, et ne tarde pas à le rapporter plein, passant et repassant, majestueusement soutenu par le balancement de ses puissantes

ailes, entre ces deux rangs de gueules béantes, qui ne peuvent que montrer leurs dents terribles et darder sans effet leur triple langue. 'onde s'irrite, et lui crie : oin d'ici, sacrilége! ais il disait : 'est par l'ordre de énus; et ce mensonge adroit lui servit aussi de passe-port.

syché reçoit avec joie le flacon si heureusement rempli

J

S

M I

L L

M C V

P

savez-vous pas que les dieux, que Jupiter lui-même, ne les nomment qu'en tremblant? qu'ils jurent par la majesté du Styx, comme vous autres mortels vous jurez par la puissance des dieux? Mais confiez-moi ce flacon. Il dit, s'en empare, et ne tarde pas à le rapporter plein, passant et repassant, majestueusement soutenu par le balancement de ses puissantes

ailes, entre ces deux rangs de gueules béantes, qui ne peuvent que montrer leurs dents terribles et darder sans effet leur triple langue. L'onde s'irrite, et lui crie : Loin d'ici, sacrilége! Mais il disait : C'est par l'ordre de Vénus; et ce mensonge adroit lui servit aussi de passe-port.

Psyché reçoit avec joie le flacon si heureusement rempli

Lorsque les peaux sont tirées des deux côtés, on les remet immédiatement entre des feuilles sèches et des plateaux que l'on charge suffisamment au bout de quelques jours, et où on les maintient jusqu'à la fin de l'ouvrage.

135. Le papier de Chine n'exige, à proprement parler, aucune préparation particulière, si ce n'est qu'on doit, ainsi que nous l'avons dit page 51, article 13, le mettre quelques instants dans du papier humide, si la forme est pleine et de petit caractère; et que, s'il est sensiblement moins épais que le papier ordinaire du tirage, il est nécessaire d'augmenter un peu le foulage.

136. Le tirage des fonds à teinte de papier de Chine se fait sur des plaques de plomb, de cuivre, d'acier ou de zinc (1), montées sur bois, et ne laissant rien à désirer sous le rapport de leur poli.

La mise en train principale est collée en dessous, comme celle des clichés, et l'on ne doit employer que des blanchets de mérinos fin, avec une pression forte et très-peu d'encre.

Ce tirage doit être exécuté (et convenablement séché) avant le tirage en noir, si l'on veut conserver à ce dernier le brillant qu'on a lieu d'attendre d'une encre de bonne qualité.

137. Le satin ne se trempe pas; il suffit de le bien étendre sur le tympan, et de l'y fixer par des épingles. Il faut aussi tenir la couleur un peu plus noire que pour le papier, et rester quelques secondes sur le coup.

138. Le procédé le plus prompt, le moins dispendieux, et par conséquent le plus usité pour le tirage en or est le suivant : La forme, convenablement mise en train, est encrée avec un mordant composé d'ocre de belle qualité et de vernis fort; puis la feuille est tirée (2), et immédiatement saupoudrée, à l'aide d'une patte de lièvre en bon état (c'est-à-dire garnie de ses poils), avec du bronze n° 600. Lorsque l'impression est suffisamment

---

(1) On se sert même quelquefois de simples morceaux de bois de chêne suffisamment dressés et polis.

(2) Le papier employé à ces sortes de tirages doit être glacé et dépourvu de toute espèce d'humidité.

sèche, on frotte légèrement la feuille avec de la ouate de coton, pour en enlever exactement tout le superflu du métal.

Mais si l'on veut obtenir une véritable impression en or, et non le saupoudrage, souvent imparfait, dont nous venons de parler, on agit de la manière suivante : Après avoir fait dissoudre de la gomme arabique dans de l'eau de rivière ou de pluie clarifiée, on touche la forme avec une très-petite quantité de cette matière, et la feuille, préalablement fixée sur le tympan à l'aide d'épingles, est tirée comme à l'ordinaire. Cela fait, on applique le plus promptement possible des feuillets d'or sur les parties imprimées, et le tout est recouvert avec soin d'une feuille de papier glacé parfaitement sèche; puis, après avoir légèrement desserré le régulateur pour diminuer le foulage, on opère un second tirage sans vacillation aucune et en restant quelques instants sur le coup. Le superflu de l'or est ensuite enlevé comme il a été dit pour le premier procédé, et les feuilles tirées de l'une ou de l'autre façon sont soumises à un nouveau glaçage, afin de fixer le métal d'une manière irréprochable et d'en augmenter le brillant.

139. L'impression en argent s'opère absolument de même, mais on remplace l'ocre par du blanc d'argent fin seul, ou, pour plus d'économie, par un tiers de blanc d'argent fin et deux tiers d'argent faux n° 600.

Nota. D'après ce qui vient d'être dit dans ce chapitre et le précédent, on voit que l'impression, pour être irréprochable, doit offrir les qualités suivantes :

Un foulage égal et plat, sans être trop superficiel;

Un registre parfait des têtes, pieds et côtés;

Une couleur vive, uniforme, donnant les pleins des lettres bien accentués, mais sans graisse, et les traits purs et fins (1);

---

(1) Pour arriver à ce résultat, le rouleau ne doit être ni trop ni trop peu

Des marges intérieures et extérieures, de tête et de pied, régulières pour tout l'ouvrage.

Nous ajouterons à cela :

Que le papier, de bonne qualité, doit être de même teinte, de même grandeur et épaisseur, sans taches dites de *poivre*, d'*eau*, ou autres;

Que l'encre, d'un beau noir brillant, bien broyée lors de sa fabrication et dégagée de toute espèce d'ordure, doit plutôt être forte, c'est-à-dire consistante, que liquide (1);

---

chargé d'encre; car dans le premier cas les déliés s'épaississent et le corps de la lettre s'engraisse, dans le second les traits fins ne marquent qu'imparfaitement et le corps de la lettre est égratigné.

(1) On peut facilement s'assurer de la qualité de l'encre, quant à la bonté et à la cuisson du vernis, en en disposant quelques parcelles sur du papier blanc non collé : si, au bout de vingt-quatre ou trente-six heures, l'auréole que forme le vernis est privée de couleur, l'encre est satisfaisante; dans le cas, au contraire, où l'auréole est d'un jaune accentué, on doit éviter de s'en servir pour des tirages soignés.

Nous ne parlerons pas avec détail de la fabrication de l'encre, dont les maîtres imprimeurs ne s'occupent plus depuis que les Lorilleux (*), les Lefranc et autres, en ont fait l'objet d'une industrie spéciale, à laquelle ils ont, avec le plus grand avantage pour la typographie, consacré leurs soins intelligents; il nous suffira de dire qu'on fait usage de trois sortes principales d'encres noires, dont la qualité varie selon l'épuration et la cuisson du vernis (**), la pureté, la finesse et la quantité du noir végétal (***) qu'on y fait entrer, ainsi que par le degré de trituration : les encres fines (fortes ou faibles, selon qu'elles sont destinées aux presses à bras ou aux mécaniques) s'emploient pour les ouvrages de luxe; les encres moyennes, pour les labeurs courants; les encres faibles, pour les journaux, affiches, et autres travaux d'importance secondaire.

Quant aux encres de couleur, comme il n'est pas toujours facile, en province, de se les procurer au moment où l'on a besoin de s'en servir, il est bon de donner pour leur fabrication les renseignements qui suivent :

L'*encre rouge* se compose avec du vermillon, ou mieux avec du carmin (****),

(*) Voir la savante brochure adressée aux membres du jury de l'exposition universelle de 1867 par M. Charles Lorilleux, et ayant pour titre : *Notice sur la fabrication des encres d'imprimerie, noires et de couleur* (*Typographie, chromolithographie, lithographie*).

(**) Le vernis se fait communément avec de l'huile de noix, de lin ou de résine, dont la cuisson est poussée à un degré plus ou moins élevé, selon le genre d'encre à fabriquer.

(***) Le noir s'obtient de la fumée produite par la combustion de poix résine concassée, de résidus d'huile de pétrole, etc., pour les encres ordinaires, et de celle de l'ivoire ou de bougie pour les encres extra-fines.

(****) L'emploi du carmin devient surtout indispensable lorsque le tirage doit avoir lieu sur des galvanos, si l'on tient a éviter la teinte noirâtre que le vermillon acquiert par son contact avec le cuivre.

Enfin que le caractère, s'il n'est pas complétement neuf, soit au moins en bon état de conservation sous le rapport des *fins* ou *déliés*.

---

et quelquefois avec ces deux substances suffisamment amalgamées à du vernis fort, et constamment broyées lors de leur emploi.

L'*encre bleue* se forme, soit avec un mélange d'outre-mer et de blanc d'argent, soit, ce qui est préférable pour la facilité de l'impression, seulement avec du bleu de Paris; mais ce dernier ayant le défaut de sécher trop rapidement, il faut, en le broyant, y ajouter une ou deux gouttes d'huile de lin, et, si l'on tient à lui donner du brillant, une très-petite quantité de colle de poisson ou de blanc d'œuf.

L'*encre jaune* s'obtient par le mélange du jaune de chrome de belle qualité et très-fin avec le vernis.

L'*encre verte* est un mélange de jaune de chrome et de bleu de Paris, en quantités égales ou différentes, selon la nuance que l'on veut obtenir. — On la forme aussi avec du mercure sulfuré ou cinabre.

L'*encre brune* se fait avec une très-petite partie d'encre noire et, comme base principale, quelqu'une des terres dites d'Italie, que l'on dose d'une manière convenable.

L'*encre grise* employée pour remplacer la réglure, se prépare avec du blanc de céruse raffiné et de l'encre noire très-fine (dans la proportion de deux cinquièmes pour l'un et de trois cinquièmes pour l'autre), suffisamment mélangés avec du vernis bien cuit. — Il faut que le tirage soit extrêmement sec avant d'en faire usage.

L'*encre blanche* a pour base le blanc de céruse pulvérisé, auquel, avec le vernis, on ajoute environ un septième de bleu de Prusse.

La proportion du mélange des substances lourdes, telles que le vermillon, le jaune de chrome, le minium, le blanc d'argent, le blanc de zinc, le céruse, qui entrent dans la composition des encres de couleur, est de 85 à 90 pour 100 de vernis; celle du bleu de Paris, du carmin, de la terre de Sienne, de la terre d'Italie, du rouge de Venise, du rouge d'Angleterre, des laques de Munich, etc., est de 40 à 45 pour 100 de vernis.

Lorsque, pendant leur emploi, les encres de couleur deviennent trop fermes, on y ajoute une petite quantité de vernis faible, en ayant le soin de bien broyer de nouveau.

CHAPITRE IV.

CAUSES PRINCIPALES DES DÉFAUTS DE L'IMPRESSION.

Les causes qui produisent les défauts de l'impression étant très-nombreuses, et par cela même faciles à sortir de la mémoire, nous avons pensé qu'il ne serait pas sans utilité ni pour l'imprimeur ni pour le conducteur de les grouper par séries, et nous en avons fait le sujet du présent chapitre.

§ Ier.

FOULAGE GÉNÉRAL.

1. Le foulage général est trop fort ou trop faible sur les presses Stanhope selon que la vis du régulateur est trop ou pas assez serrée.

2. Sur les presses mécaniques ces deux défauts du foulage se manifestent lorsque les cylindres sont trop ou pas assez descendus (1).

(Le foulage général peut encore être, *accidentellement*, ou trop fort ou trop faible, selon l'irrégularité d'épaisseur du papier à tirer.)

3. Le foulage général est *creux* ou *lourd* lorsque les étoffes qui garnissent l'intérieur du tympan ou les cylindres ont trop d'épaisseur.

---

(1) Lorsque ces défauts n'ont lieu que pour un seul cylindre, ils peuvent provenir aussi de l'inégalité d'épaisseur des étoffes sur les deux cylindres.

§ II.

FOULAGE PARTIEL.

4. Cylindres inégalement levés ou descendus à leurs extrémités.

5. Supports (1)
   - trop forts.
   - trop faibles.
   - mal placés.
   - déplacés.
   - affaiblis pendant le tirage.

6. Bords de la frisquette trop épais, ou se rencontrant avec des cales ou des coins ayant le même défaut.

7. Train irrégulièrement avancé sous la platine.

8. Vacillement du grand tympan dans les cornières.

9. Parties faibles
   - à la platine.
   - aux cylindres.
   - au marbre.
   - au grand tympan.
   - au petit tympan.
   - aux étoffes.
   - au papier d'impression ou de décharge.

10. Forme serrée
    - trop fortement, surtout lorsque les biseaux ou les coins sont doubles.
    - avec des châssis, des biseaux ou des coins défectueux.
    - avec des biseaux qui ne sont pas de la couche convenable.
    - avec des coins dont la pointe a butté sur le marbre en les serrant, ou qui, étant abattus, ne touchent pas le marbre dans toute leur surface (2).

---

(1) Nous comprenons ici tous les supports, c'est-à-dire ceux de la forme et de la frisquette comme ceux des cylindres et des bandes du marbre.

(2) Toutes ces imperfections de serrage font lever partiellement le caractère.

11. Forme
- irrégulièrement placée sur le marbre.
- mal taquée et dont, par conséquent, toutes les lettres ne touchent pas le marbre.

12. Lettres
- basses par usure.
- couchées, c'est-à-dire qui sont peu d'aplomb sur leur pied (1).

13. Clichés
- déplacés, et ne se trouvant plus en rapport avec la mise en train.
- ayant des lettres ou des mots hauts ou bas.
- ayant des soufflures qui s'abaissent pendant le tirage.

14. Déplacement accidentel
- de la feuille de mise en train dans le tympan ou sur les cylindres.
- du blanchet, après correction de la feuille de mise en train pendant le tirage, surtout si l'étoffe est épaisse.

15. Ordures collées
- à la platine.
- au grand tympan.
- au petit tympan.
- aux cylindres.
- sur le marbre.
- sous le pied des lettres.

16. Parties trop ou pas assez découpées à la feuille de mise en train.

17. Hausses mal placées ou déplacées. . . . .
- dans le tympan.
- sur le tympan.
- sur la feuille de mise en train des cylindres.
- sous les clichés.

---

(1) Ce défaut, qui fait que l'encre et le foulage ne portent que sur une partie de l'œil de la lettre, provient de ce que les lignes n'ont pas été suffisamment redressées dans le composteur avant de les justifier; et souvent aussi d'épreuves

18. Débris de marge restés sur le grand tympan.

19. Feuille de mise en train incomplétement enlevée sur les cylindres lors des changements de format.

20. Blanchets { mal frottés ou mal lavés lors des changements de format. / inégalement tendus.

21. Pli d'une feuille ou ordure diminuant l'épaisseur du blanchet après la pression (1).

(La fraîcheur ou la sécheresse, soit générale, soit partielle, du papier ou des rouleaux, — une mauvaise prise ou distribution d'encre, — une touche imparfaite, — de l'humidité sur les formes, peuvent *simuler* excès ou manque de foulage, soit partiel, soit total; on s'en convainc facilement en retournant la feuille.)

§ III.

REGISTRE.

1. Formes { des côtés de *première* et de *deux* mal placées sur le marbre dans leur position relative. / serrées inégalement, soit en pied, soit sur les côtés (2).

2. Défaut d'équerre du châssis { intérieurement. / extérieurement.

3. Irrégularité { des garnitures de tête, de fond, ou de la barre du châssis. / des pages en longueur ou en largeur.

---

faites sur des paquets mal liés ou peu soutenus sur la presse par des bois de hauteur.

(1) Si le caractère n'est point endommagé à l'endroit correspondant par l'augmentation de pression, la faiblesse peut être corrigée en mouillant un peu le blanchet ou en mettant une hausse.

(2) Ce défaut se manifeste assez fréquemment lorsqu'on desserre pendant le tirage.

4. Biseaux
- rongés sur leur plat intérieur, et ne pressant pas également l'extrémité des lignes en contact avec leur endroit défectueux.
- trop courts, et faussant l'équerre des pages en serrant (1).

5. Le premier coin pas assez avancé, ou le dernier coin trop avancé, dans le sens vertical ou horizontal de la forme, surtout lorsque les biseaux sont très-minces et fléchissent sous la pression des coins.

6. Cales fixant la forme desserrées pendant le tirage.

7. Pointures
- in-8° trop hautes ou trop basses au côté de première ou de deux.
- in-12 trop avancées ou trop rentrées.
- donnant de trop grands trous (2).
- dont les ressorts, trop élevés au tirage en blanc, donnent du lâche à la feuille lors de la mise en retiration.
- de marge (machines en blanc) opérant le mouvement de descente avant que la feuille soit suffisamment retenue par les pinces.

8. Dépointage, ou mauvais pointage de la feuille.

9. Feuille
- godant sur le tympan, ou sur les cylindres.
- relevée à l'un des coins au moment où tombent les pinces.

10. Main gauche placée au milieu de la feuille en margeant,

---

(1) Lorsque les biseaux de côté sont trop courts, et que le lingot ou le bois placé entre eux et le texte dans le but de couvrir entièrement ce dernier n'a pas la force suffisante, le serrage produit le même défaut que les coins mal placés, c'est-à-dire qu'il fait cambrer et écarter du texte la partie excédante du lingot, laquelle n'exerçant alors qu'une pression imparfaite sur l'extrémité des lignes, laisse à celles-ci la possibilité de sortir plus ou moins de leur largeur normale.

Si les biseaux de pied n'ont pas la longueur nécessaire, les extrémités des pages se courbent à mesure que l'on serre, et l'étendue verticale des pages se trouve ainsi fautivement augmentée aux parties courbées.

(2) Ceci s'applique aussi aux pointures des mécaniques en blanc.

au lieu d'être placée au bas; ou bien, mouvement d'appui trop lourd de cette même main sur la partie inférieure de la feuille en la plaçant sur le tympan pour pointer en retiration.

11. Le grand tympan tiré sur soi ou poussé à l'opposé en abattant la frisquette (1).

12. Papier { séché / chargé } après le tirage en blanc.

13. Formes mal lavées avant la mise sous presse ou pendant le cours du tirage, et sur lesquelles la feuille adhère et se trouve ainsi plus ou moins retardée dans son parcours du côté de seconde pour arriver au côté de première.

14. Clichés plus petits que les blocs ou dont les biseaux sont en partie cassés (2), et qui, mal fixés par les griffes, vacillent sous l'impulsion du rouleau.

15. Griffes d'inégale épaisseur, et faussant les blancs de tête ou de fond.

16. Vacillement {
du grand tympan dans les cornières.
des marbres (aux mécaniques).
des cylindres : soit par usure des tourillons ou de leurs coussinets, soit par serrage défectueux des vis des chapeaux.
}

17. Défaut de rapport parfait entre le marbre et les deux cylindres (3).

18. Usure du croissant, faisant avancer un des marbres avant le temps voulu.

19. Jeu dans la coulisse du pignon.

---

(1) Ce défaut et le suivant se font souvent remarquer au changement alternatif des deux imprimeurs au barreau.

(2) Lorsque les biseaux d'un cliché sont assez défectueux pour empêcher la complète application des griffes, il est nécessaire, après que le cliché est corrigé en dessous, de le fixer sur le bloc au moyen d'une feuille de papier enduite de colle, afin d'en prévenir le vacillement nuisible à la fois au registre et au foulage.

(3) On remédie à ce défaut essentiel de construction, quant au registre, en plaçant irrégulièrement entre elles les deux formes sur le marbre.

20. Facettes produites par une cause quelconque au galet du pignon.

21. Ressort de soulèvement
- trop lâche.
- relevé ou baissé pendant le cours du tirage.

22. Pinces
- du côté de première s'ouvrant trop tard (1), ou d'une manière insuffisante (2).
- du côté de deux s'ouvrant trop tôt.
- ayant des ressorts trop faibles et laissant échapper la feuille.

23. Goujons d'appui des pinces
- plus bas que les blanchets.
- d'inégale hauteur entre eux.

24. Cordons
- trop ou pas assez tendus, sur les machines à gros cylindres.
- de dessous des cylindres insuffisamment tendus.
- des bords du cylindre (machines en blanc) pas assez tendus.
- du milieu trop tendus.
- se trouvant accidentellement sur les pinces.

(Le registre est encore sujet à varier après toute suspension de travail. Il en est de même lorsque des mécaniques sont mues par une machine à vapeur sans régulateur, et qu'une ou plusieurs d'elles s'arrêtent : l'augmentation de vitesse qui en résulte pour les autres (3) dérange ordinairement leur registre.)

---

(1) Dans ce cas, de même que lorsqu'un cordon se trouve trop rapproché d'une pince, la feuille est exposée à se déchirer en entrant dans la gorge.

(2) Lorsqu'il en est ainsi, la feuille est repoussée au lieu d'être saisie au moment où elle est abandonnée par les pinces du côté de deux, et elle s'enroule autour des rouleaux toucheurs.

(3) Cette augmentation de vitesse, qui fausse également le foulage et la couleur en même temps qu'elle produit du papillotage, oblige quelquefois, lorsqu'elle se prolonge, à modifier la mise en train.

§ IV.

MARGE.

1. Irrégularité du papier.
2. Déplacement de la feuille de marge sur le tympan, ou des points de repère qui la représentent.
3. Variation des taquets.
4. Tension irrégulière des pinces.
5. Pinces { ne tombant pas assez rapidement lors de la prise de feuille.
tombant avec secousse.
6. Goujons de support des pinces plus bas que les blanchets, et occasionnant la courbure du bord de la feuille.

§ V.

COULEUR GÉNÉRALEMENT NOIRE OU LOURDE.

1. Excès de foulage.
2. Étoffes trop épaisses.
3. Prise d'encre trop forte (1) ou trop fréquente, relativement à la lourdeur de la forme.
4. Distribution imparfaite de l'encre.
5. Rouleaux trop mous ou trop secs et ne tirant pas.
6. Formes mal lavées.
7. Papier trop trempé.

§ VI.

COULEUR GÉNÉRALEMENT GRISE OU MAIGRE.

8. Manque de foulage.
9. Prise d'encre insuffisante.
10. Touche incomplète quant au nombre de tours sur la forme.

---

(1) Elle peut avoir pour cause l'usure des vis ou du couteau de l'encrier.

11. Rouleaux { trop frais et ne donnant de l'encre qu'imparfaitement.
diminués de diamètre en séchant (1), et touchant trop faiblement les formes dans leur parcours. }

12. Chemins des rouleaux trop élevés.

13. Coussinets des peignes (mécaniques en blanc) trop élevés.

14. Papier trop sec.

15. Forme humide ou fraîche en totalité (2).

§ VII.

COULEUR PARTIELLEMENT TROP NOIRE OU TROP GRISE.

16. Papier trop mouillé ou trop sec par places.

17. Hausses trop fortes ou insuffisantes.

18. Sautillement du rouleau par manque de supports vis-à-vis des pages blanches ou courtes; — et sur les mécaniques soit par l'absence ou l'usure des galets des rouleaux distributeurs, soit parce que le chemin est abaissé par usure.

19. Coussinets des peignes des mécaniques en blanc pas assez élevés, et faisant buter les rouleaux toucheurs sur les extrémités des pages.

20. Appui inégal du rouleau sur la forme par l'imprimeur.

21. Trous ou fissures aux rouleaux (3).

---

(1) Ce défaut, qui n'a d'importance que sur les mécaniques, se manifeste particulièrement lorsque la matière contient trop d'eau, et que les rouleaux sont exposés à un hâle prononcé qui les dessèche.

(2) Ce n'est guère qu'en hiver que les formes sont susceptibles de contracter de la fraîcheur. Elle se manifeste à chaque reprise du travail; et notamment le matin, surtout lorsqu'il y a eu une journée entière de suspension, comme cela arrive du samedi au lundi.

(3) Au début de la touche, les parties de la forme qui se trouvent en contact avec les trous ou les fissures des rouleaux dans leur parcours restent grises; mais lorsque ces trous ont pris successivement assez d'encre pour se remplir, ils finissent par empâter le caractère.

22. Rouleaux { trop secs. / mal lavés.

23. Rouleau preneur trop élevé par la béquille, et ne donnant ainsi qu'insuffisamment de l'encre à la table.

24. Parties de texte environnant des gravures à fond noir pour lesquelles il faut forcer à l'encre, et qui en reçoivent surabondamment des rouleaux toucheurs.

25. Lettres { écrasées. / pleines. / hautes.

26. Formes { mouillées par places. / graissées par du suif, de l'essence, ou par le frottement des doigts. / lavées à la lessive étant sous presse, et qui ont été mal épongées et déchargées.

27. Peluches, ou poussière abondante du papier s'attachant par places aux rouleaux toucheurs, et les empêchant de communiquer l'encre aux formes d'une manière régulière.

(Sur les presses mécaniques à retiration, un des côtés de la feuille peut offrir une différence sensible de couleur, si les rouleaux de première ont plus ou moins de qualité que ceux de seconde. — Il en est de même lorsque les deux prises d'encre et la pression des deux cylindres n'ont pas entre elles la régularité convenable.

La retiration sur un blanc quelconque, ainsi que des parties plus interlignées, en plus petit caractère ou de forme maigre, simule souvent un ton plus gris. — La retiration sur un fond noir (vignette ou gros caractère), ainsi que sur des parties sans interlignes, simule au contraire un ton plus noir. — Les lignes qui, en retiration, ne tombent pas exactement les unes sur les autres simulent aussi un défaut de couleur, et offrent quelquefois l'aspect du doublage, surtout lorsque le papier, peu épais, a de la transparence.)

§ VIII.

DOUBLAGE.

1. Variation de la feuille entre deux coups de barreau successifs donnés volontairement ou par inadvertance.

2. Tympan trop lourdement abattu.

3. Élévation du cadre de la frisquette au-dessus du caractère, soit par son trop d'épaisseur, soit par sa rencontre fautive avec un support de la forme ou avec des coins insuffisamment abattus.

4. Blanchets des cylindres trop chargés d'encre, ou feuilles de décharge ayant le même défaut.

5. Feuille passée sans décharge.

6. Feuille de décharge retardée dans sa marche, et ne recouvrant pas totalement le blanchet à la sortie de pression.

§ IX.

MACULAGE (1).

1. Prise d'encre trop considérable.

2. Encre trop faible ou peu siccative.

3. Rouleaux défectueux.

4. Pression insuffisante.

5. Impression contenant de gros caractères, chargée par erreur (et quelquefois même par le seul poids du papier), soit avant, soit après la mise en retiration.

§ X.

PAPILLOTAGE GÉNÉRAL.

1. Vacillement de la platine, provenant de trop de jeu dans les coulisseaux.

---

(1) Le maculage se produit particulièrement lorsque le papier est collé et glacé.

2. Vis de la pièce d'estomac { insuffisamment serrée. / trop fortement serrée. / touchant au calice.

3. Contre-platine mal ajustée sur la platine.

4. Platine ne descendant pas droit, et heurtant le bord du petit tympan à son entrée ou à sa sortie.

5. Tympan { insuffisamment tendu en le collant. / distendu par l'usage. / heurté par son extrémité contre la platine. / frottant sous la platine par manque de passage suffisant, ou par le trop d'épaisseur des couplets de la frisquette.

6. Frottement de l'oreillette de la frisquette, de la partie extérieure des pointures, ou des brochettes contre la jumelle.

§ XI.

PAPILLOTAGE PARTIEL.

7. Pointures { trop avancées sur la feuille. / dont le ressort est trop élevé. / ayant des ardillons trop longs.

8. Supports trop faibles vis-à-vis certaines parties de la forme.

9. Appui insuffisant des cylindres sur les bandes de support, soit par l'affaissement de ces dernières, soit par l'usure des sangles.

10. Blanchets insuffisamment tendus { dans le tympan. / sur les cylindres.

11. Cordons trop tendus, et faisant goder la feuille sur les cylindres.

12. Vignettes plus hautes que le caractère (1), ou manquant d'aplomb.

---

(1) La hauteur quelquefois assez forte que l'on est obligé de donner aux vignettes, pour suppléer à la touche insuffisante des mécaniques, est une cause

13. Mots ou lettres montant pendant le parcours du ou des rouleaux.

14. Bords de page trop forts, surtout lorsque les étoffes sont épaisses.

15. Clichés mal fixés sur les blocs.

16. Manque de capucins dans les pages encadrées et qui offrent de grands vides.

17. Feuille de marge ou de décharge n'adhérant que d'une manière imparfaite au tympan dans son étendue.

18. Papier trop sec, notamment sur les bords.

19. Déplacement de la feuille de décharge.

20. Plissage des feuilles par une cause quelconque.

21. Étoffage trop lourd, particulièrement aux mécaniques en blanc.

22. Formes de trop grande dimension relativement au cadre intérieur du grand tympan ou des cylindres.

23. Soubresauts de la crémaillère au retour du marbre, soit par usure, soit lorsque les bâtis n'ont pas l'aplomb convenable.

24. Irrégularité {
- des dents de la crémaillère, dont quelqu'une varie de grosseur en plus ou en moins.
- de vitesse entre le mouvement de commande du marbre et celui du cylindre.
- de proportion entre la circonférence du cylindre et la course parcourue par le marbre.

25. Jeu trop considérable de certaines pièces de la mécanique, mal ajustées ou usées : tourillon des cylindres, coussinets, etc.

26. Manque de tension des ressorts de soulèvement.

---

fréquente du papillotage de leurs légendes ainsi que des parties de texte qui les avoisinent.

§ XII.

PLISSAGE.

Ce défaut, qui se produit assez fréquemment aux mécaniques sur les compositions encadrées et sur les formes qui contiennent des gravures de grande dimension, a pour causes principales :

1. L'absence de cordons qui soutiennent le milieu de la feuille dans son parcours sur la forme (1).

2. Les cordons
   - des extrémités de la feuille trop tendus.
   - des décharges ne se trouvant pas vis-à-vis des grands cordons.

3. Des blanchets
   - trop épais.
   - mal tendus sur les cylindres.

4. Le peu d'épaisseur du papier.

5. L'insuffisance de la trempe.

6. La pression trop prononcée.

7. Des vignettes
   - fortement chargées.
   - voisines d'un blanc quelconque.
   - placées à la sortie de la feuille.
   - sur le côté des cylindres (2).
   - posant imparfaitement sur le marbre.

8. La prise imparfaite de la feuille, soit parce que ses marges sont trop exiguës, soit parce que les pinces, trop serrées, ne tombent pas assez rapidement, soit parce qu'elles tombent avec secousse (3).

---

(1) Le plissage des feuilles peut, dans ce cas et dans quelques autres, se corriger en grande partie par l'adaptation d'une tringle à brosse spéciale, laquelle, pressant légèrement la feuille dans toute sa largeur, l'empêche d'être partiellement soulevée dans son parcours par l'air qui s'introduit entre elle et le cylindre.

(2) Nous avons vu plusieurs fois *disparaître* entièrement le plissage attribué à cette cause en changeant la position relative des vignettes avec le cylindre.

(3) On régularise la tension des pinces en garnissant de caoutchoucs, ainsi que nous l'avons déjà dit, les goujons sur lesquels elles s'appuient en tombant.

(Le plissage, ainsi que le papillotage et le grasseyement des dernières lignes de la forme, se manifeste de préférence à la sortie de la feuille.)

9. Sur les presses à bras le plissage se manifeste assez souvent aussi lorsque la feuille n'est pas suffisamment étendue sur le tympan, ou qu'elle a trop peu d'épaisseur.

10. Il a lieu encore lorsque la forme n'offrant aucun blanc à son intérieur, la feuille ne peut être convenablement soutenue dans son centre par les bandelettes de la frisquette.

§ XIII.

MORSURE.

1. Frisquette	imparfaitement découpée. vacillant dans les couplets du grand tympan pendant l'abatage gauchement fait.
2. Cordons	mal placés vis-à-vis des blancs de garniture. allongés ou dérangés pendant le tirage par le vacillement anomal des poulies de soutien.

§ XIV.

LARRONS.

1. Morceau de papier qui s'interpose accidentellement entre le caractère et la feuille à imprimer.

2. Pli fait au papier, soit en le trempant ou en le remaniant, soit en le plaçant sur le tympan, soit dans son parcours sur les cylindres, et qui laisse à la feuille tirée ainsi une solution de continuité dans l'impression lorsque la feuille a repris son étendue naturelle.

§ XV.

EFFLEURAGE.

1. Encre trop forte.

2. Tympan relevé avec trop de vivacité lorsque le papier est frais ou pelucheux.

§ XVI.

TACHES.

1. Espaces, cadrats, garnitures, griffes, etc., imparfaitement abaissés.

2. Lettres { écrasées. / bouchées par de l'encre ou par des ordures quelconques.

3. Frottement de la main ou de tout autre corps sur l'impression fraîche, surtout lorsque le papier est glacé.

L'énumération que nous venons de faire, quoique pourtant assez ample, reste, nous n'en voulons pas douter, bien incomplète encore : que d'autres causes, en effet, produisant la plupart des défauts dont il vient d'être question, échappent à l'observation la plus soutenue! Nous ne saurions donc trop engager les imprimeurs et les conducteurs à tenir un compte rigoureux de tout ce que la pratique attentive peut fournir de nouveaux renseignements à ce sujet.

CHAPITRE V.

DU PROTE.

L'ordre qui règne dans un établissement quelconque, aussi bien sous le rapport de la moralité que sous le rapport du matériel, est presque toujours le reflet de la manière d'être de celui qui le dirige.

Le prote est la personne qui, avec ou sans le concours du patron, dont il est le représentant, dirige une imprimerie. Il est donc indispensable, en dehors du goût artistique qu'on doit lui supposer, qu'il connaisse pratiquement et à fond l'ensemble aussi bien que les moindres détails de tous les travaux qui s'exécutent en typographie, afin d'en signaler sans hésitation et les défauts et les moyens de les éviter. S'il en est autrement, sa parole reste sans autorité sur les ouvriers pour en obtenir le bien-faire désirable; et, loin de progresser, l'établissement qui lui est confié est en danger de perdre la réputation qu'il pourrait déjà avoir acquise sous des prédécesseurs plus habiles (1).

Il est de toute nécessité aussi que, d'un autre côté, le prote soit revêtu du degré d'autorité qu'exige sa direction; autorité que le patron doit se garder d'affaiblir vis-à-vis des ouvriers, soit en ne lui laissant pas toute la liberté d'action convenable, soit en blâmant ostensiblement, à tort ou à raison, les actes de sa gestion.

Cela reconnu et admis comme principe fondamental, voici quelles sont les attributions les plus ordinaires du prote :

1° Traiter avec les auteurs ou libraires pour tout ce qui est relatif à leurs impressions;

---

(1) Frey a dit, en parlant du prote : « Qu'il décèle son ignorance sur un « point quelconque, il n'est plus véritablement le prote, ni par rapport à l'in- « térêt du patron, ni par rapport à la considération du personnel de l'atelier, « laquelle est, pour ainsi dire, la seconde question de son existence. » (*Nouveau Manuel de Typographie*, art. *Prote*, page 337, édit. de 1835.)

2° Diriger le personnel dans l'exécution du travail;

3° Veiller à l'emploi raisonné du matériel et à son acquisition opportune;

4° Tenir la comptabilité, particulièrement en ce qui est relatif au travail des ouvriers;

5° Enfin, être au courant des formalités exigées par les lois et règlements sur les imprimés de tout genre, à l'intérieur et à l'extérieur.

Nous allons entrer successivement dans les développements qui concernent chacune de ces attributions.

§ Ier.

RAPPORTS AVEC LES AUTEURS, ÉDITEURS, ETC.

Lorsque le prote reçoit un ouvrage à imprimer, il convient avec le client : du format; — des caractères à employer (1) pour le texte, les notes, etc.; — des divisions et subdivisions de l'ouvrage; — du nombre à tirer; — du papier à employer (2), s'il

(1) Le prote doit avoir dans son cabinet le spécimen des caractères qui sont à sa disposition. Ce spécimen, destiné à être présenté aux clients pour déterminer leur choix, doit être imprimé d'une manière convenable.

(2) Il doit aussi avoir un échantillon des papiers, pour les montrer au besoin, sinon comme qualité, puisqu'elle varie à l'infini, du moins comme grandeur du format à adopter.

Voici le nom et la dimension des papiers le plus communément employés pour l'impression :

DÉNOMINATION.	HAUTEUR.	LARGEUR.	DÉNOMINATION.	HAUTEUR.	LARGEUR.
Grand aigle . . .	680m.	1030m.	Coquille	413m.	540m.
Colombier	630	860	Écu	400	520
Jésus	550	700	Couronne	360	460
Raisin	490	640	Tellière	330	430
Cavalier	460	600	Pot	310	390
Carré	450	560	Chine	700	1300

Le grand aigle et le colombier ne sont guère employés que pour des tableaux et des registres; — la coquille, l'écu, la couronne, la tellière et le pot, serest fourni par l'imprimerie; — du glaçage et du satinage, s'il y a lieu; — de la brochure ou de la mise en ballots, etc., etc.; — enfin du mode de payement.

Si le client désire savoir à l'avance le nombre de feuilles que fera son ouvrage, et ce que lui coûtera chaque feuille, on fait composer une page sur le format et le caractère qui ont été adoptés, puis on calcule combien il a fallu de lignes du manuscrit pour faire cette page; on multiplie ensuite le nombre de pages du manuscrit par le nombre de lignes que contiennent

---

vent généralement à l'impression des ouvrages de ville, comme circulaires, factures, etc.; — le jésus, le raisin, le cavalier et le carré, sont plus spécialement consacrés aux labeurs; — le papier de Chine ne se tire qu'à petits nombres, sur des ouvrages de luxe.

Autrefois les papiers à la main des principales fabriques de France variaient peu des dimensions ci-contre, et il n'y avait, sous ce rapport, qu'une légère différence en moins entre ceux d'Auvergne et d'Annonay sur ceux d'Angoulême; mais depuis l'invention des machines à papier continu, ces dimensions n'ont plus rien d'absolument régulier, c'est-à-dire qu'elles sont appropriées à la nature des formats à tirer, dont la grandeur elle-même subit également, selon le besoin, de notables modifications.

Quant au prix, il est en rapport avec la qualité de la pâte, et peut varier, pour les papiers fabriqués à la mécanique, de 90 c. à 2 fr. le kil.; et de 1 fr. 50 c. à 4 fr. 50 c. le kil. pour les papiers, vergés ou vélins, fabriqués à la forme. — Le papier de Chine vaut de 38 à 45 fr. le paquet, composé de cent feuilles de 1 m. 30 c. de longueur sur 0 m. 70 c. de hauteur.

La rame de papier contient 20 mains de 25 feuilles chacune, soit 500 feuilles à la rame.

On peut, au besoin, connaître le poids d'une rame en en pesant seulement une feuille : la moitié des grammes que pèse cette feuille représente exactement le nombre de kilogrammes de la rame : si donc son poids est de 21 grammes, celui de la rame sera de 10 kil. 50; s'il est de 24 gr. 50, celui de la rame sera de 12 kil. 25; s'il est de 30, 40 ou 50 grammes, celui de la rame sera de 15, 20 ou 25 kilogrammes.

Par contre, le nombre de kilogrammes que pèse une rame étant doublé, représente le poids de la feuille : ainsi, lorsqu'une rame pèse 7 kilogrammes, la feuille doit peser 14 grammes; si elle pèse 11 kil. 50, la feuille doit peser 23 grammes.

Ce calcul est particulièrement important pour évaluer le coût des articles expédiés par la poste.

chacune de ses pages (1), et l'on divise le total par le nombre de lignes qu'il a fallu employer pour la composition de la page spécimen.

Le prix de la feuille s'établit en relatant :

1° La quantité de mille de lettres qui entrent dans une feuille, multipliée par le prix du mille payé aux ouvriers (2);

2° La mise en pages;

---

(1) On suppose, bien que cela se voie assez rarement, que le manuscrit est à peu près régulier pour l'étendue des lignes aussi bien que pour leur nombre, ou qu'il s'agit de la réimpression d'un ouvrage sur un format et un caractère différents; car autrement l'appréciation devient difficile, et souvent même complètement impossible.

(2) Il est maintenant d'usage d'évaluer le prix de la composition au mille de lettres; mais comme toutes les lettres de l'alphabet ne sont pas de même épaisseur, on est obligé (le caractère et la justification d'un ouvrage étant déterminés) d'en chercher une qui représente à peu près la moyenne de leurs diverses épaisseurs. On l'obtient de la manière suivante : On place dans le composteur justifié les vingt-cinq lettres de l'alphabet, puis on cherche et l'on prend pour type la lettre qui, en même nombre et du même caractère, les recouvre exactement, comme on le voit ici :

eeeeeeeeeeeeeeeeeeeeeeeee
abcdefghijklmnopqrstuvxyz

l'on augmente ou l'on diminue ensuite le nombre des lettres-types selon qu'il en est besoin pour compléter la justification, et si une lettre quelconque, plus mince que celle déterminée, est nécessaire pour cela, elle compte également dans le total de chaque ligne; ainsi, dans la ligne ci-dessous, il entre cinquante-huit *e*, plus une apostrophe, soit cinquante-neuf lettres à compter :

25 50 59
eeeeeeeeeeeeeeeeeeeeeeeeeeeeeeeeeeeeeeeeeeeeeeeeeeeeeeeeee'
abcdefghijklmnopqrstuvxyzabcdefghijklmnopqrstuvxyzabcdefgh

Cette manière d'opérer s'applique à toutes les langues en caractères romains, comme le latin, l'italien, l'espagnol, le portugais, l'anglais, le hollandais, le danois, le polonais, etc., ainsi qu'à l'allemand composé avec ces caractères; mais le prix du mille de chacune de ces langues subit une augmentation sur celui du français.

Le mille du grec se compte sur la lettre ν (*nu*); celui du russe, du valaque,

3° Le tirage à *tant* la rame (1);

4° Les étoffes à *tant* pour cent (2) sur le total de ces trois articles, si le tirage se fait aux presses à bras (3);

5° Le nombre de rames de papier ordinaire employé, passes comprises (4), et le prix total d'après celui de la rame (5).

---

du serbe, sur le II (*ijé*); — celui de l'arabe, du persan, du turc, sur le د (*dal*); — celui de l'hébreu carré et de l'hébreu rabbinique sur le ב, ב (*beth*).

(1) Le prix du tirage, basé généralement sur la grandeur seule du papier (carré, raisin, jésus, colombier), devrait l'être aussi, et plus justement, sur la nature des feuilles à tirer, c'est-à-dire, s'élever en raison du nombre de pages et de mille de lettres qu'elles contiennent, surtout si le caractère est fin ou étranger, et par conséquent plus coûteux.

(2) Par le nom d'*étoffes*, on entend le taux auquel travaille le maître imprimeur. Elles se prélèvent sur le prix de main-d'œuvre de la composition et du tirage; ainsi, par exemple, lorsque le prix d'une feuille, sous ce double rapport, s'élève à 40 francs, le maître imprimeur qui prend ses étoffes à 50 pour cent compte cette feuille 60 francs au client. — Voici l'énumération des frais considérables qui, sur les 50 pour cent, sont à la charge de l'imprimeur : Appointements du prote, — de la conscience (en ce qui regarde la correction des tierces, la mise en ordre du matériel, la confection des garnitures, le temps consacré pour servir les besoins des ouvriers aux pièces, etc.), — du teneur de livres, — du trempeur de papier et fondeur de rouleaux, — du porteur d'épreuves, — du chauffeur; — lecture des épreuves en typographique et en bon à tirer (évaluée de 10 à 15 pour cent); — encre; — papiers d'épreuve, de décharge, de hausses; — potasse; — huile; — essence; — brosses à lessive; — tympans; — blanchets; — matière à rouleaux (ou leur entretien); — éclairage; — chauffage; — entretien du matériel (presses, caractères, biseaux, coins, réglettes, etc.), estimé au minimum à 10 pour cent; — loyer, patente, impositions, assurances; — intérêt du matériel et du brevet; — sans parler de l'escompte souvent élevé des billets à longs termes, ni de l'éventualité de faillites de la part des clients. — En évaluant chacun de ces articles, il serait facile de démontrer combien, à 50 pour cent, les bénéfices sont minimes!

(3) Pour le tirage fait aux presses à bras, on exprime le prix du mille, auquel on ajoute les étoffes, comme il a été dit pour la composition.

(4) Lorsque le tirage se fait à la mécanique, et que l'on est tenu de fournir un nombre déterminé d'exemplaires, il est bon de porter en compte une main par rame en sus des passes ordinaires des presses à bras, pour les feuilles gâtées, qui y sont toujours plus nombreuses qu'à ces dernières.

(5) La main étant à la rame ce que 5 centimes sont à 1 franc, c'est-à-dire le vingtième, on obtient la valeur des fractions de rame en représentant chaque

Puis on multiplie le total général de ces divers articles par celui du nombre présumé de feuilles, et l'on y ajoute, s'il y a lieu, le prix du papier vélin ou autre; — celui du glaçage, — du séchage, — du satinage, — de l'assemblage, — de la mise en ballots, — du brochage; — et enfin celui du clichage, à *tant* la feuille (1).

On stipule en outre que les corrections faites par l'auteur (2) seront payées à raison de *tant* l'heure, étoffes comprises; et que les notes, opérations, tableaux (3), compris sous la dénomination de *surcharges* (4), seront, à la fin de l'ouvrage (5), évalués selon les prix en usage.

Dans le cas où l'ouvrage contient des signes ou des lettres peu

---

main par 5 centimes, et en les multipliant par le prix du papier. En supposant donc que l'on veuille savoir combien coûtent 21 rames 9 mains à 15 fr. 75 c. la rame, on devra multiplier 21 r. 45 c. (au lieu de 9 mains) par 15 fr. 75 c., ce qui donnera pour résultat 337 fr. 85 c. 75 m.

On connaît le prix de la feuille en doublant celui de la rame. Ainsi le prix de la rame étant de 14 fr. 75 c., son produit, multiplié par 2, sera 29 fr. 50 c., ou 2 c. 950 pour chacune des 500 feuilles de la rame.

(1) Si l'ouvrage est cliché au plâtre, il convient d'ajouter 10 centimes par mille au prix de la composition, et d'augmenter les étoffes de celle-ci en proportion; mais s'il est cliché au papier, il y a lieu d'augmenter seulement de 5 pour cent les étoffes sur la composition, ce mode de clichage n'ayant pour le compositeur aucun des désagréments de celui au plâtre. — Il en est de même si l'on ne fait que prendre des empreintes, car l'usure plus rapide des caractères n'en a pas moins lieu.

(2) Il est important que le prote ne néglige pas d'indiquer aux auteurs la nature des corrections qui sont à leur charge, c'est-à-dire les modifications, de quelque espèce qu'elles soient, qu'ils opèrent sur les épreuves et qui n'étaient pas indiquées sur leur copie. Il prévient souvent ainsi de désagréables contestations lors de la remise de la facture.

(3) Les étoffes sur les tableaux doivent être augmentées de 25 à 50 pour cent, pour compenser la perte des filets, des interlignes coupées, etc., ainsi que la distribution, qui doit en être faite par la conscience.

(4) En dehors des caractères inférieurs à celui du corps de l'ouvrage, font aussi partie des surcharges : les fractions, parangonnages, filets, accolades, ainsi que les divers signes d'algèbre ou autres, les chiffres, l'italique, les intercalations de caractères étrangers dans le corps des lignes, etc., etc.

(5) La nature de certains ouvrages s'oppose souvent à ce que l'on puisse, par

ou point usitées, il est nécessaire de faire observer à l'auteur que la gravure et la fonte de ces caractères seront à sa charge (1).

Si les épreuves exigées par l'auteur dépassent le nombre ordinaire, c'est-à-dire la 1re et la 2e, l'excédant de ce nombre doit aussi figurer comme surcharge (2).

On doit encore, en dehors du prix de la composition, augmenter les étoffes sur les ouvrages lardés d'italique, de grandes et de petites majuscules, de chiffres, de lettres supérieures, en un mot de tout ce qui est étranger au caractère romain de l'ouvrage : le triage de ces divers caractères par la conscience, pour la mise en distribution, entraînant une perte de temps plus ou moins longue en raison du nombre de feuilles établies.

On agit de même pour les ouvrages qui contiennent de nombreuses intercalations en caractères différents de corps ou d'œil, ou en langues étrangères.

Enfin, les étoffes des labeurs tirés à petit nombre, c'est-à-dire au-dessous de mille, doivent être aussi, relativement, plus élevées que celles des ouvrages qui dépassent ce chiffre, pour compenser l'usure plus rapide des caractères que déterminent la répétition rapprochée des épreuves et des corrections sur le plomb, ainsi que le plus fréquent lavage des formes; et d'autre part, le temps passé par la conscience pour les tierces et les révisions.

Lorsqu'un client demande que la composition de son ouvrage soit conservée pendant un certain temps (3), il est juste qu'il tienne compte du préjudice qui résulte pour l'imprimerie du non-

---

avance, déterminer le chiffre des surcharges; cela arrive très-fréquemment aussi parce que l'auteur se trouve dans l'impossibilité de pouvoir remettre la totalité de son manuscrit en une seule fois.

(1) Lorsque l'ouvrage est terminé, ces caractères doivent être réunis avec soin et remis à l'auteur, à moins qu'il ne veuille bien en faire l'abandon moyennant le remboursement de la valeur de la matière.

(2) Cette surcharge est motivée par la fourniture d'une plus grande quantité de papier qu'à l'ordinaire, ainsi que par le temps passé pour faire les épreuves, les plier, les inscrire et les porter.

(3) Cela, toutefois, ne peut avoir lieu que si l'ouvrage est peu considérable.

emploi des caractères pendant ce temps : le prote doit donc déterminer le chiffre de l'indemnité (1) d'après la quantité et la valeur du matériel paralysé, et selon la durée de sa conservation.

Le prote ne doit pas recevoir un manuscrit peu lisible, ou mal en ordre sous un rapport quelconque, sans faire sentir à l'auteur le préjudice grave qu'il cause aux ouvriers (compositeurs et metteurs en pages), ainsi que les erreurs souvent fâcheuses qui peuvent en résulter pour l'ouvrage, quel que soit du reste le soin apporté à la lecture des épreuves. — Si, malgré cela, le manuscrit est accepté sans être modifié, il est de toute justice qu'une indemnité en rapport avec le temps perdu figure dans le prix de la composition (2).

Les ouvrages à imprimer sont inscrits, dès leur réception, sur un registre spécial exprimant ce qui suit :

N° d'ordre de l'inscription.	Date.	Nom du client.	Titre de l'ouvrage.	Nombre de volumes.	Format.

Caractère.	Nombre du tirage.	Nature du tirage.	Format du papier.	Metteur en pages.	Observations.

et, conformément à la loi, on doit aussi n'apporter aucun retard à faire la déclaration de ces ouvrages, soit, si l'on habite Paris,

(1) Il peut varier du quart à la moitié du prix de la composition.

(2) Bien que le manuscrit soit dans des conditions acceptables, il est bon que le prote, toutes les fois qu'il en a la possibilité, c'est-à-dire lorsque la copie lui est remise à l'avance, soit en partie, soit en totalité, la fasse revoir par un correcteur spécial, pour que celui-ci la régularise, tant sous le rapport de l'importance relative à donner aux différents titres des divisions de l'ouvrage, que sous celui des majuscules, de l'italique, des guillemets, des abréviations, etc., selon la marche adoptée dans l'établissement. De cette manière, en même temps que l'ouvrage y gagne, on évite une foule de corrections pour l'exécution et le payement desquelles il surgit trop souvent des contestations, soit avec les ouvriers, soit avec les auteurs. — Ce travail est nécessairement à la charge du client.

au bureau des Imprimés; soit, si l'on habite dans les départements, au secrétariat de la Préfecture : cette déclaration est ainsi conçue :

IMPRIMERIE DE FIRMIN-DIDOT FRÈRES, FILS ET CIE,

RUE JACOB, 56, A PARIS.

N° du Registre d'inscription.

Je soussigné déclare avoir l'intention (1)
pour compte (2)
un ouvrage ayant pour titre (3) :
par M. (4)
lequel je me propose de tirer à exemplaires,
en vol., format in- , d feuille
d'impression.

A Paris, le 187

La déclaration et le récépissé qui en est donné s'inscrivent ensuite sur le registre dit *des déclarations,* lequel relate ce qui suit :

Numéro d'ordre.	Titre de l'ouvrage.	Numéro de la déclaration.	Numéro du récépissé de la déclaration.	Date du dépôt.	Numéro du récépissé du dépôt.	Observations.

Ce registre, qui doit être coté et paraphé par le maire, est représenté, à toute réquisition, aux inspecteurs de la librairie et

(1) D'imprimer, ou de réimprimer sans changements, ou de réimprimer avec changements.

(2) Inscrire le nom du libraire ou de l'auteur.

(3) Inscrire littéralement le titre.

(4) Le nom de l'auteur, ses qualités, son domicile; ou bien, après le titre, ajouter ces mots : *Sans nom d'auteur.*

commissaires de police, pour être visé par eux, s'ils le jugent convenable.

Avant de s'engager à livrer un ouvrage pour une époque déterminée, le prote s'assurera préalablement si l'état général de son travail le lui permet; ensuite, si le caractère qu'il veut affecter à cet ouvrage est libre et assez abondant, ou quels sont les labeurs près d'être terminés (ou suspendus) qui pourront en fournir suffisamment en temps opportun (1).

En cas d'empêchement de ce côté, il modifiera, si cela est possible, mais d'accord avec le client, les dispositions déjà prises, en changeant le caractère désigné contre un caractère analogue et libre.

Il agira de même pour la justification : si l'interligne adoptée n'est pas disponible, il pourra en employer une soit plus courte, soit plus longue de quelques points, selon la nécessité de regagner ou de chasser.

D'accord sur ces divers points, le prote ne doit pas omettre de prévenir le client que tout retard, soit dans la remise de la copie, soit dans le renvoi des épreuves, soit aussi dans leur multiplicité par le fait de corrections nombreuses, le dégagera de sa promesse.

---

(1) Le registre-inventaire ci-dessous peut, s'il est tenu au courant avec exactitude pour chaque caractère, fournir immédiatement les renseignements désirables à ce sujet :

NEUF N° , kil., donnant lettres.

EMPLOI.		Format.	Nombre d'*n*.	Interligne.	Nombre de feuilles en châssis.	SOUS LE RANG.		DANS LA RÉSERVE.		Observations.
Date.	Ouvrage.					Flles.	Paq.	Flles.	Paq.	

§ II.

RAPPORTS AVEC LA CONSCIENCE.

Le prote doit distribuer avec discernement les fonctions des personnes qu'il s'adjoint comme *hommes de conscience*, et surtout n'en pas augmenter le nombre en faussant sans nécessité leurs attributions; c'est-à-dire, en faisant d'eux de véritables metteurs en pages de labeurs, et cela dans l'unique espoir d'un *boni* qui, la plupart du temps, n'est que fictif. Autrement, il arrive que ces metteurs en pages ayant le matériel à leur disposition, se le réservent, préjudiciellement aux ouvriers aux pièces, non-seulement pour leurs besoins réels et présents, mais encore pour des besoins qui peuvent ne jamais se faire sentir; et il se crée alors dans le personnel un antagonisme qui a toujours pour résultat fâcheux d'entraver le travail et de produire le désordre.

Lorsque l'impression d'un ouvrage est décidée, le prote en remet le manuscrit à l'homme de conscience chargé du matériel, pour que celui-ci, après l'avoir compulsé, juge des sortes spéciales que le texte peut exiger, selon qu'il est en langue latine, anglaise, espagnole, etc., ou qu'il traite d'une science quelconque nécessitant l'emploi de signes particuliers, et qu'il les fasse fondre aussitôt, s'il en est besoin, pour le nombre de feuilles à établir, afin de ne commencer la composition qu'après être certain que rien d'important n'y sera bloqué.

Le prote doit exiger de la conscience qu'elle donne aux ouvriers aux pièces, *en bon état et en temps convenable*, tout ce dont ils ont besoin pour l'exécution du travail. Agir autrement, c'est nuire aux intérêts pécuniaires des ouvriers, qui, à leur tour, et par représailles, se montrent peu jaloux de maintenir en bon ordre le matériel qui leur est confié, et contribuent par là, d'une manière plus ou moins rapide, à la ruine du patron (1).

---

(1) *L'ordre coûte trop cher!* n'est-il pas rare d'entendre dire à des patrons,

Lorsque le caractère d'un ouvrage terminé reste sans emploi, le prote le fait mettre en état par la conscience, c'est-à-dire, dégager de tout ce qui n'est pas texte romain et plein; puis, mis en paquets réguliers, enveloppés et étiquetés, ce caractère est placé (1), sous un numéro d'ordre, dans des armoires spéciales, dont le contenu est relaté sur un registre tenu par le chef du matériel, et exprimant ce qui suit :

ARMOIRE A.

Numéro du casier.	Nom du caractère.	Désignation de l'ouvrage.	Format.	Nombre de paquets.	Observations.

Le prote se tient au courant du travail de la conscience, quant aux *ouvrages de ville*, par le bordereau hebdomadaire ou mensuel

---

et même à des protes inintelligents qui, cependant, ont eu eux-mêmes à souffrir du désordre lorsqu'ils étaient ouvriers!.....

Cette manière de parler, en désaccord si complet avec le plus simple bon sens et avec toutes les idées reçues, pourrait toutefois se justifier jusqu'à un certain point, dans le cas dont il s'agit, par le résultat peu satisfaisant obtenu des personnes préposées à l'entretien du matériel. Mais lorsqu'il en est ainsi, cela tient uniquement au choix, privé de discernement, que le prote fait des hommes de conscience; ou bien encore, et c'est ce qui arrive presque toujours, à ce que, les détournant plus ou moins fréquemment de leurs véritables fonctions, et laissant néanmoins figurer leurs appointements comme s'ils les remplissaient, c'est-à-dire sous le titre *Conscience*, le relevé des comptes de l'année montre abusivement qu'il a été dépensé une somme assez élevée pour la mise en ordre, tandis que, réellement, on ne s'en est que peu ou point du tout occupé.

(1) Comme le régule a de la tendance à monter, et qu'il peut ainsi endommager plus ou moins l'œil de la lettre, surtout lorsque le caractère n'a encore subi aucun lavage à la lessive, il est indispensable, pour éviter ce grave inconvénient, que le caractère soit bien sec, et que les paquets placés dans la réserve soient disposés de manière à avoir l'œil en dessous.

Les clichés montés sur bois étant très-susceptibles de s'oxyder par suite du principe acide que contient ce dernier, il est bon, après le tirage et avant de les envelopper pour la réserve, de brosser légèrement l'œil de la lettre avec une brosse douce enduite d'huile de pied de bœuf.

que lui remet celle-ci (1), et sur lequel sont désignés les articles exécutés d'une banque à l'autre, avec leur valeur approximative d'après le temps passé sur chacun d'eux.

Si la *conscience* a fait faire de la composition à un ouvrier aux pièces, elle en donne le détail sur un bulletin à part, qu'elle annexe à son bordereau, en joignant à l'appui les notes partielles de chaque compositeur.

Toutes les commandes, de quelque nature qu'elles soient, doivent émaner du prote; il doit donc exiger du chef du matériel qu'il n'en soit expédié aucune sans que, préalablement, il l'ait examinée et signée. Ces commandes portent un numéro d'ordre, et, selon leur nature, elles sont inscrites, à leur date, sur le registre qui leur est consacré.

§ III.

RAPPORTS AVEC LES METTEURS EN PAGES.

Le prote doit répartir les mises en pages entre le plus de mains possible. Cette manière équitable, tout en entretenant parmi les ouvriers une salutaire émulation, contribue puissamment à produire une meilleure exécution du travail, et tourne, ainsi que cela doit être, au profit d'un plus grand nombre. — En confiant à une personne plus de labeurs qu'elle n'en peut *convenablement* diriger *par elle-même,* il en résulte au contraire que l'on condamne trop souvent, et toujours injustement dans ce cas, à une nullité décourageante des ouvriers méritants et capables, ou des jeunes gens qui ont le louable désir de le devenir.

Lorsque le prote remet la copie d'un labeur au metteur en pages auquel il en confie la direction (2), il lui donne en même temps tous les renseignements nécessaires à la marche de l'ouvrage, soit de vive voix, soit, ce qui est préférable, par le bulle-

---

(1) La forme de ce bordereau est à peu près la même que celle du metteur en pages. (Voir pages 272 et 273 du tome Ier.)

(2) Le numéro d'inscription doit être reporté en tête du premier feuillet de la copie.

tin ci-dessous, qu'il a rempli à l'avance, et dont le double est inscrit sur un registre à ce consacré :

BULLETIN DE REMISE D'OUVRAGE.

N° d'inscription *Le* 187

Remis à M. *metteur en pages, la copie d'un ouvrage intitulé :*

format in- *interligne n°* *lignes à la page,*
lettres à la ligne, à *le mille.*

Caractères et interlignes à employer pour
- *préface* — *interligne point*
- *texte* — *id.*
- *sommaires* — *id.*
- *vers* — *id.*
- *notes* — *id.*
- *opérations* — *id.*
- *table* — *id.*
- *titres courants ou folios*
- *additions marginales*

Disposition des
- *livres*
- *chapitres*
- *titres courants*
- *notes*

Nombre
- *de placards et de feuilles à établir*
- *d'épreuves à fournir*

Paquetiers qui doivent passer sur l'ouvrage :
MM.
Observations particulières :

Le prote se tient au courant du travail général de la composition en se faisant remettre hebdomadairement, par les metteurs en pages, un bulletin de la situation de chacun des ouvrages qu'ils ont en mains, lequel est ainsi conçu :

BULLETIN DE SITUATION. — *Du* 187

METTEUR EN PAGES : M.

TITRE DE L'OUVRAGE.	NOM DES PAQUETIERS.	TRAVAIL DE LA SEMAINE,		ÉPREUVES					FEUILLES SOUS PRESSE.	FEUILLES A TIRER.	OBSERV.
							en lecture				
		filles en pages.	filles en paquets.	expédiées.	rentrées.	en retard.	typographique.	bon à tirer.			

Le prote reçoit les épreuves du metteur en pages, qui, préalablement, a dû les plier avec soin, y joindre la copie, et mettre en tête de la première page les mots : *typographique*, — 1re, — 2e, — 3e, — etc., selon la nature de l'épreuve (1). Il y appose ensuite un timbre indiquant la date de l'envoi à l'auteur, et les inscrit sur un registre contexturé comme il suit :

TITRE DE L'OUVRAGE :

NOM DE L'AUTEUR : M.

DATE DE L'ENVOI.	PLACARDS		FEUILLES			
	en première.	en deuxième.	en première.	en deuxième.	en troisième.	tirées.

METTEUR EN PAGES : M.

DATE DU RETOUR.	PLACARDS		FEUILLES			
	en première.	en deuxième.	en première.	en deuxième	en troisième.	en bon à tirer.

Le prote doit, lui-même, désigner aux metteurs en pages les paquetiers qu'ils auront à occuper, et non leur laisser le droit que trop souvent ils s'arrogent arbitrairement de n'employer que qui bon leur semble (2). L'équité demande aussi qu'il s'oppose à ce que les metteurs en pages exigent que leurs paquetiers, pour avoir de la distribution en temps opportun, soient obligés de desserrer les formes et d'en extraire les titres courants, notes, etc. En un mot, il doit veiller à ce qu'aucun acte ne se commette de leur part préjudiciellement aux justes droits des paquetiers.

---

(1) Lorsque, comme cela arrive assez fréquemment, le nombre des épreuves en 1re, 2e, etc., dépasse l'unité, le metteur en pages doit être autorisé, à la fin de l'ouvrage, à compter le temps qu'il a consacré à la pliure, à l'inscription et à la remise de ces épreuves.

(2) Lorsqu'un metteur en pages cesse de pouvoir occuper un paquetier, ce dernier doit en référer au prote, qui lui en désigne un autre s'il y a lieu.

Le prote doit tenir à ce que le metteur en pages (de même que les hommes de conscience), lorsqu'il donne une épreuve d'auteur à corriger à l'un de ses paquetiers, remette en même temps à celui-ci le bulletin imprimé ci-dessous :

OUVRAGE :
COMPOSITEUR : M.
METTEUR EN PAGES : M.

PLACARDS.	PAGES.	FEUILLES.	CORRECTIONS en première.	en deuxième.	en troisième.	en quatrième.	TOTAL.	OBSERVATIONS.

Ce bulletin, qui est rempli par le corrigeur selon la nature de l'épreuve et le temps qu'il a passé à la corriger (1), est ensuite annexé au bordereau fourni par le metteur en pages, et devient sa garantie aussi bien que celle du prote, en cas de contestations de la part de l'auteur.

Lorsque les corrections indiquées par le correcteur sur le bon à tirer d'une réimpression sont relatives à la ponctuation, aux majuscules, ou à d'autres modifications typographiques ayant pour but l'amélioration de l'ouvrage, elles sont à la charge du client, si elles n'ont pas été indiquées sur la copie, ou prévenues par un avis spécial accompagnant celle-ci. — Si les corrections proviennent d'une lecture peu soignée en typographique, elles incombent au maître imprimeur, qui peut à son tour réagir sur le lecteur. — Si elles sont le résultat de l'oubli ou de la négligence du corrigeur en typographique, celui-ci doit les exécuter à ses frais. — Mais dans aucun de ces cas elles ne peuvent être supportées par le metteur en pages (2).

(1) Toute fraction de temps au-dessous d'une demi-heure se compte comme demi-heure, si l'on n'a qu'une feuille à corriger; mais si l'on en a plusieurs de suite du même ouvrage, les fractions d'une feuille se reportent sur l'autre.

(2) « Le metteur en pages ne peut être responsable des fautes des compositeurs, des distractions du correcteur en typographiques, des lettres gâtées,

Il en est de même à l'égard des lettres gâtées, lorsqu'elles sont retirées en *quantité appréciable* par le correcteur, afin d'épurer un caractère plus ou moins fatigué. Il est de toute justice que le temps passé à ces corrections soit payé par le patron.

Le prote doit se garder de rien rabattre des corrections portées sur le bordereau d'un ouvrier, sans avoir préalablement et avec le soin le plus scrupuleux (1), apprécié ou fait apprécier par une personne spéciale (2) et compétente, le travail qui a été exécuté. Agir autrement, serait un procédé aussi injuste qu'injurieux pour les ouvriers, et qui aurait pour résultat immanquable de détruire la confiance de part et d'autre.

Autant qu'il en aura la possibilité, le prote se réservera l'examen définitif des grands titres, afin de s'assurer que la disposition

---

ou des corrections d'auteur; il ne serait donc pas juste qu'il employât gratuitement son temps à les corriger; en conséquence, ces fonctions lui sont payées à raison de.... centimes par heure..... Le metteur en pages en tient note, et marque sur un coin de chaque épreuve le temps qu'il a mis à la corriger, et la produit à l'appui de son compte. » (BRUN, article *Correction des épreuves*, pages 83, 84.)

« Le correcteur de typographiques doit s'attacher à purger l'épreuve de toutes les fautes dont la correction incombe aux compositeurs, et qui, n'étant pas relevées par lui, entraîneraient le double inconvénient de passer sous les yeux de l'auteur, et de n'être plus corrigées qu'aux frais du maître imprimeur, alors que le compositeur aurait été dégagé de sa responsabilité. » (H. FOURNIER, article *Lecture des épreuves*, page 366 de la deuxième édition in-18.)

(1) Les corrections ne doivent pas être évaluées sur leur apparence, mais bien d'après le travail qu'elles ont réellement occasionné à l'ouvrier plus ou moins soigneux. — Tel, par exemple, dans une ligne un peu large, aura placé une virgule en se bornant à enlever une espace à l'endroit où cette virgule a été indiquée, tandis que tel autre aura changé toutes les espaces de la ligne, afin d'en conserver la régularité relative; tel, pour un bourdon ou un doublon, se sera borné à supprimer ou à jeter des espaces d'une manière absurde dans une ou deux lignes, tandis que tel autre aura remanié avec intelligence un nombre plus ou moins considérable de lignes; — et ainsi de toutes les corrections.

(2) La position du metteur en pages vis-à-vis de ses paquetiers, avec lesquels il est en contact journalier et sur qui il n'a et ne doit avoir qu'une autorité restreinte, s'oppose à ce qu'il soit chargé de ce contrôle délicat, et que, par conséquent, il soit en rien responsable des erreurs qui peuvent être commises sous ce rapport.

typographique en est satisfaisante (1). Il agira de même à l'égard de tout travail ressortant des limites de la composition ordinaire, et exigeant des connaissances spéciales que beaucoup trop d'ouvriers ne possèdent qu'imparfaitement.

Il veillera encore à ce que les metteurs en pages (aussi bien que la conscience) aient le soin de renouveler les lettres des grands titres d'un volume à l'autre, dès qu'elles commencent à se fatiguer d'une manière sensible; — ainsi que celles des titres courants ou autres, nom d'imprimerie, filets, signatures, etc., qui se répètent souvent dans le cours d'un ouvrage quelconque.

Si, dans l'intérêt de la marche régulière de l'ouvrage, le prote croit devoir mettre l'auteur en rapport avec le metteur en pages, il est juste qu'il autorise ce dernier à faire figurer sur son bordereau un nombre d'heures répondant au temps qu'il a pu consacrer à recevoir les explications, souvent fréquentes et prolongées, de l'auteur.

Lorsque le prote juge à propos de conférer au metteur en pages, pour ce qui concerne le travail de ses paquetiers, une partie de l'autorité qui lui est dévolue, il doit, en raison de cela, lui prêter son appui dans les conflits qui peuvent s'élever à ce sujet.

§ IV.

RAPPORTS AVEC LES APPRENTIS.

S'il est du devoir du prote de prendre toutes les mesures convenables pour que nulle des personnes qui sont sous sa direction n'ait à souffrir en rien du fait de son administration, nous poserons de plus en principe rigoureux qu'il doit, par-dessus tout, entourer l'apprenti d'une consciencieuse sollicitude qui réponde

(1) A cet effet, il est utile qu'il ait sous sa main un tableau représentant, classées par famille, les diverses initiales de la maison, et dont un mot semblable de chacune d'elles, imprimé l'un au-dessous de l'autre, selon sa force de corps (voir tome Ier, page 277, *Attributions de la conscience*), lui permet de juger d'un seul coup d'œil, par son étendue verticale et horizontale, s'il y a lieu d'employer tel caractère de préférence à tel autre pour l'harmonie du frontispice.

à la confiance du père de famille qui remet entre ses mains l'avenir de son enfant. Il exercera donc à son égard une surveillance qui s'étendra non-seulement sur son travail, mais, autant que les circonstances le lui permettront, sur tous les actes de sa conduite intérieure, dont il préviendra souvent les écarts en le prémunissant, par de sages conseils, contre la funeste influence qu'exercent trop souvent certaines fréquentations d'atelier.

Avant d'admettre un apprenti, le prote doit s'assurer qu'il connaît suffisamment l'orthographe et sait au moins lire les manuscrits d'écriture courante.

Il le confie alors à un ouvrier en conscience non-seulement capable, mais encore propre à la démonstration, pour lui enseigner successivement tout ce qui est relatif à l'imprimerie.

Si, au bout de quelque temps, le prote s'aperçoit que, malgré les conseils intelligents et bienveillants qu'il a dû recevoir, l'apprenti n'a pas fait le progrès désirable, il doit en prévenir ses parents, et les engager à lui donner un autre état pour lequel il aurait plus d'aptitude.

D'un autre côté, et comme cela se voit malheureusement trop souvent, retenir l'apprenti pendant tout le temps convenu en se bornant à lui faire tenir la copie au correcteur et à lui faire faire des courses ou des travaux complétement élémentaires, comme trier des pâtés, désinterligner et lier de la distribution, envelopper du caractère, etc., serait contribuer à peupler les ateliers d'ouvriers dont l'incapacité ne saurait justement, dans ce cas, leur être imputée à blâme, mais bien à la très-coupable indifférence du prote ou du patron à leur égard.

Il est du ressort du prote de réprimer tout manque d'égards des apprentis envers les ouvriers; mais il doit, en même temps, s'opposer formellement à ce que, sous aucun rapport, ces derniers se permettent de les frapper.

Toutes les fois que rien ne s'y oppose, le prote doit faire en sorte que l'apprenti, après l'obtention de son livret d'ouvrier, soit occupé comme tel dans des conditions en rapport avec le savoir qu'il a pu acquérir.

§ V.

RAPPORTS AVEC LES CORRECTEURS.

Le prote doit mettre tous ses soins à se procurer des correcteurs qui joignent à l'érudition convenable la connaissance au moins théorique des règles de la typographie (1), afin de pouvoir non-seulement signaler les défauts qui peuvent, sous ce rapport, se produire dans la composition, mais encore indiquer le moyen d'y remédier. Sans cela, en effet, un correcteur ne saurait mériter véritablement ce titre, et le livre dont la lecture lui est confiée, irréprochable peut-être quant au fond, pourrait pécher plus ou moins fâcheusement par la forme.

Lorsque le prote donne, pour la première fois, une épreuve en typographique ou en bon à tirer à lire à un correcteur, il lui remet en même temps une instruction imprimée qui lui désigne le dictionnaire à consulter, et lui indique la marche à suivre pour l'orthographe, l'italique, les guillemets, les abréviations, les majuscules, la division des mots, etc., etc., d'après les règles adoptées dans la maison.

Il doit en outre exiger que les correcteurs s'entendent entre eux à ce sujet, afin que, comme cela ne se voit que trop souvent, l'un ne détruise pas au bon à tirer ce qui a été fait par l'autre à la typographique; chose qui a pour conséquence inévitable de faire perdre le temps, d'augmenter des frais qu'on ne sait à qui appliquer justement, de faire naître des difficultés, et, quoi

---

(1) « Un correcteur doté des qualités rares et précieuses qui constituent son *aptitude typographique*, est déjà par cela seul un homme distingué. » (Frey, *Manuel de Typographie*, page 130.)

« ...... Mais il faut s'entendre sur la valeur de ce mot (correcteur). Le véritable correcteur doit être à la fois érudit et *typographe*. Si ce n'est qu'un érudit, un déclassé, qui fait ce métier parce qu'il n'en trouve pas de meilleur, il ne remplira que la moitié de sa tâche. » (A. Bernard, lettre à M. Ambroise Firmin-Didot, insérée dans le journal *l'Imprimerie*, n° 49, janvier 1868.)

qu'on fasse, de nuire d'une manière plus ou moins sensible à l'uniformité de l'ouvrage.

Il doit veiller à ce que le correcteur en typographique indique à la *réclame*, non-seulement le nom du compositeur, le numéro de la feuille et le folio, mais encore les livres, chapitres, sections, etc., s'il y a lieu; et aussi que le correcteur en bon à tirer s'assure de la concordance des feuilles entre elles : car il peut arriver que le corrigeur ait oublié de reporter ou de retrancher en tête de la feuille qui est en lecture, des lignes ou des mots que, par suite de corrections, il avait en plus ou en moins dans la feuille précédente (1).

Le prote doit faire en sorte que toutes les épreuves en typographique d'un ouvrage soient lues par le même correcteur, et que les bons à tirer le soient par un autre.

Lorsque certains passages d'un manuscrit offrent un sens peu clair à la lecture, il doit être recommandé aux correcteurs de le laisser tel, en se bornant à appeler l'attention de l'auteur par un nota placé sur l'épreuve en face du passage qui paraît fautif. En agissant autrement, c'est-à-dire en modifiant d'après sa propre interprétation, le correcteur court le risque d'altérer le sens qu'a voulu donner l'auteur, et d'en devenir responsable. Il en est de même à l'égard de la ponctuation : le correcteur ne doit la modifier que si l'auteur l'y autorise.

Le prote se tient au courant du mouvement des épreuves en lecture à l'aide d'un registre énonçant ce qui suit :

Date de la remise.	Nom du correcteur.	Titre de l'ouvrage.	Numéro de la feuille.	Nature de la feuille.	Date de la rentrée.	Observations.

Si la localité le permet, le prote affectera aux correcteurs le lieu le plus tranquille et le plus éclairé, et mettra à leur disposition les ouvrages qui leur sont utiles, tels que Dictionnaires, Biographies, etc., etc. Autant que possible aussi, il isolera les cor-

(1) Voir, tome Ier, chapitre VII, ce qui concerne la lecture des épreuves.

recteurs des bons à tirer des correcteurs en typographique, ces derniers étant quelquefois dans la nécessité de lire ou de faire lire à haute voix (1).

§ VI.

RAPPORTS AVEC LES IMPRIMEURS.

Chaque presse ou mécanique doit porter un numéro d'ordre, lequel est reproduit par l'imprimeur sur son bordereau (2), et sur les tierces par la personne chargée de leur révision. Ces diverses pièces sont, au jour désigné, remises en ordre au prote, qui, après leur vérification pour la banque, classe les bordereaux dans

---

(1) Quoiqu'il ne soit pas sans exemple que des correcteurs en typographique lisent seuls d'une manière satisfaisante, il est préférable toutefois que le prote mette un teneur de copie à leur disposition. Dans ce cas, et si ce dernier est attentif, le correcteur peut alterner l'articulation avec lui ; mais s'il en est autrement, il y a moins de chances d'erreurs en le faisant lire à haute voix.

(2) Le bordereau des imprimeurs affecte ordinairement cette forme :

BORDEREAU DE M. JOB. — IMPRIMERIE DE FIRMIN-DIDOT FRÈRES. — IMPRIMEURS.

Banque du 187 — PRESSE N°

DÉSIGNATION DES OUVRAGES.	TOME.	FEUILLES.	NOMBRE du tirage.	NOMBRE de feuilles.	PRIX DE LA FEUILLE. fr.	PRIX DE LA FEUILLE. c.	TOTAL. fr.	TOTAL. c.	OBSERVATIONS.

et celui des conducteurs de mécaniques, celle-ci :

(*recto.*)

CONDUCTEUR.	MARGEURS.	RECEVEURS.	JOURS.	HEURES.	PRIX DE LA JOURNÉE. fr.	PRIX DE LA JOURNÉE. c.	TOTAL. fr.	TOTAL. c.	OBSERVATIONS.

(*verso.*)

DÉSIGNATION DES OUVRAGES.	TOME.	SIGNATURES.	NOMBRE DE rames.	NOMBRE DE mains.	TOTAL.	OBSERVATIONS.

leur carton respectif, et forme de toutes les tierces deux liasses distinctes, sur chacune desquelles il inscrit : *Presses à bras* (ou *Mécaniques*). — *Tierces du* tant *au* tant (1).

Lorsqu'un labeur passe pour la première fois sous presse, le prote doit exiger des imprimeurs et des conducteurs qu'ils lui soumettent, avant le tirage, une feuille exactement margée et pliée, afin de juger si les blancs de la garniture sont convenablement répartis. — Il en est de même pour les ouvrages de ville, et aussi pour les couvertures, quant à la largeur relative du dos et au blanc de tête et de pied. — Les imprimeurs sont responsables des erreurs qui pourraient résulter de l'inobservance de cette formalité.

Le prote veillera d'une manière toute spéciale à ce que le réviseur des tierces y indique avec clarté et précision, indépendamment du numéro d'ordre de la presse et de la date, le nombre à tirer sur papier ordinaire, vélin, chine, ou autre; — s'il y a des petits et des grands blancs, ou des changements quelconques à opérer à un certain nombre; — si le papier, contrairement à l'habitude et en dehors de la prévision de l'imprimeur, doit être retourné in-8° ou in-12; — de quel côté la marge d'un onglet doit être augmentée; — la demande d'une révision, s'il la juge nécessaire, etc., etc. — Faute de ces indications, toute erreur commise sous ce rapport ne saurait justement être imputée à l'imprimeur.

Le choix d'un compagnon nouveau à embaucher, aussi bien que les mutations des imprimeurs entre eux, ne doit avoir lieu qu'avec l'assentiment du prote.

A capacités égales, c'est le premier embauché qui, de droit, tient le marteau, c'est-à-dire qui est le plus particulièrement chargé de la mise en train.

---

(1) Les tierces doivent être conservées au moins jusqu'au complet achèvement des ouvrages qui les concernent, afin de savoir, entre autres choses et le cas échéant, à qui, de l'imprimeur ou du réviseur de tierces, attribuer une faute quelconque découverte après le tirage.

Le prote ne doit donner de papier à tremper pour un labeur que lorsqu'il en a les bons à tirer entre les mains; sans quoi le papier pourrait se piquer, ou tout au moins se sécher, et nuire par là à la bonté de l'impression.

Le papier à tremper n'est délivré par le garçon de magasin que sur le bulletin suivant, remis quotidiennement par le prote aux imprimeurs ou au trempeur des mécaniques :

IMPRIMERIE DE FIRMIN-DIDOT FRÈRES, FILS ET CIE.

Paris, le 187

Presse (ou mécanique) n°

Titre de l'ouvrage : tome feuille

Bon pour rame main feuilles.

Vélin : rame main feuilles.

Metteur en pages : M.

Le contenu de ce bulletin est ensuite reporté sur un registre conçu comme il suit, et à l'aide duquel on établit la balance du papier employé pour chaque ouvrage :

Papier donné à tremper le 187

PRESSES.	OUVRAGES.	FEUILLES.	NOMBRE DU TIRAGE.	PAPIER ORDINAIRE.			PAPIER A PART.			OBSERVATIONS.
				rames.	mains.	flles.	rames.	mains.	flles.	
1										
2										
3										
MÉCANIQUES.										
1										
2										
3										

Les tableaux suivants indiquent la quantité de papier à donner à tremper, selon le nombre à tirer et selon les fractions de feuille des différents formats. — Les passes, qui sont a raison d'une main par rame pour les presses à bras et de deux mains par rame pour les mécaniques, n'y sont pas exprimées.

NOMBRE D'EXEMPLAIRES.	IN-FOLIO.		IN-QUARTO.		IN-OCTAVO.		
	demi-feuille.	feuille.	demi-feuille.	feuille.	quart feuille.	demi-feuille.	feuille.
	r. m.	*r. m.*	*r. m.*	*r. m.*	*r. m.*	*r. m.*	*r. m.*
100.........	» 2	» 4	» 2	» 4	» 1	» 2	» 4
200.........	» 4	» 8	» 4	» 8	» 2	» 4	» 8
300.........	» 6	» 12	» 6	» 12	» 3	» 6	» 12
400.........	» 8	» 16	» 8	» 16	» 4	» 8	» 16
500.........	» 10	1 »	» 10	1 »	» 5	» 10	1 »
600.........	» 12	1 4	» 12	1 4	» 6	» 12	1 4
700.........	» 14	1 8	» 14	1 8	» 7	» 14	1 8
800.........	» 16	1 12	» 16	1 12	» 8	» 16	1 12
900.........	» 18	1 16	» 18	1 16	» 9	» 18	1 16
1000.........	1 »	2 »	1 »	2 »	» 10	1 »	2 »
2000.........	2 »	4 »	2 »	4 »	1 »	2 »	4 »
3000.........	3 »	6 »	3 »	6 »	1 10	3 »	6 »
4000.........	4 »	8 »	4 »	8 »	2 »	4 »	8 »
5000.........	5 »	10 »	5 »	10 »	2 10	5 »	10 »
6000.........	6 »	12 »	6 »	12 »	3 »	6 »	12 »
7000.........	7 »	14 »	7 »	14 »	3 10	7 »	14 »
8000.........	8 »	16 »	8 »	16 »	4 »	8 »	16 »
9000.........	9 »	18 »	9 »	18 »	4 10	9 »	18 »
10000.........	10 »	20 »	10 »	20 »	5 »	10 »	20 »

NOMBRE D'EXEM-PLAIRES.	IN-DOUZE.			IN-SEIZE.	IN-DIX-HUIT (1).			
	tiers feuille.	demi-feuille.	feuille.		quatre pages.	tiers feuille.	demi-feuille.	feuille.
	r. m. f.	*r. m.*	*r. m.*		*r. m. f.*	*r. m. f.*	*r. m.*	*r. m.*
100...	» » 17	» 2	» 4	moitié de l'in-octavo.	» » 12	» 1 9	» 2	» 4
200...	» 1 8	» 4	» 8		» » 23	» 2 17	» 4	» 8
300...	» 2 »	» 6	» 12		» 1 9	» 4 »	» 6	» 12
400...	» 2 17	» 8	» 16		» 1 20	» 5 9	» 8	» 16
500...	» 3 8	» 10	1 »		» 2 6	» 6 17	» 10	1 »
600...	» 4 »	» 12	1 4		» 2 17	» 8 »	» 12	1 4
700...	» 4 17	» 14	1 8		» 3 3	» 9 9	» 14	1 8
800...	» 5 8	» 16	1 12	. . .	» 3 14	» 10 17	» 16	1 12
900...	» 6 »	» 18	1 16	. . .	» 4 »	» 12 »	» 18	1 16
1000...	» 6 17	1 »	2 »	. . .	» 4 12	» 13 9	1 »	2 »
2000...	» 13 8	2 »	4 »	. . .	» 8 23	1 6 17	2 »	4 »
3000...	1 » »	3 »	6 »	. . .	» 13 9	2 » »	3 »	6 »
4000...	1 6 17	4 »	8 »	. . .	» 17 20	2 13 9	4 »	8 »
5000...	1 13 8	5 »	10 »	. . .	1 2 6	3 6 17	5 »	10 »
6000...	2 » »	6 »	12 »	. . .	2 6 17	4 » »	6 »	12 »
7000...	2 6 17	7 »	14 »	. . .	1 11 3	4 13 9	7 »	14 »
8000...	2 13 8	8 »	16 »	. . .	1 15 14	5 6 17	8 »	16 »
9000...	3 » »	9 »	18 »	. . .	2 » »	6 » »	9 »	18 »
10000...	3 6 17	10 »	20 »	. . .	2 4 12	6 13 9	10 »	20 »

(1) Pour l'in-24, la moitié de l'in-12; pour l'in-32, le quart de l'in-8°.

Si le papier doit être glacé, le prote joint à celui du trempeur un second bulletin conçu comme il suit, et qui, remis au glaceur, sert à ce dernier de pièce à l'appui de son bordereau :

IMPRIMERIE DE FIRMIN-DIDOT FRÈRES, FILS ET CIE.

Paris, le 187

GLAÇAGE.

Ouvrage :

Format :

Bon pour signatures à

à rames mains feuilles.

Ensemble : r. m. f.

Pour se tenir au courant du travail fait par les mécaniques, le prote en dresse chaque semaine un état ainsi conçu :

ATELIER DES PRESSES MÉCANIQUES.

Travaux faits pendant la semaine du au 187

NUMÉROS DES MÉCANIQUES	NOM DES CONDUCTEURS.	OUVRAGES.	FORMAT.	SIGNATURES DES FEUILLES.	TIRAGE PAR FEUILLE.		TIRAGE DE LA SEMAINE.		OBSERVATIONS.
					r.	m.	r.	m.	
1									
2									
3									
4									

RÉSUMÉ.

	r.	m.
MM. Fesler.		
P. Estienne.		

§ VII.

DES ÉPREUVES (1).

Le prote exigera que les épreuves soient faites d'une manière satisfaisante, c'est-à-dire bien lisibles (2).

Pour obtenir ce résultat, il veillera à ce que la presse soit constamment tenue en bon état; — que le tympan soit garni d'étoffes moelleuses; — que le papier, qui doit être uni et bien collé, soit enveloppé de maculatures mouillées, et maintenu dans une moiteur convenable; — que le rouleau, lavé tous les jours, et plus souvent s'il est nécessaire, soit peu chargé d'encre au moment de s'en servir; — que les formes, dégagées de toute humidité, et brossées légèrement sur les deux faces avec une brosse douce et sèche, soient placées exactement au milieu du marbre, et supportées avec des bois de hauteur si elles sont légères ou de peu d'étendue; — que le coup de barreau soit allongé ou raccourci, selon la nature des formes; — enfin, qu'avant d'enlever les formes pour les rendre au metteur en pages, il leur soit donné un léger coup de brosse avec de la lessive, ou qu'au moins on

---

(1) On appelle *épreuves* les feuilles qui sont tirées successivement sur la composition avant d'en opérer le tirage définitif. — Il est d'usage général de désigner la première épreuve sous le nom de *typographique,* parce que, collationnée à l'imprimerie avec la copie, elle y est purgée des fautes qu'a faites le compositeur, telles que coquilles, lettres retournées, mots tronqués, bourdons, doublons, mauvaises divisions, espacement vicieux, etc., etc.; — la deuxième épreuve, qui est envoyée à l'auteur avec la copie, prend le titre de *première;* — la suivante, celui de *deuxième;* et ainsi de suite : celles-ci sont destinées à recevoir les modifications de toute nature que l'auteur juge convenable d'apporter à son texte.

(2) La bonne confection des épreuves étant de la plus grande importance, autant pour ménager le caractère que pour obtenir une correction qui ne laisse rien à désirer, ce travail ne devra pas être confié à un homme de peine (ce qui serait une bien fausse économie), mais à un imprimeur soigneux et connaissant suffisamment son métier pour parer aux difficultés qui peuvent se rencontrer.

tire dessus une ou deux feuilles de décharge, afin qu'il n'y reste que le moins d'encre possible (1).

Le prote doit prendre les mesures nécessaires pour que l'envoi et le retour des épreuves se fassent avec régularité, et n'éprouvent aucun retard de la part des auteurs non plus que de celle des compositeurs et des correcteurs (2).

Les épreuves doivent être mises dans des enveloppes cachetées, et portant la suscription suivante :

IMPRIMERIE DE FIRMIN-DIDOT FRÈRES, FILS ET CIE,

RUE JACOB, 56.

Messieurs les Auteurs sont instamment priés de renvoyer les Épreuves sur lesquelles ils ont fait des corrections et qui leur sont retournées avec une nouvelle Épreuve; elles sont indispensables à l'Imprimerie pour la vérification des comptes.

A M.

Rue n°

à

Il est indispensable de faire savoir à l'auteur qu'il doit, sur chaque épreuve, indiquer s'il en désire une nouvelle; et que, lorsqu'il les juge suffisamment corrigées, il doit, s'il s'agit de placards, mettre en tête de chacun d'eux, *bon à mettre en pages;* et *bon à tirer* (3), s'il s'agit de feuilles.

---

(1) Il y a encore des imprimeries, jalouses de bien faire, où l'on exige en outre, pour que les épreuves aient toute la netteté désirable, que l'ouvrier se serve de braies pour masquer les garnitures, et de capucins pour les pages blanches et autres blancs prononcés qui seraient susceptibles de barbouiller.

(2) Le prote fera tout à la fois preuve de justice et de bonne entente, en n'employant pas les apprentis pour porter les épreuves aux auteurs. Ce service, souvent assez pénible à Paris, sera fait d'une manière beaucoup plus satisfaisante par une personne spéciale.

(3) L'épreuve qui porte le *bon à tirer* est soumise à une dernière lecture des correcteurs, laquelle, ainsi que la *typographique,* est à la charge du maître

Lorsque les auteurs habitent la province, on adresse une demande au directeur général de la poste pour obtenir, au taux des imprimés, le parcours des épreuves avec la copie et les corrections des auteurs. Cette demande, sur papier timbré, est ainsi conçue :

A M. LE DIRECTEUR GÉNÉRAL DE L'ADMINISTRATION DES POSTES.

Monsieur le Directeur général,

Je vous prie de vouloir bien m'accorder l'autorisation de faire recevoir au taux ordinaire des imprimés, dans le bureau de poste d
à l'adresse de *rue* *n°*
et à la mienne (1), *à* *rue* *n°*
les épreuves d'un ouvrage intitulé :
format in-

Recevez, Monsieur le Directeur général, l'assurance de ma haute considération.

Paris, le 187

L'épreuve à envoyer en province est mise sous bandes croisées, dont l'une doit porter, d'une manière très-visible, le numéro et la date de l'autorisation. — Aucune lettre ni avis ne peuvent, sous peine d'amende, être joints à l'épreuve.

Toutes les fois qu'une épreuve, typographique ou autre, est surchargée de corrections, le prote doit faire conférer l'exécution de celle-ci avant d'envoyer une nouvelle épreuve à l'auteur; et même, dans le cas de nombreux ajoutés ou remaniements, faire relire entièrement la feuille. — Tout le temps passé à cette véri-

---

imprimeur; mais, en dehors de cela, toute autre lecture nécessitée par des corrections nombreuses est portée en compte à l'auteur.

(1) Si l'épreuve doit, dans les mêmes conditions, être envoyée au libraire ou à toute autre personne, avant l'auteur, le nom et l'adresse de ce tiers doivent être également énoncés dans la demande. — Depuis le nouveau tarif postal, on peut se dispenser de faire cette demande en écrivant sur la bande les mots : *Épreuves corrigées.*

fication ou lecture, excepté pour la révision de la typographique, est de droit imputable à l'auteur.

Les épreuves d'auteur, quel qu'en soit le nombre, doivent être classées en ordre par ouvrage, et mises de côté jusqu'à l'acquittement de la facture par le client, afin de pouvoir, au besoin, justifier du temps passé à leur correction.

Il en est de même pour les *bons à tirer,* qui, en cas de contestation, servent à fournir à l'auteur la preuve que les corrections qu'il y a indiquées ont été exactement exécutées.

§ VIII.

DU MATÉRIEL.

Lorsque le prote reçoit un caractère de la fonderie, il doit s'assurer : du poids général, — du poids partiel et relatif des espaces, demi-cadratins, cadratins et cadrats (1), — de la qualité de la matière (2), — de la police relative de chaque sorte (3), —

(1) L'ensemble de ces blancs est ordinairement de un vingtième de la fonte, dont un dixième espaces, et un dixième cadrats, cadratins, demi-cadratins.

(2) On s'assure de la qualité de la matière en rompant quelques lettres prises dans différents paquets de la fonte; plus elle est forte, plus la cassure est nette et brillante.

(3) Voir, pour les caractères courants, le mot *Police,* page 430 du tome Ier; et, pour les initiales, le tableau qui suit, lequel peut servir de base pour des quantités moindres ou plus fortes :

LETTRES.	QUANTITÉS.	LETTRES.	QUANTITÉS.	LETTRES.	QUANTITÉS.	CORPS.	POIDS.	
							kil.	déc.
A	100	K	40	Z	40	12	7	50
B	60	L	100	Æ	20	14	8	25
C	80	M	100	Œ	20	16	10	50
Ç	40	N	100	W	20	18	13	»
D	100	O	100	.	80	20	16	»
E	160	P	80	,	80	22	20	»
É	60	Q	60	;	40	24	28	»
Ê	50	R	100	:	40	28	38	»
È	40	S	120	-	60	32	46	»
F	60	T	100	'	60	36	58	»
G	60	U	100			40	80	»
H	60	V	80			44	100	»
I	120	X	60			48	120	»
J	50	Y	40			56	140	»

de l'approche (1), — de la ligne (2), — de la pente (3), — de la hauteur (4), — de la force de corps identique de toutes les

---

(1) Les lettres pèchent par l'*approche* lorsqu'elles n'ont pas entre elles l'égalité proportionnelle de distance. Dans l'exemple ci-dessous, l'approche de l'*u* est trop large du côté droit :

Voyant ce que je suis, jugez ce que je peux;

dans la ligne suivante, au contraire, la lettre *m* est trop serrée d'approche du côté gauche :

Homme, je compatis à la souffrance humaine.

(2) Les lettres pèchent par la *ligne* lorsque, relativement l'une à l'autre, elles montent ou descendent. Les lettres *l* et *n* de la ligne qui suit offrent l'exemple de ce défaut :

Vieillard, je plains les maux que la vieillesse amène.

(3) Les lettres pèchent par la *pente* lorsque celle-ci n'est pas exactement la même pour toutes. On dit alors en fonderie que les lettres *penchent à l'aigu* ou *au grave*, selon qu'elles penchent de droite à gauche, comme l'*s* de la ligne ci-dessous :

Le remède contre eux est de savoir souffrir;

ou de gauche à droite comme la lettre *r* de la ligne ci-dessous :

Je peux prier pour vous, Dieu seul peut vous guérir.

(4) Les lettres pèchent sous ce rapport lorsqu'elles excèdent la hauteur déterminée (24 millimètres pour Paris et une partie de la France) ou qu'elles restent au-dessous. Dans le premier cas, elles donnent un trop fort foulage à l'impression, comme le montre la lettre *o* de la ligne suivante :

Ne vous aveuglez point par trop de confiance;

dans le second, elles manquent de foulage, et ne marquent qu'imparfaitement au tirage, ainsi qu'on le voit par la lettre *e* de ce dernier vers :

Consoler et bénir est toute ma science.

Le travail long et fastidieux du découpage et des hausses auquel entraînent ces défauts, ne produit jamais qu'un tirage très-imparfait.

sortes (1), du nombre et de la place des crans, selon qu'il en a été demandé en sus de celui du moule (2).

Cette vérification faite, et avant la mise en casses, il convient de plus d'extraire des divers paquets les sortes nécessaires pour composer quelques lignes d'un texte ordinaire, puis un alphabet

---

(1) On s'en assure en présentant successivement chaque espèce de lettres dans le typomètre; ou, à défaut de celui-ci, en composant verticalement et l'une à côté de l'autre un certain nombre régulier des lettres de l'alphabet en grandes majuscules et en minuscules, les chiffres, etc. Si la force de corps est exacte, comme on le voit ici, aucune des lettres ne dépasse verticalement les autres, et leur alignement horizontal ne laisse rien à désirer :

ABCDEFGHIJKLMNOPQRSTUVXYZ	abcdefghijklmnopqrstuvxyz	1234567890
ABCDEFGHIJKLMNOPQRSTUVXYZ	abcdefghijklmnopqrstuvxyz	1234567890
ABCDEFGHIJKLMNOPQRSTUVXYZ	abcdefghijklmnopqrstuvxyz	1234567890
ABCDEFGHIJKLMNOPQRSTUVXYZ	abcdefghijklmnopqrstuvxyz	1234567890
ABCDEFGHIJKLMNOPQRSTUVXYZ	abcdefghijklmnopqrstuvxyz	1234567890
ABCDEFGHIJKLMNOPQRSTUVXYZ	abcdefghijklmnopqrstuvxyz	1234567890
ABCDEFGHIJKLMNOPQRSTUVXYZ	abcdefghijklmnopqrstuvxyz	1234567890
ABCDEFGHIJKLMNOPQRSTUVXYZ	abcdefghijklmnopqrstuvxyz	1234567890
ABCDEFGHIJKLMNOPQRSTUVXYZ	abcdefghijklmnopqrstuvxyz	1234567890
ABCDEFGHIJKLMNOPQRSTUVXYZ	abcdefghijklmnopqrstuvxyz	1234567890

dans le cas contraire, les lignes offrent l'aspect défectueux ci-dessous :

ABCDEFGHIJKLMNOPQRSTUVXYZ	abcdefghijklmnopqrstuvxyz	1234567890
ABCDEFGHIJKLMNOPQRSTUVXYZ	abcdefghijklmnopqrstuvxyz	1234567890
ABCDEFGHIJKLMNOPQRSTUVXYZ	abcdefghijklmnopqrstuvxyz	1234567890
ABCDEFGHIJKLMNOPQRSTUVXYZ	abcdefghijklmnopqrstuvxyz	1234567890
ABCDEFGHIJKLMNOPQRSTUVXYZ	abcdefghijklmnopqrstuvxyz	1234567890
ABCDEFGHIJKLMNOPQRSTUVXYZ	abcdefghijklmnopqrstuvxyz	1234567890
ABCDEFGHIJKLMNOPQRSTUVXYZ	abcdefghijklmnopqrstuvxyz	1234567890
ABCDEFGHIJKLMNOPQRSTUVXYZ	abcdefghijklmnopqrstuvxyz	1234567890
ABCDEFGHIJKLMNOPQRSTUVXYZ	abcdefghijklmnopqrstuvxyz	1234567890
ABCDEFGHIJKLMNOPQRSTUVXYZ	abcdefghijklmnopqrstuvxyz	1234567890

Ce défaut, peu important lorsque la composition est interlignée, devient très-grave, on le conçoit facilement, lorsqu'il s'agit d'une matière non interlignée où plusieurs lettres ou chiffres similaires tombent successivement les uns au-dessous des autres : non-seulement le parfait alignement horizontal des lignes ne peut s'obtenir, mais le serrage de la forme en devient souvent difficile.

(2) Cette augmentation de crans a pour but de distinguer, soit une partie neuve d'avec une vieille d'un même caractère, soit plusieurs caractères de même corps mais d'œils différents.

de grandes et de petites majuscules, de bas de casse (accents et doubles compris), ainsi que les chiffres, et d'en faire une bonne mise en train qui permette de reconnaître si, à la réunion des qualités ci-dessus, le caractère joint encore la pureté d'œil désirable.

Le même examen doit avoir lieu pour tous les articles livrés par la fonderie, mais notamment pour les filets; c'est-à-dire que l'on doit s'assurer : 1° que l'œil n'est pas égrené, et qu'il est conforme à celui qui a été demandé; 2° qu'ils sont filetés exactement au milieu dans toute l'étendue de leur tige; 3° que leur force de corps est la même aux deux extrémités des lames, aussi bien qu'en tête et en pied; 4° enfin, que leur hauteur est identique d'un bout à l'autre (1).

Les commandes de fonderie se font sur un bulletin détaché, relatant ce qui suit :

Fonderie de M.

DATES DES COMMANDES.	NOM DU CARACTÈRE.	FONTE COMPLÈTE OU SORTES DEMANDÉES.	QUANTITÉS DEMANDÉES.			OBSERVATIONS.
			kil.	gr.	nombre de lettres.	

Le sujet de la commande est ensuite reporté, à son ordre, sur le registre concernant les fondeurs; lequel registre exprime de plus que le bulletin ci-dessus, et dans des colonnes distinctes : la date de la réception, — les quantités reçues, — le prix, — ainsi que la date et le poids de la sortie des vieux caractères.

Le prote se fait renseigner de l'état des bardeaux par la personne chargée du matériel, afin de faire faire, en temps opportun, les assortiments nécessaires pour épuiser la fonte le plus

(1) Les filets maigres doivent être tenus un demi-point plus bas que le caractère, afin d'éviter leur trop fort foulage et la prompte usure qui en résulte immanquablement, surtout lorsqu'ils sont employés isolément.

régulièrement possible. S'il s'agit de la commande, sans modification, d'un caractère existant déjà dans la maison, il se fait donner la liste des sortes neuves ou suffisamment conservées qui peuvent être en magasin, afin que le fondeur en tienne compte dans la police de sa livraison.

Le caractère étant la partie la plus importante du matériel, nous nous dispensons d'entrer dans de plus amples détails relativement à la surveillance du prote sous ce rapport; nous nous bornons seulement à dire qu'elle doit en outre s'étendre sur l'achat et la conservation du plus minime objet tout aussi bien que sur le plus considérable en valeur.

§ IX.

DE LA COMPTABILITÉ.

Les bordereaux des divers ouvriers, formulés selon les modèles que nous en avons donnés précédemment, doivent être remis au prote le jour désigné par lui, avec les pièces à l'appui (1), afin qu'il ait le temps de les vérifier avant le payement (2). Il en dresse ensuite un résumé, qu'il remet au caissier avec les bordereaux (3); puis il paye à chaque metteur en pages, imprimeur, conducteur, ou autre, le montant de sa banque, en le lui faisant émarger sur son bordereau.

La composition, faite aux pièces ou en conscience, se paye

---

(1) Le metteur en pages doit, avec son bordereau convenablement détaillé, produire les épreuves des feuilles ou des placards qu'il a comptés. — L'imprimeur et le conducteur doivent y joindre les tierces des feuilles tirées ou en voie de l'être.

(2) Le prote ne doit pas permettre que, sous aucun prétexte, le travail dont on ne pourrait justifier de l'exécution soit porté sur le bordereau.

(3) Lorsque le teneur de livres a relevé des bordereaux ce qui est relatif au compte de chacun des ouvrages en cours d'exécution, pour l'inscrire sur le journal et sur le grand livre, il les remet au prote, qui les conserve, soit en feuilles réunies par banque, soit cartonnés par année, pour les consulter au besoin.

d'après les prix les plus généralement admis par l'usage, et librement discutés au besoin par les parties intéressées (1).

Le prix de l'impression ordinaire se règle presque toujours sur le format de l'ouvrage, la dimension et la qualité du papier, ainsi que sur le nombre à tirer. Celui des impressions en plusieurs couleurs, à illustrations, ou offrant des difficultés quelconques, peut varier à l'infini; mais ce genre de travail se fait ordinairement à la journée lorsqu'il est exécuté par les presses manuelles.

La facture remise au client, et qu'il entre souvent dans les attributions du prote de dresser, doit relater, d'une manière précise et claire, les divers articles qui en font le sujet. (Voir, à la page suivante, un modèle de facture.)

§ X.

CONSIDÉRATIONS GÉNÉRALES.

Rien n'est plus facile (et malheureusement plus fréquent!), vu la multitude infinie d'objets dont se compose le matériel, que la confusion dans les imprimeries : de là, nécessairement, l'obligation pour le prote de veiller avec le plus grand soin à la remise en place de chaque chose immédiatement après son emploi. En agissant ainsi, il se rend compte avec moins de difficulté de ce qui est disponible ou non, et les travaux s'exécutent alors plus rapidement et plus avantageusement pour le patron et pour les ouvriers (2).

---

(1) Ces prix, on le conçoit de reste, ne peuvent être uniformes, et doivent nécessairement varier d'une manière plus ou moins sensible selon les localités.

(2) Si, pour arriver à ce résultat favorable, le prote sent la nécessité de faire l'application d'un règlement, il s'attachera à n'y rien introduire que de relatif au maintien de l'ordre; rien, par conséquent, qui puisse, en quoi que ce soit, blesser la dignité bien comprise des ouvriers; — mais ce règlement, une fois en vigueur, devra constamment et rigoureusement être observé dans toutes ses parties, sous peine de ne produire que le triste effet de faire tourner en dérision le peu d'énergie de son auteur.

(*Modèle de facture.*)

Exercice 187 -187	TYPOGRAPHIE FIRMIN-DIDOT, RUE JACOB, 56.	Commande n°

Doit M.

pour l'impression de l'ouvrage ayant pour titre :

in- , formant feuilles, tirées à exemplaires :

	fr.	c.	fr.	c.
COMPOSITION de feuilles en (1) à fr. c.				
Mise en placards de placards, à fr. c.				
Surcharge de				
Suppression de				
Corrections sur les placards.				
— sur les feuilles.				
Couverture.				
TIRAGE à la mécanique, de rames par feuille, soit rames, à fr. c.				
— à la presse à bras, de mille par feuille, soit mille, à fr. c.				
Couverture, mille, à fr. c.				
CLICHAGE de feuilles, à fr. c.				
Bouts composés, clichés et soudés, à fr. c.				
Lettres changées, à fr. c.				
Biseaux refaits, à fr. c.				
PAPIER (texte), rames, mains, par feuille; soit rames, mains, à fr. c.				
— (couverture), rames, mains, à fr. c.				
MAIN-D'ŒUVRE DES PAPIERS.				
Glaçage de rames, mains, à fr. c.				
Séchage, satinage, assemblage de rames, mains, à fr. c.				
Pliure, piqûre, rognure, brochure, de exemplaires, le cent à fr. c.				
Mise en ballots de rames, à fr. c.				
TIMBRE : feuilles, à centimes.				
DÉBOURS A RECOUVRER.				
TOTAL. . .				

(1) Lorsque le client le demande, on exprime ici, après la dénomination du caractère, le nombre de lignes à la page, celui de lettres à la ligne et à la feuille, avec le prix du mille, de la mise en pages et des corrections.

Le prote doit veiller également à ce que les rangs, les casses, les galées, les marbres, etc., soient constamment entretenus en bon état de propreté par les compositeurs, chacun en ce qui le concerne (1). — Il en est de même pour les presses et la tremperie par les imprimeurs.

Il devra aussi, soit le matin avant l'arrivée des ouvriers, soit le soir après leur départ, faire balayer l'atelier, non par les apprentis, mais autant que possible par une personne spéciale. — Toutefois, le balayage ne devra avoir lieu qu'après que les lettres restées à terre par la négligence des compositeurs auront été relevées pour être remises à la conscience.

Dans l'imprimerie, plus particulièrement encore que dans tout autre état, le silence est indispensable, et surtout pour le travail de la composition; il est en même temps de rigoureuse nécessité, par suite des rapports fréquents des ouvriers avec les auteurs. Le prote doit donc s'opposer à toutes les discussions bruyantes qui, trop souvent, ont pour résultat immanquable de nuire aux intérêts de tous en troublant la tranquillité. — Il doit aussi, dans le même but, interdire l'entrée de l'établissement aux ouvriers qui n'en font pas partie.

La solidarité des ouvriers relativement à l'ensemble du travail exigeant l'assiduité de chacun d'eux, le prote devra, en dehors des heures fixées, s'opposer aux entrées et aux sorties non autorisées par lui.

Plus la surveillance du prote est active, mieux le travail est exécuté. Cette surveillance est en outre une sorte de récompense morale qui dédommage l'ouvrier soigneux de sa besogne, en même temps qu'elle sert de stimulant à ceux qui ne le sont pas. De l'indifférence du prote sous ce rapport, il résulte au contraire

(1) Si, comme cela est de son devoir, le prote tient à la conservation du matériel qui lui est confié, il exigera formellement l'emploi général du maillet en buis, à l'exclusion du marteau en fer, destructeur forcé des marbres, châssis et caractère, ainsi que des biseaux et des coins, surtout lorsque, comme cela arrive presque toujours, des ouvriers peu soigneux ou inintelligents négligent de se servir du décognoir pour serrer ou desserrer les formes.

que l'ouvrier médiocre fait souvent plus mal encore, et que le bon se néglige quelquefois.

Le prote ne peut employer un ouvrier si celui-ci n'est porteur d'un livret en règle. Il doit donc, au moment où ce livret lui est remis, y inscrire la date de l'entrée, et la faire viser par le commissaire de police. Cette formalité remplie, il reste détenteur du livret jusqu'à la sortie de l'ouvrier, laquelle il y inscrit de même qu'il a fait pour l'entrée; de son côté, l'ouvrier est alors tenu de faire viser la signature du prote par l'autorité.

Le livret ne doit porter que l'énonciation de l'acquit des engagements; toute autre annotation, favorable ou défavorable à l'ouvrier, est interdite par la loi (1).

Les mutations des ouvriers sont relatées par le prote sur un registre exprimant ce qui suit (2) :

Nº d'ordre.	Noms des ouvriers.	Imprimerie d'où sort l'ouvrier.	Date de l'entrée.	Date de la sortie.	Motif de la sortie.	Observations.

Lorsque le travail baisse, et que le prote se trouve dans la nécessité de remercier des ouvriers, il doit prendre en juste considération l'antériorité d'admission, toutes les fois que cette antériorité est appuyée de la conduite et de la capacité; mais, s'il en est autrement, il conservera de préférence les nouveaux admis qui réuniraient ces deux conditions.

Il agira de même pour la répartition du travail, c'est-à-dire qu'il confiera sans scrupule aux derniers embauchés des ouvrages quelquefois plus lucratifs que d'autres, mais contenant certaines difficultés qui ne sauraient être vaincues d'une manière satisfaisante par les anciens (3).

(1) Le livret, visé ainsi qu'il vient d'être dit, tient lieu de passe-port à l'intérieur; mais le visa du départ doit indiquer une destination fixe.

(2) Ce registre est divisé en deux parties : l'une pour les compositeurs et l'autre pour les imprimeurs.

(3) Toute concession faite au droit d'ancienneté, sous l'un ou l'autre de ces

Le travail doit être coordonné par le prote de manière à ce qu'il n'éprouve, par son fait, aucune suspension préjudiciable soit aux compositeurs par le manque de distribution, soit aux imprimeurs par le manque de formes à tirer (1).

Le prote doit également mettre ses soins à ce que les compositeurs ne changent de caractère que pour l'absolue nécessité; car la faible indemnité qui leur est justement allouée dans ce cas ne les dédommage que très-imparfaitement du préjudice que leur cause le moindre dérangement de ce genre. — Il en est de même à l'égard des imprimeurs quant aux relevages et aux fréquents changements de formats.

Autant que possible aussi, c'est-à-dire toutes les fois que l'étendue du caractère le permet, le prote doit faire en sorte que les mécaniques aient plusieurs feuilles du même labeur ou tout au moins de même format à tirer successivement; car les mises en train répétées sont doublement préjudiciables au patron, tant par la perte de temps que par l'usure plus considérable des étoffes (2).

Le prote ne doit donner d'épreuves d'auteur à corriger sur le plomb qu'à des ouvriers possédant le degré de capacité et d'habileté convenable; car, que le corrigeur soit ou peu avancé dans la connaissance de son état, ou peu diligent, il n'en est pas moins *autorisé* à compter son temps au prix du tarif : d'où il peut résulter des contestations lors de la remise de la facture. Et si, comme cela a lieu ordinairement, le prote se retranche derrière la pré-

---

rapports, devient un obstacle fâcheux à la direction du personnel par l'émulation.

(1) Pour atteindre plus sûrement ce but, il est indispensable, d'un autre côté, qu'il s'oppose, autant qu'il est raisonnable de le faire, aux absences fréquentes et inopportunes des ouvriers.

(2) Toutefois on ne doit pas pour cela tomber dans un excès contraire, en attendant que le caractère affecté à un labeur soit totalement composé pour faire mettre sous presse; sans quoi il en résulte de fâcheux retards pour l'ouvrage, et pour le compositeur l'inconvénient du changement de casse dont nous avons précédemment parlé.

sentation du bordereau du corrigeur, il est à craindre que le client ne fasse observer, avec juste raison, ou que le prote a négligé d'évaluer le travail, ou, ce qui serait plus fâcheux encore, que, dans l'intérêt du patron, qui prélève ses étoffes en raison du prix de main-d'œuvre, il a, sciemment, laissé compter plus de temps à l'ouvrier qu'il n'eût été raisonnable de le faire (1).

Il est préférable, lorsqu'un besoin passager l'exige, de prolonger le travail au delà des heures ordinaires, que d'embaucher des ouvriers pour un temps très-court; car ce dernier moyen, la plupart du temps peu profitable aux ouvriers de passage, est une cause certaine de désordre et partant de préjudice pour l'établissement.

Le prote doit aussi apprécier s'il est plus convenable de faire passer une demi-nuit qu'une nuit entière, en tenant compte que la fatigue de la nuit ajoutée successivement à celle de la journée, neutralise en presque totalité le produit de la journée suivante. — Dans l'un ou l'autre cas, le prote doit être en permanence pour peu que le service le réclame.

Le prote doit juger de l'opportunité qu'il y a de conserver certaines compositions, comme grands titres, couvertures, factures, tableaux, etc., selon que les caractères dont elles sont formées sont ou non abondants, et que, ne voulant pas avoir recours à la fonderie pour des besoins ultérieurs, on serait obligé d'en retirer successivement une grande partie des sortes, et de les réduire par là à l'état de pâtés.

Lorsqu'un ouvrage est sur le point d'être terminé, et que les titres, préfaces, etc., restent encore à composer, le prote peut au besoin en diminuer ou en augmenter l'étendue, soit en employant des caractères plus ou moins forts, soit en modifiant dans

---

(1) « Mais c'est ici (en parlant des corrections d'auteur) que le directeur de l'imprimerie et le prote doivent avoir cent yeux; c'est alors qu'il est facile de les tromper; et malheur à ceux qui ne savent faire eux-mêmes, ils seront dupes nécessairement, et, par une conséquence toute naturelle, duperont à leur tour, et sans le vouloir, ceux pour qui ils travaillent. » (BERTRAND QUINQUET, *Traité de l'Imprimerie,* article *Correction,* page 117.)

ce sens l'interlignage, les blancs, et même la longueur des pages, et, s'il y a lieu, les imposer avec les pages de fin, mais toujours de manière à former feuille complète ou demi-feuille du tout, pour ne faire qu'un seul tirage. — Il est entendu qu'il n'en doit pas être ainsi pour les ouvrages de luxe, sur lesquels ces petites économies sont ordinairement négligées.

C'est au prote à calculer si, pour le tirage à grand nombre d'un ouvrage de ville, il y a avantage à doubler, tripler, etc., la composition, ou à faire clicher autant de fois sur une seule composition.

Selon qu'un tirage doit être plus ou moins soigné en raison du prix convenu avec le client, et selon aussi qu'il est plus ou moins pressé, le prote décide s'il sera fait par les mécaniques ou par les presses à bras.

Lorsque, sur la demande qui lui en est faite, le prote s'engage à ne faire usage que de caractères neufs, il doit, à son tour, exiger de l'éditeur, s'il fournit lui-même son papier, que celui-ci soit de bonne qualité relative; car si, d'un côté, en tirant du papier fin sur du caractère fatigué, l'on ne peut jamais obtenir d'impression passable; de l'autre, c'est-à-dire en employant, sur de bons caractères, du papier commun contenant des nœuds, pailles, graviers, etc., on doit être certain, tout en ne produisant pas de meilleur tirage, d'altérer le caractère d'une manière plus ou moins prompte.

Malgré toute prétention contraire de la part de certains ouvriers, c'est au prote, et au prote seul, à défaut du patron, à apprécier si l'exécution de certains travaux doit être faite aux pièces ou en conscience (1). — Ceci s'applique également aux compositeurs et aux imprimeurs.

Lorsqu'il s'élève une contestation pour le prix d'un ouvrage,

(1) Nous n'entendons parler ici que des imprimeries dont le patron, n'ayant souscrit à aucun engagement étranger, mais se renfermant néanmoins dans un louable et constant esprit de justice envers ses ouvriers, tient à conserver la digne initiative indispensable à sa direction.

le prote ne *doit* intervenir que si le patron le juge convenable. Il en est autrement si ce dernier, faute de connaissances spéciales, n'est pas apte à apprécier la valeur du travail (1) : le prote doit alors, tout en défendant avec une sage fermeté les intérêts justement entendus du patron, avoir toujours l'équité pour guide, seul moyen de s'attacher sérieusement les ouvriers et d'en obtenir de loyaux services. Que d'actes, en effet, préjudiciables à l'ordre et à l'économie, ne se commettent-ils pas tous les jours dans les ateliers, qui n'ont souvent d'autre motif qu'une concession pécuniaire arbitrairement obtenue sur des ouvriers peu scrupuleux (2) !

Lorsqu'un compositeur, pour une raison quelconque, demande son compte, le prote doit, avant de le solder, s'assurer s'il est en règle avec son metteur en pages. L'affirmation de ce dernier le rend dès lors responsable du déficit causé par son paquetier, tant sous le rapport de la composition que sous celui de la correction. Mais si le prote a négligé de prendre ce renseignement, la composition non faite reste seule à la charge du metteur en pages; car s'il n'est autorisé à accorder du *salé* qu'à ses risques et périls, il ne lui est pas toujours possible de se prémunir contre la valeur des corrections en retard, et il est juste que, dans ce cas, celles-ci soient supportées par l'établissement.

Pour ce qui est des imprimeurs, si l'un des ouvriers d'une presse quitte *volontairement* avant que le tirage qui lui a été payé soit terminé, le travail encore à faire est à la charge de l'ouvrier restant, lequel, dans ce cas, ne peut avoir de recours que contre son compagnon; mais si, au contraire, le prote *dé-*

---

(1) Si les exigences des ouvriers ne sont pas toujours fondées, il arrive très-fréquemment aussi qu'elles ont pour juste motif la perte de temps, inappréciable à prime-vue, qu'entraînent certains travaux, et aussi la pénurie du matériel nécessaire à leur exécution.

(2) Nous disons, *peu scrupuleux*, car, selon nous, rien ne peut, dans aucun cas, justifier cette sorte de sourdes représailles. L'ouvrier consciencieux qui se croit lésé dans ses intérêts et qui ne peut amiablement obtenir la satisfaction qui lui est due, doit, ou passer outre sans arrière-pensée, ou se retirer.

bauche un des deux ouvriers sans lui accorder le temps de s'acquitter envers qui de droit, son compagnon se trouve, par ce fait, dégagé de toute responsabilité, et l'achèvement du travail déjà payé incombe pour la moitié au patron.

Le prote doit prendre les mesures convenables pour qu'aucun exemplaire ne soit mis en circulation avant que le dépôt en ait été fait (1), à Paris, au secrétariat de la Direction générale, et, dans les départements, au secrétariat de la Préfecture. Le récépissé qui en est délivré constitue le droit de propriété de l'auteur, et est mis en réserve dans un carton spécial.

Tout imprimé doit porter le nom et l'adresse du maître imprimeur, soit sur le verso du faux-titre, soit au bas du frontispice, soit à la dernière page du texte, s'il s'agit d'un labeur. Pour les publications par livraisons, il est facultatif de le placer dans l'endroit que l'on juge le plus convenable. Les journaux, quotidiens, hebdomadaires, ou autres, doivent le porter à chaque numéro.

Le prote devra se tenir au courant des procédés nouveaux relatifs à l'imprimerie, de quelque source qu'ils proviennent, non pour les accepter légèrement, mais afin de faire l'application de ceux qui, après un examen sérieux, lui paraîtraient offrir un avantage quelconque sur ceux qui sont en pratique.

---

(1) Ceci doit s'entendre aussi bien pour les extraits d'un ouvrage que pour l'ouvrage lui-même. (La déclaration pour imprimer les extraits se formule comme il a été dit page 137, après quoi l'on ajoute, *Extrait de l'ouvrage,* en en reproduisant le titre au long.)

La loi exige deux exemplaires pour les ouvrages sans gravures, et trois pour ceux qui en contiennent. — On peut toutefois, dans ce dernier cas, ne donner que les gravures du troisième exemplaire, sans le texte, si elles formen un atlas séparé. L'un de ces trois exemplaires doit en outre porter la signature du maître imprimeur, avec ces mots : *Certifié conforme pour tout le tirage.* — On doit déposer deux exemplaires en plus, au parquet du procureur de la République, de toute brochure politique ou traitant de l'économie sociale.

Lorsque le prix de vente n'est pas imprimé sur la couverture, il convient, pour les exemplaires de dépôt, de l'y écrire d'une manière visible, afin que la *Bibliographie de la France* puisse l'indiquer dans ses bulletins.

S'il arrive que le prote ait des représentations à faire à la personne chargée de le suppléer en son absence, il doit éviter que cela n'ait lieu en présence des ouvriers, afin de n'altérer en rien l'autorité de la direction.

Que le prote, loin de se montrer ombrageux des ouvriers qui possèdent des connaissances plus étendues que les siennes, s'attache au contraire à les fixer près de lui en les faisant jouir des avantages pécuniaires et de la considération qu'ils méritent. Cette façon d'agir, qui du reste n'est qu'équitable, le fera estimer de tous, en même temps qu'elle sera la preuve de l'intérêt intelligent et réel qu'il porte à la maison qu'il dirige.

§ XI.

DU LOCAL.

S'il s'agissait de la construction d'un bâtiment spécialement consacré à l'imprimerie, nous pourrions à ce sujet hasarder les quelques idées que l'expérience nous a suggérées; mais comme la presque totalité des établissements de ce genre se trouve rarement dans de semblables conditions, nous nous bornerons à dire que l'on doit tirer le meilleur parti possible du local dont on dispose, en appropriant intelligemment les *jours* et l'*espace* (1) aux exigences impérieuses, mais relativement plus ou moins considérables, des diverses branches du travail.

(1) Qu'il nous soit permis de faire remarquer, à l'occasion de ces deux mots, que nous traduisons par ceux-ci, *air* et *lumière*, que si chercher l'économie de terrain est chose juste et raisonnable dans bien des cas, il n'en est plus de même lorsqu'on pousse cette économie jusqu'à *entasser* dans ses ateliers (qu'on nous passe cette expression, qui n'est malheureusement pas sans application) un plus grand nombre d'ouvriers qu'ils ne doivent hygiéniquement en contenir.

CHAPITRE VI.

FONTE DES ROULEAUX (1); — LEUR REFONTE; — SOINS A LEUR DONNER.

Le rouleau des presses à bras, dont le diamètre ordinaire est de 8 à 9 centimètres, se compose : 1° du corps de rouleau *a*, proprement dit,

a

formé de colle-forte et de mélasse coulées sur un mandrin en bois *b* (2), creux à son intérieur,

b

(1) L'origine du rouleau remonte seulement à 1814, époque de l'invention de la première machine à imprimer. Le rouleau était alors en cuir, et l'on n'en obtenait, comme tel, qu'un résultat imparfait. Ce fut Gannal, savant chimiste français, qui, le premier, en 1819, imagina la pâte gélatineuse dont nous avons parlé ci-dessus, laquelle donna au rouleau la souplesse et l'élasticité, qualités essentielles qui manquaient au cuir (*). Depuis lors, plusieurs tentatives ont été faites dans le but de donner à cette pâte une ténacité plus grande, qui la mît à l'abri de l'influence atmosphérique et lui assurât par là une plus grande durée; mais jusqu'ici ces divers essais, satisfaisants sous certains rapports, laissant beaucoup à désirer sous d'autres, sont restes sans résultat sérieux, et la pratique judicieuse et désintéressée conserve encore la supériorité à la composition primitive de Gannal. — On peut toutefois (surtout lorsqu'on a des raisons pour se défier de la qualité de la colle ou de la mélasse) ajouter une petite quantité de miel, de cassonnade, de gomme arabique, ou mieux de glycérine à cette composition, pour en augmenter le tirage.

(2) La surface du mandrin ne doit pas être lisse, mais annelée en saillie, afin que la matière y adhère plus fortement. Pour le même motif, la tige en fer

(*) D'après le *Typographe Messenger*, de New-York, la combinaison de la colle-forte et de la mélasse appliquée à la composition du rouleau typographique serait due à M. Forster, de New-York; et, selon ce même journal, ce serait M. William Nicholson, de Londres, qui, dès 1790, aurait obtenu le premier brevet pour cette composition.

2° de la monture, consistant en deux poignées en bois *cc*, adaptées à une bande de fer *d*, recourbée en équerre aux deux extrémités :

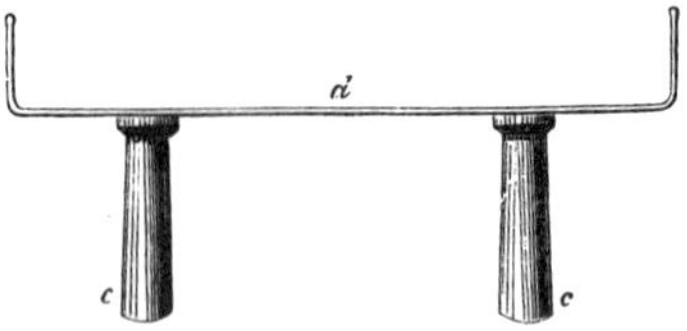

Cette monture est maintenue dans son écartement par une tringle *e*, également en fer, qui traverse le mandrin dans sa longueur, et est fixée à l'une des extrémités de la monture par une rivure *f*, et à l'autre soit par une clavette *g*, soit par une vis :

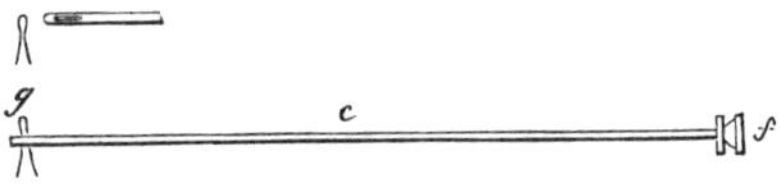

Du rouleau dépend en grande partie la qualité de l'impression, qui peut en effet, quoique exécutée d'autre part dans les meilleures conditions, laisser néanmoins beaucoup à désirer lorsqu'il est défectueux (1) : il est donc très-important d'apporter le plus de soin possible à sa confection (2).

Voici la manière dont on y procède :

Fonte. — Trois marmites spéciales (en cuivre, zinc ou fer-

---

des rouleaux distributeurs pour mécaniques doit être rugueuse, et lorsqu'il n'en est pas ainsi, il faut y remédier en l'enroulant d'une corde fine, que l'on attache solidement à chacune de ses extrémités.

(1) Que de fois, par ignorance de cela, ne voit-on pas attribuer à la mise en train, au papier, à l'encre, aux étoffes, des défauts qui n'ont d'autre cause que l'imperfection des rouleaux et qui disparaissent avec elle!

(2) Nous ne parlerons que de la confection des rouleaux de la presse manuelle, celle des rouleaux pour mécaniques n'en différant que sous le rapport des ustensiles nécessaires à la fonte de la matière et sous celui des moules.

blanc), de différente grandeur, sont nécessaires pour cette opération. Dans la marmite moyenne on met, après l'avoir concassée, la quantité de colle convenable (1), et on la recouvre d'eau jusqu'à fleur. Au bout de cinq ou six heures on retourne la colle, puis on la laisse de nouveau tremper jusqu'à ce que l'eau l'ait pénétrée aux deux tiers de son épaisseur, ce dont on s'assure en en rompant quelques morceaux (2).

Lorsque cette première opération est achevée, on fait un feu de charbon de bois, sur lequel est placée la plus grande marmite, suffisamment remplie d'eau pour que celle qui contient la colle y entre facilement et puisse se reposer sur son rebord sans toucher le fond; puis on laisse fondre doucement la colle au bain-marie, en entretenant le feu de manière à ce que le bouillonnement soit continu. Dès que la colle entre en fusion, on la remue avec une spatule en bois, et lorsque la fusion est complète, on laisse cuire environ une heure, puis on retire du feu les deux marmites, qui doivent toujours rester l'une dans l'autre.

Cela fait, on met sur le feu la troisième marmite, dans laquelle est la mélasse, que l'on fait tiédir pendant une demi-heure à peu

---

(1) La matière gélatineuse nécessaire pour la fonte de quatre rouleaux de presse à bras (du poids moyen de 2 kil. 500 gr.) se divise ordinairement ainsi : 4 kil. 500 gr. de colle et 5 kil. 500 gr. de mélasse, en hiver; 5 kil. 500 gr. de colle et 4 kil. 500 gr. de mélasse, en été. Mais comme les gelées et le hâle sèchent et durcissent la matière, de même que l'humidité et la chaleur l'amollissent, il est bon, pour obvier à l'influence des températures diverses, d'avoir toujours en réserve des rouleaux plus forts soit en mélasse, soit en colle. — Les rouleaux pour les machines doivent en général être tenus plus fermes que ceux des presses à bras.

La colle façon anglaise et celle de Givet sont à préférer lorsqu'elles sont transparentes, sonnantes à la main, et de rupture facile; la flexibilité de la colle est un indice de sa faiblesse. La mélasse, qui remplit ici le rôle le plus important, doit être pure, compacte, et avoir une teinte verdâtre.

(2) Une trop grande quantité d'eau affaiblirait la viscosité de la matière, et la rendrait impropre à résister à la distribution d'une encre forte, sous l'action de laquelle la surface du rouleau se fendillerait ou se déchirerait. Si donc on s'apercevait que la colle fût par trop imbibée, on pourrait l'éponger un peu avant de la mettre sur le feu.

près, et que l'on verse ensuite doucement dans la marmite à la colle, en ayant soin de bien remuer le tout avec la spatule, afin que l'amalgame ne laisse rien à désirer (1). On remet ensuite sur un feu modéré, et on laisse cuire pendant une heure en remuant pour ainsi dire continuellement (2). Au bout de ce temps, on écume la matière le mieux possible; et quand elle est reposée et un peu refroidie (3), on la verse lentement dans les moules, sans secousses ni interruptions.

Pendant la cuisson de la matière, les moules sont préparés comme il suit :

Le tube cylindrique est démonté et graissé exactement à l'intérieur avec de l'huile de pied de bœuf à l'aide d'un écouvillon. On graisse également la tringle qui traverse le moule, ainsi que la rondelle en plomb placée au bas de cette tringle; on met ensuite un peu de mastic (4) autour de la tringle, sur la rondelle, après quoi le mandrin, nettoyé, dégagé de toute humidité, et frotté d'esprit-de-vin à chacune de ses extrémités (5), est fixé sur la tringle, laquelle est garnie de nouveau de mastic à son extrémité supérieure. On place la croix, et le faux-rouleau (6) par-dessus, puis le moule est vissé sur son pied, et rempli avec des rondelles en carton ou en bois, assez étroites pour que la

---

(1) Lorsque la matière est trop liquide, on peut y ajouter gros comme une noix de résine.

(2) Un plus long séjour sur le feu pourrait cristalliser la mélasse, et lui faire perdre ainsi sa qualité d'adhérence.

(3) Lorsque la matière est trop chaude au moment où on la verse dans le moule, il se produit assez ordinairement des petites cavités à la surface du rouleau.

Le même défaut se produit si la matière est versée par saccades, ou s'il est resté trop d'huile sur les parois intérieures du moule.

(4) Le mastic a pour but d'empêcher la matière de s'introduire entre la tringle et le mandrin, ce qui rendrait l'extraction de ce dernier difficile. Il se fait avec du blanc d'Espagne et de la colle de farine.

(5) L'esprit-de-vin fait adhérer d'une manière plus efficace la matière au mandrin.

(6) La croix indique l'endroit où le rouleau doit être coupé; le faux-rouleau, la longueur qu'il doit avoir.

matière puisse couler librement au fond du moule, et assez épaisses pour que, pressées par l'écrou de recouvrement, le mandrin ne puisse remonter sous l'effort de la matière.

Les rouleaux ne doivent être retirés du moule que douze heures au moins après qu'ils ont été coulés. Pour cela, on enlève le recouvrement et le pied du moule avec sa tringle; puis on passe dans le noyau du rouleau une corde ayant à l'un de ses bouts (celui qui répond au bas du moule) un nœud coulant que l'on accroche à un clou solidement fixé, et sur lequel, à l'aide du moule saisi à deux mains, on tire le plus perpendiculairement possible, afin de ne pas endommager le rouleau.

Après la sortie du moule, on coupe le rouleau à la longueur voulue avec un fil de laiton, puis on en passe successivement les deux bouts sur la flamme d'une bougie; et lorsque la matière est suffisamment chaude, on l'unit avec les doigts recouverts d'huile ou de salive. On empêche ainsi la matière de se détacher du mandrin. S'il y a de légers défauts au rouleau, ils peuvent être corrigés de la même manière.

Le rouleau est alors légèrement essuyé avec un linge doux, pour enlever l'huile de sa surface (1), et suspendu pendant vingt-quatre heures et plus, si cela se peut (2), dans un endroit un peu frais dans l'été, et plutôt sec qu'humide dans l'hiver, mais non exposé à un courant d'air.

Refonte. — Après un service dont la durée, soumise à une foule de circonstances atmosphériques et autres, ne saurait être déterminée, les rouleaux perdent leurs qualités, et demandent

---

(1) Les rouleaux des mécaniques se fondant dans des moules spéciaux de deux pièces, il faut, en outre, abattre la petite saillie qui se produit souvent sur toute la longueur du rouleau, aux parties latérales qui correspondent aux jointures du moule, lorsque celui-ci n'a pas été assez serré.

(2) Les rouleaux trop frais, c'est-à-dire dont la peau n'est pas encore suffisamment formée, refusent l'encre ou ne la donnent qu'inégalement, et se déchirent à leur surface. Ce défaut se reconnaît au bruit particulier que le rouleau fait entendre dans son parcours sur la forme.

à être refondus. On procède ainsi qu'il suit à la refonte des rouleaux :

Les rouleaux sont préalablement lavés à la lessive, jusqu'à ce qu'ils soient complétement dégagés de l'encre qui en recouvre la surface et s'est introduite dans les petites cavités qui s'y trouvent, puis on les passe à l'eau. Lorsqu'ils sont ressuyés, on fend longitudinalement la matière avec un couteau très-légèrement huilé, on la détache du mandrin, et on la coupe le plus menu possible, en en rejetant l'épaisseur d'un centimètre de la partie qui est aux deux extrémités du rouleau, parce qu'elle ne se refond jamais que très-imparfaitement. Si la matière est trop dure, on peut la laver dans de l'eau chaude, sans toutefois l'y laisser séjourner. On met ensuite la matière sur un feu vif et régulier, après y avoir ajouté assez de mélasse pour que tous les morceaux en soient imprégnés, ce qui en facilite la dissolution. Puis on remue constamment avec une spatule, et à mesure que la pâte se dissout et s'épaissit on y verse le reste de la mélasse (1).

On reconnaît que la cuisson est à point par la présence d'une écume jaunâtre plus ou moins épaisse, dont la matière doit, au moyen de l'écumoire, être dégagée avec soin avant de la couler dans le moule.

Avec 2 kilogrammes de colle neuve préparée comme il a été dit précédemment, 3 kilogrammes de mélasse et la matière de trois vieux rouleaux, on en forme quatre nouveaux.

Les rouleaux refondus sont généralement meilleurs que ceux de première fonte ; mais lorsque la matière est par trop ancienne elle se durcit outre mesure, et il convient alors de la renouveler entièrement.

Les rouleaux pour être bons doivent être unis à leur surface, élastiques, résistants, c'est-à-dire plutôt fermes que mous, bien

---

(1) Dans la matière de quatre vieux rouleaux on doit ajouter un kilogramme de mélasse. — Si la dissolution ne s'opère pas convenablement, on ajoute à la matière la valeur d'un petit verre d'esprit-de-vin ou une petite quantité de poix de Bourgogne.

adhérents aux mandrins, et happer légèrement à la main en les palpant (1); la peau doit en être fine, mais cependant suffisamment formée pour qu'elle ne s'effleure ni ne se déchire en roulant.

Soins à donner (2). — Les rouleaux doivent, après la journée, et même à chaque suspension un peu prolongée du travail si l'encre est siccative, être lavés à la lessive (avec une brosse, ou mieux avec une éponge), et rincés soigneusement à l'eau froide (3). Sans cette précaution, c'est-à-dire en laissant passer la nuit aux rouleaux avec l'encre qu'ils ont conservée après le travail, on est exposé à ne pouvoir plus enlever celle-ci le lendemain, et à mettre par là les rouleaux dans l'impossibilité d'être employés.

Lorsque les rouleaux sont trop frais, il convient de les enduire d'une couche d'encre faible, et de les exposer à un courant d'air pendant le temps convenable; puis de les ratisser aussi légèrement que possible avec un couteau-serpette émoussé avant de s'en servir (4), et de les bien décharger sur une ou plu-

---

(1) Cette dernière qualité, qui se traduit vulgairement par *avoir de l'amour*, a pour effet de dépouiller l'œil de la lettre ou la taille des gravures de l'excès d'encre qui pourrait nuire à la pureté de leur reproduction.

(2) Exprimons tout d'abord ici le désir de voir les conducteurs s'occuper des rouleaux avec plus d'intelligence qu'ils ne le font généralement, lorsqu'ils en abandonnent le soin pour les confier d'une manière trop absolue aux jeunes gens de leurs équipes.

(3) Malgré les inconvénients du lavage quotidien avec de la potasse, dont les sels alcalins durcissent et fendillent la surface des rouleaux, en même temps qu'ils altèrent la qualité de la pâte, — et contrairement à ce qui se pratique toujours à Londres, — l'encrage et le ratissage journaliers des rouleaux ne sont plus guère en usage à Paris. Nous dirons toutefois que, même en dehors des deux cas énoncés ci-dessus, chacun de ces systèmes ne doit pas être entièrement exclusif : en effet, si après le service de la journée les rouleaux ont conservé suffisamment de tirant, ils seront avec avantage encrés et exposés dans un lieu à l'abri de l'air; tandis que, au contraire, s'ils sont sales et manquent de tirant, le lavage pourra seul leur rendre cette qualité : c'est à l'ouvrier à agir avec discernement.

(4) Dans plusieurs villes d'Allemagne, l'encrage des rouleaux est aussi resté

sieurs feuilles de papier collé. — Si les rouleaux ont été fondus trop mous, on les traite de la même manière, ou bien on les recouvre d'essence de térébenthine; mais ni dans l'un ni dans l'autre de ces deux cas on ne doit soumettre les rouleaux au lavage.

Lorsque, pendant le travail, le rouleau à bras contracte un peu de sécheresse, on passe tout autour une éponge humide (1), puis on le distribue sur du papier collé jusqu'à ce qu'il soit complétement ressuyé; et s'il conserve alors un peu de fraîcheur, on le fait tourner plusieurs fois rapidement sur lui-même en lui donnant une impulsion avec la main.

Si, après le lavage ordinaire, les rouleaux n'ont pas tout le tirant désirable, on peut, comme le conseille M. Brustlein, typographe de Mulhouse, les rincer à plusieurs fois dans une eau additionnée de gomme arabique dissoute et de miel ou de mélasse, et les laisser se ressuyer pendant quelques heures avant de s'en servir.

Nota. — Depuis que cet article est écrit, nous avons eu connaissance que M. Haslé, imprimeur à Morlaix (Finistère), confectionne une pâte dont déjà plusieurs établissements (et notamment l'Imprimerie nationale) font usage, et qui semble réunir les conditions importantes que nous avons exprimées plus haut. Il est à désirer qu'une plus large expérimentation vienne confirmer la supériorité de cette pâte sur celle, à peu près de même nature, qui nous a été envoyée d'Allemagne il y a environ sept ou huit ans.

---

en usage; mais on évite le ratissage en enlevant l'encre avec de la sciure de bois et en rinçant convenablement à l'eau froide. — Ce mode de lavage des rouleaux est en pratique depuis plusieurs années dans l'établissement de MM. Firmin-Didot, au Mesnil-sur-l'Estrée (près de Dreux), et ne laisse rien à désirer.

(1) On doit éviter d'agir ainsi sur les rouleaux des mécaniques pendant qu'ils fonctionnent, si l'on veut en prévenir le prompt empâtement.

CHAPITRE VII.

DU CLICHAGE.

Il y a deux sortes de clichages : le clichage au plâtre, et le clichage au papier.

Le clichage au plâtre fatigue moins le caractère, et donne généralement des clichés qui l'emportent sur ceux au papier pour la vivacité ainsi que pour le creux de l'œil de la lettre (1), et par conséquent pour la durée. Le choix à en faire n'est donc pas douteux lorsqu'il s'agit d'ouvrages dont le succès comporte des tirages réitérés. Mais la rapidité d'exécution, indispensable pour une foule de travaux, et notamment pour les journaux, motive d'une manière péremptoire l'extension donnée au clichage au papier et la juste préférence qui lui est accordée dans la plupart des cas.

Ce dernier procédé, pour lequel un matériel spécial n'est pas nécessaire (2), offre en outre, pour des ouvrages dont la remise sous presse est incertaine, l'économie des frais de fonte, de matière et d'emplacement pendant un temps plus ou moins long, en

(1) La vivacité de l'œil résulte de ce que le plâtre, convenablement employé et une fois qu'il a pris, conserve les traits de la lettre dans toute leur intégrité, tandis que le papier les altère d'une manière plus ou moins sensible en séchant, et qu'il ne peut en outre recevoir la matière au même degré de chaleur que le plâtre, ce qui tend à arrondir les angles vifs du caractère. Quant à la profondeur de l'œil, on conçoit que si elle s'obtient pour ainsi dire naturellement avec le plâtre liquide dont les pages sont recouvertes, il n'en peut être de même avec le papier, malgré la bonne confection du flan et l'action réitérée de la brosse et du taquoir.

(2) Nous voulons parler des blancs *hauts* (espaces, cadrats, interlignes, etc.), dont l'emploi est de rigueur pour le clichage au plâtre, si l'on veut éviter le *terrage* des formes, opération des plus préjudiciables au caractère, auquel, malgré des lavages minutieux, elle fait assez rapidement perdre la ligne et l'approche.

se bornant à prendre les empreintes, dont le prix, le poids et le volume sont peu considérables, et qu'il suffit de maintenir à l'abri de toute espèce d'humidité ainsi que de la morsure des rats pour les conserver intactes pendant très-longtemps.

§ Ier.

CLICHAGE AU PLATRE.

FONTE AU MOULE.

Moulage. — Les pages à clicher (1), préalablement lavées à la lessive, suffisamment rincées et séchées, sont, selon leur dimension avec le registre à fondre, placées sur le marbre, seules ou plusieurs réunies (2); ces pages sont ensuite entourées de lingots de quelques centimètres d'épaisseur, et d'environ deux ou trois points moins hauts que le caractère; puis le châssis d'imposition est mis en place, ainsi que les biseaux (3) et les coins.

Lorsque la forme est convenablement taquée (4) et serrée (5), on passe une brosse sèche sur sa surface pour en enlever les ordures, puis on la frotte en tous sens et à diverses reprises avec une brosse douce légèrement imprégnée d'huile (6).

---

(1) Lors de la mise en pages, elles doivent être encadrées de lingots *hauts*, de douze points d'épaisseur, lesquels sont destinés à former les biseaux des clichés.

(2) Dans ce dernier cas, les pages, encadrées comme il vient d'être dit, sont isolées l'une de l'autre par un lingot *diviseur*, c'est-à-dire portant à sa face supérieure une rainure assez profonde qui sert à faciliter la séparation des pages après le clichage.

(3) On se servira avec avantage de biseaux en fonte, comme étant moins susceptibles de faire lever le caractère en serrant.

(4) Le taquage ne doit avoir lieu que lorsque les coins, médiocrement serrés, le sont néanmoins assez pour empêcher l'écartement du caractère.

(5) Le serrage doit se faire progressivement avec le décognoir, et les coins portant à plat sur le marbre, si l'on veut éviter de faire lever les lettres sur le bord des pages.

(6) Une trop grande quantité d'huile a l'inconvénient de produire, lors de

Le châssis à mouler, huilé à l'intérieur, est alors posé d'aplomb sur les lingots de la garniture, le caractère au milieu par les côtés, mais laissant le plus de vide possible par-devant pour la formation du jet; les ouvertures du châssis destinées à recevoir les griffes doivent être à l'opposé du jet. Les vides que présentent les coins entre eux, et les coins eux-mêmes, sont masqués par un morceau de papier placé sous le châssis de moulage, puis l'on met les morceaux de plomb formant le jet sur les coins de devant, à 25 ou 30 millimètres du caractère, et on les huile.

Après avoir mis de l'eau dans une sébille, on prend une poignée de plâtre fin (1) qu'on y fait tomber le plus légèrement possible et en l'éparpillant, afin qu'il s'imbibe également (2), puis on laisse reposer le plâtre environ une demi-minute, selon sa vivacité (3), et l'on jette avec précaution l'eau surabondante. Après avoir bien remué le plâtre, l'on en recouvre exactement les pages à l'aide d'une queue de morue, et l'on en verse un peu au milieu de la page, que l'on étend partout en frottant le ca-

---

la fonte, des petits globules de matière, plus ou moins nombreux, qu'il est souvent impossible d'enlever au piquage sans endommager l'œil de la lettre.

(1) Deux sortes de plâtre sont ordinairement employées dans le moulage : du plâtre fin ou albâtre pour reproduire l'œil de la lettre dans toute sa pureté, et du gros plâtre pour la confection du corps de la matrice.

La cuisson du plâtre se fait de la manière suivante : On prend de la pierre à plâtre la plus dure possible; on la casse par petits morceaux de 125 ou 150 grammes, que l'on met au four, à un feu très-doux, pendant une nuit. On écrase ensuite, et on passe dans un tamis très-fin pour le plâtre de l'œil de la lettre, et dans un tamis plus fort pour celui du corps de la matrice.

(2) Il faut éviter qu'il ne reste du plâtre sec autour et en dedans de la sébille, car il serait exposé à tomber sur la forme en moulant, et à boucher les lettres.

(3) La vivacité du plâtre fin ne doit pas être trop grande, afin qu'il ne sèche pas entièrement sur les pages qui en sont recouvertes avant qu'on ait eu le temps de préparer le gros plâtre. On corrige ce défaut en additionnant d'un peu de sel l'eau avec laquelle se fait le mélange. L'excès de vivacité du gros plâtre, qui a pour grave inconvénient de rendre les moules très-cassants lors de la cuisson, se tempère en y mêlant un peu de sable des cafés ou de charbon en poudre; on augmente, au contraire, sa vivacité en le gâchant à l'eau chaude. — L'un et l'autre plâtres doivent être tenus dans un lieu sec avant leur emploi.

ractère avec le bout des doigts (1); on remet ensuite une nouvelle couche peu épaisse de ce même plâtre avec la queue de morue (2), en ayant soin qu'il ne s'en forme pas de tas dans les coins, ce qui contribuerait à faire des fissures, parce que le plâtre fin se désagrége plus facilement que le gros.

On met alors promptement dans une jatte de plus grande dimension la quantité d'eau nécessaire pour le nombre de matrices que l'on veut obtenir, puis du gros plâtre en proportion. Après avoir gâché convenablement pour qu'il n'y ait aucun grumeau, on verse tout ou partie du contenu de la jatte sur le milieu du plâtre fin lorsque ce dernier commence à se ternir, c'est-à-dire lorsqu'il a acquis assez de consistance pour recevoir le gros plâtre sans être dérangé de place (3); puis on l'étend avec le dos des doigts, de manière à ce qu'il remplisse exactement le châssis, et on l'égalise en passant une règle de fer ou de cuivre par-dessus.

Dès que le gros plâtre offre la solidité nécessaire (4), on enlève le châssis qui contient la matrice à l'aide de deux griffes, dont on place les doubles branches dans les trous qui se trouvent sur les côtés du châssis à mouler (5). Avant de sortir la matrice du châssis, on en retire le jet, en le dégageant avec la pointe d'un couteau du côté du caractère, et en ayant soin de ne pas

(1) On fait disparaître ainsi les petits globules d'air que le plâtre fin produit assez ordinairement.

(2) Les jattes, queue de morue, et règle, doivent être lavées immédiatement après s'en être servi.

(3) Si le plâtre fin n'a pas assez pris, le gros le chasse de dessus l'œil de la lettre; dans le cas contraire, le gros plâtre n'adhère plus avec lui, et il reste sur la forme lorsqu'on enlève la matrice.

(4) Cela se reconnaît lorsqu'il résiste à l'introduction de l'ongle.

(5) Après avoir enlevé la matrice, on jette un coup d'œil sur le caractère, pour s'assurer qu'il n'y reste point de lettres bouchées par le plâtre fin. Dans le cas où il y en aurait un certain nombre, il serait nécessaire de les nettoyer soigneusement avec la pointe d'une aiguille, d'enlever avec une brosse sèche toutes les parcelles de plâtre, et de recommencer l'opération complète du moulage. Cette opération faite, les formes sont nettoyées avec une brosse humide, et mises au rayon pour y être conservées jusqu'après la vérification du cliché.

endommager le lingot destiné à faire le biseau; l'on enlève ensuite le plâtre qui se trouve entre le jet et le lingot, jusqu'à ce qu'il n'excède plus ce dernier que d'un millimètre environ (cette petite différence de hauteur suffit pour faciliter la rupture du jet après la fonte); on en abat avec le couteau toutes les parties qui excèdent le châssis, et qui contribueraient à augmenter l'épaisseur du cliché (mais il ne faut rien enlever au delà, sans quoi le cliché n'aurait pas l'épaisseur convenable); puis on frappe légèrement le châssis sur le marbre, afin d'en faire sortir la matrice, que l'on maintient par derrière; on ratisse fortement celle-ci du côté du jet, qui doit former l'entonnoir (1); le vif des côtés de la matrice est aussi abattu, afin qu'elle entre sans difficulté dans le moule. On retourne ensuite la matrice sur son plat, l'œil en dessous; on la frappe à petits coups sur le marbre, pour en faire sortir les parcelles de plâtre provenant du ratissage, et elle est alors bonne à mettre au four.

Cuisson. — On met les matrices au four l'œil en dedans, et non tourné vers les parois du four. On peut en commençant pousser le feu; mais lorsque l'humidité est absorbée il faut le modérer, et dès que les matrices jaunissent du côté de l'œil (ce qui provient de la dessiccation de l'huile) l'arrêter tout à fait en fermant la clef, afin de concentrer la chaleur, qui suffit alors pour achever la cuisson (2).

Lorsque les matrices ont la couleur noisette du côté de l'œil, elles sont bonnes à fondre; si on les laissait blanchir en poussant le feu, elles seraient susceptibles de se casser très-facilement.

Il est souvent nécessaire d'entr'ouvrir un peu le four avant de fondre, afin que les matrices ne soient pas trop chaudes en les

(1) C'est-à dire que la partie du côté du caractère peut avoir à peu près l'épaisseur du lingot, mais que l'extrémité de la matrice doit être très-mince au milieu, les bords seuls de cette partie devant conserver leur épaisseur.

(2) Avec un feu doux et régulier les matrices mettront plus de temps à cuire, mais elles seront ainsi beaucoup moins exposées à casser, à gondoler, ou à se couvrir de fissures du côté de l'œil.

mettant dans le moule; mais il faut, dans ce cas, éviter avec soin tout courant d'air.

Fonte. — La plaque de dessous du moule doit être recouverte d'une feuille de papier enduite de sanguine, d'ocre ou de craie, pour faciliter la matière à couler. On chauffe le moule avant de fondre, en versant dedans, à deux ou trois reprises, de la matière en fusion. La matière ne doit pas être trop chaude : elle est à point lorsque le papier trempé dedans en ressort couleur café au lait. Elle doit être pure et limpide, et on l'agite avant d'en prendre dans le pochon, pour mélanger convenablement le régule; il faut aussi la verser rapidement et sans reprise dans le moule.

Lorsque la matrice est fondue et retirée du moule, on abat les rebords en plomb qui la retiennent au cliché, puis on frappe sur le jet pour la détacher. On coupe le jet, et l'on ébarbe le cliché avec la pince; on le lave ensuite, et, lorsqu'il est séché, on le vérifie avec le plus de soin possible; on le pique (1), on le dresse du côté de l'œil (2), on l'équarrit (3), on le tourne (4), on l'é-

---

(1) C'est-à-dire que l'on enlève, à l'aide du piquoir, tenu bien droit (afin de ne pas endommager l'œil de la lettre à dégager), les petits globules de plomb qui se trouvent souvent à la surface des clichés, et particulièrement dans les lettres rondes.

(2) Le dressage consiste à rendre le cliché exactement plan du côté de l'œil. Pour cela, on présente légèrement et dans tous les sens une règle de fer sur l'œil du cliché, puis, s'il en est besoin, c'est-à-dire s'il s'y trouve des parties plus basses que d'autres, on place le cliché, l'œil en dessous, sur une pièce de molleton très-épais, et on le frappe avec un maillet aux endroits défectueux. La règle est ensuite présentée de nouveau sur l'œil, pour s'assurer du résultat du travail, et cette opération se répète jusqu'au parfait dressage du cliché.

(3) L'équarrissage a pour résultat de mettre à vif la face extérieure des lingots qui doivent former les biseaux, afin de conserver exactement la même largeur à ces derniers. On emploie pour cela un rabot en fonte.

(4) Le tournage a pour but de redresser le cliché en dessous, et de lui donner régulièrement l'épaisseur voulue, laquelle est ordinairement de dix à onze points. Pour obtenir un bon résultat de cette opération importante entre toutes, il est

choppe (1) et on le biseaute (2); puis, en temps opportun, on en tire une épreuve, qu'il est convenable, sinon de lire entièrement, du moins de parcourir attentivement, et surtout sur le bord des pages, pour corriger ce qu'il peut encore y avoir de défectueux.

FONTE A LA BOÎTE.

Moulage. — Il se fait de la même manière que celui pour la fonte au moule, excepté que les pages se mettent au milieu du châssis à mouler aussi bien en tête et en pied que sur les côtés, puisqu'il n'y a pas de jet, et qu'on se borne à ratisser la matrice sur le plat du châssis et un peu sur les côtés.

Cuisson. — On y procède exactement comme pour la fonte au moule.

Fonte. — La matière (3) doit être tenue bien chaude, et le papier que l'on y trempe doit en ressortir presque noir, mais non s'y enflammer.

---

indispensable que le cliché, placé du côté de l'œil, touche exactement le fond du tour, préalablement garni d'un fort papier glacé (ce qui s'obtient ordinairement à l'aide de très-légers coups de maillet donnés sur toute la surface extérieure du cliché), et qu'il soit assujetti dans les mâchoires de manière à ne point vaciller.

(1) Au moyen de l'échoppage, le cliché est dégagé de toutes les parties saillantes qui résultent de l'emploi de blancs hauts et qui pourraient marquer à l'impression. L'échoppage se fait à l'aide d'un ciseau de moindre largeur que les parties à enlever, et sur lequel, en le tenant légèrement incliné, on frappe avec un maillet. — Cette opération, souvent assez longue dans des ouvrages en vers ou à blancs quelconques, devient presque nulle avec le moulage au papier, lorsque la matrice est faite avec intelligence.

(2) Le biseautage se fait avec un rabot spécial, qui donne aux lingots encadrant les pages la pente nécessaire pour recevoir, sans leur donner trop d'élévation, les griffes destinées à maintenir le cliché sur son bloc.

(3) La composition de la matière peut varier de 15 à 18 pour 100 de régule, selon la solidité que l'on veut donner aux clichés. Une plus grande quantité de régule les rendrait trop cassants et difficiles à corriger.

On met pendant quelques minutes une boîte dans la chaudière, afin de la faire chauffer; puis on la retire, et on en nettoie avec soin l'intérieur ainsi que le couvercle. On prend une matrice dans le four, et on la place délicatement dans la boîte, sur la plaque, l'œil en dessous; on recouvre la boîte, on la prend dans les mâchoires de la grue, et on la pose sur la matière en fusion, dont on chasse les ordures de la superficie avec le racloir. On introduit alors la matière dans la boîte en appuyant sur un de ses bouts, et cela jusqu'à ce qu'elle ressorte de l'autre côté, puis on laisse la boîte plongée dans la matière pendant trois ou quatre minutes. (Durant ce temps on retire une nouvelle boîte de la matière, et on la prépare comme il a été dit pour la première.) En retirant la boîte pleine de la chaudière on enlève avec le racloir toute la matière qui se trouve sur son couvercle, et on la transporte sur le réfrigérant (1) à l'aide de la grue. Avant d'ouvrir les mâchoires de la grue on pose légèrement un poids au milieu du couvercle de la boîte, puis la deuxième boîte est prise et portée dans la chaudière; on vient alors achever de remplir, à l'aide d'un pochon, la boîte qui est sur le réfrigérant, et l'on en prépare une troisième.

Lorsqu'une boîte est figée, on ôte le poids, et on la porte sur le billot; on en enlève le couvercle avec un ciseau, on la retourne, on en fait tomber le bloc de matière, puis on la racle par-dessous avant de la mettre de nouveau dans la chaudière.

Les clichés, dégagés du plâtre et de la matière qui les entourent, sont ultérieurement traités comme ceux de la fonte au moule.

---

(1) Espèce d'auge en demi-cercle, contenant de l'eau, dans laquelle sont placées des boîtes percées de trous nombreux, et remplies de gouttelettes de matière. — Ces boîtes, primitivement remplies de sable, portaient le nom de *sablières*.

§ II.

CLICHAGE AU PAPIER.

Préparation de la pâte. — On mélange avec autant de soin que possible, dans un vaisseau quelconque et à l'aide d'une spatule, parties égales de colle de pâte convenablement cuite et de blanc d'Espagne préalablement réduit en poudre très-fine. Ce mélange est ensuite versé dans un tamis de laiton, d'où il est extrait par la pression d'un fort pinceau promené en tous sens jusqu'à ce qu'il ne reste plus sur la toile que les grumeaux, de nature ou d'autre, qui n'auraient pu être dissous.

La pâte doit être faite vingt-quatre heures à l'avance, et ne peut être conservée plus de trois jours sans se détériorer.

Formation du carton-matrice ou flan. — On étend sur le marbre une feuille de papier collé de moyenne épaisseur, dont la dimension excède un peu celle de l'objet à mouler, et, à l'aide d'un pinceau, on la couvre d'une couche régulière de pâte d'environ son épaisseur, sur laquelle on place, en évitant de la plisser, une feuille de papier joseph. Cette feuille est à son tour recouverte de pâte, et successivement de trois autres feuilles de papier joseph, dont deux seulement reçoivent une couche de pâte, la dernière étant destinée à prendre l'empreinte du caractère. Placés les uns sur les autres, puis enveloppés d'un blanchet mouillé, les flans sont mis entre deux plaques de métal ou de pierre qui les chargent suffisamment pour les empêcher de plisser; et dix-huit ou vingt-quatre heures après ils sont bons à employer (1).

(1) Il ne faut pas faire usage d'un flan avant ce temps ni tarder plus de cinq ou six jours, sans quoi la matrice qu'on en obtient est défectueuse, reste en partie sur l'œil du cliché après la fonte, et ne peut par conséquent produire qu'un seul exemplaire au lieu de cinq, six, et même davantage, ainsi que cela se voit assez fréquemment.

Confection de l'empreinte ou matrice. — Le flan, préparé comme il vient d'être dit, est, au moment de l'employer, placé sur le marbre, du côté du papier joseph, et l'on passe dessus un rouleau en fonte ou en bois, afin de le rendre le plus uni possible. Cela fait, on le pose, de ce même côté, sur la page à mouler (1), et de façon qu'il la déborde de toute l'épaisseur des garnitures qui l'entourent; puis, avec la brosse à mouler, on frappe légèrement et d'aplomb (2) sur toute sa surface, en commençant par le milieu, et en ayant soin d'éviter le déplacement du flan, ce qui pourrait occasionner le doublage de tout ou partie de l'empreinte.

Lorsque le relief offert par la surface du flan atteste qu'il a pénétré convenablement l'œil de la lettre et tous les vides de la page (3), on étend une couche de pâte sur le flan, et on la recouvre d'une feuille de papier collé, sur laquelle on frappe de nouveau avec la brosse jusqu'à ce que le relief redevienne très-apparent (4); puis, avec un taquoir en bois dur, on taque avec soin; on met une dernière couche de pâte recouverte d'une feuille de

---

(1) La préparation de la forme est la même que pour le clichage au plâtre, excepté que l'huile doit y être en moindre quantité.

(2) Des coups de brosse portés à faux peuvent faire déchirer le flan, ou tout au moins le creuser d'une manière irrégulière. — Il est inutile de dire que plus l'objet à mouler est léger, moins les coups de brosse doivent être accentués.

(3) Pour s'en assurer on lève successivement les quatre côtés du flan, puis on les rabat sans les faire vaciller.

(4) Si la forme contient des blancs prononcés, on doit, à ce moment de l'opération, remplir les creux qu'ils occasionnent sur le flan avec des morceaux de papier de laine (ou, à défaut de celui-ci, des morceaux de flan) coupés de dimension convenable, que l'on recouvre d'une couche de pâte et d'une feuille de papier collé, puis on taque derechef pour remplir exactement les vides; ce qui, on le conçoit, diminue ensuite d'autant le travail de l'échoppage.

S'il s'agit de clichés soignés, et notamment de vignettes, on place sur le flan un morceau de tissu très-fin en coton, qui prévient la prompte désagrégation du papier causée par les coups de brosse répétés, et permet de frapper plus fortement pour augmenter les creux et pénétrer davantage dans les tailles fines des vignettes. Il est bon aussi, dans ce cas, de brosser légèrement les vignettes avec du talc avant d'y appliquer le flan.

papier collé, que l'on frappe d'abord avec la brosse, et finalement avec le taquoir.

Séchage de l'empreinte. — La forme, toujours recouverte de l'empreinte, est placée sur la presse à sécher, le plus exactement possible au milieu de la platine; on recouvre l'empreinte de deux ou trois épaisseurs de molleton bien sec, et la platine est serrée fortement. Lorsque la presse est convenablement chauffée (1), l'eau contenue dans l'empreinte se trouve absorbée en un quart d'heure ou vingt minutes (2); mais il est nécessaire alors de desserrer la platine, d'ôter les molletons, et de laisser encore la forme sur la presse pendant quelques minutes, afin que l'empreinte se dégage de tout reste d'humidité, sèche complétement, et puisse être enlevée sans inconvénient.

Apprêt du moule à clicher. — On met une légère couche de colle de pâte, dégagée de tout grumeau, sur la plaque qui se rabat sur les équerres, et l'on y étend, en évitant les plis, une feuille de papier collé ou non collé, afin que le dessous du cliché ressorte sans soufflure; et lorsque cette feuille est sèche, on la couvre de blanc d'Espagne en poudre et très-sec, pour éviter qu'elle ne brûle dès la première fonte.

Fonte du cliché. — Lorsque le moule est préparé comme il vient d'être dit, on y verse quatre ou cinq fois successives de la matière en fusion, pour l'échauffer convenablement; cela fait,

---

(1) La chaleur de la presse est dans les conditions voulues tant que de légères gouttes d'eau, jetées sur le marbre, s'y étendent ou s'évaporent; mais lorsqu'elles y roulent en s'arrondissant, la chaleur est trop forte et pourrait occasionner la fusion du caractère.

(2) Lorsque la forme contient des gravures sur bois, le séchage se fait sans que la presse soit chauffée, mais l'empreinte doit alors rester douze ou quinze heures sous la platine. On peut toutefois gagner du temps en ayant le soin de remplacer fréquemment les molletons humides par des molletons secs et chauds.

l'empreinte (1), qui doit être très-chaude et légèrement recouverte de talc du côté de l'œil, est placée dans le moule, l'œil en dessus, et maintenue par l'équerre qui donne l'épaisseur au cliché; puis le moule est fermé, et l'on y verse la matière. Lorsque la matière est figée, le moule est ouvert, l'on mouille l'empreinte avec une éponge, et quand elle est bien imbibée on la met sur une plaque chaude; elle s'enlève alors facilement de dessus le cliché sans se déchirer.

La préparation ultérieure du cliché est faite de la même manière que pour le cliché au plâtre.

§ III.

CORRECTION DES CLICHÉS.

La correction des clichés est une opération difficile, qui demande beaucoup de soin, et pour laquelle le goût et la pratique sont indispensables. Elle consiste à enlever les lettres, les mots, les lignes écrasés (ou changés par l'auteur), pour les remplacer par d'autres, auxquels on doit donner la hauteur d'œil, la ligne et l'approche relatives.

Lorsqu'il s'agit de la correction d'une seule lettre, on enlève, à l'aide d'une échoppe tenue inclinée, toute l'épaisseur de l'œil de la lettre fautive; puis, après avoir placé cet endroit du cliché juste au-dessus de l'ouverture d'un perçoir, on y pratique un trou avec un piston de largeur voulue, sur lequel on frappe de légers coups de marteau. Le trou étant bien équarri avec l'échoppe ou une lime très-fine, on gratte la lettre de remplacement sur ses quatre faces, on la passe dans le trou, et, après l'avoir convenablement ajustée du côté de l'œil, on la calle en dessous en rabattant sur elle avec l'échoppe, mais sans les détacher entière-

---

(1) Sur la partie basse du flan on colle une feuille de papier destinée à former le jet et à faciliter la coulée de la matière.

ment, de petites parties de matière du cliché; puis avec un fer à souder suffisamment chauffé (1) on abat l'excédant de la lettre, et l'on soude solidement le reste. Le dessous du cliché est ensuite uni avec la râpe.

S'il y a plusieurs lettres réunies à remplacer, il faut, après avoir gratté chacune d'elles, les mettre en leur ordre, la tête en bas, dans le composteur dit *de justification*, passer le fer chaud dessus, de manière à les souder ensemble par le pied, puis les ajuster dans le trou préalablement pratiqué au cliché, et les souder comme il a été dit pour la lettre isolée.

Pour souder un cliché brisé en plusieurs morceaux, mais dont l'œil n'est pas endommagé, on commence par gratter chaque morceau du côté de la brisure, pour en faire disparaître toute espèce de crasse; puis on les réunit avec le plus grand soin, et on les fixe ensemble avec quelques gouttes de matière que l'on fait tomber sur leurs côtés extérieurs à l'aide du fer chaud. On retourne ensuite le cliché l'œil en dessous, et l'on soude définitivement avec un petit bâton de matière ordinaire successivement mise en fusion par l'approche du fer à souder et promenée sur chaque brisure (2).

Les biseaux, souvent détruits par l'action des griffes, se rétablissent de la manière suivante : Le bord de la page, à l'endroit où le biseau manque, est soigneusement gratté, puis l'on y place le fer à biseau, sur lequel on verse de la matière; la soudure opérée, le cliché est alors uni par-dessous avec la râpe.

---

(1) Avant de se servir du fer à souder, il est nécessaire de lui donner deux ou trois coups de lime pour le nettoyer; et lorsqu'on le remet au feu, il faut le dégager avec une brosse de toutes les parcelles de plomb qu'il pourrait avoir retenues, et qui seraient susceptibles de l'altérer ou même de le faire fondre.

(2) Lorsqu'un cliché a subi plusieurs corrections de ce genre, et qu'il a par conséquent perdu de sa solidité d'ensemble, il devient indispensable de recomposer la page et de la clicher de nouveau; ou si la composition est dispendieuse, ou que l'on ne puisse disposer des caractères convenables, il faut surmouler le cliché corrigé, pour en obtenir un autre d'une seule pièce, afin de prévenir des accidents sous presse.

OUTILS NÉCESSAIRES POUR LE CLICHAGE AU PLATRE ET AU PAPIER (1).

Baquet.
Bassine à lessive.
Biseautoir.
Biseaux.
Bloc à échopper.
* Boîtes pour la fonte.
Brosses diverses.
Châssis pour l'imposition.
Chaudière à matière (2).
Ciseaux à échopper.
Coins.
Diviseur.
Échoppes assorties.
Écumoire.
Étau.
Fer à rétablir les biseaux détériorés.
Fers à souder.
* Four à cuire.
Fourneau en tôle.
Garnitures diverses pour l'imposition.
Gratte-filets.
* Griffes pour lever les moules.
* Grue.
Jeton pour la correction.
Limes diverses.
Marbre en fonte et son pied.
Marteau.
Meule à affuter.
** Moule à registre pour fondre.
** Pinceau.
Pinces coupantes.
Piquoirs.
Pistons assortis (jeux de).
Pochons.
** Presse à sécher.
Queue de morue.
Rabot à biseauter.
Rabot à équarrir.
* Racloir.
Râpe.
* Réfrigérant avec ses boîtes.
Règle en fer pour dresser les clichés.
** Rouleau à mouler.
Scie circulaire.
Seau.
Sébiles diverses.
Tamis.
Taquoir.
Tour.
Typomètre.

---

(1) Les outils précédés d'un astérisque sont spécialement employés pour le clichage au plâtre; — les deux astérisques désignent ceux qui ne sont propres qu'au clichage au papier; — les autres outils servent également aux deux systèmes.

(2) La chaudière pour le clichage au plâtre doit être de plus grande dimension que celle du clichage au papier ou du galvanotypage.

CHAPITRE VIII.

DE LA GALVANOPLASTIE.

La galvanoplastie, appliquée à l'imprimerie, est la reproduction en cuivre de l'œil du caractère ou des gravures, pour en faire des clichés sur lesquels on peut, sans altération sensible, tirer des nombres bien plus considérables que sur les clichés en matière d'imprimerie. Elle consiste : 1° à prendre l'empreinte des objets à mouler soit avec de la gutta-percha, soit avec de la cire (1); 2° à soumettre cette empreinte à l'action d'un bain de sulfate de cuivre mis en dissolution à l'aide de l'électricité, et dont les couches successives déposées sur sa surface forment ce que, techniquement, l'on appelle *coquille;* 3° à donner ensuite à la coquille, préalablement étamée, l'épaisseur et la solidité convenables en la remplissant de matière.

La terminaison du cliché, c'est-à-dire le dressage, le rabotage, et le tournage, est similaire à celle des clichés en plomb.

La galvanoplastie à la gutta étant (jusqu'à présent du moins) la plus en usage, nous nous bornerons à sa démonstration.

Préparation de la forme. — La page à galvaniser, placée sur le marbre, est exactement encadrée de lingots (2) de 36 points d'épaisseur totale, dont les deux tiers extérieurs doivent avoir la

---

(1) On peut aussi prendre des empreintes au papier, en *badigeonnant* celui-ci avec une essence volatile qui permet de le plombaginer.

(2) Les lingots de tête et de pied doivent avoir la largeur exacte de la page, et ceux de côté doivent les recouvrir assez régulièrement pour n'offrir aucun vide dans leur ensemble, afin d'éviter que la gutta en s'y introduisant ne rende difficile la séparation de l'empreinte d'avec la forme après la pression. Si néanmoins il existe des vides, on les remplit de gutta amollie par son immersion momentanée dans l'eau bouillante, et qu'on nivelle ensuite avec un ciseau à la hauteur des lingots d'entourage.

même hauteur que le caractère (1), et le tiers intérieur formant biseau de dehors en dedans à sa partie supérieure, 12 points (2). Le surplus de la garniture du châssis est formé de lingots de diverses épaisseurs et d'environ 12 points moins hauts que le caractère (3).

Le châssis (4), les biseaux et les coins mis en place, la forme est taquée, et serrée assez fortement pour que rien ne lève; puis elle est lessivée (5), rincée, et, lorsqu'elle est parfaitement séchée, on la plombagine avec une brosse douce.

Préparation de la gutta-percha. — La gutta-percha (6), divisée en morceaux de 5 à 6 centimètres carrés, et chauffée à l'eau bouillante, est malaxée (7) jusqu'à ce qu'elle soit suffisamment molle et dégagée de l'eau qu'elle pourrait avoir retenue. On en fait ensuite une boule que l'on dépose dans une boîte ou moule préparé à cet usage (8), et qu'on recouvre d'une feuille de zinc très-uni; puis le tout, placé au milieu du marbre coulant de la presse, est poussé sous la platine pour y subir la pression con-

---

(1) Cette hauteur sert à former le vide où se placent ultérieurement les baguettes.

(2) Le biseau du cliché se trouve ainsi formé sans avoir recours au rabot.

(3) Cette différence de hauteur détermine l'épaisseur totale du cliché avant d'être tourné.

(4) Il est préférable que les châssis soient à vis, et les biseaux en fonte, ce mode de serrage étant moins susceptible de faire lever le caractère.

(5) Les vignettes (mises de hauteur à l'avance) ne sont point lessivées, mais nettoyées à l'essence, puis essuyées avec soin et passées à l'alcool, afin de neutraliser l'action désorganisatrice de l'essence sur la gutta-percha.

(6) Soit que la gutta soit neuve, soit qu'elle ait déjà servi, elle doit être soigneusement dégagée de tout corps étranger.

(7) Pour cette opération, les mains doivent être propres et mouillées, afin que la gutta n'y adhère pas.

(8) Fait généralement en matière d'imprimerie, ce moule, destiné à la formation de la plaque de gutta, est à bords recourbés d'environ 24 à 26 points, et porte à chacun de ses côtés une ouverture par laquelle s'échappe, lors de la pression, le trop-plein de son contenu. Le moule doit être soigneusement dégagé de toute espèce d'ordure avant de s'en servir.

venable. Peu de temps après, le moule est retiré, et l'on en sépare la plaque de gutta, pour la couper de la dimension voulue.

Prise de l'empreinte. — Préparée comme il vient d'être dit, la plaque de gutta est plombaginée sur l'une de ses faces (celle qui est destinée à l'empreinte), et, tenue entre les doigts, présentée de ce côté au-dessus d'un feu de charbon de bois jusqu'à ce qu'elle soit suffisamment et également amollie. On la frotte alors à plusieurs reprises avec la main enduite de plombagine, pour lui donner un poli parfait (1); puis, placée avec précaution sur la forme à mouler (2), elle est recouverte d'une feuille de zinc, et mise sur la presse, où elle reçoit une pression modérée. Lorsque la gutta est refroidie, ce qui a ordinairement lieu au bout de 15 à 20 minutes, selon la température, on peut la séparer de la forme sans inconvénient.

Préparation de l'empreinte avant la mise au bain. — Lorsque l'empreinte est dégagée de la forme, on enlève avec un couteau l'excédant de gutta qui est en dehors du vide que doivent occuper les baguettes, en en conservant toutefois 10 à 12 points, sur le milieu desquels on pratique un trait assez profond avec la pointe du couteau, pour faciliter la rupture ultérieure des bords de la coquille (3). On enlève également de l'intérieur de l'empreinte (4) les parties saillantes de gutta qui ont rempli soit les

(1) Il arrive assez fréquemment que, pendant cette opération, il s'élève à la surface de petits globules formés par l'air qui est resté dans la gutta en la malaxant : on les fait disparaître en les perçant avec une pointe, puis on plombagine et l'on polit de nouveau.

(2) Celle-ci a dû, à l'avance, être placée exactement sur le milieu du marbre, afin que la pression s'opère régulièrement.

(3) La petite partie conservée du lingot suffit pour maintenir les baguettes dans l'aplomb nécessaire.

(4) On la place pour cela sur un marbre ou sur la planche à échopper en usage dans la clicherie.

blancs bas un peu prononcés du texte, soit les vides des gravures occasionnés par un champlevage trop accentué (1). On doit au contraire placer des bandes de gutta amollie dans les vides que forment sur l'empreinte des blancs trop hauts du texte, ainsi que dans ceux provenant d'un champlevage insuffisant des gravures, afin d'obtenir les creux convenables sur le galvano.

L'empreinte est alors plombaginée, et l'on pratique à l'une de ses extrémités (dans le sens de sa hauteur, et au milieu) un trou dans lequel on introduit l'un des bouts du fil de laiton conducteur, que l'on fixe sur le derrière de l'empreinte en le recourbant, et dont l'autre bout, également recourbé, forme un crochet qui sert à suspendre l'empreinte dans le bain (2).

Pour tenir l'empreinte en équilibre dans le bain on y fixe, par derrière et au milieu, un contre-poids (ou deux, si l'étendue de l'empreinte l'exige) formé à l'avance avec un plomb exactement recouvert de gutta, et que l'on fait chauffer légèrement en le présentant au-dessus d'un fourneau. Cela fait, on graisse avec du suif les bords extérieurs de l'empreinte, afin de limiter l'étendue du dépôt (3).

Amalgame du zinc. — On met dans un vase en grès approprié à cet usage, de l'acide muriatique étendu d'eau, avec quoi l'on nettoie convenablement la plaque de zinc (4); puis sur les deux faces de celle-ci on verse quelques gouttes de mercure, que

---

(1) Sans cette précaution, le galvano n'aurait aucune consistance à ces endroits.

(2) Ce fil de laiton, dégagé à chacune de ses extrémités de la gutta-percha dont il est avantageux qu'il soit recouvert dans toute son étendue, doit être roulé plusieurs fois sur lui-même à son centre, afin de pouvoir être allongé ou raccourci selon le besoin, et aussi pour le cas où ses extrémités se casseraient.

(3) Lorsque l'empreinte est de grande dimension, on y met deux fils conducteurs au lieu d'un, et ils se reportent alors à chaque extrémité.

(4) Lorsque le zinc est neuf, il doit être nettoyé avec de l'acide sulfurique pur, afin que l'amalgame le pénètre plus facilement.

l'on étend partout à l'aide d'un pinceau. Cette opération se répète chaque fois que l'on met au bain.

Apprêt du vase poreux ou *diaphragme*. — On verse dans le vase poreux une quantité suffisante d'eau douce pour qu'elle se trouve de 2 à 3 centimètres plus bas que celle du bain dans lequel il doit être déposé, et l'on y ajoute la valeur d'un petit verre d'acide sulfurique (1), de manière à porter le liquide à 2 ou 3 degrés au pèse-acide (2).

Apprêt du bain. — Le bain se prépare ainsi qu'il suit : Dans une cuve en bois de 1 mètre 45 centimètres de longueur sur 55 centimètres de largeur et de 40 à 45 centimètres de profondeur (3), exactement garnie de gutta à l'intérieur, et remplie d'eau douce très-propre, on met de l'acide sulfurique (4), que l'on mélange convenablement. On accroche ensuite à l'un des bords de la cuve un panier en gutta percé de trous nombreux, et qui doit baigner dans le liquide de 10 centimètres environ; puis ce panier est successivement rempli de sulfate de cuivre, dont la dissolution complète doit porter le bain de 20 à 25 degrés au pèse-acide.

Mise au bain. — Le vase poreux, préparé comme il a été dit, est placé dans la cuve, et l'on y introduit le zinc après y avoir fixé la griffe mobile à double vis en cuivre (5). On prend ensuite l'empreinte par le contre-poids, et, l'inclinant au-dessus d'un vase destiné à cet usage, l'on verse sur l'œil suffisamment d'alcool pour que toutes les parties en reçoivent; puis, tenue

(1) L'acide sulfurique étant plus lourd que l'eau, celle-ci doit être suffisamment agitée avec un bâton pour que le mélange s'effectue d'une manière satisfaisante.

(2) Ce mélange doit être renouvelé toutes les douze heures environ, et conservé ensuite dans un vase, afin d'en recueillir le mercure qui s'y dépose.

(3) Ces dimensions approximatives pour l'emploi de dix à douze piles, varient en plus ou en moins selon la nature des besoins.

(4) La quantité d'acide doit être de 1 litre sur environ 300 litres d'eau.

(5) La vis qui est sur le côté et qui retient le zinc, sert à établir la communication des deux pôles.

par le fil de laiton, elle est, à plusieurs reprises, plongée dans le bain le plus doucement possible (1), et enfin arrêtée par la vis de tête de la griffe mobile (2), l'œil du côté du vase poreux. Une tringle en cuivre, placée en travers de la cuve et portant sur deux crémaillères, passe dans l'agrafe de l'empreinte pour la soutenir tout en la maintenant à distance du vase poreux et du fond de la cuve. Si quelques ordures se trouvent à la superficie du bain, on les enlève à l'aide d'une toile à tamis ou d'une feuille de papier collé.

L'empreinte doit rester de trente à trente-six heures dans le bain, pour obtenir un galvano satisfaisant (3); et si elle est de grande dimension, il convient, à la moitié de ce temps, de déplacer le fil de laiton pour le reporter à l'extrémité opposée, afin que la coquille, ainsi retournée de haut en bas, obtienne une épaisseur égale dans toute son étendue, parce que les cristaux en dissolution tendent toujours à descendre.

Sortie du bain. — Lorsque l'empreinte est sortie du bain (4), elle est plongée à plusieurs reprises dans l'eau, puis, à l'aide d'un ciseau, on la dégage du contre-poids, et l'on enlève le fil conducteur, ainsi que le suif dont ses bords ont été recouverts avant la mise au bain. Cela fait, on coupe avec des pinces la partie de cuivre qui excède le trait pratiqué sur la gutta lors de la prépa-

---

(1) En agissant autrement, il pourrait se former dans le bain de petits globules d'air qui nuiraient à la régularité du dépôt sur l'empreinte.

(2) C'est cette vis qui établit le courant électro-chimique : elle doit, ainsi que la tringle de suspension, être nettoyée avec du papier de verre toutes les fois qu'on s'en sert.

(3) Si, après examen fait au bout de six à huit heures, on s'aperçoit que, pour une cause quelconque, le dépôt ne se soit pas opéré sur quelque partie de l'empreinte, on la retire du bain, et après l'avoir lavée à l'eau et bien séchée, on plombagine les endroits non couverts, puis l'on y verse quelques gouttes d'alcool. — On peut activer l'action de la pile en ajoutant une petite dose d'acide sulfurique et quelques gouttes de mercure dans le vase poreux.

(4) On retire en même temps le vase poreux, qui doit, ainsi que le zinc, être immédiatement lavé à grande eau.

ration de l'empreinte; on présente celle-ci (à l'aide d'une pince à mâchoire plate), du côté du cuivre, au-dessus d'un feu de charbon de bois préparé à cet effet, et lorsque toutes ses parties sont échauffées on la sépare de la gutta (1).

Comme il reste presque toujours quelque fragment de gutta sur l'œil de la coquille, surtout lorsqu'il s'agit de texte, on place de nouveau cette dernière au-dessus du fourneau, et l'on présente un papier allumé sur la gutta, qui ne tarde pas à brûler entièrement. Cette opération terminée, la coquille est lavée à grande eau avec une brosse peu rude, puis séchée convenablement.

Étamage de la coquille. — Après avoir délayé du blanc d'Espagne dans de l'eau, de manière à en former une pâte légèrement épaisse, on en recouvre le plus exactement possible toute la surface de l'œil (2), avec un couteau spécial en bois tendre; puis on présente, de ce même côté, la coquille au-dessus du feu, et l'on verse du côté opposé une petite quantité d'acide muriatique (3) que l'on étend avec un pinceau. Lorsque cet acide entre en ébullition, on y ajoute de la grenaille d'étain, laquelle tarde peu à fondre, et on l'étend à son tour avec un tampon d'étoupe fine. Après le refroidissement de la coquille, elle est lavée avec soin et séchée.

Après avoir redressé la coquille, s'il en est besoin, on la pose sur un marbre, l'œil en dessous, et l'on cloue (4) quatre petites baguettes en bois blanc dans les vides formés à cet effet par les lingots de la garniture (5). On recouvre de nouveau la coquille

---

(1) On ne doit pas omettre de se mouiller les doigts, pour éviter que la gutta n'y adhère.

(2) Sans cette précaution la soudure pourrait, lors de l'étamage, passer à travers les parties faibles du creux des lettres et des blancs.

(3) Pour neutraliser l'action de cet acide sur le cuivre, on y fait dissoudre jusqu'à saturation de petits fragments de zinc avant de l'employer.

(4) Les clous doivent être très-fins, à tête plate, et assez courts pour ne pas dépasser la baguette (cas où il faudrait les river).

(5) Deux de ces baguettes doivent excéder de 2 à 3 centimètres, à chaque

avec du blanc d'Espagne, comme il a été dit précédemment, et lorsque celui-ci est sec, on le gratte légèrement avec le couteau en bois jusqu'à ce que l'œil du caractère soit complétement à découvert, et que la coquille offre de ce côté une surface parfaitement plane. On passe ensuite une patte de lièvre sur l'œil, afin qu'il n'y reste aucune parcelle de blanc capable d'y produire des cavités lors de la pression de la matière.

Doublage de la coquille. — Après avoir placé une feuille de papier fort et glacé sur le marbre coulant de la presse, qui a dû être nettoyé et chauffé à l'avance, on y pose, avec précaution et l'œil en dessous, la coquille préparée comme il a été dit et chauffée sur le réchaud; puis, tandis qu'on la maintient fixe avec deux réglettes, une seconde personne y verse de la matière en fusion (1). Dès que la coquille est remplie au niveau des baguettes, on glisse vivement le marbre sous la presse, et l'on donne un coup du balancier pour opérer la pression. Lorsque la matière est refroidie, on retire là coquille, et, à l'aide d'une scie circulaire, on la dégage de ses quatre côtés, auxquels on ne conserve qu'environ 6 à 8 points, indispensables pour opérer le tournage, qui se fait de la même manière que celui des clichés en plomb.

Nettoyage du galvano. — Le galvano est placé dans un baquet d'eau, et l'on en enlève le blanc d'Espagne avec une brosse; puis on le déroche avec une seconde brosse et de l'acide sulfurique, jusqu'à ce qu'il acquière un rouge vif. Il est ensuite rincé à l'eau, et séché en le brossant légèrement avec de la sciure de bois blanc, puis successivement avec du charbon en poudre.

---

bout, la longueur de la coquille, afin d'en faciliter le maniement. Si les baguettes ne se joignent pas bien entre elles, il est nécessaire d'en remplir les vides avec du blanc, pour que la matière ne s'y glisse pas lorsqu'on la verse.

(1) La matière, plutôt faible que forte, c'est-à-dire ne contenant que 10 pour 100 de régule, doit être modérément chaude.

Tournage du galvano. — Après s'être assuré, en présentant une règle d'acier sur l'œil du galvano, qu'il est parfaitement dressé de ce côté (1), on le tourne, et, selon le besoin, il est monté sur matière ou sur bois.

OUTILS NÉCESSAIRES POUR LA GALVANOPLASTIE (2).

Baquet.
Biseautier.
Bloc à échopper.
* Boîtes ou moules en zinc ou en matière pour préparer les plaques de gutta-percha.
Brosses assorties.
Châssis pour l'imposition.
Chaudière.
Ciseaux.
Ciseaux à échopper.
* Couteaux à gutta.
* Cuve doublée de gutta-percha.
Échoppes assorties.
Écumoire.
Étau.
Fers à souder.
* Fils conducteurs.
Fourneau en tôle.
Garnitures diverses pour l'imposition.
Jeux de pistons assortis.
Limes assorties pour corriger.
Marbre en fonte et son pied.
Marmite.
Marteaux.
Outillage de menuiserie pour le montage sur bois.
Perçoir.
* Pèse-acide.
Pinces à mâchoire plate.
Pinces coupantes.
Pochons assortis.
* Pointes et chasse-pointes.
* Presse pour le moulage et le remplissage.
Rabot à équarrir.
Râpe.
Règle en fer pour dresser les galvanos.
Scie circulaire.
Seau.
Taquoirs.
Tour.
Tournevis.
* Vases poreux.

(1) Si le galvano offre quelques creux, on le place, l'œil en dessous, sur un marbre recouvert d'une ou deux feuilles de papier fort, et, avec un marteau à bords arrondis et des poinçons en acier appropriés à cet usage, on repousse ces parties basses.

(2) Les articles non marqués d'un astérisque sont les mêmes que ceux qui sont employés pour le clichage au plâtre ou au papier.

APPENDICE

AU CHAPITRE V DU PREMIER VOLUME.

CHAPITRE V.

(SUITE.)

§ XI.

COMPOSITION DU POLONAIS (1).

L'alphabet polonais se compose de vingt-quatre lettres, qui pour la forme ne diffèrent en rien des nôtres.

La presque totalité de ces lettres, — comme a, b, d, e (2), f, g (3), h (4), i, k, l, m, n, o, p (5), r, s (6), t, x (7), z, — s'appellent et se prononcent exactement comme leurs équivalentes en français.

Les cinq lettres suivantes font seules exception :

Le c s'appelle et se prononce *tsé :* co, *tso;*

Le j s'appelle *yote,* et se prononce comme notre *y* lorsqu'il est au commencement des mots : Jan, *Yane;* et comme *ï* ou *ill* mouillé lorsqu'il est au milieu et à la fin : moja, *moïa;* daj, *daille;*

L'u s'appelle et se prononce *ou :* usta, *ousta;*

Le w s'appelle *vou,* et se prononce absolument comme notre *v,* qu'il remplace (8);

L'y s'appelle *ipsilon* ou *i grec,* et se prononce d'une manière qui n'a rien d'analogue que dans les langues slaves : c'est une respiration forte, accompagnée d'une espèce de gémissement.

---

(1) Cette notice a été revue grammaticalement par M. Gustave Pawlowski, jeune émigré polonais, bibliothécaire de M. Ambroise Firmin Didot.

(2) Se prononce toujours très-ouvert, comme notre *è*.

(3) Toujours dur, comme *ga, go*.

(4) Toujours fortement aspiré.

(5) Le *q* ne figure pas dans le polonais.

(6) Toujours dur, jamais comme notre *z*.

(7) Toujours dur, comme *ks*.

(8) Le *v* ne s'emploie en polonais que dans les nombres exprimés en chiffres romains et dans les mots empruntés aux langues étrangères.

Indépendamment des vingt-quatre lettres de l'alphabet, les Polonais font encore usage des trois lettres ci-dessous, modifiées dans leur forme :

ą, qui se prononce *on;*

ę, qui se prononce *in;*

ł, qui dans le corps d'un mot se prononce à peu près *ou*, lié rapidement avec la syllabe qui précède ou qui suit : bił, *bi-ou;* złoto, *zouoto*.

Les lettres accentuées sont :

ć (*tsié*)	qui répondent à notre	*ts*.
é (*è*)		*i* (1).
ń (*egne*)		*gn*.
ó (*o*)		*ou*.
ś (*essi*)		*s*.
ź (*ziette*)		*z*.
ż (*jette*)		*j*.

Il y a aussi dans le polonais des lettres doubles (2), qui sont :

ch	qu'on prononce	comme l'h, mais moins aspiré.
cz		*tché*.
dz		*dze*.
rz		*j*.
sz		*ch*.
szcz (3)		*chtche*, par ex. deszcz, *dechtche*.

Ces lettres se rencontrent au commencement, à l'intérieur et à la fin des mots :

chart, chcenie, chciwiec, chléw, chłop, chwila; — kochajcie,

---

(1) Le plus souvent il est précédé d'un *i*, et ne se prononce pas.

(2) Nous ne voulons pas dire que ces lettres soient fondues d'une seule pièce, comme notre *fi*, mais qu'elles sont très-fréquemment réunies, et ne forment qu'un seul son.

(3) Lorsque ces quatre lettres se trouvent réunies dans l'intérieur d'un mot, on peut, s'il en est besoin, couper la ligne apres *sz*.

natchnienie, powierzchowność, przychodnie, ucichła, zachwycił; — flejtuch, górach, objęciach, ostatnich, rzeczach, złych;

czara, czaprak, czop, czczość; — uroczysko, wówczas, jeszcze; — poncz, pokurcz, rzecz;

dzban, dzida, dzwon, dżdżownik; — zbudzony, doprowadzenie, prawdziwie; — strzydz, rydz, widz;

rząd, rzezaniec, rzodkiew; — dostrzeganie, potrzeb, warzywo; — karz, mularz, patrz, stolarz;

szabla, szańce, szlachcianka; — duszami, pieszych, zawsze; — kosz, mysz, pisz;

szczątek, szczebel, szczelina, szczerych; — rozzłoszczony, zniszczenia, piszczałek; — deszcz, kleszcz, proboszcz.

OBSERVATIONS.

1. Les Polonais font le même usage que nous des majuscules, et dans le courant du texte et dans les titres; mais ils leur conservent les accents.

2. Leur ponctuation est la même que la nôtre, a la même valeur, et prend le même espacement, à l'exception du point, après lequel ils mettent un cadratin, comme les Allemands et les Anglais (1).

Toutefois, lorsqu'une phrase, interrogative par le fond, offre à la fois, comme nous le voyons assez souvent dans notre langue (2), la forme exclamative, les Polonais font suivre cette phrase et du point interrogatif et du point exclamatif :

Albożem słaby jak kobiéta?!
(Suis-je donc faible comme une femme?!)

---

(1) Nous avons remarqué aussi, dans plusieurs ouvrages imprimés à Cracowie et à Warsowie, que, contrairement à notre usage, une seule espace fine était mise avant le deux-points; mais nous pensons que cela, fût-il général, n'est pas à imiter.

(2) L'embarras dans lequel nous avons souvent vu auteurs, compositeurs et

Czyż jest ohydniejsza zbrodnia od ojcobójstwa?!
(Y a-t-il un crime plus odieux que le parricide?!)

3. Ils emploient les chiffres arabes et les chiffres romains.

4. Leur guillemet ouvrant a la forme d'une double virgule placée dans le sens ordinaire („); on le retourne lorsqu'il est fermé, et alors il devient supérieur (“). Il se met sans espace auprès de la lettre qui commence la citation et de celle qui la termine (1) :

„Jest to smętarz więzienia!“

La citation qui se trouve dans un passage déjà guillemeté, prend deux guillemets au commencement et deux à la fin (2).

5. Sauf de bien rares exceptions, les Polonais ne font usage du trait-d'union que pour la coupure des mots à la fin des lignes.

6. Ils emploient comme nous l'abréviation *etc.*, mais ils se servent aussi pour le même usage des lettres i t. d. ou i t. p.

7. Ils ne font que très-rarement usage de l'apostrophe, et c'est seulement après les lettres b, p, w (3) :

dróbʼ, gołąbʼ, dropʼ, pawʼ, szczawʼ;

ou bien encore c'est à la fin des noms propres, pour les separer des terminaisons a, ego, go; em, m; emu, owi, quand elles leur sont jointes, lesquelles répondent à nos prépositions *de, avec, à :*

Lamartine'a... Pietri'ego... Gœthe'go (4). — Didot'em... Rene'm (5). — Fraschini'emu... Schiller'owi.

---

correcteurs, pour savoir, dans des cas analogues, s'ils devaient faire l'application du point exclamatif ou interrogatif, nous a toujours fait désirer l'introduction d'un signe qui remplit ce double office.

(1) On peut toutefois le remplacer par notre guillemet et l'espacer, sans le moindre inconvénient.

(2) Cet usage tend à disparaître.

(3) Dans les ouvrages imprimés en Allemagne, l'apostrophe dans ce cas est remplacée par l'accent aigu placé sur chacune de ces trois lettres.

(4-5) Lorsque le nom propre se termine par un *e*, on supprime l'*e* de *ego*, et de *em*. L'*e* de *em* se supprime aussi lorsque le nom propre se termine par un *i* : Berni'm, Pietri'm.

8. Leurs renvois de note ne prennent que la seconde de nos parenthèses, aussi bien dans le texte qu'à la note elle-même : ¹)

9. Ils séparent ordinairement les notes d'avec le texte par un simple bout de filet placé à l'extrême gauche des lignes, ainsi que le font les Allemands :

---

¹) Matt., 22.

10. Ils font usage de l'italique, mais à son défaut ils séparent les lettres de chaque mot avec une espace d'un point.

11. Ils renfoncent leurs alinéa de deux cadratins.

12. Indépendamment des voyelles a, i (conjonctions), o (interjection et préposition), u (préposition), qui sont employées isolément, les consonnes w, z, également prépositions, se rencontrent aussi très-souvent seules, comme a w, a z, i w, i z : dans ces cas il ne faut donc jamais les réunir; mais il n'en est plus de même si le z précède l'a ou s'il est surmonté du point : za, aż, iż.

D'après ce qui vient d'être dit, on ne réunira donc pas les lettres o, u, pour en faire ou; ni l'i à l'o ou au monosyllabe on, pour en faire io, ion.

13. En polonais il y a beaucoup de monosyllabes de deux lettres; en voici la nomenclature :

ah, aj, as, aż; — ba, be, bo, by; — ci, co (1); — da, do; — fe; — go; — ha; — ił, im, iż; — ja, ją, je; — ku; — li; — ma, mi, mu, my; — na, ni, no, nu; — od, on, os, oś, ów; — po; — są; — ta, tą, te, tę, to, tu, ty; — ud, ul; — we, wy; — za, ze, że.

Il arrive quelquefois de rencontrer plusieurs de ces monosyllabes à côté l'un de l'autre, comme dans ces phrases interrogatives :

Co to za ul on tu ma? — Co on bo ci da za to?

14. Le ć ne se trouve au commencement que dans les mots

---

(1) On doit éviter, si l'écriture est mal formée, de transformer ces deux monosyllabes en *ci*, *eo*, qui n'existent pas en polonais.

ćma, ćmy, ćpa, et dans tous les cas où il précède le w suivi de l'i :

ćwiartka, ćwiczenie, ćwieczek, ćwiekarnia, ćwiekarstwo, ćwik, etc.

Il se rencontre aussi dans l'intérieur de quelques mots :

dziewięćset, dziewięćkrotny, dziewięćsetny, pięćkroć;

mais il figure à la fin des infinitifs de presque tous les verbes :

alarmować, baczyć, chadzać, dnieć, dogonić, przygotować, etc.,

et des substantifs chęć, chuć, gać, wić;

à la fin de tous les mots où il est précédé de l'ś :

czczość, dzielność, lekkość, miłość, okropność, tożsamość, etc.

Dans ce dernier cas il est le plus souvent la marque du substantif féminin, excepté pour un certain nombre de mots, comme dognieść, iść, kraść, nieść, etc., qui sont des verbes.

15. L'é ne commence ni ne termine jamais les mots; on ne mettra donc pas éwiartka, éwiekarka, éwik, etc., mais ćwiartka, ćwiekarka, ćwik, etc.;

ni bié, byé, część, dosyé, iśé, kilkakroé, etc., mais bić, być, część, dosyć, iść, kilkakroć, etc.

L'e prend toujours l'accent aigu lorsqu'il précède le j qui termine un mot :

bardziéj, czynnéj, gasnącéj, każdéj, lepiéj, niéj, etc.;

ou lorsqu'il est entre deux j :

jéj, mojéj, swojéj, etc.

L'é se rencontre très-fréquemment dans les mots terminés par em :

dobrém, inném, letniém, małém, płochém, swojém, etc.

Il se trouve aussi dans l'intérieur des mots :

dopiéro, niéma, ściérka, szczérze, téż, zawiérający, etc.

16. La lettre ń ne se trouve jamais au commencement des mots, mais assez souvent dans l'intérieur; et dans ce cas elle se place invariablement devant les seules lettres b, c, d, k, m, s :

hańba, hańbić, hańbiciel, hańbicielka, hańbienie; — dziedzieńcu, kagańce, końcu, mieszkańcem, tańce; — Ańdzia, Wańdzia; — bańka, guńkę, niańka, pieńki; — uczyńmy, wińmy; — pogańska, kapucyński, małżeńskich, złorzeczeństwem, dostojeństwo, społeczeństwu.

Elle se rencontre assez fréquemment encore à la fin des mots :

broń, cień, dzień, koń, marzeń, ogień, usiłowań, ustroń, wspomnień, wstań, zostań, etc.;

et dans ce dernier cas elle est aussi quelquefois précédée de l'ś ou du ź :

baśń, pleśń; — bojaźń, kaźń, przyjaźń.

17. La lettre ó ne commence ni ne termine jamais un mot (1), mais elle est souvent employée à l'intérieur :

dopóki, gór, król, łóżkiem, mój, niektórych, ogólnego, powróci, różnych, twój, wkrótce, wśród, etc.

Les mots terminés par la syllabe ow la prennent toujours :

czasów, lasów, modłów, nowożeńców, ojców, pleców, robaków, sów, wyrzutów, etc.

18. La lettre ś se rencontre au commencement et à l'intérieur des mots :

ślusarczyk, śluz, ściérka, śpiewania, śruba, średniego, etc.; — guślarzem, gęślowego, głośno, jesteśmy, myśląc, uścisnął, etc.

Les mots qui finissent par s le prennent le plus souvent :

coś, gdzieś, jakiś, kiedyś, pierś, robiłeś, widziałbyś, żeś, etc.

---

(1) Excepté dans le monosyllabe ów et dans ósmy.

(A l'exception de czas, lis, wczas, etc., et de głos, kos, kras, kwas, nos, os, pas, rys, qu'il ne faut pas toutefois confondre avec les mêmes mots, mais de signification différente, dont l's est accentué : głoś, koś, kraś, kwaś, noś, oś, paś, ryś.)

Il en est de même de la syllabe sci, soit qu'elle se trouve au commencement, à l'intérieur, ou à la fin des mots :

ściągać, ściana, ścięcie, ścieg, ścieżka, ścisły, etc.; — chrześciańska, puścił, nielitościwa, spuściła, szczęścia, uściskiem, etc.; — cześci, miłości, niewieści, słabości, trudności, ufności, etc.;

de la syllabe sle :

śledź, śledzić, śledziennica, śledztwo, ślepak, ślepo, etc.; — myślenia, myślenie, etc.; — namyśle, pomyśle, ściśle, Wiśle, etc.;

de la syllabe sli :

ślicznie, ślina, śliwa, etc.; — nieszczęśliwa, prześliczny, szczęśliwy, etc.; — jeśli, myśli, potrząśli, etc.;

de deux des mots qui finissent par sl :

gęśl, myśl;

de la syllabe smie au commencement et au milieu des mots :

śmiech, śmiecie, śmierć, śmiertelnie, śmieszek, śmietana, etc.; — ośmieli, nieśmiertelny, uśmiechu, etc.;

de la syllabe smy à la fin des mots :

kiedyśmy, odnieśliśmy, słyszeliśmy, ujrzeliśmy, etc. (excepté ósmy);

de la syllabe snie à l'intérieur et à la fin des mots :

boleśniéj, głośniéj, ściśnienie, etc.; — gaśnie, właśnie, etc.;

de la syllabe swi au commencement et au milieu des mots :

świadczyć, świadectwo, świadom, świat, świéca, świerzba, etc.; — najświeższéj, poświęcenia, zaświatowy, etc.

19. La lettre ź ne se place au commencement que de très-peu de mots, et elle y est toujours suivie d'une consonne :

źdźbło, źle, źrenica, źrebię, źródła, źródle, etc.;

mais elle est assez souvent employée dans l'intérieur :

groźby, groźne, groźny, jeźdźca, raźnie, wyraźne, etc.

Elle précède quelquefois la syllabe finale że (1) d'un mot qui exprime le commandement, la prière :

Bądźże cierpliwym (Sois donc patient!)...
Idźże (Va donc!)...
Nie gryźże się (Ne te chagrine donc pas!)...

Elle est aussi toujours employée lorsqu'elle précède l'n suivi de l'i :

bliźni, bluźnić, groźniejszy, łaźnia, późniéj, wyraźnie, etc.;

et dans presque tous les mots qui sont terminés par dz (2) :

bądź, chodź, czeladź, odpowiedź, poradź, powódź, etc.

20. La lettre ż se met au commencement, à l'intérieur, et à la fin des mots :

żabieniec, żaden, żebro, żer, żłób, żmija, żołd, żona, żuk, życia, etc.; — ciężar, może, można, należy, użytku, ważył, znużony, etc.; — aż, czyż, gdyż, już, niż, strzeż, téż, waż, wciąż, wzdłuż, etc.;

et aussi dans quelques-uns des mots qui commencent par deux z :

zżąć, zżęli, zżęty, zżółkły, zżuć, zżymać, etc. (3).

---

(1) Cette syllabe est ajoutée pour donner plus de force au mot.

(2) Il y a en polonais des mots qui, tirés du grec pour la plupart, sont terminés par la lettre *r* précédée de la consonne *t* : *amfiteatr, barometr, chronometr, dynametr, elektrometr, fiakr, teatr, termometr,* etc.; on doit donc dans ce cas, sur un mauvais manuscrit, ne pas mettre un *z* à la place de l'*r*.

(3) Dans ce cas, c'est toujours le second *z* qui prend le point.

Lorsque le z seul précède le sz, il est toujours ponctué :

bliższe, dłuższą, niższa, etc.

Aucun mot polonais ne commence par l'e suivi du z; s'il y a doute sur ces deux lettres dans un mauvais manuscrit, on mettra donc toujours, dans ce cas, un c et non un e.

On agira de même pour les mots dans lesquels il entre les lettres czcz, szcz, réunies, qui ne peuvent être ezez ni szez; mais l'*e* peut se trouver entre rzcz, comme dans les mots rzecz, rzeczach, przeczuwający, etc.

21. La lettre ł est très-fréquemment employée; elle se trouve au commencement de certains mots :

łabędź, łachman, łacina, łechtać, łgać (jamais devant un i), łkanie, łoboda, łono, łotr, łuczywo, łup, łupić, łyskać, łzawy, łza, etc.

Elle se trouve aussi dans l'intérieur :

błysk, chełpliwy, charłak, chłód, dopełnianie, fałszywy, jałówka, kapłan, marszałkostwo, niedołęstwo, ogłada, równoległobok, ucałowania, zasługa, etc.

La plus grande partie des mots qui sont terminés par un *l* prennent cette lettre :

antał, był, chodził, diabeł, futerał, ganił, hejnał, kardynał, lękał, muskuł, nabiał, etc.

Tous les mots terminés par il la prennent aussi :

ił, mówił, ośmielił, postawił, puścił, radził, rzucił, zwalił, bił, etc. (excepté bil, gil);

ainsi qu'un grand nombre de ceux terminés en la :

anioła, była, czuła, przyszła, spojrzała, tamowała, ucichła, wyruszyła, zachwiała, etc.;

en laś :

byłaś, poznałaś, robiłaś, udałaś, zostałaś, etc.;

en lem :

chiałem, drżałem, musiałem, obróciłem, poznałem, spuściłem, etc.;

en lo :

było, dążyło, dzieło, gardło, mogło, niemało, obudziło, podniosło, światło, uciskało, zawiodło, etc.;

en ły :

ciągnęły, dymiły, ginęły, skupiały, zapełniły, zły, etc.

Elle figure aussi dans tous les mots où la lettre l est précédée du d initial et suivie de l'o ou de l'u :

dłoń, dłoniasty, dłoniowy; — dłubać, dług, długodzioby, długość, długoszyi, dłutko, dłużnik, etc.;

dans tous ceux où elle est précédée de l'm initial et suivie de l'o ou de l'y :

młoćba, młocisko, młodzizna, młot; — młyn, młynarz, młynek, etc.

Elle se trouve toujours entre l's et l'o :

słoboda, słodownia, słodycz, słoma, słota, etc.;

presque toujours entre l's et l'u :

słuch, sługa, słuszny, służebnik, etc.;

entre l's et l'y :

słych, słynąć, słynny, etc.;

dans presque tous les mots où elle est précédée du w initial :

włączać, włącznie, władać, władca, włoch, włochaty, Włochy, włóczęga, włócznia, włosek, etc.;

et toujours entre le z ou le ż et l'o :

złocenie, złomek, złorzeczeństwo, złośnica, złowieszczy, żłób, etc.

Comme la lettre ł est très-facile à confondre avec le t dans l'écriture, lorsque la forme de la barre de ces deux lettres n'est pas bien formée, l'application de ce qui précède servira la plupart du temps à les distinguer l'une de l'autre. Nous ajouterons toutefois, comme règle générale, que le t ne se trouve que très-rarement après les lettres b, d, g, m, sk, et que dans ce cas c'est presque toujours le ł qu'il faut employer; on mettra donc :

błagać, dławić, mogły, odmłodzenie, skłócić, etc.

et non :

btagać, dtawić, mogty, odmtodzenie, sktócić, etc.

Le contraire a lieu pour certains monosyllabes comme :

kto, ptak, ta, tak, tą, te, tę, to, tu, ty,

qu'on ne transformera pas en :

kło, płak, ła, łak, łą, łe, łę, ło, łu, ły,

qui ne sont pas des mots polonais.

Le monosyllabe suivant fait exception, car il affecte les trois formes : lam, łam, tam.

22. La lettre ą (*on*) ne se trouve jamais au commencement des mots, mais à l'intérieur et à la fin :

chwiejącém, gasnącéj, idąc, mąż, palące, rozwiązanie, ztamtąd; — bolesną, dziką, falą, niewinną, taką, etc.

Elle est quelquefois répétée dans le même mot :

błyszczącą, cząstką, drżącą, nadchodzącą, ujmującą, etc.

23. La lettre ę (*en*) ne se trouve non plus qu'à l'intérieur et à la fin des mots :

bębenek, chrzęst, dostępne, gęsty, lękał, między; — indyczę, mogę, potrzebę, ranę; cię, mię, się (ces trois pronoms prennent toujours l'ę).

Elle se répète aussi dans certains mots :

> będę, dosiędę, ponętę, rękę, etc.

24. La division des mots à la fin des lignes se fait par syllabes. Quelques-unes de ces syllabes se reconnaissent assez facilement, lorsqu'elles se terminent par une voyelle, comme :

> ba-da-nie... bu-fo-nada... ca-łym... dro-gach... du-chem... he-re-ty-ków... któ-rego... mo-je-mu... nie-bios... pa-cho-li-ków... po-moc... pro-ro-kiem... pro-ro-ko-wa-nie... ro-bią... ska-żo-néj... upo-do-ba-niem... wspo-mi-nał... za-wo-ła-nie...;

mais dans un nombre considérable de cas cette division est très-difficile à faire par les personnes qui ne connaissent pas le polonais. Les observations et les exemples qui suivent serviront, dans bien des cas, à les sortir d'embarras sous ce rapport (1).

1° Les lettres doubles cz, dz, rz, sz, qui se trouvent à l'intérieur des mots, ne peuvent jamais se séparer l'une de l'autre et se reportent le plus souvent au commencement de la ligne :

> fabry-czny... odwie-czne... po-czątek... rozpo-częty... spo-czywały... taba-cznik... wló-cznia... za-cznę. (Excepté dans certains mots, comme : sprzecz-ność, wiecz-ność, etc., etc., où il est préférable de le laisser à la fin de la ligne.)
>
> bę-dzie... cu-dzoziemskie... mię-dzy... odpę-dził... powie-dzieli... sąsie-dzi... wi-dzisz... za-dzier. (Lorsque dz est suivi du k, il reste à la fin de la ligne : ludz-ka, ludz-kość, etc.)
>
> bie-rze... guśla-rzem... któ-rzy... ma-rzeniach... sfe-rze... stwo-rzona... twa-rzy... zło-rzeczeństwo. (Lorsque rz est suivi du k, il reste à la fin de la ligne : gorz-kość, zgorz-kniały, etc.)
>
> dzisiej-szego... grze-sznica... najświęt-szą... przy-szło... rozpro-szenie... sły-szycie... stra-szny... zmu-szało. (Lorsque sz est suivi du c, il reste à la fin de la ligne : wresz-cie, niegrzesz-cie, etc.)

---

(1) On concevra facilement que les règles que nous donnons ici ne peuvent être ni générales ni absolues, et que dans la pratique on modifiera forcément plusieurs d'entre elles.

2° Lorsque le cz ou le sz est précédé d'un z ponctué, celui-ci reste toujours à la fin de la ligne :

męż-czyzna... męż-czyzny;
bliż-sze... dłuż-szą... najdroż-sze... najśwież-széj... niż-sza.

3° La seule difficulté qu'offre le ch pour la division, c'est lorsqu'il est suivi d'une consonne; car dans ce cas il se reporte tantôt au commencement de la ligne, comme :

ot-chłani... pod-chlebiają... ry-chły... west-chnienia... ze-chcesz, etc.;

et tantôt, surtout lorsqu'il est suivi des lettres b, k, m, s, t, w, il doit rester à la fin de la ligne :

których-bądź... jakich-kolwiek... natych-miast... cich-szym... szlach-ty... zmartwych-wstaniu... zmartwych-wstały, etc.

4° Lorsque les doubles lettres rzcz, szcz, se trouvent réunies à l'intérieur d'un mot, on peut diviser le mot après rz et sz :

ochrz-czonym... przechrz-czenie;
bożysz-cza... dresz-czem... jesz-cze;

mais naturellement ces consonnes ne peuvent se séparer lorsqu'elles se rencontrent au commencement du mot.

5° Lorsque le z qui suit l'r est ponctué, on peut aussi couper le mot entre ces deux lettres :

dor-żnąć... or-żnąć... oskar-życiel... oskar-żony... przer-żnąć... skar-żyć... wyr-żnąć... zar-żnąć.

6° La lettre j se rencontre au commencement, à l'intérieur, et à la fin des mots. Lorsqu'elle est à l'intérieur et qu'elle est suivie d'une voyelle, elle se reporte au commencement de la ligne suivante :

nieprzy-jaciel... pociąga-jącym... rodza-jowém... śmie-jemy... swo-jego;

mais lorsqu'elle est suivie d'une consonne, elle reste à la fin de la ligne :

czuj-nym... kraj-carami... miej-sca... naj-mniej-szego... naj-przy-jaźniéj-széj... pewniej-sza... raj-ski... sej-mach... spoj-rzymy... woj-nach... zwyczaj-nego.

7° Les lettres b, c, d, g, s, z, dans l'intérieur des mots, se séparent rarement de la consonne qui les suit, et doivent être reportées au commencement des lignes :

najozdo-bniéjszy... potrze-bne... ślu-bna... służe-bnice... sposo-bniejszy;

katoli-cka... mo-cniejsza... najza-cniéjszego... wzma-cniała;

go-dność... je-dnozgo-dnie... mo-dlnica... najrozsą-dniejsza... po-dnosiły... zawio-dło;

ni-gdy... po-grzebiona... pra-gnieniem... roze-gnał... zacią-gnięty... za-grzebano;

bo-skiéj... czy-stych... do-stojność... je-ste-stwa... miej-sca... we-spół;

jedno-zgodnie... ro-zmysłem... rozpo-znałem... znala-złaś.

Le z dans ce cas reste assez souvent aussi à la fin de la ligne :

bez-bronny, cięż-kim, roz-poznałem, etc.

8° Les consonnes w, z lorsqu'elles sont isolées ne peuvent terminer une ligne, parce qu'elles se lient intimement au mot qu'elles précèdent, et ne forment qu'une seule émission de voix avec la première syllabe de ce mot; elles doivent donc toujours être reportées au commencement de la ligne suivante :

w chwili... w nieładzie... w pucharze... w zakrwawionych... w roskoszy... w twarz;

z głębi... z kosą... z niéj... z pola... z ręką... z siebie;

qu'on prononce :

wchwili... wnieładzie... wpucharze, etc.;
zgłębi... zkosą... zniéj, etc.

Il n'en est pas de même des voyelles isolées a, i, o, u.

9° On peut toujours diviser le mot après l'ń :

chrześciań-skiego... dostojeń-stwo... macierzyń-ski... panień-skiem... młodzień-czych... pań-ska... skoń-czy... ukraiń-skim... zakoń-czą.

10° On peut aussi diviser entre deux consonnes redoublées :

nad-dziad... od-dać... od-danie... od-dech... od-dzielność... pod-dział;

bezstron-ności... dzien-nik... imien-nica... in-ném... kon-nica... sumien-nie;

kas-sa... mas-sa;

bez-zasadny... bez-zbrojnie... roz-żarty... roz-złoszczony.

11° On ne peut diviser entre l'i et une autre voyelle :

b*ia*-da... pow*ia*-dam... stan*ie*-cie... zas*ie*-dliśmy... w*ie*-dzieć... n*ie*-b*ie*ska... p*io*-runem.

12° Quel que soit le nombre des lettres d'un mot, on ne peut diviser ce mot s'il ne contient qu'une voyelle; on ne divisera donc pas :

barszcz... brzask... brzdęk... brzuch... chrzest... chrząszcz... czczo... drzwi... grzesz... wszak, etc., etc.

Nous donnons ci-dessous la nomenclature des consonnes dont la réunion (au commencement et dans l'intérieur de beaucoup de mots) est en usage dans le polonais; elle servira à trancher les difficultés qui pourraient s'élever à ce sujet sur une copie mal écrite :

bch	brz	bzd	chp	ckl	czb	czn	dchw	dgn
bdz	brzd		chrz	ckn	czc	czt	dcz	dk
bf	brzm	chc	chrzc	cm	czcz	czw	ddz	dl
bg	bsk	chł	chrzcz	ctw	czk		dg	dł
bm	bst	chm	chw	cw	czł	db	dgl	dln
brd	bw	chn	chwst	cz	czm	dchm	dgł	dmł

dn
drg
drw
drz
drzw
dsk
dst
dw
dz
dź
dż
dzb
dźc
dżdż
dzk
dztw
dzw
dźw

gb
gd
gdz
grz
grzm
gw
gz

hr

jc
jcz
jdz
jg

jl
jm
jmn
jn
jprz
jrz
jsc
jść
jsk
jsp
jsz
jwl

kk
kl
kł
km
kn
kr
krn
krw
krz
krzt
kś
ksp
ksz
kszt
kt
kw

lcz
łd
lgn

lgrz
lk
lkl
ln
łn
lsk
lśn
lstr
lstw
lsz
łsz
lw
lż

mch
mdl
mdł
mf
mgł
mgn
mkł
mkn
ml
mr
mrz
mść
mśćc
msk
msz
mszcz
mż
ńc

ńcz
nk
ńk
ńsk
ństw

pc
pch
pchł
pchn
pcz
pf
plw
prz
przt
pst
pstw
psz
pszcz

rcz
rdz
rk
rść
rsk
rst
rstw
rtw
rw
rwsz
rz
rzch
rzchn

rzcz
rzk
rzkn
rzm
rzn

schl
schn
schw
sk
skl
skł
skn
skr
skrz
skw
śln
smr
sn
spr
sprz
sr
stchn
stk
stł
stn
strw
strz
stt
stw
sw
św

sz
szcz
szk
szl
szł
szm
szn
szp
szr
szt
szw

tch
tchn
tk
tkl
tkn
tkw
tn
trw
trz
trzm
trzn
trzp
trzt
tw

wb
wc
wch
wcz
wd
wdr

wdz
wg
wgl
wgr
wgw
wj
wk
wkł
wkr
wl
wm
wn
wp
wpl
wpr
wprz
wr
wrz
ws
wsc
wsch
wsk
wśl
wsm
wsp
wśr
wst
wstr
wstrz
wsz
wszcz
wt

wtł
wtr
ww
wz
wzb
wzd
wzg
wzgl
wzl
wzm
wzn
wzr
wzw

zb
żb
zbl
zbr
zchm
zĉz
zd
żd
zdj
zdł
zdm
zdr
zdrz
zdz
źdz
żdż
zdźbł
zg

zgl
zgł
zgn
zgr
zgrz
zgw
zh
zj
zkrz
zkw
zł
zm
zmn
zmr
zn
zp
zpr
zr
zrz
zs
zśl
zst
zsz
ższ
zt
ztw
zw
zwl
zwr
zwzgl
zz
zż

ABRÉVIATIONS DIVERSES.

ak.	akademja.
art.	artykuł.
b.	były.
b. m. i r.	bieżącego miesiąca i roku.
czł.	członek.
d.	dzień, dnia.
duk.	dukat.
D^{r} D^{ra}, *ou* Dr. Dra.	Doktor, Doktora.
god. *ou* godz.	godzina.
hr.	nrabia.
i t. d.	i tak daléj.
i t. p.	i tym podobne.
J. Ces. Kr. M.	Jego Cesarsko-Królewska Mość.
J. Ces. M.	Jego Cesarska Mość.
JJ. Ces. MM.	Jch Cesarskie Moście.
J. Ces. W. *ou* Wys.	Jego Cesarska Wysokość.
J. Kr. M.	Jego Królewska Mość.
J. Kr. W.	Jego Królewska Wysokość.
J. O.	Jaśnie Oświecony.
J. W. *ou* J. Wny.	Jaśnie Wielmożny.
jen. *ou* gen.	jenerał *ou* generał.
j. n. *ou* j. pon.	jak niżéj *ou* jak poniżéj.
j. w. *ou* j. pow.	jak wyżéj *ou* jak powyżéj.
kap.	kapitan.
kol.	kolega.
ks. *ou* x.	księstwo, książe, ksiądz.
mag. nauk przyr.	magister nauk przyrodzonych.
mca. *ou* m. (1)	miesiąca.
n^{o} *ou* n^{r}	numer.

---

(1) Dans l'écriture, cette abréviation et celle du mot *rzplita* (république) sont ordinairement surmontées du signe ~, employé aussi pour le même usage dans nos anciennes éditions.

On surmonte également d'un trait horizontal la lettre qui doit être redoublée : *imieńy*, pour *imienny; sum̄a*, pour *summa*, etc.

n. p.	na przykład.
OO.	Ojcowie.
opraw.	oprawny (-na, -ne).
P.	Pan (-a, -u, -em).
Pni *ou* Pni.	Pani.
porów.	porównaj.
PP.	Panowie, Panie, Państwo.
Pr, Pr. *ou* Prof.	Professor.
p. n.	pod napisem.
p. t.	pod tytułem.
pułk.	pułkownik.
r.	rok.
r. b.	rok bieżący.
roz.	rozdział.
ryc. *ou* rycin.	rycina.
r. z.	rok zeszły.
rzplita	rzeczpospolita.
ś. *ou* św.	święty, święta, święte.
ś. p.	świętéj pamięci.
sr. gr.	srebrny grosz.
śś.	święci, święte.
str.	stronnica.
t.	tom.
tal.	talar.
t. j.	to jest.
ur. *ou* urodz.	urodzony.
w.	wiek.
W. Kor.	(Hetman, Łowczy) Wielki Koronny.
W. Ks.	Wielkie Księstwo.
W. Ks. Lit.	Wielkie Księstwo Litewskie.
Wsp., Sp., Comp., Komp., *ou* C°.	Wspólka, Spółka, Kompanja.
Wyd.	Wydanie, Wydział.
x. *ou* ks.	ksiądz, książe, księstwo.
zesz. *ou* posz.	zeszyt *ou* poszyt.
zm. *ou* †	zmarły.
zob. *ou* ob.	zobacz *ou* obacz.
z obr.	z obrazkami.

z ryc.	z rycinami.
zł.	złoty.
1^{a}, 2^{a}, 3^{a}, etc. (1)	pierwsza, druga, trzecia.
1e, 2e, 3e, etc. (2)	pierwsze, drugie, trzecie.
$1^{éj}$, $2^{éj}$, $3^{éj}$, etc. (3)	pierwszéj, drugiéj, trzeciéj.
1^{go}, 2^{go}, 3^{go}, etc. (4)	pierwszego, drugiego, trzeciego.
1^{m}, 2^{m}, 3^{m}, etc. (5)	(w, z, o, etc.) pierwszym, drugim, trzecim.
1^{mu}, 2^{mu}, 3^{mu}, etc. *ou* 1^{u}, 2^{u}, etc. (6)	pierwszemu, drugiemu, trzeciemu.
1^{y}, 2^{i}, 3^{i}, 4^{y}, etc. (7)	pierwszy, drugi, trzeci, czwarty.
po 1e, po 2e, etc.	po pierwsze, po drugie.
1°, 2°, 3°, etc.	primo, secundo, tertio.

MODÈLE DE LECTURE (8).

Li-te-ra-tu-ra, w naj-ob-szer-niej-szém zna-cze-niu te-go wy-ra-zu,
Litératoura vnaïobchernieïchimme znatchéniu tégo vyrazou,

o-zna-cza wszyst-kie za-byt-ki piś-mien-ne, w któ-rych ród
oznatcha vchistkié zabytki pismiénné, vktourykh roude

ludz-ki zło-żył ca-ły ro-zwój swo-jéj o-świa-ty i u-kształ-
loudzki zouojïou tsaouy rozvouï svoiéï osviaty i oukchtaou-

ce-nia. U-sta-wicz-ny po-stęp w któ-rym kro-czą na-przód
tsenia. Oustavitchny postimpe vktouryme krotchon napjoude

---

(1) La première, la deuxième, la troisième, etc.

(2) Le *ou* la première (neutre), etc.

(3) De la première, de la deuxième, de la troisième, etc.

(4) Du premier, du deuxième, du troisième, etc.

(5) Au *ou* dans le premier, le deuxième, le troisième, etc.

(6) Au premier, au deuxième, au troisième, etc.

(7) Le premier (avec l'y), le deuxième et le troisième (avec l'i), le quatrième (avec l'y), et ainsi de suite pour tous les autres nombres.

(8) Afin d'augmenter le nombre des exemples pour la coupure des mots, nous séparons dans ce modèle toutes les syllabes qui peuvent être divisées, en faisant remarquer toutefois que si ce n'est dans de très-petites justifications on ne peut laisser une seule lettre à la fin d'une ligne, ni en reporter deux au commencement.

wszyst-kie na-ro-dy i cza-sy na dro-dze przez o-patrz-ność im
vchistkié narody i tchassy na drodzé pcheze opatchnosts imme

wy-tknię-tej, po-cią-gnać mu-sia-ły za so-bą ten sku-tek że
vytkniéntéï, potsiongnonts mouçiaouy za sobon tenne skoutek je

chcąc przed-sta-wić ja-ki ob-szar piś-mien-nic-twa, nie-po-do-bna
khtsonts pchedstavits ïaki obchar pismiénnitstva, niépodôbna

u-chro-nić się od na-da-nia te-mu opo-wia-da-niu for-my hi-sto-
oukhronits sien od nadania témou opoviadaniou formy histo-

rycz-néj. Wiel-ki to za-i-ste wi-dok dla ba-da-cza za-pa-tru-ją-ce-go
ritchnéï. Viélki to zaïsté vidok dla badatcha zapatrouyontségo

się na prze-bieg ko-lei ze-wnętrz-nych i o-świa-ty ludz-koś-ci.
sien na pchébiegue koléï zevnintchnykh i osviaty loudzkostsi.

DE LA CASSE POLONAISE.

Bien que les caractères polonais soient les mêmes que les nôtres, l'emploi beaucoup plus fréquent que dans le français de certaines sortes, comme l'h, le k, le w, l'y et le z, exigerait une disposition particulière des cassetins de la casse; mais les divers modèles nationaux que nous avons eus sous les yeux ne nous ayant pas paru offrir les conditions convenables de rapport entre la place des sortes et leur fréquence d'emploi, nous pensons que la classification que nous donnons ici, basée sur l'emploi de chaque lettre dans un texte courant, et qui se borne à de simples transpositions dans la casse qui porte notre nom, pourra être utilement appliquée à la composition du polonais (1).

---

(1) Ainsi qu'on a pu le voir plus haut, les Polonais font usage d'une assez grande partie des lettres de l'alphabet, en supérieures, pour former certaines de leurs abréviations; mais comme ces lettres supérieures, rarement fondues sur le corps, peuvent être ou empruntées à un caractère plus petit et parangonnées, ou même, ainsi qu'on le voit quelquefois chez nous, être mises en lettres bas de casse du même caractère, nous nous sommes dispensé d'en placer aucune dans notre modèle de casse. — Les cassetins laissés vides dans la partie droite du haut de casse permettront toutefois d'y placer, selon le besoin, les plus courantes de ces sortes.

MODÈLE DE CASSE POLONAISE (1).

HAUT DE CASSE.

Æ	Œ	Ç	Q	o	9	8					℣	℟	†
1	2	3	4	5	6	7	Æ	Œ	Ç	Q	§	[	*
Ą	Ę	Ć	É	Ń	Ó	Ś	Ą	Ę	Ć	É	Ń	Ó	Ś
W	X	Y	Z	Ż	Ź	Ł	W	X	Y	Z	Ż	Ź	Ł
O	P	R	S	T	U	V	O	P	R	S	T	U	V
H	I	J	K	L	M	N	H	I	J	K	L	M	N
A	B	C	D	E	F	G	A	B	C	D	E	F	G

BAS DE CASSE.

<table>
<tr><td>'</td><td>«</td><td>w</td><td>(</td><td>-</td><td rowspan="2">i</td><td>ę</td><td>ą</td><td>ż</td><td>ś</td><td>é</td><td>ó</td><td>ć</td><td>ń</td></tr>
<tr><td>ç</td><td rowspan="2">b</td><td rowspan="2">c</td><td colspan="2" rowspan="2">d</td><td colspan="2" rowspan="2">s</td><td rowspan="2">k</td><td rowspan="2">g</td><td rowspan="2">h</td><td>f</td><td>—</td><td>ź</td></tr>
<tr><td>q</td><td rowspan="2">e</td><td>fl</td><td>æ</td><td>œ</td></tr>
<tr><td>v</td><td rowspan="2">l</td><td rowspan="2">m</td><td colspan="2" rowspan="2">n</td><td colspan="2" rowspan="2">o</td><td rowspan="2">ł</td><td rowspan="2">p</td><td>j</td><td>fi</td><td>!</td><td>Demi-cadrat.</td></tr>
<tr><td>x</td><td>Esp. de 1 p.</td><td>;</td><td>:</td><td>?</td><td>Cadratins.</td></tr>
<tr><td>y</td><td>z</td><td>u</td><td colspan="2">t</td><td>Espaces.</td><td colspan="2">a</td><td colspan="2">r</td><td>,</td><td>.</td><td colspan="2">Cadrats.</td></tr>
</table>

(1) Quoique les lettres q, c, æ, œ, ne soient pas employées dans le polonais, nous avons cru devoir leur donner une place dans cette casse, pour le cas où l'on aurait des mots français ou latins à y composer.

§ XII.

COMPOSITION DE L'ESPAGNOL.

L'alphabet espagnol a vingt-huit lettres, dont trois ne figurent pas dans le nôtre; ce sont le *ch*, le *ll* (1), et le *ñ*, qui se prononcent : *tché, eillé, égné.*

L'accent aigu est le seul qui soit employé par les Espagnols. Il se place sur les voyelles *a, e, i, o, u;* soit au commencement, au milieu, ou à la fin des mots :

águila, árbol, área, áspero; — diplomática, tipográfico; — acullá, ojalá, papá, etc.

éxtasis, éxito, égloga; — ejército, escéptico, excéntrico; — llegué, vengaré, volveré (temps de verbes), etc.

ídolo, ígneo, ínclito, ínfimo; — bravío, difícilmente, mamíferos; — alelí, allí, así, baladí, sí, etc.

óbice, óbolo, óptica, órden; — demócrata, depósito, tipógrafo; — desnudó, embistió, llamó (temps de verbes), etc.

úlcera, último, útero, útilmente; — acústica, cúbito, estúpido, música; — bambú, curucú, tú, etc.

Les voyelles *a, e, o, u* qui sont isolées, et forment seules des mots, sont toujours accentuées :

Voy á Aranjuez; — Pedro é Ignacio; — hoy ó mañana; — dias ú horas.

Les voyelles *á ó, ó á* se rencontrent quelquefois ensemble :

á, ó para el señor; — ó á otra parte, á la vez ó á su vez.

Les Espagnols font aussi usage de la diérèse ou tréma, qu'ils placent sur l'*u*, lorsque celui-ci se trouve entre le *g* et l'*e* ou l'*i*, et qu'il doit être prononcé :

agüero, antigüedad, degüello, desagüe; — argüir, angüivíperas, etc.

Ils l'emploient également dans les vers, sur la première voyelle d'une diphthongue, afin d'en obtenir deux syllabes au lieu d'une :

süave, rüido, etc.

---

(1) Ces lettres ne se fondent pas d'une seule pièce, ce qui en restreindrait inutilement l'emploi.

Les mots ci-dessous se rencontrent avec ou sans accent :

cómo, cúal, cuándo, cuánto, dónde, qué, quién;

mais ils doivent toujours être accentués lorsqu'ils commencent une phrase interrogative ou exclamative :

¡Cómo llueve!... ¿Cúal es tu sombrero?... ¿Cuándo te vas?... ¡Cuánto disparate ensartó!... ¿Dónde has estado?... ¿Qué me quieres?... ¡Quién lo creyera!... etc.

Le *ñ* se trouve très-rarement au commencement des mots, fréquemment au milieu, et se redouble quelquefois :

ñaguza, ñaque, ñoclo, ñorbo; — dañada, enseña, señora; — ñiquiñaque, ñoño, etc.

Le *ll* se rencontre au commencement (1) et au milieu des mots :

llamar, llanto, llosa; — calle, ladrillos, maravilla, etc.

Le guillemet, les points suspensifs, la parenthèse, le crochet, et le tiret, ont le même usage que dans le français.

Indépendamment de son emploi dans l'algèbre, le signe = sert encore à indiquer sur le manuscrit qu'il y a une lacune à cet endroit dans l'original que l'on reproduit.

Le trait-d'union ne s'emploie que pour la division des mots à la fin des lignes; les Espagnols écrivent sans ce signe tous leurs mots composés :

anteocupacion, antiafrodisíaco, vicealmirante, viceconsulado, vicelegado, viceregente, etc.

L'apostrophe n'est pas en usage dans la langue espagnole.

L'abréviation des mots *et cœtera* s'exprime de la même manière qu'en français, *etc.*

Les majuscules ont la même application que dans le français.

La ponctuation a absolument la même valeur que la nôtre, à

(1) Lorsque cette double lettre se trouve au commencement d'une phrase ou d'un nom propre, la première *l* seule est majuscule, mais dans les titres elles le sont toutes deux. — Il en est de même du *ch*.

l'exception que lorsqu'une phrase est interrogative, cette phrase commence par un point d'interrogation retourné :

¿ Dónde vas?... ¿ Qué me quieres?... ¿ Estarás mañana en casa ?

Il en est de même lorsque la phrase est exclamative :

¡ Cuánto disparate ensartó!... ¡ Cómo llueve!... ¡ Dios mio!

Lorsqu'une phrase interrogative est de peu d'étendue et suivie d'une ou plusieurs autres phrases de même nature, le point d'interrogation se répète au commencement et à la fin de chacune d'elles; mais dans ce cas la première phrase prend seule la majuscule :

¿ Dónde has estado? ¿ qué has hecho en tantos dias? ¿ por qué no te pusiste en camino así que viste mi carta?

Cette règle s'applique également aux phrases exclamatives.

Il y a dans l'espagnol beaucoup de monosyllabes de deux lettres, comme :

ah! al, as, ay! da, de; ea! eh! el, él, en, es; fé, fu; ha! he! ir; la, le, lo; me, mi, mu; ni, no; oh! ós; se, sé, si, sí, so! su; ta! te, tu, tú; uf! un; ya, yo.

Il s'en rencontre assez souvent plusieurs à la suite les uns des autres :

yo me lo sé... he! ya lo he entendido... un sí ni un no... y en la de las largas dos... y si no lo hay se compondrán.

Les voyelles *a, e, i, o,* se trouvent parfois redoublées dans un mot :

Saavedra... preeminencia... proveer... reemplazo... piisimo... cooperar... loor, etc.

Les consonnes *c, n, r,* sont à peu près les seules qui se redoublent.

La lettre *m* ne se redouble pas comme dans le français; la première se remplace par un *n* :

enmelar... inmaculada... inmediatamente... inmemorial... inmensamente... inmenso... etc.

Les monosyllabes isolés *cou* et *in*, que semble offrir une écriture mal formée, ne se trouvent pas dans la langue espagnole; c'est *con* et *ni*, adverbes très-usités, qu'il faut mettre dans ce cas.

La coupure des mots à la fin des lignes se fait entre chaque syllabe :

ad-mi-sion... bre-ve-men-te (1)... ca-ri-re-don-do... cha-le-co... co-che... con-ca-vi-dad... en-ton-ces... hos-pi-tal... iz-quier-da... mar-tes... ob-tu-so... per-so-nas... pro-ra-ta... so-la-men-te... tac-to... ver-da-de-ra... etc.

Les mots suivants et leurs analogues se divisent ainsi qu'il suit :

ab-negacion... comple-xion... cons-titucion (2)... cons-truir... des-ovar... flu-xion... ins-pirar... mag-nífico... ma-yor... obs-tar... pers-picacia... preámbulo... solem-ne... ra-yita... tras-cribir... etc.

L'*ñ* étant toujours suivie d'une voyelle ne peut en être séparée :

espa-ñola... entra-ñable... ense-ñanza, etc.

Il en est de même du *ch*.

On peut diviser entre les consonnes redoublées :

ac-cion... ac-cidente... en-noblecer... car-roza... etc.

mais on ne coupe jamais un mot entre deux *ll*; celles-ci se reportent toujours au commencement de la ligne :

aque-lla... caste-llano... comi-llas... en-llentecerse... ladri-llos... maravi-lla... piececi-llas... etc.

On ne peut non plus diviser un mot entre deux voyelles qui forment diphthongue, comme :

apre-*cia*-*cion*... ar-*rui*-nar... cor-*rie*nte... es-tu *dia*nte... gra-*cio*so... im-pre-*sio*-nable... mon-*tuo*so... par-*cia*-li-dad... pr*oe*-zas... reen-*cue*n-tro... etc.

---

(1) Les divisions de deux lettres à la fin des lignes se rencontrent fréquemment dans les livres imprimés en Espagne et en Portugal; nous conseillerons, malgré cela, de les éviter autant que possible, c'est-à-dire toutes les fois que l'espacement régulier ne devra pas en souffrir notablement.

(2) Aucun mot espagnol ne commençant par la lettre *s* suivie d'une consonne, cette lettre doit toujours dans les cas analogues à ceux rapportés ci-dessus rester à la fin de la ligne.

à moins que l'une des voyelles de la diphthongue ne soit accentuée ; car alors, se prononçant séparément, on peut diviser entre elles deux :

cr*e*-*í*ble... par*a*-*í*so... s*a*-*ú*co... etc.

LISTE DES PRINCIPALES ABRÉVIATIONS ESPAGNOLES.

Les Espagnols, ainsi que les Portugais, ayant l'habitude, en écrivant, d'employer un assez grand nombre d'abréviations que l'impression ne doit pas reproduire, nous croyons qu'il ne sera pas sans utilité de donner ici celles qui sont le plus usitées.

(a.)	alias, arroba.
AA.	Altezas, Autores.
AA. II.	Altezas Imperiales.
AA. RR.	Altezas Reales.
AA. SS.	Altezas Serenísimas.
A. C.	Año Cristiano, Año Católico *ou* Común.
adm^{or}	administrador.
Ag^{to}	Agosto.
am^{o}	amigo.
ant., antic.	anticuado.
Ant^{o}	Antonio.
app^{co}	apostólico.
art., art^{o}	artículo.
Arzbp̄o.	Arzobispo.
B^{r}	bachiller.
B.	Beato, Baron.
B. L. M.	Beso *ou* Besa la mano, *ou* las manos.
B. L. P.	Beso *ou* Besa los pies.
B. P., B^{mo} P^{e}	Beatísimo Padre.
C. M. B.	Cuyas manos beso.
C. P. B.	Cuyos piés beso.
C.	Conde, Ciudadano.
c., cap., capít.	capítulo.
cap^{n}	capitan, capellan.
col.	columna.
comis^{o}	comisario.
C^{a}, Comp^{a}	Compañía.
Cons^{o}	Consejo.
conv^{te}	conveniente.
corr^{te}	corriente.
c^{do}	cuando.
c^{to}	cuanto.
D.	Dios.
D. D^{n}	Don.
D^{a}	Doña.
DD.	Doctores.
D^{r}, Dr.	Doctor.
dho.	dicho.
dr̄o.	derecho.
Dic^{re}	Diciembre.
Dom^{o}	Domingo.
D. O. M.	Deo Optímo Máximo.
E.	Este.
ec^{o}	eclesiástico.
E. N. E.	Este, cuarta al Nordeste.
En^{o}	Enero.
Excmo.	Excelentísimo.
Exma.	Excelentísima.
etc.	et cétera.
Exmo	Excelentísimo.
Exma	Excelentísima.
f.	fulano.

Fed.	Federico.
fha.	fecha.
Feb^{o}	Febrero.
fl.	florines.
fól.	fólio.
fr.	francos.
Fr.	Fray, Frey.
Fran^{co}	Francisco.
Fr̄n̄z.	Fernandez.
g^{de}	guarde.
grā.	gracia.
gen^{l}, grāl.	general.
Ill^{e}	Illustre.
Illma, Ilma.	Illustrísima.
Illmo, Ilmo.	Illustrísimo.
Int^{te}	Intendente.
I. Sr.	Illustre Señor.
J. B.	Juan Bautista.
J. C.	Jesucristo.
Jhs.	Jesus.
J. M. Y J.	Jesus, María y José.
Jph.	Josef.
l., lib.	libra.
lib^{s}	libras.
lín.	linea.
líns.	líneas.
liz^{do}	licenciado.
M., Mag^{d}	Magestad.
M. M.	Magestades.
M. M. I.	Magestades Imperiales.
MS.	Manuscrito.
MSS.	Manuscritos.
M., Mr, M^{r}	Monsieur, Míster.
Mrs., mrs.	maravedises.
M. P. S.	Muy Poderoso Señor.
m^{e}	madre.
m^{or}	mayor.
m^{s} a^{s}	muchos años.
Man^{l}	Manuel.
May^{mo}	Mayordomo.
Mig^{l}	Miguel.
minr̄o.	ministro.

mr̄d.	merced.
Mr̄n.	Martin.
Mrn̄z.	Martinez.
mr̄o.	maestro.
N.	Norte.
N^{o}	Número.
N. S. J. C.	Nuestro Señor Jesucristo.
N. S., Ntro. Sr.	Nuestro Señor.
N^{a} S^{a}, Ntra. Sra.	Nuestra Señora.
N. P. S.	Nuestro Padre Santo.
N. E.	Nordeste.
N. O.	Noroeste.
N. N. E.	Nornordeste.
N. N. O.	Nornoreste.
nr̄o.	nuestro.
Nov^{re}	Noviembre.
O.	Oeste.
Obpo.	Obispo.
Oct^{re}	Octubre.
O. N. O.	Oeste, cuarta al noroeste.
on.	onza, onzas.
ór̄n.	órden.
P. A.	Por ausencia.
P. A. D. L. J.	Por acuerdo de la Junta.
P. D.	Posdata.
P. O.	Por ocupacion.
P., p^{e}	Padre.
p., pág.	página.
págs.	páginas.
p^{a}	para.
pár., §	párrafo.
P^{o}	Pedro.
p^{r}	por
ps. fs.	pesos fuertos.
p^{ta}	plata.
p^{te}	parte.
p^{to}	puerto.
pl.	plana, plural.
pp^{co}	público.
pral.	principal.

pror.	procurador.
Prov^{or}	Provisor.
p^{s}	pues.
P. y S. P.	Proteccion y seguridad Pública.
q^{e}	que.
q^{en}	quien.
Q. B. S. M.	Que besa sus manos.
Q. D. G.	Que Dios Guarde.
Q. E. E. G.	Que está en gloria.
Q. E. P. D.	Que en paz descanse.
R., R^{l}	Real.
RR., R^{les}	Reales.
r^{s}	reales (moneda).
R. P. M.	Reverendo Padre Maestro.
R^{mo}	Reverendísimo.
R^{do}	Reverendo.
r^{vi}	recibí.
R. I. P.	Requiescat in pace.
S.	Sur.
S., S^{n}	San.
S^{to}, Sto.	Santo.
Sta	Santa.
S. A.	Su Alteza.
S. A. E.	Su Alteza Electoral.
S. A. I.	Su Alteza Imperial.
S. A. R.	Su Alteza Real.
S. A. S.	Su Alteza Serenísima.
S. M.	Su Magestad.
S. M. B.	Su Magestad Británica.
S. M. C.	Su Magestad Católica.
S. M. F.	Su Magestad Fidelísima.
S. N.	Servicio Nacional.
S. S., S. S^{d}	Su Santidad.
SS. AA. II.	Su Altezas Imperiales.

SS. AA. RR.	Su Altezas Reales.
SS. AA. SS.	Su Altezas Serenísimas.
SS. MM.	Sus Magestades.
S^{or}, Sr.	Señor.
S^{ra}, Sra.	Señora.
SS., SS^{res}	Señores.
Seb^{n}	Sebastien.
Se^{bre}	Setiembre.
Ser^{mo}	Serenísimo.
serv^{o}	servicio.
serv^{or}	servidor.
sig^{te}	siguiente.
SS^{mo}	Santísimo (el Sacramento).
SS. PP.	Santos Padres.
SS^{mo} P^{e}	Santísimo Padre.
SS^{no}	Escribano.
S. P. Q. R.	Senatus Populusque Romanus.
súp^{ca}	súplica.
sup^{te}	suplicante.
Super^{te}	Superintendente.
Ten^{te}	Teniente.
tp̄o.	tiempo.
t., tom.	tomo.
v.	véase.
V., V^{e}, Ven^{e}	Venerable.
V. A.	Vuestra Alteza.
V. B^{d}	Vuestra Beatitud.
V^{o} B^{o}	Visto Bueno.
V. E., V. Exc^{a}	Vuecelencia.
v. g., v. gr.	vervi gracia.
V. M.	Vuestra Majestad.
W. MM.	Vuestras Majestades.
V., Vs.; Vd., Vds.	usted *et* ustedes.
vm., vmd.	vuesa merced, *ou* usted.
V. P.	Vuesa Paternidad.
V. R.	Vuesa Reverencia.
V. S.	Vuesaseñoría, Usía.
V. S^{d}	Vuestra Santidad.

V. S. I.	Vueseñoría Ilustrísima.	Xptiano.	Cristiano.
		Xp̃to.	Cristo.
Vn., V^{n}	Vellon.	Ygla.	Iglesia.
vol.	volúmen.	Ynq^{or}	Inquisidor.
vr̃o	vuestro.	1°, 2°, 3°, etc.	Primero, Segundo, Tercero, etc.
X^{mo}	diezmo.		

Abréviations usitées dans le commerce.

c^{ta}	cuenta.	m/v^{e}	mi vale.
c/c.	cuenta corriente.	m/v^{es}	mis vales.
$desc^{to}$	descuento.	o/	órden.
d/v.	dias vista.	p^{e}	pagaré.
imp^{te}	importe.	por 0/0	por ciento.
l^{a}	letra.	s/c.	su cuenta.
m/c.	mi cuenta.	s/l^{a}	su letra.
m/l^{a}	mi letra.	s/o.	su órden.
m/l^{as}	mis letras.	s/p^{e}	su pagaré.
m/o.	mi órden.	s/v^{e}	su vale.
m/p^{e}	mi pagaré.	t., t^{s}	toneles.
m/p^{es}	mis pagarés.	v^{e}	vale.

Bien que la casse espagnole diffère de la nôtre, nous nous dispenserons d'en donner le modèle; le seul déplacement intelligent des sortes les plus courantes rendra inutile le recours à une boiserie spéciale. — Il en est de même pour la casse portugaise.

§ XIII.

COMPOSITION DU PORTUGAIS.

L'alphabet portugais ne diffère en rien du nôtre.

Les seuls accents employés dans la langue portugaise sont l'accent aigu et l'accent circonflexe. Le premier se place sur les voyelles *a, e, i, o, u* :

áquellas, ás; — amárão, chamára, degráos, quebrára; — cá, já, lá, má, será, etc.
além, pés; — até, fé, jacaré, etc.
cahírão, ouvíra, pedíra, produzíra, vírão, etc.
após, mólho, nós, póde, vós; — dó, só, etc.
alaúde, conteúdo, graúdo; — Picú, bahú, cajú, sagú, urucú, etc.;

le second ne se place que sur l'*e* et l'*o* :

desvanecêrão, esquecêra, fazêl-o, sêl-o, subscrevêra, vêdes, etc.
compôz, dôr, fôra, perdôem, pôde, pôr, etc.

Les seules lettres isolées employées dans le portugais sont l'*a*, l'*e*, et l'*o* :

fazer voltar a si a mãi.
Bebião e conversavão bebendo e gesticulando.
fonte de todo o bem, foco de todo o amor!

Ces lettres se trouvent aussi avec l'accent aigu :

Dirigio á infeliz Adelaide.
Elle é tão fraquinho.
ó meu Deos!

Elles se rencontrent souvent encore l'une à côté de l'autre, avec ou sans accent :

e á tua ingratidão... e a mais viva afflicção pintada no semblante... e é preciso que morra duas vezes... é a condessa de Wart... é o filho unico do conde... o odio e a vingança.

Les deux voyelles *a, o* sont souvent réunies, et forment un mot qui se rencontre assez fréquemment :

hora suprema ao seu estado normal... agradecer ao Omnipotente, etc.;

Les monosyllabes qui figurent dans le portugais sont les suivants :

ah! ai! al, ao, ar, as, ás; — cá, cé, cu; — da, de, do, dó; — em, es, eu, ex; — fé; — ha, he; — ia, ir; — já, jus; — la, lá, lé, lê, ló; — má, me, mi, mo, mó, mu; — na, no, nó, nú; — oh! os, ou; — pá, pé, pó, pú; — que, quem, quó; — rã, ré; — se, sé, sê, si, so, só; — tá, te, té, ti, tó, tu; — um; — va, vá, vê, vos, vós.

Les Portugais n'ont pas de mots qui terminent par *en*, *on*; c'est toujours *eu*, *ou* :

correu... desceu... deu-se... empallideceu... esqueceu... eu... meu... padeceu... seu... teu... etc.

abaixou... adiantou-se... arou... brotou... contou-lhe... entrou... intimou... levou... ou... ousou... recusou... respeitou... etc.

La division des mots à la fin des lignes se fait entre chaque syllabe, comme dans le français :

af-fec-tos... ap-pro-var... au-sen-cia... com-pa-ra-vel... de-lei-to-sos... en-ga-na-do... es-sen-cial... ex-ces-si-vo... fun-da-do... im-mor-tal... in-fi-ni-to... in-quie-ta-ções... la-gri-mas... men-ti-ro-sas... pro-jec-tos... sa-tis-fa-ziam... ter-res-tre... tor-na-rás... etc.

Les mots portugais commençant par les syllabes *con*, *de*, *in*, *ab*, *ob*, *pre*, *re*, suivies d'une *s*, se divisent après celle-ci :

cons-tante... des-truir... ins-culpir... abs-tracção... obs-trucção... pres-crever... res-tituir... etc.

Lorsque le *g* est suivi d'une *n*, la coupure du mot doit toujours, contrairement à notre usage, se faire entre ces deux lettres :

ag-nome... assig-nador... cog-nomento... dig-namente... estag-nado... ig-nivomo... ig-norancia... lig-neo... mag-netismo... mag-nificencia... pug-nas... reg-nativo... etc.

La lettre *h* ne se sépare jamais de la consonne qui la précède; il faut donc diviser de la manière suivante :

anto-lhava... cami-nho... co-lher... co-nhecimento... enge-nheiros... nenhumas... rai-nha... reco-nhecendo... te-nho... ti-nhas... estra-nhavelmente... vergo-nha... etc.

Lorsque la lettre *x*, dans le corps d'un mot, se trouve entre deux voyelles (1), elle doit être reportée sur celle dont elle est suivie :

abai-xaste... au-xilio... dei-xaste... pai-xão... quei-xumes... etc.;

mais si cette lettre se trouve entre deux voyelles dont l'une est initiale, le mot ne peut être divisé à cet endroit :

axa-roar... axil-lar... axi-parão... exa-minador... exe-cutor... exem-plo... exis-tir... oxa-lico... etc.

On peut toujours, comme en français, diviser entre l'*x* et une consonne :

ex-cellentemente... ex-pender... ex-tenuativo... etc.

On ne peut diviser un mot entre les voyelles qui forment diphthongues. Voici la liste des diphthongues :

ae, ai, ao, ão, au, ay; — ea, êe, ei, eo, éo, êo, eu, ey; — ia, ie, io, iu; — oa, oe, oi, oo, ôo, ou, oy; — ua, ue, ui, uo, uy;

ni entre les voyelles formant triphthongues :

eia, éia, eão, ião, etc.

Les pronoms qui suivent les verbes sont liés à ces derniers par le trait-d'union :

abandonar-me... achar-lhe... apodera-se... contemplou-a... dar-mas... deixa-lo... escreve-la... finda-las... resolver-nos... referir-tas... reforçal-os... serve-te... molestal-o... affligir-me-hia... continuar-se-ha... formar-se-lhe... etc.;

mais dans ce cas il faut, autant que possible, ne pas couper entre le verbe et le pronom, surtout lorsqu'il ne s'agit que d'une ou de deux lettres et que la justification est d'une largeur moyenne.

---

(1) Elle a dans ce cas la valeur et la prononciation de notre *ch*.

mais les lettres *e a, è á, é a, e é, e o, é o,* forment chacune autant de mots, et, bien qu'à côté l'une de l'autre, ne doivent jamais être réunies.

Les Portugais font un fréquent usage de l'*ã* et de l'*õ* tilde. La plupart des mots qui sont terminés par *ao* prennent le premier :

abrigão... bebião... conversavão... destacavão... excommunhão... formavão... geração... inscripção... não... repulsão... tão... etc.;

presque tous les mots terminés en *oes* prennent le second :

corações... expressões... impressões.. observações... paixões... precauções... etc.

Le *ç* est souvent employé aussi; et lorsque deux *c* se trouvent à côté l'un de l'autre, le second prend toujours la cédille :

afflicção... attracção... direcções... fracção... traducção... etc.

L'apostrophe a le même emploi que dans le français :

d'alma... d'ella... d'essá... d'esses... d'este... d'isto... lh'as... lh'o... m'o... n'ella... n'aquella... n'este... n'isso... n'um... n'uma... etc.

L'emploi des majuscules ne diffère en rien du nôtre.

Il en est de même de la ponctuation, si ce n'est que, comme dans l'espagnol, les phrases interrogatives ou exclamatives prennent à leur commencement le point interrogatif ou exclamatif (1).

Les Portugais emploient aussi, comme les Polonais, le point d'exclamation après le point d'interrogation, lorsque la phrase est à la fois interrogative et exclamative :

É ficticia, ou real minha amargura?!
Onde achaste tamanha desventura, meu pobre coração?!

L'abréviation d'*et cetera* se fait de la même manière qu'en français, *etc.*

(1) Cet usage, appuyé cependant par des motifs plausibles, tend à disparaître de jour en jour.

ABRÉVIATIONS.

On se sert d'un grand nombre d'abréviations dans l'écriture portugaise. Les plus usitées sont les suivantes :

A.	autor.	I.	Imperial.
AA.	autores.	Illmo	illustrissimo.
Ab.	abril.	Jan^{o}	janeiro.
Ag^{to}	agosto.	Jl^{o}	julho.
Alv.	Alvará.	Jno	junho.
Am^{o}	amigo.	L.	lei.
Am^{o} do C.	amigo do coração.	lib.	libra.
App^{te} (1)	appellante.	l^{o}, liv.	livro.
A. R.	Alteza real.	M^{a}	minha.
Art^{o}	artigo.	M^{ce}	mercê.
Av.	aviso.	M^{ço}	março.
C^{o}	criado.	M^{io}	maio.
Cap., Cap^{ao}	capitão.	M^{to}	muito.
Cons^{ro}	conselheiro.	N^{a}	nossa.
constantem^{te} (2)	constantemente.	N^{o}	numéro.
D.	dom.	N. S^{r}	Nosso Senhor.
D^{a}	dona.	N. S^{ra}	Nossa Senhora.
DD., D^{rs}	doutores.	Orçam^{to} (3)	Orçamento.
Dec.	decreto.	Ord.	Ordenação.
Des^{or}	desembargador.	p.	passe.
D^{o}	dito.	P.	provará.
D^{r}	doutor.	P^{a}	para.
D^{s}	Deos.	P^{e}	padre.
E R. M^{ce}	e receberá mercê.	Pensam^{to}	pensamento.
Exmo	excellentissimo.	P^{o}	pelo.
Fev^{r}	fevereiro.	Port^{a}	portaria.
F^{o}	filho.	P^{r}	por.
G^{de} D^{s} M^{s} A^{s}	guarde Deos muitos	Probid^{e} (4)	probidade.
	annos.	Prov.	provisão.
Genl	general.	Q., $\bar{\text{q}}$. (5)	que.

(1) De même pour toutes les terminaisons en *ante*.

(2) De même pour toutes les terminaisons en *mente*.

(3) De même pour toutes les terminaisons en *mento*.

(4) De même pour toutes les terminaisons en *ade*.

(5) On supplée souvent aussi par ce trait un *m* ou un *n* supprimé.

Q^{do}	quando.	Sn^{ra}	Senhora.
Q^{m}	quem.	S., S^{to}	Santo.
qq.	quintal.	tb.	tambem.
Q^{to}	quanto.	Tit.	titulo.
R.	Real.	T^{te}	tenente.
Reg^{to}	regulamento *ou* re-	t^{to}	tanto.
	gimento.	V.	vossa.
Res.	resolução.	v.	vide, veja-se.
R^{mo}	reverendissimo.	V^{a}	villa.
R^{o}	reverendo.	Ven^{dr}	Venerador (1).
R^{s}	réis.	v. g.	verbi gratia.
S. A.	Sua Alteza.	V. Exª	Vossa Excellencia.
Ser^{mo}	Serenissimo.	Vm., V. M^{ce}	vossa mercê.
sinceram^{te}	sinceramente.	V. M., Mag^{de}	Vossa Magestade.
S. M.	Sua Magestade.	V. S^{a}	Vossa Senhoria.
S. M. I.	Sua Magestade Im-	7^{bro}	setembro.
	perial.	8^{bro}	outubro.
S^{mo}, SS.	Santissimo.	9^{bro}	novembro.
S. M. R.	Sua Magestade Real.	10^{bro}	dezembro.
S^{nr}	Senhor.		

Abréviations de noms propres.

Alex^{e}	Alexandre.	Lx^{a}	Lisboa.
Ant^{o}	Antonio.	M^{a}	Maria.
Azev^{do}	Azevedo.	Magd^{na}	Magdalena.
Bern^{do}	Bernardo.	M^{da}	Margarida.
B^{to}	Bento.	M^{l}	Manoel.
Cout^{o}	Coutinho.	Ol^{a}	Oliveira.
D^{te}	Duarte.	Peix^{to}	Peixoto.
Fern^{ds}	Fernandes.	Per^{a}	Pereira.
Fer^{ra}	Ferreira.	Rois.	Rodrigues.
G^{ls}	Gonçalves.	S^{a}	Silva.
J^{e}	José.	P^{o}	Pedro.
J^{m}	Joaquim.	Vasc^{s}	Vasconcellos.

(1) Il en est de même pour toutes les terminaisons en *ador*.

§ XIV.

OBSERVATIONS

QUI SE RATTACHENT AUX RÈGLES RELATIVES A L'ACCENTUATION DU GREC.

(Pages 197 à 205 du tome Ier.)

Les accents, selon que la terminaison d'un mot *déclinable* (substantif, adjectif, verbe) est longue ou brève, sont sujets à se déplacer ou à changer de nature. Pour opérer ces deux modifications, il est indispensable de connaître, à l'aide du dictionnaire, l'*accent premier* du mot que l'on veut accentuer. Une fois cet accent connu, il ne reste plus qu'à faire l'application de ce qui suit.

Les mots de deux syllabes terminés en ος qui ont l'accent aigu sur la première syllabe, comme κύκλος, λόγος, νόμος, πόντος, πύργος, etc., le conservent à tous les cas sur cette syllabe : λόγος, λόγου, λόγῳ, λόγον, λόγε, λόγοι, λόγων, λόγοις, λόγους, λόγω, λόγοιν. — L'esprit, doux ou rude, qui peut se trouver réuni à l'accent, ne change en rien la place de ce dernier : ὄχλος, ὄχλον, ὄχλου, ὄχλῳ; ἵππος, ἵππον, ἵππου, ἵππῳ, etc.

Suivent la même règle les mots composés terminés en ος qui ont l'accent aigu sur la pénultième, comme ἀνθρωποφάγος, ἀστρολόγος, ἀστρονόμος, λαμπαδηφόρος, οἰκονόμος, χρυσολόγος, etc.

Les mots de trois syllabes terminés en ος qui ont l'accent aigu sur la première syllabe, comme θόρυβος, κάλαμος, πόλεμος, etc., conservent cet accent sur cette syllabe devant les terminaisons brèves (1) : πόλεμος, πόλεμον, πόλεμε, πόλεμοι. — Devant les terminaisons longues (2), cet accent passe sur la seconde syllabe :

(1) Terminaisons brèves : ος, ον, ε, οι.

(2) Terminaisons longues : ου, ῳ, ων, οις, ους, ω, οιν.

πολέμου, πολέμῳ, πολέμων, πολέμοις, πολέμους, πολέμω, πολέμοιν. — De même que ci-dessus, l'esprit, dans ce cas, ne change pas la place de l'accent : ἄνθρωπος, ἄνθρωπον, ἀνθρώπου, ἀνθρώπῳ; ἥλιος, ἥλιον, ἡλίου, ἡλίῳ, etc.

Suivent la même règle les mots composés terminés en ος qui ont l'accent aigu sur l'antépénultième, comme αὐτόλυκος, ἐπίλογος, μισάνθρωπος, etc.

Les mots de deux syllabes terminés en ος qui ont l'accent circonflexe sur la première syllabe, comme δῆμος, κῆπος, νῆσος, πλοῦτος, etc., conservent cet accent devant les terminaisons brèves (1) : δῆμος, δῆμον, δῆμε, δῆμοι. — Cet accent devient aigu sur la même syllabe devant les terminaisons longues (2) : δήμου, δήμῳ, δήμων, δήμοις, δήμους, δήμω, δήμοιν. — Il en est de même des mots qui ont un esprit doux ou rude : οἶνος, οἶνον, οἴνου, οἴνῳ; οἶος, οἶον, οἴου, οἴῳ, etc.

Les mots terminés en ος qui ont l'accent grave sur la dernière syllabe, comme ὁδὸς, ποταμὸς, ἀδελφὸς, φυσιογνωμονικὸς, etc., conservent toujours l'accent sur cette dernière syllabe, quel que soit le nombre de syllabes dont ils se composent. L'accent est grave sur les terminaisons brèves (3) : ποταμὸς, ποταμὸν, ποταμὲ, ποταμοὶ. — Il est circonflexe sur les terminaisons longues (4) : ποταμοῦ, ποταμῷ, ποταμῶν, ποταμοῖς (ποταμοὺς et ποταμὼ, par exception), ποταμοῖν.

Les mots de deux syllabes terminés en α qui ont l'accent circonflexe sur la première syllabe, comme γλῶσσα, μοῦσα, παῦλα, πεῖνα, etc., conservent cet accent devant les terminaisons brèves (5) : μοῦσα, μοῦσαν, μοῦσαι; et le changent en aigu devant les terminaisons longues (6) : μούσης, μούσῃ, μούσαις, μούσας, μούσα

---

(1) Terminaisons brèves : ος, ον, ε, οι.
(2) Terminaisons longues : ου, ῳ, ων, οις, ους, ω, οιν.
(3) Terminaisons brèves, comme celles ci-dessus.
(4) Terminaisons longues, comme celles ci-dessùs.
(5) Terminaisons brèves : α, αν, αι.
(6) Terminaisons longues : ης, ῃ, αις, ας, α, ων, αιν.

(duel), μούσαιν (μουσῶν fait exception, à cause de la contraction).

Les mots de deux syllabes terminés en α qui ont un accent circonflexe sur la première syllabe, comme πνεῦμα, πρᾶγμα, σῶμα, etc., changent cet accent en aigu lorsque le mot, au lieu de deux syllabes, en a trois et que la dernière est brève (1) : σώματος, σώματι, σώματα, σώμασι, σώματε. — Cet accent avance d'une syllabe lorsque la terminaison du mot est longue (2) : σωμάτων, σωμάτοιν.

Même règle pour les mots qui, outre l'accent circonflexe, ont l'esprit doux ou rude, comme οἶμα et αἷμα, qui deviennent οἴματος, οἴματι, οἰμάτων, οἰμάτοιν; αἵματος, αἵματι, αἱμάτων, αἱμάτοιν.

Même règle pour les mots qui, au lieu de l'accent circonflexe, ont l'accent aigu, comme στόμα, τάγμα, τέρμα, φάσμα, etc. : στόματος, στομάτων; τάγματος, ταγμάτων.

Les mots de deux syllabes en ον qui ont l'accent circonflexe sur la première syllabe, comme δεῖπνον, δῶρον, ζῶον, etc., conservent cet accent sur cette syllabe devant les terminaisons brèves (3) : δῶρον, δῶρα. — L'accent se change en aigu devant les terminaisons longues (4) : δώρου, δώρῳ, δώρων, δώροις, δώρω, δώροιν.

Les mots de trois syllabes en ον qui ont l'accent aigu sur la première syllabe, comme ὄργανον, πρόβατον, πρόσωπον, σύμβολον, et μαρτύριον, qui le porte sur l'antépénultième, conservent cet accent devant les terminaisons brèves (5) : ὄργανον, ὄργανα; σύμβολον, σύμβολα. — Lorsque la terminaison est longue (6), l'accent avance d'une syllabe : ὀργάνου, ὀργάνῳ, ὀργάνων, ὀργάνοις, ὀργάνω, ὀργάνοιν; συμβόλου, συμβόλῳ, συμβόλων, συμβόλοις, συμβόλω, συμβόλοιν.

Les mots terminés en ον qui ont l'accent sur la dernière syl-

---

(1) Terminaisons brèves : ος, ι, α, ε.
(2) Terminaisons longues : ων, οιν.
(3) Terminaisons brèves : ον, α.
(4) Terminaisons longues : ου, ῳ, ων, οις, ω, οιν.
(5) Terminaisons brèves : ον, α.
(6) Terminaisons longues : ου, ῳ, ων, οις, ω, οιν.

labe, comme ζυγὸν, πτερὸν, σφυρὸν, ξυρὸν, ἑρπετὸν, etc., conservent l'accent grave sur les terminaisons ὸν, ὰ, ὼ : ζυγὸν, ζυγὰ, ζυγὼ. — Sur toutes les autres (ου, ῳ, ων, οις, οιν), ils prennent l'accent circonflexe : ζυγοῦ, ζυγῷ, ζυγῶν, ζυγοῖς, ζυγοῖν.

Beaucoup de mots terminés en ις et en ας qui ont l'accent grave sur la dernière syllabe, comme ἀμπελὶς, ἐλπὶς, πατρὶς, ἁλιὰς, λαμπὰς, etc., conservent invariablement l'accent aigu sur la pénultième syllabe, que la terminaison du mot soit longue ou brève : ἐλπὶς, ἐλπίδος, ἐλπίδι, ἐλπίδα, ἐλπίδες, ἐλπίδων, ἐλπίσι, ἐλπίδας, ἐλπίδε, ἐλπίδοιν; λαμπὰς, λαμπάδος, λαμπάδι, λαμπάδα, λαμπάδες, λαμπάδων, λαμπάσι, λαμπάδας, λαμπάδε, λαμπάδοιν.

Il en est de même de quelques autres terminés en ον, comme βιβλίον, θηρίον, etc., qui ont la seconde syllabe longue par nature, de même que ceux qui précèdent, et par conséquent invariable : βιβλίον, βιβλίου, βιβλίῳ, βιβλία, βιβλίων, βιβλίοις, βιβλίοιν.

Un grand nombre de mots de deux syllabes terminés en ις qui ont l'accent aigu sur la première syllabe, comme κόνις, κύστις, μάντις, ὄφις, πίστις, πόλις, ὕβρις, etc., conservent l'accent aigu à tous les cas sur la première syllabe : πόλις, πόλι, πόλεως, πόλει, πόλιν, πόλεις, πόλεων, πόλεσι, πόλεε (la seule exception est πολέοιν).

Ceux des mots terminés en ις qui, au lieu de l'accent aigu, ont un accent circonflexe, comme ζεῦξις, σκῆψις, etc., conservent l'accent circonflexe aux trois cas suivants : σκῆψις, σκῆψι, σκῆψιν; tous les autres cas prennent l'accent aigu : σκήψει, σκήψεις, σκήψεων, σκήψεσι, σκήψεε, σκηψέοιν.

Les mots terminés en εὺς, comme βασιλεὺς, βραβεὺς, ἱερεὺς, ἱππεὺς, νομεὺς, etc., ont l'accentuation suivante : βασιλεὺς, βασιλεῦ, βασιλέως, βασιλεῖ (έϊ), βασιλέα, βασιλεῖς (έες), βασιλέων, βασιλεῦσιν, βασιλέας, βασιλέε, βασιλέοιν.

Les mots terminés en α qui ont l'accent grave sur la dernière syllabe, comme δορὰ, δωρεὰ, πλευρὰ, σκιὰ, στοὰ, etc., conservent le même accent sur cette dernière syllabe dans quatre cas : δορὰ, δορὰν, δοραὶ, δορὰς; σκιὰ, σκιὰν, σκιαὶ, σκιὰς. Dans les autres cas, ils prennent l'accent circonflexe : δορᾶς, δορᾷ, δορῶν. δοραῖς, δοραῖν; σκιᾶς, σκιᾷ, σκιῶν, σκιαῖς, σκιαῖν.

(duel), μούσαιν (μουσῶν fait exception, à cause de la contraction).

Les mots de deux syllabes terminés en α qui ont un accent circonflexe sur la première syllabe, comme πνεῦμα, πρᾶγμα, σῶμα, etc., changent cet accent en aigu lorsque le mot, au lieu de deux syllabes, en a trois et que la dernière est brève (1) : σώματος, σώματι, σώματα, σώμασι, σώματε. — Cet accent avance d'une syllabe lorsque la terminaison du mot est longue (2) : σωμάτων, σωμάτοιν.

Même règle pour les mots qui, outre l'accent circonflexe, ont l'esprit doux ou rude, comme οἶμα et αἷμα, qui deviennent οἴματος, οἴματι, οἰμάτων, οἰμάτοιν; αἵματος, αἵματι, αἱμάτων, αἱμάτοιν.

Même règle pour les mots qui, au lieu de l'accent circonflexe, ont l'accent aigu, comme στόμα, τάγμα, τέρμα, φάσμα, etc.: στόματος, στομάτων; τάγματος, ταγμάτων.

Les mots de deux syllabes en ον qui ont l'accent circonflexe sur la première syllabe, comme δεῖπνον, δῶρον, ζῶον, etc., conservent cet accent sur cette syllabe devant les terminaisons brèves (3) : δῶρον, δῶρα. — L'accent se change en aigu devant les terminaisons longues (4) : δώρου, δώρῳ, δώρων, δώροις, δώρω, δώροιν.

Les mots de trois syllabes en ον qui ont l'accent aigu sur la première syllabe, comme ὄργανον, πρόβατον, πρόσωπον, σύμβολον, et μαρτύριον, qui le porte sur l'antépénultième, conservent cet accent devant les terminaisons brèves (5) : ὄργανον, ὄργανα; σύμβολον, σύμβολα. — Lorsque la terminaison est longue (6), l'accent avance d'une syllabe : ὀργάνου, ὀργάνῳ, ὀργάνων, ὀργάνοις, ὀργάνω, ὀργάνοιν; συμβόλου, συμβόλῳ, συμβόλων, συμβόλοις, συμβόλω, συμβόλοιν.

Les mots terminés en ον qui ont l'accent sur la dernière syl-

---

(1) Terminaisons brèves : ος, ι, α, ε.
(2) Terminaisons longues : ων, οιν.
(3) Terminaisons brèves : ον, α.
(4) Terminaisons longues : ου, ῳ, ων, οις, ω, οιν.
(5) Terminaisons brèves : ον, α.
(6) Terminaisons longues : ου, ῳ, ων, οις, ω, οιν.

labe, comme ζυγὸν, πτερὸν, σφυρὸν, ξυρὸν, ἑρπετὸν, etc., conservent l'accent grave sur les terminaisons ὸν, ὰ, ὼ : ζυγὸν, ζυγὰ, ζυγὼ. — Sur toutes les autres (ου, ῳ, ων, οις, οιν), ils prennent l'accent circonflexe : ζυγοῦ, ζυγῷ, ζυγῶν, ζυγοῖς, ζυγοῖν.

Beaucoup de mots terminés en ις et en ας qui ont l'accent grave sur la dernière syllabe, comme ἀμπελὶς, ἐλπὶς, πατρὶς, ἁλιὰς, λαμπὰς, etc., conservent invariablement l'accent aigu sur la pénultième syllabe, que la terminaison du mot soit longue ou brève : ἐλπὶς, ἐλπίδος, ἐλπίδι, ἐλπίδα, ἐλπίδες, ἐλπίδων, ἐλπίσι, ἐλπίδας, ἐλπίδε, ἐλπίδοιν; λαμπὰς, λαμπάδος, λαμπάδι, λαμπάδα, λαμπάδες, λαμπάδων, λαμπάσι, λαμπάδας, λαμπάδε, λαμπάδοιν.

Il en est de même de quelques autres terminés en ον, comme βιϐλίον, θηρίον, etc., qui ont la seconde syllabe longue par nature, de même que ceux qui précèdent, et par conséquent invariable : βιϐλίον, βιϐλίου, βιϐλίῳ, βιϐλία, βιϐλίων, βιϐλίοις, βιϐλίοιν.

Un grand nombre de mots de deux syllabes terminés en ις qui ont l'accent aigu sur la première syllabe, comme κόνις, κύστις, μάντις, ὄφις, πίστις, πόλις, ὕϐρις, etc., conservent l'accent aigu à tous les cas sur la première syllabe : πόλις, πόλι, πόλεως, πόλει, πόλιν, πόλεις, πόλεων, πόλεσι, πόλεε (la seule exception est πολέοιν).

Ceux des mots terminés en ις qui, au lieu de l'accent aigu, ont un accent circonflexe, comme ζεῦξις, σκῆψις, etc., conservent l'accent circonflexe aux trois cas suivants : σκῆψις, σκῆψι, σκῆψιν; tous les autres cas prennent l'accent aigu : σκήψει, σκήψεις, σκήψεων, σκήψεσι, σκήψεε, σκηψέοιν.

Les mots terminés en εὺς, comme βασιλεὺς, βραϐεὺς, ἱερεὺς, ἱππεὺς, νομεὺς, etc., ont l'accentuation suivante : βασιλεὺς, βασιλεῦ, βασιλέως, βασιλεῖ (έϊ), βασιλέα, βασιλεῖς (έες), βασιλέων, βασιλεῦσιν, βασιλέας, βασιλέε, βασιλέοιν.

Les mots terminés en α qui ont l'accent grave sur la dernière syllabe, comme δορὰ, δωρεὰ, πλευρὰ, σκιὰ, στοὰ, etc., conservent le même accent sur cette dernière syllabe dans quatre cas : δορὰ, δορὰν, δοραὶ, δορὰς; σκιὰ, σκιὰν, σκιαὶ, σκιὰς. Dans les autres cas, ils prennent l'accent circonflexe : δορᾶς, δορᾷ, δορῶν. δοραῖς, δοραῖν; σκιᾶς, σκιᾷ, σκιῶν, σκιαῖς, σκιαῖν.

Les mots terminés en ία qui ont l'accent aigu sur la pénultième, comme αἰτία, ἡμέρα, μοναρχία, πολυμηχανία, σοφία, φιλία, etc., conservent cet accent à tous les cas : φιλία, φιλίας, φιλίᾳ, φιλίαν, φιλίαι, φιλίαις, φιλίαιν. (La terminaison ῶν fait exception, φιλιῶν.)

Les mots terminés en εῖα qui ont l'accent circonflexe sur la pénultième, comme γλυκεῖα, ταχεῖα, etc., gardent toujours cet accent devant les terminaisons brèves (1) : γλυκεῖα, γλυκεῖαν, γλυκεῖαι; ταχεῖα, ταχεῖαν, ταχεῖαι. — L'accent circonflexe se change en accent aigu devant les terminaisons longues, à l'exception de ων (2) : γλυκείας, γλυκείᾳ, γλυκείαις, γλυκεία, γλυκείαιν, γλυκειῶν; ταχείας, ταχείᾳ, ταχείαις, ταχεία, ταχείαιν, ταχειῶν.

Les mots terminés en εια qui ont l'accent aigu sur la seconde syllabe, comme ἀλήθεια, εὐήθεια, etc., le conservent sur cette même syllabe lorsque la terminaison du mot est brève (3) : ἀλήθεια, ἀλήθειαν, ἀλήθειαι. — Devant les terminaisons longues (4), l'accent passe sur l'ι : ἀληθείας, ἀληθείᾳ, ἀληθείαις, ἀληθεία (duel), ἀληθείαιν (ἀληθειῶν fait exception).

Les mots de deux syllabes terminés en η qui ont l'accent aigu sur la première syllabe, comme δίκη, μάχη, κόμη, δάφνη, etc., de même que ceux de trois syllabes qui ont l'accent sur la seconde, comme βασίλη, νεφέλη, etc., conservent sans déplacement cet accent à tous les cas, sauf la terminaison ῶν : δίκη, δίκης, δίκῃ, δίκην, δίκαι, δίκαις, δίκας, δίκα, δίκαιν, δικῶν; βασίλη, βασίλης, βασίλῃ, βασίλην, βασίλαι, βασίλαις, βασίλας, βασίλα, βασίλαιν, βασιλῶν.

Les mots terminés en ή qui ont l'accent grave sur la dernière syllabe, comme τιμή, τροφή, ψυχή, ἀρετή, κεφαλή, ἐπιστολή, ῥητορική, etc., conservent sans déplacement l'accent sur la dernière syllabe. Il est grave sur les terminaisons ὴ, ὴν, αὶ, ὰς, ὰ : ἐπιστολὴ, ἐπιστολὴν, ἐπιστολαὶ, ἐπιστολὰς, ἐπιστολὰ; il est circonflexe sur les

---

(1) Terminaisons brèves : α, αν, αι.

(2) Terminaisons longues : ας, ᾳ, αις, α, αιν, ων.

(3) Terminaisons brèves, comme ci-dessus.

(4) Terminaisons longues, comme ci-dessus.

terminaisons ῆς, ῇ, ῶν, αῖς, αῖν : ἐπιστολῆς, ἐπιστολῇ, ἐπιστολῶν, ἐπιστολαῖς, ἐπιστολαῖν.

Les mots terminés en ῆ qui ont l'accent circonflexe sur la dernière syllabe, comme ἀδελφιδῆ, γαλῆ, λεοντῆ, συκῆ, etc., conservent invariablement à tous les cas cet accent sur cette syllabe : συκῆ, συκῆς, συκῇ, συκῆν, συκαῖ, συκῶν, συκαῖς, συκᾶς, συκᾶ, συκαῖν.

§ XV.

ALPHABETS DE DIVERSES LANGUES.

Nous pensons qu'il ne sera pas sans intérêt de placer ici les différents alphabets que nous avons composés pour l'*Encyclopédie moderne* (1), éditée par MM. Firmin-Didot, et qu'ils nous ont autorisé à reproduire; — mais nous regrettons en même temps que l'absence des caractères nécessaires ne nous ait pas permis d'entrer dans de plus amples développements sur chacun de ces alphabets (2); et que, d'un autre côté, l'obligation de faire les pages de même longueur nous ait empêché de les classer méthodiquement, c'est-à-dire par ordre de famille.

Chinois.

Les signes écrits ou clefs, dont au moins une se trouve dans la composition de tout caractère chinois, sont les radicaux qui désignent en quelque sorte le genre; — le développement de l'idée s'exprime par l'addition de traits de formes diverses, dont le nombre peut varier de un à dix-sept.

Ces clefs sont très-souvent formées par la réunion de plusieurs pièces détachées. Les tableaux ci-contre contiennent la liste des deux cent-quatorze clefs, avec la signification et la prononciation de chacune d'elles.

Le chinois se compose par colonnes qui se lisent de droite à gauche et de haut en bas.

---

(1) Tome XIII, article *Écriture*, pages 410 à 428 *g*.

(2) Le célèbre imprimeur Brockhaus, de Leipzig, a publié, en 1859, la huitième édition d'une brochure de M. Friedrich Ballhorn, intitulée *Alphabete orientalischer und occidentalischer Sprachen*, dans laquelle on trouvera réunis les alphabets de soixante et douze idiomes de l'Orient et de l'Occident.

片 pián 91 éclat de bois	曰 youei 73 dire	廾 koùng 55 joindre les mains	大 tá 37 grand	力 li 19 force	一 i 1 un
牙 yâ 92 dents	月 youei 74 lune	弋 i 56 tirer de l'arc	女 niù 38 femme	勹 paô 20 envelopper	丨 kouèn 2 en bas
牛 nieoù 93 bœuf	木 mou 75 arbre	弓 koùng 57 arc	子 tseù 39 fils	匕 pí 21 cuiller	丶 tchù 3 point
犬 khioùan 94 chien	欠 khián 76 expiration	彐 kí 58 tête de porc	宀 mîan 40 toit	匚 fàng 22 coffre	丿 phieī 4 à droite
玄 hioûan 95 couleur du ciel	止 tchì 77 s'arrêter	彡 sân 59 poils	寸 thsún 41 mesure	匸 hì 23 cacher	乙 i 5 caractère cyclique
玉 iu 96 jaspe	歹 ya 78 squelette	彳 tchi 60 marche	小 siaò 42 petit	十 chi 24 dix	亅 khiouei 6 crochet
瓜 koûa 97 courge	殳 chû 79 bâton	心 sîn 61 cœur	尢 wâng 43 boiteux	卜 pou 25 brûler l'écaille d'une tortue	二 eúl 7 deux
瓦 wà 98 terre cuite	毋 woû 80 négation	戈 kô 62 lance	尸 chi 44 cadavre	卩 tsiei 26 article	亠 thèou 8
甘 kân 99 doux	比 pí 81 comparer	戶 hòu 63 porte	屮 tche 45 rejeton	厂 hán 27 antre	人 jîn 9 homme
生 sêng 100 naître	毛 maô 82 cheveux	手 cheoù 64 main	山 chân 46 montagne	厶 ssê 28 pervers	儿 jín 10 homme
用 yoúng 101 se servir	氏 chi 83 famille	支 tchî 65 branche	巛 tchouân 47 cours d'eau	又 yéou 29 main	入 ji 11 entrer
田 thîan 102 champ	气 khí 84 air	攴 phou 66 frapper	工 koûng 48 artisan	口 kheoù 30 bouche	八 pa 12 huit
疋 soû 103 pied	水 choùi 85 eau	文 wên 67 trait	己 kì 49 soi-même	囗 wêi 31 enceinte	冂 khioúng 13 désert
疒 ni 104 maladie	火 hò 86 feu	斗 teoù 68 mesure	巾 kin 50 linge	土 thoù 32 terre	冖 mi 14 couvrir
癶 po 105 pieds écartés	爪 tchaò 87 ongles	斤 kìn 69 hache	干 kân 51 bouclier	士 ssé 33 lettré	冫 pîng 15 glace
白 pe 106 blanc	父 foù 88 père	方 fâng 70 carré	幺 yaô 52 petit	夂 tchì 34 suivre	几 khì 16 banc
皮 phî 107 peau	爻 hiâo 89 lignes magiques	无 woû 71 non	广 yàn 53 toit	夊 soùi 35 marche	凵 khàn 17 réceptacle
皿 mìng 108 écuelle	爿 tchoûang 90 lit	日 ji 72 soleil	廴 yèn 54 chemin	夕 si 36 obscurité	刀 taô 18 couteau

199 麥 me blé	181 頁 hiei tête	163 邑 i cité	145 衣 i vêtement	127 耒 loùi charrue	109 目 mou œil
200 麻 mâ chanvre	182 風 foûng vent	164 酉 yeoù automne	146 襾 ye couvrir	128 耳 eùl oreille	110 矛 meôu hallebarde
201 黃 hoâng jaune	183 飛 fêi vol d'oiseau	165 釆 pién séparer	147 見 kián voir	129 聿 iu pinceau	111 矢 chì flèche
202 黍 chù millet	184 食 chi manger	166 里 lì lieu	148 角 kio corne	130 肉 jou chair	112 石 chi pierre
203 黑 he noir	185 首 cheoù tête	167 金 kin or	149 言 yân parole	131 臣 tchin sujet	113 示 khì génie terrestre
204 黹 tchì coudre	186 香 hiâng bonne odeur	168 長 tchâng long	150 谷 kou vallée	132 自 tséu de	114 禸 jeoù sole des quadrupèdes
205 黽 mìng grenouille	187 馬 mà cheval	169 門 mên porte	151 豆 teoú vase de bois	133 至 tchí parvenir	115 禾 hô céréales
206 鼎 tìng trépied	188 骨 kou os	170 阜 feoù tertre	152 豕 chì porc	134 臼 khieoù mortier	116 穴 hiouei caverne
207 鼓 kòu tambour	189 高 kaô haut	171 隶 tái parvenir	153 豸 tchì ver	135 舌 je langue	117 立 li être debout
208 鼠 chù rat	190 髟 picoû cheveux	172 隹 tchoûi oiseau à queue courte	154 貝 péi coquillage	136 舛 tchoùan coucher vis-à-vis	118 竹 tchou bambou
209 鼻 pi nez	191 鬥 teoù combat	173 雨 iù pluie	155 赤 tchi rouge	137 舟 tcheoù barque	119 米 mì riz
210 齊 thsi arrangement	192 鬯 tchâng herbe odorante	174 靑 thsing vert-bleu	156 走 tseoù courir	138 艮 kén limite	120 糸 mi fil de soie
211 齒 tchì dents supérieures	193 鬲 li trépied	175 非 fêi négation	157 足 tsou pied	139 色 se couleur	121 缶 feoù vase de terre
212 龍 loûng dragon	194 鬼 koùei mânes	176 面 mián visage	158 身 chin corps	140 艸 thsaò plante	122 网 wàng filet
213 龜 koûei tortue	195 魚 iû poisson	177 革 ke cuir	159 車 kiû char	141 虍 hoû tigre	123 羊 yâng mouton
214 龠 yo flûte	196 鳥 niaò oiseau	178 韋 wêi peau	160 辛 sin âcre	142 虫 hoèi animal à carapace	124 羽 iù pennes
	197 鹵 loù sel	179 韭 kieoù oignon	161 辰 tchîn heure	143 血 hiouei sang	125 老 laò vieux
	198 鹿 lou cerf	180 音 yin son	162 辵 tcho marcher	144 行 hing marche	126 而 eûl et

Japonais.

Dans le commerce ordinaire de la vie, les Japonais se servent de divers syllabaires formés de portions de caractères chinois : le plus répandu est celui que nous donnons ci-dessous; il a été inventé par Kibi-Ko, vers le milieu du huitième siècle, et porte le nom de Kata-Kana.

Le japonais se compose, comme le chinois, par colonnes qui se lisent de droite à gauche et de haut en bas.

ミ	mi	コ	ko	井	i	レ	re	リ	ri	イ	i
シ	si	エ	ye	ノ	no	ソ	so	ヌ	nou	ロ	ro
ヱ	ye	テ	te	オ	wo	ツ	tsou	ル	rou	ハ	fa
ヒ	fi	ア	a	ク	kou	子	ne	ヲ	o	ニ	ni
モ	mo	サ	sa	ヤ	ya	ナ	na	ワ	wa	ホ	fo
セ	se	キ	ki	マ	ma	ラ	ra	カ	ka	ヘ	fe
ス	sou	ユ	you	ケ	ke	ム	mou	ヨ	yo	ト	to
		メ	me	フ	fou	ウ	ou	タ	ta	チ	tsi

Phénicien.

Le phénicien a vingt-deux lettres. Le type ci-dessous est celui que portent les médailles de l'époque des princes achéménides. Il se compose de droite à gauche, mais n'offre rien de particulier.

𐤒	kof	𐤏	aïn	𐤋	lamed	𐤇	heth	𐤄	hé	𐤀	aleph
𐤓	resch	𐤐	fé	𐤌	mim	𐤈	teth	𐤅	vav	𐤁	beth
𐤔	schin	[illegible]	—	𐤍	noun	𐤉	yod	𐤆	zaïn	𐤂	guimel
𐤕	thau	𐤑	tsadé	𐤎	samek	𐤊	caf	𐤇	heth	𐤃	daleth

PEHLVI.

Le caractère pehlvi est de même origine que le précédent, mais il n'a que vingt lettres. Il se compose de droite à gauche.

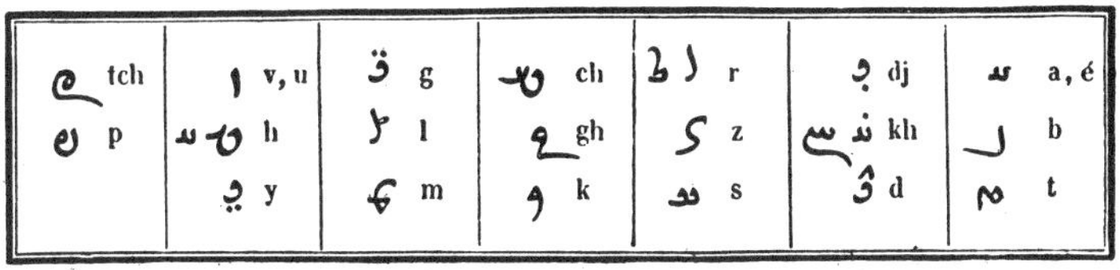

TARTARE.

Le tartare mongol (1) se compose en colonnes perpendiculaires, de gauche à droite; le tartare mandchou (2) se compose de la même manière, mais de droite à gauche, comme le chinois. Le premier a vingt-trois lettres, le second en a trente-neuf.

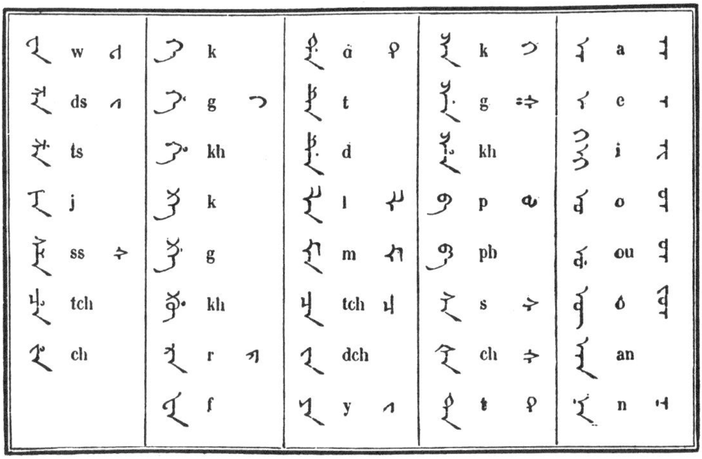

(1) Première partie à droite des cinq colonnes ci-dessus.

(2) Deuxième partie à gauche des cinq colonnes ci-dessus.

Zend.

L'alphabet zend a quarante-deux lettres. Le zend se compose de droite à gauche.

	v		p		t		ng		ã		e		a
	w		f		ṭ		tch		k		è		â
	ç		b		th		dj		kh		ê		i
	ch		m		d		z		q		o		î
	s		y		dh		j		g		ô		u
	h		r		n		ñ		gh		âo		û

Hiéroglyphes (1).

Les hiéroglyphes égyptiens, disposés selon la forme de l'emplacement que doivent occuper les légendes, suivent tantôt la direction verticale et tantôt la direction horizontale. Dans le premier cas, ils procèdent de haut en bas, dans le second, indifféremment de droite à gauche ou de gauche à droite; le côté vers lequel sont tournées les figures d'hommes ou d'animaux indique celui où commence la ligne.

Les signes hiéroglyphiques sont fondus sur divers corps, de manière à se combiner entre eux pour former des cartouches semblables à ceux qui terminent la page suivante. Il y a par conséquent des blancs qui représentent deux, quatre et six fois la force du plus petit corps, pour arriver à la quadrature juste du plus fort.

(1) Dans le tableau suivant, la 1re colonne à droite représente des signes qui ne sont employés phonétiquement que dans certains noms royaux, tels que ceux des cartouches qui se trouvent au bas; — la 2e colonne représente l'alphabet phonétique; — la 3e et la 4e, divers signes symboliques dont la signification est aujourd'hui parfaitement connue.

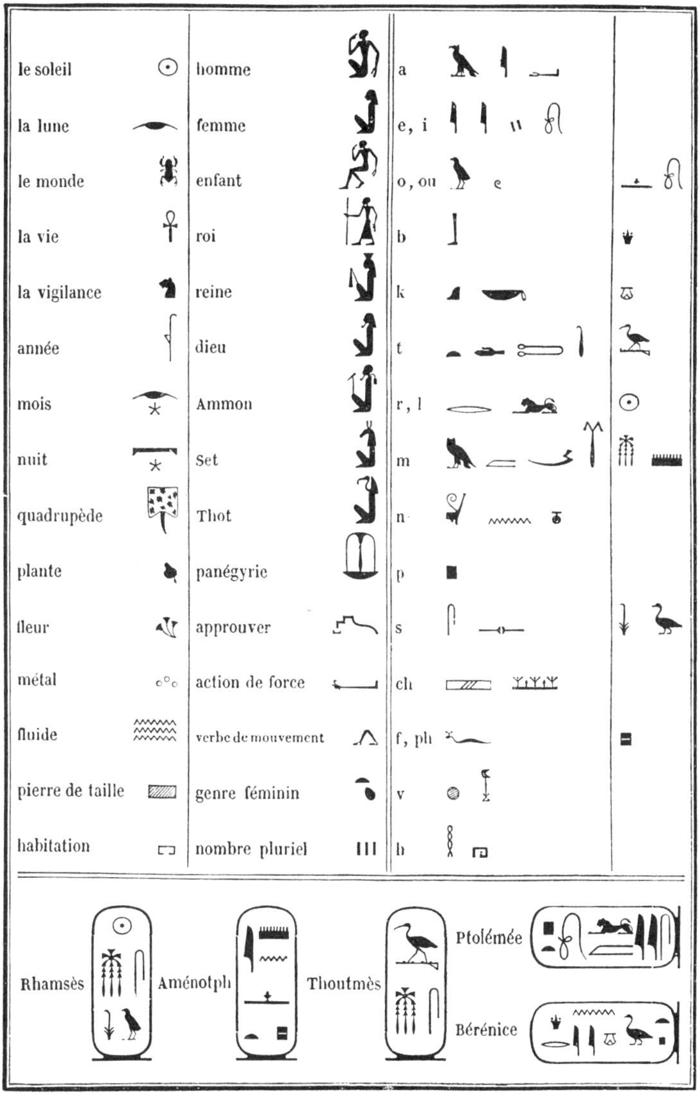
le soleil
la lune
le monde
la vie
la vigilance
année
mois
nuit
quadrupède
plante
fleur
métal
fluide
pierre de taille
habitation
homme
femme
enfant
roi
reine
dieu
Ammon
Set
Thot
panégyric
approuver
action de force
verbe de mouvement
genre féminin
nombre pluriel
a
e, i
o, ou
b
k
t
r, l
m
n
p
s
ch
f, ph
v
h
Rhamsès
Aménotph
Thoutmès
Ptolémée
Bérénice

Hébreu.

Il y a diverses sortes d'hébreu, dont voici la figure (1) :

L'hébreu carré et l'hébreu rabbinique sont les seuls qui prennent les accents et les ponctuations que l'on a vus à l'instruction pour la composition de l'hébreu.

Ces diverses langues se composent de droite à gauche.

Éthiopien.

Il n'existe plus de traces aujourd'hui de l'ancienne écriture éthiopienne.

Le syllabaire actuel est composé de cent quatre-vingt-deux signes, qui résultent de la combinaison de vingt-six consonnes avec sept voyelles.

---

(1) La 1re et la 6e colonne du tableau ci-dessus, en commençant par la droite, représentent l'hébreu samaritain; — la 2e et la 7e, l'hébreu carré ou chaldéen; — la 3e et la 8e, le palmyrénien; — la 4e et la 9e, l'hébreu rabbinique; — la 5e et la 10e, le syriaque.

L'éthiopien se lit horizontalement et de gauche à droite. En dehors de la connaissance des signes du syllabaire, la composition de cette langue n'offre aucune particularité.

ha	ሀ	hou	ሁ	hi	ሂ	hâ	ሃ	hê	ሄ	hé	ህ	ho	ሆ
la	ለ	lou	ሉ	li	ሊ	lâ	ላ	lê	ሌ	lé	ል	lo	ሎ
hha	ሐ	hhou	ሑ	hhi	ሒ	hhâ	ሓ	hhê	ሔ	hhé	ሕ	hho	ሖ
ma	መ	mou	ሙ	mi	ሚ	mâ	ማ	mê	ሜ	mé	ም	mo	ሞ
sa	ሠ	sou	ሡ	si	ሢ	sâ	ሣ	sê	ሤ	sé	ሥ	so	ሦ
ra	ረ	rou	ሩ	ri	ሪ	râ	ራ	rê	ሬ	ré	ር	ro	ሮ
ssa	ሰ	ssou	ሱ	ssi	ሲ	ssâ	ሳ	ssê	ሴ	ssé	ስ	sso	ሶ
ka	ቀ	kou	ቁ	ki	ቂ	kâ	ቃ	kê	ቄ	ké	ቅ	ko	ቆ
ba	በ	bou	ቡ	bi	ቢ	bâ	ባ	bê	ቤ	bé	ብ	bo	ቦ
ta	ተ	tou	ቱ	ti	ቲ	tâ	ታ	tê	ቴ	té	ት	to	ቶ
kha	ኀ	khou	ኁ	khi	ኂ	khâ	ኃ	khê	ኄ	khé	ኅ	kho	ኆ
na	ነ	nou	ኑ	ni	ኒ	nâ	ና	nê	ኔ	né	ን	no	ኖ
a	አ	ou	ኡ	i	ኢ	â	ኣ	ê	ኤ	é	እ	o	ኦ
ka	ከ	kou	ኩ	ki	ኪ	kâ	ካ	kê	ኬ	ké	ክ	ko	ኮ
va	ወ	vou	ዉ	vi	ዊ	vâ	ዋ	vê	ዌ	vé	ው	vo	ዎ
h'a	ዐ	h'ou	ዑ	h'i	ዒ	h'â	ዓ	h'ê	ዔ	h'é	ዕ	h'o	ዖ
za	ዘ	zou	ዙ	zi	ዚ	zâ	ዛ	zê	ዜ	zé	ዝ	zo	ዞ
ya	የ	you	ዩ	yi	ዪ	yâ	ያ	yê	ዬ	yé	ይ	yo	ዮ
da	ደ	dou	ዱ	di	ዲ	dâ	ዳ	dê	ዴ	dé	ድ	do	ዶ
ga	ገ	gou	ጉ	gui	ጊ	gâ	ጋ	guê	ጌ	gué	ግ	go	ጎ
tha	ጠ	thou	ጡ	thi	ጢ	thâ	ጣ	thê	ጤ	thé	ጥ	tho	ጦ
p'a	ጰ	p'ou	ጱ	p'i	ጲ	p'â	ጳ	p'ê	ጴ	p'é	ጵ	p'o	ጶ
tsa	ጸ	tsou	ጹ	tsi	ጺ	tsâ	ጻ	tsê	ጼ	tsé	ጽ	tso	ጾ
zza	ፀ	zzou	ፁ	zzi	ፂ	zzâ	ፃ	zzê	ፄ	zzé	ፅ	zzo	ፆ
fa	ፈ	fou	ፉ	fi	ፊ	fâ	ፋ	fê	ፌ	fé	ፍ	fo	ፎ
pa	ፐ	pou	ፑ	pi	ፒ	pâ	ፓ	pê	ፔ	pé	ፕ	po	ፖ

Arménien.

L'arménien compte trente-huit lettres, dont sept voyelles, et présente trois sortes de caractères :

Des majuscules (1res colonnes à gauche du tableau ci-dessous), qui reproduisent le type introduit par Mesrob;

Des minuscules carrées (2es colonnes), qui s'en éloignent considérablement et sont d'une époque plus récente;

Enfin des lettres cursives (3es colonnes).

L'arménien se compose de gauche à droite.

a	Ա	ա	ա	i	Ի	ի	ի	hy	Յ	յ	յ	d	Տ	տ	տ
b, p	Բ	բ	բ	l	Լ	լ	լ	n	Ն	ն	ն	r	Ր	ր	ր
k	Գ	գ	գ	kh	Խ	խ	խ	ch	Շ	շ	շ	tz	Ց	ց	ց
d, t	Դ	դ	դ	dz	Ծ	ծ	ծ	o	Ո	ո	ո	u	Ւ	ւ	ւ
é	Ե	ե	ե	g	Կ	կ	կ	tch	Չ	չ	չ	pp	Փ	փ	փ
z	Զ	զ	զ	h	Հ	հ	հ	b	Պ	պ	պ	kk	Ք	ք	ք
è	Է	է	է	ts	Ձ	ձ	ձ	dch	Ջ	ջ	ջ	o	Օ	օ	օ
e	Ը	ը	ը	gh	Ղ	ղ	ղ	rr	Ռ	ռ	ռ	f	Ֆ	ֆ	ֆ
tt	Թ	թ	թ	dj	Ճ	ճ	ճ	s	Ս	ս	ս				
j	Ժ	ժ	ժ	m	Մ	մ	մ	v	Վ	վ	վ				

Tamoul.

L'alphabet tamoul usité le long de la côte de Coromandel a trente-trois signes. Le tamoul se compose de gauche à droite.

a	அ	ù	ஊ	ô	ஓ	ñ	ஞ	p	ப	v	வ	ch	ஜ
a	ஆ	e	எ	âu	ஔ	ḍ	ட	m	ம	j	ழ	s	ஸ
i	இ	ê	ஏ	k	க	ṇ	ண	y	ய	l	ள	kch	க்ஷ
î	ஈ	âi	ஐ	ng	ங	t	த	r	ர	rr	ற		
u	உ	o	ஒ	ch	ச	n	ந	l	ல	n	ன		

HIMYARITE.

L'himyarite, ou ancien caractère arabe, a vingt-huit lettres (1). Il se compose alternativement de droite à gauche et de gauche à droite, mais ne prend aucun accent ni ponctuation.

ن	𐩬	n	غ	𐩶	gh	ش	𐩦	ch	خ	𐩭	kh	ا	𐩱	a, h
و	𐩥	ou, w	ف	𐩰	f	ص	𐩮	ç	د	𐩵	d	ب	𐩨	b
ه	𐩠	h	ق	𐩤	k'	ض	𐩳	dh	ذ	𐩹	dz	ت	𐩩	t
ی	𐩺	y	ك	𐩫	k	ط	𐩷	th	ر	𐩧	r	ث	𐩻	ts
			ل	𐩡	l	ظ	𐩼	zh	ز	𐩸	z	ج	𐩴	dj
			م	𐩣	m	ع	𐩲	a', h	س	𐩪	s	ح	𐩢	h

TÉLINGA.

Le télinga ou télougou, parlé sur la côte d'Orissa, au nord du domaine du Tamoul, a cinquante et un signes. Il se compose de gauche à droite.

a	అ	lou	ఌ	kh	ఖ	ñ	ఞ	d	ద	y	య	ll	ళ
â	ఆ	e	ఎ	g	గ	ṭ	ట	dh	ధ	r	ర	kch	క్ష
i	ఇ	ê	ఏ	gh	ఘ	ṭh	ఠ	n	న	l	ల	rr	ఱ
î	ఈ	âi	ఐ	ng	ఙ	ḍ	డ	p	ప	v	వ		
u	ఉ	o	ఒ	tch	చ	ḍh	ఢ	ph	ఫ	ç	శ		
û	ఊ	ô	ఓ	tchh	ఛ	ṇ	ణ	b	బ	ch	ష		
ri	ఋ	âu	ఔ	dj	జ	t	త	bh	భ	s	స		
rî	ౠ	k	క	djh	ఝ	th	థ	m	మ	h	హ		

(1) La première partie de chacune des cinq colonnes du tableau ci-dessus (en commençant par la gauche) représente les caractères arabes modernes, employés par les Turcs ottomans, les Persans, les Afghans, les Musulmans de l'Indoustan et les Malais; la seconde partie représente les caractères himyarites.

PALI.

Le caractère autrefois destiné à écrire la langue religieuse de l'Indo-Chine, le pali ou bali, a quarante-cinq lettres. Il se compose de gauche à droite.

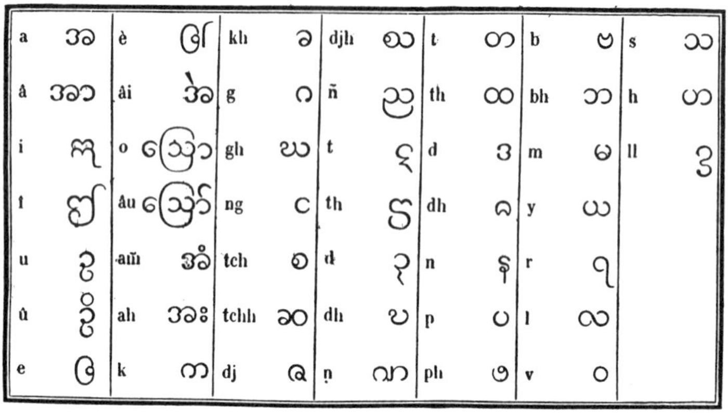

JAVANAIS.

L'écriture javanaise compte vingt-sept lettres, dont cinq voyelles. Le javanais se compose de gauche à droite.

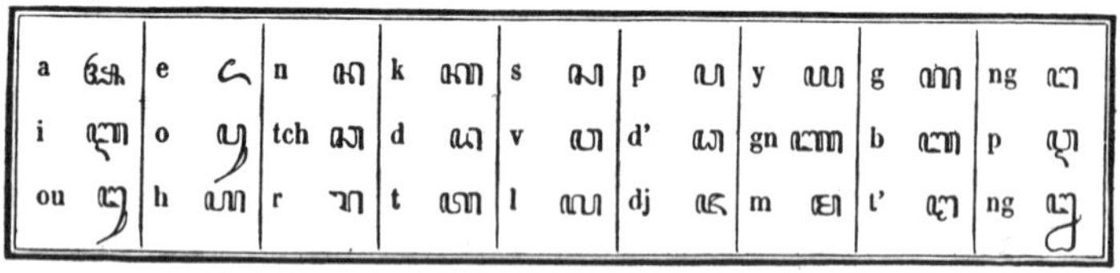

BOUGUI.

L'alphabet de l'idiome bougui ou wougui, que parle la plus puissante des tribus de l'archipel des Célèbes, n'a que vingt-deux lettres. Le bougui se compose de gauche à droite.

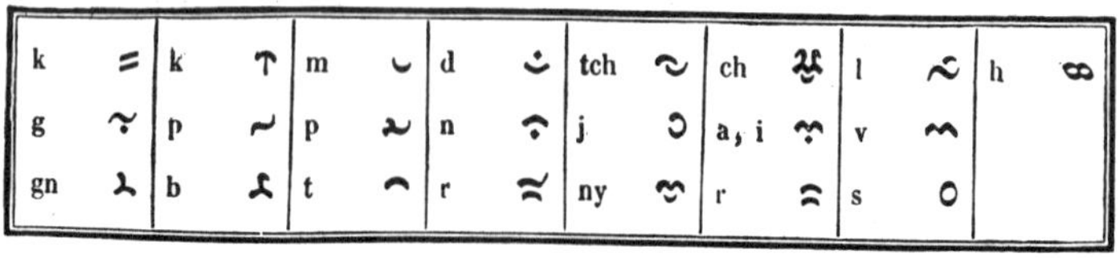

GÉORGIEN.

Les Géorgiens ont deux alphabets distincts : le vulgaire ou militaire, et l'alphabet ecclésiastique. Ce dernier a aujourd'hui une double forme, se composant de majuscules et de minuscules (1res et 2es colonnes). L'alphabet vulgaire occupe les 3es colonnes. Le géorgien se compose de gauche à droite.

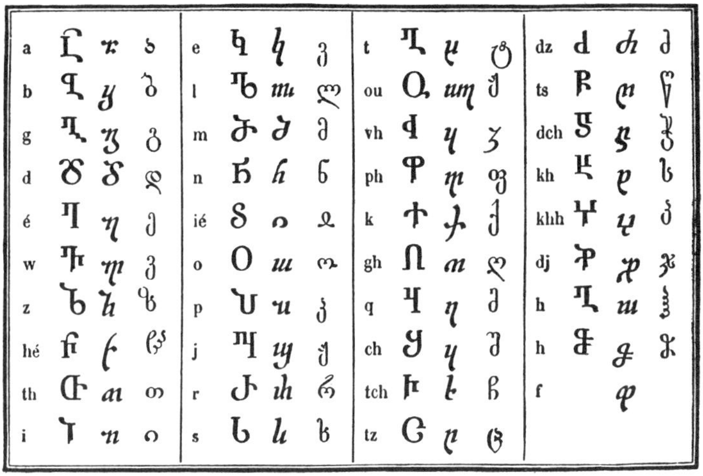

CUNÉIFORME.

Le cunéiforme se compose de trente-trois lettres ou signes qui se forment par l'adjonction de diverses parties à peu près semblables, mais différemment placées. Il se compose de gauche à droite.

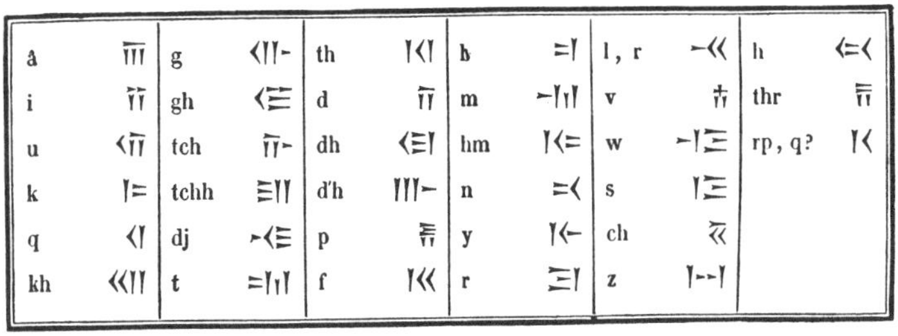

Magadha.

Le plus ancien caractère que l'on ait jusqu'à présent découvert dans l'Inde est le magadha. Cet alphabet a trente-six lettres. Le magadha se compose de gauche à droite.

a	𑀅	k	𑀓	ng	𑀗	djh	𑀛	ḍ	𑀟	th	𑀣	p	𑀧	m	𑀫	v	𑀯
i	𑀇	kh	𑀔	tch	𑀘	ñ	𑀜	ḍh	𑀠	d	𑀤	ph	𑀨	y	𑀬	s	𑀲
u	𑀉	g	𑀕	tchh	𑀙	ṭ	𑀝	ṇ	𑀡	dh	𑀥	b	𑀩	r	𑀭	h	𑀳
e	𑀏	gh	𑀖	dj	𑀚	ṭh	𑀞	ṭ	𑀢	n	𑀦	bh	𑀪	l	𑀮	mh	𑀫𑁆𑀳

Thibétain.

Le thibétain a quarante caractères, susceptibles de se grouper de manière à former un syllabaire fort compliqué. Il se compose de gauche à droite.

a	ཨ	âi	ཨཻ	kh	ཁ	dj	ཇ	n	ན	ts	ཙ	z	ཟ	ch	ཤ
â	ཨཱ	o	ཨོ	g	ག	ñ	ཉ	p	པ	tsh	ཚ	h	འ	s	ས
i	ཨི	âou	ཨཽ	ng	ང	t	ཏ	ph	ཕ	ds	ཛ	y	ཡ	h	ཧ
u	ཨུ	om	ཨོཾ	tch	ཅ	th	ཐ	b	བ	w	ཝ	r	ར	ṭ	ཊ
e	ཨེ	k	ཀ	tchh	ཆ	d	ད	m	མ	j	ཞ	l	ལ	ḍ	ཌ

Dêvanagari.

L'alphabet dêvanâgari, l'un des plus parfaits que l'on connaisse, se compose de cinquante et un signes, savoir : quatorze voyelles et diphthongues, et trente-quatre consonnes, plus deux caractères destinés à exprimer la nasalité et l'aspiration finales. Il a en outre un nombre considérable de ligatures (cent soixante-dix-huit). Le dêvanâgari se compose de gauche à droite.

a	अ	ri	ऋ	o	ओ	g	ग	djh	झ	ṇ	ण	p	प	r	र	h	ह
à	आ	rî	ॠ	âou	औ	gh	घ	n	ञ	t	त	ph	फ	l	ल	ll	ळ
i	इ	lri	ऌ	am̃	अं	ng	ङ	ṭ	ट	th	थ	b	ब	v	व	kch	क्ष
î	ई	lrî	ॡ	ah	अः	tch	च	ṭh	ठ	d	द	bh	भ	ç	श		
ou	उ	e	ए	k	क	tchh	छ	ḍ	ड	dh	ध	m	म	ch	ष		
oû	ऊ	âi	ऐ	kh	ख	dj	ज	ḍh	ढ	n	न	y	य	s	स		

Guzarati.

Le caractère guzarati, en usage dans le nord de la côte du Malabar, a quarante-deux signes, dont quatre doubles. Il se compose de gauche à droite.

a	અ	âi	ઐ	g	ગ	ṭ	ટ	th	થ	b	બ	l	લ
à	આ	ô	ડ	gh	ઘ	ṭh	ઠ	d	દ	bh	ભ	—	ળ
i	ઇ	—	ઓ	tch	ચ	ḍ	ડ	dh	ધ	—	ઞ	v	વ
—	ઈ	au	ઔ	tchh	છ	ḍh	ઢ	n	ન	m	મ	ç	શ
u	ઉ	k	ક	dj	જ	ṇ	ણ	p	પ	y	ય	s	સ
è	એ	kh	ખ	djh	ઝ	t	ત	ph	ફ	r	ર	h	હ

Étrusque.

L'alphabet étrusque a vingt et une lettres, dont plusieurs sont doubles et même triples. L'étrusque se compose de droite à gauche.

⊟	h	◇	th	ᖷ	v	†	t	◁	r	ᗰ	m	<	k	I	i	𐌀	a
		B	f	⊐	—	Y	—	q	—	И	n	⅃	l	ꓘ	k	ᴎ	—
		±	z	⊙	th	V	v	≀	s	1	p	M	m	Ↄ	—	Ǝ	e

Méso-Gothique.

Cette écriture est, comme le copte, formée du type grec altéré. L'alphabet n'a que vingt-cinq lettres. Le méso-gothique se compose de gauche à droite.

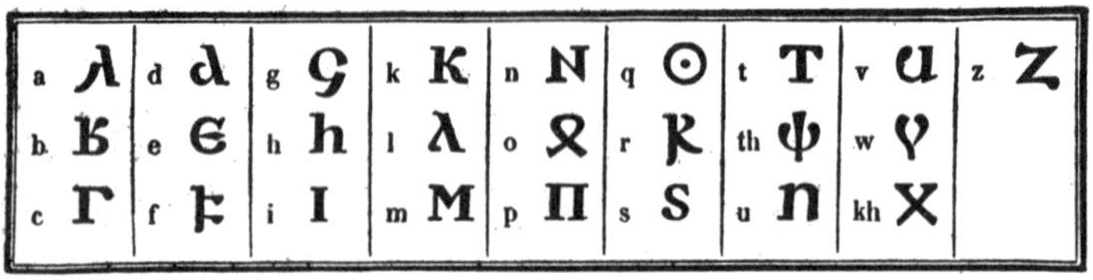

Grec paléographique.

L'alphabet du grec paléographique a vingt-quatre lettres, dont plusieurs sont doubles, triples, quadruples et même quintuples. Ce grec n'est employé que dans les inscriptions. Le grec paléographique se compose de gauche à droite.

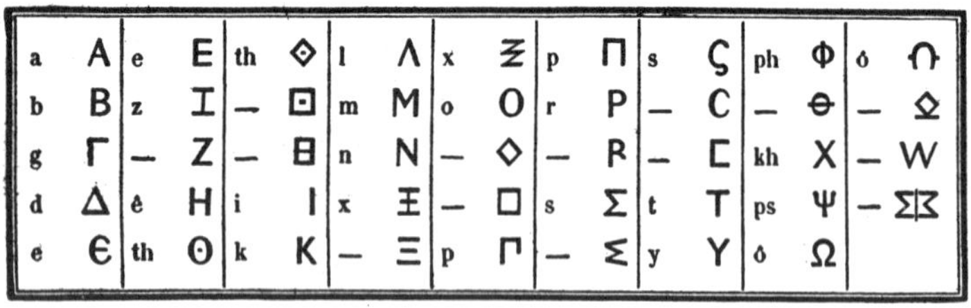

Runique.

L'appellation de *runique*, dérivée d'un ancien terme germanique signifiant *entaille*, désigne un système graphique autrefois en usage dans l'Allemagne du nord, en Danemark, en Suède et en Norvége. On trouve des inscriptions tracées en rune sur des rochers et sur des tombeaux; il existe même d'anciens manuscrits de cette écriture. La figure des caractères diffère beaucoup selon les localités et selon les monuments. Les vingt-trois caractères ci-dessous sont la variété scandinave de l'alphabet runique. Le runique se compose de gauche à droite.

a	ᛅ	d	ᛑ	g	Ᵽ	k	P	n	ᚾ	q	Þ	t	ᛏ	w	ᚢ
b	B	e	ᛂ	h	·Ж	l	ᛚ	o	ᚬ	r	R	u	ᚢ	th	Þ
c	ᛁ	f	Ᵽ	i	I	m	Ψ	p	B	s	ᛋ	v	Ᵽ		

Anglo-Saxon.

Les vingt-six lettres de l'alphabet anglo-saxon s'éloignent bien peu, quant à leur forme, des lettres latines.

Ce caractère, après avoir dominé en Angleterre pendant cinq siècles, fut aboli par Guillaume le Conquérant. Il n'offre rien de particulier pour la composition.

a	A	ɑ	f	F	ꝼ	l	L	l	r	R	ꞃ	w	Ƿ	ƿ	th	Þ	þ
b	B	b	g	Ᵹ	ᵹ	m	M	m	s	S	ꞅ	x	X	x			
c	C	c	h	H	h	n	N	n	t	T	ꞇ	y	Y	y			
d	D	ð	i	I	ı	o	O	o	dh	Ð	ð	z	Z	z			
e	E	e	k	K	k	p	P	p	u	U	u	æ	Æ	æ			

NOTE

RELATIVE AUX FIGURES QUI SUIVENT.

Les recherches faites jusqu'à ce jour sur la presse primitive et sur celle qui, introduite en France en 1470, servit à Ulric Géring et à ses deux associés pour l'impression de leur premier ouvrage, *Gasparini Pergamensis Epistolarum liber feliciter incipit, etc.*, 1 volume in-4°, ayant été infructueuses, nous ne pouvons donner (figure I) que le modèle de la presse sur laquelle le savant Josse Badius Ascensius imprima, dans les premières années du seizième siècle, son *Navicula Stultarum mulierum*, traduit en français par Jean Droyn.

Il est à présumer que cette presse, sauf quelques modifications successives, fut aussi celle dont se servirent les Rembolt, les Vascosan, les Chevalon, les Colines, les Estienne, les Plantin, ainsi que tous les autres imprimeurs du seizième siècle; et qu'elle conserva sa construction primitive jusqu'au dix-septième siècle, époque où elle subit les changements que l'on peut remarquer dans la presse représentée sur la figure II.

C'est avec cette nouvelle presse, dite *à nerfs*, parce que la platine se trouvait suspendue et maintenue dans son écartement par de grosses ficelles entourées et serrées fortement par des cordes à boyau, que les Elzévirs, les Wetstein, et leurs contemporains, imprimèrent dans les principales villes de la Hollande les *OEuvres de Bayle*, les *Cérémonies religieuses*, les *Variorum*, les *Classiques latins*, et autres ouvrages formant alors notre littérature européenne.

Les presses dont se servirent depuis Sébastien Cramoisy, Rocolet, Camusat, Latour, Anisson Duperron, Barbou, et même François-Ambroise Didot pendant les premières années de son établissement, étaient faites sur ce modèle.

Ce ne fut qu'en 1770 que les Hollandais apportèrent à la presse en bois les modifications qui lui valurent dès lors le surnom de *presse hollandaise*. Ces modifications consistèrent principalement à supprimer le sommier supérieur, et à le remplacer par un chapiteau nommé par corruption *chapeau*, forte traverse qui aboutissait aux deux jumelles, et qui couronnait l'ensemble de la presse; à faire disparaître la boîte qui entourait l'arbre (ou vis), et à lui substituer un collier dont les deux branches, nommées *crémaillères*, tenaient lieu des cordes ou nerfs qui suspendaient la platine. (Voir la figure III.)

C'est sur cette dernière presse, de nouveau et finalement modifiée (1) par François-Ambroise Didot et Pierre Didot, son fils aîné, mais si loin encore de la précision des presses en fer, qu'ont été exécutés, à la fin du siècle dernier et au commencement de celui-ci, les chefs-d'œuvre qui ont immortalisé cette célèbre famille, ainsi que les remarquables imprimeurs d'Italie, d'Espagne et d'Angleterre.

Malgré les nombreux et signalés services qu'elle avait rendus, la presse en bois fut, sans miséricorde, détrônée par la presse Stanhope (2), de laquelle nous nous sommes occupé en détail au début de ce volume, et dont nous donnons le plan sur la figure IV; puis, à son tour, cette dernière voit son usage se restreindre avec rapidité, depuis l'apparition des presses mécaniques en blanc et en retiration, dont les différents systèmes, quoique fort ingénieux, sont cependant loin encore d'avoir dit leur dernier mot : c'est en raison de cela que nous nous bornons à ne donner, figures V et VI, que le plan d'une des premières mécaniques à gros cylindres introduites à Paris en 1822, et celui de la mécanique de MM. Alauzet et Heuse, une des plus généralement employées jusqu'à présent.

---

(1) La platine, qui, antérieurement en bois et ne recouvrant que la moitié de la forme, nécessitait de tirer la feuille à deux reprises, et s'endommageait très-facilement, fut remplacée par une platine en fonte ou en cuivre recouvrant à peu près la surface totale du marbre, et n'exigeant plus qu'un seul coup de barreau;

Le marbre, ordinairement en pierre (et quelquefois même en bois), céda sa place à une forte plaque en fonte dressée sur la platine;

A la tablette, on substitua un second collier arrêté en dedans des jumelles;

Le sommier du milieu fut renforcé, afin de mieux résister à l'action de la platine;

Enfin, deux chevalets brisés, en fer, adaptés aux montants du tympan et au bas du coffre, sur la table, remplacèrent le large chevalet en bois du tympan. Ces chevalets suivaient le mouvement du tympan et lui servaient de support lorsqu'il était développé.

(2) Il n'en existe plus guère, en France, que dans quelques petites villes fort éloignées de la capitale. — En 1864, on en comptait cependant encore cinquante-cinq dans les imprimeries qu'il y avait alors à Florence.

Fig. I. — Presse en bois employée dès les premières années
du seizième siècle par Jose Badius Ascensius.

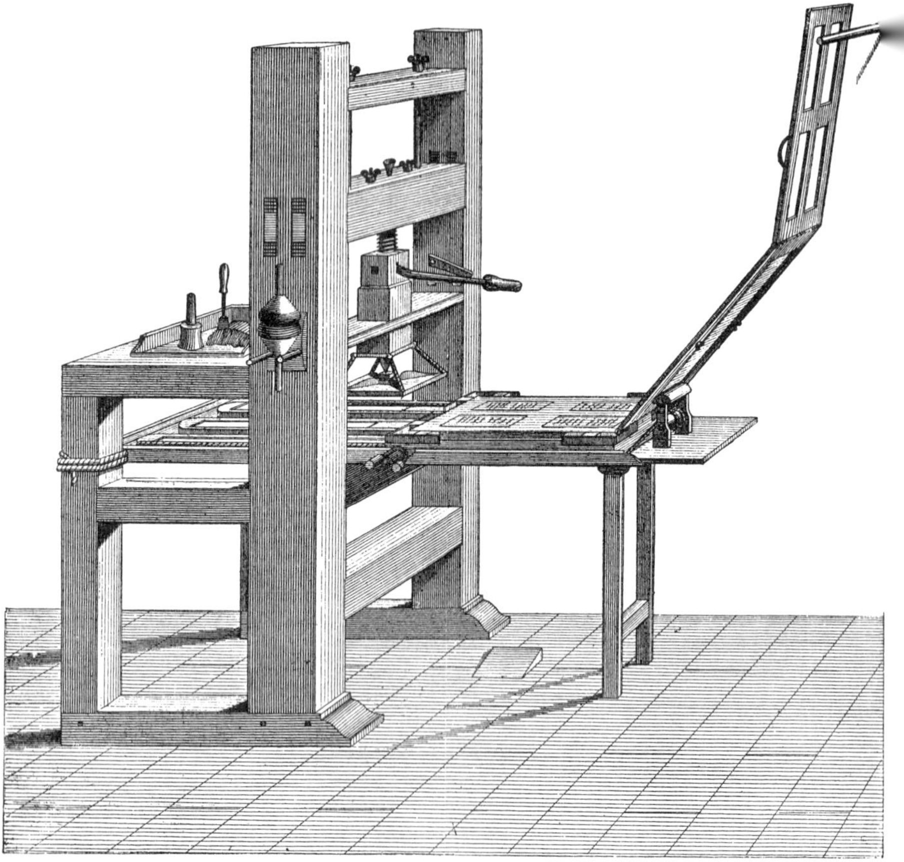

Fig. II. — Presse en bois, dite *à nerfs,* en usage pendant le dix-septième siècle et partie du dix-huitième.

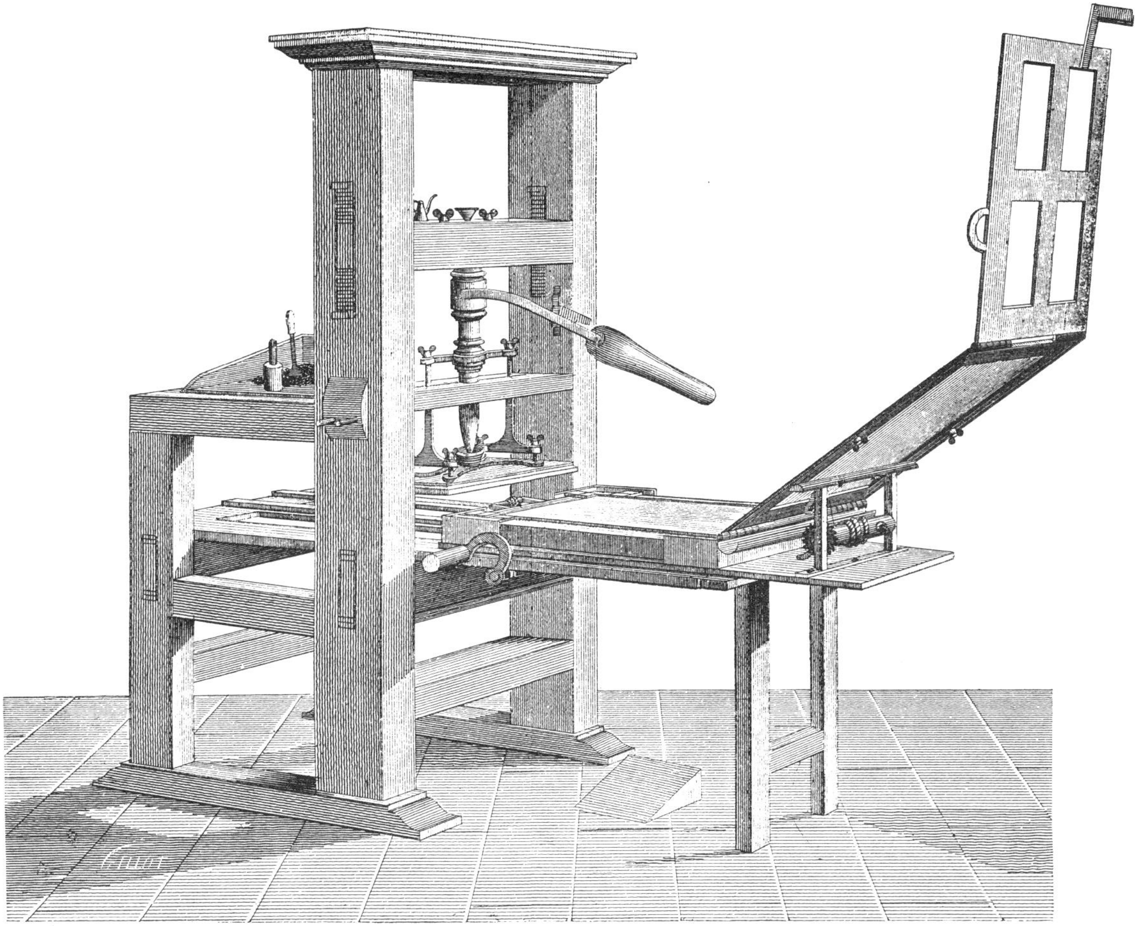

Fig. III — Presse en bois, dite *hollandaise*, en usage au dix-huitième siècle et partie du dix-neuvième.

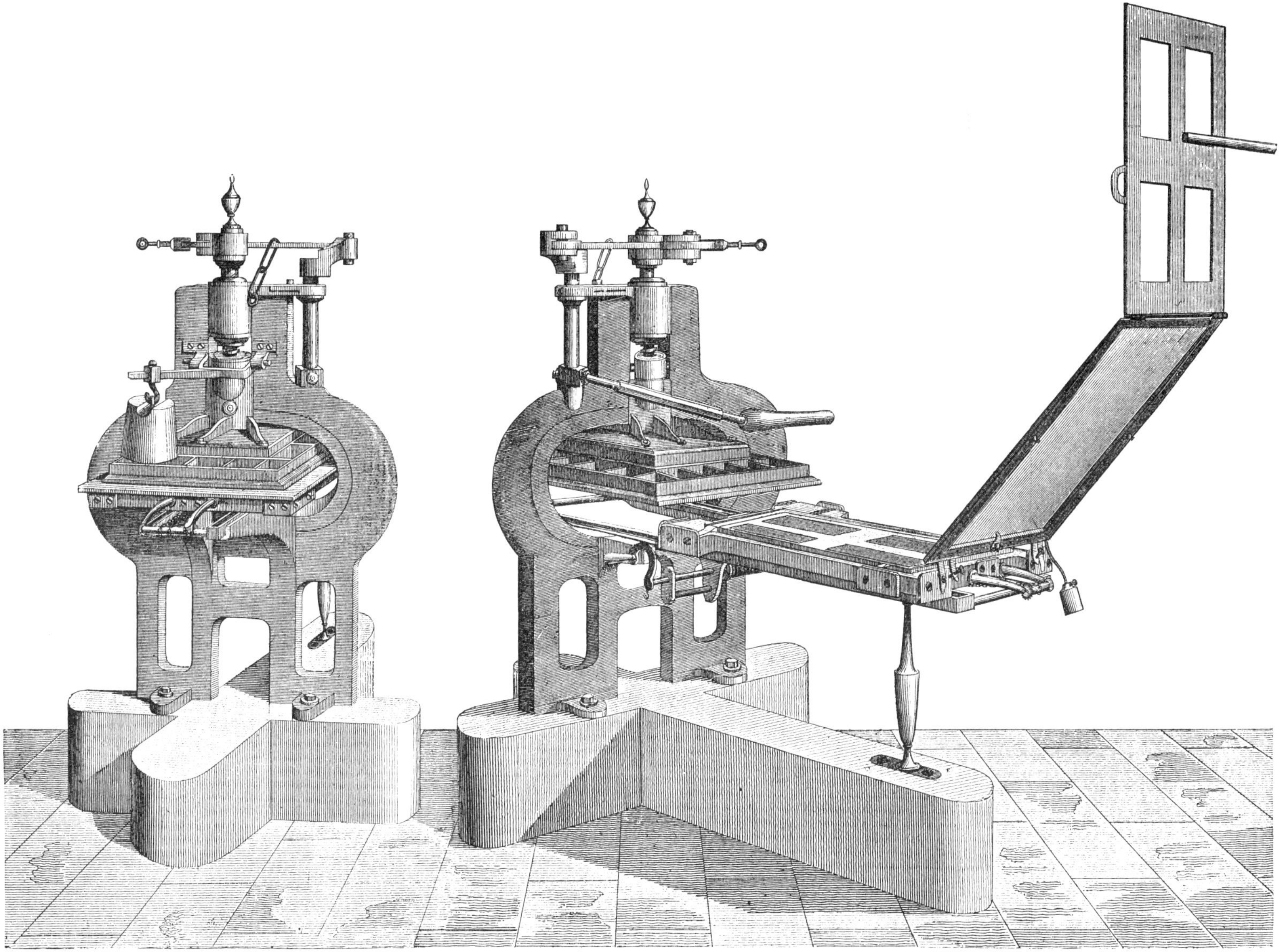

Fig. IV. — Presse en fer, dite *Stanhope*, en usage à Paris depuis les premières années de ce siècle.

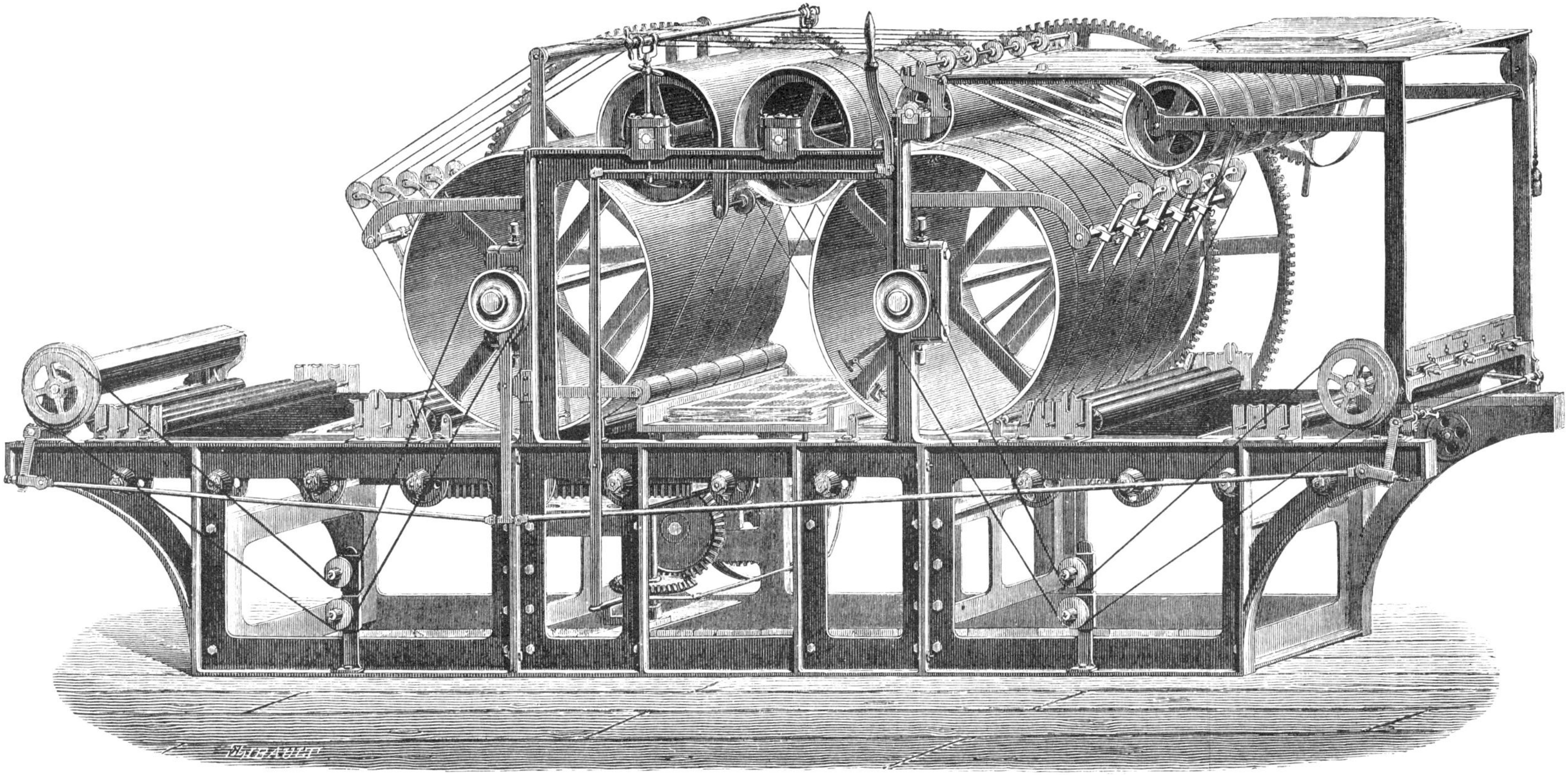

Fig. V. — Presse mécanique, dite *à gros cylindres,* introduite à Paris en 1822.

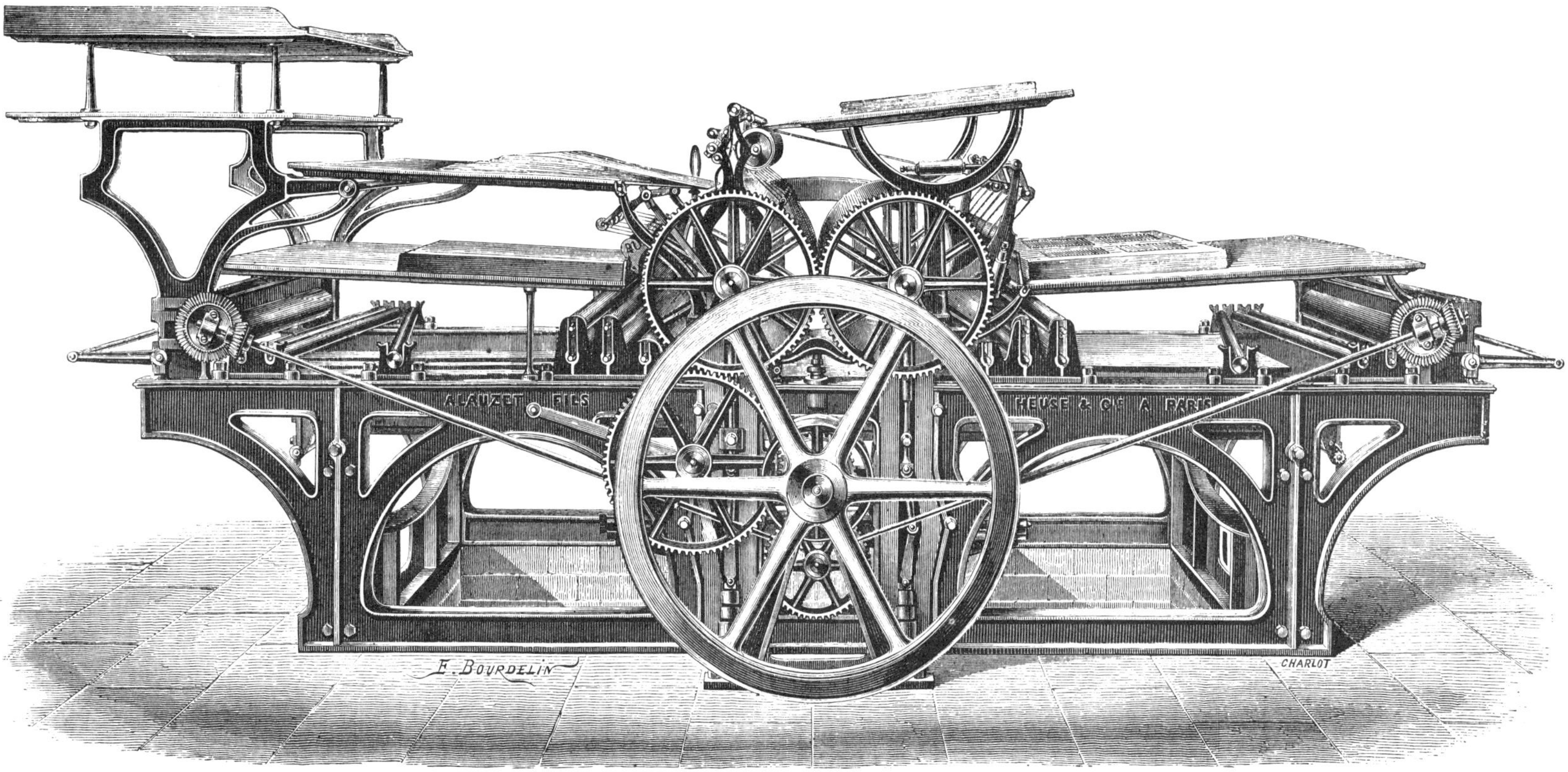

Fig. VI. — Presse mécanique dite *à petits cylindres*.

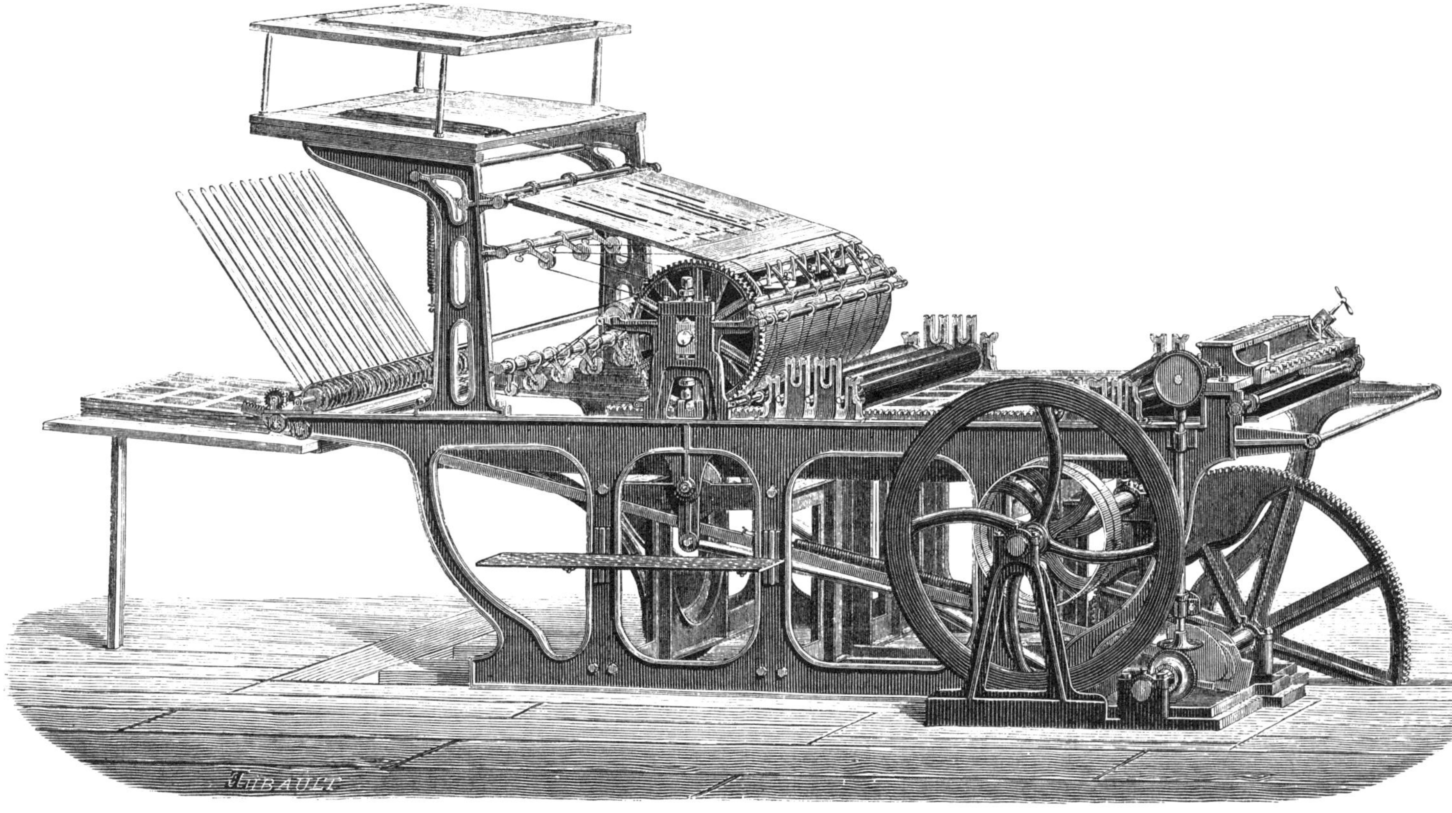

Fig. VII. — Presse mécanique à un seul cylindre, dite *en blanc*.

TABLE DES MATIÈRES.

CHAPITRE Ier.

DE LA PRESSE A BRAS ET DES MÉCANIQUES.

CHAPITRE II.

DE L'IMPRESSION.

CHAPITRE III.

OBSERVATIONS SUR LE CHAPITRE PRÉCÉDENT.

CHAPITRE IV.

CAUSES PRINCIPALES DES DÉFAUTS DE L'IMPRESSION.

CHAPITRE V.

DU PROTE.

CHAPITRE VI.

FONTE DES ROULEAUX; LEUR REFONTE; SOINS A LEUR DONNER.

CHAPITRE VII.

DU CLICHAGE.

CHAPITRE VIII.

DE LA GALVANOPLASTIE.

APPENDICE

AU CHAPITRE V DU PREMIER VOLUME.

FIN DE LA TABLE DES MATIÈRES.

ERRATUM.

Page 158, note 1, ligne 1, au lieu de *un vingtième*, lisez *un cinquième*.

AVIS AU RELIEUR.

Les planches I à VII, sans pagination ni signatures représentent les pages 269 à 292, et les signatures 17 *(avec un point)*, 18, et 18 *(avec un point)*.